2025 PATENT ATTORNEY

**4개년**
**기출문제집**

변리사 1차

# 전과목

**시대에듀**

# 머리말

변리사는 산업재산권에 관한 상담 및 권리 취득이나 분쟁해결에 관련된 제반업무를 수행하는 산업재산권에 관한 전문자격사로서, 산업재산권의 출원에서 등록까지의 모든 절차를 대리하는 일을 수행합니다. 이러한 변리사가 되기 위해서는 변리사법에 따라 국가자격인 변리사 자격증을 취득해야 합니다.

자격시험의 첫 관문인 변리사 1차 시험은 전과목 평균 60점 이상(각 과목 40점 이상)을 취득한 사람들 중 고득점자 순으로 합격자를 정하며, 최근 5년간의 합격률은 약 20% 정도를 보이고 있습니다. 1차 시험의 내용은 단순 암기가 아닌, 종합적인 이해력과 문제해결능력을 요구하여 난이도가 높으며, 특히 특허분야에 대한 전문지식의 양은 방대합니다. 따라서 시험 과목별로 방향을 잘 설정하여 효율적으로 학습하고 실전과 유사한 환경에서 연습을 해 보는 것이 필요합니다.

『2025 시대에듀 변리사 1차 전과목 4개년 기출문제집』은 이러한 현실 속에서 시험을 준비하는 수험생들에게 효과적인 학습방향을 제시하고자 출간되었습니다. 각 과목 내용을 중요도에 따라 구분하고 강약을 조절하는 것은 기출문제를 통해서 하는 것이 가장 확실하며 그 중 연도별 기출문제를 실전처럼 풀어보는 것은 시간관리능력과 문제해결능력을 점검하는데 더할 나위 없이 좋은 기회이기 때문입니다.

이 책의 특징은 다음과 같습니다.

**첫째** 변리사 1차 전과목 4개년(2024–2021년) 기출문제를 연도별로 수록하여 실제 시험과 유사한 환경에서 풀어볼 수 있도록 하였습니다.

**둘째** 복수정답 또는 개정법령 반영으로 인해 기출문제의 변형이 필요한 경우, 문제편에 기출 변형 표시를 하였습니다.

**셋째** 최신 개정법령을 반영한 상세한 해설과 관련판례를 수록하여 조문, 판례 그리고 기출문제를 효과적으로 학습할 수 있도록 하였습니다.

본서가 변리사 시험에 도전하는 수험생 여러분에게 합격의 길잡이가 될 것을 확신하며, 학습하는 모든 수험생 여러분에게 뜻하는 목표가 이루어지기를 진심으로 기원합니다.

편저자 올림

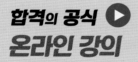
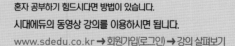

# 자격시험안내

## 변리사란?

산업재산권에 관한 상담 및 권리취득이나 분쟁해결에 관련된 제반 업무를 수행하는 산업재산권에 관한 전문자격사로서, 산업재산권의 출원에서 등록까지의 모든 절차를 대리하는 역할을 하는 사람

## 수행직무

- 산업재산권 분쟁사건 대리[무효심판 · 취소심판 · 권리범위확인심판 · 정정심판 · 통상실시권 허여심판 · 거절(취소)결정불복심판 등]
- 심판의 심결에 대해 특허법원 및 대법원에 소 제기하는 경우 그 대리
- 권리의 이전 · 명의변경 · 실시권 · 사용권 설정 대리
- 기업 등에 대한 산업재산권 자문 또는 관리업무 등 담당

## 시행처

한국산업인력공단

## 2024년 시험일정

| 구 분 | 원서접수 | 시험일자 | 합격자 발표 |
|---|---|---|---|
| 1차 시험 | 2024.01.15 ~ 2024.01.19 | 2024.02.24 | 2024.03.27 |
| 2차 시험 | 2024.04.22 ~ 2024.04.26 | 2024.07.26 ~ 2024.07.27 | 2024.10.30 |

※ 2025년 시험일정은 미발표
※ 2025년 시험일정은 반드시 한국산업인력공단 홈페이지(http://www.q-net.or.kr/)를 다시 확인하시기 바랍니다.

## 합격기준

| 구 분 | 합격결정기준(변리사법 시행령 제4조) |
|---|---|
| 1차 시험 | 영어능력검정시험의 기준점수 이상을 받고 영어과목을 제외한 나머지 과목에서 과목당 100점을 만점으로 하여 각 과목의 40점 이상, 전과목 평균 60점 이상을 받은 사람 중에서 시험성적과 응시자 수를 고려하여 전과목 총점이 높은 사람 순으로 합격자 결정 |
| 2차 시험 | 과목당 100점을 만점으로 하여 선택과목에서 50점 이상을 받고, 필수과목의 각 과목 40점 이상, 필수과목 평균 60점 이상을 받은 사람을 합격자로 결정 |

## 시험과목

| 구 분 | 교시 | 시험과목 | 문항수 | 시험시간 | 시험방법 |
|---|---|---|---|---|---|
| 제1차 시험 | 1교시 | 산업재산권법 | 과목당 40문항 | 09:30~10:40(70분) | 객관식 5지택일형 |
| | 2교시 | 민법개론 | | 11:10~12:20(70분) | |
| | 3교시 | 자연과학개론 | | 13:40~14:40(60분) | |
| 제2차 시험 | 1일차 | 특허법 | 과목당 4문항 | 09:30~11:30(120분) | 논 술 형 |
| | | 상표법 | | 13:30~15:30(120분) | |
| | 2일차 | 민사소송법 | | 09:30~11:30(120분) | |
| | | 선택과목 택1<br>① 디자인보호법(조약포함)<br>② 저작권법(조약포함)<br>③ 산업디자인<br>④ 기계설계<br>⑤ 열역학<br>⑥ 금속재료<br>⑦ 유기화학<br>⑧ 화학반응공학<br>⑨ 전기자기학<br>⑩ 회로이론<br>⑪ 반도체공학<br>⑫ 제어공학<br>⑬ 데이터구조론<br>⑭ 발효공학<br>⑮ 분자생물학<br>⑯ 약제학<br>⑰ 약품제조화학<br>⑱ 섬유재료학<br>⑲ 콘크리트 및<br>철근 콘크리트공학 | | 13:30~15:30(120분) | |

## 공인어학성적 기준점수

| 시험명 | TOEFL | | TOEIC | TEPS | G-TELP | FLEX | IELTS |
|---|---|---|---|---|---|---|---|
| | PBT | IBT | | | | | |
| 일반 응시자 | 560 | 83 | 775 | 385 | 77(level-2) | 700 | 5 |
| 청각 장애인 | 373 | 41 | 387 | 245 | 51(level-2) | 350 | - |

## 통계자료

| 구 분 | 제1차 시험 | | | | 제2차 시험 | | | |
|---|---|---|---|---|---|---|---|---|
| | 대상 | 응시 | 합격 | 합격률 | 대상 | 응시 | 합격 | 합격률 |
| 2024년도 | 3,465 | 3,071 | 607 | 19.76% | – | – | – | – |
| 2023년도 | 3,640 | 3,312 | 665 | 20.07% | 1,184 | 1,116 | 209 | 18.72% |
| 2022년도 | 3,713 | 3,349 | 602 | 17.97% | 1,160 | 1,093 | 210 | 19.21% |
| 2021년도 | 3,380 | 3,305 | 613 | 20.20% | 1,193 | 1,111 | 201 | 18.09% |
| 2020년도 | 3,055 | 2,724 | 647 | 23.75% | 1,209 | 1,157 | 210 | 18.15% |

# 이 책의 구성과 특징

## STEP 01 | 문제편

### 1 교시 | 산업재산권법

⟳ 정답 및 해설 @@@p

**전과목 4개년 기출문제**

변리사 1차 전과목 4개년(2024-2021년) 기출문제를 수록, 출제경향 파악은 물론 실전연습에 대비할 수 있습니다.

**01** 특허와 실용신안등록에 관한 설명으로 옳지 않은 것은? (다툼이 있으면 판례에 따름)

① 공공의 질서 또는 선량한 풍속에 어긋나거나 공중의 위생을 해칠 우려가 있는 발명 또는 고안은 특허 또는 실용신안등록을 받을 수 없다.

② 고안은 기술적 진보 또는 발명의 고도성 기준에 달하지 못한 작은 발명이다. 이 점과 관련하여 실용신안 법은 실용신안권을 침해한 자에 대하여 특허권을 침해한 자보다 낮은 형량을 규정하고 있다.

③ 특허법과 실용신안법은 각 침해죄를 동일하게 반의사불벌죄로 규정하고 있다.

④ 실용신안등록을 받으려는 자는 출원시 도면을 첨부하여야 하지만, 특허를 받으려는 자는 도면을 제출하지 아니할 수도 있다.

⑤ 특허협력조약(PCT)에 의한 국제출원시 특허출원에 따른 도면의 설명부분에 대한 국어번역문을 제출하지 아니한 경우 도면의 설명부분에 대한 기재가 없었던 것으로 보지만, 실용신안등록출원시 도면을 포함하지 아니한 경우 출원인은 기준일까지 이를 제출하여야 하고 기준일까지 도면을 제출하지 아니한 때에는 특허청장이 정한 기간 내에 도면을 제출할 수 있다.

**20** 실용신안권 및 침해에 관한 설명으로 옳지 않은 것은? (다툼이 있으면 판례에 따름) [기출 변형]

① 등록고안의 청구범위에 기재된 구성요소 중 일부를 권리행사의 단계에서 등록고안에서 비교적 중요하지 않은 사항이라고 하여 무시하는 것은 사실상 청구범위의 확장적 변경을 사후에 인정하는 것이 되어 허용될 수 없다.

② 실용신안권 침해금지가처분에서 금지의 대상이 되는 침해행위는 구체적으로 특정되어야 하는바, 이러한 가처분의 효력은 특정된 침해행위에 대하여만 미칠 뿐 신청인이 피보전권리로 주장한 실용신안권의 권리범위 또는 보호범위에까지 당연히 미치는 것은 아니다.

③ 등록고안과 대비되는 고안이 공지의 기술만으로 이루어진 경우라 하더라도 등록고안과 대비하여 등록고안의 권리범위에 속하는지 여부를 판단하고, 이 경우에 그 등록내용과 동일·유사한 물품을 제작·판매한다면 실용신안권 침해죄를 구성할 수 있다.

④ 실용신안등록청구범위를 정정하는 것이 그 청구범위를 확장하거나 변경하는 경우에 해당하는지 여부를 판단함에 있어서는 청구범위 자체의 형식적인 기재만을 가지고 대비할 것이 아니라 고안의 상세한 설명을 포함하여 명세서 및 도면의 전체내용과 관련하여 실질적으로 대비하여 그 확장이나 변경에 해당하는지 여부를 판단하는 것이 합리적이다.

⑤ 실용신안권 침해죄는 7년 이하 징역 또는 1억원 이하 벌금에 처하고, 피해자가 명시한 의사에 반하여 공소(公訴)를 제기할 수 없다.

**기출변형 표시**

복수정답 또는 개정법령 반영으로 인해 기출문제의 변형이 필요한 경우, 문제편에 기출 변형 표시를 하였습니다.

# STEP 02　해설편

## 조문 · 판례를 통한 기출학습

최신 개정법령을 반영한 해설과 관련 판례를 통해 학습의 능률을 높일 수 있습니다.

## 핵심을 파악하는 해설

과목별로 핵심을 파악할 수 있도록 서술하였고, 오답해설을 통해 고난이도 문제를 효과적으로 학습할 수 있습니다.

## 온라인 CBT 모의고사

### 도서 구매자를 위한 특별 혜택

이벤트 쿠폰 입력하고 모의고사 응시권 받으세요. 시대에듀 도서를 구매하신 분들께 모의고사를 응시할 수 있는 기회를 드립니다.

# 이 책의 목차

Patent Attorney

시대에듀 변리사 1차 전과목 기출문제집

# 변리사 1차 | 문제편

※ 복수정답 또는 개정법령 반영으로 인해 기출문제를 변형한 경우 `기출 변형` 표시를 하였습니다.

# 2024년 제61회 기출문제

비관론자는 모든 기회 속에서 어려움을 찾아내고,

낙관론자는 모든 어려움 속에서 기회를 찾아낸다.

– 윈스턴 처칠 –

**01** 특허와 실용신안등록에 관한 설명으로 옳지 <u>않은</u> 것은? (다툼이 있으면 판례에 따름)

① 공공의 질서 또는 선량한 풍속에 어긋나거나 공중의 위생을 해칠 우려가 있는 발명 또는 고안은 특허 또는 실용신안등록을 받을 수 없다.

② 고안은 기술적 진보 또는 발명의 고도성 기준에 달하지 못한 작은 발명이다. 이 점과 관련하여 실용신안 법은 실용신안권을 침해한 자에 대하여 특허권을 침해한 자보다 낮은 형량을 규정하고 있다.

③ 특허법과 실용신안법은 각 침해죄를 동일하게 반의사불벌죄로 규정하고 있다.

④ 실용신안등록을 받으려는 자는 출원시 도면을 첨부하여야 하지만, 특허를 받으려는 자는 도면을 제출하지 아니할 수도 있다.

⑤ 특허협력조약(PCT)에 의한 국제출원시 특허출원에 따른 도면의 설명부분에 대한 국어번역문을 제출하지 아니한 경우 도면의 설명부분에 대한 기재가 없었던 것으로 보지만, 실용신안등록출원시 도면을 포함하지 아니한 경우 출원인은 기준일까지 이를 제출하여야 하고 기준일까지 도면을 제출하지 아니한 때에는 특허청장이 정한 기간 내에 도면을 제출할 수 있다.

**02** 특허를 받을 수 있는 권리에 관한 설명으로 옳지 <u>않은</u> 것은? (다툼이 있으면 판례에 따름)

① 특허청 직원은 발명자라 할지라도 상속 또는 유증의 경우를 제외하고는 재직 중 특허를 받을 수 없으나, 특허권자로 권리를 행사하는 데 아무런 문제가 없다.

② 인공지능(AI)이 생성한 결과물에 대한 보호 여부와 관련하여 AI가 자연인이 아니라는 점에 따라 발명자가 될 수 없다.

③ 법인이라 할지라도 특허를 받을 수 있는 권리를 승계할 수 있지만, 이 권리는 질권의 목적으로 할 수 없다.

④ 발명이 정신적 창작활동의 결과로 얻어지는 것이라는 점에서 피성년후견인은 특허를 받을 수 있는 권리를 가지지 못한다.

⑤ 2명 이상이 공동으로 발명한 경우에는 특허를 받을 수 있는 권리를 공유한다.

**03** 무권리자의 특허출원 등에 관한 설명으로 옳은 것은? (다툼이 있으면 판례에 따름)

① 연구자의 지시에 따라 데이터를 수집하고 실험을 행한 A가 자기 이름으로 특허출원을 하였으나 특허를 받을 수 있는 권리를 가지지 아니한 사유로 A가 특허를 받지 못한 경우에 정당한 권리자 B가 A의 특허출원 후 특허를 출원하였다 하더라도 B의 특허출원은 A의 출원 시로 소급하지 못한다.

② 특허를 받을 수 있는 권리를 가지지 아니한 C가 특허출원하여 특허 등록되었을 경우에 정당한 권리자 D는 특허의 정정심판청구로 특허 등록할 수 있다.

③ 특허권의 이전청구에 따라 공유인 특허권의 지분을 이전하는 경우에 특허법의 규정에 따라 다른 공유자의 동의를 받아야 그 지분을 이전할 수 있다.

④ 특허권의 이전청구에 기초하여 특허권이 이전등록된 경우에, 제65조(출원공개의 효과) 제2항에 따른 보상금지급청구권은 특허권이 이전등록된 날부터 이전등록을 받은 자에게 있는 것으로 본다.

⑤ 이전등록된 특허권에 대하여 이전등록 당시에 전용실시권을 취득하고 등록을 받은 자가 특허권의 이전청구에 따른 특허권의 이전등록이 있기 전에 해당 특허가 무효심판 대상임을 알지 못하고 국내에서 해당 발명의 실시사업을 준비하고 있는 경우에 그 준비를 하고 있는 발명 및 사업목적의 범위에서 그 특허권에 대하여 통상실시권을 가진다.

**04** 특허요건 중 신규성에 관한 설명으로 옳지 <u>않은</u> 것은? (다툼이 있으면 판례에 따름)

① 다수인이 발명의 내용을 알고 있거나 알 수 있는 상태에 있다 하더라도 그들이 모두 비밀유지의무를 지는 경우라면 그 발명은 공지되었다고 볼 수 없다.

② 제29조(특허요건) 제1항 제1호에 규정한 '특허출원 전'의 의미는 발명의 공지 또는 공연 실시된 시점이 특허출원 전이라는 의미이고, 그 공지 또는 공연 실시된 사실을 인정하기 위한 증거가 특허출원 전에 작성된 것을 의미한다.

③ 전기통신회선을 통하여 공개되었다 하더라도 암호를 부여하여 불특정 다수인의 접근이 불가능한 경우에는 공중의 이용가능성이 없다.

④ 카탈로그는 제작되었으면 배부, 반포되는 것이 사회통념이라 하겠으며 제작한 카탈로그를 배부, 반포하지 아니하고 사장하고 있다는 것은 경험칙상 수긍할 수 없는 것이어서 카탈로그의 배부범위, 비치장소 등에 관하여 구체적인 증거가 없다고 하더라도 그 카탈로그의 배부, 반포되었음을 부인할 수는 없다.

⑤ 공지기술이 상위개념으로 기재되어 있고 청구항에 기재된 발명이 하위개념으로 기재되어 있으면 동일성이 없어 통상적으로 청구항에 기재된 발명은 신규성이 있다.

**05** 특허요건 중 진보성에 관한 설명으로 옳지 <u>않은</u> 것은? (다툼이 있으면 판례에 따름)

① 그 발명이 속하는 기술분야에서 통상의 지식을 가진 사람이란 특허법에 규정한 상상의 인물을 말한다 할지라도 실제 심사단계에서 심사관, 심판단계에서 심판관 합의체의 입장에서 판단한다. 이에 법원은 문제된 사안에서 법관의 판단을 배제하고 심사관·심판관 합의체가 어떻게 진보성을 적용하였는지를 판단한다.

② 발명품의 판매가 상업적 성공을 거두었다 하더라도 일응 진보성이 있는 것으로 볼 자료가 될 수 있지만 그 자체로 진보성이 있다고 단정할 수 없다. 진보성에 대한 판단은 명세서에 기재된 내용을 토대로 판단되어야 한다.

③ 통상의 기술자가 특허출원 당시의 기술수준에 비추어 진보성 판단의 대상이 된 발명이 선행기술과 차이가 있음에도 그러한 차이를 극복하고 선행기술로부터 그 발명을 용이하게 발명할 수 있는지를 살펴보아야 한다.

④ 신규성과 진보성은 별개의 거절이유로서 진보성 판단에 앞서 신규성 판단이 선행되어야 하고, 특허청구 범위가 여러 개의 항이 있는 경우에는 그 하나의 항이라도 거절이유가 있다면 그 출원은 전부가 거절되어야 한다.

⑤ 발명의 진보성 여부 판단에 있어서 그 출원 당시의 기술수준, 대비되는 발명의 유무 등에 따라 국가마다 사정을 달리할 수 있으므로 외국에서 특허등록되었다 하더라도 국내에서 그 발명의 진보성이 부정될 수 있다.

**06** 특허료 및 수수료에 관한 설명으로 옳지 <u>않은</u> 것은?

① 특허권의 설정등록을 받으려는 자는 설정등록을 받으려는 날부터 3년분의 특허료를 내야 하고, 특허권자는 그 다음 해부터의 특허료를 해당 권리의 설정등록일에 해당하는 날을 기준으로 매년 1년분씩 내야 한다.

② 이해관계인은 특허료를 내야 할 자의 의사와 관계없이 특허료를 낼 수 있으며, 이 경우 이해관계인은 내야 할 자가 현재 이익을 얻는 한도에서 그 비용의 상환을 청구할 수 있다.

③ 특허권의 설정등록을 받으려는 자는 특허료 납부기간이 지난 후에도 1년 이내에 특허료를 추가로 낼 수 있으며, 이 경우 내야 할 특허료의 2배의 범위에서 산업통상자원부령으로 정하는 금액을 납부하여야 한다.

④ 특허권의 설정등록을 받으려는 자가 정당한 사유로 추가납부기간에 특허료를 내지 아니하였거나 보전기간에 보전하지 아니한 경우에는 그 사유가 소멸한 날부터 2개월 이내에 그 특허료를 내거나 보전할 수 있다. 다만, 추가납부기간의 만료일 또는 보전기간의 만료일 중 늦은 날부터 1년이 지난 때에는 그러하지 아니하다.

⑤ 특허출원인이 아닌 자가 출원심사의 청구를 한 후 그 특허출원서에 첨부한 명세서를 보정하여 청구범위에 적은 청구항의 수가 증가한 경우에는 그 증가한 청구항에 관하여 내야 할 심사청구료는 특허출원인이 내야 한다.

**07** 특허법상 출원공개에 관한 설명으로 옳지 <u>않은</u> 것은?

① 특허청장은 출원공개 전에 출원심사의 청구가 있으면 출원공개 시에, 출원공개 후에 출원심사의 청구가 있으면 지체 없이 그 취지를 특허공보에 게재하여야 한다.

② 특허출원인의 제65조(출원공개의 효과) 제2항에 따른 청구권은 그 특허출원된 발명에 대한 특허권이 설정등록된 후에만 행사할 수 있으며, 그 청구권의 행사는 특허권의 행사에 영향을 미치지 아니한다.

③ 출원공개 후 특허출원이 포기·무효 또는 취하된 경우 제65조(출원공개의 효과) 제2항에 따른 청구권은 처음부터 발생하지 아니한 것으로 본다.

④ 국어로 출원한 국제특허출원에 관하여 출원공개 전에 이미 특허협력조약(PCT) 제21조에 따라 국제공개가 된 경우에는 우선일부터 1년 6개월이 되는 날에 출원공개가 된 것으로 본다.

⑤ 국제특허출원의 출원인은 출원공개된 발명임을 알고도 그 국제특허출원된 발명을 업으로서 실시한 자에게 출원공개된 발명임을 안 때부터 특허권의 설정등록 시까지의 기간 동안 그 특허발명의 실시에 대하여 합리적으로 받을 수 있는 금액에 상당하는 보상금의 지급을 청구할 수 있다. 다만, 그 청구권은 해당 특허출원이 특허권의 설정 등록된 후에만 행사할 수 있다.


**08** 특허출원에 관한 설명으로 옳지 <u>않은</u> 것은? (다툼이 있으면 판례에 따름)

① 누구든지 특허출원에 대하여 특허출원일부터 3년 이내에 특허청장에게 출원심사의 청구를 할 수 있다. 다만, 공동발명자 중 1인이 특허출원을 한 경우 출원심사의 청구를 취하할 수 있다.

② 공동출원인에 대하여 제219조(공시송달) 제1항에 의한 공시송달을 실시하기 위해서는 '공동출원인 전원의 주소 또는 영업소가 불분명하여 송달받을 수 없는 때'에 해당하여야 한다.

③ 심사관은 제54조(조약에 의한 우선권 주장)에 따른 우선권 주장을 수반한 특허출원의 심사에 필요한 경우에는 기간을 정하여 그 우선권 주장의 기초가 되는 출원을 한 국가의 심사결과에 대한 자료를 산업통상자원부령으로 정하는 방법에 따라 제출할 것을 특허출원인에게 명할 수 있다.

④ 특허를 받을 수 있는 권리가 공유인 경우에는 공유자 모두가 공동으로 특허출원을 하여야 한다.

⑤ 특허를 받을 수 있는 권리를 이전하기로 하는 계약에 따라 특허등록을 공동출원한 경우에 출원인이 발명자가 아니라도 등록된 특허권의 공유지분을 가진다.

**09** 특허법상 서류제출 등에 관한 설명으로 옳지 <u>않은</u> 것은?

① 제28조의3(전자문서에 의한 특허에 관한 절차의 수행) 제1항에 따라 정보통신망을 이용하여 제출된 전자문서는 그 문서의 제출인이 정보통신망을 통하여 접수번호를 확인할 수 있는 때에 특허청 또는 특허심판원에서 사용하는 접수용 전산정보처리조직의 파일에 기록된 내용으로 접수된 것으로 본다.

② 심사관은 제28조의4(전자문서 이용신고 및 전자서명) 제1항에 따라 전자문서 이용신고를 한 자에게 서류의 통지 및 송달을 하려는 경우에는 정보통신망을 이용하여 통지 등을 할 수 있고, 위 서류의 통지 등은 서면으로 한 것과 같은 효력을 가진다.

③ 특허법에 따른 명령에 따라 특허청장 또는 특허심판원장에게 제출하는 출원서, 청구서, 그 밖의 서류는 특허청장 또는 특허심판원장에게 도달한 날부터 제출의 효력이 발생한다.

④ 특허권 및 특허에 관한 권리의 등록신청서류와 특허협력조약(PCT) 제2조(vii)에 따른 국제출원에 관한 서류를 우편으로 제출하는 경우에는 그 서류가 특허청장 또는 특허심판원장에게 도달한 날부터 효력이 발생한다.

⑤ 제28조의5(정보통신망을 이용한 통지 등의 수행) 제1항에 따른 서류의 통지 등은 그 통지 등을 받을 자가 자신이 사용하는 전산정보처리조직을 통하여 그 서류를 수신한 때에 특허청 또는 특허심판원에서 사용하는 발송용 전산정보처리조직의 파일에 기록된 내용으로 도달한 것으로 본다.

**10** 특허권에 관한 설명으로 옳은 것은?

① 특허권의 상속이 개시된 때 상속인이 없는 경우에는 그 특허권은 국가에 귀속된다.

② 특허권이 공유인 경우 각 공유자는 계약으로 특별히 약정한 경우를 제외하고는 다른 공유자의 동의를 받지 아니하고 그 특허발명을 자신이 실시할 수 없다.

③ 청산절차가 진행 중인 법인의 특허권은 법인의 청산종결등기일(청산종결등기가 되었더라도 청산사무가 사실상 끝나지 아니한 경우에는 청산사무가 사실상 끝난 날과 청산종결등기일부터 6개월이 지난 날 중 빠른 날로 한다)까지 그 특허권의 이전등록을 하지 아니한 경우에는 청산종결등기일에 소멸한다.

④ 특허법에 따라 특허청장이 정한 대가와 보상금액에 관하여 확정된 결정은 집행력 있는 집행권원(執行權原)과 같은 효력을 가진다. 이 경우 집행력 있는 정본은 법원 소속공무원이 부여한다.

⑤ 특허권을 포기한 때에는 특허권은 그때부터 소멸된다.

**11** 특허법상 보정 및 보정각하에 관한 설명으로 옳지 <u>않은</u> 것은? (다툼이 있으면 판례에 따름)

① 제47조(특허출원의 보정) 제2항에 규정된 '최초로 첨부된 명세서 또는 도면에 기재된 사항'이란 최초 명세서 등에 명시적으로 기재되어 있는 사항이거나 또는 명시적인 기재가 없더라도 그 발명이 속하는 기술분야에서 통상의 지식을 가진 자라면 출원시의 기술상식에 비추어 보아 보정된 사항이 최초 명세서 등에 기재되어 있는 것과 마찬가지라고 이해할 수 있는 사항이어야 한다.

② 제51조(보정각하) 제1항이 '청구항을 삭제하는 보정'의 경우를 대상에서 제외하고 있는 취지는, 보정의 반복에 의하여 심사관의 새로운 심사에 따른 업무량 가중 및 심사절차의 지연의 문제가 생기지 아니하므로 그에 대하여 거절이유를 통지하여 보정의 기회를 다시 부여함으로써 출원인을 보호하려는 데 있다.

③ 국제특허출원의 출원인이 제203조(서면의 제출) 제3항에 따른 보정명령을 받고 지정된 기간에 보정을 하지 아니하면 특허청장은 해당 국제특허출원을 무효로 하여야 한다.

④ 외국어특허출원에 대한 명세서 또는 도면의 보정은 특허출원서에 최초로 첨부한 명세서 또는 도면에 기재된 사항의 범위에서 하여야 한다. 또한 보정은 최종 국어번역문 또는 특허출원서에 최초로 첨부한 도면(도면 중 설명부분은 제외한다)에 기재된 사항의 범위에서도 하여야 한다.

⑤ 청구항을 삭제하는 보정을 하였더라도 삭제된 청구항과 관련이 없는 부분에서 새롭게 발생한 거절이유는 심사관에게 새로운 심사에 따른 업무량을 가중시키고, 심사절차가 지연되는 결과를 가져오게 하는 등 달리 취급하여야 할 필요가 없으므로 제51조(보정각하) 제1항 본문이 규정하는 청구항을 삭제하는 보정에 따라 발생한 새로운 거절이유에 포함된다고 할 수 없다.

**12** 특허취소신청에 관한 설명으로 옳은 것은?

① 누구든지 특허권의 설정등록일부터 등록공고일 후 1년이 되는 날까지 동일한 발명에 대하여 다른 날에 둘 이상의 특허출원이 있었던 경우 나중에 특허출원한 자의 발명에 대하여 특허를 부여한 경우 특허심판원장에게 특허취소신청을 할 수 있다.

② 특허권에 관하여 이해관계를 가진 자는 특허취소신청에 대한 결정이 있을 때까지 특허권자를 보조하기 위하여 그 심리에 참가할 수 없다.

③ 특허취소결정이 확정된 때에는 그 특허권은 확정된 날로부터 효력을 상실한다.

④ 심판관은 특허취소신청에 관하여 특허취소신청인, 특허권자 또는 참가인이 제출하지 아니한 이유에 대해서도 심리할 수 있다.

⑤ 공유인 특허권의 특허권자 중 1인에게 특허취소신청절차의 중단 또는 중지의 원인이 있으면 그 1인에게만 그 효력이 발생한다.

**13** 특허심판에 관한 설명으로 옳지 <u>않은</u> 것은? (다툼이 있으면 판례에 따름)

① 특허법에 따른 심판의 심결이 확정되었을 때에는 그 사건에 대해서는 누구든지 동일사실 및 동일 증거에 의하여 다시 심판을 청구할 수 없다. 다만, 확정된 심결이 각하심결인 경우에는 그러하지 아니하다.

② 심판청구는 심결이 확정될 때까지 취하할 수 있고, 상대방의 답변서가 제출된 후에도 상대방의 동의 없이 취하할 수 있다.

③ 거절결정불복심판청구 기각 심결의 취소소송절차에서도 특허청장은 심사 또는 심판단계에서 의견제출의 기회를 부여한 바 없는 새로운 거절이유를 주장할 수 없다고 보아야 한다. 다만 거절결정불복심판청구 기각 심결의 취소소송절차에서 특허청장이 비로소 주장하는 사유라고 하더라도 심사 또는 심판 단계에서 의견제출의 기회를 부여한 거절이유와 주요한 취지가 부합하여 이미 통지된 거절이유를 보충하는데 지나지 아니하는 것이면 이를 심결의 당부를 판단하는 근거로 할 수 있다.

④ 특허출원에 대한 심사 단계에서 거절결정을 하려면 그에 앞서 출원인에게 거절이유를 통지하여 의견제출의 기회를 주어야 하고, 거절결정에 대한 특허심판원의 심판절차에서 그와 다른 사유로 거절결정이 정당하다고 하려면 먼저 그 사유에 대해 의견제출의 기회를 주어야만 이를 심결의 이유로 할 수 있다.

⑤ 특허발명의 도면에 대한 정정을 한다는 심결이 있는 경우 특허심판원장은 그 내용을 특허청장에게 알려야 하며 특허청장은 정정심결 통보가 있으면 이를 특허공보에 게재하여야 한다.

**14** 특허법상 재심에 관한 설명으로 옳지 <u>않은</u> 것은?

① 심판에 관여한 심판관이 그 사건에 관하여 직무에 관한 죄를 범한 경우에는 처벌받을 행위에 대하여 유죄의 판결이나 과태료부과의 재판이 확정된 때 또는 증거부족 외의 이유로 유죄의 확정판결이나 과태료부과의 확정재판을 할 수 없을 때에만 재심의 소를 제기할 수 있다.

② 당사자는 확정된 특허취소결정 또는 확정된 심결에 대하여 재심을 청구할 수 있다.

③ 재심사유가 특허취소결정 후에 생겼을 경우 특허취소결정 후 3년의 기간은 그 사유가 발생한 날로부터 기산한다.

④ 특허취소결정에 대한 재심의 절차에 관하여는 그 성질에 반하지 아니하는 범위에서 특허취소신청에 관한 규정을 준용한다.

⑤ 대리권의 흠을 이유로 재심을 청구하는 경우에 재심청구 기간은 청구인 또는 법정대리인이 특허취소결정등본 또는 심결등본의 송달에 의하여 특허취소결정 또는 심결이 있는 것을 안 날의 다음 날부터 기산한다.

**15** 특허법상 특허소송에 관한 설명으로 옳지 <u>않은</u> 것은? (다툼이 있으면 판례에 따름)

① 특허취소결정 또는 심결에 대한 소 및 특허취소신청서·심판청구서·재심청구서의 각하결정에 대한 소는 특허법원의 전속관할로 한다.

② 법원은 소송절차에서 필요하면 직권 또는 당사자의 신청에 따라 특허취소신청에 대한 결정이나 특허에 관한 심결이 확정될 때까지 그 소송절차를 중지할 수 있다.

③ 법원은 특허권침해소송에서 당사자의 신청에 의하여 상대방 당사자에게 해당 침해의 증명 또는 침해로 인한 손해액의 산정에 필요한 자료의 제출을 명할 수 있다. 다만, 그 자료의 소지자가 그 자료의 제출을 거절할 정당한 이유가 있으면 그러하지 아니하다.

④ 법원은 특허취소결정 또는 심결에 대한 소 및 각하결정에 대한 소가 제기된 경우에 그 청구가 이유 있다고 인정할 때에는 판결로써 해당 심결 또는 결정을 취소하여야 한다.

⑤ 특허출원된 발명이 국방상 필요하여 정부가 특허하지 아니하고 보상금 지급을 결정하여 이 결정을 받은 자가 보상금에 불복할 때에는 법원에 소를 제기할 수 있고 소는 결정의 등본을 송달받은 날로부터 2개월 이내에 제기하여야 한다.


**16** 특허법상 벌칙에 관한 설명으로 옳지 <u>않은</u> 것은?

① 국내외에서 정당한 사유 없이 비밀유지명령을 위반한 자는 5년 이하의 징역 또는 5천만 원 이하의 벌금에 처하며, 이때 비밀유지명령을 신청한 자의 고소가 없어도 공소를 제기할 수 있다.

② 특허심판원으로부터 증인으로 소환된 자로서 정당한 이유 없이 소환에 따르지 아니하거나 선서를 거부한 자에게는 50만 원 이하의 과태료를 부과한다.

③ 거짓이나 그 밖의 부정한 행위로 특허권의 존속기간의 연장등록을 받은 자는 3년 이하의 징역 또는 3천만 원 이하의 벌금에 처한다.

④ 특허청 소속 직원이거나 직원이었던 사람이 특허출원 중인 발명에 관하여 직무상 알게 된 비밀을 누설하거나 도용한 경우에는 5년 이하의 징역 또는 5천만 원 이하의 벌금에 처한다.

⑤ 특허법에 따라 선서한 증인, 감정인 또는 통역인이 특허심판원에 대하여 거짓으로 진술·감정 또는 통역을 한 경우에는 5년 이하의 징역 또는 5천만 원 이하의 벌금에 처한다.

**17** 특허법상 심결취소소송에 관한 설명으로 옳지 <u>않은</u> 것은? (다툼이 있는 경우 판례에 의함)

① 특허를 무효로 한 심결에 대한 심결취소소송에서 원고의 청구가 기각되어 상고심에 계속 중, 제3자가 제기한 특허무효심판에서 특허를 무효로 하는 심결이 확정된 때에는 그 특허권은 처음부터 없었던 것으로 보게 되므로, 특허가 무효로 확정된 이상 심결의 취소를 구할 법률상 이익도 없어졌다.

② 거절결정에 대한 심결취소소송에서 특허청이 보정각하결정에서와 다른 이유를 들어 보정의 부적법을 주장하더라도 출원인으로서는 이에 대응하여 소송절차에서 보정의 적법 여부에 관하여 다툴 수 있으므로 출원인의 방어권 또는 절차적 이익이 침해된다고 할 수 없다.

③ 주지관용의 기술이 소송상 공지 또는 현저한 사실이라고 볼 수 있을 만큼 일반적으로 알려져 있지 아니한 경우에도 그 주지관용의 기술은 심결취소소송에 있어서 증명을 필요로 하지 아니하므로, 법원은 자유로운 심증에 의하여 증거 등 기록에 나타난 자료를 주지관용의 기술로서 인정할 수 없다.

④ 행정소송의 일종인 심결취소소송에 직권주의가 가미되어 있다고 하더라도 여전히 변론주의를 기본 구조로 하는 이상, 심결의 위법을 들어 그 취소를 청구할 때에는 직권조사사항을 제외하고는 그 취소를 구하는 자가 위법사유에 해당하는 구체적 사실을 먼저 주장하여야 하고, 법원이 당사자가 주장하지도 않은 법률요건에 관하여 판단하는 것은 변론주의 원칙에 위배된다.

⑤ 심결취소소송은 항고소송에 해당하여 그 소송물은 심결의 실체적, 절차적 위법성 여부라 할 것이므로 당사자는 심결에서 판단되지 않은 처분의 위법사유도 심결취소소송 단계에서 주장·입증할 수 있고 심결취소소송의 법원은 특별한 사정이 없는 한 제한없이 이를 심리·판단하여 판결의 기초로 삼을 수 있다.

**18** 특허관련 국제조약에 관한 설명으로 옳은 것은?

① WTO/TRIPs 협정은 지식재산권의 보호에 관하여 최소한의 기준을 정하고 있으므로 국내입법이 이보다 더 강력하게 보호할 경우 WTO/TRIPs 협정 위반이 된다.

② 세계지식재산권기구(WIPO)의 특허법조약(PLT)은 특허실체법의 통일화를 꾀하기 위한 국제조약이다.

③ 부다페스트 조약에 따른 국제기탁기관은 정부, 지방자치단체, 정부투자기관 중 하나에 해당해야 한다.

④ WTO/TRIPs 협정은 파리협약과 달리 그 기본원칙 중 하나로서 최혜국대우원칙을 천명하고 있다.

⑤ 특허협력조약(PCT)에 의하여 세계 모든 국가에 효력이 미치는 단일의 국제특허를 취득하는 것이 가능하게 되었다.

**19** 특허소송에 관한 설명으로 옳은 것은? (다툼이 있으면 판례에 따름)

① 판결에 당사자가 주장한 사항에 대한 구체적·직접적인 판단이 표시되어 있지 않더라도 판결이유의 전반적인 취지에 비추어 그 주장을 인용하거나 배척하였음을 알 수 있는 정도라면 설령 실제로 판단을 하지 아니하였다고 하더라도 그 주장이 배척될 경우임이 분명한 때로서 판단누락의 위법이 있다.

② 특허출원인으로부터 특허를 받을 수 있는 권리를 양수한 특정승계인은 특허출원인변경신고를 하지 않은 상태에서는 그 양수의 효력이 발생하지 않아서 특허심판원의 거절결정불복심판심결에 대하여 취소의 소를 제기할 수 있는 당사자 등에 해당하지 아니하므로 그가 제기한 취소의 소는 부적법하다.

③ 고유필수적 공동소송이 아닌 사건에서 소송 도중에 당사자를 추가하는 것은 허용될 수 없으나, 동일한 특허권에 관하여 2명 이상의 자가 공동으로 특허의 무효심판을 청구하여 승소한 경우 그 특허권자가 제기할 심결취소소송은 심판청구인 모두를 상대로 제기하여야만 하는 고유필수적 공동소송이라고 할 수 있으므로 해당 소송에서 당사자의 변경을 가져오는 당사자 추가신청은 예외적으로 허용될 수 있다.

④ 특허침해소송이 계속 중이어서 그 소송에서 특허권의 효력이 미치는 범위를 확정할 수 있으므로 침해소송과 별개로 청구된 권리범위확인심판의 심판청구의 이익은 부정된다.

⑤ 특허청이 출원발명에 대한 최초의 거절이유 통지부터 출원거절의 심결을 내릴 때까지 출원발명의 진보성을 문제삼았을 뿐이고 출원인에게 출원발명의 신규성이 없다는 이유로 의견서 제출통지를 하여 그로 하여금 명세서를 보정할 기회를 부여하지 않았더라도 법원이 출원발명의 요지가 신규성이 없다는 이유로 심결을 유지할 수 있다.

**20** 특허에 관한 설명으로 옳지 <u>않은</u> 것은? (다툼이 있으면 판례에 따름)

① 심판장은 심판에서 필요하면 직권 또는 당사자의 신청에 따라 그 심판사건과 관련되는 특허취소신청에 대한 결정 또는 다른 심판의 심결이 확정되거나 소송절차가 완결될 때까지 그 절차를 중지할 수 있다.

② 특허권의 존속기간 연장등록결정이 있는 경우 특허청장은 특허권 존속기간의 연장을 특허원부에 등록하여야 한다.

③ 특허권자는 고의 또는 과실로 자기의 특허권을 침해당한 경우 그 침해로 인하여 입은 손해의 배상을 청구할 수 있으며, 이때 특허권을 침해한 자가 그 침해행위로 인하여 얻은 이익액을 특허권자가 입은 손해액으로 추정할 수 있다.

④ 법원은 제187조(피고적격) 단서에 따른 소에 관하여 소송절차가 완결되었을 때에는 지체 없이 그 사건에 대한 각 심급(審級)의 재판서 정본을 특허심판원장에게 보내야 한다.

⑤ 무효심판의 심결 후에 청구범위가 정정되었다고 하더라도 심결취소소송에서 특허법원이 정정된 청구범위를 심결의 기초로 하여 특허발명에 무효사유가 존재하는지 여부를 판단할 수 있고 청구항이 정정으로 삭제되었더라도 심결의 취소를 구할 법률상의 이익은 여전히 존재한다고 봄이 타당하다.

**21** 상표법 제34조(상표등록을 받을 수 없는 상표)에 관한 설명으로 옳지 <u>않은</u> 것은?

① 저명한 연예인 이름, 연예인 그룹 명칭, 스포츠선수 이름, 기타 국내외 유명 인사 등의 이름이나 이들의 약칭을 포함하는 상표를 출원한 경우에는 지정 상품과 관계없이 제34조 제1항 제6호를 적용한다.

② 제34조 제1항 제2호는 저명한 고인과의 관계를 거짓으로 표시하거나 비방 또는 모욕하거나 평판을 나쁘게 할 우려가 있는 경우에 적용한다.

③ 저명한 고인과의 관계를 거짓으로 표시하는 것이 아니라도 지정상품과의 관계를 고려할 때 저명한 고인과 관련 있는 것으로 오인·혼동을 일으킬 염려가 있는 경우에는 제34조 제1항 제12호를 적용한다.

④ 현존하는 저명한 공익법인의 명칭 또는 약칭이나 이를 포함하는 상표에 대해서는 제34조 제1항 제6호를 적용한다.

⑤ 저명한 고인의 성명을 정당한 권리자의 동의없이 출원하여 그 명성에 편승하려는 경우 제34조 제1항 제2호가 적용된다.

**22** 부분거절제도에 관한 설명으로 옳은 것을 모두 고른 것은?

ㄱ. 부분거절제도란 상표등록출원의 지정상품 중 일부에 거절이유가 있는 경우 해당 거절이유가 있는 지정상품에 대하여만 상표등록거절결정을 하여 나머지 지정상품에 대하여는 상표등록을 받을 수 있도록 하는 것으로, 이 제도의 도입으로 인하여 해당 상품을 분할출원하지 않더라도 거절이유 없는 지정상품에 대한 조기등록이 가능하다.

ㄴ. 상표등록출원의 일부 지정상품에 대하여만 상표등록거절결정을 받은 경우에는 그 일부 지정상품에 대하여 재심사청구가 가능하다.

ㄷ. 일부 지정상품에 거절이유가 있는 경우 거절이유가 없는 지정상품에 대하여 먼저 출원공고결정을 거쳐 상표등록결정을 할 수 있다.

ㄹ. 부분거절제도는 국제상표등록출원에도 그 적용이 있다.

① ㄱ, ㄴ
② ㄱ, ㄷ
③ ㄱ, ㄹ
④ ㄴ, ㄷ
⑤ ㄴ, ㄹ

**23** 마드리드 의정서에 관한 설명으로 옳지 <u>않은</u> 것은?

① 마드리드 의정서에 의한 국제출원(지리적 표시 단체표장을 포함)은 기초출원이나 기초등록된 상표견본을 기초로 출원을 해야 하고, 상표의 부기적(附記的)인 부분의 삭제에 해당되는 경우에는 지정국에서 상표 견본의 보정이 허용된다.

② 국제상표등록출원에 대해서는 업무표장에 관한 규정을 적용하지 아니한다.

③ 마드리드 의정서에 의한 국제상표등록출원을 통해 지리적 표시 단체표장 및 지리적 표시 증명표장의 등록을 받고자 하는 자는 국제등록일(사후지정의 경우에는 사후지정일) 또는 보정통지를 받은 날로부터 3개월 이내에 그 취지를 기재한 서류와 지리적 표시의 정의에 합치함을 입증할 수 있는 서류를 정관 또는 규약과 함께 제출하여야 한다.

④ 국제출원서와 그 출원에 필요한 서류는 특허청장에게 도달한 날부터 그 효력이 발생하며, 우편으로 제출된 경우에도 예외 없이 동일하다.

⑤ 국제등록의 명의인은 국제등록된 지정국을 추가로 지정하려는 경우에는 산업통상자원부령으로 정하는 바에 따라 특허청장에게 사후지정을 신청할 수 있다.

**24** 상표의 유사판단에 관한 설명으로 옳지 <u>않은</u> 것은? (다툼이 있으면 판례에 따름)

① 상표의 유사여부는 반드시 상품출처의 오인·혼동 가능성이 있는지 여부를 고려하여 판단하여야 한다.

② 상표의 유사여부의 관찰방법은 전체적, 객관적, 이격적 관찰을 원칙으로 하되 상표 구성 중 인상적인 부분(요부)이 있는 경우 이에 대하여 중점적으로 비교하는 것으로 하며, 이 경우 소리·냄새 등은 같은 유형의 상표 간에 시각적 표현을 기준으로 유사여부를 비교하여 판단한다.

③ 두 개의 상표를 직접 놓고 대비할 때에는 구성요소가 다른 점이 있다고 하더라도, 때와 장소를 달리하여 관찰했을 때 경험칙상 서로 출처의 오인·혼동이 일어나는 경우에는 유사한 상표로 보아야 한다.

④ 상표의 유사여부는 그 상표가 사용될 지정상품의 주된 수요계층과 기타 그 상품의 거래실정을 고려하여 일반수요자의 주의력을 기준으로 판단하여야 한다.

⑤ 등록상표의 구성 중 식별력 없는 일부분이 등록 전 사용에 의한 식별력을 취득한 경우에는 그 부분은 사용상품과 유사한 상품에 관하여 상표유사 판단의 요부가 될 수 있다.

**25** 상표의 식별력에 관한 설명으로 옳지 **않은** 것은?

① 일반적으로 상표법 제33조(상표등록의 요건) 제1항 제1호·제2호·제3호는 「상품과 관련」하여 식별력 유무를 판단하여야 한다.

② 보통명칭에 다른 식별력 있는 문자나 도형 등이 결합되어 있어 전체적으로 식별력을 인정한 경우에도 당해 지정상품과 관련하여 상품에 대한 오인·혼동의 우려가 있을 때에는 지정상품의 범위를 그 보통명칭과 관련된 것에 한정하도록 제34조(상표등록을 받을 수 없는 상표) 제1항 제12호를 적용한다.

③ 상표법 제33조(상표등록의 요건) 제1항 제1호 내지 제3호를 이유로 거절결정을 하는 경우에는 지정상품 전부에 대하여 거절결정을 하여야 한다.

④ 출원 상표가 상표법 제33조(상표등록의 요건) 제1항 각 호의 식별력 요건을 갖추고 있는지 여부에 대한 판단의 기준시점은 원칙적으로 상표등록여부결정을 할 때이다.

⑤ 홀로그램상표의 경우 제출된 상표견본과 상표에 대한 설명을 통하여 특정되는 전체적인 외관이 지정상품의 품질, 원재료, 용도 등의 성질을 직접적으로 나타낸다고 인정되는 경우 상표법 제33조(상표등록의 요건) 제1항 제3호를 적용한다.

**26** 상표권의 침해 및 그 구제에 관한 설명으로 옳지 **않은** 것은? (다툼이 있으면 판례에 따름)

① 고의적으로 상표권자 또는 전용사용권자의 등록상표와 동일·유사한 상표를 그 지정상품과 동일·유사한 상품에 사용하여 상표권 또는 전용사용권을 침해한 자에 대하여 상표법 제110조(손해액의 추정 등) 제1항부터 제6항까지의 규정에 따라 손해로 인정된 금액의 3배를 넘지 아니하는 범위에서 배상액을 정할 수 있도록 법원에 권한을 부여하고 있다.

② 상표권의 침해가 계속적으로 행하여지는 결과 손해도 역시 계속적으로 발생하는 경우에 그 침해로 인한 손해배상청구권의 소멸시효는 정책적인 이유에 의하여 최초로 손해가 발생한 때부터 일괄적으로 진행되는 것으로 본다.

③ 상표권자가 상표법 제109조(손해배상의 청구)에 따른 손해배상을 청구하는 대신에 상표법 제111조(법정손해배상의 청구)에 따른 손해배상을 청구하는 경우에 법원은 변론 전체의 취지와 증거조사의 결과를 고려하여 상당한 손해액을 인정할 수 있다.

④ 상표법은 제222조(등록상표의 표시)에 따라 등록상표임을 표시한 타인의 상표권을 침해한 자는 그 침해행위에 대하여 그 상표가 이미 등록된 사실을 알았던 것으로 추정한다.

⑤ 상표권자가 상표권을 목적으로 하는 질권설정 이전에 지정상품에 관하여 그 등록상표를 사용하고 있는 경우에는 그 상표권이 경매에 의하여 이전되더라도 지정상품 중 사용하고 있는 상품에 한정하여 사용하는 경우에는 상표권 침해가 되지 않는다.

**27** 상표법 제119조(상표등록의 취소심판)에 관한 설명으로 옳은 것은? (다툼이 있으면 판례에 따름)

① 통상사용권자가 지정상품 또는 이와 유사한 상품에 등록상표 또는 이와 유사한 상표를 사용함으로써 수요자에게 상품의 품질을 오인하게 한 경우에 상표등록취소심판을 청구하려면 통상사용권자의 고의가 필요하다.

② 전용사용권자가 등록상표를 변형하여 실제로 사용한 경우에만 제119조 제1항 제2호에 따른 상표등록취소심판이 가능하다.

③ 지리적 표시 단체표장 등록출원의 경우에 그 소속 단체원의 가입에 관하여 정관에 의하여 단체의 가입을 금지하였지만, 상표등록취소심판의 청구 이후에 정관을 변경하여 그 소속 단체원의 가입을 허용하였다면 취소사유에 영향을 미친다.

④ 증명표장권자가 사용을 허락받은 자에 대한 감독에 상당한 주의를 하지 않아 증명표장의 사용허락을 받은 자가 정관을 위반하여 타인에게 사용하게 한 경우에는 누구든지 증명표장의 상표등록취소심판을 청구할 수 있다.

⑤ 특허청장은 상표등록취소심판이 청구된 경우에는 그 취지를 해당 상표권의 전용사용권자와 그 밖에 상표에 관한 권리를 등록한 자에게 통지하여야 한다.

**28** 상표법에 관한 설명으로 옳은 것은? (다툼이 있으면 판례에 따름)

① 상표법 제92조(타인의 디자인권 등과의 관계)에서 등록상표가 그 상표등록출원일 전에 발생한 타인의 저작권과 저촉되는 경우에 지정상품 중 저촉되는 지정상품에 대한 상표의 사용은 저작권자의 동의없이 그 등록상표를 사용할 수 없기 때문에 저작권자와 관계없는 제3자가 등록된 상표를 무단으로 사용하는 경우에 상표권자는 그 사용금지를 청구할 수 없다.

② 상표법 제47조(출원 시의 특례)에 따라 상표등록을 받을 수 있는 자가 조약당사국이 가입된 국제기구가 개최하는 국제박람회에 출품한 상품에 사용한 상표를 그 출품을 한 때에 그 상표등록 출원한 것으로 하기 위해서는 그 취지를 적은 상표등록출원서와 이를 증명할 수 있는 서류를 상표등록출원일부터 3개월 이내에 특허청장에게 제출하여야 한다.

③ 확정된 심결에 대하여 재심을 청구하는 경우에 당사자는 심결 확정 후 재심 사유를 안 날부터 90일 이내에 재심을 청구하여야 한다.

④ 상표권에 관하여 전용사용권이 설정된 경우 이로 인하여 상표권자의 상표의 사용권이 제한받게 되지만, 제3자가 그 상표를 정당한 법적 권한 없이 사용하는 경우에는 그 상표권자는 그 상표권에 기하여 제3자의 상표의 사용에 대한 금지를 청구할 수 있다.

⑤ 상표법상 손실보상청구권은 출원인의 서면경고가 필수이고, 상대방인 제3자에게 이익이 발생한 경우에만 손실에 상당하는 보상금의 지급을 받을 수 있다.

**29** 상표권의 존속기간갱신에 관한 설명으로 옳은 것은?

① 상표법 제84조(존속기간갱신등록신청) 제2항에 따른 기간에 존속기간갱신등록신청을 하면 갱신등록이
되기 전이라고 하더라도 상표권의 존속기간이 갱신된 것으로 본다.

② 상표권의 공유자 중 일부가 그 지분권을 포기하였으나 그 포기가 등록되지 않은 경우에, 나머지 상표권
의 공유자들이 존속기간갱신등록신청을 하여 상표권이 갱신된 경우에는 존속기간갱신등록무효심판의
대상이 된다.

③ 상표권의 전용사용권자는 상표권의 이해관계자로 상표권자가 존속기간갱신등록신청을 하지 않는 경우
에 상표권자 대신에 상표권의 존속기간갱신등록신청을 할 수 있다.

④ 상표권 존속기간갱신등록이 상표법 제84조(존속기간갱신등록신청) 제2항에 따른 존속기간갱신등록 신
청서를 제출해야 하는 기간에 제출하지 않은 경우에 상표권 존속기간 갱신등록이 되면 당연무효에 해당
하므로 이해관계인은 제척기간에 관계없이 존속기간갱신등록의 무효심판을 청구할 수 있다.

⑤ 존속기간갱신등록은 원등록(原登錄)의 효력이 끝나는 날부터 효력이 발생한다.

**30** 상표법 제99조(선사용에 따른 상표를 계속 사용할 권리)에 관한 설명으로 옳지 <u>않은</u> 것은? (다툼이 있으
면 판례에 따름)

① 제1항에 따른 선사용권은 엄격한 선출원주의 운영에 따른 문제점을 보완하여 사용주의와 선출원주의를
조화시킴으로써 상표의 정당한 선사용자를 보호하기 위한 것이다.

② 상표권자는 제1항에 따라 상표를 사용할 권리를 가지는 자에게 그 자의 상품과 자기의 상품 간에 출처의
오인이나 혼동을 방지하는 데 필요한 표시를 할 것을 청구할 수 있지만, 제2항에 따라 상표를 사용할
권리를 가지는 자에게는 이러한 표시를 할 것을 청구할 수 없다.

③ 제1항에 따른 선사용권은 법정통상사용권이므로 상속과 같은 일반승계 또는 영업양도에 의하여 타인에
게 이전되지 않는다.

④ 제2항에 따른 선사용권은 부정경쟁의 목적 없이 타인의 상표등록출원 전부터 국내에서 계속하여 사용
하고 있어야 한다.

⑤ 제1항에 따른 선사용권은 상표를 사용한 결과 타인의 상표설정등록 시가 아니라, 상표등록출원 시에
국내 수요자 간에 그 상표가 특정인의 상품을 표시하는 것이라는 인식이 필요하다.

**31** 디자인보호법에 관한 설명으로 옳은 것은?

① 피성년후견인의 법정대리인은 후견감독인의 동의 없이 상대방이 청구한 디자인일부심사등록 이의신청에 대한 절차를 밟을 수 있다.

② 조약에 의한 우선권주장을 위해서는 우선권 주장의 기초가 되는 최초의 출원일로부터 6개월 이내에 대한민국에 출원해야 하며, 정당한 사유로 그 기간을 지키지 못한 경우에는 그 사유의 종료일부터 2개월 이내에 출원해야 한다.

③ 이해관계인의 디자인등록무효심판청구에 대응하기 위하여 디자인권자는 정정심판제도를 활용할 수 있다.

④ 제43조(비밀디자인)에 따른 비밀디자인 청구를 한 후 출원공개신청을 하였다면 그 비밀청구는 철회된 것으로 추정한다.

⑤ 디자인권이 국가에 속하여 등록료가 면제된 경우, 비밀디자인 청구는 디자인등록출원을 한 날부터 디자인등록결정의 등본을 받는 날까지 할 수 있다.

**32** 디자인보호법령상 관련디자인제도에 관한 설명으로 옳은 것을 모두 고른 것은?

ㄱ. 기본디자인의 디자인등록출원일로부터 3년 이내에 디자인등록출원된 경우에 한하여 관련디자인으로 디자인등록을 받을 수 있다.

ㄴ. 관련디자인의 등록요건을 규정한 법 제35조(관련디자인) 제1항에 위반하면 디자인등록거절사유 및 정보제공사유에 해당되며, 착오로 등록된 경우에는 무효심판청구사유에 해당된다.

ㄷ. 기본디자인과 유사하지 않은 디자인을 관련디자인으로 디자인등록출원한 경우 변경출원제도를 이용하여 단독의 디자인등록출원으로 그 형식을 변경할 수 있다.

ㄹ. 기본디자인의 디자인권에 전용실시권이 설정되어 있는 경우에도 그 기본디자인에 관한 관련디자인에 대하여 디자인등록을 받을 수 있다.

ㅁ. 기본디자인의 디자인권이 취소, 포기 또는 무효심결 등으로 소멸하였다면 그 기본디자인에 관한 2 이상의 관련디자인의 디자인권은 각기 다른 자에게 이전될 수 있다.

① ㄱ, ㄴ

② ㄷ, ㅁ

③ ㄴ, ㄷ, ㄹ

④ ㄱ, ㄴ, ㄷ, ㅁ

⑤ ㄴ, ㄷ, ㄹ, ㅁ

**33** 디자인보호법 제61조(우선심사) 제1항 제2호에서 규정하는 긴급하게 처리할 필요가 있다고 인정되는 경우에 우선심사대상이 되는 출원이 <u>아닌</u> 것은?

① 방위산업 분야의 디자인등록출원
② 4차 산업혁명과 관련된 기술을 활용한 디자인등록출원
③ 조약 당사국에의 디자인등록출원을 기초로 우리나라에 우선권주장 출원을 한 디자인등록출원
④ 특허청장이 외국 특허청장과 우선심사하기로 합의한 디자인등록출원
⑤ 디자인등록출원인이 디자인의 실시를 준비 중인 디자인등록출원

**34** 디자인에 관한 판례의 설명으로 옳지 <u>않은</u> 것은?

① 대비되는 디자인의 대상 물품들이 다 같이 그 기능 내지 속성상 사용에 의하여 당연히 형태의 변화가 일어나는 경우에 그 디자인의 유사 여부는 형태의 변화 전후에 따라 서로 같은 상태에서 각각 대비한 다음 이를 전체적으로 판단한다.
② 글자체 디자인은 다른 디자인의 유사성 판단과 달리 출원디자인이 비교대상디자인과 지배적인 특징이 유사하더라도 세부적인 점에 다소 차이가 있다면 유사하지 않다고 판단한다.
③ 등록디자인 A와 비교대상디자인 B가 보는 방향에 따라 느껴지는 미감이 같기도 하고 다르기도 할 경우에는 그 미감이 같게 느껴지는 방향으로 두고 이를 대비하여 유사여부를 판단한다.
④ 양 디자인이 상·하부 원호 형상의 기울기의 정도, 좌우 양측 면의 폭의 넓이 등의 세부적인 점에 있어서 서로 차이가 있다고 하더라도, 이러한 차이점은 당해 물품을 자세히 볼 때에만 비로소 인식할 수 있는 미세한 차이에 불과하여 전체적인 심미감에 큰 영향을 미칠 수 없다.
⑤ 등록디자인에 대한 등록무효심결이 확정되기 전이라고 하더라도 등록디자인이 공지디자인 등에 의하여 용이하게 창작될 수 있어 그 디자인등록이 무효심판에 의하여 무효로 될 것임이 명백한 경우에는 디자인권에 기초한 침해금지 또는 손해배상 등의 청구는 특별한 사정이 없는 한 권리남용에 해당하여 허용되지 아니한다.

**35** 로카르노 협정에 따른 물품류 중 디자인일부심사등록출원으로만 출원해야 하는 것으로 묶인 것은?

① 제1류(식품), 제4류(브러시 제품)
② 제2류(의류 및 패션잡화 용품), 제6류(가구 및 침구류)
③ 제5류(섬유제품, 인조 및 천연 시트직물류), 제26류(조명기기)
④ 제9류(물품 운송·처리용 포장 및 용기), 제17류(악기)
⑤ 제11류(장식용품), 제19류(문방구, 사무용품, 미술재료, 교재)

**36** 디자인등록출원 심사절차에 관한 설명으로 옳은 것은?

① 심사관은 국제디자인등록출원서에 적힌 사항이 명백한 오기인 경우 직권보정할 수 있다.

② 출원인이 직권보정의 전부 또는 일부를 받아들일 수 없다는 의견서를 제출한 경우에는 직권보정은 처음부터 없었던 것으로 보아 디자인등록결정이 확정된다.

③ 디자인등록이 결정된 물품이 산업통상자원부령에 따라 디자인일부심사등록출원을 할 수 없는 물품이 명백한 경우, 심사관은 직권으로 등록결정을 취소하고 다시 심사할 수 있다.

④ 등록결정 이전에 통지했던 거절이유로 직권재심사를 통해 재차 거절통지하고자 할 경우에도 거절이유를 다시 통지하여 의견서 제출기회를 주어야 한다.

⑤ 디자인일부심사등록 이의신청 시, 심사관은 이의신청인이 주장하지 아니한 이유나, 신청하지 아니한 등록디자인에 대해서도 필요한 경우 직권으로 심사할 수 있다.

**37** 디자인 A가 디자인보호법 제36조(신규성 상실의 예외)에 해당하지 않는 경우는? (다툼이 있으면 판례에 따름)

① 甲은 스스로 자신의 디자인 a와 디자인 b를 순차적으로 공지한 이후에, 디자인 a의 공지일로부터 12개월 이내에 디자인 a와 디자인 b를 결합한 디자인 A를 출원하면서, 디자인 a와 디자인 b에 대하여 각각 신규성 상실의 예외를 주장하였다.

② 甲의 디자인 A 출원 전에, 유사한 디자인이 적용된 물품이 제3자에 의하여 SNS상에 소개되자, 甲은 그로부터 3개월 후 디자인 A를 출원하면서, 해당 영상에 대하여 자신이 창작자라는 객관적 증거제시 등을 하면서 신규성 상실의 예외를 주장하였다.

③ 甲은 2020.1.5. 자신의 디자인 A를 최초 공지하고 2020.3.6. 디자인 A와 동일성이 인정되는 범위 내에 있는 디자인 A1과 디자인 A2를 동시에 공개하였다. 甲은 2020.8.10. 디자인 A를 출원하면서, 가장 먼저 공지된 디자인에 대해서만 신규성 상실의 예외를 주장하였고 출원된 디자인 A는 등록되었다. 이후 乙은 甲을 상대로 디자인 A2에 의하여 등록디자인 A의 신규성이 인정되지 않는다고 주장하며 등록무효심판을 청구하였다.

④ 甲은 디자인 A를 출원할 당시 신규성 상실의 예외를 주장하지 않았지만, 출원 후 디자인등록여부결정 직전에 신규성 상실의 예외의 취지를 적은 서면과 이를 증명할 수 있는 서류를 특허청장에게 제출하였다.

⑤ 甲은 자신의 디자인 A를 인터넷상에 2020.2.6. 공지한 후, 2021.1.25. 미국특허청에 디자인등록 출원하였고 미국출원디자인을 기초로 조약우선권을 주장하며 2021.3.15. 대한민국에 디자인등록출원을 하였다.

**38** 디자인보호법령상 등록디자인 A의 공유 디자인권자는 甲, 乙, 丙이고 丁은 丙의 채권자인 경우 허용되지 <u>않는</u> 행위는? (단, 지분은 균분으로 하고 그 외 특약은 없다. 다툼이 있으면 판례에 따름)

① 丙은 甲, 乙의 동의 없이 등록디자인 A의 유사디자인을 이용하여 상품을 제작하여 판매하였다.

② 乙은 丙에 대하여 등록디자인 A의 공유지분에 무효사유가 있다며 丙의 공유지분만의 무효심판을 청구하였다.

③ 甲은 등록디자인 A를 무효로 하는 심결이 내려지자, 단독으로 심결취소소송을 제기하였다.

④ 丁은 丙의 공유지분에 대하여 甲, 乙의 동의서와 함께 압류명령을 신청하였다.

⑤ 甲은 자신의 공유지분을 제3자에게 양도하기 위하여 乙과 丙에 대하여 공유물분할청구를 하였고, 경매에 따른 대금분할을 받았다.

**39** 디자인보호법 제33조 제3항(확대된 선출원)이 적용되지 <u>않는</u> 것은? (다툼이 있으면 판례에 따름)

① 甲의 선출원이 완성품에 대한 전체디자인이고, 乙의 후출원이 그 완성품 일부에 대한 부분디자인인 경우

② 甲의 선출원이 부분디자인이고, 乙의 후출원이 선출원의 부분디자인의 실선 또는 파선에 포함되는 부분디자인인 경우

③ 甲의 선출원은 형상과 색채의 결합디자인이고, 乙의 후출원은 형상만의 디자인인 경우

④ 甲의 선출원이 한 벌의 물품 디자인이고, 乙의 후출원이 그 한 벌 물품의 구성물품의 부분디자인인 경우

⑤ 甲의 선출원 디자인의 물품과 乙의 후출원 디자인의 물품이 서로 유사하지 않더라도 선출원 물품 디자인의 일부와 대비되는 후출원 디자인의 전체에 관한 물품의 용도 및 기능이 유사하고, 디자인도 유사한 경우

**40** 판례상 권리범위확인심판 청구가 부적법하여 각하되는 경우가 <u>아닌</u> 것은?

① 적극적 권리범위확인심판청구에서 심판청구인이 특정한 확인대상디자인과 피심판청구인이 실시하고 있는 디자인 사이에 동일성이 인정되지 않는 경우

② 소극적 권리범위확인심판 청구사건의 상고심 계속 중에 이 사건 등록디자인의 무효심결이 확정된 경우

③ 양 디자인이 이용관계에 있지 않은 경우 선등록 디자인권자가 후등록 디자인권자를 상대로 적극적 권리범위확인심판을 청구하는 경우

④ 심판청구인이 실제 자신이 사용하는 디자인이 아닌 다른 디자인에 대하여 소극적 권리범위확인심판을 청구하는 경우

⑤ 권리범위확인심판청구에서 확인대상디자인의 특정이 미흡하여 특허심판원이 요지변경이 되지 않는 범위에서 보정을 명하는 조치를 하였으나, 여전히 특정이 불명확한 경우

○ 정답 및 해설 259p

**01** 신의성실의 원칙에 관한 설명으로 옳지 않은 것은? (다툼이 있으면 판례에 따름)

① 채권자는 물상보증인이 되려는 자에게 주채무자의 신용상태를 조사해서 고지할 신의칙상 의무를 부담한다.

② 병원은 입원환자의 휴대품 등의 도난을 방지함에 필요한 적절한 조치를 강구하여 줄 신의칙상 보호의무를 부담한다.

③ 숙박업자는 투숙고객에게 객실을 사용·수익하게 할 의무를 넘어서 고객의 안전을 배려하여야 할 신의칙상 보호의무를 부담한다.

④ 사적 자치의 영역을 넘어 공공질서를 위하여 공익적 요구를 선행시켜야 할 경우, 신의칙은 합법성의 원칙을 희생하여서라도 구체적 신뢰보호의 필요성이 인정되는 경우에 한하여 예외적으로 적용된다.

⑤ 어떤 법률관계가 신의칙에 위반되는지의 여부는 법원의 직권조사사항이다.

**02** 비법인사단 A의 유일한 이사인 대표이사 甲이 대표자로서의 모든 권한을 乙에게 포괄적으로 위임하여 乙이 실질적으로 A의 대표자로서 행위한 경우에 관한 설명으로 옳은 것을 모두 고른 것은? (다툼이 있으면 판례에 따름)

> ㄱ. 乙이 포괄적 수임인으로서 행한 대행행위의 효력은 원칙적으로 A에게 미친다.
> ㄴ. 乙이 A의 사무집행과 관련한 불법행위로 丙에게 손해를 입힌 경우, 丙은 A에게 법인의 불법행위책임에 따른 손해배상을 청구할 수 있다.
> ㄷ. 乙이 자신의 사익을 도모하기 위해 A의 사무를 처리하다가 丁에게 손해를 입힌 경우에는 법인의 불법행위책임에 있어서 직무관련성이 부정된다.
> ㄹ. 甲이 乙에게 대표자로서의 권한을 포괄적으로 위임하고 대표이사로서의 직무를 전혀 집행하지 않은 것은 그 자체로 이사의 선관주의의무에 위반하는 행위이다.

① ㄱ, ㄴ

② ㄱ, ㄷ

③ ㄴ, ㄹ

④ ㄷ, ㄹ

⑤ ㄱ, ㄴ, ㄷ, ㄹ

**03** 의사무능력자 甲은 자기 소유 X건물에 乙은행 앞으로 저당권을 설정해 주고 금원을 대출받아 곧바로 이를 丙에게 대여하였다. 이에 관한 설명으로 옳은 것을 모두 고른 것은? (다툼이 있으면 판례에 따름)

> ㄱ. 甲이 자신의 의사무능력을 이유로 乙과 체결한 저당권설정계약의 무효를 주장하는 것은 특별한 사정이 없는 한 신의칙에 반한다.
> ㄴ. 甲은 선의·악의를 불문하고 받은 이익이 현존하는 한도에서 乙에게 그 이익을 반환할 의무를 부담한다.
> ㄷ. 甲이 丙에 대한 부당이득반환채권을 乙에게 양도할 의무와 乙의 저당권등기말소의무는 동시이행관계에 있다.

① ㄱ
② ㄴ
③ ㄱ, ㄷ
④ ㄴ, ㄷ
⑤ ㄱ, ㄴ, ㄷ

**04** 주물과 종물에 관한 설명으로 옳은 것은? (다툼이 있으면 판례에 따름)

① 독립한 물건이라도 부동산은 종물이 될 수 없다.
② 주물의 점유로 인한 시효취득의 효력은 점유하지 않은 종물에도 미친다.
③ 주물에 대한 압류의 효력은 원칙적으로 종물에 미치지 않는다.
④ 주물 그 자체의 효용과 직접 관계가 없더라도 주물의 소유자의 상용에 공여되고 있는 물건은 종물이다.
⑤ 원본채권이 양도되는 경우, 특별한 의사표시가 없으면 이미 변제기에 도달한 이자채권은 함께 양도되지 않는다.

**05** 甲이 자신의 X건물을 乙에게 매도하는 계약을 체결하고 계약금 및 중도금을 수령하였으나 아직 소유권 이전등기를 마쳐주지 않았다. 이러한 사실을 알고 있는 丙이 甲의 배임행위에 적극적으로 가담하여 甲으로부터 X건물을 매수하고 소유권이전등기를 경료받았다. 이에 관한 설명으로 옳은 것을 모두 고른 것은? (다툼이 있으면 판례에 따름)

> ㄱ. 甲과 丙이 체결한 매매계약은 반사회적 법률행위로서 무효이다.
> ㄴ. 乙은 甲을 대위함이 없이 직접 丙에 대하여 그 소유권이전등기의 말소를 청구할 수 있다.
> ㄷ. 乙은 甲에 대한 소유권이전등기청구권을 보전하기 위하여 甲과 丙사이의 매매계약에 대하여 채권자취소 권을 행사할 수 있다.
> ㄹ. 丁이 丙을 소유권자로 믿고 丙으로부터 X건물을 매수하여 소유권이전등기를 마친 경우, 丁은 甲과 丙사이 의 매매계약의 유효를 주장할 수 있다.

① ㄱ

② ㄱ, ㄷ

③ ㄴ, ㄹ

④ ㄱ, ㄴ, ㄹ

⑤ ㄱ, ㄴ, ㄷ, ㄹ

**06** 의사표시에 관한 설명으로 옳지 <u>않은</u> 것은? (다툼이 있으면 판례에 따름)

① 상대방 있는 의사표시에 관하여 제3자가 표의자를 강박한 경우, 표의자는 상대방이 그 사실을 알았거나 알 수 있었을 경우에 한하여 강박에 의한 의사표시를 취소할 수 있다.

② 매매목적물에 하자가 있는 사실을 착오로 알지 못하고 매매계약을 체결한 매수인은 착오로 인한 의사표 시의 취소 요건을 갖추더라도 매도인의 하자담보책임이 성립하는 경우에는 착오를 이유로 그 계약을 취소할 수 없다.

③ 통정허위표시로 매매계약이 체결된 경우, 매도인이 그 계약상 채무를 이행하지 않더라도 매수인은 매도 인에게 채무불이행으로 인한 손해배상을 청구할 수 없다.

④ 경과실로 인한 착오로 의사표시를 한 자가 착오를 이유로 그 의사표시를 취소한 경우, 상대방은 이로 인해 손해를 입더라도 표의자에게 불법행위로 인한 손해배상을 청구할 수 없다.

⑤ 상대방이 표의자의 착오를 알고 이용한 경우에는 착오가 표의자의 중대한 과실로 인한 것이더라도 표의 자는 착오를 이유로 의사표시를 취소할 수 있다.

**07** 의사표시의 효력발생에 관한 설명으로 옳지 <u>않은</u> 것은? (다툼이 있으면 판례에 따름)

① 상대방 있는 의사표시는 원칙적으로 상대방에게 도달되어야 효력이 발생한다.

② 청약자가 청약의 의사표시를 발송한 후 사망한 경우에도 그 의사표시의 효력에 영향을 미치지 아니한다.

③ 적법하게 성립된 매매에 관하여 해제사유가 발생한 경우, 해제의 의사가 상대방 당사자의 미성년 자(子)에게 도달하면 그 즉시 해제의 효력이 발생한다.

④ 상대방이 부당하게 등기취급 우편물의 수취를 거부함으로써 우편물의 내용을 알 수 있는 객관적 상태의 형성을 방해한 것이 신의성실의 원칙에 반한다고 인정되는 경우, 수취 거부 시에 의사표시의 효력이 생긴 것으로 보아야 한다.

⑤ 의사표시가 담긴 우편물이 상대방의 집에 도달하자 가사도우미가 수취한 후 개봉하지 않은 채 식탁 위에 두었는데, 그 즈음 우연히 그 집을 방문한 의사표시자가 그 미개봉된 우편물을 회수하여 가지고 간 경우, 그 의사표시가 도달한 것으로 볼 수 없다.

**08** 복대리에 관한 설명으로 옳지 <u>않은</u> 것은? (다툼이 있으면 판례에 따름)

① 법정대리인은 원칙적으로 부득이한 사유가 있는 때에 한하여 복임권이 있다.

② 법정대리인이 부득이한 사유로 복대리인을 선임한 경우, 법정대리인은 그 선임감독에 관한 책임이 있다.

③ 임의대리인에게는 원칙적으로 복대리인을 선임할 권한이 없다.

④ 임의대리인이 본인의 승낙을 얻어 복대리인을 선임한 경우, 임의대리인은 그 선임감독에 관한 책임이 있다.

⑤ 임의대리의 목적인 법률행위의 성질상 대리인 자신에 의한 처리가 필요하지 아니한 경우, 본인이 복대리 금지의 의사를 명시하지 아니하는 한 복대리인의 선임에 관하여 묵시적인 승낙이 있는 것으로 보는 것이 타당하다.

**09** 제한능력자가 아닌 甲이 乙의 대리인이라고 하면서 丙에게 乙의 부동산을 3억 원에 매도하는 계약을 체결하고 丙으로부터 계약금 3천만 원을 수령하였다. 그 계약에는 '쌍방이 계약을 불이행하는 경우 계약금을 손해배상금으로 한다'는 위약금 약정이 있었다. 그러나 乙은 甲에게 대리권을 수여한 바가 없다. 이에 관한 설명으로 옳지 <u>않은</u> 것은? (다툼이 있으면 판례에 따름)

① 乙이 위 계약을 적법하게 추인하면, 丙은 甲을 상대로 계약상의 책임이나 무권대리인의 책임을 일절 물을 수 없다.

② 乙이 甲에게 추인의 의사표시를 한 경우, 丙은 乙의 추인 사실을 몰랐다면 계약당시 乙의 무권대리사실에 관하여 선의인 때에 한하여 위 계약을 철회할 수 있다.

③ 乙이 추인을 거절한 경우, 丙은 무권대리사실에 관하여 선의·무과실이라면 甲에게 과실이 없더라도 甲을 상대로 무권대리인으로서의 책임을 추궁할 수 있다.

④ 甲이 무권대리인으로서 책임을 부담하는 경우, 丙은 위 계약에서의 위약금 조항의 효력을 주장할 수 있다.

⑤ 만일 丙이 丁에게 위 부동산을 매도한 경우, 乙이 丁에게만 추인의 의사를 표시하면 추인의 효력은 발생하지 아니한다.

**10** 취소에 관한 설명으로 옳은 것은? (다툼이 있으면 판례에 따름)

① 미성년자가 체결한 계약이 법정대리인의 동의없음을 이유로 취소할 수 있는 경우, 계약당사자인 미성년자는 단독으로 그 계약을 취소할 수 없다.

② 계약을 체결할 수 있는 권한만을 가진 임의대리인이 상대방의 사기로 계약을 체결한 경우, 그 임의대리인은 그 계약을 취소할 수 있다.

③ 미성년자인 임의대리인이 계약을 체결한 경우, 본인은 미성년자에 의한 대리행위라는 이유로 취소할 수 있다.

④ 전세권자의 사기에 의해 건물에 전세권이 설정되고 그 건물이 양도된 경우, 건물양수인은 전세권자의 사기를 이유로 전세권 설정 계약을 취소할 수 있다.

⑤ 미성년자가 단독으로 발급받은 신용카드를 이용하여 구입한 물품의 대금을 성년자가 되어 이의없이 결제한 후에도 그 물품구입계약을 미성년자의 행위임을 이유로 취소할 수 있다.

**11** 부동산 거래신고 등에 관한 법률에 따른 토지거래허가구역 내에 존재하는 토지에 대하여 매도인 甲과 매수인 乙사이에 허가를 전제로 하여 매매계약이 체결되었으며 계약 당시 乙은 甲에게 계약금을 지급하였다. 이에 관한 설명으로 옳은 것은? (다툼이 있으면 판례에 따름)

① 乙은 甲을 상대로 허가가 나오는 것을 조건으로 하여 잔금과 상환으로 이전등기를 해 달라고 청구할 수 있다.

② 허가가 나오기 전이라도 甲은 乙이 잔금기일에 잔금을 지급하지 않았다는 것을 이유로 위 계약을 해제할 수 있다.

③ 위 계약이 확정적으로 무효가 된 경우, 그에 관해 귀책사유가 있는 당사자도 계약의 무효를 주장할 수 있다.

④ 거래허가를 신청하기 전에는 乙의 기망행위로 위 계약을 체결하였더라도 甲은 그 계약을 취소할 수 없다.

⑤ 만일 계약 당시 합의에 따라 계약금을 乙이 丙에게 지급하였는데 그 후 위 계약이 확정적으로 무효가 된 경우, 특별한 사정이 없는 한 乙은 丙을 상대로 지급한 계약금 상당액의 반환을 청구할 수 있다.

**12** 소멸시효 중단사유에 관한 설명으로 옳지 않은 것은? (다툼이 있으면 판례에 따름)

① 채권자가 채무자에게 등기우편으로 이행청구를 한 경우, 법에서 정한 후속수단을 취하지 않으면 그 이행청구만으로는 시효가 중단되지 않는다.

② 채권자가 채무자를 상대로 제기한 소송에서, 피고인 채무자에게 소송서류가 송달된 적이 없는 상태에서 판결이 선고되더라도 시효중단의 효력은 있다.

③ 채무자가 채권자를 상대로 채무부존재확인소송을 제기하여 채권자가 이를 적극적으로 다툰 경우, 그 소가 법원에 접수된 때부터 시효중단의 효력이 인정된다.

④ 채권양수인이 채무자를 상대로 소를 제기하였다가 채무자에 대한 양도통지가 없었다는 이유로 청구가 기각되어 확정된 후, 양도통지를 하고 그 확정된 때로부터 6개월 내에 다시 소를 제기한 경우, 시효중단의 효력은 전소(前訴)제기 시로 소급하여 발생한다.

⑤ 채권자가 연대채무자의 1인에 대하여 가압류를 한 경우, 다른 연대채무자의 채무에 대해서는 시효가 중단되지 않는다.

**13** 부동산소유권의 변동을 위해 등기를 요하는 것을 모두 고른 것은? (다툼이 있으면 판례에 따름)

ㄱ. 甲이 자기 소유의 X토지를 친구 乙에게 사인증여한 후, 甲이 사망하여 乙이 X토지를 취득하는 경우
ㄴ. 甲·乙·丙 3인으로 구성된 조합에서 甲이 X토지에 관한 합유지분을 포기하여 그의 지분이 乙과 丙에게 균분으로 귀속하는 경우
ㄷ. 甲이 X토지에 관해 乙에게 소를 제기하여 법원으로부터 '乙은 甲에게 2023.2.1.자 매매계약을 원인으로 한 X토지의 소유권이전등기절차를 이행하라'는 확정판결을 받아 이에 기해 甲이 소유권을 취득하는 경우
ㄹ. 甲 소유의 X토지를 乙이 20년간 소유의 의사로 평온·공연하게 점유하여 점유취득시효의 요건이 완성되어 乙이 소유권을 취득하는 경우

① ㄱ, ㄴ
② ㄱ, ㄷ
③ ㄷ, ㄹ
④ ㄴ, ㄷ, ㄹ
⑤ ㄱ, ㄴ, ㄷ, ㄹ

**14** 선의취득에 관한 설명으로 옳지 <u>않은</u> 것은? (다툼이 있으면 판례에 따름)

① 명인방법에 의하여 공시되는 수목의 집단 중 토지로부터 분리된 수목은 선의취득의 대상이 될 수 있다.
② 무권리자로부터 연립주택의 입주권을 평온·공연하게 선의·무과실로 매수하더라도 매수인은 입주권에 관한 선의취득을 주장할 수 없다.
③ 법정대리인의 동의를 받지 않은 미성년자로부터 타인 소유의 자전거를 선의로 매수한 자는 그 미성년자가 제한능력을 이유로 매매계약을 취소하더라도 선의취득에 기해 그 자전거의 소유권을 취득한다.
④ 甲 소유의 발전기를 임차하여 공장에서 사용 중인 乙이 발전기의 소유자를 乙로 오신한 丙에게 그 발전기를 매도함과 동시에 이를 丙으로부터 임차하여 점유의 이전없이 공장에서 계속 사용하고 있는 경우, 丙은 발전기의 소유권을 선의취득 할 수 없다.
⑤ 선의취득의 대상이 된 금반지가 유실물일 때에는 유실자는 유실한 날로부터 2년 내에 그 금반지의 반환을 청구할 수 있다.

**15** 점유권에 관한 설명으로 옳은 것은? (다툼이 있으면 판례에 따름)

① 선의의 점유자라도 본권에 관한 소에 패소한 때에는 그 소가 확정된 때로부터 악의의 점유자로 본다.

② 건물의 소유권이 양도된 경우에는 특별한 사정이 없는 한 건물의 양도인인 전(前) 소유자는 그 건물의 부지에 대한 점유를 상실한다.

③ 직접점유자가 그의 점유를 침탈당하거나 방해당하고 있는 경우, 직접점유자만이 점유보호청구권을 가지고 간접점유자는 점유보호청구권을 행사할 수 없다.

④ 甲의 점유가 타주점유인 경우, 甲의 특정승계인 乙이 자기의 점유만을 주장하더라도 그 점유는 타주점유로 추정된다.

⑤ 과실수취권이 있는 점유자는 점유물로부터 과실을 취득하였더라도 회복자에 대하여 점유물을 보존하기 위하여 지출한 통상의 필요비의 상환을 청구할 수 있다.

**16** 甲이 2000.2.1.부터 乙 소유의 X토지를 소유의 의사로 평온·공연하게 현재까지 점유하고 있다. 이에 관한 설명으로 옳지 않은 것은? (각 지문은 독립적이며, 다툼이 있으면 판례에 따름)

① 甲이 丙을 점유매개자로 하여 X토지를 간접적으로 점유하였더라도 甲은 시효취득을 주장할 수 있다.

② 乙이 X토지를 2015.2.1. 丙에게 매도하여 현재 丙이 소유권자로 등기되어 있는 경우, 甲은 丙에게 취득시효의 완성을 주장할 수 있다.

③ 乙이 丙에게 무효인 매매계약에 기하여 2022.2.1. 소유권이전등기를 마쳐주었다면, 甲은 乙을 대위하여 丙 명의의 등기의 말소를 구할 수 있다.

④ 乙의 채권자 丙이 채권을 보전하기 위하여 2018.2.1. X토지를 가압류 한 경우, 취득시효의 진행은 중단된다.

⑤ X토지에 관하여 甲의 취득시효가 완성된 경우, 乙은 甲에 대하여 취득시효 기간 동안 X토지를 점유하여 얻은 이득의 반환을 청구할 수 없다.

**17** 공동소유에 관한 설명으로 옳은 것은? (다툼이 있으면 판례에 따름)

① 공유자는 다른 공유자의 동의없이 자기의 지분을 담보로 제공할 수 없다.

② 공유물의 변경은 공유자의 지분의 과반수로써 결정한다.

③ 공유물의 관리에 관한 사항은 공유자의 과반수로써 결정한다.

④ 합유자는 달리 정함이 없는 한 전원의 동의없이 합유물에 대한 지분을 처분하지 못한다.

⑤ 총유물에 대한 보존행위는 달리 정함이 없는 한 비법인사단을 구성하는 각 사원이 할 수 있다.

**18** 건물의 소유를 목적으로 하는 지상권에 관한 설명으로 옳지 않은 것은? (다툼이 있으면 판례에 따름)

① 토지에 관하여 근저당권을 설정함과 아울러 그 토지의 담보가치가 저감하는 것을 막기 위해 채권자 앞으로 건물의 소유를 목적으로 하는 지상권이 설정된 경우, 피담보채권의 변제로 근저당권이 소멸하더라도 그 지상권은 소멸하지 않는다.

② 존속기간의 만료로 지상권이 소멸할 당시에 건물이 현존한 경우, 지상권자가 계약갱신청구권을 행사하더라도 지상권설정자가 이를 거절하면 지상권은 갱신되지 않는다.

③ 지상권이 소멸한 때 지상권설정자가 상당한 가액을 제공하여 건물의 매수를 청구한 때에는 지상권자는 정당한 이유없이 이를 거절하지 못한다.

④ 건물의 소유를 목적으로 하는 지상권에서 그 건물이 멸실되더라도 존속기간이 만료되지 않은 한 지상권은 소멸되지 않는다.

⑤ 무상(無償)의 지상권자는 언제든지 지상권을 포기할 수 있지만, 지상권이 저당권의 목적인 때에는 저당권자의 동의가 있어야 포기할 수 있다.

**19** 甲은 乙 소유의 X토지에 건물의 소유를 목적으로 하는 지상권을 취득한 후 Y건물을 신축하여 보존등기를 마쳤다. 그 후 甲은 丙과 Y건물에 관하여 전세금을 3억 원으로 하는 전세권설정계약을 체결하고 3억 원을 지급받은 뒤 전세권설정등기를 마쳐주었다. 이에 관한 설명으로 옳은 것은? (다툼이 있으면 판례에 따름)

① 甲이 丙에게 Y건물을 인도하지 않은 경우, 특별한 사정이 없는 한 丙의 전세권은 성립하지 않는다.

② 甲과 丙이 전세권의 존속기간을 약정하지 아니한 경우, 甲과 丙은 언제든지 상대방에 대하여 전세권의 소멸을 통고할 수 있고 상대방이 이 통고를 받은 때 전세권은 소멸한다.

③ 전세금 3억 원은 현실적으로 수수되어야 하며, 丙이 甲에 대하여 갖는 기존의 채권으로 전세금의 지급에 갈음할 수 없다.

④ 특별한 사정이 없는 한, 전세기간 중 丙은 甲의 동의를 얻어야 Y건물을 타인에게 임대할 수 있다.

⑤ 甲이 乙에게 약정한 지료를 2년분 이상 연체한 경우, 乙은 丙의 동의가 없어도 甲에게 지상권소멸을 청구할 수 있다.

**20** 민법상 유치권에 관한 설명으로 옳지 <u>않은</u> 것은? (다툼이 있으면 판례에 따름)

① 채권자는 자기 소유의 물건에 대하여는 유치권을 취득할 수 없다.

② 임대인과 임차인 사이에 건물명도시 권리금을 반환하기로 약정한 경우, 임차인은 권리금반환청구권을 피담보채권으로 하여 그 건물에 대하여 유치권을 행사할 수 없다.

③ 당사자가 미리 유치권의 발생을 배제하기로 하는 특약을 하는 것도 가능하다.

④ 어떠한 물건에 관련하여 채권이 발생한 후 채권자가 그 물건의 점유를 취득한 경우에도 유치권이 성립할 수 있다.

⑤ 유치권자가 소유자의 승낙 없이 유치목적물을 임대한 경우, 임차인의 점유는 소유자에게 대항할 수 있는 적법한 권원에 기한 것이다.

**21** 민법상 질권에 관한 설명으로 옳지 <u>않은</u> 것은? (다툼이 있으면 판례에 따름)

① 동산질권은 선의취득의 대상이 될 수 있다.

② 저당권으로 담보한 채권을 질권의 목적으로 한 때에는 그 저당권등기에 질권의 부기등기를 하여야 그 효력이 저당권에 미친다.

③ 근질권이 설정된 금전채권에 대하여 제3자의 압류로 강제집행절차가 개시된 경우, 근질권의 피담보채권은 근질권자가 그 강제집행이 개시된 사실을 알게 된 때에 확정된다.

④ 채무자의 부탁으로 그의 채무를 담보하기 위하여 자기 소유의 동산에 질권을 설정한 자는 그 채무의 이행기가 도래한 때 채무자에게 미리 구상권을 행사할 수 있다.

⑤ 질물의 변형물인 금전 기타 물건에 대하여 이미 제3자가 압류한 경우, 질권자 스스로 이를 압류하지 않아도 물상대위권을 행사할 수 있다.

**22** 저당권에 관한 설명으로 옳지 <u>않은</u> 것은? (다툼이 있으면 판례에 따름)

① 구분지상권을 목적으로 하는 저당권의 설정도 가능하다.

② 저당권 등기가 위법하게 말소된 후 그 저당부동산이 경매절차에서 매각된 경우, 저당권자는 매수인을 상대로 말소된 저당권 등기의 회복을 청구할 수 있다.

③ 피담보채무의 소멸로 무효가 된 저당권 등기의 유용은 등기부상 이해관계가 있는 제3자가 생기지 않은 경우에 허용된다.

④ 저당부동산에 대한 압류가 있으면 압류 이후의 저당권설정자의 저당부동산에 관한 차임채권에도 저당권의 효력이 미친다.

⑤ 금전채권이 아닌 채권을 피담보채권으로 하는 저당권을 설정하면서 그 평가액을 등기한 경우, 채권자는 제3자에 대한 관계에 있어서 그 등기된 평가액의 한도에서만 저당권을 주장할 수 있다.

**23** 甲은 乙에 대한 3억 원의 채권을 담보하기 위하여 乙 소유의 X토지와 Y토지에 각각 1번 저당권을 설정하였다. 그 후 丙은 乙에 대한 2억 원의 피담보채권을 가지고 X토지에 2번 저당권을 설정하였다. 경매절차에서 X토지와 Y토지는 각각 4억 원, 2억 원에 매각되었다. 이에 관한 설명으로 옳은 것을 모두 고른 것은? (다른 우선권자는 없고 원본만을 고려하며, 다툼이 있으면 판례에 따름)

> ㄱ. 동시배당이 이루어지는 경우, 甲은 X토지의 매각대금으로부터 2억 원, Y토지의 매각대금으로부터 1억 원을 배당받는다.
> ㄴ. 먼저 X토지에 대한 경매가 이루어져 甲이 3억 원을 배당받은 경우, 丙은 Y토지에 대하여 1억 원의 범위에서 甲의 1번 저당권을 대위할 수 있다.
> ㄷ. 먼저 X토지에 대한 경매가 이루어져 甲이 3억 원을 배당받은 경우, 만일 丙이 Y토지에 공동저당의 대위등기를 하지 아니한 사이에 甲이 Y토지에 대한 저당권을 말소하고 丁이 Y토지를 매수하여 소유권을 취득하였더라도 丙은 丁에 대하여 저당권을 주장할 수 있다.
> ㄹ. 만일 甲이 경매가 개시되기 전에 Y토지에 대한 저당권을 포기하였다면 甲은 X토지의 매각대금으로부터 3억 원을 배당받고 丙은 Y토지에 대하여 1억 원의 범위에서 甲의 1번 저당권을 대위할 수 있다.

① ㄱ, ㄴ
② ㄴ, ㄷ
③ ㄷ, ㄹ
④ ㄱ, ㄴ, ㄹ
⑤ ㄱ, ㄷ, ㄹ

**24** 가등기담보에 관한 설명으로 옳지 <u>않은</u> 것은? (다툼이 있으면 판례에 따름)

① 매매대금 채권을 담보하기 위하여 가등기를 한 경우에는 가등기담보 등에 관한 법률이 적용되지 않는다.
② 가등기담보권이 설정되기 위해서는 피담보채권이 등기되어야 한다.
③ 당사자가 가등기담보권설정계약을 체결하면서 가등기 이후에 발생할 채권도 가등기부동산의 피담보채권에 포함시키기로 약정한 경우, 이 약정은 특별한 사정이 없는 한 유효하다.
④ 채권자가 가등기담보권을 실행하기 위해 청산금의 평가액을 통지하는 경우, 그가 주관적으로 평가한 청산금의 평가액을 통지하면 족하다.
⑤ 가등기담보권자는 담보목적부동산의 경매를 청구할 수 있고, 이 경우 경매에 관하여는 가등기담보권을 저당권으로 본다.

**25** 특정물채권에 관한 설명으로 옳지 <u>않은</u> 것은? (다툼이 있으면 판례에 따름)

① 특정물매매에 있어서 매수인의 대금지급채무가 이행지체에 빠졌다고 하더라도 그 목적물이 매수인에게 인도될 때까지는 매수인은 매매대금의 이자를 지급할 필요가 없다.

② 특정물매매의 경우, 매수인이 매매대금을 지급하지 않더라도 인도받지 않은 목적물로부터 생긴 과실에 대한 수취권은 특별한 사정이 없는 한 매수인에게 귀속된다.

③ 채권자는 특정물에 관한 자신의 채권을 보전하기 위하여 채무자의 제3채무자에 대한 그 특정물에 관한 권리만을 대위행사할 수 있다.

④ 103동 607호, 107동 203호 등으로 아파트를 지정하여 매매하는 것을 내용으로 하는 아파트분양계약은 수량을 지정한 매매가 아닌 특정물을 목적으로 한 매매에 해당한다.

⑤ 채권자가 특정물채권을 보전하기 위해 채권자취소권을 행사하는 것은 허용되지 않는다.

**26** 채무불이행에 관한 설명으로 옳지 <u>않은</u> 것은? (다툼이 있으면 판례에 따름)

① 이행보조자는 채무자의 의사 관여 아래 채무의 이행행위에 속하는 활동을 하는 자이면 충분하고, 반드시 채무자의 지시 또는 감독을 받는 관계에 있어야 하는 것은 아니다.

② 이행기의 정함이 없는 지명채권을 양수한 채권양수인이 채무자를 상대로 그 이행을 구하는 소를 제기하고, 그 소송 계속 중 채무자에 대한 채권양도통지가 이루어진 경우에는 특별한 사정이 없는 한 채무자는 그 소가 제기된 날부터 채권양수인에 대해 이행지체의 책임을 진다.

③ 매매목적물에 관하여 이중으로 제3자와 매매계약을 체결하였다는 사실만 가지고는 먼저 체결된 매매계약이 법률상 이행불능이라고 할 수 없다.

④ 매매목적물이 채무자의 과실에 의한 화재로 소실됨으로써 채무자의 매매목적물에 대한 인도의무가 이행불능으로 된 경우, 채권자는 화재사고로 채무자가 지급받게 되는 화재보험금에 대하여 대상청구권을 행사할 수 있다.

⑤ 임대인이 임대물수선의무를 이행하기 위하여 제3자에게 도급을 주어 임차물을 공사하던 중 그 수급인의 과실에 의한 임차물의 화재로 인해 임차인의 손해가 발생한 경우, 임대인은 임차인에 대하여 채무불이행에 따른 손해배상책임을 부담한다.

**27** 채무불이행에 따른 손해배상에 관한 설명으로 옳은 것은? (다툼이 있으면 판례에 따름)

① 숙박업자가 숙박계약에 따른 의무를 다하지 못하여 투숙객이 사망한 경우, 숙박계약의 당사자가 아니면서 그 사고로 인하여 정신적 고통을 받은 그 투숙객의 근친자는 그 투숙객에 대한 숙박계약상의 채무불이행을 이유로 숙박업자에게 위자료를 청구할 수 있다.

② 채무불이행을 이유로 계약이 해제된 경우에 채권자는 이행이익의 배상 대신에 계약이 이행되리라고 믿고 지출한 비용을 채무불이행으로 인한 손해로 배상을 청구할 수 있으며, 그 지출비용이 이행이익의 범위를 초과하더라도 그 전부를 청구할 수 있다.

③ 부동산매매계약에서 매도인의 이행거절로 인한 채무불이행에서의 손해액 산정은 이행거절 당시의 부동산의 시가를 표준으로 한다.

④ 채무자의 채무불이행으로 인한 손해배상액이 예정되어 있는 경우에 채무불이행으로 인한 손해의 발생 및 확대에 채권자에게도 과실이 있다면 과실상계를 할 수 있다.

⑤ 위약금이 위약벌로 해석되기 위해 특별한 사정이 주장·입증될 필요는 없으며, 도급계약서에 계약보증금 외에 지체상금도 규정되어 있다면 이 자체로 계약보증금은 위약벌이 된다.

**28** 책임재산의 보전에 관한 설명으로 옳지 <u>않은</u> 것은? (다툼이 있으면 판례에 따름)

① 농지취득자격증명 발급신청권은 채권자대위권의 행사대상이 될 수 있다.

② 채권자대위권 행사의 효과는 채무자에게 귀속되는 것이므로 채권자대위소송의 제기로 인한 피대위채권의 소멸시효 중단의 효과는 채무자에게 생긴다.

③ 취득시효의 대상인 부동산의 소유자가 취득시효 완성 후에 그 부동산을 처분하여 점유자의 시효취득을 원인으로 한 소유권이전등기청구권이 침해된 경우, 그 점유자는 소유권이전등기청구권의 보전을 위해 채권자취소권을 행사할 수 있다.

④ 채권자는 원칙적으로 자신의 채권액을 초과하여 채권자취소권을 행사할 수 없다.

⑤ 사해행위에 해당하는지가 문제되는 법률행위가 수익자의 대리인에 의하여 이루어진 때에는 특별한 사정이 없는 한 수익자의 사해의사는 대리인을 표준으로 결정한다.

**29** 연대채무자 甲·乙·丙이 채권자 丁에게 대여금 3억 원을 변제하기로 하는 채무를 부담하는 경우, 이에 관한 설명으로 옳지 <u>않은</u> 것은? (甲·乙·丙의 부담부분은 균등하며 원본만 고려함. 각 지문은 독립적이고, 다툼이 있으면 판례에 따름)

① 丁이 변제기에 甲을 상대로 채무이행의 소를 제기하여 승소판결이 확정된 경우, 그 소멸시효 중단의 효과는 乙과 丙에게도 발생한다.

② 乙이 丁에 대해 상계적상에 있는 2억 원의 채권을 가지고 있으나 상계하지 아니한 경우, 丙은 乙의 丁에 대한 2억 원의 채권 중 1억 원에 한해 상계할 수 있다.

③ 丙이 채무 3억 원의 지급에 갈음하여 자신이 소유하는 부동산의 소유권을 丁에게 이전하기로 하는 경개계약을 丁과 유효하게 체결한 경우, 丁에 대한 甲과 乙의 채무는 소멸한다.

④ 丁이 甲에 대해 채무 전부를 면제한 경우, 丁에 대한 乙과 丙의 채무 전부도 소멸한다.

⑤ 丙이 丁의 위 채권(3억 원)을 유효하게 양수한 경우, 甲과 乙은 丙에게 각 1억 원을 변제하여야 한다.


**30** 채권의 양도에 관한 설명으로 옳은 것은? (다툼이 있으면 판례에 따름)

① 부동산매매로 인한 소유권이전등기청구권이 양도된 경우, 양도인의 채무자에 대한 통지만으로 채무자에 대한 대항력이 발생한다.

② 소송행위를 하게 하는 것을 주목적으로 지명채권의 양도가 이루어진 경우, 그 채권양도가 신탁법상의 신탁에 해당하지 않는 경우에는 유효이다.

③ 주채무자에 대한 지명채권이 양도된 후 양수인이 보증인에게 보증채권을 행사하기 위해서는 주채권의 양도에 대한 대항요건과 별도로 보증채권의 양도에 대한 대항요건을 갖추어야 한다.

④ 선순위의 근저당권부채권을 양수한 채권자보다 후순위의 근저당권자는 '지명채권양도의 대항요건을 갖추지 아니한 경우에 대항할 수 없는 제3자'에 포함되지 않는다.

⑤ 채권자와 양수인 사이의 계약에 의해 지명채권이 양도된 경우, 양수인은 제3자에 대한 대항요건을 구비하기 위함이라고 하더라도 그 채권자에게 채권양도통지절차의 이행을 청구할 수 없다.

**31** 채무의 인수에 관한 설명으로 옳은 것을 모두 고른 것은? (다툼이 있으면 판례에 따름)

ㄱ. 중첩적 채무인수는 채권자와 채무인수인과의 합의가 있는 이상 채무자의 의사에 반하여서도 이루어질 수 있다.

ㄴ. 면책적 채무인수가 있은 경우, 인수채무의 소멸시효기간은 특별한 사정이 없는 한 채무인수와 동시에 이루어진 채무인수인의 채무승인에 따라 채무인수일로부터 새로이 진행된다.

ㄷ. 채무자와 채무인수인의 합의에 의한 중첩적 채무인수는 제3자를 위한 계약에 해당하지 않으며, 채권자는 채무인수인에게 수익의 의사를 표시하지 않더라도 채무인수인에 대하여 직접 청구할 권리를 갖는다.

① ㄱ
② ㄱ, ㄴ
③ ㄱ, ㄷ
④ ㄴ, ㄷ
⑤ ㄱ, ㄴ, ㄷ

**32** 채권의 소멸에 관한 설명으로 옳지 않은 것을 모두 고른 것은? (다툼이 있으면 판례에 따름)

ㄱ. 법정변제충당의 순위를 정함에 있어서 변제의 유예가 있는 채무에 대하여는 유예기까지 변제기가 도래하지 않은 것과 같게 보아야 한다.

ㄴ. 채권자의 태도로 보아 채무자가 채무의 이행제공을 하였더라도 그 수령을 거절하였을 것이 명백한 경우에도 채무자는 이행의 제공을 하지 않고 바로 변제공탁할 수는 없다.

ㄷ. 변제공탁이 적법한 경우에는 채권자가 공탁물 출급청구를 하였는지와 관계없이 공탁을 한 때에 변제의 효력이 발생하지만, 그 후 공탁물 출급청구권에 대하여 가압류 집행이 된 경우에는 변제의 효력이 발생하지 아니한다.

ㄹ. 매도인의 담보책임을 기초로 한 손해배상채권의 제척기간이 지난 경우, 매수인은 그 제척기간이 지나기 전에 상계할 수 있었을지라도 그 손해배상채권을 자동채권으로 해서 매도인의 채권과 상계할 수 없다.

① ㄱ, ㄴ
② ㄷ, ㄹ
③ ㄱ, ㄴ, ㄷ
④ ㄱ, ㄷ, ㄹ
⑤ ㄴ, ㄷ, ㄹ

**33** 계약의 성립에 관한 설명으로 옳지 <u>않은</u> 것은? (다툼이 있으면 판례에 따름)

① 의사표시의 불일치로 인해 계약이 성립하지 않는 경우, 그로 인해 손해를 입은 당사자는 상대방이 계약의 불성립을 알았거나 알 수 있었음을 이유로 계약체결상의 과실로 인한 손해배상을 청구할 수 있다.

② 은행 직원이 예금자로부터 돈을 받아 확인한 후에는 실제로 입금하지 않아도 예금자와 은행 사이에 예금계약이 성립한다.

③ 甲이 자신의 X건물을 乙에게 1억 원에 팔겠다는 청약을 하였는데, 이 사실을 모르는 乙이 甲에게 X건물을 1억 원에 구입하겠다고 청약을 한 경우에 두 청약이 상대방에게 도달한 때에 계약은 성립한다.

④ 매도인이 매수인에게 매매계약의 합의해제를 청약하였는데, 매수인이 그 청약에 대하여 조건을 붙여 승낙한 경우에는 합의해제의 청약이 실효된다.

⑤ 임대인이 임대목적물에 대한 소유권 기타 이를 임대할 권한이 없다고 하더라도 임대차계약은 유효하게 성립할 수 있다.

**34** 甲은 2024.2.10. 자신이 소유하는 특정 도자기를 1천만 원에 乙에게 매도하기로 약정하면서 2024.2.28. 乙에게 인도하기로 하였다. 이에 관한 설명으로 옳지 <u>않은</u> 것은? (다툼이 있으면 판례에 따름)

① 乙의 과실로 도자기가 멸실된 경우, 甲은 도자기 이전의무를 면하면서 얻은 이익이 있더라도 이를 乙에게 상환할 필요는 없다.

② 도자기가 2024.2.20. 지진으로 멸실된 경우, 甲은 乙에게 매매대금의 지급을 청구할 수 없다.

③ 乙이 계약체결 당시 甲에게 매매대금을 지급하였는데, 도자기가 2024.2.20. 지진으로 멸실된 경우에 乙은 甲에게 부당이득반환을 청구할 수 있다.

④ 乙의 과실로 도자기가 멸실된 경우, 甲은 乙에게 매매대금의 지급을 청구할 수 있다.

⑤ 乙의 수령지체 중에 지진으로 도자기가 멸실된 경우, 甲은 乙에게 매매대금의 지급을 청구할 수 있다.

**35** 증여계약에 관한 설명으로 옳지 <u>않은</u> 것은? (다툼이 있으면 판례에 따름)

① 부담부 증여에서 상대방의 부담의무 불이행을 이유로 한 증여자의 계약해제는 이미 이행한 부분에 대하여는 영향을 미치지 아니한다.

② 증여계약 성립 이후에 그 계약이 존속하는 동안 서면을 작성한 경우에는 그때부터 당사자가 임의로 이를 해제할 수 없다.

③ 재단법인의 설립을 위하여 서면에 의해 출연하였더라도 착오취소를 위한 요건이 갖춰진 경우, 출연자는 착오를 이유로 출연의 의사표시를 취소할 수 있다.

④ 서면에 의하지 않음을 이유로 증여계약을 해제하는 경우에는 원칙적으로 형성권의 제척기간의 적용을 받지 않는다.

⑤ 정기의 급여를 목적으로 한 증여는 특별한 사정이 없는 한 증여자의 사망으로 인하여 그 효력을 잃는다.

**36** 甲은 자신의 토지 위에 건물신축을 위해 乙과 공사도급계약을 체결하였다. 이에 관한 설명으로 옳지 <u>않은</u> 것을 모두 고른 것은? (다툼이 있으면 판례에 따름)

> ㄱ. 乙이 일을 완성하기 전에 甲은 손해를 배상하고 계약을 해제할 수 있으며, 특별한 사정이 없는 한 甲은 乙에 대한 손해배상에 있어서 과실상계를 주장할 수 있다.
> ㄴ. 乙로부터 공사대금채권을 양수받은 자의 저당권설정청구에 의하여 甲이 신축건물에 저당권을 설정하는 행위는 특별한 사정이 없는 한 甲의 채권자에 대한 사해행위에 해당하지 아니한다.
> ㄷ. 甲이 하자보수에 갈음하여 손해배상을 청구하는 경우, 甲은 보수(報酬)가 손해배상액을 초과하더라도 乙이 그 손해배상채무를 이행할 때까지 乙에게 그 보수 전액의 지급을 거절할 수 있다.
> ㄹ. 완성된 건물에 중요한 하자가 있어 甲이 하자보수에 갈음하여 손해배상을 청구하는 경우, 그 하자보수비는 건물의 완성시를 기준으로 산정해야 한다.

① ㄱ, ㄴ

② ㄴ, ㄹ

③ ㄷ, ㄹ

④ ㄱ, ㄷ, ㄹ

⑤ ㄴ, ㄷ, ㄹ

**37** 위임계약에 관한 설명으로 옳지 <u>않은</u> 것은? (다툼이 있으면 판례에 따름)

① 보수의 수령 여부와 관계없이 수임인은 선량한 관리자의 주의의무를 부담한다.

② 수임인이 위임사무의 처리로 인하여 받은 금전을 위임인에게 반환할 경우, 특별한 사정이 없는 한 위임 종료시를 기준으로 그 금전의 범위가 정해진다.

③ 위임인이 성년후견개시심판을 받더라도 위임이 종료되는 것은 아니다.

④ 위임계약의 당사자는 특별한 이유 없이도 언제든지 위임계약을 해지할 수 있다.

⑤ 수임인이 위임인의 지명에 의하여 복수임인을 선임한 경우, 위임인에 대하여 그 선임감독에 관한 책임을 진다.


**38** 사무관리에 관한 설명으로 옳은 것은? (다툼이 있으면 판례에 따름)

① 관리자가 사무의 적절한 관리를 함에 있어 과실없이 손해를 받은 때에는 본인에 대하여 그 손해 전액의 보상을 청구할 수 있다.

② 관리자가 본인을 위하여 본인의 의사에 부합하게 사무를 관리하면서 유익비를 지출한 경우, 현존이익 한도에서 그 상환을 청구할 수 있다.

③ 상대방과의 약정에 따라 제3자의 사무를 관리한 경우, 그 관리자와 제3자 사이에서는 원칙적으로 사무관리가 성립된다.

④ 관리자에게 타인을 위해 사무를 처리하는 의사와 관리자 자신의 이익을 위한 의사가 모두 있는 경우에는 사무관리가 성립할 수 없다.

⑤ 관리자가 타인의 신체에 대한 급박한 위해를 면하게 하기 위하여 그 사무를 관리한 경우, 그의 경과실로 인해 발생한 본인의 손해를 배상할 책임이 없다.

**39** 불법행위에 관한 설명으로 옳은 것은? (다툼이 있으면 판례에 따름)

① 공동불법행위자 甲과 乙중 甲의 손해배상채무가 시효로 소멸한 후에 乙이 피해자에게 자기의 부담부분을 넘는 손해를 배상한 경우, 乙은 甲을 상대로 구상권을 행사할 수 없다.

② 자신의 과실에 의해 초래된 급박한 위난을 피하기 위해 부득이 타인에게 손해를 가한 자는 그 손해에 대한 배상책임을 지지 않는다.

③ 공작물의 설치·보존의 하자로 인해 타인에게 입힌 손해에 대하여 점유자가 면책된 경우, 그 공작물의 소유자는 과실이 없어도 배상책임을 진다.

④ 피용자와 제3자가 공동불법행위에 따른 손해배상채무를 부담하는 경우, 사용자가 피용자와 제3자의 책임비율에 의해 정해진 부담부분을 초과하여 피해자에게 배상하더라도 제3자에 대하여 구상권을 행사할 수 없다.

⑤ 불법행위로 인하여 건물이 훼손되어 사용 및 수리가 불가능한 경우, 손해배상액의 기준이 되는 건물의 시가에는 원칙적으로 건물의 철거비용이 포함된다.

**40** 매도인의 담보책임에 관한 설명으로 옳은 것을 모두 고른 것은? (특별한 사정은 없으며, 다툼이 있으면 판례에 따름)

> ㄱ. 타인의 권리의 매매에서 매도인이 그 권리를 매수인에게 이전할 수 없게 된 경우, 매도인의 손해배상액은 이행불능 당시의 목적물의 시가를 기준으로 산정한다.
>
> ㄴ. 매매목적물의 일부가 계약 당시에 이미 멸실되어 매도인이 그 부분을 이전 할 수 없는 경우, 악의의 매수인은 대금감액을 청구할 수 없다.
>
> ㄷ. 매매목적물이 유치권의 목적이 되어 있는 경우, 계약의 목적을 달성할 수 있더라도 선의의 매수인은 계약을 해제할 수 있다.
>
> ㄹ. 매매당사자가 건축을 위해 매매한 토지에 대하여 건축허가를 받을 수 없어 건축이 불가능한 경우는 물건의 하자에 해당하며, 하자의 존부는 매매계약 성립시를 기준으로 판단한다.

① ㄱ, ㄴ
② ㄴ, ㄹ
③ ㄷ, ㄹ
④ ㄱ, ㄴ, ㄹ
⑤ ㄱ, ㄴ, ㄷ, ㄹ

**01** 그림과 같이 반지름이 $R$인 반구 모양의 면을 따라 움직이던 물체가 점 $q$에서 반구면으로부터 이탈된다. 점 $p$, $q$에서 물체의 운동에너지는 각각 $E$, $3E$ 이고, 반구의 중심 $O$와 $q$를 잇는 선분이 수평면과 이루는 각은 $\theta$이다. $\sin\theta$ 는? (단, $p$, $q$는 반구면 상의 점이며, 물체의 크기와 모든 마찰은 무시한다.)

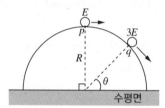

① $\dfrac{3}{5}$

② $\dfrac{13}{20}$

③ $\dfrac{7}{10}$

④ $\dfrac{3}{4}$

⑤ $\dfrac{4}{5}$

**02** 그림 (가)와 같이 두 실 $p$, $q$로 연결된 물체 A, B, C가 도르래를 통하여 일정한 가속력 $a$로 운동하다가, (나)와 같이 어느 순간 $p$가 끊겨 B, C가 $2a$의 가속력으로 운동한다. A, C의 질량은 각각 $5m$, $2m$이고, (가), (나)에서 $q$가 B에 작용하는 장력은 각각 $T_{(가)}$, $T_{(나)}$이다. $\dfrac{T_{(나)}}{T_{(가)}}$ 는? (단, 실의 질량과 모든 마찰은 무시한다.)

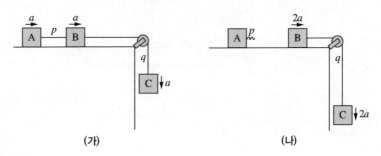

(가)                    (나)

① $\dfrac{1}{2}$

② $\dfrac{5}{8}$

③ $\dfrac{3}{4}$

④ $\dfrac{7}{8}$

⑤ 1

**03** 서로 같은 속력으로 각각 등속운동을 하던 물체 A, B가 시간 $t=0$인 순간부터 서로 다른 가속도로 등가속도 운동하여 각각 $t=t_0$, $t=2t_0$인 순간에 정지하였다. A, B가 $t=0$인 순간부터 정지할 때까지 이동한 거리는 각각 $s_A$, $s_B$이다. $\dfrac{s_B}{s_A}$ 는?

① $\sqrt{2}$

② $\dfrac{3}{2}$

③ $\sqrt{3}$

④ 2

⑤ 4

**04** 그림은 길이가 $L$이고 선폭이 $d$인 직사각형 모양의 두께가 일정한 도체 띠에 직류 전류 $I$가 흐르고 있는 것을 나타낸 것이다. 도체 띠 평면에 수직으로 크기가 $B$인 균일한 자기장을 걸었을 때 선폭 양단 사이의 홀(Hall) 전압은 $V_H$이다. 다른 조건은 동일하고 선폭이 $2d$인 도체 띠에 직류 전류 $I$가 흐르고, 크기가 $4B$인 균일한 자기장을 걸었을 때 선폭 양단 사이의 홀(Hall) 전압은?

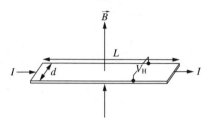

① $V_H$

② $2V_H$

③ $3V_H$

④ $4V_H$

⑤ $5V_H$

**05** 시간에 따라 변하는 폐곡선 내부의 전기장 선속은 자기장을 유도하고, 폐곡선 내부에 변위전류를 유도한다. 반지름이 $R$인 원형 평행판 축전기가 시간에 따라 변하는 전류 $i$로 충전될 때, 평행판 사이 중심축으로부터 $r$만큼 떨어진 위치에 유도되는 자기장의 크기를 옳게 나타낸 것은? (단, $\mu_0$는 진공의 투자율이며, 평행판 사이의 전기장은 매 순간 균일하고 가장자리 효과는 무시한다.)

① $\dfrac{\mu_0 i}{2\pi R}$

② $\dfrac{\mu_0 i}{2\pi R^2}r$

③ $\dfrac{\mu_0 i}{\pi R^2}r$

④ $\dfrac{\mu_0 i}{2\pi R^3}r^2$

⑤ $\dfrac{\mu_0 i}{\pi R^3}r^2$

**06** 그림에서 회로에 흐르는 전류 $I_1$과 $I_2$로 옳은 것은?

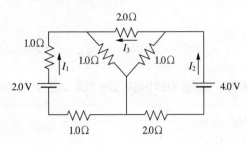

① $I_1 = 0.4\text{A}, \ I_2 = 1.2\text{A}$

② $I_1 = 0.4\text{A}, \ I_2 = 1.4\text{A}$

③ $I_1 = 0.4\text{A}, \ I_2 = 1.6\text{A}$

④ $I_1 = 0.6\text{A}, \ I_2 = 1.2\text{A}$

⑤ $I_1 = 0.6\text{A}, \ I_2 = 1.4\text{A}$

**07** 그림은 1 mol의 단원자 이상 기체의 상태가 A → B → C → A로 변하는 순환과정에서의 압력 $P$와 부피 $V$를 그래프로 나타낸 것이다. A → B, B → C, C → A는 각각 등압, 등적, 등온 과정이다. 이 순환과정에서 기체가 외부에 한 총 일은 $W$이다. $|W|$는?

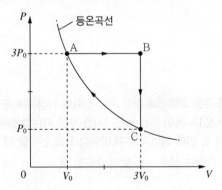

① $(6 - 3\ln3)P_0V_0$

② $(8 - 4\ln3)P_0V_0$

③ $(6 - 2\ln3)P_0V_0$

④ $(8 - 3\ln3)P_0V_0$

⑤ $(6 - \ln3)P_0V_0$

**08** 다음은 팽팽한 두 줄에 생긴 가로 파동 P, Q의 높이 변화 $y_P$, $y_Q$를 위치 $x$와 시간 $t$의 함수로 각각 나타낸 것이다.

$$y_P(x,t) = a\sin(bx - ct),\ y_Q(x,t) = 2a\sin(3bx - 2ct)$$

이에 관한 설명으로 옳은 것만을 〈보기〉에서 있는 대로 고른 것은? (단, $a$, $b$, $c$는 모두 양의 상수이다.)

ㄱ. 진폭은 Q가 P의 2배이다.
ㄴ. 파장은 Q가 P의 $\frac{1}{3}$ 배이다.
ㄷ. 속력은 Q가 P의 $\frac{3}{2}$ 배이다.

① ㄱ
② ㄷ
③ ㄱ, ㄴ
④ ㄴ, ㄷ
⑤ ㄱ, ㄴ, ㄷ

**09** 원자핵에 갇힌 전자를 무한 퍼텐셜에 갇힌 자유 전자로 가정하여 공간에 갇힌 자유 입자의 양자화 현상을 정성적으로 이해할 수 있다. 폭이 $0.31\,\text{nm}$인 1차원 무한 퍼텐셜 장벽에 갇힌 자유 전자가 세 번째 에너지 준위의 들뜬 상태에서 첫 번째 에너지 준위(바닥상태)로 전이할 때 방출하는 광자의 에너지는? (단, $m_e$는 전자의 질량, $h$는 플랑크 상수, $c$는 빛의 속도일 때 $m_e c^2 = 0.50\,\text{MeV}$이며, $hc = 1.24 \times 10^3\,\text{eV} \cdot \text{nm}$이다.)

① $12\,\text{eV}$
② $24\,\text{eV}$
③ $32\,\text{eV}$
④ $48\,\text{eV}$
⑤ $60\,\text{eV}$

**10** 반도체 소자의 선폭이 $6.2\,\mathrm{nm}$일 때 이 선폭과 동일한 파장을 가진 광자의 에너지는 $E_\gamma$이다. 진공 중에서 앞의 선폭과 동일한 파장의 드브로이(de Broglie) 물질파로 구현된 전자의 운동에너지는 $E_e$이다. $E_\gamma$와 $E_e$의 값으로 옳은 것은? (단, $m_e$는 전자의 질량, $h$는 플랑크 상수, $c$는 빛의 속도일 때 $m_e c^2 = 0.50$ MeV이며, $hc = 1.24 \times 10^3\,\mathrm{eV \cdot nm}$이다.)

① $E_r = 1.0 \times 10^{-2}\,\mathrm{eV}$, $E_e = 4.0 \times 10^2\,\mathrm{eV}$

② $E_r = 2.0 \times 10^{-2}\,\mathrm{eV}$, $E_e = 2.0 \times 10^2\,\mathrm{eV}$

③ $E_r = 1.0 \times 10^1\,\mathrm{eV}$, $E_e = 4.0 \times 10^{-2}\,\mathrm{eV}$

④ $E_r = 2.0 \times 10^2\,\mathrm{eV}$, $E_e = 2.0 \times 10^{-2}\,\mathrm{eV}$

⑤ $E_r = 2.0 \times 10^2\,\mathrm{eV}$, $E_e = 4.0 \times 10^{-2}\,\mathrm{eV}$

**11** 그림 (가)는 온도 $T_1\mathrm{K}$, 외부압력 $1\,\mathrm{atm}$에서 실린더에 $1\,\mathrm{mol}\ \mathrm{He(g)}$와 $1\,\mathrm{mol}\ \mathrm{H_2O}$을 넣어 도달한 평형을, (나)는 (가)에서 온도를 $T_2\mathrm{K}$, 외부압력을 $0.5\,\mathrm{atm}$으로 변화시켜 도달한 새로운 평형을 나타낸 것이다.

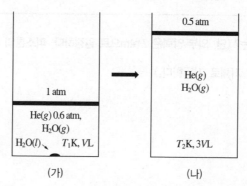

(가)  (나)

이에 관한 설명으로 옳은 것만을 〈보기〉에서 있는 대로 고른 것은? (단, $\mathrm{He(g)}$의 용해, $\mathrm{H_2O}(l)$의 부피는 무시한다. 피스톤의 질량과 마찰은 무시하며, 모든 기체는 이상 기체로 거동한다. He과 $\mathrm{H_2O}$의 몰질량 (g/mol)은 각각 $4$와 $18$이다. (가)와 (나)에서 외부 압력은 각각 $1\,\mathrm{atm}$과 $0.5\,\mathrm{atm}$으로 일정하다.)

> ㄱ. (가)에서 $\mathrm{H_2O(g)}$ 양(g)은 $\mathrm{H_2O}(l)$ 양(g)의 2배이다.
> ㄴ. (나)에서 $\mathrm{He(g)}$의 부분 압력은 $0.3\,\mathrm{atm}$이다.
> ㄷ. $4T_1 = 3T_2$ 이다.

① ㄱ

② ㄷ

③ ㄱ, ㄴ

④ ㄴ, ㄷ

⑤ ㄱ, ㄴ, ㄷ

**12** 다음은 A(g)가 B(g)를 생성하는 반응식과 압력으로 정의되는 평형 상수($K_p$)이다.

$$A(g) \rightleftarrows 2B(g) \qquad K_p$$

그림은 $T_1$K에서 닫힌 콕으로 연결되어 있는 실린더 (가)에 A(g)를, (나)에 A(g)와 B(g)를 각각 넣은 초기 상태를 나타낸 것이다.

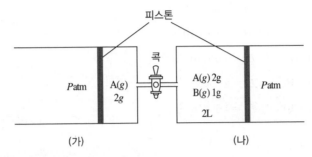

표는 콕을 열어 반응이 일어날 때, 서로 다른 평형 I과 II에 대한 자료이다.

| 상태 | 온도(K) | 실린더 (가) 속 기체의 밀도(g/L) | 평형 상수($K_p$) |
|---|---|---|---|
| 평형 I | $T_1$ | $\dfrac{3}{2}$ | a |
| 평형 II | $T_2$ | $\dfrac{10}{9}$ | $\dfrac{9}{2}$a |

$\dfrac{평형 II에서\ [B]}{평형 I에서\ [B]}$는? (단, 외부 압력은 $P$atm으로 일정하다. 피스톤의 마찰과 연결관의 부피는 무시하며, 모든 기체는 이상 기체로 거동한다.)

① $\dfrac{5}{4}$

② $\dfrac{4}{3}$

③ $\dfrac{3}{2}$

④ $\dfrac{5}{3}$

⑤ 2

**13** 다음은 온도 $T$에서 A(g)와 D(g)가 분해되는 화학 반응식과 반응 속도 법칙이다. $k_1$과 $k_2$는 온도 $T$에서의 반응 속도 상수이다.

$$2A(g) \rightarrow 2B(g) + C(g) \quad v_1 = k_1[A]^2$$

$$D(g) \rightarrow 2E(g) \quad\quad v_2 = k_2[D]^2$$

표는 온도 $T$에서 진공 강철 용기 (가)에 A(g)를, (나)에 D(g)를 각각 넣고 반응시켰을 때 반응 시간(min)에 따른 순간 반응 속도(상댓값)를 나타낸 것이다. 반응 전 넣어준 A(g)의 초기 농도($[A]_0$)는 D(g)의 초기 농도($[D]_0$)의 2배이다.

| | 용기 | 반응 시간(min) | | | |
|---|---|---|---|---|---|
| | | 0 | 1 | 2 | 3 |
| 순간 반응 속도 (상댓값) | (가) | 64 | 16 | | $x$ |
| | (나) | 16 | | 4 | |

이에 관한 설명으로 옳은 것만을 〈보기〉에서 있는 대로 고른 것은? (단, 온도는 $T$로 일정하다.)

ㄱ. $k_1 = 2k_2$이다.

ㄴ. $x = 4$이다.

ㄷ. $\dfrac{\text{(가)에서 } 0 \sim 3\text{min 동안 평균 반응 속도(M/s)}}{\text{(나)에서 } 0 \sim 2\text{min 동안 평균 반응 속도(M/s)}} = 2$이다.

① ㄱ

② ㄴ

③ ㄱ, ㄷ

④ ㄴ, ㄷ

⑤ ㄱ, ㄴ, ㄷ

**14** 그림은 미녹시딜($C_9H_{15}N_5O$)의 구조식이다.

이 구조의 미녹시딜 한 분자에는 $x$개의 고립(비공유) 전자쌍과 $y$개의 시그마($\sigma$)결합이 있다. $x + y$ 는?

① 27

② 28

③ 31

④ 35

⑤ 38

**15** 그림은 원자 A~D의 제2 이온화 에너지(상댓값)와 제1 이온화 에너지(상댓값)를 나타낸 것이다. A~D는 각각 N, F, Na, Mg 중 하나이다.

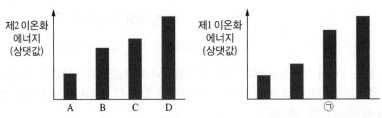

이에 관한 설명으로 옳은 것만을 〈보기〉에서 있는 대로 고른 것은? (단, A~D는 임의의 원소 기호이다.)

ㄱ. ㉠은 B이다.
ㄴ. 전기음성도는 C > B 이다.
ㄷ. 원자 반지름은 A > D 이다.

① ㄱ
② ㄷ
③ ㄱ, ㄴ
④ ㄴ, ㄷ
⑤ ㄱ, ㄴ, ㄷ

**16** 다음은 분자 궤도함수 이론에 근거한 바닥상태의 3가지 화학종 $XY$, $ZY^-$, $Z_2^{2-}$ 에 관한 자료이다. X~Z는 각각 C, N, O 중 하나이다.

$XY$의 전자 배치는 $(\sigma_{1s})^2(\sigma_{1s}^*)^2(\sigma_{2s})^2(\sigma_{2s}^*)^2(\pi_{2p})^4(\sigma_{2p})^2$ 이다.

$ZY^-$의 결합 차수는 2이다.

$Z_2^{2-}$은 상자기성이다.

분자 궤도함수 이론에 근거하여 다음 화학종에 관한 설명으로 옳은 것만을 〈보기〉에서 있는 대로 고른 것은? (단, X~Z는 임의의 원소 기호이고, 모든 화학종은 바닥상태이다.)

ㄱ. $\dfrac{Z_2^+의\ 결합\ 차수}{Z_2의\ 결합\ 차수} < \dfrac{Y_2^-의\ 결합\ 차수}{Y_2의\ 결합\ 차수}$ 이다.

ㄴ. 홀전자 수는 $ZY$와 $X_2^-$ 이 같다.

ㄷ. $XZ^-$은 반자기성이다.

① ㄱ
② ㄷ
③ ㄱ, ㄴ
④ ㄴ, ㄷ
⑤ ㄱ, ㄴ, ㄷ

**17** 그림은 화합물 (가)~(다)의 가장 안정한 루이스 구조에서 중심 원자 아이오딘(I)의 $\dfrac{\text{비공유 전자쌍 수}}{\text{공유 전자쌍 수}}$ 를 나타낸 것이다. (가)~(다)는 각각 $IF_4^-$, $IBr_3$, $ICl_2^+$ 중 하나이다.

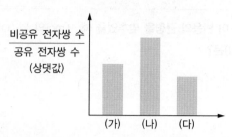

루이스 구조, 원자가 껍질 전자쌍 반발 이론, 원자가 결합 이론에 근거하여 (가)~(다)를 설명한 것으로 옳은 것만을 〈보기〉에서 있는 대로 고른 것은?

> ㄱ. (나)는 굽은형 구조이다.
> ㄴ. I의 형식 전하는 (나) > (가)이다.
> ㄷ. I의 혼성 궤도함수에서 $s$ 오비탈의 기여도는 (가) > (다)이다.

① ㄱ        ② ㄷ
③ ㄱ, ㄴ        ④ ㄴ, ㄷ
⑤ ㄱ, ㄴ, ㄷ


**18** 표는 결정장 이론에 근거한 바닥상태의 3가지 착이온에 대한 자료이다. X~Z는 각각 Fe, Co, Ni 중 하나이다.

| 화학식 | $[XCl_4]^{2-}$ | $[YCl_4]^{2-}$ | $[ZCl_6]^{3-}$ |
|---|---|---|---|
| 홀전자 수 | 2 | 3 | 5 |
| 입체 구조 | 정사면체 | 정사면체 | 정팔면체 |

결정장 이론에 근거하여 바닥상태의 다음 착이온에 관한 설명으로 옳은 것만을 〈보기〉에서 있는 대로 고른 것은? (단, Fe, Co, Ni의 원자 번호는 각각 26, 27, 28이고, $\triangle_o$는 정팔면체 착화합물의 결정장 갈라짐 에너지이다. X~Z는 임의의 원소 기호이다.)

> ㄱ. X는 Ni이다.
> ㄴ. $[YI_6]^{3-}$의 결정장 안정화 에너지의 절댓값은 $0.4\triangle_o$이다.
> ㄷ. $[Z(CN)_6]^{4-}$은 반자기성이다.

① ㄱ        ② ㄴ
③ ㄱ, ㄷ        ④ ㄴ, ㄷ
⑤ ㄱ, ㄴ, ㄷ

**19** 다음은 산화-환원 반응에서 불균형 알짜 이온 반응식을 나타낸 것이다.

$$\mathrm{Fe(OH)_2}(s) + \mathrm{MnO_4^-}(aq) \rightarrow \mathrm{MnO_2}(s) + \mathrm{Fe(OH)_3}(s)$$

염기성 수용액에서 이 반응의 균형을 맞추었을 때, $1\mathrm{mol}$의 $\mathrm{Fe(OH)_2}(s)$가 모두 반응하여 생성되는 $\mathrm{OH^-}(aq)$의 양(mol)은?

① $\dfrac{1}{3}$

② $\dfrac{2}{3}$

③ $1$

④ $\dfrac{4}{3}$

⑤ $2$

**20** 다음은 $T\,^\circ\mathrm{C}$에서 $\mathrm{XF_2}(s)$와 $\mathrm{HF}(aq)$에 대한 수용액에서의 평형 반응식과 용해도 곱 상수($K_{\mathrm{sp}}$) 및 산해리 상수($K_{\mathrm{a}}$)이다.

$$\mathrm{XF_2}(s) \rightleftarrows \mathrm{X^{2+}}(aq) + 2\mathrm{F^-}(aq) \qquad K_{\mathrm{sp}} = 8.0 \times 10^{-10}$$

$$\mathrm{HF}(aq) \rightleftarrows \mathrm{H^+}(aq) + \mathrm{F^-}(aq) \qquad K_{\mathrm{a}} = 7.0 \times 10^{-4}$$

표는 $T\,^\circ\mathrm{C}$에서 $\mathrm{XF_2}(s)$를 순수한 물과 산성 완충 용액에서 녹여 도달한 평형 Ⅰ과 Ⅱ에 대한 자료이다.

| 상태 | $[\mathrm{H^+}](\mathrm{M})$ | $\dfrac{[\mathrm{HF}]}{[\mathrm{F^-}]}$ | $[\mathrm{X^{2+}}](\mathrm{M})$ |
|------|------|------|------|
| 평형 Ⅰ | $1.0 \times 10^{-7}$ | | $y$ |
| 평형 Ⅱ | $4.9 \times 10^{-3}$ | $x$ | $z$ |

$\dfrac{x \times z}{y}$는? (단, 온도는 $T\,^\circ\mathrm{C}$로 일정하고, 평형 Ⅰ에서의 $\mathrm{F^-}$이 염기로 작용하는 것은 무시한다. 평형 Ⅱ에서 $\mathrm{XF_2}(s)$의 용해는 주어진 평형 반응들만을 고려한다. $\mathrm{X}$는 임의의 금속이다.)

① $28$

② $35$

③ $42$

④ $49$

⑤ $56$

**21** 곤충의 외골격과 갑각류의 껍질 및 곰팡이 세포벽에서 공통적으로 발견되는 다당류 구성 성분으로 옳은 것은?

① 큐틴
② 키틴
③ 펙틴
④ 리그닌
⑤ 셀룰로오스

**22** 식물의 광합성에 관한 설명으로 옳은 것만을 〈보기〉에서 있는 대로 고른 것은?

> ㄱ. $C_4$ 식물은 $C_3$ 식물에 비해 광호흡에 의한 손실을 최소화한다.
> ㄴ. $C_3$ 식물은 유관속초세포(bundle-sheath cell)에서 $CO_2$를 고정한다.
> ㄷ. CAM 식물은 밤에 $CO_2$를 흡수하여 고정한다.

① ㄱ
② ㄴ
③ ㄱ, ㄷ
④ ㄴ, ㄷ
⑤ ㄱ, ㄴ, ㄷ

**23** 진핵세포에서 포도당이 피루브산으로 분해되는 과정에 관한 설명으로 옳은 것만을 〈보기〉에서 있는 대로 고른 것은?

> ㄱ. 세포질에서 일어난다.
> ㄴ. 산소가 없어도 일어난다.
> ㄷ. 사용되는 ATP 분자보다 더 많은 ATP 분자가 방출된다.

① ㄱ
② ㄴ
③ ㄱ, ㄷ
④ ㄴ, ㄷ
⑤ ㄱ, ㄴ, ㄷ

**24** 골수에서 자가반응성을 가진 미성숙 B세포가 죽게 되는 과정으로 옳은 것은?

① 동형전환(isotype switching)

② 세포괴사(necrosis)

③ 양성선택(positive selection)

④ 보체활성화(complement activation)

⑤ 세포자멸사(apoptosis)

**25** 세균의 DNA 복제에 관한 설명으로 옳은 것만을 〈보기〉에서 있는 대로 고른 것은?

ㄱ. 반보존적 복제 방식을 따른다.

ㄴ. RNA 프라이머는 프리메이스(primase)에 의해 합성된다.

ㄷ. 선도가닥(leading strand)에서 오카자키 절편이 발견된다.

① ㄱ

② ㄷ

③ ㄱ, ㄴ

④ ㄴ, ㄷ

⑤ ㄱ, ㄴ, ㄷ

**26** 특정 단백질을 분석하는 방법으로 옳지 <u>않은</u> 것은?

① 노던 블롯팅(Northern blotting)

② 에드만 분해법(Edman degradation)

③ 등전점 전기영동(isoelectric focusing)

④ 2차원 전기영동(2D-electrophoresis)

⑤ 효소결합면역흡착측정법(ELISA)

**27** 동물세포의 핵에 있는 유전자가 발현되어 단백질을 합성하는 과정에 관한 설명으로 옳은 것은?

① 유전자의 전사(transcription)와 번역(translation) 과정이 같은 세포소기관에서 일어난다.

② 번역에는 tRNA와 리보솜(ribosome)의 역할이 필요하다.

③ 전사는 세포질에서 일어난다.

④ 엑손(exon) 부위는 전사되지만 인트론(intron) 부위는 전사되지 않는다.

⑤ 코돈(codon)의 변화는 반드시 아미노산 잔기의 변화로 이어진다.

**28** 동물세포의 체세포분열과 감수분열에 관한 설명으로 옳은 것은?

① 감수분열은 4개의 딸세포를 만든다.

② 체세포분열의 전기에서 염색체가 복제된다.

③ 체세포분열의 중기에서 상동염색체의 접합이 일어난다.

④ 체세포분열과 감수분열의 세포분열 횟수는 동일하다.

⑤ 감수분열은 유전적으로 동일한 딸세포를 만든다.

**29** 속씨식물에 관한 설명으로 옳지 <u>않은</u> 것은?

① 꽃이라는 생식기관을 가진 종자식물이다.

② 식물계 중에서 현재 가장 다양하고 널리 분포한다.

③ 타가수분을 통해 유전적 다양성을 증가시킨다.

④ 중복수정은 속씨식물에만 존재하는 특징이다.

⑤ 외떡잎식물은 속씨식물에 속하지 않는다.

**30** 열대우림의 특징에 관한 설명으로 옳은 것만을 〈보기〉에서 있는 대로 고른 것은?

ㄱ. 토양은 산성이다.
ㄴ. 일교차가 크다.
ㄷ. 단위 면적당 식물 종의 다양성이 육상생태계 중 가장 높다.

① ㄱ

② ㄴ

③ ㄱ, ㄷ

④ ㄴ, ㄷ

⑤ ㄱ, ㄴ, ㄷ

**31** 그림은 지구 내부 모식도이다. 영역 A~D에 관한 설명으로 옳은 것은?

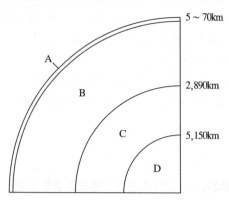

① B는 주로 규장질 성분으로 이루어져 있다.
② B와 C의 경계는 구텐베르그면이며, C에서 지진파 S파는 소멸한다.
③ C와 D는 화학 조성은 다르나, 물리적 성질은 같다.
④ A, B, C는 고체, D는 액체로 구성되어 있다.
⑤ C와 D의 경계면에서 지진파 P파의 속도가 갑자기 줄어든다.

**32** 보웬의 반응계열(Bowen's reaction series)에 따른 광물의 정출 및 용융에 관한 설명으로 옳지 <u>않은</u> 것은?

① 염기성 화성암은 온도가 높아짐에 따라 각섬석→휘석→감람석 순으로 용융된다.
② 녹는점(melting point)이 낮은 광물일수록 광물 내 칼슘(Ca)의 함량은 높아진다.
③ 불연속 계열에서 온도가 높아질수록 마그마에서 정출되는 광물 내 마그네슘(Mg)의 함량은 높아진다.
④ 낮은 온도에서 정출되는 광물들로 구성된 화성암은 주로 밝은 색을 띤다.
⑤ 연속 계열에서 형성되는 사장석은 고용체를 형성한다.

**33** 마그마의 식는 속도 차이에 의해 결정되는 화성암의 물리화학적 성질은?

① 암석의 광물조합
② 암석을 구성하는 결정 입자의 크기
③ 암석의 색깔
④ 암석의 밀도
⑤ 암석의 쪼개짐

**34** 다음 중 $SiO_2$의 함량(무게 %)이 가장 낮은 화성암은?

① 유문암　　　　　　　　　　　　② 안산암
③ 반려암　　　　　　　　　　　　④ 감람암
⑤ 섬록암

**35** 그림은 현생이언 동안 일어난 5대 대량멸종(mass extinction) 사건을 시대 순으로 나타낸 것이다.

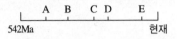

이에 관한 설명으로 옳은 것만을 〈보기〉에서 있는 대로 고른 것은? (단, Ma는 백만 년 전이다.)

> ㄱ. C는 가장 규모가 큰 멸종 사건이다.
> ㄴ. D 시기에 삼엽충이 멸종되었다.
> ㄷ. A는 운석 충돌 때문이다.

① ㄱ　　　　　　　　　　　　　② ㄷ
③ ㄱ, ㄴ　　　　　　　　　　　　④ ㄴ, ㄷ
⑤ ㄱ, ㄴ, ㄷ

**36** 우리나라(남한) 지층에 관한 설명으로 옳지 않은 것은?

① 석회암이 가장 많이 분포하는 지층은 조선누층군이다.
② 데본기 지층은 강원도 지역에 넓게 분포한다.
③ 경상누층군은 중생대에 형성된 육상퇴적층이다.
④ 석탄의 함량이 가장 높은 지층은 평안누층군이다.
⑤ 조선누층군과 평안누층군은 부정합 관계이다.

**37** 지구 대기권에 관한 설명으로 옳은 것만을 〈보기〉에서 있는 대로 고른 것은?

> ㄱ. 대기권은 고도에 따른 온도 분포에 의해 4개의 층으로 구분된다.
> ㄴ. 대류권의 두께는 적도지방이 극지방보다 두껍다.
> ㄷ. 성층권에서는 고도가 상승함에 따라 온도는 감소한다.

① ㄱ　　　　　　　　　　　　　② ㄴ
③ ㄷ　　　　　　　　　　　　　④ ㄱ, ㄴ
⑤ ㄴ, ㄷ

**38** 해수의 순환에 관한 설명으로 옳은 것만을 〈보기〉에서 있는 대로 고른 것은?

ㄱ. 표층수의 흐름은 해양 표면과 해양 표면을 따라 부는 바람의 마찰에 의해 만들어진다.
ㄴ. 심층수의 순환을 열염순환(thermohaline circulation)이라고 하며, 심해의 해수가 섞이는 원인이 된다.
ㄷ. 아열대 환류는 북반구에서는 반시계 방향, 남반구에서는 시계 방향으로 회전한다.

① ㄱ
② ㄷ
③ ㄱ, ㄴ
④ ㄴ, ㄷ
⑤ ㄱ, ㄴ, ㄷ


**39** 태양에 관한 설명으로 옳은 것만을 〈보기〉에서 있는 대로 고른 것은?

ㄱ. 태양에는 이온화된 기체인 플라스마(plasma)가 존재한다.
ㄴ. 태양 내부는 깊이에 따라 온도와 밀도가 다르기 때문에 층상 구조가 나타난다.
ㄷ. 태양의 핵에서는 핵융합 반응이 일어난다.

① ㄱ
② ㄷ
③ ㄱ, ㄴ
④ ㄴ, ㄷ
⑤ ㄱ, ㄴ, ㄷ


**40** 목성형 행성에 관한 설명으로 옳지 <u>않은</u> 것은?

① 수소, 헬륨, 수소 화합물 등이 주요 구성 성분이다.
② 목성형 행성 중 질량이 가장 큰 것은 목성이다.
③ 목성형 행성 중 밀도가 가장 작은 것은 토성이다.
④ 천왕성과 해왕성이 푸르게 보이는 이유는 메탄 가스 때문이다.
⑤ 자기장의 세기가 가장 큰 것은 해왕성이다.

# 2023년 제60회 기출문제

의심은 실패보다 더 많은 꿈을 죽인다.

- 카림 세디키 -

↻ 정답 및 해설 310p

**01** 기간에 관한 설명으로 옳지 <u>않은</u> 것은?

① 기간을 월 또는 연의 처음부터 기산하지 아니하는 때에는 최후의 월 또는 연에서 그 기산일에 해당하는 날의 전일로 기간이 만료한다.

② 국내우선권주장에 있어서 선출원의 취하로 보는 시점은 기간의 말일이 공휴일이라 하더라도 기간의 말일이 그 다음 날로 연장되지는 않는다.

③ 기간의 기산일이 공휴일인 경우 그 기간은 공휴일의 다음 날부터 시작된다.

④ 법정기간은 특허법 제132조의17의 규정에 의한 심판의 청구기간에 한하여 연장할 수 있으나, 지정기간은 연장 대상에 제한이 없다.

⑤ 법정기간은 단축할 수 없으나 지정기간은 당사자의 청구에 따라 단축할 수 있다.

**02** '발명자'에 관한 설명으로 옳은 것은?

① 특허법 제2조(정의)는 '발명자'란 자연법칙을 이용하여 기술적 사상을 창작한 자로 규정하고 있다.

② 특허법 제42조(특허출원) 제1항에 따라 출원인과 발명자가 동일한 경우 특허출원서에는 발명자의 성명 및 주소를 생략할 수 있다.

③ 특허법 제87조(특허권의 설정등록 및 등록공고)에 따라 특허청장은 출원인의 요청이 있으면 발명자의 성명 및 주소를 생략하여 등록공고를 할 수 있다.

④ 국제특허출원에 있어서 특허법 제203조(서면의 제출) 제1항 전단에 따른 서면에는 발명자의 성명 및 주소를 기재하여야 한다.

⑤ 특허법 제64조(출원공개)에 따라 특허청장은 공개특허공보에 발명자의 성명 및 주소를 반드시 게재하여 공개해야 한다.

**03** 특허법 제33조(특허를 받을 수 있는 자)에 관한 설명으로 옳지 <u>않은</u> 것은? (다툼이 있으면 판례에 따름)

① 甲이 단독으로 완성한 발명 X에 대한 특허를 받을 수 있는 권리를 乙에게 이전하는 것에 묵시적으로 동의하면, 乙은 발명 X에 대한 특허를 받을 수 있는 권리의 승계인이 될 수 있다.

② 특허청 직원인 丙은 단독으로 완성한 발명 Y를 재직 중에 일반인 乙에게 양도하더라도, 乙은 발명 Y에 대한 특허를 받을 수 있는 권리의 승계인이 될 수 있다.

③ 甲과 乙이 공동으로 발명을 완성한 경우, 甲과 乙 사이에 지분을 정하는 특약이 없으면 공유자의 지분은 균등한 것으로 추정한다.

④ 특허청 직원인 丙으로부터 특허를 받을 수 있는 권리를 상속한 일반인 乙은 지체 없이 그 취지를 특허청장에게 신고하여야 한다.

⑤ 미성년자 丁은 법정대리인 戊의 동의가 있어야만 제3자로부터 특허를 받을 수 있는 권리를 무상으로 양도받을 수 있다.

**04** 특허출원인 甲은 2022.6.1. 출원한 특허출원(청구항 제1항 내지 제10항)에 대한 의견제출통지서(청구항 제1항 내지 제8항은 특허법 제29조 제2항 진보성 흠결, 제9항 및 제10항은 특허 가능한 청구항으로 인정)를 2022.8.1. 통지받았다. 甲은 2022.8.30. 의견서 및 보정서를 제출하였으나, 심사관으로부터 2022.10.3. 특허거절결정서를 통지받았다. 이에 대응하여 甲은 특허거절결정에 대해서 특허법 제67조의2에 따른 재심사 청구를 하지 않고 2022.10.21. 특허법 제132조의17에 따른 심판을 청구하였으나 2023.2.10. 특허법 제132조의17에 따른 심판청구가 기각되었고, 2023.2.17. 심결의 등본을 송달받았다. 특허출원인 甲이 청구항 제9항 및 제10항에 대한 특허권을 획득하기 위하여 취할 수 있는 특허법상의 조치를 모두 고른 것은?

> ㄱ. 특허법 제52조(분할출원)에 따라 청구항 제9항 및 제10항을 분할 출원
> ㄴ. 특허법 제52조의2(분리출원)에 따라 청구항 제9항 및 제10항을 분리 출원
> ㄷ. 특허법 제55조(특허출원 등을 기초로 한 우선권 주장)에 따라 청구항 제9항 및 제10항을 청구범위에 기재하여 국내 우선권 주장 출원
> ㄹ. 특허법 제67조의2(재심사의 청구)에 따라 청구항 제9항 및 제10항을 남기고 나머지 청구항을 삭제하는 보정을 하면서 재심사 청구

① ㄱ, ㄴ
② ㄱ, ㄷ
③ ㄱ, ㄹ
④ ㄴ, ㄷ
⑤ ㄴ, ㄹ

**05** 특허법상 신규성 또는 진보성에 관한 설명으로 옳지 <u>않은</u> 것은? (다툼이 있으면 판례에 따름)

① 복수의 인용발명의 결합에 의하여 특허성을 판단하는 것은 진보성의 문제이며, 신규성의 문제가 아니다.

② 청구항에 기재된 발명에 대하여 동일한 인용발명으로, 또는 인용발명을 달리하여 신규성이 없다는 거절 이유와 진보성이 없다는 거절 이유를 동시에 통지할 수 있다.

③ 발명의 진보성 유무를 판단할 때에는 진보성 판단의 대상이 된 발명의 명세서에 개시되어 있는 기술을 알고 있음을 전제로 하여 사후적으로 통상의 기술자가 그 발명을 쉽게 발명할 수 있는지를 판단하여서는 아니 된다.

④ 독립항의 진보성이 인정되는 경우에는 그 독립항을 인용하는 종속항도 예외 없이 진보성이 인정된다.

⑤ 선행기술이 미완성 발명이거나 표현이 불충분하거나 또는 일부 내용에 흠결이 있다면, 통상의 기술자가 기술상식이나 경험칙에 의하여 쉽게 기술내용을 파악할 수 있다고 하더라도 진보성 판단의 대비 자료로 인용할 수 없다.

**06** 특허법상 신규성에 관한 설명으로 옳지 <u>않은</u> 것은? (다툼이 있으면 판례에 따름)

① 신규성 판단에 있어서 '공지(公知)된 발명'이란 특허출원 전에 국내 또는 국외에서 그 내용이 비밀상태로 유지되지 않고 불특정인에게 알려지거나 알려질 수 있는 상태에 있는 발명을 의미한다. 여기서 '불특정인'이란 그 발명에 대한 비밀준수 의무가 없는 자를 말한다.

② 신규성 판단에 있어서 '특허출원 전'이란 특허출원일의 개념이 아닌 특허출원의 시, 분, 초까지도 고려한 자연시(自然時, 외국에서 공지된 경우 한국시간으로 환산한 시간) 개념이다.

③ 불특정인에게 공장을 견학시킨 경우, 그 제조상황을 보았을 경우에 제조공정의 일부에 대하여는 장치의 외부를 보아도 그 제조공정의 내용을 알 수 없는 것으로서, 그 내용을 알지 못하면 그 기술의 전체를 알 수 없는 경우에도 견학자가 그 장치의 내부를 볼 수 있거나 그 내부에 대하여 공장의 종업원에게 설명을 들을 수 있는 상황(공장 측에서 설명을 거부하지 않음)으로서 그 내용을 알 수 있을 때에는 그 기술은 공연히 실시된 것으로 본다.

④ 카탈로그가 제작되었으면 배부, 반포되는 것이 사회통념이므로 카탈로그의 배부범위, 비치장소 등에 관하여 구체적인 증거가 없다고 하더라도 그 카탈로그가 배부, 반포되었음을 부인할 수는 없다.

⑤ 내부에 특징이 있는 발명에 대해 그 외형 사진만이 간행물에 게재되어 있는 경우에 그 발명은 게재된 것이라고 할 것이다.

**07** 특허요건 중 '산업상 이용 가능성'에 관한 설명으로 옳지 <u>않은</u> 것은? (다툼이 있으면 판례에 따름)

① 인체를 처치하는 방법이 치료 효과와 비치료 효과를 동시에 가지는 경우, 양자를 구별 및 분리할 수 없는 방법은 치료방법으로 간주되어 산업상 이용 가능한 것으로 인정하지 않는다.

② 인체에도 적용할 수 있으나 청구범위의 기재에서 동물에게만 한정하여 특허 청구항을 명시하는 의료행위는 산업상 이용 가능성이 있는 것으로 취급한다.

③ 의료인에 의한 의료행위가 아니더라도 발명의 목적, 구성 및 효과 등에 비추어 보면 인간의 질병을 치료, 예방 또는 건강상태의 증진 내지 유지 등을 위한 처치방법의 발명인 경우에는 산업상 이용 가능성이 없는 것으로 취급한다.

④ 인간의 수술, 치료 또는 진단에 사용하기 위한 의료기기 그 자체, 의약품 그 자체 등은 산업상 이용 가능성이 없는 것으로 취급한다.

⑤ 의료기기의 작동방법 또는 의료기기를 이용한 측정방법 발명은 그 구성에 인체와 의료기기 간의 상호작용이 인체에 직접적이면서 일시적이 아닌 영향을 주는 경우 또는 실질적인 의료행위를 포함하는 경우를 제외하고는 산업상 이용 가능한 것으로 취급한다.

**08** 발명 A에 대한 공지의 예외 주장을 할 수 <u>없는</u> 경우는? (다툼이 있으면 판례에 따름)

① 甲은 2021.5.15. 학회에서 발명 A를 공개하고 2021.9.15. 출원하였으나 출원서에 자기공지 예외문구를 누락하였다. 甲은 2021.12.15. 특허등록결정등본을 송달받았고, 설정등록 전인 2022.3.30. 소정의 수수료를 내고 자기공지 예외취지의 서류를 제출하였다.

② 甲은 2022.9.1. 발명 A를 공개한 후 2023.1.5. 원특허출원을 하였으나 공지예외를 주장하지 않았고, 거절이유 통지에 따른 의견서 제출기간 내에 분할출원을 실시하면서 공지예외를 주장하였다.

③ 甲은 국내우선권주장출원을 하면서 선출원보다 늦게 자기공지된 발명 A에 대하여 공지의 예외를 주장하였다.

④ 甲은 2020.2.1. 발명 A를 박람회에 출품하고 2020.12.1. 공지예외를 주장하면서 특허출원하였다. 한편 乙은 박람회에서 발명 A를 지득하고 2020.5.2. 간행물에 전재(轉載)하였는바, 甲이 이 사실과 함께 자신의 의사에 반한 공지임을 입증하였다.

⑤ 甲은 2020.2.1. 발명 A를 학회에서 발표하였는데, 그 내용이 강연집에 실리게 되었다. 甲은 학회발표에 대해서만 적법한 공지예외 주장 절차를 밟았다.

**09** 진보성 판단에 관한 설명으로 옳지 <u>않은</u> 것은? (다툼이 있으면 판례에 따름)

① 출원발명의 수치범위가 선행발명의 수치범위에 포함된다면, 특허발명에 진보성을 인정할 수 있는 다른 구성요소가 없는 경우 출원발명의 수치한정이 임계적 의의를 가지는 때에 한하여 진보성이 인정된다.

② 파라미터발명은 청구항의 기재 자체만으로는 기술적 구성을 명확하게 이해할 수 없는 경우가 있으므로, 파라미터발명의 진보성은 발명의 설명 또는 도면 및 출원시의 기술상식을 참작하여 발명을 명확하게 파악하여 판단한다.

③ 제조방법이 기재된 물건발명의 특허요건을 판단함에 있어서 그 기술적 구성을 제조방법 자체로 한정하여 출원 전에 공지된 선행기술과 비교하여 진보성 판단을 하여야 한다.

④ 의약화합물 분야에 속하는 결정형 발명은 구성만으로 효과의 예측이 쉽지 않으므로 구성의 곤란성을 판단할 때 발명의 효과가 선행발명에 비하여 현저하다면 구성의 곤란성을 추론할 수도 있다.

⑤ 선택발명의 경우 공지된 화합물이 갖는 효과와 질적으로 다르거나 양적으로 현저한 효과의 차이가 있다는 점이 발명의 설명에 명확히 기재되어 있다면 이를 기초로 진보성 판단을 할 수 있다.

**10** 특허법 제84조(특허료 등의 반환)에 관한 설명으로 옳지 <u>않은</u> 것은?

① 납부된 특허료 및 수수료는 제1항 각 호의 어느 하나에 해당하는 경우에만 납부한 자의 청구에 의하여 반환한다.

② 잘못 납부된 특허료 및 수수료는 납부한 자의 청구에 의하여 반환한다.

③ 납부된 특허료 및 수수료는 특허권의 존속기간의 연장등록을 무효로 한다는 심결이 확정된 해의 다음 해부터의 특허료 해당분에 해당하는 경우 납부한 자의 청구에 의하여 반환한다.

④ 특허청장 또는 특허심판원장은 납부된 특허료 및 수수료가 제1항 각 호의 어느 하나에 해당하는 경우에는 그 사실을 납부한 자에게 통지하여야 한다.

⑤ 제1항에 따른 특허료 및 수수료의 반환청구는 제2항에 따른 통지를 받은 날부터 3년이 지나면 할 수 없다.

**11** 특허법상 '통상실시권 설정의 재정'에 관한 설명으로 옳지 <u>않은</u> 것은?

① 특허발명의 실시가 공공의 이익을 위하여 특히 필요하여 하는 재정의 경우, 특허청장은 재정을 받은 자에게 통상실시권은 국내수요충족을 위한 공급을 주목적으로 하여야 한다는 조건을 붙일 수 있다.

② 특허발명을 실시하려는 자는 공공의 이익을 위하여 특허발명을 비상업적으로 실시하려는 경우와 사법적 절차 또는 행정적 절차에 의하여 불공정거래행위로 판정된 사항을 바로잡기 위하여 특허발명을 실시할 필요가 있는 경우, 특허권자 또는 전용실시권자와 협의 없이도 재정을 청구할 수 있다.

③ 반도체 기술에 대해서는, 공공의 이익을 위하여 비상업적으로 실시하려는 경우와, 사법적 절차 또는 행정적 절차에 의하여 불공정거래행위로 판정된 사항을 바로잡기 위하여 특허발명을 실시할 필요가 있는 경우에만 재정을 청구할 수 있다.

④ 특허출원일부터 4년이 지나지 아니한 특허발명에 관하여는 특허발명이 정당한 이유 없이 계속하여 3년 이상 국내에서 상당한 영업적 규모로 실시되고 있지 아니하거나 적당한 정도와 조건으로 국내수요를 충족시키지 못한다는 것을 근거로 재정을 청구할 수 없다.

⑤ 재정에 의한 통상실시권은 실시사업과 함께 이전하는 경우에만 이전할 수 있다.

**12** 특허법상 '허가 등에 따른 특허권의 존속기간 연장제도'에 관한 설명으로 옳지 <u>않은</u> 것은? (다툼이 있으면 판례에 따름)

① 허가 등에 따른 특허권존속기간 연장등록출원은 대상이 되는 특허발명의 특허권이 존속되는 경우에만 가능하다.

② 하나의 특허와 관련하여 연장등록출원의 대상이 되는 유효성분 A, B 및 C에 대하여 각각 허가 A, B 및 C를 받았다면 각 유효성분에 대하여 연장받고자 하는 허가 모두에 대하여 1회씩 연장등록출원 할 수 있다.

③ 특허권의 존속기간을 연장받을 수 있는 기간은 그 특허발명을 실시할 수 없었던 기간으로서 5년의 기간 내로 한정된다.

④ 해당 관청의 심사부서 중 어느 한 부서의 보완요구로 인하여 보완기간이 소요되었다 하더라도, 다른 부서에서 허가를 위한 심사 등의 절차가 계속 진행되고 있었던 경우에는 그 보완기간 중 다른 부서에서 심사가 진행되고 있는 기간과 중첩되는 기간에 관한 한 허가 등을 받은 자의 책임있는 사유로 인하여 허가가 지연되었다고 볼 수 없으므로 위 중첩되는 기간은 그 특허발명을 실시할 수 없었던 기간에서 제외할 수 없다.

⑤ 특허권 존속기간의 연장등록출원의 출원인은 특허권자에 한하며 특허권이 공유인 경우에는 공유자 전원이 공동으로 특허권 존속기간의 연장등록출원을 하여야 한다.

**13** 특허법상 특허권침해에 관한 설명으로 옳은 것은? (다툼이 있으면 판례에 따름)

① 물건 A에 대한 특허권의 전용실시권자 甲은 乙이 아무런 과실 없이 자신의 전용실시권을 침해하는 행위를 하였더라도 乙을 상대로 A를 제조하는 데 제공된 기계의 제거를 청구할 수 없다.

② 의약이라는 물건의 발명에서 대상 질병 또는 약효와 함께 투여용법과 투여용량을 부가하더라도 이러한 투여용법과 투여용량은 의료행위 그 자체에 해당하므로 이러한 투여용법과 투여용량의 부가에 의하여 별개의 의약용도발명이 된다고 볼 수 없다.

③ 발명의 상세한 설명의 기재와 출원당시의 공지기술 등을 참작하여 파악되는 특허발명의 해결수단이 기초하고 있는 기술사상의 핵심이 침해제품 등에서도 구현되어 있다면 작용효과가 실질적으로 동일하다고 보는 것이 원칙이다.

④ 시장에서 다른 용도로 판매되고 있어 오로지 특허발명의 생산에만 사용되는 전용물이 아니더라도, 그것이 특허발명의 과제해결에 필수불가결한 기능을 하고, 당사자가 그 물건이 특허발명의 실시에 사용된다는 사정을 알면서 업으로 이를 공급한다면 특허법 제127조에서 정한 간접침해에 해당한다.

⑤ 법원은 타인의 특허권을 침해한 행위가 고의적인 것으로 인정되는 경우에는 손해로 인정된 금액범위 내에서 배상액을 정하여야 한다.

**14** 甲은 제품 X를 국내에서 직접 생산하는 제조업자이고, 乙은 甲으로부터 제품 X를 납품받아 판매하는 판매업자이다. 특허권자 丙은 乙의 제품 X가 자신의 특허권 P(청구항 제1항 내지 제10항)를 직접 침해하고 있다고 판단하여 乙에게 서면으로 침해 경고장(청구항 제1항 내지 제3항을 침해한다고 기재)을 송부하였다. 乙은 丙으로부터 침해 경고장을 수령한 후에 특허 무효 조사를 실시하여 특허권 P의 청구항 제1항 및 제2항에 대한 진보성의 흠결을 입증할 수 있는 유력한 증거 E를 확인하였고, 청구항 제3항은 잘못 기재된 사항이 있음을 확인하였다. 甲, 乙 및 丙이 각각 취할 수 있는 특허법상의 조치에 관한 설명으로 옳지 <u>않은</u> 것은? (다툼이 있으면 판례에 따름)

① 乙은 판매하는 제품 X가 丙의 특허권 P의 제1항 및 제2항의 권리 범위에 속하지 않는다는 청구취지로 특허법 제135조의 권리범위 확인심판을 청구할 수 있다.

② 丙은 甲에 의해서 특허무효심판(증거 E를 제출하며 청구항 제1항 및 제2항의 진보성 흠결을 청구이유로 기재)이 청구된 후 지정 기간 내에 특허권 P의 청구항 제3항에 대해서 정정을 청구할 수 있다.

③ 甲과 乙은 특허권 P의 청구항 제1항 및 제2항에 대해서 특허법 제29조 위반을 주장하고 청구항 제3항에 대해서 특허법 제42조 제4항 위반을 주장하는 심판청구서를 공동으로 특허심판원에 제출할 수 있다.

④ 乙이 丙을 상대로 특허권 P에 대한 특허무효심판(청구항 제3항에 대해서 특허법 제42조 제4항 위반을 청구 이유로 기재)을 청구하여 특허심판원에 계속 중인 경우, 丙은 특허권 P에 대한 정정심판을 청구하여 두 심판에 대한 심리의 병합을 신청할 수 있다.

⑤ 甲에 의해서 청구된 특허무효심판에서 丙이 답변서를 제출하였음에도 인용심결이 나온 경우 甲은 반드시 丙의 동의를 받아야만 특허무효심판의 취하를 할 수 있다.

**15** 특허권 A에 대한 특허무효심판에 대한 심결이 2023.1.27. 오전 0시 확정(해당심결 이전의 확정심결과 저촉되지 않음)되었고, 특허권자 甲은 2023.2.6. 재심사유를 알게 되었으며, 심결등본의 송달에 의하여 특허무효심결이 있는 것을 알게 된 날은 2023.2.13.이다. 甲은 확정된 무효심결에 대해서 재심을 청구하려 한다. 이에 관한 설명으로 옳은 것을 모두 고른 것은? (모든 일자는 공휴일이 아닌 것으로 하며, 아래 각 지문은 독립적으로 판단할 것)

> ㄱ. 甲은 2026.1.27.이 경과하면 재심을 청구할 수 없다.
> ㄴ. 甲은 2023.3.8.까지 재심을 청구할 수 있다.
> ㄷ. 재심사유가 2023.2.2.에 생겼다면, 甲은 2026.2.2.까지 재심을 청구할 수 있다.
> ㄹ. 대리권의 흠을 이유로 재심을 청구하는 경우에 甲은 2023.3.15.까지 재심을 청구할 수 있다.

① ㄱ, ㄴ, ㄷ
② ㄱ, ㄴ, ㄹ
③ ㄱ, ㄷ, ㄹ
④ ㄴ, ㄷ, ㄹ
⑤ ㄱ, ㄴ, ㄷ, ㄹ

**16** 심결취소소송에서 당사자적격에 관한 설명으로 옳은 것을 모두 고른 것은? (다툼이 있으면 판례에 따름)

> ㄱ. 특허취소결정, 결정계 심판의 심결 또는 그 재심의 심결 및 심판청구서·재심청구서 각하결정에 대한 소를 제기하는 경우에는 특허청장을 피고로 하여야 한다.
> ㄴ. 공동으로 특허무효심판을 청구하여 승소한 경우, 특허권자가 공동심판청구인 중 일부만을 상대로 제기한 심결취소소송에서 당사자변경을 가져오는 당사자 추가신청은 허용된다.
> ㄷ. 특허취소신청 기각결정에 대하여는 불복할 수 없으며, 인용결정에 대한 불복소송에서 특허권자는 원고가 된다.
> ㄹ. 심결취소소송에서 특허취소결정·심판·재심사건의 당사자, 참가인 그 외 심결에 의하여 자기의 법률상 이익이 침해되는 자는 원고적격이 인정된다.

① ㄱ, ㄴ
② ㄱ, ㄷ
③ ㄴ, ㄷ
④ ㄴ, ㄹ
⑤ ㄷ, ㄹ

**17** 특허소송에 관한 설명으로 옳지 <u>않은</u> 것은? (다툼이 있으면 판례에 따름)

① 심결 또는 결정의 취소판결이 확정된 경우에는 심판관은 심판청구인의 새로운 신청을 기다리지 않고 취소판결의 취지에 따라 다시 심리하여야 한다.

② 당사자계 심판에 대한 심결취소소송의 경우 당사자는 심결에서 판단되지 않은 위법사유도 심결취소소송단계에서 주장·입증할 수 있다.

③ 심결취소소송에서 특허발명의 진보성 판단에 제공되는 선행발명이 어떤 구성요소를 가지고 있는지 여부는 주요 사실로서 당사자 자백의 대상이 된다.

④ 등록무효심판 심결에 대한 특허소송의 경우 주지관용기술 여부는 법원이 자유로운 심증에 의하여 증거 등을 통하여 인정할 수 있다.

⑤ 거절결정불복심판 심결에 대한 특허소송에서 발명의 성립, 신규성 결여 등에 대해서는 출원인이 이를 주장·증명하여야 한다.

**18** 실용신안법상 벌칙에 관한 설명으로 옳지 <u>않은</u> 것을 모두 고른 것은?

> ㄱ. 침해죄(제45조 제1항)는 고소가 없으면 공소를 제기할 수 없다.
> ㄴ. 특허청 또는 특허심판원 소속 직원이거나 직원이었던 사람이 실용신안등록 출원 중인 고안(국제출원 중인 고안을 포함한다)에 관하여 직무상 알게 된 비밀을 누설하거나 도용한 경우에는 5년 이하의 징역 또는 5천만 원 이하의 벌금에 처한다.
> ㄷ. 전문심리위원 또는 전문심리위원이었던 자가 그 직무수행 중에 알게 된 다른 사람의 비밀을 누설하는 경우에는 2년 이하의 징역이나 금고 또는 1천만 원 이하의 벌금에 처한다.
> ㄹ. 비밀유지명령 위반죄(제49조의2 제1항)는 비밀유지명령을 신청한 자의 고소가 없으면 공소를 제기할 수 없다.
> ㅁ. 침해죄(제45조 제1항)에 해당하는 침해행위를 조성한 물품 또는 그 침해행위로부터 생긴 물품은 몰수하거나 피해자의 청구에 따라 그 물품을 피해자에게 교부할 것을 선고하여야 한다.

① ㄱ, ㄷ, ㄹ

② ㄱ, ㄷ, ㅁ

③ ㄱ, ㄹ, ㅁ

④ ㄴ, ㄷ, ㄹ

⑤ ㄷ, ㄹ, ㅁ

**19** 특허에 관한 설명으로 옳지 <u>않은</u> 것은? (다툼이 있으면 판례에 따름)

① 선특허권 등과 후출원 등록상표권이 저촉되는 경우에, 선특허권 등의 권리자는 후출원 상표권자의 동의가 없더라도 자신의 권리를 자유롭게 실시할 수 있지만, 후출원 상표권자가 선특허권 등의 권리자의 동의를 받지 않고 그 등록상표를 지정상품에 사용하면 선특허권 등에 대한 침해가 성립한다.

② 선출원에 대한 우선권 주장을 수반하는 후출원을 한 후출원인은 그 특허출원시에 선출원인과 동일인이거나 그 적법한 승계인이어야 하고, 후출원인이 선출원인의 특허출원 후 특정승계의 방법으로 그 특허를 받을 수 있는 권리를 양수한 경우에는 특허출원인 변경신고를 하지 아니하면 그 권리승계의 효력이 발생하지 않는다.

③ 특허권침해소송의 상대방이 제조하는 제품 또는 사용하는 방법이 특허발명의 특허권을 침해한다고 하기 위하여는 특허발명의 청구범위에 기재된 각 구성요소와 그 구성요소 간의 유기적 결합관계가 침해대상제품 등에 그대로 포함되어 있어야 한다.

④ 특허출원 전에 특허를 받을 수 있는 권리를 계약에 따라 이전한 양도인이 특허출원을 하여 설정등록이 이루어진 경우, 그 특허권은 특허무효사유에 해당하는 '정당한 권리자 아닌 사람'의 특허이다.

⑤ 특허심판원에 계속 중인 심판에 대하여 동일한 당사자가 동일한 심판을 다시 청구한 경우, 후심판이 중복심판청구 금지에 위반되는지 판단하는 기준 시점은 후심판의 심결 시이다.

**20** 발명 A의 발명자인 甲은 그의 권리의 지분 일부를 乙에게 양도하였다. 이에 관한 설명으로 옳지 <u>않은</u> 것은? (다툼이 있으면 판례에 따름)

① 발명 A에 대하여 甲이 단독으로 특허출원한 경우에는 등록거절사유, 등록무효사유가 된다.

② 甲과 乙은 특허 취득 전 발명 A에 대한 권리를 제3자에게 양도하는 것은 가능하나 질권 설정은 불가하다.

③ 발명 A가 적법하게 등록된 경우, 제3자는 권리의 일부 지분에 대해서만 무효심판을 청구할 수 없다.

④ 甲과 乙이 발명 A에 대한 특허권을 공유한 경우, 각 공유자에게 특허권을 부여하는 방식의 현물분할을 할 수 있다.

⑤ 발명 A가 등록 거절된 경우 甲과 乙은 공동으로 거절결정불복심판을 청구하여야 한다.

**21** 상표법 제7조(대리권의 범위)에 따라 특별수권을 받아야 하는 행위에 해당하지 <u>않는</u> 것은?

① 지정상품추가등록출원을 상표등록출원으로 변경하는 경우

② 상표등록출원을 그 지정상품마다 분할하여 이전하는 경우에 유사한 지정상품을 함께 이전하지 않아 상표등록을 할 수 없다는 이유로 된 거절결정에 대하여 불복하여 심판을 제기하는 경우

③ 이해관계인이 등록상표가 식별력이 없는 상표라는 이유로 제기한 상표등록무효심판에 대하여 답변서를 제출하는 경우

④ 보정각하결정불복심판을 대리하고 있던 변리사 甲이 구술심리기일에 출석하기 어렵게 되자 변리사 乙에게 그 특허심판원의 심리기일에 출석을 위해 대리권을 다시 위임하는 경우

⑤ 당사자가 사망하여 중단된 상표에 관한 절차의 수계신청을 취하하는 경우

**22** 상표법 제36조(상표등록출원)에서 상표등록출원서를 제출하면서 제1항 각 호의 사항 외에 첨부하여야 하는 것을 기술한 것이다. 이에 관한 설명으로 옳지 <u>않은</u> 것을 모두 고른 것은?

> ㄱ. 단체표장등록 – 대통령령으로 정하는 단체표장의 사용에 관한 사항을 정한 정관
> ㄴ. 증명표장등록 – 대통령령으로 정하는 바에 따라 그 표장에 관한 설명과 증명하려는 상품의 품질, 원산지, 사용방법 그리고 그 밖의 특성을 증명하고 관리할 수 있음을 증명하는 서류
> ㄷ. 지리적 표시 단체표장등록 – 대통령령으로 정하는 바에 따라 지리적 표시 상품의 생산지를 증명하는 서류
> ㄹ. 업무표장등록 – 그 업무의 경영 사실을 증명하는 서류

① ㄱ, ㄴ

② ㄱ, ㄷ

③ ㄴ, ㄷ

④ ㄴ, ㄹ

⑤ ㄷ, ㄹ

**23** 상표법 제34조(상표등록을 받을 수 없는 상표) 제1항 각 호의 내용으로 옳은 것을 모두 고른 것은?

> ㄱ. 선출원(先出願)에 의한 타인의 등록상표(등록된 지리적 표시 단체표장을 포함한다)와 동일·유사한 상표
> 로서 그 지정상품과 동일·유사한 상품에 사용하는 상표
> ㄴ. 동업·고용 등 계약관계나 업무상 거래관계 또는 그 밖의 관계를 통하여 타인이 사용하거나 사용을 준비
> 중인 상표임을 알면서 그 상표와 동일·유사한 상표를 동일·유사한 상품에 등록출원한 상표
> ㄷ. 수요자들에게 인식되어 있는 타인의 상품이나 영업과 혼동을 일으키게 하거나 그 식별력 또는 명성을
> 손상시키는 상표
> ㄹ. 국가·인종·민족·공공단체·종교 또는 저명한 고인(故人)과의 관계를 거짓으로 표시하거나 이들을
> 비방 또는 모욕하거나 이들에 대한 평판을 나쁘게 할 우려가 있는 상표

① ㄱ, ㄴ
② ㄱ, ㄷ
③ ㄴ, ㄷ
④ ㄴ, ㄹ
⑤ ㄷ, ㄹ

**24** 상표에 관한 절차에 대한 설명으로 옳은 것은?

① 미국에 주소를 두고, 미국과 유럽에만 영업소를 가지고 있던 회사 甲의 대표자가 직접 국내에 거주하면
서 한국 내 자회사의 임원 등을 선발하기 위한 면접을 하더라도 자회사 설립 전인 경우에는 상표에
관한 대리인으로서 국내에 주소나 영업소가 있는 자에 의해서만 상표출원을 할 수 있다.
② 미성년자가 행한 상표출원행위에 대하여 법정대리인의 추인에 의한 출원행위의 효력 발생시점은 미성
년자의 상표 출원시점부터가 아닌, 법정대리인의 추인행위를 한 시점부터 그 효력이 발생한다.
③ 상표에 관한 절차를 밟는 자로부터 출원을 위임받은 대리권자의 대리권은 반드시 서면에 의하여 증명해
야 하고, 심판절차에서 위임한 위임인과 동시에 출석하여 구두로 대리권을 증명할 수는 없다.
④ 심판을 청구하는 자가 책임질 수 없는 불가항력으로 인하여 심결의 등본을 송달받은 날로부터 30일
이내에 심결에 관한 소를 제기하지 못한 경우에는 그 불가항력 사유가 소멸한 날로부터 2개월 이내에
소를 제기할 수 있다.
⑤ 미성년자의 법정대리인의 사망으로 대리권이 소멸하여 상표에 관한 절차가 중단된 경우에 성년이 된
미성년자는 절차를 수계할 수 없다.

**25** 상표법에 관한 설명으로 옳은 것은?

① 전용사용권 설정행위에 의하여 그 등록상표의 지정상품과 유사한 상품에 대하여 그 등록상표를 사용할 권리가 취득될 수 있다.

② 전용사용권자는 상표권의 사용에 대하여 받을 대가나 물건에 대해서도 그 지급 또는 인도 전에 그 대가나 물건을 압류하여 물상대위권을 행사할 수 있다.

③ 통상사용권자는 그 사용권을 특허청에 등록할 필요는 없으나 그 상품에 자신의 이름이나 명칭과 상표에 관한 표시를 하여야 한다.

④ 동일자로 출원된 특허권과 상표권이 상호 저촉되는 경우, 그 특허권의 존속기간이 만료되는 때에는 그 상표권의 통상사용권자는 상표를 사용할 권리를 가진 자에게 그의 업무에 관한 상품과 자기의 업무에 관한 상품 간에 혼동을 방지하는 데 필요한 표시를 하도록 청구할 수 있다.

⑤ 질권자가 질권의 목적인 상표권을 이전받은 경우, 권리의 혼동으로 인한 그 질권의 소멸은 등록하지 아니하더라도 그 효력이 발생한다.

**26** 상표법상 이전에 관한 설명으로 옳은 것은?

① 국제등록 명의의 변경에 따라 국제등록 지정상품의 전부 또는 일부가 분할되어 이전된 경우에는 국제상표등록출원은 변경된 국제등록명의인에 의하여 각각 출원된 것으로 본다.

② 특허청장은 상표에 관한 절차가 특허청에 계속(繫屬) 중일 때 상표권 또는 상표에 관한 권리가 이전된 경우에는 그 상표권 또는 상표에 관한 권리의 승계인에게 그 절차를 속행(續行)하도록 하여야 한다.

③ 통상사용권은 상속이나 그 밖의 일반승계의 경우를 제외하고는 상표권자의 동의를 받지 아니하고 설정행위로 정한 범위에서 이전할 수 있다.

④ 상표권자는 상표권을 목적으로 하는 질권설정 또는 공유인 상표권의 분할청구 전에 지정상품에 관하여 그 등록상표를 사용하고 있는 경우라도 그 상표권이 경매에 의하여 이전되는 경우 그 상표권에 대하여 통상사용권을 가지지 않는다.

⑤ 상표권자가 사망한 날부터 3년 이내에 상속인이 그 상표권의 이전등록을 하지 아니한 경우에는 상표권자가 사망한 날부터 3년이 되는 날에 상표권이 소멸된다.

**27** 상표권에 관한 설명으로 옳지 <u>않은</u> 것은? (다툼이 있으면 판례에 따름)

① 甲이 등록한 상표와 동일한 상표를 그 등록상표의 지정상품과 동일한 상품에 乙이 임의로 사용하여 丙에게 판매한 경우, 상표권자 甲은 乙에게 손해배상을 청구할 수 있으나 그 상품이 위조상표를 부착한 상품이라는 사정을 자신의 책임 있는 사유 없이 전혀 알 수 없었던 丙에게는 권리소진의 항변이 인정되므로 손해배상을 청구할 수 없다.

② 상표권자 甲으로부터 상표권의 지분을 1% 이전받은 乙은 상표권을 침해하는 丙을 상대로 단독으로 상표권 침해금지청구권을 행사할 수 있다.

③ 상표권을 甲과 乙이 각각 50%의 지분비율로 등록을 하고 있는 경우에 乙은 甲의 동의 없이 자신의 지분에 기하여 丙에게 특정지역에 한정하여 통상사용권을 설정하는 것은 허용되지 않는다.

④ 증명표장권자는 특허청장의 허가를 받더라도 같은 증명업무를 영위하는 자에게 증명표장만을 양도할 수는 없다.

⑤ 국제올림픽위원회는 상표법 제34조(상표등록을 받을 수 없는 상표) 제1항 제1호 다목 단서에 따라 자기 표장인 오륜기를 상표등록을 받더라도 그 상표권에 대하여 질권을 설정할 수 없다.

**28** 상표등록취소심판에 관한 설명으로 옳지 <u>않은</u> 것은? (다툼이 있으면 판례에 따름)

① 통상사용권자가 사용허락을 받은 등록상표를 그 상표의 지정상품과 유사한 상품에 사용하여 수요자에게 상품의 품질을 오인하게 한 경우에 수요자는 상표법 제119조(상표등록의 취소심판) 제1항 제2호에 따라 해당상표에 대하여 상표등록취소심판을 청구할 적격이 있다.

② 甲이 2022.12.1.에 등록한 등록상표 사용이 乙에 대하여 부정경쟁방지 및 영업비밀 보호에 관한 법률 제2조 제1호 파목의 부정경쟁행위를 구성하는 경우에, 그 상표에 관한 권리를 가진 자는 2023.1.31.에 甲의 상표에 대하여 상표등록취소심판을 제기할 수 있다.

③ 증명표장권자가 다른 증명표장이나 상표와 혼동방지조치를 취하면서 품질관리를 위해 직접 유통 판매하는 상품에 대하여 그 증명표장을 사용한 경우에 취소심판의 대상이 된다.

④ 상표법 제119조 제1항 제1호의 사유로 상표등록취소심판이 제기된 후에 상표권자가 그 상표를 포기하여 이를 등록하였더라도 계속하여 심리를 진행하여야 한다.

⑤ 甲은 외부 주문에 따라 생산만 하는 파운드리 회사로서 소위 팹리스(fabless) 반도체 설계 판매회사인 乙로부터 반도체 설계와 상품제조에 대한 품질관리 등 실질적인 통제를 받으면서, 乙이 주문한 대로만 생산한 반도체 전량을 乙에게 공급하고 있다. 이 경우 甲이 乙의 등록상표를 반도체에 표시한 상표사용 행위는 특별한 사정이 없는 한 상표법 제119조 제1항 제3호에 따른 불사용취소심판에서 乙의 상표사용 행위로 인정된다.

**29** 상표법상 권리범위확인심판에 관한 설명으로 옳지 <u>않은</u> 것은? (다툼이 있는 경우 판례에 따름)

① 업무표장권의 적극적 권리범위확인심판사건에서 확인대상표장과 피심판청구인이 실제로 사용하는 표장이 차이가 있더라도 그 차이 나는 부분이 부기적인 것에 불과하여 양표장이 동일성이 인정되는 경우에는 확인의 이익이 있다.

② 상표권의 권리범위확인심판에서 확인대상표장의 전체 또는 일부가 상표법 제90조(상표권의 효력이 미치지 아니하는 범위) 제1항 제4호 '상품에 대하여 관용하는 상표'에 해당하는지 여부의 판단 시점은 심결시이다.

③ 권리범위확인심판에서 등록상표와 확인대상표장의 유사 여부는 그 외관, 호칭 및 관념을 객관적·전체적·이격적으로 관찰하여 그 지정상품의 거래에서 일반 수요자들이 상표에 대하여 느끼는 직관적 인식을 기준으로 그 상품의 출처에 관하여 오인·혼동을 일으키게 할 우려가 있는지에 따라 판단한다.

④ 상표권의 권리 대 권리간 적극적 권리범위확인심판은 확인대상표장이 심판청구인의 등록상표와 동일 또는 유사하다고 하더라도 등록무효절차 이외에서 등록된 권리의 효력을 부인하는 결과가 되어 부적법하다.

⑤ 상표권의 적극적 권리범위확인심판은 심결이 확정된 경우 심판의 당사자뿐만 아니라 제3자에게도 일사부재리의 효력이 미친다. 이에 따라 상표권의 효력이 미치는 범위의 권리확정을 위해 적극적 권리범위확인심판에서 선사용권의 존부에 대해서 심리·판단하는 것이 허용된다.

**30** 상표권침해와 손해배상에 관한 설명으로 옳지 <u>않은</u> 것은? (다툼이 있는 경우 판례에 따름)

① 타인의 등록상표를 이용한 경우라고 하더라도 그것이 상표의 본질적인 기능이라고 할 수 있는 출처표시를 위한 것이 아니어서 상표의 사용으로 인식될 수 없는 경우에는 등록상표의 상표권을 침해한 행위로 볼 수 없다.

② 등록상표에 대한 등록무효심결이 확정되기 전이라고 하더라도 상표등록이 무효심판에 의하여 무효로 될 것임이 명백한 경우에는 상표권에 기초한 침해금지 또는 손해배상 등의 청구는 특별한 사정이 없는 한 권리남용에 해당하여 허용되지 아니한다.

③ 법원은 상표권 또는 전용사용권의 침해에 관한 소가 제기된 경우에는 그 취지를 특허심판원장에게 통보하여야 한다. 그 소송절차가 끝난 경우에도 또한 같다.

④ 상표법 제109조(손해배상의 청구)에 따른 손해배상을 청구하는 경우 그 등록상표의 사용에 대하여 통상 받을 수 있는 금액에 상당하는 액을 상표권자가 받은 손해액으로 하여 그 손해배상을 청구할 수 있다.

⑤ 상표권자는 자기가 사용하고 있는 등록상표와 같거나 동일성이 있는 상표를 그 지정 상품과 같거나 동일성이 있는 상품에 사용하여 자기의 상표권을 고의나 과실로 침해한 자에 대하여 상표법 제109조에 따른 손해배상을 청구하는 대신 1억 원(고의적으로 침해한 경우에는 3억 원) 이하의 범위에서 상당한 금액을 손해액으로 하여 배상을 청구할 수 있다.

**31** 디자인을 창작한 디자이너의 디자인보호법상 지위에 관한 설명으로 옳지 <u>않은</u> 것은? (다툼이 있으면 판례에 따름)

① 디자인 창작에 관여한 자가 창작자로 인정받으려면 해당 디자인의 창작에 실질적으로 기여하여야 하므로, 창작 아이디어만을 제공하거나 개발자의 지시로 도면만 작성한 경우 창작자로 인정되지 않는다.

② 디자인을 창작한 디자이너는 디자인등록을 받을 수 있는 권리를 가지며, 디자인 창작자의 이름과 주소는 디자인등록출원서는 물론 디자인 국제출원서(지정국 요구 시)의 필수적 기재사항이다.

③ 창작자인 디자이너로부터 디자인등록을 받을 수 있는 권리를 승계한 승계인에 의하여 디자인등록출원된 경우라도 그 출원서에 디자인 창작자가 사실과 다르게 허위로 기재되어 있는 경우 모인출원으로 거절될 수 있다.

④ 창작자인 디자이너로부터 디자인등록을 받을 수 있는 권리를 승계한 승계인이 아닌 자의 디자인등록출원은 무권리자의 출원으로 취급되며 거절사유, 일부심사 이의신청 사유 및 무효 사유에 해당한다.

⑤ 디자인보호법 제33조(디자인등록의 요건) 제2항에 따른 용이창작성 여부 판단의 주체적 기준은 해당 디자인이 속하는 분야에서 통상의 지식을 가진 디자이너를 기준으로 판단한다.

**32** 글자체 디자인에 관한 설명으로 옳은 것은? (다툼이 있으면 판례에 따름)

① 글자체는 물품성이 없어 오랫동안 디자인 등록대상이 아니었고 현재는 디자인의 정의 조항에 등록 가능한 대상으로 명시되어 있으나, 로카르노협정 물품류에 글자체가 명시되어 있지 않아 국제출원의 대상이 되는지는 불투명하다.

② 글자체는 기록이나 표시 또는 인쇄 등 실용적인 목적으로 사용하기 위한 것이어야 하며, 미적 감상의 대상으로 할 의도로 창작한 것은 디자인 등록대상이 아니다.

③ 글자체는 다양하게 개발되어 왔고 문자의 기본형태와 가독성을 필수적인 요소로 고려하여 디자인하여야 하는 관계상 구조적으로 그 디자인을 크게 변화시키기 어려운 특성을 참작하여야 하므로, 일반 디자인과는 유사판단의 기본 법리를 달리 적용하여야 한다.

④ 글자체의 도면은 디자인보호법 시행규칙 [별표 1]에 따라 지정글자, 보기문장, 대표글자 도면을 작성해 제출하여야 하며, 동 규칙에서 정한 방식으로 도시되지 아니한 경우 부적법한 서류로 보아 반려사유에 해당한다.

⑤ 대학교수 甲이 시중에 유통 중인 乙의 디자인 등록된 글자체를 사용해 작성한 강의노트를 인쇄하여 강의자료로 사용한 경우, 乙의 디자인권 침해에 해당한다.

**33** 디자인보호법상 분할출원에 관한 설명으로 옳지 <u>않은</u> 것은? 기출 변형

① 복수디자인등록출원을 한 자는 디자인등록출원의 일부를 1 이상의 새로운 디자인등록출원으로 분할하여 디자인등록출원할 수 있다.

② 분할에 따른 새로운 출원의 출원인은 원출원의 출원인과 동일인이거나 그 승계인이어야 한다.

③ 제51조(조약에 따른 우선권 주장)에 따른 우선권 주장을 한 것으로 보는 분할출원에 대해서는 분할출원을 한 날부터 30일 이내에 그 우선권 주장의 전부 또는 일부를 취하할 수 있다.

④ 분할의 기초가 된 디자인등록출원이 제51조에 따라 우선권을 주장한 디자인등록출원인 경우에는 제1항에 따라 분할출원을 한 때에 그 분할출원에 대해서도 우선권 주장을 한 것으로 추정되며, 분할의 기초가 된 디자인등록출원에 대하여 제51조에 따라 제출된 서류 또는 서면이 있는 경우에는 그 분할출원에 대해서도 해당 서류 또는 서면이 제출된 것으로 추정된다.

⑤ 분할출원이 있는 경우 그 분할출원은 최초에 디자인등록출원을 한 때에 출원한 것으로 본다. 다만, 제51조 제3항 및 제4항을 적용할 때에는 그러하지 아니하다.

**34** 특유디자인의 신규성 판단에 관한 설명으로 옳지 <u>않은</u> 것은? (다툼이 있으면 판례에 따름)

① 부품이 공지된 이후 완성품디자인이 출원된 경우 그 공지된 부품을 포함하는 완성품 디자인이 신규성을 상실하는 경우가 있다.

② 부분디자인이 공지된 이후 출원된 전체디자인의 경우는 그 부분디자인의 공개태양에 따라 신규성을 상실하는 경우와 그렇지 않은 경우가 있다.

③ 한 벌 물품디자인의 경우 한 벌 전체로서 신규성을 판단하므로 그 구성물품 디자인의 공지로 인하여 신규성이 상실되지 않는다.

④ 형과 형틀로 만들어지는 물품은 용도와 기능이 다르므로 일방의 공지에 의해 타방의 신규성이 부정되지 않는다.

⑤ 전사지(轉寫紙)가 공지된 경우라면 그 전사지의 모양이 전사된 물품의 디자인도 신규성이 상실된다.

**35** 출원디자인의 등록요건 적용에 관한 설명으로 옳은 것을 모두 고른 것은? (다툼이 있으면 판례에 따름)

> ㄱ. 디자인등록출원에 대한 신규성 판단과 용이창작성 판단 시 공지디자인의 범위는 모두 국제주의를 취하고 있다.
>
> ㄴ. 선원주의(제46조) 적용에 있어 동일인의 동일자 유사한 단독 디자인등록출원이 경합할 경우 선원주의를 적용하지 않고 어느 한 출원의 취하를 권고한다.
>
> ㄷ. 출원인이 동일한 경우 특허법(제29조 제3항)과 디자인보호법(제33조 제3항)은 모두 확대된 선원을 적용하지 않는다.
>
> ㄹ. 특허법과 달리 디자인보호법에서는 창작자(발명자)가 동일한 경우에도 확대된 선원(제33조 제3항)이 적용될 수 있다.
>
> ㅁ. 디자인 유사판단 기준은 일관성 있게 적용되어야 하므로 공지부분을 포함하는 경우의 유사판단에 있어서도 등록요건 판단 시와 침해판단 시에 그 기준은 동일하게 적용되어야 한다.

① ㄱ, ㄴ, ㅁ
② ㄱ, ㄷ, ㄹ
③ ㄱ, ㄷ, ㅁ
④ ㄴ, ㄷ, ㄹ
⑤ ㄴ, ㄹ, ㅁ

**36** 디자인보호법상 디자인권에 관한 설명으로 옳지 <u>않은</u> 것은?

① 국내를 통과하는 데에 불과한 선박·항공기·차량 또는 이에 사용되는 기계·기구·장치, 그 밖의 물건인 경우에는 디자인권의 효력은 미치지 아니한다.

② 등록디자인의 보호범위는 디자인등록출원서의 기재사항 및 그 출원서에 첨부된 도면·사진 또는 견본과 도면에 적힌 디자인의 설명에 따라 표현된 디자인에 의하여 정하여진다.

③ 디자인권자는 디자인권을 포기할 수 있다. 이 경우 복수디자인등록된 디자인권은 각 디자인권마다 분리하여 포기할 수 있다.

④ 디자인권·전용실시권 또는 통상실시권을 목적으로 하는 질권을 설정하였을 때에는 질권자는 계약으로 특별히 정한 경우를 제외하고는 해당 등록디자인을 실시할 수 없다.

⑤ 디자인권의 상속이 개시되었으나 상속인이 없는 경우에는 그 디자인권은 국고에 귀속된다.

**37** 디자인보호법상 디자인권의 존속기간에 관한 설명으로 옳은 것은?

① 디자인권은 설정등록으로 발생하며 설정등록한 날부터 기산하여 20년 동안 존속한다.

② 관련디자인으로 등록된 디자인은 그 기본디자인과 독립적이므로 그 존속기간은 기본 디자인의 디자인권 존속기간에 종속되지 아니한다.

③ 비밀디자인의 디자인권은 그 비밀기간이 설정된 만큼 디자인권 설정등록일로부터 3년 범위 내에서 존속기간연장등록을 신청할 수 있다.

④ 연차등록료의 납부기한과 추가납부기간이 경과한 디자인권자의 디자인권은 그 존속기간 만료 전이라도 소멸될 수 있으나, 소멸일로부터 6개월 내에 연차등록료의 2배를 내고 소멸한 권리의 회복을 신청할 수 있다.

⑤ 국제등록디자인권의 존속기간은 헤이그협정 제17조(2)에 따라 5년마다 갱신할 수 있다.

**38** 디자인보호법에 관한 설명으로 옳지 않은 것은? (다툼이 있는 경우에는 판례에 따름)

① 등록디자인과 대비되는 디자인이 등록디자인의 출원 전에 그 디자인이 속하는 분야에서 통상의 지식을 가진 사람이 공지디자인 또는 이들의 결합에 따라 쉽게 실시할 수 있는 것인 때에는 등록디자인과 대비할 것도 없이 그 등록디자인의 권리범위에 속하지 않는다고 보아야 한다.

② 물품의 기능을 확보하는 데에 불가결한 형상만으로 된 디자인에 대하여는 제33조(디자인등록의 요건)에도 불구하고 디자인등록을 받을 수 없다.

③ 디자인권의 권리범위확인심판의 청구는 현존하는 디자인권의 범위를 확정하려는 데 그 목적이 있으므로, 일단 적법하게 발생한 디자인권이라 할지라도 그 권리가 소멸된 이후에는 그에 대한 권리범위확인을 구할 이익이 없어진다.

④ 디자인권자 또는 디자인등록출원인은 자기의 등록디자인 또는 디자인등록출원한 디자인(이하 "기본디자인"이라 한다)과만 유사한 디자인(이하 "관련디자인"이라 한다)에 대하여는 그 기본디자인의 디자인등록출원일부터 2년 이내에 디자인등록출원된 경우에 한하여 제33조 제1항 각 호 및 제46조(선출원)제1항·제2항에도 불구하고 관련디자인으로 디자인등록을 받을 수 있다.

⑤ 제2조(정의) 제1호에서 말하는 '물품'이란 독립성이 있는 구체적인 유체동산을 의미하는 것으로서, 이러한 물품이 디자인등록의 대상이 되기 위해서는 통상의 상태에서 독립된 거래의 대상이 되어야 하고, 그것이 부품인 경우에는 다시 호환성을 가져야 하나, 이는 반드시 실제 거래사회에서 현실적으로 거래되고 다른 물품과 호환될 것을 요하는 것은 아니고, 그러한 독립된 거래의 대상 및 호환의 가능성만 있으면 디자인등록의 대상이 된다.

**39** ( )에 들어갈 기간으로 옳은 것은?

---

- 제19조(절차의 추후 보완) 디자인에 관한 절차를 밟은 자가 책임질 수 없는 사유로 다음 각 호에 따른 기간을 지키지 못한 경우에는 그 사유가 소멸한 날부터 ( ㄱ ) 이내에 지키지 못한 절차를 추후 보완할 수 있다. 다만, 그 기간의 만료일부터 ( ㄴ )이 지났을 때에는 그러하지 아니하다.
  1. 제119조(보정각하결정에 대한 심판) 또는 제120조(디자인등록거절결정 또는 디자인등록취소결정에 대한 심판)에 따른 심판의 청구기간
  2. 제160조(재심청구의 기간)에 따른 재심청구의 기간
- 출원보정기간은 제120조(디자인등록거절결정 또는 디자인등록취소결정에 대한 심판)에 따라 디자인등록거절결정에 대한 심판을 청구하는 경우에는 그 청구일부터 ( ㄷ ) 이내
- 제138조(제척 또는 기피의 소명) ② 제척 또는 기피의 원인은 신청한 날부터 ( ㄹ ) 이내에 소명하여야 한다.

---

① ㄱ : 2개월, ㄴ : 6개월, ㄷ : 30일, ㄹ : 3일
② ㄱ : 2개월, ㄴ : 1년,  ㄷ : 30일, ㄹ : 3일
③ ㄱ : 2개월, ㄴ : 1년,  ㄷ : 30일, ㄹ : 7일
④ ㄱ : 3개월, ㄴ : 1년,  ㄷ : 20일, ㄹ : 3일
⑤ ㄱ : 3개월, ㄴ : 1년,  ㄷ : 20일, ㄹ : 7일

**40** 헤이그협정에 의한 디자인의 국제출원에 관한 설명으로 옳지 <u>않은</u> 것은?

① 디자인의 국제출원은 국제사무국에 직접 출원할 수도 있고 자국 특허청(수리관청)을 통하여 간접출원하는 방식을 취할 수 있으며, 국제사무국에 직접 출원하는 방식에 대해서도 디자인보호법에서 규정하고 있다.

② 국제사무국은 오로지 방식요건만을 심사하고 디자인의 실체적인 요건흠결을 이유로 국제등록을 거절할 수 없다. 반면, 지정국 관청은 국제등록의 방식요건 위반을 들어 국제등록 보호를 거절할 수 없다.

③ 마드리드의정서에 따른 국제상표출원과 달리 헤이그협정에 의한 디자인의 국제출원은 기초출원이나 기초등록을 요구하지 않는다.

④ 특허협력조약(PCT)에 의한 국제특허출원과 달리 헤이그협정에 의한 디자인의 국제출원은 국제조사절차가 없다.

⑤ 특허협력조약(PCT)에 의한 국제특허출원과 마찬가지로 헤이그협정에 의한 디자인의 국제출원도 자기지정이 가능하다.

# 2교시 | 민법개론

↻ 정답 및 해설 333p

**01** 가상화폐 투자에 실패한 甲은 부인 乙을 볼 면목이 없어 2015.9.15. 지리산으로 들어가 누구와도 연락을 하지 않았다. 甲의 생사를 알지 못한 乙은 2021.9.7. 법원에 실종선고를 청구하여 2022.3.10. 실종선고가 되었다. 甲의 실종선고로 甲에 대한 사망보험금 5억 원을 수령한 乙은 주식에 투자하여 큰 손실을 보았다. 지리산에서 삶의 새로운 목표를 찾은 甲은 2023.2.5. 집으로 돌아왔다. 이에 관한 설명으로 옳은 것은? (다툼이 있으면 판례에 따름)

① 실종선고로 甲의 사망이 의제된 시점은 2022.3.10.이다.

② 甲의 실종선고가 취소되지 않더라도 甲이 살아 있는 것이 증명되었으므로, 보험회사는 乙을 상대로 한 사망보험금 반환소송에서 승소할 수 있다.

③ 甲에 대한 실종선고가 취소되면, 선의인 乙은 현존이익 한도에서 보험금을 반환하면 된다.

④ 실종선고를 취소하지 않는 한, 甲은 공직선거권이 없다.

⑤ 법원에 의해 甲의 실종선고가 취소되면, 그때부터 장래를 향하여 甲에 대한 실종선고의 효력이 부정된다.

**02** 2022.1.12. 당시 18세 1개월이었던 甲은 법정대리인 丁의 동의 없이, 자신이 소유하는 상가건물을 乙에게 매도하는 매매계약을 체결하였다. 그 후 甲은 2022.3.12. 丙과 혼인하였으나, 6개월 후인 2022.9.12. 이혼을 하였다. 이에 관한 설명으로 옳지 않은 것은? (다툼이 있으면 판례에 따름)

① 2023.2.18. 현재 甲은 이미 성년이 되었으므로, 매매계약을 취소할 수 없다.

② 만일 甲이 2022.2.17. 丁의 동의 없이 매매계약을 추인하였더라도, 甲은 위 매매계약을 취소할 수 있다.

③ 만일 甲이 2022.5.15. 丁의 동의 없이 매매계약을 추인한 경우, 그 추인은 유효하다.

④ 만일 甲이 2022.10.5. 아무런 이의를 제기하지 않고 乙로부터 매매대금을 수령한 경우, 매매계약을 취소할 수 없다.

⑤ 2023.2.18. 현재 甲은 위 매매계약을 丁의 동의 없이 유효하게 추인할 수 있다.

**03** 민법상 법인에 관한 설명으로 옳지 <u>않은</u> 것은?

① 생전처분으로 재단법인을 설립하는 때에는 증여에 관한 규정을 준용한다.

② 유언으로 재단법인을 설립하는 때에는 출연재산(지명채권)은 유언의 효력이 발생한 때로부터 법인에 귀속한 것으로 본다.

③ 이사의 대표권에 대한 제한은 이를 등기하지 아니하면 그 효력이 없다.

④ 재단법인의 목적을 달성할 수 없는 때에는 설립자나 이사는 주무관청의 허가를 얻어 설립의 취지를 참작하여 그 목적 기타 정관의 규정을 변경할 수 있다.

⑤ 재단법인의 설립자가 그 명칭, 사무소소재지 또는 이사임면의 방법을 정하지 아니하고 사망한 때에는 이해관계인 또는 검사의 청구에 의하여 법원이 이를 정한다.

**04** 동일소유자에게 속하는 다음 물건 중 주물과 종물의 관계로 보기 어려운 것은? (다툼이 있으면 판례에 따름)

① 배와 노

② 자물쇠와 열쇠

③ 주유소건물과 주유기

④ 횟집과 수족관

⑤ 주유소부지와 그 지하에 매설된 유류저장탱크

**05** 민법상 기간의 계산으로 옳지 <u>않은</u> 것은? (다툼이 있으면 판례에 따름)

① 2023년 2월 10일(금요일) 오후 10시 30분부터 12시간이라고 한 경우, 기간의 만료점은 2023년 2월 11일(토요일) 오전 10시 30분이 된다.

② 2004년 1월 17일 오후 2시에 태어난 甲이 성년이 되는 시점은 2023년 1월 17일 24시이다.

③ 2022년 11월 30일 오전 10시부터 3개월이라고 한 경우, 기간의 만료점은 2023년 2월 28일(화요일) 24시이다.

④ 2023년 5월 1일부터 10일간이라고 한 경우, 기간의 만료점은 2023년 5월 10일(수요일) 24시이다.

⑤ 사원총회소집일 1주일 전에 통지를 발송하도록 한 경우, 사원총회소집일이 2023년 3월 10일(금요일) 오후 2시면 소집통지를 늦어도 3월 2일 24시까지 발송하여야 한다.

**06** 소멸시효에 관한 설명으로 옳지 <u>않은</u> 것을 모두 고른 것은? (다툼이 있으면 판례에 따름)

> ㄱ. 보험금청구권의 소멸시효는 보험계약자가 보험회사에 보험금을 청구한 때로부터 진행한다.
> ㄴ. 동일한 채권자에게 다수의 채무를 부담하는 채무자가 변제 충당을 지정하지 않고 일부 금원을 변제한 경우, 특별한 사정이 없는 한 그 변제는 모든채무에 대한 승인으로서 소멸시효를 중단하는 효력이 있다.
> ㄷ. 중첩적 채무인수에 의하여 인수인이 부담하는 채무에 대해서는 기존채무와 동일한 소멸시효기간이 적용된다.
> ㄹ. 보험계약자가 보험금을 부정 취득할 목적으로 다수의 보험계약을 체결한 것이 민법 제103조(반사회질서의 법률행위)에 의해 무효로 된 경우, 보험자가 지급한 보험금에 대한 부당이득반환청구권은 10년의 민사 소멸시효기간이 적용된다.

① ㄱ, ㄷ
② ㄱ, ㄹ
③ ㄴ, ㄷ
④ ㄴ, ㄹ
⑤ ㄱ, ㄷ, ㄹ

**07** 민법 제104조의 불공정한 법률행위에 관한 설명으로 옳은 것은? (다툼이 있으면 판례에 따름)

① 행정기관에 진정서를 제출하여 상대방을 궁지에 빠뜨린 다음 이를 취하하는 조건으로 거액의 급부를 제공받기로 약정한 것은 불공정한 법률행위에 해당한다.
② 법률행위의 성립시에는 존재하지 않았던 급부간의 현저한 불균형이 그 이후 외부적 사정의 급격한 변화로 인하여 발생하였다면 다른 요건이 충족되는 한 그때부터 불공정한 법률행위가 인정된다.
③ 불공정한 법률행위의 성립요건으로 요구되는 무경험이란 일반적인 생활체험의 부족이 아니라 해당 법률행위가 행해진 바로 그 영역에서의 경험 부족을 의미한다.
④ 법률행위가 현저히 공정을 잃었고, 어느 한 당사자에게 궁박의 사정이 존재한다고 하여도 그 상대방에게 이러한 사정을 이용하려는 폭리행위의 악의가 없었다면 불공정한 법률행위는 인정되지 않는다.
⑤ 불공정한 법률행위를 할 때 당사자 간에 그 법률행위의 불공정성을 이유로 하여 법률행위의 효력을 다툴 수 없다는 합의가 함께 행해졌다면 그러한 합의는 유효하다.

**08** 통정허위표시에 관한 설명으로 옳지 <u>않은</u> 것은? (다툼이 있으면 판례에 따름)

① 통정허위표시에 의한 법률행위도 채권자취소권의 대상인 사해행위가 될 수 있다.

② 임대차보증금반환채권을 담보할 목적으로 임대인과 임차인이 체결한 전세권설정계약은 특별한 사정이 없는 한 임대차계약의 내용과 양립할 수 없는 범위에서만 통정허위 표시로 인정된다.

③ 차명(借名)으로 대출받으면서 명의대여자에게는 법률효과를 귀속시키지 않기로 하는 합의가 대출기관과 실제 차주 사이에 있었다면 명의대여자의 명의로 작성된 대출계약은 통정허위표시이다.

④ 통정허위표시에 따른 선급금 반환채무 부담행위에 기하여 선의로 그 채무를 보증한 자는 보증채무의 이행 여부와 상관없이 허위표시의 무효로부터 보호받는 제3자에 해당한다.

⑤ 파산관재인은 그가 비록 통정허위표시에 대해 악의였다고 하더라도 파산채권자 모두가 악의로 되지 않는 한 선의의 제3자로 인정된다.

**09** 착오로 인한 의사표시에 관한 설명으로 옳지 <u>않은</u> 것은? (다툼이 있으면 판례에 따름)

① 법률행위의 자연적 해석이 행해지는 경우, 표시상의 착오는 문제될 여지가 없다.

② 의사의 수술 후 환자에게 새로이 발생한 증세에 대하여 그 책임소재와 손해배상 여부를 둘러싸고 분쟁이 있다가 화해계약이 체결되었다면, 이후에 그 증세가 수술로 인한 것이 아니라는 것이 밝혀졌더라도 의사는 착오를 이유로 위 화해계약을 취소할 수 없다.

③ 해제되어 이미 실효된 계약도 착오취소의 대상이 될 수 있다.

④ 착오가 법률행위 내용의 일부에만 관계된 경우라면 일부무효의 법리가 유추적용되어 일부취소가 인정될 수도 있다.

⑤ 예술품의 위작(僞作)을 진품으로 착각한 매도인의 말을 믿고서 과실 없이 진품에 상응하는 가격으로 그 위작을 구입한 매수인이 매도인에게 하자담보책임을 물을 수 있다면 그는 착오취소를 주장할 수 없다.

**10** 민법상 대리에 관한 설명으로 옳은 것은? (다툼이 있으면 판례에 의함)

① 대리권은 대리인의 권리이자 의무의 성격을 갖는다.

② 대리권 남용에 대해 진의 아닌 의사표시에 관한 민법 제107조 제1항 단서가 유추적용되는 경우, 선의의 제3자 보호에 관한 동조 제2항도 함께 유추적용된다.

③ 복대리인은 본인의 대리인이므로 원대리인의 복임행위는 본인을 위한 대리행위이다.

④ 대리권이 이미 소멸한 원대리인에 의해 선임된 복대리인의 대리행위에 대해서는 대리권 소멸 후의 표현대리(제129조)가 성립할 여지가 없다.

⑤ 자신에게 유효한 대리권이 있다고 과실 없이 믿었던, 행위능력 있는 선의의 무권대리인은 본인의 추인이 없더라도 상대방에 대한 무권대리인의 책임에 관한 민법 제135조에 따른 책임을 지지 않는다.

**11** 부동산 거래신고 등에 관한 법률에 따른 토지거래허가구역 내에 존재하는 토지에 대하여 매도인 甲과 매수인 乙사이에 허가를 전제로 하여 매매계약이 체결되었으며 계약 당시 乙은 甲에게 계약금을 지급하였다. 이에 관한 설명으로 옳지 <u>않은</u> 것은? (다툼이 있으면 판례에 따름)

① 甲과 乙이 관할관청으로부터 허가를 받으면 유동적 무효상태에 있던 위 매매계약은 소급해서 유효로 된다.

② 乙의 매수인 지위를 丙이 이전받는다는 취지의 약정을 甲, 乙, 丙이 한 경우, 그와 같은 합의는 甲과 乙간의 위 매매계약에 관한 관할관청의 허가가 있어야 비로소 효력이 발생한다.

③ 보전의 필요성이 인정되는 한 乙은 甲에 대한 토지거래허가 신청절차의 협력의무 이행청구권을 피보전 권리로 하여 甲의 권리를 대위 행사할 수 있다.

④ 甲과 乙이 관할관청에 토지거래허가를 신청하여 그 허가를 받은 후에도 乙은 다른 사유가 없는 한 계약금을 포기하고 위 매매계약을 해제할 수 있다.

⑤ 乙은 특별한 사정이 없는 한 위 매매계약의 허가를 받기 전까지 부당이득반환청구권을 행사하여 甲에게 이미 지급한 계약금의 반환을 청구할 수 있다.

**12** 조건과 기한에 관한 설명으로 옳지 <u>않은</u> 것은? (다툼이 있으면 판례에 따름)

① 이행지체의 경우 채권자는 채무자를 상대로 상당한 기간을 정하여 이행을 청구하면서 그 기간 내에 이행이 없으면 계약은 당연히 해제된 것으로 한다는 취지의 해제조건부 해제권 행사를 할 수 있다.

② 동산에 대한 소유권유보부 매매의 경우 물권행위인 소유권이전의 합의가 매매대금의 완납을 정지조건 으로 하여 성립한다.

③ 부첩(夫妾)관계의 종료를 해제조건으로 하는 증여계약은 무효이다.

④ 불확정기한의 경우 기한사실의 발생이 불가능한 것으로 확정되어도 기한은 도래한 것으로 본다.

⑤ 기한이익 상실의 특약은 특별한 사정이 없는 한 형성권적 기한이익 상실의 특약으로 추정된다.

**13** 甲은 X토지에 대하여 등기부취득시효를 주장하고 있다. 이에 관한 설명으로 옳은 것을 모두 고른 것은? (다툼이 있으면 판례에 따름)

> ㄱ. 甲이 개인이 아니라 지방자치단체인 경우 등기부취득시효를 주장할 수 없다.
> ㄴ. 甲의 무과실은 전 시효기간을 통하여 인정되어야 하는 것은 아니다.
> ㄷ. 甲이 X토지에 대하여 무효의 중복된 소유권보존등기를 마친 경우에는 등기부취득시효를 주장할 수 없다.

① ㄱ
② ㄴ
③ ㄱ, ㄴ
④ ㄴ, ㄷ
⑤ ㄱ, ㄴ, ㄷ

**14** 물권변동에 관한 설명으로 옳지 <u>않은</u> 것은? (다툼이 있으면 판례에 따름)

① 미등기건물에 대한 양도담보계약상의 채권자의 지위를 승계하여 건물을 관리하고 있는 자는 그 건물에 대한 철거처분권을 가진 자에 해당한다.

② 부동산 합유지분의 포기가 적법하더라도 그에 관한 등기가 경료되지 않았다면 그 포기된 합유지분은 나머지 잔존 합유지분권자들에게 귀속되지 않는다.

③ 동산의 선의취득에서 물권적 합의가 동산의 인도보다 먼저 행하여진 경우 양수인의 선의·무과실의 판단시점은 인도된 때를 기준으로 한다.

④ 소유권이전의 약정을 내용으로 하는 화해조서는 민법 제187조(등기를 요하지 아니하는 부동산물권취득)의 판결에 포함되지 않는다.

⑤ 공유물분할의 조정절차에서 공유자 사이에 공유토지에 관한 현물분할의 협의가 성립하여 그 합의사항을 조서에 기재함으로써 조정이 성립하더라도 등기없이 그 협의에 따른 새로운 법률관계가 창설되는 것은 아니다.

**15** 점유자 甲의 권리관계 등에 관한 설명으로 옳은 것은? (다툼이 있으면 판례에 따름)

① 甲이 부동산을 증여받아 점유를 개시한 이후에 그 증여가 무권리자에 의한 것임을 알았더라도 그 점유가 타주점유가 된다고 볼 수 없다.

② 甲의 통상의 필요비 청구가 부정되는 민법 제203조(점유자의 상환청구권) 제1항 단서 규정은 과실수취권이 없는 악의의 점유자에 대해서도 적용된다.

③ 민법 제203조(점유자의 상환청구권) 제2항에서 유익비의 상환범위는 甲이 유익비로 지출한 금액과 현존하는 증가액 중에서 甲이 선택하는 것으로 정해진다.

④ 점유물이 甲의 책임 있는 사유로 인하여 멸실한 경우, 민법 제202조(점유자의 회복자에 대한 책임)에 따르면 甲이 악의의 점유자로서 부담하는 손해배상범위와 선의이면서 타주점유자로서 부담하는 손해배상범위는 다르다.

⑤ 점유를 침탈당한 甲이 본권인 유치권 소멸에 따른 손해배상청구권을 행사하는 때에는 점유를 침탈당한 날부터 1년 내에 행사해야만 한다.

**16** 부동산에 관한 등기 또는 등기청구권 등에 관한 설명으로 옳지 않은 것은? (다툼이 있으면 판례에 따름)

① 甲→乙→丙의 순으로 매매계약이 체결된 경우, 3자간 중간생략등기의 합의가 있더라도 乙의 甲에 대한 소유권이전등기청구권이 소멸되는 것은 아니다.

② 가등기에 의하여 순위 보전의 대상이 되어 있는 물권변동청구권이 양도된 경우, 양도인과 양수인의 공동신청으로 그 가등기상 권리의 이전등기를 가등기에 대한 부기등기의 형식으로 경료할 수 있다.

③ 무효인 3자간 등기명의신탁에서 부동산을 매수하여 인도받아 계속 점유하는 명의신탁자의 매도인에 대한 소유권이전등기청구권은 소멸시효에 걸리지 않는다.

④ 매수인의 매도인에 대한 소유권이전청구권 보전을 위한 가등기가 경료된 경우, 소유권이전등기를 청구할 어떤 법률관계가 있다고 추정되지 않는다.

⑤ 임야소유권 이전등기에 관한 특별조치법에 의한 소유권보존등기가 경료된 임야에 관하여 그 임야를 사정받은 사람이 따로 있는 것이 사후에 밝혀졌다면, 그 등기는 실체적 권리관계에 부합하는 등기로 추정되지 않는다.

**17** 공동소유관계에 관한 설명으로 옳은 것을 모두 고른 것은? (다툼이 있으면 판례에 따름)

> ㄱ. 공유물분할청구는 부동산의 구분소유적 공유관계에서 인정되지 않는다.
> ㄴ. 지분권자로서의 사용권을 사실상 포기하는 공유자 사이의 특약은 그 사실을 알지 못하고 공유지분을 취득한 특정승계인에게 승계되지 않는다.
> ㄷ. 비법인사단의 채권자가 채권자대위권에 기하여 비법인사단의 총유재산에 관한 권리를 적법하게 대위행사하는 경우에도 사원총회의 결의 등 비법인사단의 내부적인 의사결정절차를 거쳐야 한다.
> ㄹ. 부동산의 합유자 중 일부가 사망한 경우 합유자 사이에 특별한 약정이 없는한 해당 부동산은 잔존 합유자가 2인 이상일 때에는 잔존 합유자의 합유로 귀속된다.

① ㄱ, ㄹ

② ㄱ, ㄴ, ㄷ

③ ㄱ, ㄴ, ㄹ

④ ㄴ, ㄷ, ㄹ

⑤ ㄱ, ㄴ, ㄷ, ㄹ


**18** 지상권에 관한 설명으로 옳지 <u>않은</u> 것을 모두 고른 것은? (다툼이 있으면 판례에 따름)

> ㄱ. 자기 소유 토지에 분묘를 설치한 甲이 그 토지를 乙에게 양도하면서 분묘 이장의 특약을 하지 않음으로써 분묘기지권을 취득한 경우, 특별한 사정이 없는 한 甲은 분묘기지권이 성립한 때가 아니라 지료청구를 받은 날부터 지료지급의무가 있다.
> ㄴ. 지상권자 甲의 지료 지급 연체가 토지소유권의 양도 전후에 걸쳐 이루어진 경우 토지양수인 乙에 대한 연체기간이 2년이 되지 않는다면 乙은 지상권소멸청구를 할 수 없다.
> ㄷ. 甲 소유의 대지와 건물 모두 乙에게 매도되었으나 대지에 관하여서만 소유권이전등기가 경료된 경우에 甲과 乙사이에 관습법상의 법정지상권이 인정된다.
> ㄹ. 건물 소유자 甲과 토지 소유자 乙사이에 건물의 소유를 목적으로 하는 토지 임대차계약을 체결한 경우에도 관습법상의 법정지상권이 인정된다.

① ㄱ, ㄴ

② ㄱ, ㄷ

③ ㄷ, ㄹ

④ ㄱ, ㄷ, ㄹ

⑤ ㄴ, ㄷ, ㄹ

**19** 甲은 2021.5.19. 乙과 X상가를 임대차보증금 1억 원, 임대차기간 2021.6.19.부터 2026.6.18.까지, 차임 월 300만 원으로 정하여 임대차계약을 체결하였고, 계약 당일 乙로부터 보증금 전액을 지급 받으면서 보증금의 반환을 담보하기 위하여 乙의 명의로 전세권을 설정해 주었다. 그 후 乙은 丙에게 8천만 원을 차용하면서 위 전세권에 관하여 채권최고액 1억 원의 근저당권설정등기를 마쳐주었다. 이에 관한 설명으로 옳은 것은? (다툼이 있으면 판례에 따름)

① 甲이 보증금의 반환을 담보하기 위하여 전세권을 설정하면서 이와 동시에 목적물을 인도하지 않았으므로 전세권의 설정은 효력이 없다.

② 전세금의 지급은 전세권 성립의 요소가 되는 것이므로 전세금을 현실적으로 지급하지 않고 기존의 채권으로 대신할 수 없다.

③ 乙이 차임의 지급을 연체하는 경우 甲은 연체된 차임을 보증금에서 공제할 수 있다.

④ 임대차보증금의 반환을 담보하기 위하여 전세권설정등기가 경료되었음을 丙이 알지 못한 경우에도 甲은 연체차임의 공제를 가지고 丙에게 대항할 수 있다.

⑤ 전세권의 존속기간이 만료되면 丙은 X상가에 대한 전세권저당권을 실행하는 방법으로 乙에 대한 대여금채권을 회수하여야 한다.

**20** 민사유치권에 관한 설명으로 옳은 것은? (다툼이 있으면 판례에 따름)

① 채무자는 상당한 담보를 제공하고 유치권의 소멸을 청구할 수 있는데, 유치물 가액이 피담보채권액보다 적을 경우에는 피담보채권액에 해당하는 담보를 제공하여야 한다.

② 유치권자가 유치물에 대한 점유를 빼앗긴 경우에도 점유물반환청구권을 보유하고 있다면 점유를 회복하기 전에도 유치권이 인정된다.

③ 유치권의 존속 중에 유치물의 소유권이 제3자에게 양도된 경우에는 유치권자는 그 제3자에 대하여 유치권을 행사할 수 없다.

④ 유익비상환청구권을 담보하기 위하여 유치권을 행사하고 있는 경우에도, 법원이 유익비상환청구에 대하여 상당한 상환기간을 허락하면 유치권이 소멸한다.

⑤ 수급인은 도급계약에 따라 자신의 재료와 노력으로 건축된 자기 소유의 건물에 대해서도 도급인으로부터 공사대금을 지급받을 때까지 유치권을 가진다.

**21** 甲은 2021.3.6. 乙로부터 X주택을 보증금 10억 원에 임차하였고, 2021.3.13. 丙으로부터 6억 원을 대출받으면서 보증금반환채권 중 8억 원에 대하여 질권을 설정해 주었으며, 乙은 이를 승낙하였다. 乙은 2022.6.30. 甲에게 X주택을 15억 원에 매도하면서, 甲으로부터 보증금을 제외한 잔액을 지급받고서 소유권이전등기절차를 마쳐주었다. 이에 관한 설명으로 옳은 것을 모두 고른 것은? (다툼이 있으면 판례에 따름)

> ㄱ. 甲이 보증금반환채권에 대하여 질권을 설정하기 위해서는 질권설정의 합의와 함께 임대차계약서를 교부하여야 한다.
> ㄴ. 甲과 乙이 丙의 동의 없이 매매대금과 보증금반환채권을 상계한 것은 질권의 목적인 채무를 소멸하게 한 경우에 해당한다.
> ㄷ. 만약 甲이 2021.4.20. 보증금반환채권을 담보하기 위하여 X주택에 대한 근저당권을 설정 받았다면, 丙이 가진 질권의 효력은 당연히 근저당권에도 미친다.
> ㄹ. 乙이 X주택을 임차인인 甲에게 매도하였지만, 丙은 乙에게 직접 채무의 변제를 청구할 수 있다.

① ㄱ, ㄴ
② ㄱ, ㄷ
③ ㄱ, ㄹ
④ ㄴ, ㄷ
⑤ ㄴ, ㄹ

**22** 민법상 저당권의 효력이 미치는 목적물의 범위에 관한 설명으로 옳지 <u>않은</u> 것은? (다툼이 있으면 판례에 따름)

① 경매절차의 매수인이 증축부분의 소유권을 취득하기 위해서는 부합된 증축부분이 기존건물에 대한 경매절차에서 경매목적물로 평가되어야 한다.
② 건물의 증축부분이 저당목적물인 기존의 건물에 부합한 경우에는 특별한 사정이 없는한 저당권의 효력이 증축부분에도 미친다.
③ 어떤 물건이 저당권이 설정된 후에 저당목적물의 종물이 된 경우에도 그 종물에 대하여 저당권의 효력이 미친다.
④ 건물의 소유를 목적으로 하여 토지를 임차한 사람이 그 건물에 저당권을 설정한 때에는, 저당권의 효력은 그 건물의 소유를 목적으로 한 토지임차권에도 미친다.
⑤ 특별한 사정이 없는 한 저당목적물인 건물에 대한 저당권자의 압류가 있으면 저당권 설정자의 건물 임차인에 대한 차임채권에 저당권의 효력이 미친다.

**23** 근저당권에 관한 설명으로 옳지 <u>않은</u> 것은? (다툼이 있으면 판례에 따름)

① 결산기에 확정된 채권액이 채권최고액을 넘는 경우, 채무자 겸 근저당권설정자는 최고액을 임의로 변제하더라도 근저당권등기의 말소를 청구할 수 없다.

② 공동근저당권자가 X건물과 Y건물에 대하여 공동저당을 설정한 후, 제3자가 신청한 X건물에 대한 경매절차에 참가하여 배당을 받으면, Y건물에 대한 피담보채권도 확정된다.

③ 공동근저당권자가 후순위근저당권자에 의하여 개시된 경매절차에서 피담보채권의 일부를 배당받은 경우, 우선변제 받은 금액에 관하여는 다시 공동근저당권자로서 우선변제권을 행사할 수 없다.

④ 원본의 이행기일을 경과한 후 발생하는 지연손해금 중 1년이 지난 기간에 대한 지연손해금도 근저당권의 채권최고액 한도에서 전액 담보된다.

⑤ 근저당권의 피담보채권인 원본채권이 확정된 후에 발생하는 이자나 지연손해금 채권은 그 근저당권의 채권최고액의 범위에서 여전히 담보된다.

**24** 가등기담보 등에 관한 법률상 가등기담보권의 실행에 관한 설명으로 옳은 것은? (다툼이 있으면 판례에 따름)

① 가등기담보권자가 목적물의 소유권을 취득하려면 담보설정 당시 목적물의 평가액과 피담보채권액의 범위를 밝혀야 한다.

② 가등기담보권자의 청산금 지급채무와 가등기담보권설정자의 소유권이전등기 및 인도채무는 동시이행관계에 있다.

③ 목적부동산의 평가액이 채권액에 미달하여 청산금이 없다고 인정되는 때에는 그 뜻을 채무자에게 통지할 필요가 없다.

④ 채권자가 담보목적부동산에 관하여 이미 소유권이전등기를 마친 경우에는 청산금을 채무자에게 지급하지 않더라도 담보목적부동산의 소유권을 취득한다.

⑤ 채권자가 평가한 청산금의 액수가 정당하게 평가된 청산금의 액수에 미치지 못하는 경우에는 담보권 실행통지로서의 효력이 없다.

**25** 채무불이행에 관한 설명으로 옳지 <u>않은</u> 것은? (다툼이 있으면 판례에 따름)

① 계약당사자 일방이 자신의 계약상 채무 이행에 장애가 될 수 있는 사유를 계약체결 시에 예견할 수 있었음에도 상대방에게 고지하지 않은 경우, 그 사유로 인해 채무불이행이 되는 것에 어떠한 잘못도 없었다면 채무불이행에 대한 귀책사유를 인정할 수 없다.

② 이행보조자의 행위가 채무자의 이행업무와 객관적, 외형적으로 관련된 경우, 그 행위가 채권자에게 불법행위가 되더라도 채무자는 채권자에 대하여 책임을 부담한다.

③ 매매목적물의 인도전 화재로 매도인이 수령할 화재보험금에 대하여 매수인이 대상청구권을 행사할 수 있는 경우, 그 범위는 매매대금의 범위내로 제한되지 않는다.

④ 대상청구권을 행사하려는 일방당사자가 부담하는 급부도 전부불능이 된 경우, 대상청구권의 행사는 허용되지 않는다.

⑤ 이행기의 정함이 없는 채권을 양수한 자가 채무자를 상대로 이행의 소를 제기하고 소송계속 중 채무자에 대하여 채권양도통지가 된 경우, 채무자는 원칙적으로 그 통지가 도달된 다음 날부터 이행지체책임을 진다.

**26** 채권자대위권에 관한 설명으로 옳은 것은? (다툼이 있으면 판례에 따름)

① 채권자는 피보전채권의 변제기 전에 채권자대위권을 행사해서 피대위채권의 시효중단을 위한 이행청구를 하지 못한다.

② 임대인의 동의없는 임차권의 양도는 당사자 사이에서는 유효하므로 임차권의 양수인은 임대인의 권한을 대위 행사할 수 있다.

③ 조합원이 조합을 탈퇴할 권리는 일신전속적 권리가 아니므로, 특별한 사정이 없는 한 피대위권리가 될 수 있다.

④ 채권자가 채무자의 토지 소유권이전등기청구권을 대위행사한 후 이를 채무자에게 통지한 경우, 채무자가 그 토지 소유권을 이전받는 것은 처분권제한에 위배되어 무효이다.

⑤ 제3채무자가 직접 대위채권자에게 금전을 지급하도록 하는 채권자대위소송의 판결이 확정된 경우, 대위채권자의 채권자는 대위채권자가 제3채무자로부터 지급받을 권리를 압류할 수 있다.

**27** 채권자취소권에 관한 설명으로 옳지 <u>않은</u> 것은? (다툼이 있으면 판례에 따름)

① 채권자취소권은 재판상으로만 행사할 수 있다.

② 채권자가 채무자 소유의 부동산에 저당권을 설정받아 채권전액에 대한 우선변제권을 확보하고 있다면, 그 채무의 수탁보증인은 사전구상권을 피보전권리로 하여 채무자의 법률행위를 사해행위로 취소하지 못한다.

③ 저당권이 설정된 부동산이 사해행위로 양도된 후 그 저당권의 실행으로 양수인인 수익자에게 배당이 되었다면 취소채권자는 수익자를 상대로 배당금 상당액의 반환을 청구할 수 있다.

④ 사해행위 취소로 등기명의를 회복한 부동산을 채무자가 제3자에게 처분한 경우, 취소채권자뿐만 아니라 사해행위 취소와 원상회복의 효력을 받는 채권자도 명의인을 상대로 등기의 말소를 청구할 수 있다.

⑤ 취소채권자는 수익자가 사해행위로 취득한 근저당권에 배당된 배당금을 가압류한 수익자의 채권자에 대하여서도 우선하여 배당을 받을 수 있다.

**28** 채권의 목적에 관한 설명으로 옳지 <u>않은</u> 것은? (다툼이 있으면 판례에 따름)

① 특정물채권의 채무자는 이행기에 이행하여도 손해를 면할 수 없는 경우가 아닌 한, 이행지체 중에 과실 없이 목적물이 멸실되더라도 배상책임을 부담한다.

② 원본채권이 시효로 소멸한 경우 그로부터 발생한 지분적 이자채권도 함께 소멸한다.

③ 금전채무불이행에 따른 통상손해배상의 경우 채권자는 자신의 손해를 증명할 필요가 없다.

④ 채무자가 금전채무를 이행하지 않아 발생한 확정된 지연손해금에 대하여 채권자가 이행 청구를 하는 경우 그 지연손해금에 대하여 다시 지연손해금의 지급을 구할 수는 없다.

⑤ 무권대리에서 상대방이 그의 선택에 따라 행사할 수 있는 계약의 이행 또는 손해배상청구권은 선택권을 행사할 수 있는 때부터 소멸시효가 진행한다.

**29** 甲은 乙로부터 5억 원을 차용하면서 자신의 X부동산(시가 3억 원)과 丙 소유의 Y부동산(시가 4억 원)에 공동저당권을 설정하고, 丁에게 부탁하여 연대보증인이 되도록 하였다. 이에 관한 설명으로 옳지 <u>않은</u> 것은? (부동산의 시가 변동이 없고 이자 기타 비용은 고려하지 않으며, 다툼이 있으면 판례에 따름)

① 甲이 자신의 유일한 재산인 X부동산을 매도한 경우 甲의 일반채권자는 그 매매계약을 사해행위로 취소할 수 없다.

② 丁이 자신의 유일한 재산을 처분한 경우 乙은 이를 사해행위로 취소할 수 있다.

③ 乙에게 2억 원을 변제한 丁은 丙에 대하여 변제자대위를 하지 못한다.

④ 丙이 5억 원 전액을 변제한 후 대위등기를 하기 전에 B가 X부동산을 취득하여 소유권이전등기를 마친 상황이라면 丙은 B에 대하여 변제자대위를 할 수 없다.

⑤ B가 X부동산을 취득하여 소유권이전등기를 마친 후 乙의 저당권실행경매로 B가 X부동산의 소유권을 상실하더라도 B는 丙은 물론 丁에 대하여도 변제자대위를 하지 못한다.

**30** 채권의 양도 또는 계약 인수에 관한 설명으로 옳은 것을 모두 고른 것은? (다툼이 있으면 판례에 따름)

ㄱ. 임차권양도를 금지하는 임대차계약상 특약이 임대차계약에 기한 임대보증금반환채권의 양도를 금지하는 것으로 볼 수는 없다.

ㄴ. 채무자가 양도인에게 이의를 보류하지 않고 승낙을 하였을 경우, 승낙 당시 이미 상계를 할 수 있는 원인이 있었다는 사정을 양수인이 알고 있었다면 승낙 이후에 상계적상이 생기더라도 채무자는 양수인에게 상계로 대항할 수 있다.

ㄷ. 부동산 명의신탁자가 유효한 명의신탁약정을 해지한 다음 제3자에게 '명의신탁 해지를 원인으로 한 소유권이전등기청구권'을 양도하였다면, 명의수탁자가 그 양도에 대하여 동의하지 않더라도 양수인은 명의수탁자에 대하여 직접 소유권이전등기청구를 할 수 있다.

ㄹ. 임대인의 지위는 원칙적으로 임대인과 임대목적물을 양수한 자의 계약만으로 양도될 수 있다.

① ㄱ, ㄴ, ㄷ

② ㄱ, ㄴ, ㄹ

③ ㄱ, ㄷ, ㄹ

④ ㄴ, ㄷ, ㄹ

⑤ ㄱ, ㄴ, ㄷ, ㄹ

**31** 채무인수 등에 관한 설명으로 옳은 것은? (다툼이 있으면 판례에 따름)

① 이행인수인이 채권자에 대하여 채무자의 채무를 승인하더라도 특별한 사정이 없는 한 시효중단의 효력은 발생하지 않는다.

② 저당권이 설정된 부동산의 매수인이 피담보채무를 인수하면서 그 채무액을 매매대금에서 공제하기로 하고 잔액만을 지급한 경우, 특별한 사정이 없는 한 매수인은 잔금지급의무를 다한 것으로 볼 수 없다.

③ 주택의 임차인이 대항력을 갖추었다면 그가 그 주택의 소유권을 취득하더라도 특별한 사정이 없는 한 임대인에 대한 보증금반환청구권은 혼동으로 소멸하지 않는다.

④ 중첩적 채무인수에서 채무자와 인수인은 채권자에 대하여 원칙적으로 부진정연대채무관계에 있다.

⑤ 채무가 인수된 경우 특별한 사정이 없는 한 제3자가 제공한 담보물권도 함께 이전한다.

**32** 채권의 소멸에 관한 설명으로 옳지 <u>않은</u> 것은? (다툼이 있으면 판례에 따름)

① 채무자가 채무액 일부를 지급하면서 이자 아닌 원본에 충당할 것을 지정하고 채권자가 이를 이의 없이 수령하여 묵시적 합의가 인정되는 때에는 지급된 금전은 원본에 충당된다.

② 원금채무는 소멸시효가 완성되지 않았으나 이자채무는 소멸시효가 완성된 상태에서 채무자가 변제충당을 지정하지 않고 채무의 일부를 변제한 때에는 특별한 사정이 없는 한 이자채무에 먼저 충당된다.

③ 상계가 금지되는 채권이라고 하더라도 압류금지채권에 해당하지 않는 한 강제집행에 의한 전부명령의 대상이 될 수 있다.

④ 피용자의 고의의 불법행위로 인하여 사용자책임이 성립하는 경우, 사용자는 자신의 고의가 없음을 주장하여 피해자의 손해배상채권을 수동채권으로 하는 상계권을 행사할 수 있다.

⑤ 소멸시효가 완성된 채권이 그 완성 전에 상계할 수 있었던 것이면 채권자는 그 채권을 자동채권으로 하여 상계할 수 있다.

**33** 동시이행관계가 인정되는 것을 모두 고른 것은? (특별한 사정이 없고, 다툼이 있으면 판례에 따름)

> ㄱ. 매매계약상 매도인의 소유권이전의무가 이행불능이 되어 생긴 손해배상채무와 매수인의 대금지급채무
>
> ㄴ. 매매계약상 매도인의 소유권이전의무와 매수인의 대금지급의무 중 어느 하나를 선이행의무로 약정한 경우, 각 의무의 이행기가 모두 지난 후의 쌍방의 의무
>
> ㄷ. 근저당권 실행을 위한 경매가 무효로 되어 근저당권자가 채무자인 소유자를 대위하여 낙찰자에 대한 소유권이전등기말소청구권을 행사하는 경우, 낙찰자의 소유권이전등기말소의무와 근저당권자의 배당금반환의무

① ㄱ
② ㄴ
③ ㄱ, ㄴ
④ ㄴ, ㄷ
⑤ ㄱ, ㄴ, ㄷ

**34** 제3자를 위한 계약에 관한 설명으로 옳지 않은 것은? (다툼이 있으면 판례에 따름)

① 요약자는 원칙적으로 제3자의 권리와 별도로 낙약자에 대하여 제3자에게 급부를 이행할 것을 요구할 수 있는 권리를 가진다.

② 제3자가 수익의 의사표시를 한 경우, 계약의 당사자가 제3자의 권리를 임의로 변경·소멸시키는 행위를 하더라도 특별한 사정이 없는 한 제3자에 대하여 효력이 없다.

③ 요약자와 수익자 사이의 법률관계(대가관계)의 효력 상실을 이유로 요약자는 낙약자와 요약자 사이의 법률관계(기본관계)상 낙약자에게 부담하는 채무의 이행을 거절할 수 있다.

④ 채무자와 인수인 사이의 계약으로 체결되는 중첩적 채무인수의 경우, 채권자의 수익의 의사표시는 그 계약의 성립요건 또는 효력발생요건이 아니다.

⑤ 낙약자와 요약자 사이의 계약(기본관계)이 무효가 된 경우, 낙약자는 특별한 사정이 없는 한 제3자를 상대로 그가 제3자에게 한 급부를 부당이득으로 반환 청구할 수 없다.

**35** 계약의 해제, 해지에 관한 설명으로 옳지 <u>않은</u> 것은? (다툼이 있으면 판례에 따름)

① 타인 권리의 매매로 인한 담보책임으로 매수인이 계약을 해제한 경우, 매수인이 진정한 권리자인 타인에게 직접 목적물을 반환한 때에는 그 반환한 범위에서 매도인에게 반환할 의무를 부담하지 않는다.

② 사정변경을 이유로 한 계약의 해제나 해지에서 사정변경에 대한 예견가능성이 있었는지는 개별적 사정을 고려하지 않고 추상적·일반적으로 판단하여야 한다.

③ 매수인의 사망으로 매수인의 지위를 상속한 상속인들이 매매계약을 해제하려면, 특별한 사정이 없는 한 전원이 해제의 의사표시를 하여야 한다.

④ 조합계약에서는 계약을 해제 또는 해지하고 조합원에게 그로 인한 원상회복의 의무를 부담지울 수는 없다.

⑤ 계약이 합의에 따라 해제되거나 해지된 경우, 특별한 사정이 없는 한 채무불이행으로 인한 손해배상을 청구할 수 없다.

**36** 매매의 일방예약 또는 매매계약에 관한 설명으로 옳지 <u>않은</u> 것은? (다툼이 있으면 판례에 따름)

① 예약완결권을 재판상 행사하는 경우, 소장 부본이 제척기간 내에 상대방에게 송달되어야만 제척기간 내에 행사한 것으로 본다.

② 당사자들이 약정한 예약완결권의 행사기간은 그 매매예약이 성립한 때부터 10년을 초과하더라도 무방하다.

③ 매매예약 성립 후 당사자일방의 매매예약 완결권의 행사 전에 상대방의 매매목적물이 멸실된 경우, 매매예약 완결의 의사표시가 있더라도 매매의 효력이 생기지 않는다.

④ 계약이행의 착수가 있기 전에 매도인이 민법 제565조(해약금) 제1항에 따라 계약을 해제하려면, 계약금의 배액을 상환하거나 적어도 이행제공 상태에 두어야 한다.

⑤ 매수인이 매매목적물을 대금지급 전에 인도받았다면 대금지급의무와 소유권이전등기 의무가 동시이행 관계에 있더라도 민법 제587조(과실의 귀속, 대금의 이자)에 의한 매매대금이자를 지급할 의무가 있다.

**37** 임대차에 관한 설명으로 옳은 것을 모두 고른 것은? (다툼이 있으면 판례에 따름)

> ㄱ. 임대차가 종료된 경우, 그 임대목적물이 임대인이 아닌 타인 소유라도 특별한 사정이 없는 한 임차인은 임대인에게 임대차 종료일까지의 연체 차임뿐만 아니라 그 이후부터 인도완료일까지 차임 상당의 부당이득금도 반환할 의무가 있다.
>
> ㄴ. 임대인이 임차인에게 필요비상환의무를 이행하지 않는 경우, 임차인은 지출한 필요비 금액의 한도에서 차임의 지급을 거절할 수 있다.
>
> ㄷ. 임차인이 임대인의 동의 없이 임차물을 제3자에게 전대한 경우, 임대인은 임대차계약의 존속 여부를 불문하고 제3자에게 불법점유를 이유로 한 차임 상당액의 손해배상청구를 할 수 있다.
>
> ㄹ. 임차인이 임대인의 동의를 얻어 임차물을 전대한 경우, 전대인과 전차인이 전대차계약상의 차임을 감액하여 전차인이 임대인에 대하여 직접 부담하는 의무의 범위가 변경되더라도 특별한 사정이 없는 한 전차인은 변경된 전대차계약의 내용을 임대인에게 주장할 수 있다.

① ㄱ, ㄴ
② ㄷ, ㄹ
③ ㄱ, ㄴ, ㄷ
④ ㄱ, ㄴ, ㄹ
⑤ ㄴ, ㄷ, ㄹ


**38** 조합계약에 관한 설명으로 옳은 것은? (다툼이 있으면 판례에 따름)

① 조합재산을 구성하는 개개의 재산에 대한 합유지분을 압류 기타 강제집행의 대상으로 삼을 수 있다.

② 2인으로 구성된 조합에서 1인이 탈퇴하여 조합관계가 종료되는 경우, 특별한 사정이 없는 한 해산이나 청산을 거쳐야 조합재산은 남은 조합원의 단독소유에 속하게 된다.

③ 2인으로 구성된 조합에서 1인이 존속기한을 정하지 않고 부동산 사용권을 출자하였다가 탈퇴한 경우, 특별한 사정이 없는 한 탈퇴 시 남은 조합원의 부동산 사용권은 소멸한다.

④ 공동이행방식의 건설공동수급체의 구성원인 조합원이 그 출자의무를 불이행하면, 특별한 사정이 없는 한 출자의무의 불이행을 이유로 이익분배 자체를 거부할 수 있다.

⑤ 조합원이 다른 조합원 전원의 동의 하에 조합지분을 양도하면, 조합원 지위의 변동은 조합지분의 양도양수에 관한 약정으로써 바로 효력이 생긴다.

**39** 부당이득에 관한 설명으로 옳지 <u>않은</u> 것은? (다툼이 있으면 판례에 따름)

① 쌍무계약에서 당사자 쌍방의 귀책사유 없이 일방의 채무가 후발적으로 불능이 된 경우, 상대방은 이미 이행한 급부에 대하여 부당이득반환을 청구할 수 있다.

② 집행력 있는 정본을 가진 채권자가 배당요구의 종기까지 적법한 배당요구를 하지 않아 배당에서 제외된 경우, 배당금을 수령한 다른 채권자를 상대로 부당이득반환청구를 할 수 없다.

③ 과세관청이 3자간 등기명의신탁에 따라 해당 부동산의 공부상 소유자가 된 명의수탁자에게 재산세 부과처분을 하여 명의수탁자가 재산세를 납부한 경우, 그는 명의신탁자나 그 상속인을 상대로 재산세 상당액에 대한 부당이득반환청구를 할 수 있다.

④ 임차인이 임대차계약 종료 후 임대차건물을 계속 점유하였으나, 본래의 임대차계약상의 목적에 따라 사용·수익하지 아니하여 실질적인 이득을 얻은 바가 없는 경우, 임차인은 차임 상당의 부당이득반환 의무를 부담하지 않는다.

⑤ 송금의뢰인과 수취인 사이에 계좌이체의 원인이 되는 법률관계가 존재하지 않는데도 송금의뢰인의 착오송금으로 인해 수취인이 계좌이체금액에 해당하는 예금채권을 취득한 경우, 송금의뢰인이 수취인에 대하여 부당이득반환청구권을 갖는다.

**40** 불법행위에 관한 설명으로 옳지 <u>않은</u> 것은? (다툼이 있으면 판례에 따름)

① 공동불법행위자들 중에 고의로 불법행위를 행한 자가 있는 경우, 모든 공동불법행위자가 과실상계의 주장을 할 수 없다.

② 위법행위 시점과 손해의 발생 시점에 시간적 간격이 있는 경우, 불법행위로 인한 재산상 손해에 대한 배상책임이 성립하는 시기는 손해의 발생 시점이다.

③ 금전을 대여한 채권자가 고의 또는 과실로 이자제한법을 위반하여 최고이자율을 초과하는 이자를 받아 채무자에게 손해를 입힌 경우, 특별한 사정이 없는 한 불법행위가 성립한다.

④ 민법 제756조(사용자의 배상책임)의 사용관계는 실제로 지휘·감독하고 있는지 여부에 의하여 결정되는 것이 아니라 객관적으로 지휘·감독을 하여야 할 관계에 있는지 여부에 따라 결정된다.

⑤ 불법행위로 인한 손해배상채무는 특별한 사정이 없는 한 채무 성립과 동시에 지연손해금이 발생한다.

**01** 그림 (가)와 같이 실에 매달린 물체 A는 수평면에서 반지름 $\frac{l}{2}$인 등속 원운동을 하고, 물체 B는 수평면에서 정지해 있다. (가)의 실이 끊어져 그림 (나)와 같이 A가 B와 충돌한 후 한 덩어리가 되어 속력 $v$로 운동한다. A와 B의 질량은 각각 $m$과 $3m$이고, (가)에서 실과 수직축 사이의 각도는 30°이다. (가)에서 A에 작용하는 수직항력의 크기는? (단, 중력 가속도는 $g$이고, 실의 질량과 모든 마찰은 무시한다)

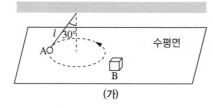

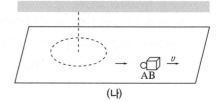

(가)            (나)

① $mg - 2\sqrt{3}\dfrac{mv^2}{l}$

② $mg - 4\sqrt{3}\dfrac{mv^2}{l}$

③ $mg - 8\sqrt{3}\dfrac{mv^2}{l}$

④ $mg - 16\sqrt{3}\dfrac{mv^2}{l}$

⑤ $mg - 32\sqrt{3}\dfrac{mv^2}{l}$

**02** 그림과 같이 벽에 닿아 있는 길이 $3L$, 무게 $mg$인 막대를 두 사람이 당겨 수평을 유지한다. 두 사람이 당기는 힘의 크기의 비 $\dfrac{F_1}{F_2}$ 는? (단, 막대의 밀도는 불균일하고, 막대의 굵기와 벽의 마찰은 무시한다)

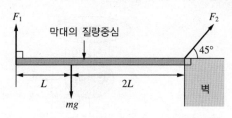

① $\dfrac{1}{2\sqrt{2}}$

② $\dfrac{1}{\sqrt{2}}$

③ $1$

④ $\sqrt{2}$

⑤ $2\sqrt{2}$

**03** 그림 (가)와 같이 질량 72kg의 사람이 짐을 들고 수면과 동일한 높이의 얼음 위에 서 있다. 그림 (나)와 같이 짐을 물에 던졌더니 얼음 부피의 $\dfrac{1}{48}$ 이 수면 위로 떠올랐다. 짐의 질량(kg)은? (단, 물과 얼음의 밀도는 각각 $\rho_w$, $\dfrac{11}{12}\rho_w$ 이고, 얼음은 녹지 않는다)

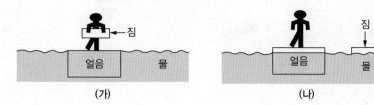

① 12

② 18

③ 24

④ 36

⑤ 48

**04** 그림과 같이 고온저장고에서 열 $|Q_h|$를 흡수하여 $W_1$의 일을 하는 열기관1의 열효율이 0.4이다. 열기관1의 배기열 $|Q_m|$을 활용하기 위하여 $|Q_m|$을 다른 열기관2에 공급하였더니, 열기관2는 $W_2$의 일을 하고 열효율이 0.3이었다. 전체 열효율 $(W_1+W_2)/|Q_h|$는?

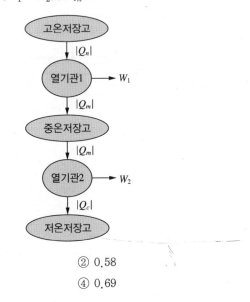

① 0.52

③ 0.63

⑤ 0.75

② 0.58

④ 0.69

**05** 그림 (가)와 같이 전기용량 $C_A$, $C_B$인 축전기에 각각 전하량 $Q_{A0}$, $Q_{B0}$이 저장되어 있다. 그림 (나)와 같이 두 축전기의 단자 1과 2가 연결되고, 기전력 $\varepsilon$ 인 전지와 연결되어 평형을 이룬 후 전기용량 $C_A$인 축전기에 저장된 전하량 $Q_A$는?

(가)

(나)

① $\dfrac{C_A C_B}{C_A + C_B}\varepsilon + \dfrac{(Q_{A0} - Q_{B0})C_A}{C_A + C_B}$

② $\dfrac{C_A C_B}{C_A + C_B}\varepsilon - \dfrac{(Q_{A0} - Q_{B0})C_A}{C_A + C_B}$

③ $\dfrac{C_A C_B}{C_A + C_B}\varepsilon + \dfrac{(Q_{A0} - Q_{B0})C_B}{C_A + C_B}$

④ $\dfrac{C_A C_B}{C_A + C_B}\varepsilon - \dfrac{(Q_{A0} - Q_{B0})C_B}{C_A + C_B}$

⑤ $\dfrac{C_A C_B}{C_A + C_B}\varepsilon$

**06** 그림과 같이 질량 3kg, 전하량 2C인 물체가 전위차 $\triangle V$인 무한 평행판의 한쪽 판에서 정지해 있다가 직선 가속운동을 하고 다른 쪽 판을 통과한 후, 크기 4T로 균일한 자기장 영역에서 반지름 3m인 등속 원운동을 한다. 이때 $\triangle V$는? (단, 중력은 무시한다)

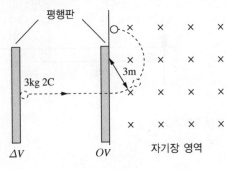

① 6V

③ 16V

⑤ 48V

② 12V

④ 32V

**07** 그림과 같이 $x$축에 수직한 면을 경계로 하여 크기가 일정한 값 $B$로 균일한 자기장이 $\pm z$축 방향으로 나오고 들어가며, 한 변의 길이가 $L$인 정사각형 금속고리가 $+x$축 방향으로 등속도 운동하고 있다. 금속고리에 전류가 유도되지 않다가 시간 $\Delta t$ 동안만 일정한 전류 $I$가 유도될 때, 금속고리의 저항은?

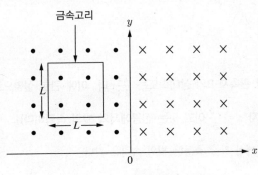

① $\dfrac{BL^2}{4I\Delta t}$

③ $\dfrac{BL^2}{I\Delta t}$

⑤ $\dfrac{4BL^2}{I\Delta t}$

② $\dfrac{BL^2}{2I\Delta t}$

④ $\dfrac{2BL^2}{I\Delta t}$

**08** 그림과 같이 물체 O로부터 10cm 떨어진 곳에 두께 3cm, 굴절률 1.5인 평면유리가 놓여 있다. 평면유리에 의한 상의 위치로 옳은 것은? (단, 중심축과 이루는 각도 $\theta$가 작을 때 $\sin\theta \simeq \tan\theta \simeq \theta$이다.)

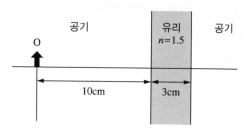

① O에서 평면유리 반대쪽으로 2cm
② O에서 평면유리 반대쪽으로 1cm
③ O에서 평면유리 쪽으로 1cm
④ O에서 평면유리 쪽으로 2cm
⑤ O에서 평면유리 쪽으로 3cm

**09** 관측자 A에 대한 관측자 B의 상대속도는 $\frac{12}{13}c$다. 이에 관한 설명으로 옳지 <u>않은</u> 것은?

(단, Lorentz 인자 $\gamma = \frac{13}{5}$이고, $c$는 진공에서의 빛의 속력이다)

① A와 B가 진공에서 각각 측정한 빛의 속력은 같다.

② B가 측정한 시간 $\tau$가 고유시간일 때, A가 측정한 시간은 $\frac{5}{13}\tau$이다.

③ 상대속도 방향의 길이만을 고려하면 A가 측정한 길이 $L_p$가 고유길이일 때, B가 측정한 길이는 $\frac{5}{13}L_p$이다.

④ A와 B가 각각 측정한 물체의 속력은 $c$보다 클 수 없다.

⑤ A와 B가 관측하는 물리현상에 적용되는 물리법칙은 동일하다.

10 그림은 콤프턴 실험에서 파장 $\lambda$인 빛이 입사하면서 정지해 있던 전자와 충돌하고 각도 $\varnothing$인 방향으로 파장 $\lambda'$인 빛이 산란하는 모습을 나타낸 것이다. 충돌 후 운동량의 크기가 $p$인 전자가 튕겨나간다. 알려진 관계식 $\lambda' - \lambda = \lambda_C(1 - \cos\varnothing)$와 운동량 보존법칙으로 구한 $p^2$은?

(단, $\lambda_c = \dfrac{h}{mc}$, $h$는 플랑크 상수이고, $c$는 진공에서의 빛의 속력이며, $m$은 전자의 질량이다)

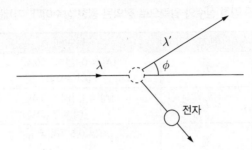

① $(\dfrac{h}{\lambda} + \dfrac{h}{\lambda'} + \dfrac{h}{\lambda_C})^2 - (\dfrac{h}{\lambda_C})^2$

② $(\dfrac{h}{\lambda} + \dfrac{h}{\lambda'} - \dfrac{h}{\lambda_C})^2 + (\dfrac{h}{\lambda_C})^2$

③ $(\dfrac{h}{\lambda} - \dfrac{h}{\lambda'} + \dfrac{h}{\lambda_C})^2 - (\dfrac{h}{\lambda_C})^2$

④ $(\dfrac{h}{\lambda} - \dfrac{h}{\lambda'} - \dfrac{h}{\lambda_C})^2 + (\dfrac{h}{\lambda_C})^2$

⑤ $(\dfrac{h}{\lambda} - \dfrac{h}{\lambda'} - \dfrac{h}{\lambda_C})^2 - (\dfrac{h}{\lambda_C})^2$

11 $25\,^\circ\!C$에서 밀도가 $d_1$ g/mL인 $a$M의 A 수용액 100mL를 $20\,^\circ\!C$로 냉각하였더니, 밀도가 $d_2$ g/mL인 A 수용액이 되었다. $20\,^\circ\!C$에서 A 수용액의 몰농도와 질량 퍼센트농도를 각각 $x$M과 $y$%라고 할 때, $\dfrac{x}{y}$는? (단, A의 몰질량은 100g/mol 이고, A는 물에 모두 용해되며, 물의 증발은 무시한다)

① $\dfrac{d_1}{10}$                              ② $\dfrac{d_2}{10}$

③ $\dfrac{d_1}{5}$                              ④ $\dfrac{d_2}{5}$

⑤ $\dfrac{d_1 d_2}{5}$

다음은 기체 A와 B가 반응하여 기체 C가 생성되는 반응의 화학 반응식이다.

$$a\text{A(g)} + \text{B(g)} \rightleftharpoons c\text{C(g)} \quad (a,\ c\text{는 반응 계수})$$

표는 이 반응의 평형 (가)~(다)에 관한 자료이다. 이에 관한 설명으로 옳은 것만을 〈보기〉에서 있는 대로 고른 것은? [단, $RT_1$ = 25L · atm/mol, $RT_2$ = 50L · atm/mol($R$는 기체 상수)이고, $K_c$와 $K_p$는 각각 농도로 정의된 평형 상수와 압력으로 정의된 평형 상수이다. 기체는 이상 기체와 같은 거동을 한다)

| 평 형 | 온 도 | 농도(M) | 평형 상수 |
|---|---|---|---|
| (가) | $T_1$ | [A] = 0.1, [B] = 0.4, [C] = 0.2 | $K_c$ = 100 |
| (나) | $T_2$ | [A] = 1, [B] = 0.01, [C] = ? | $K_p$ = 0.0016 |
| (다) | $T_2$ | [A] = 0.5, [B] = ?, [C] = 0.2 | $K_c$ = 4 |

ㄱ. [C]는 (다)에서가 (나)에서보다 크다.
ㄴ. 이 반응의 정반응은 발열 반응이다.
ㄷ. $K_p$는 (가)에서가 (다)에서의 100배이다.

① ㄱ
② ㄷ
③ ㄱ, ㄴ
④ ㄴ, ㄷ
⑤ ㄱ, ㄴ, ㄷ

**13** 다음은 기체 A가 분해되는 반응의 화학 반응식이다.

$$A(g) \xrightarrow{k} B(g) + C(g) \quad (k는\ 반응\ 속도\ 상수)$$

그림은 강철 용기에서 온도를 달리하면서 이 반응을 진행시킬 때 반응 시간에 따른 A 농도의 역수($\frac{1}{[A]}$)를 나타낸 것이며, (가)와 (나)의 온도는 $T$K와 $1.2\,T$K를 순서 없이 나타낸 것이다. 이에 관한 설명으로 옳은 것만을 〈보기〉에서 있는 대로 고른 것은? (단, 기체 상수($R$)는 $b$J/K · mol이다)

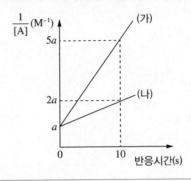

---

ㄱ. 이 반응의 속도 법칙은 $v = k[A]^2$이다.

ㄴ. 이 반응의 활성화 에너지는 $6b\,T\ln 4$J/mol이다.

ㄷ. 동일한 [A]까지 걸린 반응 시간이 (나)가 (가)보다 112.5s 더 길다면 이 [A]에서의 반감기는 (나)가 (가)보다 120s 더 길다.

---

① ㄱ

② ㄷ

③ ㄱ, ㄴ

④ ㄴ, ㄷ

⑤ ㄱ, ㄴ, ㄷ

**14** 다음은 아세틸렌 분자의 구조식이다. 이에 관한 설명으로 옳은 것만을 〈보기〉에서 있는 대로 고른 것은?

$$H\!-\!\!-\!C\!\equiv\!C\!-\!\!-\!H$$

ㄱ. 분자의 C원자 간에는 2개의 π결합이 존재한다.
ㄴ. π-콘쥬게이션(conjugation)된 trans-폴리아세틸렌은 전도성 고분자이다.
ㄷ. 산촉매에서 물의 첨가 반응으로 생성된 물질의 IR 스펙트럼은 $1,730cm^{-1}$ 부근에서 강한 피크를 나타낸다.

① ㄱ
② ㄷ
③ ㄱ, ㄴ
④ ㄴ, ㄷ
⑤ ㄱ, ㄴ, ㄷ

**15** 분자식이 $C_4H_8O$인 화합물의 구조 이성질체 중 알코올을 제외한 고리형 구조 이성질체의 수는?

① 4
② 5
③ 6
④ 7
⑤ 8

**16** 다음은 원소 A~D와 관련된 설명이다. A, B, C, D는 Na, Cl, Ne, Ar을 순서 없이 나타낸 것이다. 이에 관한 설명으로 옳은 것만을 〈보기〉에서 있는 대로 고른 것은?

• A는 B, C, D와 다른 주기를 갖는다.
• $C^-$와 D는 등전자 배치를 갖는다.

ㄱ. 원자 반지름 또는 이온 반지름은 $B^+ < A < D < C^-$이다.
ㄴ. 제1 이온화 에너지는 B < C < D < A이다.
ㄷ. 중성 기체 상태의 원자 1mol이 전자 1mol을 받아들일 때 방출하는 에너지는 C < B이다.

① ㄱ
② ㄷ
③ ㄱ, ㄴ
④ ㄴ, ㄷ
⑤ ㄱ, ㄴ, ㄷ

**17** 바닥상태 정사면체 착화합물 $[MCl_4]^{2-}$에 관한 설명으로 옳지 <u>않은</u> 것은? (단, M은 원자 번호가 25인 임의의 원소 기호이며, $\triangle_t$는 정사면체 결정장 갈라짐 에너지이다)

① 중심 이온의 산화수는 +2이다.
② 중심 이온의 $3d_{xy}$ 오비탈의 에너지가 $3d_{z^2}$ 오비탈 에너지보다 높다.
③ 가상적인 정육면체에서 중심 이온의 $3d$ 오비탈 중 $3d_{z^2}$과 $3d_{x^2-y^2}$ 오비탈은 면심을 향하고 있다.
④ 중심 이온의 홀전자 수는 5이다.
⑤ 결정장 안정화 에너지는 $-2\triangle_t$이다.

**18** 다음은 2주기 원소의 동종핵 2원자 분자를 나타낸 것이다. 분자 오비탈(MO) 이론에 근거하여, 이 분자에 관한 설명으로 옳지 <u>않은</u> 것은? (단, 모든 분자는 바닥 상태이다)

$$B_2, \ C_2, \ N_2, \ O_2, \ F_2$$

① 모든 분자들의 결합 차수 총합은 9이다.
② 상자기성 분자는 3개이다.
③ 결합성 $\pi_{2p}$ MO 에너지 준위에 비해 결합성 $\sigma_{2p}$ MO 에너지 준위가 낮은 분자는 2개이다.
④ 결합 에너지가 가장 큰 분자는 $N_2$이다.
⑤ 모든 분자들의 홀전자 수 총합은 4이다.

**19** 다음은 금속 A를 이용한 갈바니 전지이고, 이 전지의 전위는 25℃에서 0.82V이다.

$$A(s) \ | \ A^{2+}(0.001M) \ || \ H^+(0.1M) \ | \ H_2(0.1atm)$$

이에 관한 설명으로 옳은 것만을 〈보기〉에서 있는 대로 고른 것은? [단, 25℃에서 $\dfrac{RF}{F}\ln Q = \dfrac{2.303RT}{F}\log Q = 0.06V\log Q$($R$는 기체 상수, $F$는 패러데이 상수, $Q$는 반응 지수)이고, A는 임의의 원소 기호이며, 온도는 25℃로 일정하다]

ㄱ. $H^+$는 산화제이다.
ㄴ. $A^{2+}(aq)+2e^- \rightarrow A(s)$의 표준 환원 전위($E°$)는 $-0.70V$이다.
ㄷ. 용액의 pH가 3이 되면 전지의 전위는 0.76V보다 커진다.

① ㄱ
② ㄴ
③ ㄱ, ㄷ
④ ㄴ, ㄷ
⑤ ㄱ, ㄴ, ㄷ

**20** 어떤 약산 HA의 산 해리 상수$(K_a)$가 25℃에서 $1 \times 10^{-5}$일 때, 다음 중 pH가 6에 가장 가까운 용액은?
(단, 용액의 온도는 25℃로 일정하다)

① HA가 1% 해리된 용액

② HA가 9% 해리된 용액

③ HA가 50% 해리된 용액

④ HA가 91% 해리된 용액

⑤ HA가 99% 해리된 용액

**21** 세포소기관에 관한 설명으로 옳은 것은?

① 세포골격을 구성하는 중간섬유, 미세섬유, 미세소관 중 미세소관이 가장 굵다.

② 리소좀 내의 효소들은 중성 환경에서만 작용한다.

③ 골지체의 트랜스(trans)면 쪽은 소포체로부터 떨어져 나온 소낭(vesicle)을 받는 쪽이다.

④ 글리옥시좀(glyoxysome)은 동물세포에서만 발견된다.

⑤ 활면소포체는 칼륨이온($K^+$)을 저장한다.

**22** 세포호흡과 광합성에 관한 설명으로 옳은 것만을 〈보기〉에서 있는 대로 고른 것은?

| |
|---|
| ㄱ. 광인산화와 산화적 인산화는 화학삼투를 통하여 ATP를 생성한다. |
| ㄴ. $C_3$ 식물과 $C_4$ 식물의 탄소고정 경로는 다르나 캘빈회로는 같다. |
| ㄷ. $C_3$ 식물의 캘빈회로로부터 직접 생성되는 탄수화물은 포도당이다. |

① ㄱ         ② ㄴ

③ ㄷ         ④ ㄱ, ㄴ

⑤ ㄴ, ㄷ

**23** 사람의 신호전달과정에 관한 설명으로 옳은 것은?

① 국소분비 신호전달(paracrine signaling)은 분비된 분자가 국소적으로 확산되어 분비한 세포 자신의 반응을 유도한다.

② 신경전달물질(neurotransmitter)은 신경세포의 말단에서 혈류로 확산된다.

③ 수용성 호르몬은 세포 표면의 신호 수용체에 결합하면 세포반응이 유도된다.

④ 에피네프린은 세포질 내의 수용체 단백질과 결합하여 호르몬–수용체 복합체를 형성한다.

⑤ 내분비 신호전달(endocrine signaling)은 짧은 거리의 표적세포에 신호를 전달한다.

**24** 사람의 적응면역에 관한 설명으로 옳은 것만을 〈보기〉에서 있는 대로 고른 것은?

> ㄱ. 항원제시세포는 Ⅰ형 MHC 분자만을 가진다.
> ㄴ. 세포독성 T세포는 감염된 세포를 죽인다.
> ㄷ. T세포는 골수에서 성숙한다.
> ㄹ. B세포 항원수용체와 항체는 항원표면의 항원결정부(epitope)를 인식한다.

① ㄱ, ㄴ                                    ② ㄱ, ㄷ
③ ㄴ, ㄷ                                    ④ ㄴ, ㄹ
⑤ ㄷ, ㄹ


**25** 동물의 난할(cleavage)에 관한 설명으로 옳은 것만을 〈보기〉에서 있는 대로 고른 것은?

> ㄱ. 난자 내에서 난황이 집중되어 있는 쪽을 동물극이라 한다.
> ㄴ. 난할 중인 세포들의 세포분열주기는 주로 S기와 M기만으로 구성된다.
> ㄷ. 개구리의 난할 패턴은 전할(holoblastic)이다.

① ㄱ                                        ② ㄴ
③ ㄷ                                        ④ ㄱ, ㄴ
⑤ ㄴ, ㄷ


**26** 꽃의 색은 대립유전자 R(빨간색)과 r(분홍색)에 의해, 크기는 대립유전자 L(큰 꽃)과 l(작은 꽃)에 의해 결정되며, 이 두 유전자좌위는 동일한 염색체상에 위치한다. R은 r에 대해, L은 l에 대해 각각 완전 우성이다. 표는 유전자형이 RrLl인 식물(P)을 자가교배하여 얻은 $F_1$식물의 표현형 비율에 관한 자료이다. 이 결과에 관한 설명으로 옳은 것만을 〈보기〉에서 있는 대로 고른 것은?

| 표현형 | 빨간색 큰 꽃 | 분홍색 큰 꽃 | 빨간색 작은 꽃 | 분홍색 작은 꽃 |
|--------|------------|------------|--------------|--------------|
| 비율 | 0.51 | 0.24 | 0.24 | 0.01 |

> ㄱ. 재조합형 염색체가 감수분열 Ⅰ 전기 동안 만들어졌다.
> ㄴ. 빨간색 큰 꽃 $F_1$ 식물들 모두가 재조합 자손이다.
> ㄷ. 유전자형이 RrLl인 식물(P)은 대립유전자 R과 L이 함께 위치한 염색체를 지녔다.

① ㄱ                                        ② ㄴ
③ ㄷ                                        ④ ㄱ, ㄴ
⑤ ㄴ, ㄷ

**27** 다음은 세균 오페론의 전사 조절 인자들에 관한 자료이다. 이에 관한 설명으로 옳은 것은?

> • 전사인자에는 활성인자와 억제인자가 있다.
> • 작은 크기의 공동조절자에는 유도자(inducer), 공동활성자(coactivator)와 공동억제자(corepressor)가 있다.

① 트립토판(Trp) 오페론의 전사는 양성 조절과 음성 조절을 모두 받는다.
② 젖당(Lac) 오페론의 양성 조절에서 공동조절자가 결합한 전사인자는 전사를 활성화시킨다.
③ 공동조절자에 의한 트립토판 오페론 전사 감쇠(attenuation) 조절 방식은 진핵세포에서도 일어날 수 있다.
④ 젖당 오페론의 음성 조절에서 공동조절자가 결합한 전사인자는 작동자에 결합한다.
⑤ 트립토판 오페론에서 공동조절자 없이 전사인자만으로 전사가 억제된다.

**28** 진핵생물의 염색질 구조에 관한 설명으로 옳은 것은?

① 염색질 변형은 복원될 수 없다.
② 히스톤 C-말단 꼬리의 아세틸화는 염색질 구조를 느슨하게 한다.
③ DNA의 메틸화는 전사를 촉진한다.
④ 뉴클레오솜(nucleosome)의 직경은 약 30nm 정도이다.
⑤ 양전하를 띤 히스톤 단백질과 음전하를 띤 DNA가 결합하여 뉴클레오솜을 형성한다.

**29** CRISPR-Cas9 시스템에 관한 설명으로 옳지 <u>않은</u> 것은?

① Cas9는 DNA 이중가닥을 절단하는 단백질 효소이다.
② Cas9 단독으로 특정 DNA 서열을 자를 수 있다.
③ 세균은 박테리오파지 감염 방어에 CRISPR-Cas9 시스템을 이용한다.
④ 세균 염색체상에 CRISPR 영역이 위치한다.
⑤ CRISPR-Cas9 시스템을 이용한 유전자 편집으로 돌연변이의 복구가 가능하다.

**30** 좌우대칭동물에 관한 설명으로 옳지 <u>않은</u> 것은?

① 연체동물은 촉수담륜동물문이다.
② 후구동물은 원구(blastopore)에서 입이 발달된다.
③ 좌우대칭동물은 삼배엽성동물이다.
④ 환형동물은 진체강동물이다.
⑤ 탈피동물은 외골격을 가지고 있다.

**31** 지진파와 관련된 설명으로 옳은 것만을 〈보기〉에서 있는 대로 고른 것은?

> ㄱ. 지진파의 속도는 매질의 상태나 밀도에 따라 달라진다.
> ㄴ. 지각과 외핵은 고체 상태이기 때문에 P파와 S파 모두 전파된다.
> ㄷ. 한 지진에 의한 P파 암영대는 S파 암영대보다 좁다.

① ㄱ          ② ㄴ
③ ㄷ          ④ ㄱ, ㄷ
⑤ ㄱ, ㄴ, ㄷ

**32** 베게너가 대륙 이동설의 증거로 제시한 것으로 옳은 것만을 〈보기〉에서 있는 대로 고른 것은?

> ㄱ. 대서양을 사이에 두고 있는 남아메리카 대륙과 아프리카 대륙은 해안선 모양이 잘 들어맞는다.
> ㄴ. 남극 대륙의 빙하 흔적은 북극의 빙하와 연결된다.
> ㄷ. 북아메리카 대륙과 유럽에 있는 산맥의 지질구조가 연속적이다.

① ㄱ          ② ㄴ
③ ㄷ          ④ ㄱ, ㄷ
⑤ ㄱ, ㄴ, ㄷ

**33** 판의 경계 중 발산형 경계에서 생성된 지형으로 옳은 것은?

① 마리아나 해구
② 산안드레아스 단층
③ 알프스 산맥
④ 히말라야 산맥
⑤ 동아프리카 열곡대

**34** 표준화석의 조건과 특성에 관한 설명으로 옳지 <u>않은</u> 것은?

① 생물의 생존기간이 짧아야 한다.

② 생물이 살았던 환경을 추정하는데 이용된다.

③ 생물의 개체수가 많아야 한다.

④ 생물의 분포면적이 넓어야 한다.

⑤ 지층의 생성시기를 알 수 있다.


**35** 대양에서 나타나는 시계 방향의 환류에 속하지 <u>않는</u> 해류는?

① 멕시코 만류

② 페루 해류

③ 쿠로시오 해류

④ 캘리포니아 해류

⑤ 카나리아 해류


**36** 그림은 북반구에서 지균풍이 불 때, 마찰이 없는 상층의 기압경도력, 전향력, 바람의 방향을 모식적으로 나타낸 것이다. 이에 관한 설명으로 옳은 것은? (단, 점선은 등압선이다)

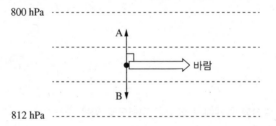

① A는 전향력이다.

② A는 등압선 간격이 넓을수록 커진다.

③ B는 풍속이 강할수록 커진다.

④ B는 중위도보다 적도에서 크다.

⑤ 지표에서 마찰이 발생한다면 B의 크기가 A의 크기보다 커진다.

**37** 그림은 온도에 따른 포화수증기량곡선 중 일부를 나타낸 것이다. 이에 관한 설명으로 옳지 <u>않은</u> 것은?

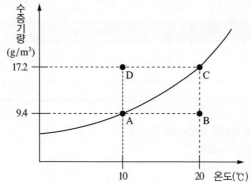

① A는 포화상태이다.
② B는 불포화상태이다.
③ B의 이슬점은 20℃이다.
④ C의 상대습도는 100%이다.
⑤ D상태에서는 응결이 일어난다.

**38** 그림은 어느 날 지구에서 관측한 금성과 달의 위치를 공전궤도에 모식적으로 나타낸 것이다. 이에 관한 설명으로 옳은 것만을 〈보기〉에서 있는 대로 고른 것은?

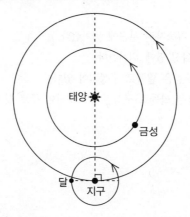

ㄱ. 금성은 초저녁에 동쪽하늘에서 관측된다.
ㄴ. 초저녁에 달은 상현달로 관측된다.
ㄷ. 며칠 후 자정에 금성을 관측할 수 있다.

① ㄴ            ② ㄷ
③ ㄱ, ㄴ         ④ ㄱ, ㄷ
⑤ ㄴ, ㄷ

**39** 표는 별 A, B, C의 겉보기 등급과 연주시차를 나타낸 것이다. 이에 관한 설명으로 옳은 것만을 〈보기〉에서 있는 대로 고른 것은?

| 별 | 겉보기 등급 | 연주시차(") |
|---|---|---|
| A | 0 | 1 |
| B | 5 | 0.5 |
| C | 2 | 0.1 |

ㄱ. A~C 중 가장 가까운 별은 A이다.
ㄴ. A의 절대 등급은 −5이다.
ㄷ. C의 절대 등급은 2이다.

① ㄱ
② ㄷ
③ ㄱ, ㄴ
④ ㄱ, ㄷ
⑤ ㄱ, ㄴ, ㄷ

**40** 우리은하에 관한 설명으로 옳은 것은?

① 타원 은하이다.
② 은하의 중심 방향은 황소자리 부근에 위치한다.
③ 태양은 우리은하의 나선 팔에 위치한다.
④ 헤일로(halo)는 주로 젊은 별들로 구성되어 있다.
⑤ 나선 팔에는 나이 많은 별들로 구성된 구상성단이 주로 분포한다.

# 2022년 제59회 기출문제

합격의 공식
**시대에듀**

모든 일에 있어서, 시간이 부족하지 않을까를 걱정하지 말고,

다만 내가 마음을 바쳐 최선을 다할 수 있을지, 그것을 걱정하라.

– 정조 –

**01** 특허 제도에 관한 설명으로 옳지 <u>않은</u> 것은?

① 물건을 생산하는 방법에 관한 발명이 있는 경우, 그 방법에 의하여 생산한 물건을 수출하는 행위 자체는 특허발명의 실시행위에 해당하지 않는다.

② 법인이 아닌 사단 또는 재단이라 하더라도 대표자나 관리인이 정하여져 있다면, 그 사단 또는 재단의 이름으로 출원심사의 청구인, 심판의 청구인·피청구인이 될 수 있다.

③ 국내에 주소 또는 영업소가 없는 재외자라 하더라도 국내에 체류하고 있는 경우에는 재외자의 이름으로 특허에 관한 절차를 밟을 수 있다.

④ 특허청 및 심사관이 의견제출통지서에서 출원인의 의견서 제출 기간을 지정한 경우, 이 지정기간은 출원인의 청구에 의하여 연장뿐만 아니라 단축도 가능하다.

⑤ 특허권 및 특허에 관한 권리의 등록신청서류와 특허협력조약 제2조(vii)에 따른 국제출원에 관한 서류를 우편으로 제출하는 경우, 우편물의 통신일부인(通信日附印)에 표시된 날이 분명하다면 표시된 날부터 효력이 발생한다.

**02** 특허를 받을 수 있는 권리에 관한 설명으로 옳지 <u>않은</u> 것은? (다툼이 있으면 판례에 따름)

① 특허출원 후에는 특허를 받을 수 있는 권리의 승계는 상속, 그 밖의 일반승계의 경우를 제외하고는 특허출원인변경신고를 하여야만 그 효력이 발생한다.

② 특허출원 전에 이루어진 특허를 받을 수 있는 권리의 승계는 그 승계인이 특허출원을 하여야만 그 효력이 발생한다.

③ 특허를 받을 수 있는 권리는 발명의 완성과 동시에 발명자에게 원시적으로 귀속되지만, 이는 재산권으로 양도성을 가지므로 계약 또는 상속 등을 통하여 전부 또는 일부 지분을 이전할 수 있고, 특허를 받을 수 있는 권리를 이전하기로 하는 계약은 명시적으로는 물론 묵시적으로도 이루어질 수 있다.

④ 정부는 특허출원된 발명이 국방상 필요한 경우에는 특허를 하지 아니할 수 있으며, 전시·사변 또는 이에 준하는 비상시에 국방상 필요한 경우에는 특허를 받을 수 있는 권리를 수용할 수 있고, 특허하지 아니하거나 수용한 경우에는 정부는 적당한 보상금을 지급하여야 한다.

⑤ 동일한 자로부터 동일한 발명 및 고안에 대한 특허를 받을 수 있는 권리 및 실용신안등록을 받을 수 있는 권리를 승계한 자가 둘 이상인 경우 그 승계한 권리에 대하여 같은 날에 특허출원 및 실용신안등록출원이 있으면 특허출원인 및 실용신안등록출원인 간에 협의하여 정한 자에게만 승계의 효력이 발생한다.

## 03 신규성에 관한 설명으로 옳지 <u>않은</u> 것은? (다툼이 있으면 판례에 따름)

① 발명의 신규성 판단에 제공되는 대비 발명은 반드시 그 기술적 구성 전체가 명확하게 표현된 것뿐만 아니라, 미완성 발명이라고 하더라도 그 기술분야에서 통상의 지식을 가진 자가 기술상식이나 경험칙에 의하여 쉽게 기술내용을 파악할 수 있는 범위 내에서는 신규성 판단을 위한 선행자료로서의 지위를 가진다.

② 선택발명의 신규성을 부정하기 위해서는 선행발명이 선택발명을 구성하는 하위개념을 구체적으로 개시하고 있어야 하고, 이에는 그 발명이 속하는 기술분야에서 통상의 지식을 가진 자가 선행문헌의 기재 내용과 출원시의 기술 상식에 기초하여 선행문헌으로부터 직접적으로 선택발명의 존재를 인식할 수 있는 경우도 포함된다.

③ 구성요소의 범위를 수치로써 한정하여 표현한 발명이 그 출원 전에 공지된 발명과 사이에 수치한정의 유무 또는 범위에서만 차이가 있는 경우에는, 그 한정된 수치범위가 공지된 발명에 구체적으로 개시되어 있거나, 그렇지 않더라도 그러한 수치한정이 그 발명이 속하는 기술분야에서 통상의 지식을 가진 자가 적절히 선택할 수 있는 주지·관용의 수단에 불과하고 이에 따른 새로운 효과도 발생하지 않는다면 그 신규성이 부정된다.

④ 발명을 논문으로 발표하더라도 신규성 상실사유가 발생한 날로부터 12개월 이내에 출원하는 경우 신규성 상실의 예외를 인정받을 수 있으나, 제3자가 해당 논문을 읽고 동일 발명에 대하여 먼저 출원을 하는 경우에는 신규성 상실의 예외를 인정받은 특허출원은 선출원주의 위반으로 특허를 받을 수 없다.

⑤ 제조방법이 기재된 물건발명의 신규성을 판단하는 경우, 그 기술적 구성을 제조방법의 기재를 포함하여 청구범위의 모든 기재에 의하여 특정되는 구조나 성질 등을 가지는 물건으로 파악하여 선행기술과 비교하여 신규성 결여 여부를 살펴야 한다.

## 04 분할출원에 관한 설명으로 옳은 것은?

① 분할출원은 출원서에 최초로 첨부된 명세서 또는 도면에 기재된 사항의 범위 내에서 할 수 있으며, 원출원이 외국어출원인 경우에 국어번역문이 제출되지 않았다면 원문에 기재된 범위 내에서 분할출원할 수 있다.

② 분할출원된 명세서에 기재된 발명의 내용이 분할후 원출원서에 기재된 발명의 내용과 동일하다면, 적법한 분할출원이 아니라는 점을 근거로 거절결정이 된다.

③ 분할출원에서 자기공지예외적용의 주장을 하는 경우, 그 증명서류는 분할출원일로부터 30일이 되는 날까지 제출하여야 한다.

④ 분할출원은 특허출원서에 최초로 첨부한 명세서에 청구범위가 적혀 있는 경우에만 가능하므로 최초로 첨부한 명세서에 청구범위가 적혀 있지 아니한 경우에는 분할출원을 할 수 없다.

⑤ 분할출원은 특허결정등본을 송달받은 이후에도 가능하나, 특허권설정등록을 받으려는 날이 3개월보다 짧은 경우에는 분할출원을 할 수 없다.

## 05 특허출원 절차에 관한 설명으로 옳지 <u>않은</u> 것은?

① 특허출원인의 의사에 반한 공지가 있어 이를 주장하고자 하는 경우, 특허출원시에 그 취지와 증거자료를 제출하여야 하나, 보완수수료를 납부하면 보정 기간에 그 취지를 적은 서류 또는 이를 증명할 수 있는 서류를 제출할 수 있다.

② 무권리자의 특허출원에 해당한다는 이유로 특허거절결정이 확정된 경우, 정당한 권리자의 출원에 대한 심사청구는 무권리자 출원일부터 3년이 경과한 이후라도 정당한 권리자의 출원일부터 30일 이내에 청구할 수 있다.

③ 분할출원을 기초로 특허법 제54조(조약에 의한 우선권주장)에 따른 우선권을 주장하고자 하는 경우, 분할출원을 한 날부터 3개월 이내에 우선권주장 서류를 특허청장에게 제출할 수 있다.

④ 특허출원에 대한 최후거절이유통지에 따른 보정이 각하된 경우에, 이에 대하여 독립하여 불복할 수 없고, 심판에서 다투는 경우에는 특허거절결정에 대한 심판에서 다툴 수 있다.

⑤ 특허출원인은 특허출원서에 최초로 첨부한 명세서에 청구범위를 적지 아니한 변경출원의 경우 특허법 제42조의2(특허출원일 등) 제2항에 따른 기한이 지난 후에도 변경출원을 한 날부터 30일이 되는 날까지 명세서에 청구범위를 적는 보정을 할 수 있다.

## 06 특허출원에 관한 설명으로 옳지 <u>않은</u> 것은? (다툼이 있으면 판례에 따름)

① 청구범위가 기재되지 아니한 명세서가 첨부된 특허출원에 대하여 특허출원인이 출원심사청구서를 제출한 경우에는 부적법한·서류로서 반려처분 대상이 된다.

② 출원이 법령에 정한 방식에 위반하였으나 반려 대상이 아닌 경우에는 보정명령을 받게 되고, 보정명령을 받은 자가 지정된 기간 내에 보정을 하지 아니하는 경우에는 그 특허에 관한 절차는 무효가 될 수 있다.

③ 요약서는 특허출원서류의 일부로 필요적으로 제출되어야 할 서류이고, 요약서에만 기재되어 있고 발명의 명세서에 기재를 빠뜨린 경우에는 보정을 할 수 있는 기간 내에 요약서 기재내용을 명세서에 추가할 수 있다.

④ 특허출원인은 출원시에는 명세서에 청구범위를 적지 않을 수 있으나 이 경우에는 출원일(우선권 주장을 수반하는 특허출원의 경우 최우선일)부터 1년 2개월이 되는 날까지 명세서에 청구범위를 적는 보정을 하여야 하고, 출원인은 청구범위를 기재하는 보정을 하여야 출원심사청구가 가능하다.

⑤ 특허법 제42조(특허출원) 제4항 제1호가 정한 명세서 기재요건을 충족하는지는 특허출원 당시의 기술수준을 기준으로 하여 그 발명이 속하는 기술분야에서 통상의 지식을 가진 사람의 입장에서 청구범위에 기재된 발명과 대응되는 사항이 발명의 설명에 기재되어 있는지에 의하여 판단하여야 하므로, 특허출원 당시의 기술수준에 비추어 발명의 설명에 개시된 내용을 청구범위에 기재된 발명의 범위까지 확장 또는 일반화할 수 있다면 청구범위는 발명의 설명에 의하여 뒷받침된다.

**07** 발명의 진보성 판단에 관한 설명으로 옳은 것을 모두 고른 것은? (다툼이 있으면 판례에 따름)

> ㄱ. 발명의 구성의 곤란성 여부 판단이 불분명한 경우에는 특허발명이 선행발명에 비하여 이질적이거나 양적으로 현저한 효과를 가지고 있더라도 진보성은 부정된다.
>
> ㄴ. 특허발명의 진보성을 판단할 때에는 청구항에 기재된 복수의 구성을 분해한 후 각각 분해된 개별구성요소들이 공지된 것인지 여부만을 따져서는 아니 되고, 특유의 과제해결원리에 기초하여 유기적으로 결합한 전체로서의 구성의 곤란성을 따져 보아야 한다.
>
> ㄷ. 효과의 현저성은 특허발명의 명세서에 기재되어 통상의 기술자가 인식하거나 추론할 수 있는 효과를 중심으로 판단하여야 하고, 만일 그 효과가 의심스러울 때에는 그 기재 내용의 범위를 넘지 않는 한도에서 출원일 이후에 추가적인 실험 자료를 제출하는 등의 방법으로 그 효과를 구체적으로 주장, 입증하는 것이 허용된다.
>
> ㄹ. 의약용도발명에서는 통상의 기술자가 선행발명들로부터 특정 물질의 특정 질병에 대한 치료효과를 쉽게 예측할 수 있는 정도에 불과하다면 그 진보성이 부정되고, 이러한 경우 선행발명들에서 임상시험 등에 의한 치료효과가 확인될 것까지 요구된다고 볼 수 없다.

① ㄱ, ㄴ
② ㄴ, ㄷ
③ ㄷ, ㄹ
④ ㄱ, ㄴ, ㄹ
⑤ ㄴ, ㄷ, ㄹ

**08** 특허출원심사에 관한 설명으로 옳은 것은?

① 심사관은 특허결정되어 특허권 설정등록된 특허출원에 명백한 거절이유를 발견한 경우에는 직권으로 특허결정을 취소하고 다시 심사하여야 한다.

② 심사관의 직권 재심사에 의하여 특허결정을 취소한다는 사실이 특허출원인에게 통지가 되기 이전에 특허권 설정등록이 이루어졌다면, 특허취소결정은 처음부터 없었던 것으로 본다.

③ 심사관이 특허출원서에 첨부된 명세서, 도면의 일부를 직권보정하면서 특허등록결정을 하였으나, 특허출원인에 의하여 의견서가 제출되면, 특허결정은 유지되나 직권 보정사항은 처음부터 없었던 것으로 본다.

④ 특허출원인은 특허거절결정등본을 송달받고 재심사를 청구하였더라도 거절결정불복심판 청구기간 이내라면 이를 취하하고 거절결정불복심판 청구를 할 수 있다.

⑤ 특허출원인은 출원공개 후 특허등록을 무효로 한다는 심결의 확정이 있더라도, 출원된 사실을 알면서 출원된 발명을 업으로서 실시하고 있는 자에게 무효로 확정될 때까지의 특허발명의 실시에 대하여 합리적으로 받을 수 있는 금액의 보상금을 청구할 수 있다.

## 09 특허료에 관한 설명으로 옳은 것은? 기출 변형

① 추가납부기간에 특허료를 납부하지 않은 경우에는 특허권의 설정등록을 받으려는 자의 특허출원은 취하한 것으로 본다.

② 특허권의 설정등록을 받으려는 자 또는 특허권자가 책임질 수 없는 사유로 추가납부기간에 특허료를 내지 아니하였거나 보전기간에 보전하지 아니한 경우에는 그 사유가 소멸한 날부터 30일 이내에 그 특허료를 내거나 보전할 수 있다.

③ 특허권의 존속기간의 연장등록을 무효로 한다는 심결이 확정된 경우에 심결이 확정된 해부터의 특허료는 납부한 자의 청구에 의하여 반환한다.

④ 특허청장은 특허료가 잘못 납부된 경우에는 그 사실을 납부한 자에게 통지하여야 하며, 특허료의 반환청구는 이 통지를 받은 날로부터 5년이 지나면 할 수 없다.

⑤ 특허청장은 특허료의 감면을 거짓이나 그 밖에 부정한 방법으로 받은 자에 대하여는 산업통상자원부령으로 정하는 바에 따라 감면받은 특허료의 3배액을 징수할 수 있다.

## 10 특허를 받을 수 있는 권리 및 특허권의 공유에 관한 설명으로 옳지 <u>않은</u> 것은? (다툼이 있으면 판례에 따름)

① 단독으로 발명을 완성한 후 특허를 받을 수 있는 권리의 일부 지분을 양도한 경우에는 공유자 모두가 공동으로 특허출원을 하지 않더라도 해당 출원은 거절되지 않는다.

② 특허권이 공유인 경우 다른 공유자와 경업관계에 있는 제3자에게 지분이 양도되면 다른 공유자는 불측의 손해를 입을 우려가 있기 때문에 특허권이 공유인 경우에는 각 공유자는 다른 공유자 모두의 동의를 받아야만 그 지분을 양도할 수 있다.

③ 특허권의 각 공유자에게 민법상의 공유물분할청구권을 인정하더라도 특허법 제99조(특허권의 이전 및 공유 등)에 반하지 아니하고, 달리 분할청구를 금지하는 특허법 규정이 없으므로, 특허권의 공유관계에 민법상 공유물분할청구에 관한 규정이 적용될 수 있다.

④ 특허권 분할시 각 공유자에게 특허권을 부여하는 방식의 현물분할을 인정하면 하나의 특허권이 사실상 내용이 동일한 복수의 특허권으로 증가하는 부당한 결과를 초래하게 되므로 현물분할은 허용되지 않는다.

⑤ 심판청구서의 보정은 그 요지를 변경할 수 없는 것이 원칙이나, 공동출원인 중 일부만이 심판청구를 제기한 경우 나머지 공동출원인을 심판청구인으로 추가하는 보정은 허용된다.

**11** 특허권에 관한 설명으로 옳지 <u>않은</u> 것은?

① 반도체 기술에 대해서는 특허법 제107조(통상실시권 설정의 재정) 제1항 제3호(공공의 이익을 위하여 비상업적으로 실시하는 경우만 해당한다)의 경우에만 재정을 청구할 수 있다.

② 비밀취급이 필요한 특허발명에 대해서는 그 발명의 비밀취급이 해제될 때까지 그 특허의 등록공고를 보류하여야 하며, 그 발명의 비밀취급이 해제된 경우에는 지체 없이 특허법 제87조(특허권의 설정등록 및 등록공고) 제3항에 따라 등록공고를 하여야 한다.

③ 특허발명의 실시가 특허법 제2조(정의) 제3호 나목에 따른 방법의 사용을 청약하는 행위인 경우 특허권의 효력은 그 방법의 사용이 특허권 또는 전용실시권을 침해한다는 것을 알면서 그 방법의 사용을 청약하는 행위에만 미친다.

④ 정부는 특허발명이 국가 비상사태, 극도의 긴급상황 또는 공공의 이익을 위하여 비상업적으로 실시할 필요가 있다고 인정하는 경우에는 그 특허발명을 실시하거나 정부 외의 자에게 실시하게 할 수 있다.

⑤ 청산절차가 진행 중인 법인의 특허권은 법인의 청산종결등기일(청산종결등기가 되었더라도 청산사무가 사실상 끝나지 아니한 경우에는 청산사무가 사실상 끝난 날과 청산종결등기일부터 6개월이 지난 날 중 빠른 날로 한다)까지 그 특허권의 이전등록을 하지 아니한 경우에는 청산종결등기일의 다음 날에 소멸한다.

**12** 특허권 침해와 특허소송에 관한 설명으로 옳은 것은? (다툼이 있으면 판례에 따름)

① 심결취소소송에서도 자백 또는 의제자백이 인정되지만, 자백의 대상은 사실이고 이러한 사실에 대한 법적 판단 내지 평가는 자백의 대상이 되지 않으므로, 특허발명의 진보성 판단에 제공되는 선행발명이 어떤 구성요소를 가지고 있는지 여부에 대해서는 자백이 허용되지 않는다.

② 특허권의 권리범위는 청구범위에 기재된 사항에 의하여 정하여지는 것이 원칙이나, 청구항은 발명의 설명에 의하여 뒷받침될 것이 요구되기 때문에, 청구범위의 기재만으로 특허의 기술적 구성을 알 수 없거나 알 수 있더라도 기술적 범위를 확정할 수 없는 경우에는 명세서의 기재에 의한 보충을 통해 기술적 범위의 확장 또는 제한 해석을 함으로써 특허권의 권리범위가 발명의 크기에 맞게 실질적으로 정해질 수 있도록 해야 한다.

③ 후 발명이 선 특허발명의 요지를 전부 포함하고 이를 그대로 이용하되, 후 발명 내에선 특허발명이 발명으로서의 일체성을 유지하는 경우에는 이용관계가 성립하고, 선 특허권자의 허락없이 선 특허발명을 실시하면 이용침해에 해당하나, 후 발명이 선 특허발명과 동일한 발명이 아니라 균등한 발명을 이용하는 경우에는 그렇지 않다.

④ 청구항에 기재된 구성요소는 모두 필수구성요소로 파악되어야 하며 일부 구성요소를 그 중요성이 떨어진다는 등의 이유로 필수구성요소가 아니라고 주장할 수 없다.

⑤ 특허권침해소송의 상대방이 제조하는 제품이 특허발명의 특허권을 침해한다고 할 수 있기 위해서는 특허발명의 청구범위에 기재된 각 구성요소와 그 구성요소 간의 유기적 결합관계가 침해대상제품에 그대로 포함되어 있을 필요까지는 없다.

**13** 일사부재리에 관한 설명으로 옳지 <u>않은</u> 것은? (다툼이 있으면 판례에 따름)

① 확인대상발명의 일부 구성이 불명확하여 다른 것과 구별될 수 있는 정도로 구체적으로 특정되어 있지 않다면 심판의 심결이 확정되더라도 일사부재리의 효력이 미치는 범위가 명확하다고 할 수 없으므로 나머지 구성만으로 확인대상발명이 특허발명의 권리범위에 속하는지 여부를 판단할 수 있는 경우라 하더라도 심판청구를 각하하여야 한다.

② 종전에 확정된 심결에서의 무효사유 외에 다른 무효사유가 추가된 심판청구의 경우 일사부재리원칙에 위배되지 아니하지만, 종전에 확정된 심결에서 판단이 이루어진 청구원인과 공통되는 부분에 대해서는 일사부재리 원칙 위배 여부의 관점에서 종전에 확정된 심결을 번복할 수 있을 정도로 유력한 증거가 새로이 제출되었는지를 따져 종전 심결에서와 다른 결론을 내릴 것인지를 판단하여야 한다.

③ 적극적 권리범위확인심판의 심결이 확정된 때에는 그 일사부재리의 효력은 동일사실 및 동일증거에 의한 소극적 권리범위확인심판 청구에 대해서도 그대로 미친다.

④ 동일사실이란 청구원인사실의 동일성을 말하고, 진보성의 결여를 이유로 하는 등록무효심판 청구에 대한 심결이 확정된 후, 다시 특허가 미완성발명 내지 기재불비에 해당한다는 이유를 들어 등록무효심판 청구를 하는 것은 일사부재리에 해당하지 않는다.

⑤ 확정된 심결이 각하심결인 경우에는 일사부재리의 효력이 없다고 정한 특허법 제163조(일사부재리) 단서 규정은 새로 제출된 증거가 선행 확정 심결을 번복할 수 있을 만큼 유력한 증거인지에 관한 심리, 판단이 이루어진 후 선행 확정 심결과 동일 증거에 의한 심판청구라는 이유로 각하된 심결인 경우에는 적용되지 않는다.

**14** 특허법상 심판제도에 관한 설명으로 옳은 것을 모두 고른 것은? (다툼이 있으면 판례에 따름)

ㄱ. 적극적 권리범위 확인심판의 청구인은 특허권자, 전용실시권자이다.

ㄴ. 심판장은 구술심리로 심판을 할 경우에는 심판장이 지정한 직원에게 기일마다 심리의 요지와 그 밖에 필요한 사항을 적은 조서를 작성하게 하여야 하며, 이 조서에는 심판의 심판장 및 조서를 작성한 직원이 서명날인하여야 한다.

ㄷ. 제138조(통상실시권 허락의 심판) 제1항에 따른 심판 청구인은 이용·저촉관계에 있는 후출원특허권자, 전용실시권자 또는 통상실시권자이다.

ㄹ. 제139조(공동심판의 청구 등) 제1항에 따라 심판에 참가하려는 자는 참가신청서를 심판장에게 제출하여야 하며, 참가여부는 심판으로 결정하여야 하고, 이 결정에 대해서는 불복할 수 없다.

ㅁ. 부적법한 심판청구로서 그 흠을 보정할 수 없을 경우라도 피청구인에게 답변서 제출의 기회를 주어야 하고, 심결로써 그 청구를 각하할 수 없다.

① ㄱ, ㄴ, ㄷ

② ㄱ, ㄴ, ㅁ

③ ㄱ, ㄷ, ㄹ

④ ㄴ, ㄹ, ㅁ

⑤ ㄷ, ㄹ, ㅁ

**15** 특허법상 재심제도에 관한 설명으로 옳지 <u>않은</u> 것은?

① 당사자는 특허취소결정 또는 심결 확정 후 재심사유를 안 날부터 30일 이내에 재심을 청구하여야 하고, 대리권의 흠을 이유로 재심을 청구하는 경우에 이 기간은 청구인 또는 법정대리인이 특허취소결정등본 또는 심결등본을 송달 받은 날부터 기산한다.

② 특허취소결정 또는 심결 확정 후 3년이 지나면 재심을 청구할 수 없으며, 재심사유가 특허취소결정 또는 심결 확정 후에 생겼을 때에는 위의 3년의 기간은 그 사유가 발생한 날의 다음 날부터 기산한다.

③ 심판의 당사자가 공모하여 제3자의 권리나 이익을 사해(詐害)할 목적으로 심결을 하게 하였을 때에는 제3자는 그 확정된 심결에 대하여 재심을 청구할 수 있으며, 이 경우 심판의 당사자를 공동피청구인으로 한다.

④ 취소된 특허권이 재심에 의하여 회복된 경우 특허권의 효력은 해당 특허취소결정 또는 심결이 확정된 후 재심청구 등록 전에 선의로 수입하거나 국내에서 생산 또는 취득한 물건에는 미치지 아니한다.

⑤ 취소된 특허권이 재심에 의하여 회복된 경우 해당 특허취소결정 또는 심결이 확정된 후 재심청구등록 전에 국내에서 선의로 그 발명의 실시사업을 하고 있는 자 또는 그 사업을 준비하고 있는 자는 실시하고 있거나 준비하고 있는 발명 및 사업목적의 범위에서 그 특허권에 관하여 통상실시권을 가진다.

**16** 특허소송에 관한 설명으로 옳은 것은? (다툼이 있으면 판례에 따름)

① 침해소송이 계속 중이어서 그 소송에서 특허권의 효력이 미치는 범위를 확정할 수 있는 경우에는 이를 이유로 침해소송과 별개로 청구된 권리범위확인심판의 심판청구의 이익이 부정된다고 볼 수 있다.

② 동일한 특허발명에 대하여 정정심판 사건이 특허심판원에 계속 중에 있는 경우에 이를 이유로 상고심에 계속 중인 그 특허발명에 관한 특허무효심결에 대한 취소소송의 심리를 중단하여야 하는 것은 아니다.

③ 특허권자가 정정심판을 청구하여 특허무효심판에 대한 심결취소소송의 사실심 변론종결 이후에 특허발명의 명세서 또는 도면에 대하여 정정을 한다는 심결이 확정되는 경우에는 정정 전 명세서 등으로 판단한 원심판결에 재심사유가 있다.

④ 동일한 특허권에 관하여 2인 이상의 자가 공동으로 특허의 무효심판을 청구하여 승소한 경우에 그 특허권자가 제기할 심결취소소송은 심판청구인 전원을 상대로 제기하여야만 하는 고유필수적 공동소송이다.

⑤ 법원은 특허취소결정 또는 심결에 대한 소 및 특허취소신청서 · 심판청구서 · 재심청구서의 각하결정에 대한 소 또는 특허법원의 판결에 따른 상고가 대법원에 제기되었을 때에는 지체 없이 그 취지를 특허청장과 특허심판원장에게 통지하여야 한다.

**17** 특허협력조약에 의한 국제특허출원에 관한 설명으로 옳은 것은?

① 국제특허출원서에 발명의 설명은 기재되어 있으나 청구범위가 기재되어 있지 않는 경우, 국제출원이 특허청에 도달한 날을 국제출원일로 인정하여야 한다.

② 국제출원에 관한 서류가 우편의 지연으로 인하여 제출기간내에 도달하지 않은 경우에도 이러한 지연이 우편의 지연에 의한 것으로 인정된다면, 당해서류는 제출기간내에 제출된 것으로 추정한다.

③ 국제출원에서, 우선일부터 1년 4개월과 국제출원일부터 4개월 중 늦게 만료되는 날 이내에 우선권주장의 보정은 할 수 있으나, 우선권주장의 추가는 할 수 없다.

④ 국제출원에 대하여 특허청이 국제조사기관으로 지정된 경우에, 우선권주장의 기초가 되는 선출원이, 국어, 영어, 일본어 이외의 언어로 된 경우에는 국어번역문을 제출한 것을 출원인에게 명할 수 있다.

⑤ 외국어로 출원된 국제출원에서 원문의 범위를 벗어난 보정은 특허무효사유이나 국어번역문의 범위를 벗어난 보정은 거절이유에는 해당하지만 특허무효사유는 아니다.

**18** 특허법에 규정된 벌칙에 관한 설명으로 옳지 <u>않은</u> 것은?

① 특허권침해죄는 피해자의 명시적 의사에 반하여 공소를 제기할 수 없고, 비밀유지명령을 국내외에서 정당한 사유 없이 위반한 행위에 대해서는 비밀유지명령을 신청한 자의 고소가 없으면 공소를 제기할 수 없다.

② 특허법에 따라 선서한 증인, 감정인 또는 통역인이 특허심판원에 대하여 거짓으로 진술·감정 또는 통역한 경우에 그 사건의 특허취소신청에 대한 결정 또는 심결이 확정되기 전에 자수한 경우에는 그 형을 감경 또는 면제할 수 있다.

③ 특허심판원으로부터 증인·감정인 또는 통역인으로 소환된 자로서 정당한 이유 없이 소환에 따르지 아니하거나 선서·진술·증언·감정 또는 통역을 거부한 경우에는 과태료 부과의 대상이 된다.

④ 피해자는 침해행위를 조성한 물건 또는 그 침해행위로부터 생긴 물건을 받은 경우에는 그 물건의 가액을 초과하는 손해액에 대해서만 배상을 청구할 수 있다.

⑤ 법인의 대표자나 법인 또는 개인의 대리인, 사용인, 그 밖의 종업원이 그 법인 또는 개인의 업무에 관하여 비밀누설죄를 범하면 그 행위자를 벌하는 외에 그 법인에는 6천만 원 이하의 벌금형을, 그 개인에게는 해당 조문의 벌금형을 과(科)한다. 다만, 법인 또는 개인이 그 위반행위를 방지하기 위하여 해당 업무에 관하여 상당한 주의와 감독을 게을리하지 아니한 경우에는 그러하지 아니하다.

**19** 甲은 자신이 발명한 '발명 X'에 관하여 학술논문으로 공개 발표하였고, 얼마 되지 않아 乙도 독자적으로 '발명 X'를 발명하여 학술논문으로 공개 발표하였다. 그 후, 甲은 제1국 특허청에 '발명 X'에 관하여 특허 출원하였다. 甲은 우리나라 특허청에 제1국에서의 출원을 근거로 조약우선권을 주장하면서 '발명 X'에 관하여 특허출원하였다(이하 '국내출원 A'). 이어서 甲은 자신이 학술논문에 발표한 '발명 X'에 대하여 공지예외의 적용과 '국내출원 A'를 기초로 국내우선권을 주장하면서 출원하였다(이하 '국내출원 B'). 다음 설명에서 옳지 <u>않은</u> 것을 모두 고른 것은?

> ㄱ. 甲의 '국내출원 B'가 특허 등록된다면, 특허권은 '국내출원 A'의 출원일부터 20년이 되는 날까지 존속한다.
> ㄴ. 甲이 공지예외의 적용을 받기 위한 증명서류의 제출은, '국내출원 A'의 출원일로부터 30일 이내에 하여야 한다.
> ㄷ. 甲은 공지예외 주장이 인정되더라도, '국내출원 B'의 '발명 X'에 대해서는 乙의 공개행위에 의하여 특허받지 못하게 된다.
> ㄹ. 甲의 '국내출원 A'는 제1국 출원일로부터 1년 3개월이 지난 시점에서 취하된 것으로 본다.

① ㄱ, ㄴ
② ㄴ, ㄷ
③ ㄷ, ㄹ
④ ㄱ, ㄴ, ㄹ
⑤ ㄴ, ㄷ, ㄹ

**20** 실용신안권 및 침해에 관한 설명으로 옳지 <u>않은</u> 것은? (다툼이 있으면 판례에 따름) **기출 변형**

① 등록고안의 청구범위에 기재된 구성요소 중 일부를 권리행사의 단계에서 등록고안에서 비교적 중요하지 않은 사항이라고 하여 무시하는 것은 사실상 청구범위의 확장적 변경을 사후에 인정하는 것이 되어 허용될 수 없다.

② 실용신안권 침해금지가처분에서 금지의 대상이 되는 침해행위는 구체적으로 특정되어야 하는바, 이러한 가처분의 효력은 특정된 침해행위에 대하여만 미칠 뿐 신청인이 피보전권리로 주장한 실용신안권의 권리범위 또는 보호범위에까지 당연히 미치는 것은 아니다.

③ 등록고안과 대비되는 고안이 공지의 기술만으로 이루어진 경우라 하더라도 등록고안과 대비하여 등록고안의 권리범위에 속하는지 여부를 판단하고, 이 경우에 그 등록내용과 동일·유사한 물품을 제작·판매한다면 실용신안권 침해죄를 구성할 수 있다.

④ 실용신안등록청구범위를 정정하는 것이 그 청구범위를 확장하거나 변경하는 경우에 해당하는지 여부를 판단함에 있어서는 청구범위 자체의 형식적인 기재만을 가지고 대비할 것이 아니라 고안의 상세한 설명을 포함하여 명세서 및 도면의 전체내용과 관련하여 실질적으로 대비하여 그 확장이나 변경에 해당하는지 여부를 판단하는 것이 합리적이다.

⑤ 실용신안권 침해죄는 7년 이하 징역 또는 1억 원 이하 벌금에 처하고, 피해자가 명시한 의사에 반하여 공소(公訴)를 제기할 수 없다.

**21** 사용에 의한 식별력을 취득한 상표에 관한 설명으로 옳지 <u>않은</u> 것은? (다툼이 있으면 판례에 따름)

① 소리상표를 오랫동안 지속적으로 사용하여 사용에 의한 식별력을 취득하였더라도 법률상 기능성이 인정되는 경우 상표등록을 받을 수 없다.

② 상표법 제33조(상표등록의 요건) 제1항 제7호의 기타 식별력이 없는 상표에 해당하는 경우에도 사용에 의한 식별력을 취득하면 등록받을 수 있다.

③ 상표법 제34조(상표등록을 받을 수 없는 상표) 제1항 제7호의 적용에 있어 선출원 등록상표의 등록여부 결정시에는 식별력이 미약하였던 일부 구성부분이 타인의 후출원상표와 유사판단 시 요부로 되기 위해서는 타인의 후출원상표의 출원시를 기준으로 사용에 의한 식별력을 취득하여야 한다.

④ 사용에 의한 식별력을 취득한 기술적 상표는 상표법 제90조(상표권의 효력이 미치지 아니하는 범위) 제1항 제2호에 의한 효력제한을 받지 아니한다.

⑤ 상표등록여부결정시를 기준으로 본질적으로 식별력이 없는 상표가 과오로 등록된 경우 등록 후의 사용에 의하여 식별력을 취득하더라도 무효로 될 수 있다.

**22** 상표법 제34조(상표등록을 받을 수 없는 상표) 제1항 제13호에 관한 설명으로 옳지 <u>않은</u> 것은? (다툼이 있으면 판례에 따름)

① 본 호에 해당하려면 출원 당시에 선사용상표가 국내 또는 외국의 수요자들에게 특정인의 상품을 표시하는 것이라고 인식되어 있어야 하고, 출원인이 선사용상표와 동일 또는 유사한 상표를 부정한 목적을 가지고 사용하여야 한다.

② 본 호의 국내 또는 외국의 수요자들에게 특정인의 상품을 표시하는 것이라고 인식되어 있다는 것은 일반 수요자를 표준으로 하여 거래의 실정에 따라 인정되는 객관적인 상태를 말하는 것이다.

③ 본 호의 국내 또는 외국의 수요자들에게 특정인의 상품을 표시하는 것이라고 인식되기 위해서는 선사용상표에 관한 권리자의 명칭이 구체적으로 알려지는 것까지 필요한 것은 아니고, 권리자가 누구인지 알 수 없더라도 동일하고 일관된 출처로 인식될 수 있으면 충분하다.

④ 선사용상표가 양도된 경우 본 호의 국내 또는 외국의 수요자들에게 특정인의 상품을 표시하는 것이라고 인식되어 있는 상표로 인정되기 위해서는 선사용상표에 관한 주지성이 양수인에게 승계되었거나 양수인이 독자적으로 주지성을 획득해야 하며, 양도 전의 사용실적을 고려할 수는 없다.

⑤ 본 호의 국내 또는 외국의 수요자들에게 특정인의 상품을 표시하는 것이라고 인식되는지를 결정하기 위해 외국에서의 상표 및 그 사용상품에 대한 인식과 평가를 참작할 수 있다.

**23** 상표권의 존속기간과 존속기간갱신등록에 관한 설명으로 옳지 <u>않은</u> 것은?

① 상표권의 존속기간은 설정등록이 있는 날부터 10년이지만 10년씩 갱신하여 영구적 독점이 가능하다.

② 존속기간갱신등록신청서는 상표권의 존속기간 만료 전 1년 이내에 제출하여야 한다. 다만, 이 기간에 존속기간갱신등록신청을 하지 아니한 자는 상표권의 존속기간이 끝난 후 6개월 이내에 할 수 있다.

③ 상표권이 공유인 경우 공유자는 단독으로 상표권 존속기간갱신등록신청을 할 수 있다.

④ 상표법 제84조(존속기간갱신등록신청) 제2항에 따른 기간에 존속기간갱신등록신청을 하면 상표권의 존속기간이 갱신된 것으로 보며, 존속기간갱신등록은 원등록(原登錄)의 효력이 끝나는 날의 다음 날부터 효력이 발생한다.

⑤ 존속기간갱신등록신청에 대해서는 실체심사를 하지 아니하므로 1상표 1출원(제38조), 절차의 보정(제39조) 등 상표등록출원의 심사에 따른 규정이 준용되지 아니한다.

**24** 상표권 침해 쟁송절차 및 침해여부 판단에 관한 설명으로 옳지 <u>않은</u> 것은? (다툼이 있으면 판례에 따름)

① 후행 등록상표인 침해상표가 일반수요자에게 인식되어 있어 역혼동이 발생하는 경우에 침해상표에 대한 인식만을 근거로 하여서도 그 상표 사용자를 상대로 한 선행 등록상표의 상표권에 기초한 침해금지 또는 손해배상 등의 청구는 권리남용에 해당한다고 볼 수 있다.

② 상표권 침해소송에서 등록상표에 명백한 무효사유가 있어 그 상표권의 행사가 권리남용에 해당한다는 항변이 있는 경우 법원은 그 당부를 살피기 위한 전제로 무효여부에 대해 판단할 수 있으며 무효사유는 특별히 한정하지 않고 있다.

③ 상표법 제90조(상표권의 효력이 미치지 아니하는 범위) 제1항 제3호의 상표권의 효력이 제한되는 경우에 해당하는지 여부는 권리범위확인심판의 판단대상이 된다.

④ 타인의 등록상표가 표시된 일회용 필름용기의 재활용에 있어 그 용기에 새겨진 타인의 상표를 그대로 둔 채 필름만 대체해서 재판매한 경우 상표권은 소진되지 않으므로 상표권 침해가 성립된다.

⑤ 상표법 제99조(선사용에 따른 상표를 계속 사용할 권리)의 선사용권을 근거로 침해에 해당하지 않는다는 주장은 침해소송에서는 인정될 수 있으나 권리범위확인심판에서는 인정될 수 없다.

**25** 상표법상 표시에 관한 설명으로 옳지 <u>않은</u> 것은?

① 상표권자는 상표법 제98조(특허권 등의 존속기간 만료 후 상표를 사용하는 권리)에 따라 상표를 사용할 권리를 가진 자에게 그 자의 업무에 관한 상품과 자기의 업무에 관한 상품 간에 혼동을 방지하는 데 필요한 표시를 하도록 청구할 수 있다.

② 상표권자는 상표법 제99조(선사용에 따른 상표를 계속 사용할 권리) 제1항에 따라 상표를 사용할 권리를 가지는 자에게 그 자의 상품과 자기의 상품 간에 출처의 오인이나 혼동을 방지하는 데 필요한 표시를 할 것을 청구할 수 있다.

③ 상표법 제223조(동음이의어 지리적 표시 등록단체표장의 표시)에 따라 둘 이상의 지리적 표시등록단체표장이 서로 동음이의어 지리적 표시에 해당하는 경우 각 단체표장권자와 그 소속 단체원은 지리적 출처에 대하여 수요자가 혼동하지 아니하도록 하는 표시를 등록단체표장과 함께 사용하여야 한다.

④ 상표법 제223조(동음이의어 지리적 표시 등록단체표장의 표시)를 위반한 자는 3년 이하의 징역 또는 3천만 원 이하의 벌금에 처한다.

⑤ 누구든지 등록을 하지 아니한 상표 또는 상표등록출원을 하지 아니한 상표를 등록상표 또는 등록출원상표인 것같이 상품에 표시하는 행위를 해서는 아니 되며, 이를 위반 시 3년 이하의 징역 또는 3천만 원 이하의 벌금에 처한다.

**26** 상표법 제119조(상표등록의 취소심판) 제1항 제1호의 심판에 관한 설명으로 옳은 것은? (다툼이 있으면 판례에 따름)

① 혼동의 대상이 되는 타인의 상표(이하 '대상상표')가 저명한 경우 대상상표의 상품과 실사용 상표의 상품이 유사하지 않아도 경제적 견련관계가 있으면 본 호를 적용할 수 있다.

② 상표권이 이전되는 경우 양도인의 부정사용의 책임은 이전 후 양수인에게 승계되지 아니하므로 양수인이 스스로 부정사용을 하지 않는 한 본 호를 적용할 수 없다.

③ 대상상표가 식별력이 없는 표장인 경우 실사용 상표와 대상상표가 유사한 경우라면 출처혼동의 우려가 있으므로 본 호를 적용할 수 있다.

④ 본 호 규정은 타인의 선등록 상표의 신용에 부당편승을 방지하는 취지이므로 대상상표가 미등록 또는 후등록 상표인 경우에는 적용할 수 없다.

⑤ 본 호의 고의 요건 판단에 있어 대상상표가 주지·저명한 상표인 경우에는 그 대상상표나 그 표장상품의 존재를 인식하지 못한 경우에도 고의의 존재가 추정된다.

**27** 상표법상 저촉에 관한 설명으로 옳지 <u>않은</u> 것을 모두 고른 것은? (다툼이 있으면 판례에 따름)

> ㄱ. 상표권자는 저촉관계에 있는 타인의 등록상표를 확인대상표장으로 하여 권리 대 권리간 적극적 권리범위확인심판을 청구할 수 있다.
> ㄴ. 상표등록출원일 전에 발생한 저작권과 상표권이 저촉되는 경우 부정경쟁의 목적이 없는 한 저작권자는 존속기간이 만료한 후에도 원 저작권의 범위 내에서 등록상표와 동일·유사한 표장을 계속하여 사용할 수 있다.
> ㄷ. 상표법은 저촉되는 지식재산권 상호 간에 선출원 또는 선발생 권리가 우선함을 기본원리로 하고 있고, 이러한 원리는 상표권 사이의 저촉관계에도 그대로 적용된다.
> ㄹ. 상표법에 따르면 출원일을 기준으로 저촉되는 상표 사이의 우선순위가 결정되며, 이에 위반하여 등록된 상표는 제척기간의 적용을 받는 등록무효심판의 대상이 된다.
> ㅁ. 후출원 등록상표를 무효로 하는 심결이 확정될 때까지는 후출원 등록상표권자가 자신의 상표권실시행위로서 선출원 등록상표와 동일 또는 유사한 상표를 그 지정상품과 동일 또는 유사한 상품에 사용하는 것은 선출원 등록상표권에 대한 침해가 되지 않는다.

① ㄱ, ㄴ, ㄹ
② ㄱ, ㄴ, ㅁ
③ ㄱ, ㄷ, ㄹ
④ ㄴ, ㄷ, ㅁ
⑤ ㄷ, ㄹ, ㅁ

**28** 마드리드 의정서에 따라 국제등록된 국제출원으로서 대한민국을 지정국으로 지정(사후 지정을 포함한다)한 국제출원(이하 '국제상표등록출원'이라 한다)에 관한 설명으로 옳은 것은? **기출 변형**

① 국내에서 영리를 목적으로 하지 아니하는 업무를 하는 자는 국제상표등록출원으로 자기의 업무표장을 등록받을 수 있다.
② 국제상표등록출원을 하려는 자가 상표의 부기적(附記的)인 부분을 삭제한 경우에는 상표등록출원의 요지를 변경한 것으로 볼 수 있다.
③ 국제상표등록출원을 하려는 자가 상표등록출원을 한 경우 증명표장등록출원으로 변경할 수 있다.
④ 국제상표등록출원을 하려는 자가 둘 이상의 상품을 지정상품으로 하여 상표등록출원을 한 경우 일정 기간 내에 둘 이상의 상표등록출원으로 분할할 수 없다.
⑤ 국제상표등록출원을 하려는 자가 파리협약에 따른 우선권주장을 한 경우에는 최초로 출원한 국가의 정부가 인정하는 상표등록출원의 연월일을 적은 서면, 상표 및 지정상품의 등본을 3개월 이내에 특허청장에게 제출하여야 한다.

**29** 상표법상 상표가 동일 또는 동일성이 있는 경우뿐만 아니라 유사한 경우에도 적용되는 것은?

① 출원 시의 특례(제47조)를 인정받기 위한 출원상표 판단 시

② 조약우선권 주장(제46조)의 객체적 요건 충족 판단 시

③ 불사용 취소심판(제119조 제1항 제3호)에서 등록상표의 사용으로 인정받기 위한 사용상표 판단 시

④ 타인의 등록상표가 표시된 상품을 양도·인도하기 위한 소지 행위가 '침해로 보는 행위'(제108조 제1항 제4호)에 해당하는지 여부 판단 시

⑤ 법정손해배상청구(제111조)가 인정되기 위한 침해영역에 관한 요건 판단 시

**30** 상표법상 기간에 관한 설명으로 옳은 것은?

① 상표등록을 받을 수 있는 자가 정부가 개최하는 박람회에 출품한 상품에 사용한 상표를 그 출품일부터 12개월 이내에 그 상품을 지정상품으로 하여 상표등록출원을 한 경우에는 그 출품을 한 때에 출원한 것으로 본다.

② 출원공고가 있는 경우에는 누구든지 출원공고일부터 3개월 내에 거절이유 등에 해당한다는 것을 이유로 특허청장에게 이의신청을 할 수 있다.

③ 상표권자가 사망한 날부터 3년 이내에 상속인이 그 상표권의 이전등록을 하지 아니한 경우에는 상표권자가 사망한 날부터 3년이 되는 날의 다음 날에 상표권이 소멸된다.

④ 상표법 제35조(선출원)에 해당하는 것을 사유로 하는 상표등록의 무효심판은 상표등록일로부터 3년이 지난 후에는 청구할 수 없다.

⑤ 심판에서 심판관의 제척 또는 기피의 원인은 신청한 날부터 30일 이내에 소명하여야 한다.

**31** 디자인등록출원절차에 관한 설명으로 옳은 것을 모두 고른 것은?

ㄱ. 특허심판원장은 청구에 따라 또는 직권으로 제69조에 따른 디자인일부심사등록 이의신청 이유 등의 보정기간을 30일 이내에서 한 차례만 연장할 수 있으나, 교통이 불편한 지역에 있는 자의 경우에는 산업통상자원부령으로 정하는 바에 따라 그 횟수 및 기간을 추가로 연장할 수 있다.

ㄴ. 특허청장 또는 특허심판원장은 제47조(절차의 보정)에 따른 보정명령을 받은 자가 지정된 기간 내에 그 보정을 하지 아니하면 디자인에 관한 절차를 무효로 할 수 있다.

ㄷ. 당사자의 사망으로 특허청 또는 특허심판원에 계속 중인 디자인에 관한 절차가 중단된 경우 상속인은 상속을 포기할 수 있는 동안에는 그 절차를 수계(受繼)하지 못한다.

ㄹ. 당사자에게 특허청 또는 특허심판원에 계속 중인 절차를 속행할 수 없는 장애사유가 발생하여 특허청장 또는 심판관이 결정으로 장애사유가 해소될 때까지 그 절차의 중지를 명할 경우 그 결정을 취소할 수 없다.

① ㄱ, ㄴ　　　　　　　　　　② ㄴ, ㄷ

③ ㄱ, ㄴ, ㄷ　　　　　　　　④ ㄱ, ㄷ, ㄹ

⑤ ㄴ, ㄷ, ㄹ

**32** 부분디자인에 관한 설명으로 옳지 <u>않은</u> 것은?

① 부분디자인에서 '부분'이란 다른 디자인과 대비의 대상이 될 수 있는 하나의 창작단위로 인정되는 것이므로 창작단위로 인정되는 부분을 구비하지 못한 경우에는 디자인의 정의에 합치되지 않는 것으로 본다.

② '화상의 부분'은 화상디자인의 부분디자인으로 등록될 수 있다.

③ 한 벌의 물품의 디자인은 2 이상의 물품이 한 벌의 물품으로 동시에 사용되는 경우이므로 '한 벌의 물품의 부분'은 부분디자인으로 등록될 수 없다.

④ 부분디자인으로 등록받으려는 부분이 아닌 부분을 보정하여도 등록받으려는 부분의 위치, 크기, 범위가 변경되지 않는다면 디자인등록출원의 요지변경에 해당하지 않는다.

⑤ 부분디자인에 관한 디자인등록출원이 있기 전에 그 부분디자인과 동일 또는 유사한 부분을 포함하는 전체디자인 또는 부분디자인이 전기통신회선을 통하여 공중이 이용할 수 있게 된 경우 그 부분디자인의 출원은 신규성을 상실한다.

**33** 디자인보호법상 물품에 관한 설명으로 옳지 <u>않은</u> 것은? (다툼이 있으면 판례에 따름)

① 디자인의 동일·유사 여부 판단에서 디자인보호법 시행규칙 소정의 물품 구분표는 디자인 등록사무의 편의를 위한 것이 아니라 동종의 물품을 법정한 것이므로 용도와 기능이 상이하고 양 물품의 형상, 모양, 색채 또는 그 결합이 유사하고 서로 섞여서 사용할 수 있는 경우에도 비유사물품으로 보아야 한다.

② 물품이 디자인등록의 대상이 되기 위해서는 통상의 상태에서 독립된 거래의 대상이 되어야 하고, 그것이 부품인 경우에는 다시 호환성을 가져야 하나, 이는 반드시 실제 거래사회에서 현실적으로 거래되고 다른 물품과 호환될 것을 요하는 것은 아니고, 그러한 독립된 거래의 대상 및 호환의 가능성만 있으면 디자인등록의 대상이 된다.

③ 디자인은 원칙적으로 물품을 떠나서는 존재할 수 없고 물품과 일체불가분의 관계에 있으므로 디자인이 동일·유사하다고 하려면 디자인이 표현된 물품이 동일·유사하여야 하고, 물품의 동일·유사성 여부는 물품의 용도, 기능 등에 비추어 거래 통념상 동일·유사한 물품으로 인정할 수 있는지 여부에 따라 결정하여야 한다.

④ 하나의 물품 중 물리적으로 떨어져 있는 둘 이상의 부분에 관한 디자인이 그들 사이에 형태적으로나 기능적으로 일체성이 있어서 보는 사람으로 하여금 그 전체가 일체로서 시각을 통한 미감을 일으키게 하는 경우 그 등록출원은 '1디자인'에 위배되지 않는다.

⑤ 디자인의 구성 중 물품의 기능을 확보할 수 있는 선택 가능한 대체 형상이 존재하는 경우에는 물품의 기능을 확보하는 데에 불가결한 형상이 아니므로, 이 경우 단순히 기능과 관련된 형상이라는 이유만으로 디자인의 유사 여부 판단에 있어서 그 중요도를 낮게 평가하여서는 아니 된다.

**34** 한 벌의 물품의 디자인에 관한 설명으로 옳지 <u>않은</u> 것은?

① 한 벌의 물품의 각 구성물품이 서로 결합하여 하나의 통일된 형상·모양 또는 관념을 표현하는 경우에는 구성물품이 조합된 상태의 1조의 도면과 각 구성물품에 대한 1조씩의 도면을 제출하여야 한다.

② 2 이상의 물품이 한 벌의 물품으로 동시에 사용되는 경우 그 한 벌의 물품의 디자인이 한 벌 전체로서 통일성이 있을 때에는 1디자인으로 디자인등록을 받을 수 있다. 이 경우 한 벌의 물품의 구분은 산업통상자원부령으로 정한다.

③ 2 이상의 물품(동종의 물품 포함)이 한 벌로 동시에 사용된다는 의미는 관념적으로 하나의 사용이 다른 것의 사용을 예상하게 하거나, 상거래 관행상 동시에 사용하는 것으로 인정되는 것을 말한다.

④ 한 벌의 물품의 디자인 도면을 제출하는 경우 각 구성물품의 하나의 디자인은 도면이나 3D 모델링 도면으로 표현할 수 있다.

⑤ 구성물품 외의 물품이 포함된 경우에는 한 벌의 물품으로 정해진 물품과 동시에 사용되어야 정당한 한 벌의 물품으로 보기 때문에 '한 벌의 태권도복 세트'와 같은 전문운동복 세트의 구성물품에는 보호장구도 포함된다.

**35** 디자인보호법 제33조(디자인등록의 요건) 제2항 '창작비용이성'에 관한 설명으로 옳지 <u>않은</u> 것은? (다툼이 있으면 판례에 따름)

① 디자인 분야에서 흔한 창작수법이나 표현방법에 의해 변경·조합하거나 전용하였음에 불과한 디자인 등과 같이 창작수준이 낮은 디자인은 그 디자인이 속하는 분야에서 통상의 지식을 가진 자가 용이하게 창작할 수 있는 것이어서 디자인등록을 받을 수 없다.

② 디자인보호법 제33조 제2항에 따라 등록을 받을 수 없는 디자인에는 그 디자인이 속하는 분야에서 통상의 지식을 가진 자 제1항 제1호 또는 제2호에 해당하는 디자인 각각에 의하여 용이하게 창작할 수 있는 디자인은 포함되나 각 호의 디자인의 결합에 의하여 용이하게 창작할 수 있는 디자인은 포함되지 않는다.

③ 공지디자인의 형상·모양·색채 또는 이들의 결합이나 국내에서 널리 알려진 형상·모양·색채 또는 이들의 결합을 거의 그대로 모방 또는 전용하였거나, 이를 부분적으로 변형하였다고 하더라도 전체적으로 볼 때 다른 미감적 가치가 인정되지 않는 상업적·기능적 변형에 불과한 디자인은 디자인등록을 받을 수 없다.

④ 공지형태나 주지형태를 서로 결합하거나 결합된 형태를 변형·변경 또는 전용한 경우 디자인의 창작수준을 판단할 때는 공지디자인의 대상 물품이나 주지형태의 알려진 분야, 공지디자인이나 주지형태의 외관적 특징들의 관련성, 해당 디자인 분야의 일반적 경향 등에 비추어 통상의 디자이너가 용이하게 그와 같은 결합에 이를 수 있는지를 함께 살펴보아야 한다.

⑤ 등록디자인과 대비되는 디자인이 등록디자인의 출원 전에 그 디자인이 속하는 분야에서 통상의 지식을 가진 자가 공지디자인 또는 이들의 결합에 따라 쉽게 실시할 수 있는 것인 때에는 등록디자인과 대비할 것도 없이 그 등록디자인의 권리범위에 속하지 않는다.

**36** 디자인일부심사등록 이의신청에 관한 설명으로 옳지 <u>않은</u> 것은?

① 디자인일부심사등록 이의신청에 관한 심사를 할 때에는 이의신청인이 신청하지 아니한 등록디자인에 관하여는 심사할 수 없다.

② 심사장은 디자인일부심사등록 이의신청이 있을 때에는 디자인일부심사등록 이의신청서 부본을 디자인일부심사등록 이의신청의 대상이 된 등록디자인의 디자인권자에게 송달하고 기간을 정하여 답변서를 제출할 기회를 주어야 한다.

③ 디자인일부심사등록 이의신청은 의견진술의 통지 또는 결정등본이 송달된 후에 취하할 수 있으며, 이 경우 그 이의신청은 처음부터 없었던 것으로 본다.

④ 이의신청인은 디자인일부심사등록 이의신청을 한 날부터 30일 이내에 디자인일부심사등록 이의신청서에 적은 이유 또는 증거를 보정할 수 있다.

⑤ 심사관합의체는 디자인일부심사등록 이의신청이 이유 없다고 인정될 때에는 그 이의신청을 기각한다는 취지의 결정을 하여야 한다. 디자인일부심사등록 이의신청기각결정에 대하여는 불복할 수 없다.

**37** 디자인보호법상 실시권에 관한 설명으로 옳지 <u>않은</u> 것은?

① 전용실시권자는 실시사업(實施事業)과 같이 이전하는 경우 또는 상속이나 그 밖의 일반승계의 경우를 제외하고는 디자인권자의 동의를 받지 아니하면 그 전용실시권을 이전할 수 없다.

② 기본디자인의 디자인권이 취소, 포기 또는 무효심결 등으로 소멸한 경우 그 기본디자인에 관한 2 이상의 관련디자인의 전용실시권을 설정하려면 같은 자에게 함께 설정하여야 한다.

③ 디자인권이 공유인 경우에는 각 공유자는 계약으로 특별히 약정한 경우를 제외하고는 다른 공유자의 동의를 받지 아니하면 그 등록디자인 또는 이와 유사한 디자인을 단독으로 실시할 수 없다.

④ 통상실시권을 등록한 경우에는 그 등록 후에 디자인권 또는 전용실시권을 취득한 자에 대하여도 그 효력이 발생한다.

⑤ 제100조(선사용에 따른 통상실시권)에 따른 선사용에 의한 통상실시권은 등록이 없더라도 디자인권 또는 전용실시권을 취득한 자에 대하여 그 효력이 발생한다.

**38** 디자인보호법상 심판에 관한 설명으로 옳은 것은? (다툼이 있으면 판례에 따름)

① 특허법과는 달리 디자인보호법에는 정정심판제도가 존재하지 않는다.

② 디자인권 또는 디자인등록을 받을 수 있는 권리의 공유자가 그 공유인 권리에 관하여 심판을 청구할 때에는 각자 또는 모두가 공동으로 심판을 청구할 수 있다.

③ 하나의 디자인등록출원에 물품류 구분 중 2 이상의 물품 또는 2 이상의 물품의 부분에 대하여 디자인이 등록된 경우에는 무효심판의 대상이 된다.

④ 심판장은 심리종결을 통지한 후에도 당사자 또는 참가인의 신청에 의하여 심리를 재개할 수 있으나 직권으로는 심리를 재개할 수 없다.

⑤ 디자인권자는 디자인권이 소멸된 후에도 심판청구의 이익이 있는 경우에는 권리범위확인심판을 청구할 수 있다.

**39** 복수디자인에 관한 설명으로 옳지 <u>않은</u> 것은?

① 복수디자인등록출원을 한 자는 디자인등록출원의 일부를 1 이상의 새로운 디자인등록출원으로 분할하여 출원할 수 있다.

② 심사관은 복수디자인등록출원된 디자인 중 일부 디자인에 대하여 거절이유를 발견할 수 없을 때에는 그 일부 디자인에 대하여 디자인등록결정을 하여야 한다.

③ 제68조(디자인일부심사등록 이의신청)에 따른 디자인일부심사등록 이의신청을 하는 경우 복수디자인 등록출원된 디자인등록에 대하여는 각 디자인마다 이의신청을 하여야 한다.

④ 심사관은 복수디자인등록출원된 디자인등록이 조약에 위반되어 무효심판을 청구하는 경우에는 각 디자인마다 청구하여야 한다.

⑤ 특허청장의 보완명령에 따라 지정기간 내에 복수디자인등록출원된 디자인 중 일부 디자인에 대해 절차 보완서를 제출한 경우에는 최초에 복수디자인등록출원을 한 때를 복수디자인 전체의 출원일로 본다.

**40** 디자인보호법상 도면에 관한 설명으로 옳지 <u>않은</u> 것은?

① 디자인등록출원인은 최초의 디자인등록출원의 요지를 변경하지 아니하는 범위에서 디자인등록출원서의 기재사항, 디자인등록출원서에 첨부한 도면, 도면의 기재사항이나 사진 또는 견본을 보정할 수 있다.

② 등록디자인의 보호범위는 디자인등록출원서의 기재사항 및 그 출원서에 첨부된 도면 · 사진 또는 견본과 도면에 적힌 디자인의 설명에 따라 표현된 디자인에 의하여 정하여진다.

③ 특허청을 통한 국제출원을 하려는 자가 헤이그협정 제5조(5)에 따른 공개연기신청을 하려는 경우에는 국제출원서에 도면을 대신하여 산업통상자원부령으로 정하는 바에 따른 견본을 첨부할 수 있다.

④ 심사관은 디자인등록결정을 할 때에 디자인등록출원서 또는 도면에 적힌 사항이 명백히 잘못된 경우에는 직권으로 보정을 하여야 한다. 이 경우 디자인등록결정 등본의 송달과 함께 그 직권보정사항을 디자인등록출원인에게 알려야 한다.

⑤ 디자인권의 권리범위 확인심판을 청구할 때에는 등록디자인과 대비할 수 있는 도면을 첨부하여야 한다.

**01** 신의성실의 원칙에 관한 설명으로 옳지 <u>않은</u> 것은? (다툼이 있으면 판례에 따름)

① 채권자가 유효하게 성립한 계약에 따른 급부의 이행을 청구하는 때에 법원이 급부의 일부를 감축하는 것은 원칙적으로 허용되지 않는다.

② 아파트 분양자는 아파트단지 인근에 공동묘지가 조정되어 있는 사실을 분양계약자에게 고지할 신의칙상의 의무를 부담한다.

③ 경제상황의 변동으로 당사자에게 손해가 생기더라도 합리적인 사람의 입장에서 사정 변경을 예견할 수 있었다면 사정 변경을 이유로 계약을 해제할 수 없다.

④ 법령에 위반되어 무효임을 알면서도 법률행위를 한 자가 강행법규 위반을 이유로 그 무효를 주장하는 것은 신의칙에 반한다.

⑤ 취득시효완성 사실을 모르고 해당 토지에 관하여 어떠한 권리도 주장하지 않기로 약속한 후, 이에 반하여 취득시효주장을 하는 것은 특별한 사정이 없는 한 신의칙상 허용되지 않는다.

**02** 성년인 甲은 질병으로 인한 정신적 제약으로 사무를 처리할 능력이 부족한 상태이다. 이에 관한 설명으로 옳지 <u>않은</u> 것은? (다툼이 있으면 판례에 따름)

① 甲은 스스로 한정후견개시의 심판을 청구할 수 있다.

② 가정법원은 甲에 대한 한정후견개시의 심판을 할 때 甲의 의사를 고려해야 한다.

③ 甲의 배우자가 甲에 대한 성년후견개시의 심판을 청구한 경우에도 가정법원은 필요하다면 한정후견개시의 심판을 할 수 있다.

④ 가정법원은 甲에 대한 한정후견개시의 심판을 할 때 취소할 수 없는 甲의 법률행위의 범위를 정할 수 있다.

⑤ 甲에 대한 한정후견개시의 심판이 있은 후 한정후견개시의 원인이 소멸된 경우, 甲은 한정후견종료의 심판을 청구할 수 있다.

**03** 법인의 기관에 관한 설명으로 옳은 것은? (다툼이 있으면 판례에 따름)

① 재단법인은 이사를 둘 필요가 없다.

② 대표권 있는 이사가 다른 이사의 정당한 이사회 소집을 거절하는 경우, 법원이 이사회 소집을 허가할 수 있다.

③ 이사가 수인인 경우 정관에 다른 규정이 없으면 법인의 사무에 관하여 이사의 과반수로써 법인을 대표한다.

④ 법인과 이사의 법률관계는 신뢰를 기초로 한 고용 유사의 관계이다.

⑤ 재단법인은 정관의 규정에 따라 감사를 둘 수 있다.

**04** 민법 제35조(법인의 불법행위능력)에 관한 설명으로 옳지 않은 것은? (다툼이 있으면 판례에 따름)

① 대표권이 없는 이사의 행위로 인하여는 법인의 불법행위가 성립하지 않는다.

② 법인의 불법행위능력은 사단법인뿐만 아니라 재단법인에 대하여도 적용된다.

③ 민법 제35조 제1항의 규정은 법인 아닌 사단에 유추적용된다.

④ 대표자의 행위가 법령의 규정에 위배된 것이라도 외관상, 객관적으로 직무에 관한 행위라고 인정될 수 있는 것이라면 민법 제35조 제1항의 직무에 관한 행위에 해당한다.

⑤ 대표자의 행위가 직무에 관한 행위에 해당하지 아니함을 피해자가 알았던 경우에도 법인의 불법행위 책임이 인정된다.

**05** 법률행위의 조건에 관한 설명으로 옳은 것은? (다툼이 있으면 판례에 따름)

① 조건이 선량한 풍속 기타 사회질서에 위반한 것인 때에는 조건 없는 법률행위로 한다.

② 조건의 성취가 미정한 권리의무는 이를 처분할 수 없다.

③ 조건을 붙이는 것이 허용되지 아니하는 법률행위에 조건을 붙인 경우 조건 없는 법률 행위로 한다.

④ 정지조건부 채권양도에 있어서 조건이 성취되었다는 사실은 채권양도의 효력을 주장하는 자에게 그 증명 책임이 있다.

⑤ 주택건설을 위한 토지매매 계약의 당사자가 건축허가 신청이 불허되었을 때에는 이를 무효로 한다는 약정을 한 경우 이는 정지조건부계약이다.

**06** 소멸시효에 관한 설명으로 옳지 <u>않은</u> 것은? (다툼이 있으면 판례에 따름)

① 부동산의 매수인이 목적 부동산을 인도받아 계속 점유하는 경우, 그 매매로 인한 매수인의 소유권이전 등기청구권의 소멸시효는 진행하지 않는다.

② 신축 중인 건물에 관한 소유권이전등기 청구권의 소멸시효는 그 건물이 완공되지 아니한 동안에는 진행하지 않는다.

③ 부작위를 목적으로 하는 채권의 소멸시효는 위반행위를 한 때로부터 진행한다.

④ 단기의 소멸시효에 해당하는 주채무의 소멸시효기간이 확정판결에 의하여 10년으로 연장되면 보증채무의 소멸시효기간도 10년으로 연장된다.

⑤ 소멸시효의 중단을 위한 승인은 묵시적인 방법으로도 할 수 있다.

**07** 물건에 관한 설명으로 옳지 <u>않은</u> 것은? (다툼이 있으면 판례에 따름)

① 토지의 정착물은 부동산이다.

② 일정한 토지가 지적공부에 1필의 토지로 등록된 경우, 그 토지의 지적 및 경계는 일응 그 등록으로써 특정된다.

③ 건물의 경계는 사회통념상 독립한 건물로 인정되는 건물 사이의 현실적 경계에 의하여 특정된다.

④ 주물 그 자체의 효용과 직접 관계가 없는 물건이라도 주물 소유자의 사용에 공여되고 있으면 종물에 해당한다.

⑤ 특별한 사정이 없는 한 법정과실은 수취할 권리의 존속기간일수의 비율로 취득한다.

**08** 반사회적 법률행위에 해당하지 <u>않는</u> 것을 모두 고른 것은? (다툼이 있으면 판례에 따름)

ㄱ. 강제집행을 면할 목적으로 부동산에 허위의 근저당권설정등기를 경료하는 행위
ㄴ. 오로지 보험사고를 가장하여 보험금을 취득할 목적으로 생명보험계약을 체결하는 행위
ㄷ. 매도인의 배임 행위에 제2매수인이 적극 가담하여 행해진 부동산이중매매
ㄹ. 도박자금에 제공할 목적으로 금전을 대차하는 행위

① ㄱ
② ㄹ
③ ㄱ, ㄴ
④ ㄴ, ㄷ
⑤ ㄷ, ㄹ

**09** 허위표시의 무효로 대항할 수 없는 선의의 제3자에 관한 설명으로 옳은 것은? (다툼이 있으면 판례에 따름)

① 파산관재인은 파산채권자 모두가 악의가 아닌 한 선의의 제3자이다.
② 가장근저당권설정계약이 유효하다고 믿고 그 피담보채권을 가압류한 자는 선의의 제3자로 보호될 수 없다.
③ 가장소비대차의 계약상 지위를 선의로 이전받은 자는 선의의 제3자로 보호될 수 있다.
④ 악의의 제3자로부터 선의로 전득한 자는 선의의 제3자로 보호받지 못한다.
⑤ 선의의 제3자로 보호받기 위해서는 선의뿐만 아니라 무과실도 인정되어야 한다.

**10** 사기·강박에 의한 의사표시에 관한 설명으로 옳지 <u>않은</u> 것은? (다툼이 있으면 판례에 따름)

① 아파트 분양자가 아파트 인근에 쓰레기 매립장이 건설될 예정이라는 사실을 분양계약자에게 고지하지 않는 것은 기망행위에 해당한다.
② 신의칙에 반하여 정상가격을 높이 책정한 후 할인하여 원래 가격으로 판매하는 백화점 변칙세일은 기망행위에 해당한다.
③ 강박행위의 주체가 국가 공권력이고 그 공권력 행사의 내용이 기본권을 침해하는 것이면 그 강박에 의한 의사표시는 당연히 무효가 된다.
④ 부정한 이익을 목적으로 부정행위에 대한 고소, 고발이 행해지는 경우에는 강박행위가 될 수 있다.
⑤ 제3자에 의한 사기 행위로 계약을 체결한 강우, 피해자는 그 제3자에게 불법행위로 인한 손해배상을 청구할 수 있다.

**11** 법률행위의 무효와 취소에 관한 설명으로 옳지 <u>않은</u> 것은? (다툼이 있으면 판례에 따름)

① 법률행위가 무효임을 알고 이를 추인한 때에는 원칙적으로 소급하여 유효가 된다.
② 불공정한 법률행위에도 무효행위 전환의 법리가 적용될 수 있다.
③ 법률행위의 일부가 무효인 경우, 그 무효부분이 없더라도 법률행위를 하였을 것으로 인정되는 때에는 나머지 부분은 무효가 되지 않는다.
④ 취소할 수 있는 법률행위의 상대방이 확정되어 있는 경우에는 그 취소는 그 상대방에 대한 의사표시로 하여야 한다.
⑤ 강박에 의한 의사표시는 법률행위를 한 날로부터 10년이 경과하면 취소하지 못한다.

**12** 법정대리인을 모두 고른 것은?

> ㄱ. 성년후견인
> ㄴ. 법원이 선임한 부재자재산관리인
> ㄷ. 친권자
> ㄹ. 배우자

① ㄱ, ㄹ
② ㄴ, ㄷ
③ ㄱ, ㄴ, ㄷ
④ ㄴ, ㄷ, ㄹ
⑤ ㄱ, ㄴ, ㄷ, ㄹ

**13** 甲은 자신 소유의 X건물에 대하여 乙과 전세금을 1억 원으로 하는 전세권설정 계약을 체결하고 乙 명의의 전세권설정등기를 마쳐 주었다. 이에 관한 설명으로 옳은 것은? (다툼이 있으면 판례에 따름)

① 甲이 X건물의 소유를 목적으로 한 지상권을 가지고 있던 경우, 그 지상권에는 乙의 전세권의 효력이 미치지 않는다.

② X건물의 대지도 甲의 소유인 경우, 대지소유권의 특별승계인 丙은 乙에 대하여 지상권을 설정한 것으로 본다.

③ 乙은 전세권 존속 중에 원칙적으로 甲의 동의 없이는 자신의 전세권을 제3자에게 양도할 수 없다.

④ 甲이 전세권 존속 중 X건물의 소유권을 丁에게 양도한 경우, 특별한 사정이 없는 한 乙에 대한 전세금 반환의무는 丁이 부담한다.

⑤ 甲에게 X건물의 소유를 위한 토지사용권이 없어 토지소유자가 X건물의 철거를 청구하는 경우, 乙은 자신의 전세권으로 그 철거 청구에 대항할 수 있다.

**14** 민사유치권에 관한 설명으로 옳은 것은? (다툼이 있으면 판례에 따름)

① 채무자가 자신의 소유물을 직접 점유하고 채권자가 이를 통해 간접 점유하는 방법으로는 유치권이 성립하지 않는다.

② 부동산 매도인이 매매대금을 다 지급받지 못하고 매수인에게 부동산 소유권을 이전해준 경우, 특별한 사정이 없는 한 매도인은 매매대금채권을 피담보채권으로 하여 자신이 점유하는 부동산의 유치권을 주장할 수 있다.

③ 유치물이 분할가능한 경우, 유치권자가 피담보채권의 일부를 변제받았다면 유치물 전부에 대하여 유치권을 행사할 수 없다.

④ 임차인이 임대인에 대하여 권리금반환청구권을 가지는 경우, 이를 피담보채권으로 하여 임차목적물에 대한 유치권을 행사할 수 있다.

⑤ 유치권배제특약이 있는 경우, 유치권이 발생하지 않으나 이는 유치권배제특약을 한 당사자 사이에서만 주장할 수 있다.

**15** 甲은 乙 소유의 X주택에 관한 공사대금채권을 가진 자로서 그 주택에 거주하며 점유·사용하고 있다. 이에 관한 설명으로 옳은 것을 모두 고른 것은? (각 지문은 독립적이며, 다툼이 있으면 판례에 따름)

> ㄱ. X주택의 존재와 점유가 대지소유권자에게 불법행위가 되는 경우에도 X주택에 대한 甲의 유치권이 인정되면 甲은 자신의 유치권으로 대지소유권자에게 대항할 수 있다.
> ㄴ. X주택에 경매개시 결정의 기입등기가 경료되어 압류의 효력이 발생한 후 甲이 X주택의 점유를 乙로부터 이전받은 경우, 甲은 그 경매절차의 매수인에게 유치권을 주장할 수 없다.
> ㄷ. 甲이 X주택을 자신의 유치권 행사로 점유·사용하더라도, 이를 이유로는 甲의 乙에 대한 공사대금채권의 소멸시효가 중단되지 않는다.
> ㄹ. 甲이 자신의 유치권에 기하여 X주택에 거주하던 중 乙의 허락없이 X주택을 제3자에게 임대하고 임차보증금을 수령하였다면, 甲은 乙에 대하여 임차보증금 상당액을 부당이득으로 반환하여야 한다.

① ㄱ, ㄴ
② ㄴ, ㄷ
③ ㄷ, ㄹ
④ ㄱ, ㄷ, ㄹ
⑤ ㄴ, ㄷ, ㄹ

**16** 질권에 관한 설명으로 옳은 것은? (다툼이 있으면 판례에 따름)

① 질권설정을 위한 인도는 현실의 인도에 한하지 않고 점유개정의 방법에 의하더라도 무방하다.

② 질권은 다른 약정이 없는 한 피담보채권의 원본, 이자, 위약금, 질권실행의 비용뿐 아니라 질물보존의 비용 및 채무불이행 또는 질물의 하자로 인한 손해배상채권도 담보한다.

③ 담보가 없는 채권에 질권을 설정한 다음 그 채권을 담보하기 위해 저당권이 설정된 경우, 저당권등기에 질권의 부기등기 없이도 저당권의 부종성으로 인해 질권의 효력은 저당권에 미친다.

④ 채권질권 설정 후 채권질권설정자인 채권자가 질권자의 동의 없이 입질채권의 채무자와 상계합의를 하였다면 질권자는 그 입질채권의 채무자에게 자신의 질권을 주장할 수 없다.

⑤ 질권의 목적인 채권의 양도행위는 질권자의 이익을 해하는 변경에 해당하므로 그 양도에는 질권자의 동의를 요한다.

**17** 전세권에 관한 설명으로 옳지 <u>않은</u> 것은? (다툼이 있으면 판례에 따름)

① 전세권은 1필의 토지 중 일부에 대해서도 설정 할 수 있다.

② 전세권 존속기간이 시작되기 전에 마친 전세권설정등기는 특별한 사정이 없는 한 무효로 추정된다.

③ 전세금이 현실적으로 수수되지 않은 경우에도 기존의 채권으로 전세금의 지급에 갈음 할 수 있다.

④ 전세권 존속기간 만료의 경우, 합의에 의하여 전세권설정계약을 갱신할 수 있으나 그 기간은 갱신한 날로부터 10년을 넘을 수 없다.

⑤ 전세권설정 계약의 당사자가 전세권의 존속기간을 약정하지 않은 경우, 각 당사자는 언제든지 상대방에 대하여 전세권의 소멸을 통고할 수 있다.

**18** 근저당권에 관한 설명으로 옳은 것은? (다툼이 있으면 판례에 따름)

① 근저당권의 물상보증인은 확정된 채무액이 채권최고액을 초과하더라도 특별한 사정이 없는 한 채권최고액만을 변제하고 근저당권설정등기의 말소청구를 할 수 있다.

② 근저당권에 존속기간이나 결산기의 정함이 없는 경우, 근저당권설정자는 근저당권자에 대한 해지의 의사표시로써 피담보채권을 확정시킬 수 없다.

③ 후순위 근저당권자가 경매를 신청한 경우, 선순위 근저당권의 피담보채권은 후순위 근저당권자의 경매신청시에 확정된다.

④ 근저당권의 피담보채권 확정 전에 발생한 원본채권에 관하여 확정 후에 발생하는 이자나 지연손해금 채권은 채권최고액의 범위 내일지라도 근저당권에 의하여 담보되지 않는다.

⑤ 근저당권의 피담보채권이 확정되기 전에 채권의 일부가 대위변제된 경우 근저당권의 일부이전의 부기등기 여부와 관계없이 근저당권은 대위변제자에게 법률상 당연히 이전된다.

**19** 甲 소유의 X토지에 관하여 甲과 乙, 乙과 丙 사이에 순차로 매매계약이 체결되었다. 甲, 乙, 丙은 이행의 편의상 X토지에 관하여 乙 명의의 소유권이전등기를 생략하고, 바로 甲으로부터 丙 명의로 소유권이전 등기를 경료하여 주기로 합의하였다. 이에 관한 설명으로 옳은 것을 모두 고른 것은? (각 지문은 독립적 이며, 다툼이 있으면 판례에 따름)

> ㄱ. 위 합의에도 불구하고 乙은 甲에 대해 X토지에 관한 소유권이전등기 청구권을 행사할 수 있다.
> ㄴ. 위 합의 이후 甲과 乙 사이에 매매대금을 인상하는 약정이 체결된 경우, 甲은 乙이 인상된 매매대금을 지급하지 않았음을 이유로 丙 명의로의 소유권이전등기의무의 이행을 거절할 수 있다.
> ㄷ. 만일 X토지가 토지거래허가구역 내의 토지로서 관할 관청의 허가 없이 전전매매된 것이라면, 丙은 甲에 대하여 직접 X토지에 관한 토지거래허가 신청절차의 협력의무 이행청구권이 있다.

① ㄱ
② ㄷ
③ ㄱ, ㄴ
④ ㄴ, ㄷ
⑤ ㄱ, ㄴ, ㄷ

**20** 물권적 청구권에 관한 설명으로 옳지 <u>않은</u> 것은? (다툼이 있으면 판례에 따름)

① 미등기 무허가건물의 양수인은 미등기인 상태에서 소유권에 기한 방해제거청구를 할 수 없다.
② 소유권에 기한 소유물반환청구를 거부할 수 있는 권리에는 임차권 등과 같이 점유를 수반하는 채권도 포함된다.
③ 특별한 사정이 없는 한 합의해제에 따른 부동산 매도인의 원상회복청구권은 소유권에 기한 물권적 청구 권으로서 소멸시효의 대상이 되지 않는다.
④ 소유자가 제3자에게 그 소유 물건에 대한 처분권한을 유효하게 수여하면 제3자의 처분이 없더라도 소유자는 그 제3자 이외의 자에 대해 소유권에 기한 물권적 청구권을 행사할 수 없다.
⑤ 공유자는 자신의 지분권 행사를 방해하는 행위에 대해서 지분권에 기한 방해배제청구권을 행사할 수 있다.

**21** 분묘기지권에 관한 설명으로 옳은 것을 모두 고른 것은? (다툼이 있으면 판례에 따름)

ㄱ. 시효로 분묘기지권을 취득한 사람은 토지소유자가 분묘기지에 관한 지료를 청구하면 그 청구한 날부터의 지료를 지급할 의무가 있다.

ㄴ. 자기 소유 토지에 분묘를 설치한 사람이 그 토지를 양도하면서 분묘를 이장하겠다는 특약을 하지 않음으로써 분묘기지권을 취득한 경우, 특별한 사정이 없는 한 분묘기지권자는 분묘기지권이 성립한 때부터 토지소유자에게 지료를 지급할 의무가 있다.

ㄷ. 자기 소유의 토지 위에 분묘를 설치한 후 토지의 소유권이 경매 등으로 타인에게 이전되면서 분묘기지권을 취득한 자가, 판결에 따라 분묘기지권에 관한 지료의 액수가 정해졌음에도 판결확정 후 책임 있는 사유로 상당한 기간 동안 지료의 지급을 지체하여 지체된 지료가 판결확정 전후에 걸쳐 2년분 이상이 되는 경우에는 새로운 토지소유자는 분묘기지권자에 대하여 분묘기지권의 소멸을 청구할 수 있다.

① ㄱ
② ㄴ
③ ㄱ, ㄴ
④ ㄴ, ㄷ
⑤ ㄱ, ㄴ, ㄷ

**22** 공유에 관한 설명으로 옳지 않은 것은? (다툼이 있으면 판례에 따름)

① 공유물분할청구권은 공유관계에 수반되는 형성권으로서 채권자대위권의 목적이 될 수 있다.

② 공유물의 소수지분권자가 다른 공유자와 협의 없이 공유물의 전부를 독점적으로 점유·사용하고 있는 경우, 다른 소수지분권자는 보존행위로서 공유물의 인도를 청구할 수 없다.

③ 특별한 사정이 없는 한 공유물의 과반수지분권자가 그 공유물의 특정 부분을 배타적으로 사용·수익하기로 정하는 것은 공유물의 관리방법으로서 적법하다.

④ 특별한 사정이 없는 한 공유물의 과반수지분권자로부터 사용·수익을 허락받은 점유자에 대하여 소수지분권자는 그 점유자가 사용·수익하는 공유물에 대한 점유배제를 구할 수 없다.

⑤ 특별한 사정이 없는 한 공유물의 과반수지분권자로부터 공유부동산의 특정 부분에 대한 사용·수익을 허락받은 제3자는 소수지분권자에 대해 그 점유로 인하여 법률상 원인 없이 이득을 얻은 것으로 볼 수 있다.

**23** 신축건물의 소유권 귀속에 관한 설명으로 옳지 <u>않은</u> 것을 모두 고른 것은? (다툼이 있으면 판례에 따름)

> ㄱ. 자기 비용과 노력으로 건물을 신축한 자와 그 건축허가명의자가 다른 경우, 원칙적으로 건축허가명의자가 소유권을 원시취득한다.
> ㄴ. 건축주의 사정으로 건축공사가 중단되었던 미완성의 건물을 인도받아 나머지 공사를 마치고 완공한 경우, 그 건물이 공사가 중단된 시점에서 아직 사회통념상 독립한 건물이라고 볼 수 있는 형태와 구조를 갖추고 있지 않았더라도 원래의 건축주가 그 건물의 소유권을 원시취득한다.
> ㄷ. 건물신축도급계약에서 완성된 건물의 소유권을 도급인에게 귀속시키기로 합의한 경우에는 그 건물의 소유권은 도급인에게 원시적으로 귀속된다.
> ㄹ. 미등기건물의 원시취득자와 승계취득자 사이의 합의로 승계취득자 앞으로 직접 경료한 미등기건물에 관한 소유권보존등기는 적법한 등기로서 효력이 있다.

① ㄱ, ㄴ
② ㄱ, ㄷ
③ ㄴ, ㄹ
④ ㄱ, ㄴ, ㄹ
⑤ ㄴ, ㄷ, ㄹ

**24** 선의취득에 관한 설명으로 옳지 <u>않은</u> 것은? (다툼이 있으면 판례에 따름)

① 선의취득자가 임의로 선의취득 효과를 거부하고 종전 소유자에게 동산을 반환받아 갈 것을 요구할 수 없다.
② 물권적 합의가 동산의 인도보다 먼저 행해지면, 선의취득자의 선의·무과실 여부는 물권적 합의가 이루어진 때를 기준으로 판단한다.
③ 위탁물 횡령의 경우, 그 위탁물은 민법 제250조(도품, 유실물에 대한 특례)의 도품, 유실물에 포함되지 않는다.
④ 특별한 사정이 없는 한 선의취득이 성립되면 무권리자인 양도인은 양수인과의 거래 행위에 의해 취득한 이익을 부당이득으로 종전 소유자에게 반환해야 한다.
⑤ 양도인이 소유자로부터 보관을 위탁받은 동산을 제3자에게 보관시킨 경우에 양도인이 그 제3자에 대한 반환청구권을 양수인에게 양도하고 지명채권 양도의 대항요건을 갖추었을 때에는 양수인은 동산의 선의취득에 필요한 점유의 취득 요건을 충족한다.

**25** 채권의 목적에 관한 설명으로 옳은 것은? (다툼이 있으면 판례에 따름)

① 주채무가 외화채무인 경우, 채권자와 보증인 사이에 미리 약정한 환율로 환산한 원화로 보증채무를 이행하기로 하는 약정은 허용되지 않는다.

② 특정물채권의 경우, 채무의 성질 또는 당사자의 의사표시로 변제장소를 정하지 아니 한 때에는 특정물의 인도는 채권자의 현주소에서 해야 한다.

③ 선택채권의 경우, 선택권 없는 당사자의 과실로 인하여 수개의 급부 중 일부가 이행불능이 된 때에는 채권의 목적은 잔존한 것에 존재한다.

④ 금전채무의 이행지체로 인하여 발생하는 지연이자는 그 성질이 이자이다.

⑤ 종류채권이 특정되면 그 채권은 특정물채권으로 전환되고, 특별한 사정이 없는 한 채무자는 그 특정물을 인도할 때까지 선량한 관리자의 주의로 보존해야 한다.

**26** 민법 제391조(이행보조자의 고의, 과실)에 관한 설명으로 옳지 <u>않은</u> 것은? (다툼이 있으면 판례에 따름)

① 이행보조자로서의 피용자라 함은 일반적으로 채무자의 의사관여 아래 그 채무의 이행행위에 속하는 활동을 하는 사람이면 족하다.

② 임대인이 임차인과의 임대차계약상의 약정에 따라 제3자에게 도급을 주어 임차목적물을 수선한 경우, 그 수급인인 제3자는 임대인에 대하여 이행보조자로서의 피용자가 아니다.

③ 이행보조자가 채무의 이행을 위하여 제3자를 복이행보조자로 사용하는 경우, 채무자가 이를 승낙하였거나 적어도 묵시적으로 동의했다면 채무자는 복이행보조자의 고의·과실에 관하여 민법 제391조에 따라 책임을 부담한다.

④ 이행보조자의 행위가 채무자에 의하여 그에게 맡겨진 이행업무와 객관적, 외형적으로 관련을 가지는 경우에는 채무자는 그 행위에 대하여 책임을 져야 한다.

⑤ 임대인의 이행보조자가 임차인으로 하여금 임차목적물을 사용·수익하지 못하게 함으로써 임대인은 채무불이행책임을 지고 그 이행보조자는 불법행위책임을 지는 경우, 양 책임은 부진정 연대채무관계에 있다.

**27** 甲은 자신의 X토지를 乙에게 1억 원에 매도하는 계약을 체결하였다. 乙은 계약금과 중도금으로 6천만 원을 甲에게 지급하였다. 그 후 X토지의 가격이 폭등하자 甲은 X 토지를 丙에게 1억 5천만 원에 매도하고 丙 명의로 소유권이전등기를 마쳐주었다. 이에 관한 설명으로 옳은 것을 모두 고른 것은? (각 지문은 독립적이며, 다툼이 있으면 판례에 따름)

---

ㄱ. 甲과 乙의 매매계약은 특별한 사정이 없는 한 甲이 丙과 매매계약을 맺은 때에 이행불능이 된다.

ㄴ. 특별한 사정이 없는 한 乙은 甲을 상대로 X토지의 인도 및 소유권이전등기의 청구를 할 수 없다.

ㄷ. 만일 甲이 乙의 잔금미지급을 이유로 계약을 적법하게 해제할 수 있었으나 해제하지 않은 상태에서 甲이 丙에게 X토지를 매도하고 소유권이전등기를 마쳐준 경우라면, 특별한 사정이 없는 한 甲은 乙에게 이행불능에 따른 책임을 부담하지 않는다.

ㄹ. 만일 甲이 丙에게 X토지의 소유권이전등기가 아니라 소유권이전등기청구권 보전을 위한 가등기만을 마쳐준 경우라면, 특별한 사정이 없는 한 甲은 乙에게 이행불능에 따른 책임을 부담하지 않는다.

---

① ㄴ

② ㄱ, ㄷ

③ ㄴ, ㄹ

④ ㄱ, ㄷ, ㄹ

⑤ ㄴ, ㄷ, ㄹ

**28** 다수당사자의 채권관계에 관한 설명으로 옳은 것은? (다툼이 있으면 판례에 따름)

① 甲과 乙이 공유하는 건물을 丙에게 공동으로 임대하고 임차보증금을 수령한 경우, 특별한 사정이 없는 한 임대차 종료 시 甲과 乙은 지분비율에 따라 丙에게 임차보증금을 반환할 채무를 부담한다.

② 甲의 乙에 대한 금전채무에 대하여 丙이 乙과 보증계약을 체결한 경우, 주채무자 甲이 시효이익을 포기하면 보증인 丙에게도 그 효력이 있다.

③ 甲, 乙, 丙이 균등한 부담으로 丁에 대하여 3억 원의 연대채무를 부담하고 있는 경우, 甲이 丁에게 9천만 원을 변제하였다면 甲은 乙과 丙에게 각 3천만 원씩 구상할 수 있다.

④ 甲, 乙, 丙이 균등한 부담으로 丁에 대하여 6천만 원의 연대채무를 부담하고, 甲이 丁에 대한 4천만 원의 반대채권을 가지고 유효하게 상계한 경우, 丙은 丁에 대하여 2천만 원의 채무를 면한다.

⑤ 甲의 乙에 대한 금전채무에 대하여 丙이 乙과 연대보증계약을 체결하고, 乙이 丙에게 채무의 이행을 청구한 경우, 丙은 최고·검색의 항변권을 행사할 수 있다.

**29** 지명채권의 양도에 관한 설명 중 옳지 <u>않은</u> 것은? (다툼이 있으면 판례에 따름)

① 장래의 채권도 양도 당시 기본적 채권관계가 어느 정도 확정되어 있어 그 권리의 특정이 가능하고 가까운 장래에 발생할 것임이 상당 정도 기대되는 경우에는 이를 양도할 수 있다.

② 전세권이 존속하는 동안은 전세권을 존속시키기로 하면서 전세금반환채권만을 전세권과 분리하여 확정적으로 양도할 수 있다.

③ 특별한 사정이 없는 한 임차인은 임차권과 분리하여 임대차보증금반환채권만을 제3자에게 양도할 수 있다.

④ 부동산의 매매로 인한 소유권이전등기청구권의 양도는 채무자의 동의나 승낙을 받아야 대항력이 생긴다.

⑤ 주채권과 분리하여 보증채권만을 양도할 수 없다.

**30** 甲은 乙에 대하여 다음과 같은 내용의 대여금 채무를 부담하고 있다.

> • A채무: 대여일 2020.3.7., 원금 1억 원(무이자), 변제기 2021.3.7.
> • B채무: 대여일 2020.4.12., 원금 2억 원(무이자), 변제기 2021.4.12.

이에 관한 설명으로 옳지 <u>않은</u> 것은? (비용・지연이자는 고려하지 말 것) (각 지문은 독립적이며, 다툼이 있으면 판례에 따름)

① 甲이 2021.4.3. 1억 원을 변제하면서 특별한 합의나 지정이 없었던 경우, 위 1억 원은 A채무의 변제에 충당된다.

② 甲이 2021.5.7. 1억 원을 변제하면서 특별한 합의나 지정이 없었던 경우, 위 1약 원은 B채무의 변제에 충당된다.

③ 甲이 2021.5.7. 1억 원을 변제하면서 특별한 합의나 지정이 없었던 경우, A채무의 담보를 위해 丙의 X토지에 저당권이 설정되어 있었다면 위 1억 원은 A채무의 변제에 충당된다.

④ 甲이 2021.5.7. 1억 원을 변제하면서 특별한 합의나 지정이 없었던 경우, B채무의 담보를 위해 보증인 丙이 있었다면 위 1억 원은 A채무의 변제에 충당된다.

⑤ 만일 A채무와 B채무 모두 월 1%의 이자가 약정되어 있고, 甲이 2021.5.7. 1억 원을 변제하면서 A채무의 원본에 충당하기로 지정한 것에 대하여 乙과의 묵시적 합의가 인정된다면, 위 1억 원은 A채무의 원본에 충당된다.

**31** 면책적 채무인수에 관한 설명으로 옳지 <u>않은</u> 것은?

① 전(前)채무자로부터 채무를 인수한 채무인수인은 특별한 의사표시가 없으면 전(前)채무자에 대한 항변사유를 가지고 채권자에게 대항할 수 있다.

② 이해관계 없는 제3자는 채무자의 의사에 반하여 채무를 인수하지 못한다.

③ 채권자의 채무인수에 대한 승낙은 다른 의사표시가 없으면 원칙적으로 채무를 인수한 때에 소급하여 그 효력이 생긴다.

④ 제3자와 채무자 간의 계약에 의한 채무인수는 특별한 사정이 없는 한 채권자의 승낙이 있을 때까지 당사자는 이를 철회하거나 변경할 수 있다.

⑤ 전(前)채무자의 채무에 대한 보증이나 제3자가 제공한 담보는 채무인수로 인하여 원칙적으로 소멸한다.

**32** 甲이 乙의 사해행위를 이유로 채권자취소권을 행사하는 것에 관한 설명으로 옳은 것을 모두 고른 것은? (각 지문은 독립적이며, 다툼이 있으면 판례에 따름)

> ㄱ. 乙 소유 X토지에 대해 甲의 점유취득시효가 완성된 후에 乙이 X토지를 丙에게 처분한 경우, 甲은 자신의 소유권이전등기 청구권이 침해되었음을 이유로 채권자취소권을 행사할 수 없다.
>
> ㄴ. 乙은 甲에게 5천만 원, 丙에게 1억 원 등 총 3억 원 이상의 채무를 부담하고 있다. 乙의 재산은 시가 2억 원 상당의 X아파트가 유일한데, 乙은 이 아파트를 丙에게 대물변제로 소유권이전등기를 마쳐 주었다. 이경우 특별한 사정이 없는 한 乙이 丙에게 한 대물변제는 사해행위에 해당한다.
>
> ㄷ. 甲은 乙에 대하여 5천만 원의 채권을 가지고 있다. 乙이 소유하고 있는 유일한 재산인 시가 3억 원 상당의 X토지에는 甲의 乙에 대한 채권이 발생하기 전에 이미 근저당권자 丙은행, 채권최고액 1억 원으로 하는 근저당권이 설정되어 있었다. 그 후 乙은 위 부동산을 丁에게 2억 원에 매도하고, 丁은 丙은행에 1억 원을 변제함으로써 근저당권은 소멸되었다. 이 경우 원칙적으로 甲은 乙이 丁에게 X토지를 매도한 행위를 사해행위로 취소하고 원상회복으로 X토지의 명의를 乙에게 회복시킬 수 있다.
>
> ㄹ. 乙은 丙에 대한 자신의 채권을 丁에게 양도하고 丙에게 채권양도의 통지를 하였다. 이후 乙의 금전채권자 甲에 의해 위 채권양도가 사해행위로 적법하게 취소된 경우, 甲은 丙을 상대로 乙을 대위하여 채무의 이행을 청구할 수 있다.

① ㄱ

② ㄱ, ㄴ

③ ㄴ, ㄹ

④ ㄷ, ㄹ

⑤ ㄱ, ㄴ, ㄷ

**33** 계약금에 관한 설명으로 옳은 것은? (다툼이 있으면 판례에 따름)

① 계약금을 수령한 매도인이 계약금의 배액을 상환하고 계약을 해제하려는 강우, 매수인이 이를 수령하지 않으면 공탁하여야 해제의 효력이 발생한다.

② 매수인이 자신이 지급한 계약금을 포기하고 계약을 해제하기 전에, 매도인이 매수인에 대하여 매매계약의 이행을 최고하고 매매잔대금의 지급을 구하는 소송을 제기하였다면 이는 이행에 착수한 것으로 보아야 한다.

③ 토지거래허가구역 내 토지에 관하여 매매계약을 체결하고 계약금만 주고받은 상태에서 토지거래허가를 받았다면 매도인은 자신이 수령한 계약금의 배액을 상환하여 매매계약을 해제할 수 있다.

④ 당사자 일방의 귀책사유로 인한 법정해제권을 행사하는 경우, 특별한 사정이 없는 한 계약금은 위약금으로서 상대방에게 귀속된다.

⑤ 계약당사자가 계약금에 기한 해제권을 배제하기로 하는 약정을 하더라도, 각 당사자는 계약금에 기한 해지권을 행사할 수 있다.

**34** 동시이행의 항변권에 관한 설명으로 옳지 <u>않은</u> 것은? (다툼이 있으면 판례에 따름)

① 특별한 사정이 없는 한 주된 급부의무만이 동시이행의 관계에 있다.

② 쌍방의 채무가 별개의 계약에 기한 것이라도 당사자들은 특약으로 동시이행의 항변권을 성립시킬 수 있다.

③ 쌍무계약의 당사자 일방이 선이행의무를 이행하지 않고 있던 중 상대방 채무의 이행기가 도래한 강우에도 특별한 사정이 없는 한 동시이행의 항변권을 행사할 수 있다.

④ 채무자에게 민법 제536조 제2항의 불안의 항변권이 인정되기 위해서는 채권자 측에 발생한 사정이 신용불안이나 재산상태 악화와 같이 객관적·일반적인 것이어야 한다.

⑤ 부동산 매도인이 동시이행의 항변권을 가지는 경우에는 이행거절 의사를 구체적으로 밝히지 않았더라도 동시이행의 항변권으로 인해 이행지체책임이 발생하지 않는다.

**35** 합의해제에 관한 설명으로 옳은 것은? (다툼이 있으면 판례에 따름)

① 계약의 합의해제는 단독행위의 일종이다.

② 계약이 합의해제가 된 경우에도 특별한 사정이 없는 한 채무불이행으로 인한 손해배상청구는 인정된다.

③ 특별한 사정이 없는 한 계약이 일부이행된 상태에서 당사자 쌍방이 장기간에 걸쳐 나머지 의무를 이행하지 않고 이를 방치한 것만으로도 묵시적 합의해제가 인정된다.

④ 계약을 합의해제할 때에는 원상회복에 관하여 반드시 약정을 하여야 한다.

⑤ 매매계약을 합의해제한 후 그 합의해제를 무효화시키고, 해제된 매매계약을 부활시키는 약정은 계약자유의 원칙상 적어도 당사자 사이에서는 가능하다.

**36** 甲은 乙로부터 800m²의 X토지를 5천만 원에 매수하여 건물을 신축하기 위한 건축허가를 받았다. 이후 甲은 건물신축을 위한 굴착공사를 하다가 1m 깊이에 300톤의 폐기물이 매립되어 있는 것을 발견하였고, 이를 처리하기 위해 6천만 원을 지출하였다. 이에 관한 설명으로 옳지 <u>않은</u> 것은? (다툼이 있으면 판례에 따름)

① 특별한 사정이 없는 한 乙은 X토지의 객관적 하자뿐만 아니라 주관적 하자에 대해서도 하자담보책임을 부담한다.

② 폐기물로 인해 X토지에 하자가 인정되는 경우, 하자담보책임으로 인한 손해배상청구권은 甲이 X토지를 인도받은 때 발생한다.

③ X토지에 매립된 폐기물로 인해 乙에게 하자담보책임과 채무불이행책임이 모두 인정되는 경우, 특별한 사정이 없는 한 甲은 채무불이행책임에 따른 손해배상청구만 가능하다.

④ 폐기물로 인해 X토지에 하자가 인정되는 경우, 폐기물처리 비용이 매매대금을 초과한다는 사정은 원칙적으로 채무불이행으로 인한 甲의 손해배상청구권 행사에 장애가 되지 않는다.

⑤ 乙이 X토지에 폐기물을 불법으로 매립하였음에도 이를 처리하지 않은 상태에서 그 토지를 甲에게 매도한 경우, 특별한 사정이 없는 한 이는 甲에 대한 위법행위로서 불법행위가 성립할 수 있다.

**37** 민법상 소비대차에 관한 설명으로 옳은 것을 모두 고른 것은? (다툼이 있으면 판례에 따름)

> ㄱ. 소비대차는 차주가 대주로부터 현실로 금전 등을 수수하거나 현실의 수수가 있은 것과 같은 경제적 이익을 취득하여야만 성립한다.
> ㄴ. 금전대차의 경우에 차주가 금전에 갈음하여 유가증권 기타 물건의 인도를 받은 때에는 반환시의 가액으로써 차용액으로 한다.
> ㄷ. 이자부 소비대차에서 목적물의 하자가 중대하여 계약의 목적을 달성할 수 없는 경우, 특별한 사정이 없는 한 선의·무과실의 차주는 계약을 해제할 수 있다.

① ㄱ
② ㄴ
③ ㄷ
④ ㄱ, ㄴ
⑤ ㄱ, ㄴ, ㄷ

**38** 민법상 조합의 재산관계에 관한 설명으로 옳지 <u>않은</u> 것은? (다툼이 있으면 판례에 따름)

① 2인으로 구성된 조합에서 한 사람이 탈퇴하면, 특별한 사정이 없는 한 조합은 해산되고, 조합재산은 탈퇴로 인한 계산으로 청산된다.

② 조합재산에 대한 각자의 지분을 다른 조합원의 동의 없이 양도할 수 있도록 하는 조합원들 상호 간의 약정은 유효하다.

③ 조합원이 출자하기로 한 부동산이 조합재산으로 되려면 권리이전절차가 완료되어야 하며, 완료 전에는 제3자에게 그 부동산을 조합재산이라고 주장 할 수 없다.

④ 조합의 업무집행자가 1인만 있는 경우, 특별한 사정이 없는 한 조합재산의 처분은 그 업무집행자가 단독으로 결정한다.

⑤ 조합원의 지분에 대한 압류는 그 조합원의 장래의 이익배당 및 지분의 반환을 받을 권리에 대하여 효력이 있다.

**39** 甲이 소유권을 유보한 채 乙에게 철강제품을 매도하였다. 자신의 토지에 건물을 신축하려는 丙과 도급계약을 체결한 乙은 그 이행과정에서 그 철강제품을 건물의 골조공사에 사용하여 丙 소유의 X건물을 완성하였다. 丙은 그 철강제품의 소유권이 유보된 사실에 대해 과실없이 알지 못하였고, 그 철강제품의 대금은 여전히 지급되지 않은 상태이다. 이에 관한 설명으로 옳은 것을 모두 고른 것은? (다툼이 있으면 판례에 따름)

> ㄱ. 부동산에의 부합에 관한 법리는 건물의 신축의 경우에 적용될 수 있다.
> ㄴ. 甲의 소유권 유보에도 불구하고 丙은 철강제품에 대한 소유권을 취득한다.
> ㄷ. 부당이득반환청구의 요건이 충족되지 않았더라도, 甲은 민법 제261조(첨부로 인한 구상권)에 근거하여 丙에게 보상청구권을 행사할 수 있다.
> ㄹ. 특별한 사정이 없는 한 丙은 그 철강제품의 귀속으로 인한 할 수 있는 법률상 원인이 있다.

① ㄱ, ㄴ
② ㄷ, ㄹ
③ ㄱ, ㄴ, ㄹ
④ ㄴ, ㄷ, ㄹ
⑤ ㄱ, ㄴ, ㄷ, ㄹ

**40** 甲은 농지법상 처분명령을 회피하기 위하여 친구인 乙과 2020.3.19. 양자 간 명의신탁약정을 체결하였다. 이에 따라 乙은 甲으로부터 甲 소유 X토지의 소유권이전등기를 넘겨받았다. 이에 관한 설명으로 옳지 않은 것은? (다툼이 있으면 판례에 따름)

① 甲은 乙을 상대로 진정명의 회복을 원인으로 하는 소유권이전등기를 청구할 수 있다.
② 甲은 명의신탁해지를 원인으로 하여 乙을 상대로 소유권이전등기를 청구할 수 없다.
③ 甲이 乙을 상대로 그 등기의 말소를 청구하는 것은 특별한 사정이 없는 한 민법 제746조의 불법원인급여를 이유로 금지된다.
④ 乙이 제3자에게 X토지를 임의로 처분한 경우, 甲은 그 제3자에게 소유권이전등기의 말소를 청구할 수 없다.
⑤ 乙이 제3자에게 X토지를 임의로 처분한 경우, 형사상 횡령죄의 성립 여부와 관계없이 乙은 甲에 대하여 민사상 불법행위 책임을 부담한다.

**01** 그림과 같이 곡선과 반지름 $R$인 원으로 구성되어있는 궤도의 높이 $h$인 곳에 구슬을 가만히 놓으면 구슬은 궤도를 따라 미끄러지며 운동하여 원궤도의 두 지점 A와 B를 지난다. A, B에서 원궤도가 구슬에 작용하는 수직항력은 각각 $n_A$, $n_B$이다.

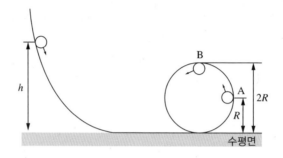

$\dfrac{n_A}{n_B} = 2$일 때, $h$는? (단, 중력 가속도는 일정하고, 구슬의 크기, 공기 저항과 모든 마찰은 무시한다)

① $\dfrac{5}{2}R$

② $3R$

③ $\dfrac{7}{2}R$

④ $4R$

⑤ $\dfrac{9}{2}R$

**02** 지면으로부터 높이 H인 곳에서 가만히 놓인 물체가 자유 낙하하여 지면에 도달했다. 물체가 지면에 도달할 때까지 걸린 시간이 $t_0$일 때, 이 물체의 운동 에너지가 중력 퍼텐셜 에너지의 2배인 지점까지 낙하하는 데 걸린 시간은? (단, 중력 가속도는 일정하고, 물체의 크기는 무시하며, 지면에서 중력 퍼텐셜 에너지는 0이다)

① $\dfrac{1}{3}t_0$

② $\dfrac{1}{\sqrt{3}}t_0$

③ $\dfrac{2}{3}t_0$

④ $\sqrt{\dfrac{2}{3}}\,t_0$

⑤ $\dfrac{\sqrt{3}}{2}t_0$

**03** 그림은 수평면상의 한 지점에 정지해 있던 질량 2kg인 물체에 시간 $t=0$에서 $+x$ 방향으로 작용하는 알짜힘의 크기를 $F$를 시간 $t$에 따라 나타낸 것이다.

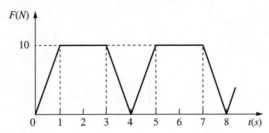

$t=8$s인 순간, 물체의 속력은?

① 20m/s　　　　　　　　　　② 30m/s

③ 40m/s　　　　　　　　　　④ 60m/s

⑤ 80m/s

**04** 그림과 같이 학생 A가 진동수 $f_0$으로 진동하는 소리굽쇠를 가지고 $v_A$의 속력으로 벽을 향해 움직이고 있다. A의 뒤쪽에 정지해 있는 학생 B는 소리굽쇠로부터 나는 소리와 벽에서 반사되어 오는 메아리의 맥놀이를 측정한다.

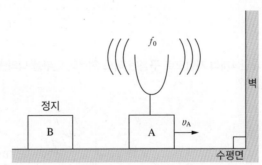

$v_A=\dfrac{1}{5}v_0$일 때, B가 측정한 맥놀이의 진동수는? (단, $v_0$은 공기 중에서 소리의 속력이다)

① $\dfrac{1}{3}f_0$　　　　　　　　　② $\dfrac{5}{12}f_0$

③ $\dfrac{1}{2}f_0$　　　　　　　　　④ $\dfrac{7}{12}f_0$

⑤ $\dfrac{2}{3}f_0$

**05** 그림과 같이 수평면의 $y$축 상에 놓여 있는 무한히 긴 직선 도선에 세기 $I$인 전류가 $+y$ 방향으로 흐르고 있고, 저항 $R$가 연결된 직사각형 회로가 동일한 수평면의 $x > 0$인 영역에서 $+x$ 방향으로 운동하고 있다.

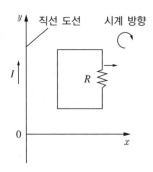

이에 관한 설명으로 옳은 것만을 〈보기〉에서 있는 대로 고른 것은?

ㄱ. 직선 도선에 흐르는 전류에 의한 자기장의 방향은 직사각형 회로를 뚫고 들어가는 방향이다.
ㄴ. 저항 $R$에는 시계 방향으로 유도 전류가 흐른다.
ㄷ. 직선 도선과 직사각형 회로 사이에는 인력이 작용한다.

① ㄱ　　　　　　　　　　　　　　② ㄷ
③ ㄱ, ㄴ　　　　　　　　　　　　④ ㄴ, ㄷ
⑤ ㄱ, ㄴ, ㄷ

**06** 그림은 저항값이 $R$인 4개의 저항으로 구성된 어느 회로의 일부를 나타낸 것이다. 두 지점 A와 B 사이의 등가(합성) 저항값은?

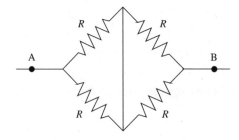

① $\dfrac{1}{4}R$　　　　　　　　　　② $\dfrac{1}{2}R$
③ $R$　　　　　　　　　　　　　　④ $2R$
⑤ $4R$

**07** 그림과 같이 저항 $R$, 코일 $L$, 축전기 $C$를 전압의 최댓값이 100V이고 진동수가 $f_0$으로 일정한 교류 전원에 연결하였다. 저항의 저항값은 40Ω이고, 저항 양단과 코일 양단에 걸리는 전압의 최댓값은 각각 80V와 60V이다. 이 회로의 공명 진동수는?

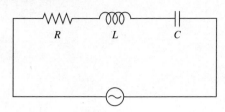

① $\dfrac{1}{2}f_0$

② $\dfrac{1}{\sqrt{2}}f_0$

③ $f_0$

④ $\sqrt{2}f_0$

⑤ $2f_0$

**08** 절대 온도 $T_0$에 있던 1몰의 단원자 분자 이상 기체에 열을 가했더니, 기체가 등압 팽창을 하여 온도 $2T_0$인 상태가 되었다. 이 과정에서 기체에 공급된 열량은? (단, $R$는 기체 상수이다)

① $\dfrac{1}{2}RT_0$

② $RT_0$

③ $\dfrac{3}{2}RT_0$

④ $2RT_0$

⑤ $\dfrac{5}{2}RT_0$

**09** 문턱 진동수가 각각 $f_0$과 $f_X$인 금속판 A와 X에 진동수가 $3f_0$인 빛을 비추었더니 A와 X에서 모두 광전자가 방출되었다. A에서 방출된 광전자의 최대 운동 에너지가 X에서 방출된 광전자의 최대 운동 에너지의 1.5배일 때, $f_X$는?

① $\dfrac{5}{3}f_0$

② $2f_0$

③ $\dfrac{7}{3}f_0$

④ $\dfrac{8}{3}f_0$

⑤ $3f_0$

**10** 그림은 폭 $L$인 무한 우물 퍼텐셜에 속박되어있는 입자의 에너지 준위 $E_n$과 파동 함수 $\psi(x)$를 양자수 $n$에 따라 나타낸 것이다. 이에 관한 설명으로 옳지 <u>않은</u> 것은?

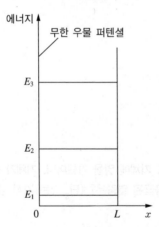
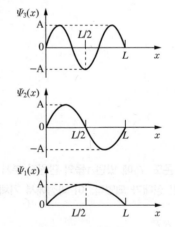

① 파동 함수의 파장은 $n=1$인 상태에서가 $n=3$인 상태에서보다 더 길다.

② 입자가 $n=1$인 상태에 있을 때, 위치에 따라 입자를 발견할 확률 밀도는 $x=\dfrac{L}{2}$에서 최대이다.

③ 입자가 $n=2$인 상태에 있을 때, 입자를 발견한 확률은 $0<x<\dfrac{L}{2}$에서가 $\dfrac{L}{2}<x<L$에서보다 크다.

④ 퍼텐셜에 속박된 입자가 가질 수 있는 에너지는 불연속적이다.

⑤ 퍼텐셜에 속박된 입자는 퍼텐셜 바닥에 정지해 있을 수 없다.

**11** 표는 X($l$)와 Y($l$)에 대하여 절대 온도 (K)의 역수($\frac{1}{T}$)에 따른 $P_{증기}$ 값을 자연로그의 음수 값($-\ln P_{증기}$)으로 나타낸 것이다. $P_{증기}$는 평형 증기압(atm)이다.

| $\frac{1}{T}$(K-1) | $-\ln P_{증기}$ | |
|:---:|:---:|:---:|
| | X($l$) | Y($l$) |
| $4a$ | $-2b$ | $-4b$ |
| $5a$ | $0$ | $-3b$ |
| $6a$ | $2b$ | $-2b$ |
| $7a$ | $4b$ | $-b$ |
| $8a$ | $6b$ | $0$ |
| $9a$ | $8b$ | $b$ |
| $10a$ | $10b$ | $2b$ |

정상 끓는 점(normal boiling point)에서 $\dfrac{\Delta S^{\circ}_{증발}(X)}{\Delta H^{\circ}_{증발}(Y)}$는? (단, 액체의 표준 증발 엔탈피($\Delta H^{\circ}_{증발}$)는 온도에 무관하고, $\Delta S^{\circ}_{증발}$(X)와 $\Delta S^{\circ}_{증발}$(Y)는 각각 X($l$)와 Y($l$)의 표준 증발 엔트로피(J/K · mol)이다. $a$와 $b$는 양수이다)

① $\dfrac{5}{4}$

② $\dfrac{4}{3}$

③ $\dfrac{3}{2}$

④ $\dfrac{5}{3}$

⑤ $2$

**12** 다음은 A와 B가 반응하여 C와 D를 생성하는 화학 반응식과 반응 속도 법칙이다.

$$A + 2B \rightarrow C + 2D$$

$$\frac{-d[A]}{dt} = k[A][B]^m \quad (k\text{는 반응 속도 상수, } m\text{은 반응 차수})$$

표는 두 강철 용기에서 온도와 반응물의 초기 농도를 달리하여 반응시켰을 때, 반응 시간(min)에 따른 B의 농도 변화를 나타낸 자료이다.

| 온도(K) | $[A]_0$(M) | [B](mM) | | | | | | |
|---|---|---|---|---|---|---|---|---|
| | | 0min | 1min | 2min | 3min | 4min | 5min | 6min |
| $T_1$ | 20.0 | 20.0 | 13.3 | 10.0 | 8.00 | 6.67 | 5.72 | 5.00 |
| $T_2$ | 10.0 | 10.0 | 5.00 | 3.33 | 2.50 | 2.00 | 1.67 | 1.43 |

이에 관한 설명으로 옳은 것만을 〈보기〉에서 있는 대로 고른 것은? (단, 반응이 진행되는 동안 A의 농도는 각 반응의 초기 농도($[A]_0$)로 일정하다고 가정한다. 반응에서 온도는 $T_1$과 $T_2$로 각각 일정하다)

ㄱ. $m = 2$이다.

ㄴ. $\dfrac{T_2\text{에서 반응속도상수}(k_2)}{T_1\text{에서 반응속도상수}(k_1)} = 4$이다.

ㄷ. $\dfrac{T_1\text{에서 2min일 때 C의 생성 속도(M/s)}}{T_2\text{에서 4min일 때 D의 생성 속도(M/s)}} = \dfrac{25}{4}$이다.

① ㄱ

② ㄴ

③ ㄱ, ㄷ

④ ㄴ, ㄷ

⑤ ㄱ, ㄴ, ㄷ

**13** 다음은 A(g)와 B(g)가 반응하여 C(g)가 생성되는 반응의 평형 반응식과 압력으로 정의되는 평형 상수($K_P$)이다.

$$A(g) + 2B(g) \rightleftharpoons 2C(g) \qquad K_P$$

표는 반응 전 C(g) 1mol만이 들어 있는 피스톤이 달린 실린더에서 반응이 일어날 때, 서로 다른 온도에서 도달한 평형에 대한 자료이다.

| 평형 상태 | 온도(K) | 실린더 속 혼합 기체의 부피(L) | $K_P$ |
|---|---|---|---|
| I | $T$ | $8V$ | 1 |
| II | $\dfrac{4}{5}T$ | $6V$ | $a$ |

$a$는? (단, 대기압은 1atm으로 일정하고 피스톤의 질량과 마찰은 무시한다. 모든 기체는 이상 기체와 같은 거동을 한다)

① 4
② 5
③ 6
④ 8
⑤ 10

**14** 분자식이 $C_5H_{10}$인 탄화수소의 구조 이성질체 중 고리형 탄화수소의 개수는?

① 2
② 3
③ 4
④ 5
⑤ 6

**15** 다음은 4가지 분자 (가)~(라)를 나타낸 것이다.

| (가) | (나) | (다) | (라) |
|---|---|---|---|
| $NH_3$ | $CS_2$ | $CH_2O$ | $SiH_4$ |

루이스 구조와 원자가 껍질 전자쌍 반발 이론에 근거하여 이에 관한 설명으로 옳지 <u>않은</u> 것은?

① $\dfrac{\text{공유 전자쌍수}}{\text{비공유 전자쌍수}}$ 는 (가)가 (나)의 3배이다.

② 분자의 쌍극자 모멘트는 (가)가 (나)보다 크다.

③ 모든 원자가 같은 평면에 존재하는 분자는 (가)와 (다)이다.

④ 다중 결합을 갖는 분자는 (나)와 (다)이다.

⑤ 결합각은 (나)가 (라)보다 크다.

**16** 그림은 원자 W~Z의 제1 이온화 에너지(상댓값)를 나타낸 것이다. W~Z는 C, N, F, Na 중 하나이다.

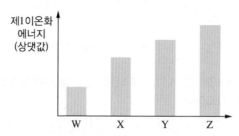

이에 관한 설명으로 옳은 것만을 〈보기〉에서 있는 대로 고른 것은? (단, W~Z는 임의의 원소 기호이다)

ㄱ. 원자 반지름은 W > X이다.
ㄴ. 2p 전자의 유효 핵전하는 Y > Z이다.
ㄷ. 제2 이온화 에너지는 W > Z이다.

① ㄱ
② ㄴ
③ ㄱ, ㄷ
④ ㄴ, ㄷ
⑤ ㄱ, ㄴ, ㄷ

**17** 표는 분자 궤도함수 이론에 근거한 바닥상태의 두 가지 화학종에 관한 자료이다. X와 Y는 N과 O 중 하나이다.

| 구 분 | $XY^+$ | $Y_2$ |
|---|---|---|
| 결합 차수 | 3 | (가) |
| 자기적 성질 | (나) | 상자기성 |

분자 궤도함수 이론에 근거한 다음 화학종에 관한 설명으로 옳지 <u>않은</u> 것은? (단, X와 Y는 임의의 원소 기호이고, 모든 화학종은 바닥상태이다)

① $Y_2^+$의 결합 차수는 (가)보다 크다.
② (나)는 반자기성이다.
③ $X_2$와 $XY^+$은 등전자이다.
④ $Y_2^-$에서 $\dfrac{\pi_{2p}^* \text{에 채워진 홀전자 수}}{\pi_{2p} \text{에 채워진 전자 수}} = \dfrac{1}{4}$이다.
⑤ $XY^-$의 홀전자 수는 1이다.

**18** 표는 결정장 이론에 근거한 바닥상태의 3가지 착이온 (가)~(다)에 관한 자료이다. 각 착이온의 배위 구조는 정사면체, 사각 평면, 정팔면체 중 하나이다.

| 구 분 | (가) | (나) | (다) |
|---|---|---|---|
| 화학식 | $[Fe(CN)_6]^{4-}$ | $[CoCl_4]^{2-}$ | $[Ni(CN)_4]^{2-}$ |
| 홀전자 수 | 0 | 3 | 0 |

이에 관한 설명으로 옳은 것만을 〈보기〉에서 있는 대로 고른 것은? (단, Fe, Co, Ni의 원자 번호는 25, 26, 27이다)

ㄱ. (나)에서 Co 이온의 $3d_{z^2}$ 오비탈에 전자가 2개 있다.
ㄴ. (다)에서 Ni 이온의 에너지 준위는 $3d_{xy} > 3d_{x^2}$이다.
ㄷ. 중심 금속이온의 $3d_{xy}$ 오비탈에 있는 전자 수는 (가) > (나)이다.

① ㄱ  ② ㄴ
③ ㄱ, ㄷ  ④ ㄴ, ㄷ
⑤ ㄱ, ㄴ, ㄷ

**19** 다음은 $T℃$의 염기 완충 수용액에서 $M(OH)_3(s)$의 용해 평형과 관련된 평형 반응식이고, $T℃$에서 $K_{sp}$와 $K$는 각각 용해도곱 상수와 평형 상수이다.

$$M(OH)_3(s) \rightleftharpoons M^{3+}(aq) + 3OH^-(aq) \qquad K_{sp} = 2.0 \times 10^{-32}$$
$$M(OH)_3(s) + OH^-(aq) \rightleftharpoons M(OH)_4^-(aq) \qquad K = x$$

$T℃$, pH = 10.0인 염기 완충 수용액에서 $M(OH)_3(s)$의 용해도($S$)가 $4.0 \times 10^{-3}$mol/L일 때, $x$는? (단, 온도는 $T℃$로 일정하고, $T℃$에서 물의 이온곱 상수($K_W$)는 $1.0 \times 10^{-14}$이다. $M(OH)_3(s)$의 용해는 주어진 평형 반응들만 고려하며, M은 임의의 금속이다)

① 10  ② 20
③ 30  ④ 40
⑤ 50

**20** 다음은 산성 수용액에서 산화 환원 반응의 균형 화학 반응식이다, $a \sim d$는 반응 계수이다.

$$a\text{Fe}^{2+}(aq) + b\text{H}_2\text{O}_2(aq) + 2\text{H}^+(aq) \rightarrow c\text{Fe}^{3+}(aq) + d\text{H}_2\text{O}(l)$$

이에 관한 설명으로 옳은 것만을 〈보기〉에서 있는 대로 고른 것은?

ㄱ. $a + b < c + d$이다.
ㄴ. O의 산화수는 증가한다.
ㄷ. $\text{Fe}^{2+}$ 1mol이 반응할 때 전자 2mol을 잃는다.

① ㄱ          ② ㄴ
③ ㄷ          ④ ㄱ, ㄴ
⑤ ㄱ, ㄷ

**21** 포화지방에 관한 설명으로 옳은 것은?

① 주로 식물의 종자에 존재한다.
② 트랜스지방(trans fat)은 포화지방이다.
③ 포화지방은 불포화지방보다 녹는점이 높다.
④ 포화지방산은 탄소와 탄소 사이에 이중결합이 있다.
⑤ 포화지방산은 펩티드결합으로 글리세롤에 연결되어 있다.

**22** $C_4$ 식물에 관한 설명으로 옳은 것만을 〈보기〉에서 있는 대로 고른 것은?

ㄱ. 옥수수는 $C_4$ 식물에 속한다.
ㄴ. 캘빈 회로는 유관속초세포에서 일어난다.
ㄷ. 대기 중에 있는 $CO_2$는 엽육세포에서 고정된다.

① ㄱ          ② ㄷ
③ ㄱ, ㄴ          ④ ㄴ, ㄷ
⑤ ㄱ, ㄴ, ㄷ

**23** (가)는 미토콘드리아의 산화적 인산화 과정에서 작용하는 전자전달 사슬의 최종 전자 수용체이고, (나)는 광합성의 명반응에서 작용하는 전자전달 사슬의 최종 전자 수용체이다. (가)와 (나)로 옳은 것은?

① (가) $O_2$ – (나) NADPH

② (가) $O_2$ – (나) $NADP^+$

③ (가) $H_2O$ – (나) NADPH

④ (가) $H_2O$ – (나) $NADP^+$

⑤ (가) $H_2O$ – (나) NADH

**24** IgM에 관한 설명으로 옳은 것만을 〈보기〉에서 있는 대로 고른 것은?

> ㄱ. 1차 면역반응에서 B세포로부터 처음 배출되는 항체이다.
> ㄴ. 눈물과 호흡기 점막 같은 외분비액에 존재하며 국소방어에 기여한다.
> ㄷ. 알레르기 반응에 관여한다.

① ㄱ

② ㄴ

③ ㄷ

④ ㄱ, ㄴ

⑤ ㄱ, ㄷ

**25** 대장균의 유전자 발현에 관한 설명으로 옳지 <u>않은</u> 것은?

① RNA 중합효소 Ⅰ, Ⅱ, Ⅲ이 세포질에 존재한다.

② 70S 리보솜이 세포질에서 단백질을 합성한다.

③ DNA 복제과정에서 에너지가 사용된다.

④ 오페론 구조를 통해 전사가 조절된다.

⑤ 단백질 합성의 개시 아미노산은 포밀메티오닌이다.

**26** 세균의 세포벽에 관한 설명으로 옳지 <u>않은</u> 것은?

① 그람음성균의 지질다당체의 지질 성분은 동물에 독성을 나타낸다.

② 페니실린은 펩티도글리칸의 교차연결 형성을 저해한다.

③ 곰팡이의 세포벽과 조성이 다르다.

④ 분자 이동의 주된 선택적 장벽이다.

⑤ 세균의 형태를 유지한다.

**27** 다음 염기서열로 이루어진 DNA 단편을 PCR로 증폭하고자 한다. 한 쌍의 프라이머 서열로 옳은 것은? (단, 주형 DNA는 한 가닥만 표시한다)

5'-<u>ATGTTCGAGAGGCTGGCTAAC</u>----- ⁀ ⁀ ------<u>CCTTTATCGGAATTGGATTAA</u>-3'

① 5'-ATGTTCGAGAGGCTGGCT-3'

5'-TTAATCCAATTCCGATAA-3'

② 5'-ATGTTCGAGAGGCTGGCT-3'

5'-GGAAATAGCCTTAACCTA-3'

③ 5'-ATGTTCGAGAGGCTGGCT-3'

5'-CCTTTATCGGAATTGGAT-3'

④ 5'-TACAAGCTCTCCGACCGA-3'

5'-GGAAATAGCCTTAACCTA-3'

⑤ 5'-TACAAGCTCTCCGACCGA-3'

5'-CCTTTATCGGAATTGGAT-3'

**28** 전기영동을 이용한 노던블롯(Northern blot) 실험에 관한 설명으로 옳은 것만을 〈보기〉에서 있는 대로 고른 것은?

ㄱ. RNA 길이에 관한 상대적 정보를 나타낸다.

ㄴ. 발현된 RNA양의 증감에 대해 알 수 있다.

ㄷ. 단백질의 구조를 확인할 수 있다.

① ㄱ

② ㄷ

③ ㄱ, ㄴ

④ ㄴ, ㄷ

⑤ ㄱ, ㄴ, ㄷ

**29** 그림은 파생 형질을 포함하는 식물 계통수의 일부를 나타낸 것이다. (가)는 '꽃'과 '종자' 중 하나이다.

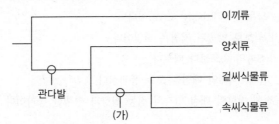

이에 관한 설명으로 옳은 것만을 〈보기〉에서 있는 대로 고른 것은?

> ㄱ. (가)는 '꽃'이다.
> ㄴ. 겉씨식물류의 생활사에서 세대 교번이 일어난다.
> ㄷ. 중복 수정은 속씨식물류의 특징이다.

① ㄱ
② ㄴ
③ ㄱ, ㄷ
④ ㄴ, ㄷ
⑤ ㄱ, ㄴ, ㄷ

**30** 유전자 부동에 관한 설명으로 옳은 것만을 〈보기〉에서 있는 대로 고른 것은?

> ㄱ. 병목 효과는 유전적 부동의 한 유형이다.
> ㄴ. 유전적 부동은 대립유전자 빈도를 임의로 변화시킬 수 있다.
> ㄷ. 유전적 부동은 크기가 큰 집단보다 작은 집단에서 대립유전자 빈도를 크게 변경시킬 수 있다.

① ㄱ
② ㄷ
③ ㄱ, ㄷ
④ ㄴ, ㄷ
⑤ ㄱ, ㄴ, ㄷ

**31** 판 경계부에 위치한 여러 지역에서 일어나는 지진활동에 관한 설명으로 옳은 것만을 〈보기〉에서 있는 대로 고른 것은?

> ㄱ. 동아프리카 열곡대는 수렴경계이다.
> ㄴ. 산안드레아스 단층은 보존경계로 천발지진이 일어난다.
> ㄷ. 히말라야 산맥은 대륙판과 해양판의 수렴경계로 화산활동이 활발하다.

① ㄱ
② ㄴ
③ ㄱ, ㄷ
④ ㄴ, ㄷ
⑤ ㄱ, ㄴ, ㄷ

**32** 지진과 지진파에 관한 설명으로 옳지 <u>않은</u> 것은?

① P파와 S파는 모두 실체파(body wave)이다.

② 탄성에너지가 최초로 방출된 지점은 진원이다.

③ P파의 속도가 S파의 속도보다 빠르다.

④ S파는 고체, 기체, 액체인 매질을 모두 통과한다.

⑤ P파는 파의 진행 방향이 매질 입자의 진동 방향과 평행한 종파이다.

**33** 그림 (가)는 어느 지역의 지질 단면도를, (나)는 방사성 원소 X의 붕괴 곡선을 나타낸 것이다. A와 B에 들어 있는 방사성 원소 X의 양은 붕괴 후 각각 처음 함량의 50%, 25%이다.

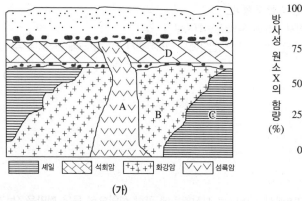

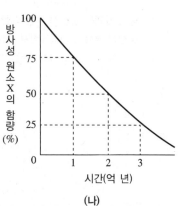

(가)                                    (나)

지층 A~D에 관한 설명으로 옳은 것만을 〈보기〉에서 있는 대로 고른 것은?

---

ㄱ. A의 절대연령은 2억 년이다.

ㄴ. D는 신생대 제4기의 지층으로 화폐석 화석이 산출된다.

ㄷ. 지층의 생성순서는 C → B → D → A이다.

---

① ㄱ                                    ② ㄷ

③ ㄱ, ㄴ                                ④ ㄴ, ㄷ

⑤ ㄱ, ㄴ, ㄷ

**34** 한반도의 중생대 지층에 관한 설명으로 옳은 것만을 〈보기〉에서 있는 대로 고른 것은?

> ㄱ. 대보 조산 운동 이후에 경상누층군이 퇴적되었다.
> ㄴ. 경상누층군에서는 공룡 발자국 화석이 발견된다.
> ㄷ. 평안누층군 이후에 화강암류의 관입이 일어나지 않았다.

① ㄱ         ② ㄷ
③ ㄱ, ㄴ       ④ ㄴ, ㄷ
⑤ ㄱ, ㄴ, ㄷ

**35** 어떤 별 A의 겉보기 등급이 3등급이고, 지구에서 A까지의 거리가 100pc일 때, A의 절대 등급은?

① −2         ② −1
③ 2          ④ 3
⑤ 5

**36** 그림은 온도 변화에 따른 대기권의 연직 구조를 나타낸 것이다.

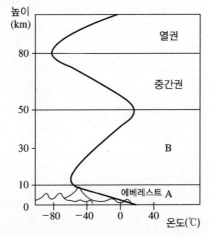

이에 관한 설명으로 옳은 것만을 〈보기〉에서 있는 대로 고른 것은?

> ㄱ. 대류권계면의 높이는 적도에서 낮고, 극에서 높다.
> ㄴ. 기상현상은 A에서 일어난다.
> ㄷ. B에서는 오존층이 자외선을 흡수하여 온도가 상승한다.

① ㄱ         ② ㄴ
③ ㄱ, ㄷ       ④ ㄴ, ㄷ
⑤ ㄱ, ㄴ, ㄷ

**37** 그림은 굴뚝의 연기가 원추형(coning)으로 퍼져나가는 모습을 나타낸 것이다.

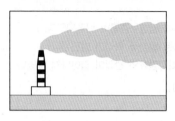

이 지역의 대기 상태를 옳게 나타낸 것은? (단, 실선은 기온선, 점선은 건조단열선이다)

①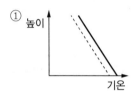

②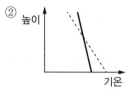

③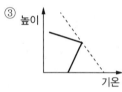

④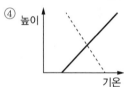

⑤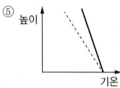

**38** 지구 내부의 구조 및 구성 물질의 상태에 관한 설명으로 옳지 <u>않은</u> 것은?

① 모호면은 지각과 맨틀의 경계이다.
② 맨틀은 지구 내부에서 가장 큰 부피를 차지한다.
③ 내핵은 높은 온도로 인해 액체 상태로 존재한다.
④ 외핵은 액체 상태로 존재한다.
⑤ 상부맨틀에는 지진파의 속도가 느려지는 저속도층이 존재한다.

**39** 그림은 위도 37.5°N인 어느 지역의 사계절 태양의 일주운동을 나타낸 것이다.

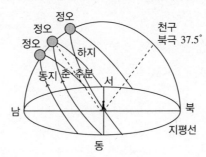

이에 관한 설명으로 옳지 <u>않은</u> 것은?

① 이 지역의 북극성 고도는 37.5°이다.

② 태양이 동지점에 있을 때, 태양의 적위는 −23.5°이다.

③ 태양이 춘·추분점에 있을 때, 태양은 정동쪽에서 떠서 정서쪽으로 진다.

④ 겨울에 이 지역의 낮의 길이는 밤의 길이에 비해 더 짧다.

⑤ 여름에 이 지역의 태양의 남중고도는 52°이다.

**40** 그림은 달의 공전을 나타낸 모식도이다. 어느 날 서울에서 새벽 5시경에 지구 관측자가 그믐달을 관측하였다. 이 달이 떠 있는 하늘의 방향과 그림의 달의 위치로 옳은 것은?

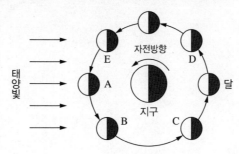

① 남서쪽, A

② 남동쪽, B

③ 북서쪽, C

④ 남서쪽, D

⑤ 남동쪽, E

합격의 공식
**시대에듀**

교육이란 사람이 학교에서 배운 것을
잊어버린 후에 남은 것을 말한다.

- 알버트 아인슈타인 -

# 2021년 제58회 기출문제

실패해도 후회하지 않을 거라는 걸 알았지만,

한 가지 후회할 수 있는 것은 시도하지 않는 것뿐이라는 걸 알고 있었어요.

– 제프 베조스 –

**01 특허법상의 발명에 관한 설명으로 옳지 않은 것은? (다툼이 있으면 판례에 따름)**

① 실제로 완성된 발명이 존재한다고 하더라도 명세서와 도면에 그 발명이 기재되지 아니한 경우 발명의 완성여부는 반드시 발명의 설명 중의 구체적 실시예에 한정되어 판단되는 것은 아니다.

② 의약의 용도발명에 있어서는 특정물질의 의약용도가 약리기전만으로 기재되어 있더라도 명세서의 다른 기재나 기술상식에 비추어 의약으로서의 구체적인 용도를 명확하게 파악할 수 있다면 특허법이 정한 청구항의 명확성 요건을 충족하는 것으로 볼 수 있다.

③ 의약이라는 물건의 발명에 있어서 투여주기와 단위투여량은 조성물인 의약물질을 구성하는 부분이 아니라 의약물질을 인간 등에게 투여하는 방법으로서 의료행위에 불과하거나 그 청구범위의 기재에 의하여 얻어진 최종적인 물건 자체에 관한 것이 아니어서 발명의 구성요소로 볼 수 없다.

④ 미생물을 이용한 발명의 출원에 있어서 국내에 현존하지 아니하고 국외에 현존할 뿐인 경우 명세서 제출 당시인 출원시를 기준으로 국내의 통상의 기술자가 이를 용이하게 입수할 수 있다고 인정될 때에는 이를 기탁하지 아니할 수 있다.

⑤ 식물발명의 경우 출원발명의 명세서에 그 기술분야의 평균적 기술자가 출원발명의 결과물을 재현할 수 있도록 그 과정이 기재되어 있어야 하며, 그 결과물인 식물이나 식물소재를 기탁함으로써 명세서의 기재를 보충하거나 대체할 수는 없다.

**02 특허요건으로서의 산업상 이용가능성이 인정될 수 없는 것을 모두 고른 것은? (다툼이 있으면 판례에 따름)**

> ㄱ. 인간의 질병을 경감하고 예방하거나 건강을 증진시키기 위한 방법
> ㄴ. 인체의 일부를 필수구성요소로 하여 치료효과와 미용효과를 동시에 가지는 수술방법
> ㄷ. 기계적 방식으로 인체의 피부를 마사지하여 화장품이 피부에 잘 스며들도록 하는 피부미용법
> ㄹ. 인체에도 적용할 수 있으나 청구범위의 기재에서 동물에게만 한정하여 특허 청구항을 명시하는 의료행위

① ㄱ, ㄴ
② ㄱ, ㄷ
③ ㄴ, ㄷ
④ ㄱ, ㄴ, ㄷ
⑤ ㄱ, ㄷ, ㄹ

**03** 특허법에 규정된 최고 벌금액수를 제일 많은 것부터 적은 것까지의 순서로 올바르게 나열한 것은?

> ㄱ. 특허법에 따라 선서한 통역인이 특허심판원에 대하여 거짓으로 통역을 한 경우 그 통역인에 대한 벌금
> ㄴ. 법인의 업무에 관하여 그 대표자가 특허권을 침해한 경우 그 대표자에 대한 벌금
> ㄷ. 법인의 업무에 관하여 그 종업원이 특허된 것이 아닌 방법을 사용하기 위하여 광고에 그 방법이 특허 또는 특허출원된 것으로 혼동하기 쉬운 표시를 한 경우 법인에 대한 벌금
> ㄹ. 법인의 업무에 관하여 그 종업원이 전용실시권을 침해한 경우 법인에 대한 벌금
> ㅁ. 개인이 부정한 행위로 특허권의 존속기간 연장등록에 대한 결정을 받은 경우 개인에 대한 벌금

① ㄱ - ㄴ - ㄷ - ㄹ - ㅁ
② ㄴ - ㄷ - ㄱ - ㅁ - ㄹ
③ ㄴ - ㄹ - ㄷ - ㅁ - ㄱ
④ ㄹ - ㄴ - ㄱ - ㄷ - ㅁ
⑤ ㄹ - ㄴ - ㄷ - ㄱ - ㅁ

**04** 특허권의 행사에 관한 설명으로 옳은 것은? (다툼이 있으면 판례에 따름)

① 특허발명 실시계약 체결 이후에 특허가 무효로 확정된 경우 특허발명 실시계약이 원시적으로 이행불능 상태에 있었더라도 특허권자는 특허발명 실시계약이 유효하게 존재하는 기간 동안 실시료의 지급을 청구할 수 있다.

② 특허발명 실시계약을 체결하면 특허권자는 실시권자의 특허발명 실시에 대하여 특허권 침해로 인한 손해배상이나 그 금지 등을 청구할 수 없고, 특허가 무효로 확정되기 전에는 특허권의 독점적·배타적 효력에 따라 제3자의 특허발명 실시가 금지된다.

③ 특허발명 또는 등록실용신안이 신규성은 있으나 진보성이 없는 경우 이에 관한 권리범위확인심판에서 당연히 그 권리범위를 부정할 수 있다.

④ 특허법 제128조(손해배상청구권 등) 제5항에 의하여 특허발명의 실시에 대하여 합리적으로 받을 수 있는 금액을 결정함에 있어서는, 당해 특허발명에 대하여 특허권자가 제3자와 사이에 특허권 실시계약을 맺고 실시료를 받은 바 있다면 일방 당사자에게 현저하게 불합리하더라도 그 실시계약에서 정한 실시료를 기준으로 위 금액을 산정하여야 한다.

⑤ 특허법은 전용실시권이 설정된 범위를 제외하고는 특허권자가 업으로서 특허발명을 실시할 권리를 독점하도록 명시적으로 규정하며, 전용실시권자가 등록되어 있지 않은 제한을 넘어 특허발명을 실시하는 경우 특허권자에 대하여 채무불이행 책임을 지게 됨은 물론 특허권 침해가 성립한다.

**05** 특허법상 특허출원 및 특허에 관한 설명으로 옳지 <u>않은</u> 것은? (다툼이 있으면 판례에 따름)

① 국립대학법인은 특허출원인 및 특허에 관한 심판과 소송의 당사자가 될 수 있다.

② 우리나라와 조약이나 협정이 체결되어 있지 않은 국가가 자국의 법률에 의하여 해당 국가 내에 주소나 영업소가 없는 우리나라 국민에게 특허권 또는 특허에 관한 권리를 인정하는 경우, 그 국가의 국민은 우리나라에서 특허의 출원인이나 심판과 소송의 당사자가 될 수 있다.

③ 특허출원하고자 하는 발명이 2인 이상 공동으로 이루어진 경우 특허출원시에 발명자 전원이 공동출원 하지 아니하였다면, 그 출원 후에 공동발명자 중 1인이 나머지 공동 발명자로부터 특허를 받을 수 있는 권리의 지분 모두를 이전받아 단독권리자가 되는 경우, 특허법 제44조(공동출원) 규정 위반의 하자는 치유되지 아니한다.

④ 특허를 받을 수 있는 권리를 이전하기로 하는 계약은 명시적으로는 물론 묵시적으로도 이루어질 수 있다.

⑤ 무권리자의 출원과 정당한 권리자의 출원 사이에 동일한 발명에 대한 제3자의 출원이 있는 경우, 정당한 권리자의 출원일은 제3자의 출원일보다 앞서므로 정당한 권리자의 출원은 제3자의 출원으로 인하여 거절되지 않으며, 오히려 제3자의 출원이 정당한 권리자의 출원에 의하여 거절된다.

**06** 甲은 자신이 개발한 발명 A의 제품을 2019.9.1. 판매하였고, 그 판매 제품에 대해 고객의 의견을 받아서 발명 A에 구성 B를 추가한 발명의 신제품(A+B)을 2020.5.1. 판매하였으며, 그 후 甲은 특허법 제30조 (공지 등이 되지 아니한 발명으로 보는 경우)의 규정에 의하여 2020.8.1. 특허출원(제1항 : A, 제2항 : B)을 하였다. 다른 거절이유가 없는 경우 甲의 특허출원과 그 특허심사에 관한 설명으로 옳지 <u>않은</u> 것은?

① 甲은 특허법 제30조의 규정을 적용받기 위하여 2019.9.1.부터 1년 이내에 특허출원 하였으므로 특허를 받을 수 있다.

② 甲은 특허법 제30조를 적용받고자 하는 취지를 특허출원서에 기재하고, 이를 증명할 수 있는 서류를 2020.5.1. 판매한 신제품(A+B)에 대해서만 제출하면 특허를 받을 수 있다.

③ 乙이 자체 개발한 신제품(A+B)을 2020.7.1. 판매한 경우, 甲은 특허법 제30조의 규정을 적용받는다고 하더라도 제1항 및 제2항에 대해 특허를 받을 수 없다.

④ 丙이 甲의 판매제품을 인지하지 못한 상태에서 개발한 발명 B를 2020.7.1. 특허출원한 경우, 甲은 제1항에 대해서 특허를 받을 수 있지만, 제2항에 대해서는 특허를 받을 수 없다.

⑤ 丁이 甲의 판매제품을 인지하지 못한 상태에서 자신이 개발한 발명을 2020.7.1. 특허출원(제1항 : A, 제2항 : B)한 경우, 丁은 제1항 및 제2항 모두 특허를 받을 수 없다.

**07** 청구항에 기재된 발명(AB)의 진보성의 판단에 관한 설명으로 옳지 <u>않은</u> 것은? (다툼이 있으면 판례에 따름)

① 발명(AB)에 이를 수 있는 동기가 선행의 인용발명에 기재된 A와 주지기술 B의 결합에 의하여 쉽게 발명할 수 있다는 유력한 근거가 되는 경우에는 진보성이 없을 수 있다.

② 발명(AB)이 선행의 인용발명에 기재된 A와 주지기술 B의 결합으로부터 당업자의 통상의 창작능력의 발휘에 해당하는 경우에는 진보성이 없다.

③ 발명(AB)의 결합에 의하여 얻어지는 효과가 선행의 인용발명에 기재된 A 및 주지기술 B가 가지고 있는 효과보다 더 나은 효과가 없는 경우에는 진보성이 없다.

④ 발명(AB)이 선행의 인용발명에 기재된 A와 본 특허출원 명세서의 실시예에 기재된 구성요소 B를 전제로 결합하여 통상의 기술자가 쉽게 발명할 수 있는 경우에는 진보성이 없다.

⑤ 발명(AB)의 구성요소 A와 B를 각각 분해하여 선행의 인용발명에 기재된 A와 주지기술 B를 비교하지 않고, 구성요소 A와 B를 유기적 결합에 의한 발명 전체로 대비한 결과, 발명(AB)을 쉽게 발명할 수 있는 경우에는 진보성이 없다.

**08** 甲은 면역 성분 A와 해독 성분 B를 1 : 2로 배합하는 "코로나19 항체치료제"를 개발하고, 이를 2020.5.1. 발간된 영문저널에 게재하였으며, 이 영문저널에 게재된 발명을 특허법 제42조의3(외국어특허출원 등)의 규정에 의하여 2021.2.1. 외국어특허출원을 하였다. 이 출원에 관한 설명으로 옳지 <u>않은</u> 것은?

① 甲이 영어로 특허출원을 한 취지는 영어논문의 번역 및 국어명세서 작성에 시간이 많이 소요되는 것을 감안하여 선출원주의의 지위를 빨리 확보하기 위함이다.

② 甲이 영어로 특허출원을 할 수 있어도 영문저널에 게재되었기 때문에 특허법 제30조(공지 등이 되지 아니한 발명으로 보는 경우)의 규정을 적용받기 위해서는 특허출원서에 그 취지를 기재하여야 한다.

③ 甲은 영문저널에 게재된 날부터 1년 2개월이 되는 날까지 그 명세서 및 도면의 국어번역문을 제출해야 하고 그 국어번역문은 보정된 것으로 본다.

④ 甲이 특허출원서에 최초로 첨부된 명세서의 국어번역문을 제출하지 않은 경우, 그 외국어특허출원은 국어번역문의 제출 기한이 되는 날의 다음 날에 취하한 것으로 본다.

⑤ 甲이 성분 A와 B의 배합에 대하여 논문과 다르게 2 : 1로 잘못된 국어번역문을 제출한 경우, 그 잘못된 국어번역문을 정정할 수 있다.

**09** 특허협력조약(PCT)에 따른 국제특허출원에 관한 설명으로 옳은 것은?

① 특허청장은 국제특허출원에 청구범위가 기재되어 있지 않은 경우, 기간을 정하여 서면으로 청구범위를 제출하도록 보정명령을 해야 한다.

② 특허청장은 국제특허출원이 도면에 관하여 적고 있지만 그 출원에 도면이 포함되어 있지 않아서 그 취지를 출원인에게 통지하고 출원인이 산업통상자원부령으로 정하는 기간에 도면을 제출하는 경우, 그 국제특허출원일은 도면의 도달일로 한다.

③ 특허청장은 국제특허출원이 도면에 관하여 적고 있지만 그 출원에 도면이 포함되어 있지 않아서 그 취지를 출원인에게 통지하여도 출원인이 도면을 제출하지 않은 경우, 그 국제특허출원은 취하된 것으로 본다.

④ 국제특허출원인이 특허청장으로부터 특허법 제195조(보정명령) 제4호에 따라 산업통상자원부령으로 정하는 방식을 위반하여 보정명령을 받고도 그 지정기간에 보정을 하지 않은 경우, 그 국제특허출원은 인정되나 실제 심사단계에서 방식심사 위반에 대한 거절이유통지서를 받고 보정을 할 수 있다.

⑤ 2인 이상이 공동으로 국제특허출원한 경우의 수수료 납부는 출원인의 대표자 또는 특허법 제3조(미성년자 등의 행위 능력)에 의한 법정대리인만 할 수 있다.

**10** 특허법 제128조(손해배상청구권 등)에 따른 손해액과 배상액의 산정에 관한 설명으로 옳지 않은 것은?

**기출 변형**

① 침해에 의하여 특허권자의 손해가 발생된 것은 인정되나 그 손해액을 증명하기 위하여 필요한 사실을 증명하는 것이 해당 사실의 성질상 극히 곤란한 경우, 법원은 변론 전체의 취지와 증거조사의 결과에 기초하여 상당한 손해액을 인정할 수 있다.

② 특허권자는 고의 또는 과실에 의한 특허권 침해로 입은 손해의 배상을 청구할 수 있으며, 침해한 자가 그 침해행위로 인하여 얻은 이익액을 특허권자가 입은 손해액으로 추정한다.

③ 특허권자가 손해배상을 청구하는 경우 그 특허발명의 실시에 대하여 합리적으로 받을 수 있는 금액을 본인이 입은 손해액으로 하여 손해배상을 청구할 수 있지만, 손해액이 합리적으로 받을 수 있는 금액을 초과하는 경우에는 그 초과액에 대해서도 손해배상을 청구할 수 있다.

④ 특허권자가 생산할 수 있었던 물건의 수량에서 실제 판매한 물건의 수량을 뺀 수량에 특허권자가 판매한 단위수량당 이익액을 곱한 금액을 손해액의 한도로 하고, 여기서 침해행위 외의 사유로 판매할 수 없었던 수량에 따른 금액은 빼야 한다.

⑤ 법원은 타인의 특허권을 침해한 행위가 고의적인 것으로 인정되는 경우에는 특허법 제128조(손해배상청구 등) 제1항에도 불구하고 제2항부터 제7항까지의 규정에 따라 손해로 인정된 금액의 5배를 넘지 아니하는 범위에서 배상액을 정할 수 있다.

**11** 甲이 다음과 같은 청구범위로 특허권을 받은 경우, 그 특허권의 효력범위와 침해판단에 관한 설명으로 옳지 **않은** 것은? (다툼이 있으면 판례에 따름) 기출 변형

> [청구범위]
> 제1항 A의 스마트폰에서 B와 C로 구성되는 스마트폰의 음성인식장치
> 제2항 제1항에 있어서, 상기 C는 음성인식시스템(c)으로 구성되는 스마트폰의 음성인식장치
> 제3항 C와 결합하여 D 단계, E 단계, F 단계로 음성을 컴퓨터에 의하여 인식하는 프로그램(P)에 의하여 구현되는 스마트폰의 음성인식방법

① 甲은 제1항과 제2항이 물건발명으로 그 물건을 생산·사용·양도·대여 또는 수입하거나 그 물건의 양도 또는 대여의 청약(양도 또는 대여를 위한 전시를 포함)을 하는 행위에 대한 권리를 독점한다.

② 乙이 甲의 허락없이 "A의 스마트폰에서 B와 음성인식시스템(c)으로 구성되는 스마트폰의 음성인식장치"를 실시하는 경우에는 제2항의 구성과 동일하고, 제2항은 제1항(독립항)의 종속항이므로 제1항 및 제2항을 침해한다.

③ 乙이 甲의 허락없이 제2항의 특허발명의 생산에만 사용하는 음성인식시스템(c)을 생산·판매하는 경우에는 특허법 제127조(침해로 보는 행위) 제1호의 규정에 의한 침해이다.

④ 乙이 "K의 스마트폰에서 B와 C로 구성되는 스마트폰의 음성인식장치"를 판매하는 경우에는 甲의 제1항 전제부인 "A의 스마트폰"과 다르기 때문에 침해가 성립하지 않는 것이 원칙이다.

⑤ 제3자가 甲의 특허권을 인지하지 못하고 개발한 프로그램(P)이 제3항 방법발명의 실시에만 사용하는 물건인 경우, 그 프로그램(P)의 양도의 청약은 특허법 제127조(침해로 보는 행위) 제2호의 규정에 의한 침해이다.

**12** 특허 명세서 및 도면의 보정에 관한 설명으로 옳은 것은?

① 특허출원인은 최초 거절이유를 통지받기 전까지의 자진보정에서는 특허출원서에 최초로 첨부한 명세서에 없는 구성을 추가하는 보정이 가능하다.

② 최초 거절이유를 통지받고 해당 거절이유에 따른 보정을 할 수 있지만, 이 경우에는 거절이유에 기재되지 않은 다른 사항에 대하여 보정을 할 수 없다.

③ 최초 거절이유를 해소하고자 청구항의 구성 A를 하위개념의 구성인 "a+b"로 보정하였으나, 이에 대하여 심사관으로부터 다시 거절이유를 통지받은 경우, 구성 "a+b"를 "a"로 보정하고 "b"를 신설청구항으로 보정을 할 수 있다.

④ 거절결정에 대한 재심사청구에서는 보정을 하여야 하며, 이 경우에는 청구항을 신설할 수 없지만, 청구항의 구성 A에 발명의 설명에 기재된 하위개념의 구성 "a"를 직렬부가하는 "A+a"로 보정할 수 있다.

⑤ 거절결정등본을 받은 후, 재심사를 청구하지 않고 거절결정불복심판을 청구하는 경우에는 심사관의 거절결정 이유를 해소하기 위한 도면의 보정만 가능하다.

**13** 특허 정정심판 및 정정의 무효심판에 관한 설명으로 옳지 <u>않은</u> 것은? (다툼이 있으면 판례에 따름)

① 청구범위 "A+B"가 명세서의 "발명의 설명"에 기재되어 있다고 하더라도, 도면에 기재된 "B+C"를 근거로 청구범위를 "B+C"로 정정하는 것은 청구범위의 변경에 해당하므로 불가능하다.

② 청구항에 기재된 "온도 1,000℃"는 특허법 제136조(정정심판) 제1항 제2호의 "잘못 기재된 사항을 정정"하는 경우에 해당한다는 이유로, 명세서에 기재된 "온도 20~50℃"의 범위를 넘더라도 "온도 100℃"로 정정될 수 있다.

③ 특허취소신청이 특허심판원에 계속 중인 때부터 그 결정이 확정될 때까지의 기간에는 청구범위의 구성 A를 그 하위개념의 "a"로 감축하는 정정심판을 청구할 수 없다.

④ 정정의 무효심판의 심결에 대한 소가 특허법원에 계속 중인 경우에는 특허법원에서 변론이 종결된 날까지 "청구범위를 감축"하는 정정심판을 청구할 수 있다.

⑤ "청구범위를 감축하는 정정"을 하는 경우에는 특허발명의 명세서 또는 도면에 기재된 사항의 범위에서 할 수 있지만, "잘못 기재된 사항을 정정"하는 경우에는 특허출원서에 최초로 첨부된 명세서 또는 도면에 기재된 사항의 범위에서 할 수 있다.

**14** 특허권의 존속기간연장제도에 관한 설명으로 옳은 것은?

① 특허권자 또는 그 특허권의 전용실시권이나 등록된 통상실시권을 가진 자가 특허법 제89조(허가 등에 따른 특허권의 존속기간의 연장) 제1항에 따른 의약품 제조허가를 받지 않고 다른 사람이 허가를 받은 경우, 그 존속기간 연장등록출원은 거절결정된다.

② 특허발명을 실시하기 위하여 의약품제조 허가를 신청하였으나, 신청자의 책임있는 사유로 보완지시를 받은 날부터 6개월 후에 관련 서류를 제출하여 신청일부터 3년 6개월 후에 허가를 받은 경우의 존속기간연장 기간은 3년 6개월이다.

③ 특허권의 존속기간 연장등록출원은 허가를 받은 날부터 6개월 이내에 출원하여야 하며, 특허권의 존속기간의 만료 전 6개월 후에는 그 특허권의 존속기간 연장등록출원을 할 수 없다.

④ 청구범위의 독립 청구항이 2개가 있는 경우, 그 독립항 각각 별도로 의약품 제조허가를 받기 위하여 소요된 기간이 각 독립항별로 2년 및 3년이 걸린 때에는 5년간 존속기간 연장등록이 가능하다.

⑤ 특허발명을 실시하기 위하여 의약품제조 허가를 받기 위한 유효성·안전성 시험에 7년이 소요된 경우에는 그 허가를 받는데 걸린 소요기간에 대하여 특허권의 존속기간을 연장할 수 있다.

**15** 甲은 "살균성분이 있는 물질 A"에 대한 선출원 등록 특허권자이고, 乙은 "살균성분이 있는 물질 A와 B를 결합하여 생성한 제초제 AB"에 대한 후출원 등록 특허권자이다. 甲과 乙의 특허권 행사에 관한 설명으로 옳지 <u>않은</u> 것은? (다툼이 있으면 판례에 따름)

① 甲은 자기의 특허발명인 물질 A가 乙의 제초제에 그대로 실시되고 있다는 이유로 乙의 특허발명을 확인대상발명으로 하여 자기의 특허발명의 권리범위에 속한다는 확인을 구하는 적극적 권리범위확인 심판을 청구할 수 있다.

② 乙의 특허발명이 甲의 특허발명과 이용관계가 성립하기 위해서는 물질 A와 B의 유기적 결합관계에 의하여 생성된 제초제 AB는 甲의 특허발명인 물질 A의 살균성분과 특성이 일체성을 가지고 있어야 한다.

③ 乙은 자기의 특허발명이 특허법 제98조(타인의 특허발명 등과의 관계)에 해당하여 그 실시의 허락을 받고자 하였으나 甲이 정당한 이유 없이 허락하지 아니하는 경우, 자기의 특허발명의 실시에 필요한 범위에서 통상실시권허락 심판을 청구할 수 있다.

④ 乙이 자기의 특허발명을 실시하기 위하여 甲을 상대로 특허법 제138조(통상실시권허락의 심판)의 심판을 청구한 경우, 乙의 특허발명이 甲의 특허발명과 비교하여 상당한 경제적 가치가 있는 중요한 기술적 진보를 가져오는 것이 아니면 통상실시권을 허락하여서는 아니 된다.

⑤ 乙은 자기의 특허발명이 甲의 특허발명과 이용관계에 있는 경우 甲의 허락을 받지 아니하고는 자기의 특허발명을 업으로서 실시할 수 없다.

**16** 甲은 발명 A를 2018.9.1. 미국잡지에 게재한 후 공지예외를 주장하여 특허협력조약(PCT)에 따라 미국특허청에 2019.2.1. 국제특허출원을 하였다. 지정국인 한국특허청의 국내절차에 관한 설명으로 옳지 <u>않은</u> 것은?

① 甲이 미국잡지에 게재한 것에 대하여 특허법 제30조(공지 등이 되지 아니한 발명으로 보는 경우) 제1항 제1호를 적용받고자 하는 경우, 그 취지를 적은 서면 및 이를 증명할 수 있는 서류를 2018.9.1.부터 2년 7개월 이내에 제출하여야 한다.

② 甲이 특허청장에게 서면을 국내서면제출기간에 제출하면서 국어번역문의 제출기간을 연장하여달라는 취지를 기재하여 제출한 경우에는 국어번역문을 함께 제출하지 않아도 된다.

③ 甲이 국내서면제출기간에 발명의 설명, 청구범위 및 도면(설명부분에 한정한다)의 국어번역문을 제출하고, 이에 갈음한 새로운 국어번역문을 제출할 수 있으나 甲이 출원심사의 청구를 한 후에는 그러하지 아니하다.

④ 甲이 특허청장에게 서면을 제출한 경우, 한국에서의 특허출원일은 특허청장에게 서면을 제출한 날이 아니라 국제특허출원일인 2019.2.1.이다.

⑤ 甲이 특허협력조약(PCT) 제19조(1)의 규정에 따라 청구범위를 보정하고, 그 보정서의 국어번역문을 제출하는 때에는 특허법 제47조(특허출원의 보정) 제1항에 따라 보정된 것으로 본다.

**17** 특허법 및 실용신안법상의 신규성에 관한 설명으로 옳지 <u>않은</u> 것은? (다툼이 있으면 판례에 따름)

① 누구나 마음대로 출입할 수 있으며 그 출입자가 비밀유지의무를 부담하지 않는 장소에 특정 발명이 설치되었다면 그 발명은 공지된 것으로 보아야 한다.

② 카탈로그가 제작되었으면 배부, 반포되는 것이 사회통념이므로 카탈로그의 배부범위, 비치장소 등에 관하여 구체적인 증거가 없다고 하더라도 그 카탈로그가 배부, 반포되었음을 부인할 수는 없다.

③ 박사학위 논문은 제출할 때 공지된 것이 아니라 논문심사에 통과된 이후 인쇄되어 공공도서관 등에 입고되거나 불특정다수인에게 배포됨으로써 그 내용이 공지된 것으로 본다.

④ 법원은 특허출원 후에 작성된 문건들에 기초하여 특정 발명이 특허출원 전에 공지 또는 공연실시된 것인지 여부를 결정할 수 있다.

⑤ 신규성 판단에 있어서의 '특허출원 전'이란 개념은 외국에서 공지된 경우에 한국시간으로 환산하는 시, 분, 초까지도 고려한 자연시 개념이 아니라 특허출원일의 개념이다.

**18** 특허 및 실용신안에 관한 설명으로 옳지 <u>않은</u> 것은? (다툼이 있으면 판례에 따름)

① 실용신안 물품을 적법하게 양수한 자가 당해 물품을 계속 사용하기 위하여 필요한 범위 내에서 실용신안으로서 보호되는 기술적 사상과 무관한 부품의 교체는 실용신안권 침해가 되지 아니한다.

② 물건을 생산하는 방법의 발명에 대한 특허권자가 생산한 물건이 경매절차에 의하여 양도된 경우에도 원칙적으로 특허권은 소진된다.

③ 타인의 특허발명을 허락없이 실시한 자라도 자신이 실시하는 기술이 특허발명의 권리범위에 속하지 않는다고 믿은 점을 정당화할 수 있는 사정이 있다는 것을 주장하여 입증한다면 그에 대한 과실의 추정은 번복될 수 있다.

④ 특허출원에 있어서 거절이유통지에 따른 의견서 제출기간의 마지막 날이 2019.5.1.(수요일, 근로자의 날)인 경우 2019.5.2. 제출된 의견서는 적법한 서류로 볼 수 없어 불수리 반려되어야 한다.

⑤ 특허발명 실시계약 체결 이후에 계약 대상인 특허의 무효가 확정되었더라도 특허의 유효성이 계약 체결의 동기로서 표시되었고 그것이 법률행위의 내용의 중요부분에 해당하는 등의 사정이 없는 한, 착오를 이유로 특허발명 실시계약을 취소할 수는 없다.

**19** 특허 및 실용신안의 심판에 관한 설명으로 옳지 **않은** 것은? (다툼이 있으면 판례에 따름)

① 실용신안법 제11조(특허법의 준용)에 따라 준용되는 특허법 제33조(특허를 받을 수 있는 자) 제1항 본문에 따른 실용신안등록을 받을 수 있는 권리를 가지지 아니하는 경우, 실용신안등록을 받을 수 있는 권리자 또는 심사관은 그 실용신안등록의 무효심판을 청구할 수 있다.

② 동일한 특허발명에 대하여 특허 무효심판과 정정심판이 특허심판원에 동시에 계속중에 있는 경우에는 정정심판제도의 취지상 정정심판을 특허 무효심판에 우선하여 심리·판단하는 것이 바람직하므로 반드시 정정심판을 먼저 심리·판단하여야 한다.

③ 실용신안등록의 무효를 청구할 수 있는 심사관은 심판청구 당시 실용신안의 등록출원에 대한 심사를 담당하고 있는 자이면 되고 반드시 당해 실용신안등록을 심사하여 등록결정한 심사관에 한하거나 심결 당시에 그 심사관의 지위에 있어야만 하는 것은 아니다.

④ 특허권의 공유관계는 민법에 규정된 합유에 준하는 것이므로 특허권이 공유인 경우 그 특허권에 관한 심판사건에 있어서는 공유자 전원이 심판의 청구인 또는 피청구인이 되어야 하고 그 심판절차는 공유자 전원에게 합일적으로 확정되어야 할 필요에서 이른바 필요적 공동소송관계에 있다.

⑤ 자신의 발명이 타인의 특허권의 권리범위에 속하지 아니한다는 소극적 권리범위확인심판 청구에 있어서 그 이유가 없는 경우, 그것을 배척함에 그치지 아니하고 그 타인의 권리범위 내에 속한다고 심결하는 것은 위법하다.

**20** 실용신안등록출원에 관한 설명으로 옳은 것을 모두 고른 것은?

> ㄱ. 실용신안등록출원인이 외국어실용신안등록출원을 한 경우, 실용신안법 제11조(특허법의 준용)에 따라 준용되는 특허법 제47조(특허출원의 보정) 제1항 제1호 또는 제2호에 따른 기간에 정정을 하는 경우에는 마지막 정정 전에 한 모든 정정은 처음부터 없었던 것으로 본다.
>
> ㄴ. 하나의 총괄적 고안의 개념을 형성하는 일 군(群)의 고안에 대하여도 하나의 실용신안등록출원으로 할 수 있다.
>
> ㄷ. 특허심판원 소속 직원이었던 사람이 실용신안등록출원 중인 고안에 관하여 직무상 알게 된 비밀을 도용한 경우에는 5년 이하의 징역 또는 5천만 원 이하의 벌금에 처한다.
>
> ㄹ. 실용신안등록출원일부터 3년이 지난 후에도 변경출원을 한 날부터 30일 이내에는 누구든지 실용신안등록출원심사의 청구를 할 수 있다.

① ㄱ, ㄴ
② ㄱ, ㄷ
③ ㄱ, ㄴ, ㄹ
④ ㄴ, ㄷ, ㄹ
⑤ ㄱ, ㄴ, ㄷ, ㄹ

**21** 상표법상 상품에 해당되는 것은? (다툼이 있으면 판례에 따름)

① 다른 상품의 판매촉진이나 광고를 하기 위하여 무상으로 제공되는 볼펜

② 마약 등 거래가 금지되는 물품

③ 인터넷에서 다운로드의 형태로 판매되는 컴퓨터프로그램

④ 대리점에서 판매되는 즉석건강식품의 원재료를 보여주기 위해서 곡물마다 별도로 유리용기에 담은 상품의 견본

⑤ 종전부터 발행하여 오던, 영화·음악·연예인 등에 관한 정보를 담은 월간잡지 "ROADSHOW, 로드쇼"의 독자들에게 보답하기 위하여 사은품으로 제공한 외국의 영화배우들 사진을 모은 "WINK"라는 제호의 책자

**22** 상표법상 손실보상청구권에 관한 설명으로 옳지 <u>않은</u> 것은?

① 출원인은 출원공고 후 해당 상표등록출원에 관한 지정상품과 동일·유사한 상품에 대하여 해당 상표등록출원에 관한 상표와 동일·유사한 상표를 사용하는 자에게 서면으로 경고할 수 있고, 출원인이 해당 상표등록출원의 사본을 제시하는 경우에는 출원공고 전이라도 서면으로 경고할 수 있다.

② 상표법 제58조(손실보상청구권) 제1항에 따라 경고를 한 출원인은 경고 후 상표권을 설정등록할 때까지의 기간에 발생한 해당 상표의 사용에 관한 업무상 손실에 상당하는 보상금의 지급을 청구할 수 있다.

③ 상표등록출원이 포기·취하·무효가 되거나 상표등록거절결정이 확정된 경우, 손실보상청구권은 처음부터 발생하지 않는 것으로 추정한다.

④ 손실보상청구권은 해당 상표등록출원에 대한 상표권의 설정등록 전까지는 행사할 수 없다.

⑤ 손실보상청구권을 행사할 때 상표법 제110조(손해액의 추정 등)가 준용되지 않기 때문에 업무상 손실에 관한 사항은 청구권자가 입증하여야 한다.

**23** 상표법상 벌칙에 관한 설명으로 옳지 <u>않은</u> 것은?

① 상표권 침해행위는 권리자에게 피해를 주는 것 이외에 상품 출처의 오인·혼동을 발생시킴으로써 거래질서를 혼란하게 할 우려도 있으므로, 상표권 침해죄는 특허권 침해죄와는 달리 비친고죄이다.

② 상표법에 따라 선서한 증인으로서 특허심판원에 대하여 거짓의 진술·감정을 하여 위증죄를 범한 자가 그 사건의 상표등록여부결정 또는 심결의 확정 전에 자수하였을 경우에는 필요적으로 그 형을 감경하거나 면제하여야 한다.

③ 상표법상 비밀유지명령위반죄는 비밀유지명령을 신청한 자의 고소가 있어야 공소를 제기할 수 있는 친고죄이다.

④ 거짓이나 그 밖의 부정한 행위를 하여 상표등록, 지정상품의 추가등록, 존속기간갱신등록, 상품분류전환등록 또는 심결을 받은 자는 거짓행위의 죄에 해당되는데 이 죄는 비친고죄이다.

⑤ 상표권 침해행위에 제공되거나 그 침해행위로 인하여 생긴 침해물과 그 침해물 제작에 주로 사용하기 위하여 제공된 제작 용구 또는 재료는 필요적 몰수의 대상이지만, 상품이 그 기능 및 외관을 해치지 아니하고 상표 또는 포장과 쉽게 분리될 수 있는 경우에는 그 상품은 몰수하지 아니할 수 있다.

**24** 상표등록을 받을 수 있는 것을 모두 고른 것은? (다툼이 있으면 판례에 따름)

> ㄱ. 해군사관학교 사관생도의 "견장"
> ㄴ. 의류를 지정상품으로 하는 상표 "JAMES DEAN"
> ㄷ. 지정상품이 기계류인 출원상표 "KSB"
> ㄹ. 지정상품을 '눈썹용 연필, 립스틱, 매니큐어, 아이섀도, 마스카라' 등으로 하는 외국회사의 출원상표 "2NE1"
> ㅁ. 공인노무사업, 법무사업, 변호사업, 변리사업 등을 지정서비스업으로 하면서 전문직 종사자에게 업무를 위임하지 아니하고 스스로 행할 수 있도록 도와주는 방식을 보통으로 표시하는 표장만으로 된 상표 "나홀로"
> ㅂ. 지정상품을 서적으로 하는 출원상표 "관족법(觀足法)"

① ㄱ, ㄷ
② ㄴ, ㄷ
③ ㄱ, ㄹ, ㅁ
④ ㄴ, ㄹ, ㅂ
⑤ ㄷ, ㅁ, ㅂ

**25** 상표의 식별력에 관한 설명으로 옳지 <u>않은</u> 것은? (다툼이 있으면 판례에 따름)

① 사회통념상 자타상품의 식별력을 인정하기 곤란하거나 공익상 특정인에게 상표를 독점시키는 것이 적당하지 않다고 인정되는 경우에 그 상표는 식별력이 없다.

② 둘 이상의 문자 또는 도형의 조합으로 이루어진 결합상표는 구성 부분 전체의 외관, 호칭, 관념을 기준으로 상표의 유사 여부를 판단하는 것이 원칙이나, 상표 중에서 일반 수요자에게 그 상표에 관한 인상을 심어주거나 기억·연상을 하게 함으로써 그 부분만으로 독립하여 상품의 출처표시기능을 수행하는 부분, 즉 요부가 있는 경우 적절한 전체관찰의 결론을 유도하기 위해서는 요부를 가지고 상표의 유사 여부를 대비·판단하는 것이 필요하다.

③ 결합상표의 구성 부분 전부가 식별력이 없거나 미약한 경우에는 그중 일부만이 요부가 된다고 할 수 없으므로 상표 전체를 기준으로 유사 여부를 판단하여야 한다.

④ 현저한 지리적 명칭과 대학교라는 단어의 결합으로 본래의 현저한 지리적 명칭을 떠나 새로운 관념을 낳거나 새로운 식별력을 형성한 경우에는 상표등록을 할 수 있고, 이 경우에 현저한 지리적 명칭과 대학교라는 단어의 결합만으로 새로운 관념이나 식별력이 생긴다고 볼 수는 없다.

⑤ 수요자를 기만할 염려가 있는 상표가 특정인의 상표나 상품이라고 인식되었다고 인정되려면 선사용상표가 국내 전역에 걸쳐 수요자와 거래자에게 알려져야 하고, 특정인의 상표 등으로 인식되었는지 여부는 구체적인 사안에서 개별적으로 새로운 관념이나 식별력이 생겼는지를 판단하여야 한다.

**26** 상표 유사에 관한 설명으로 옳지 <u>않은</u> 것은? (다툼이 있으면 판례에 따름)

① 도형상표에 있어서는 그 외관이 지배적인 인상을 남긴다 할 것이므로 외관이 동일·유사하여 양 상표를 다 같이 동종 상품에 사용하는 경우 일반 수요자로 하여금 상품의 출처에 관하여 오인·혼동을 일으킬 염려가 있다면 양 상표는 유사하다고 보아야 한다.

② 상표의 유사 여부 판단에서 상품 출처의 오인·혼동을 일으킬 우려가 있는지 여부는 보통의 주의력을 가진 우리나라의 일반 수요자나 거래자를 기준으로 판단하여야 한다.

③ 대비되는 상표 사이에 유사한 부분이 있다고 하더라도 그 부분만으로 분리인식될 가능성이 희박하거나 전체적으로 관찰할 때 명확히 출처의 혼동을 피할 수 있는 경우에는 유사상표라고 할 수 없다.

④ 도형상표들에서 상표의 유사 여부 판단은 두 개의 상표 자체를 나란히 놓고 대비하여 두 개의 상표를 대하는 일반 수요자에게 상품 출처에 관하여 오인·혼동을 일으킬 우려가 있는지의 관점에서 이루어져야 한다.

⑤ 유사상표의 사용행위에 해당하는지에 대한 판단은 두 상표가 해당 상품에 관한 거래 실정을 바탕으로 외관, 호칭, 관념 등에 의하여 일반 수요자에게 주는 인상, 기억, 연상 등을 전체적으로 종합할 때, 두 상표를 때와 장소를 달리하여 대하는 일반 수요자가 상품 출처에 관하여 오인·혼동할 우려가 있는지의 관점에서 이루어져야 한다.

**27** 상표권의 이전에 관한 설명으로 옳지 <u>않은</u> 것은?

① 단체표장권은 이전할 수 없다. 다만, 법인의 합병의 경우에는 특허청장의 허가를 받아 이전할 수 있다.

② 단체표장권, 업무표장권 또는 증명표장권에 관하여는 전용사용권을 설정할 수 없다.

③ 업무표장권은 이전할 수 없다. 다만, 그 업무와 함께 이전할 경우에는 특허청장의 허가를 받아 이전할 수 있다.

④ 상표권은 그 지정상품마다 분할하여 이전할 수 있다. 이 경우 유사한 지정상품은 함께 이전하여야 한다.

⑤ 상표권의 이전(상속이나 그 밖의 일반승계에 의한 경우는 제외한다)·변경·포기에 의한 소멸, 존속기간의 갱신, 상품분류전환, 지정상품의 추가 또는 처분의 제한에 해당하는 사항은 등록하지 아니하면 그 효력이 발생하지 아니한다.

**28** 상표권에 관한 설명으로 옳지 <u>않은</u> 것은? (다툼이 있으면 판례에 따름)

① 상표권자에 대하여 상표권에 관한 이전약정에 기하여 이전등록절차의 이행을 청구할 권리를 가지는 사람이 이미 그 상표를 실제로 사용하고 있으면 상표권에 관한 이전등록절차 이행청구권의 소멸시효가 진행되지 아니한다.

② 타인의 상표권을 침해한 자는 그 침해행위에 대하여 과실이 있는 것으로 추정되고, 타인의 상표권을 침해한 자에게 과실이 없다고 하기 위하여는 상표권의 존재를 알지 못하였다는 점을 정당화할 수 있는 사정이 있다거나 자신이 사용하는 상표가 등록상표의 권리범위에 속하지 아니한다고 믿은 점을 정당화 할 수 있는 사정이 있다는 것을 주장·증명하여야 한다.

③ 상표법 제109조(손해배상의 청구)에 따른 손해배상을 청구하는 경우 그 등록상표의 사용에 대하여 합리적으로 받을 수 있는 금액에 상당하는 금액을 상표권자 또는 전용사용권자가 받은 손해액으로 하여 그 손해배상을 청구할 수 있다.

④ 상표권은 등록되어 있는 상표를 타인이 사용하였다는 것만으로 당연히 통상 받을 수 있는 상표권 사용료 상당액이 손해로 인정되는 것은 아니고, 상표권자가 그 상표를 영업 등에 실제 사용하고 있었음에도 불구하고 상표권 침해행위가 있었다는 등 구체적 피해 발생이 전제되어야 인정될 수 있다.

⑤ 상표권의 행사가 상표제도의 목적이나 기능을 일탈하여 공정한 경쟁질서와 상거래 질서를 어지럽히고 수요자 사이에 혼동을 초래하거나 상대방에 대한 관계에서 신의성실의 원칙에 위배되는 등 법적으로 보호받을 만한 가치가 없다고 인정되는 경우에는 그 상표권의 행사는 권리행사의 외형을 갖추었다 하더라도 등록상표에 관한 권리를 남용하는 것으로서 허용될 수 없다.

**29** 상표등록 취소심판에 관한 설명으로 옳은 것은?

① 지정상품추가등록출원의 기초가 된 등록상표에 대하여 무효심판 또는 취소심판이 청구되거나 그 등록상표가 무효심판 또는 취소심판 등으로 소멸된 경우에 지정상품추가등록출원을 한 출원인은 상표등록출원으로 변경할 수 있다.

② 전용사용권자 또는 통상사용권자가 지정상품 또는 이와 유사한 상품에 등록상표 또는 이와 유사한 상표를 사용함으로써 수요자에게 상품의 품질을 오인하게 하거나 타인의 업무와 관련된 상품과의 혼동을 불러일으키게 한 경우에는 상표권자가 상당한 주의를 하여도 그 상표등록의 취소심판을 청구할 수 있다.

③ 상표권의 이전으로 유사한 등록상표가 각각 다른 상표권자에게 속하게 되고 그중 1인이 자기의 등록상표의 지정상품과 동일·유사한 상품에 부정경쟁을 목적으로 자기의 등록상표를 사용함으로써 수요자에게 상품의 품질을 오인하게 하거나 타인의 업무와 관련된 상품과 혼동을 불러일으키게 한 경우를 사유로 하는 취소심판은 이해관계인만이 청구할 수 있다.

④ 상표법 제120조(전용사용권 또는 통상사용권 등록의 취소심판) 제1항에 따라 전용사용권 또는 통상사용권 등록의 취소심판을 청구한 후 그 심판청구사유에 해당하는 사실이 없어진 경우에도 취소 사유에 영향이 미치지 아니한다.

⑤ 상표권자·전용사용권자 또는 통상사용권자 중 어느 누구도 정당한 이유 없이 등록상표를 그 지정상품에 대하여 취소심판청구일 전 계속하여 3년 이상 국내에서 사용하고 있지 아니하였음을 이유로 상표등록을 취소한다는 심결이 확정되었을 경우에는 그 상표권은 심결 확정일부터 소멸된다.

**30** 상표법상 일사부재리 원칙에 관한 설명으로 옳지 <u>않은</u> 것은? (다툼이 있으면 판례에 따름)

① 상표법에 따른 심판의 심결이 확정되었을 경우에 그 사건에 대해서 이해관계인은 같은 사실 및 같은 증거에 의하여 다시 심판을 청구할 수 없다. 다만, 확정된 심결이 각하심결인 경우에는 다시 심판을 청구할 수 있다.

② 확정심결에 일사부재리의 효력을 인정하는 이유는 서로 모순·저촉되는 심결방지와 확정심결의 신뢰성확보·권위 유지, 심판청구의 남발 방지, 확정심결에 대한 법적 안정성에 있다.

③ 확정심결의 일사부재리는 심결당사자, 그 승계인뿐만 아니라 제3자에 대하여도 대세적 효력이 있다.

④ 대법원은 동일 증거에는 전에 확정된 심결의 증거와 동일한 증거만이 아니라 그 심결을 번복할 수 있을 정도로 유력하지 아니한 증거가 부가되는 것도 포함하는 것이므로, 확정된 심결의 결론을 번복할 만한 유력한 증거가 새로 제출된 경우에는 일사부재리의 원칙에 반하지 않는다고 판시하였다.

⑤ 대법원은 일사부재리의 원칙에 해당하는지의 판단 시점을 '심결시'에서 '심판청구시'로 변경하였다.


**31** 디자인등록출원절차에 관한 설명으로 옳은 것은?

① 특허청장 또는 특허심판원장은 청구에 따라 또는 직권으로 디자인보호법 제119조(보정각하결정에 대한 심판)에 따른 심판의 청구기간을 30일 이내에서 한 차례만 연장할 수 있지만, 예외적으로 교통이 불편한 지역에 있는 자에 대해서는 산업통상자원부령으로 정하는 바에 따라 추가로 1회 연장할 수 있고, 그 기간은 1개월 이내로 한다.

② 특허청장 또는 특허심판원장은 디자인보호법 제47조(절차의 보정)에 따른 보정명령을 받은 자가 지정된 기간 내에 그 보정을 하지 않아 디자인에 관한 절차가 무효로 된 경우에 지정된 기간을 지키지 못한 것이 보정 명령을 받은 자가 책임질 수 없는 사유에 의한 것으로 인정되면 그 사유가 소멸한 날부터 1개월 이내 보정명령을 받은 자의 청구에 따라 그 무효처분을 취소할 수 있다.

③ 특허청장 또는 심판장은 디자인보호법 제22조(절차의 중단)에 따라 중단된 절차에 관한 수계신청에 대하여 직권으로 조사하여 이유 없다고 인정하면 결정으로 각하하여야 한다.

④ 특허청장 또는 심판관은 디자인보호법 제23조(중단된 절차의 수계)에 규정된 자가 중단된 절차를 수계하지 아니하면 직권으로 기간을 정하여 수계를 명하여야 하며, 수계명령을 받은 자가 이 기간에 수계하지 아니하면 그 기간이 끝나는 날의 다음 날에 수계한 것으로 본다.

⑤ 특허청장 또는 특허심판원장이 천재지변이나 그 밖의 불가피한 사유로 그 직무를 수행할 수 없을 때에는 특허청 또는 특허심판원에 계속 중인 절차는 그 사유가 없어질 때까지 중지된다.

**32** 비밀디자인에 관한 설명으로 옳은 것은?

① 디자인등록출원인은 디자인권의 설정등록일의 다음 날부터 3년 이내의 기간을 정하여 그 디자인을 비밀로 할 것을 청구할 수 있으며, 이때 복수디자인등록출원된 디자인에 대하여는 출원된 디자인의 전부 또는 일부에 대하여 청구할 수 있다.

② 디자인등록출원인은 디자인등록출원을 한 날부터 최초의 디자인등록료를 내는 날까지 그 디자인을 비밀로 할 것을 청구할 수 있으며, 디자인보호법 제86조(등록료 및 수수료의 감면)에 따라 그 등록료가 면제된 경우에는 특허청장이 디자인권을 설정등록할 때까지 그 디자인을 비밀로 할 것을 청구할 수 있다.

③ 디자인등록출원인이 비밀디자인으로 청구된 디자인등록출원에 대하여 출원공개신청을 한 경우에 그 디자인에 대한 비밀청구는 취소된 것으로 본다.

④ 디자인권자의 동의를 받은 자가 비밀디자인을 열람청구하여 해당 비밀디자인을 열람하게 된 경우에 그 열람한 내용을 무단으로 촬영·복사 등의 방법으로 취득하거나 알게 된 내용을 누설하여서는 아니 되며, 누설하는 경우에는 3년 이하의 징역 또는 3천만 원 이하의 벌금에 처한다.

⑤ 비밀디자인으로 청구한 디자인의 디자인권자 및 전용실시권자는 그 디자인에 관하여 특허청장으로부터 증명을 받은 서면을 제시하여 경고하지 않더라도 권리 침해자에 대하여 침해금지 또는 예방을 청구할 수 있다.

**33** 디자인권에 관한 설명으로 옳지 <u>않은</u> 것을 모두 고른 것은?

ㄱ. 글자체가 디자인권으로 설정등록된 경우 그 디자인권의 효력은 타자, 조판 또는 인쇄 등의 통상적인 과정에서 글자체의 사용으로 생산된 결과물인 경우에는 미치지 아니한다.

ㄴ. 디자인권자는 디자인권을 포기할 수 있지만, 복수디자인등록된 디자인권은 각 디자인권마다 분리하여 포기하여야 한다.

ㄷ. 기본디자인의 디자인권이 무효심결로 소멸한 경우 그 기본디자인에 관한 2 이상의 관련디자인의 전용실시권을 설정하는 경우에 같은 자에게 동시에 설정할 수 있다.

ㄹ. 정당한 권리자의 디자인등록출원이 디자인보호법 제44조(무권리자의 디자인등록출원과 정당한 권리자의 보호) 및 제45조(무권리자의 디자인등록과 정당한 권리자의 보호)에 따라 디자인권이 설정등록된 경우에는 디자인권 존속기간은 무권리자의 디자인등록출원일부터 기산한다.

ㅁ. 디자인보호법에 따라 특허청장이 정한 대가와 보상금액에 관하여 확정된 결정은 집행력 있는 집행권원과 같은 효력을 가지며, 이 경우 집행력 있는 정본은 특허청 소속 공무원이 부여한다.

① ㄱ, ㄴ, ㄷ

② ㄱ, ㄷ, ㅁ

③ ㄴ, ㄷ, ㄹ

④ ㄴ, ㄹ, ㅁ

⑤ ㄷ, ㄹ, ㅁ

**34** 디자인보호법상 불복에 관한 설명으로 옳지 <u>않은</u> 것은?

① 디자인일부심사등록 이의신청이 이유 있다고 인정될 때에는 그 등록디자인을 취소한다는 취지의 결정을 하여야 하며, 그 결정에는 불복할 수 있다.

② 심판의 참가신청이 있는 경우에는 심판으로 그 참가 여부를 결정하여야 하며, 그 결정에는 불복할 수 없다.

③ 법원은 필요한 경우에는 디자인등록출원에 대한 결정이 확정될 때까지 그 소송절차를 중지할 수 있으며, 그 중지에 대하여는 불복할 수 없다.

④ 심사관은 디자인등록출원의 심사에 필요한 경우에는 심결이 확정될 때까지 또는 소송절차가 완결될 때까지 그 절차를 중지할 수 있으며, 그 중지에 대하여는 불복할 수 있다.

⑤ 심판관의 제척 또는 기피 신청이 있으면 심판으로 결정하여야 하며, 그 결정에는 불복할 수 없다.

**35** 디자인 일부심사등록출원이 거절결정될 수 있는 것을 모두 고른 것은? (단, 정보제공에 의한 경우는 제외함)

ㄱ. 디자인등록을 받을 수 있는 권리를 가지지 아니한 자가 출원한 디자인
ㄴ. 디자인등록출원 전에 국내에서 공지된 디자인과 유사한 디자인
ㄷ. 공공기관의 표장과 동일한 디자인
ㄹ. 디자인등록출원 전에 반포된 간행물에 게재된 디자인을 결합한 것으로 쉽게 창작할 수 있는 디자인
ㅁ. 200디자인을 1디자인등록출원한 디자인

① ㄱ, ㄴ, ㄷ
② ㄱ, ㄷ, ㅁ
③ ㄴ, ㄷ, ㄹ
④ ㄴ, ㄹ, ㅁ
⑤ ㄷ, ㄹ, ㅁ

**36** 디자인등록 심판 및 재심에 관한 설명으로 옳은 것은?

① 이해관계인 또는 심사관은 디자인등록이 디자인보호법 제42조(한 벌의 물품의 디자인)에 위반된 경우에 한 벌의 물품 디자인등록무효심판을 청구할 수 있으며, 이는 한 벌 물품의 디자인권이 소멸된 후에도 청구할 수 있다.

② 디자인권이 공유인 경우에 같은 디자인권에 대하여 디자인등록무효심판을 청구하는 자가 2인 이상이면 각자 또는 모두가 공동으로 심판을 청구하여야 한다.

③ 특허심판원장은 디자인보호법 제119조(보정각하결정)에 따른 심판이 청구된 경우에 그 청구가 이유있다고 인정될 때에는 심결로써 보정각하결정을 취소하여야 한다.

④ 대리권의 흠을 이유로 재심을 청구하는 경우에 청구인 또는 법정대리인이 심결등본의 송달에 의하여 심결이 있은 것을 안 날로부터 30일 이내 재심을 청구하여야 한다.

⑤ 심결에 대한 소는 특허법원의 전속관할로 하며, 당사자, 참가인 또는 해당 심판이나 재심에 참가신청을 하였으나 그 신청이 거부된 자만 제기할 수 있다.

**37** 디자인보호법상 관련디자인에 관한 설명으로 옳지 않은 것은?

① 관련디자인으로 등록되기 위해서는 그 디자인의 대상이 되는 물품이 기본디자인의 물품과 동일하거나 유사한 물품이어야 한다.

② 관련디자인의 출원인은 디자인등록출원서에 관련디자인의 디자인등록출원 여부를 적어 특허청장에게 제출하여야 한다.

③ 관련디자인은 기본디자인과의 관계에서 신규성이나 선출원에 대한 예외를 인정할 뿐이고, 이를 제외한 나머지 등록요건을 만족하여야 관련디자인으로 등록될 수 있다.

④ 무효심판 계류 중인 등록디자인을 기본디자인으로 한 관련디자인등록출원이 관련디자인으로 인정될 경우에는 그 심사를 보류한다.

⑤ 심사관은 디자인일부심사등록출원으로서 관련디자인등록출원이 기본디자인과 유사하지 아니한 경우에는 디자인등록거절결정을 할 수 없다.

**38** 디자인등록출원 분할 및 보정에 관한 설명으로 옳지 <u>않은</u> 것은?

① 디자인등록출원의 보정은 디자인등록여부결정의 통지서가 도달하기 전까지 할 수 있다.

② 복수디자인등록출원을 한 자는 디자인등록출원의 일부를 1 이상의 새로운 디자인등록출원으로 분할하여 디자인등록출원을 할 수 있다.

③ 디자인등록출원인은 디자인일부심사등록출원을 디자인심사등록출원으로, 디자인심사등록출원을 디자인일부심사등록출원으로 변경하는 보정을 할 수 있다.

④ 국제디자인등록출원인은 디자인일부심사등록출원을 디자인심사등록출원으로, 디자인심사등록출원을 디자인일부심사등록출원으로 변경하는 보정을 할 수 없다.

⑤ 한 벌 물품의 디자인을 출원한 자는 한 벌 물품 디자인의 성립요건을 충족하지 못한 경우 각각의 구성 물품을 분할하여 디자인등록출원을 할 수 있다.

**39** 디자인에 관한 판결의 내용 중 옳은 것은? (다툼이 있으면 판례에 따름)

① 디자인의 유사 여부는, 디자인을 구성하는 요소들을 각 부분으로 분리하여 대비할 것이 아니라 전체와 전체를 대비·관찰하여, 보는 사람의 마음에 환기될 미적 느낌과 인상이 유사한지 여부에 따라 판단하되, 그 물품의 성질, 용도, 사용형태 등에 비추어 보는 사람의 시선과 주의를 가장 끌기 쉬운 부분을 중심으로 대비·관찰하여 특허청 심사관의 심미감에 차이가 생기게 하는지 여부의 관점에서 판단하여야 한다.

② 등록디자인에 대한 등록무효심결이 확정되기 전이라도 그 디자인등록이 무효심판에 의하여 무효로 될 것임이 명백한 경우에는 그 디자인권에 기초한 침해금지 또는 손해배상 등의 청구는 특별한 사정이 없는 한 권리남용에 해당하여 허용되지 아니한다고 보아야 하며, 디자인권침해소송을 담당하는 법원은 디자인권자의 그러한 청구가 권리남용에 해당한다는 항변이 있는 경우에 그 당부를 살피기 위한 전제로서 디자인등록의 무효 여부에 대하여 심리·판단할 수 없다.

③ 디자인보호법 제33조(디자인등록의 요건)에 따라 창작수준을 판단할 때는 공지디자인의 대상 물품이나 주지형태의 알려진 분야, 공지디자인이나 주지형태의 외관적 특징들의 관련성, 해당 디자인 분야의 일반적 경향 등에 비추어 일반 수요자가 용이하게 그와 같은 결합에 이를 수 있는지를 함께 살펴보아야 한다.

④ 등록디자인의 보호범위는 디자인등록출원서의 기재사항 및 그 출원서에 첨부한 도면과 도면의 기재사항·사진·모형 또는 견본에 표현된 디자인에 의하여 정하여지므로, 등록디자인은 통상의 지식을 가진 자가 그 보호범위를 명확하게 파악하여 동일한 형태와 모양의 물품을 반복 생산할 수 있을 정도로 구체성을 갖출 필요는 없다.

⑤ 디자인보호법 제2조(정의)에서 말하는 '물품'이 디자인등록의 대상이 되기 위해서는 통상의 상태에서 독립된 거래의 대상이 되어야 하고, 그것이 부품인 경우에는 다시 호환성을 가져야 하나, 이는 반드시 실제 거래사회에서 현실적으로 거래되고 다른 물품과 호환될 것을 요하는 것은 아니고, 그러한 독립된 거래의 대상 및 호환의 가능성만 있으면 디자인등록의 대상이 되는 것이다.

**40** 「산업디자인의 국제등록에 관한 헤이그협정」에 따른 국제출원에 있어서 특허청을 통한 국제출원에 관한 설명으로 옳은 것은?

① 특허청장은 국제출원서의 기재사항이 영어로 기재되어 있지 않은 경우에 국제출원인에게 상당한 기간을 정하여 보완에 필요한 대체서류의 제출을 명하여야 하며, 이때 제출명령을 받은 자가 지정기간 이후에 대체서류를 제출한 경우에는 이를 출원인 또는 제출인에게 반려하여야 한다.

② 특허청을 통한 국제출원을 하려는 자는 국제출원서 및 그 출원에 필요한 서류를 특허청장에게 제출해야 하는데, 이때 국제출원서에는 사진을 포함하여 도면을 첨부하여야 하지만, 헤이그협정 제5조(국제출원의 내용)에 따른 수수료의 납부방법까지 적어야 하는 것은 아니다.

③ 특허청을 통한 국제출원을 하려는 자가 헤이그협정 제5조(국제출원의 내용)에 따른 공개연기신청을 하려는 경우에는 국제출원서에 도면을 대신하여 산업통상자원부령으로 정하는 바에 따른 견본을 첨부하여야 한다.

④ 특허청장은 국제출원서가 도달한 날을 국제출원서에 적어 관계 서류와 함께 헤이그협정 제1조(약어적 표현)에 따른 국제사무국에 보내고, 그 국제출원서의 원본을 특허청을 통한 국제출원을 한 자에게 보내야 한다.

⑤ 특허청장은 특허청을 통한 국제출원을 하려는 자가 송달료를 내지 아니한 경우에는 상당한 기간을 정하여 보정을 명하여야 하고, 보정명령을 받은 자가 지정된 기간에 송달료를 내지 아니한 경우에는 해당 절차를 무효로 하여야 한다.

## 01 권리남용금지의 원칙에 관한 설명으로 옳은 것을 모두 고른 것은? (다툼이 있으면 판례에 따름)

> ㄱ. 채무자가 소멸시효완성 전에 채권자의 권리행사를 현저하게 곤란하게 하여 시효가 완성된 경우, 채무자가 시효의 완성을 주장하는 것은 권리남용이 된다.
> ㄴ. 권리남용은 당사자의 주장이 없더라도 법원은 직권으로 판단할 수 있다.
> ㄷ. 거래당사자가 유치권을 자신의 이익을 위하여 고의적으로 작출하여 유치권의 최우선순위담보권으로서의 지위를 부당하게 이용함으로써 신의성실의 원칙에 반한다고 평가되는 경우에는 유치권의 남용이 된다.
> ㄹ. 권리남용으로 인정되는 경우, 남용의 구체적 효과는 권리의 종류와 남용의 결과에 관계없이 권리의 박탈이라는 점에서는 동일하다.

① ㄱ, ㄴ
② ㄴ, ㄷ
③ ㄷ, ㄹ
④ ㄱ, ㄴ, ㄷ
⑤ ㄴ, ㄷ, ㄹ

## 02 법인의 기관에 관한 설명으로 옳은 것을 모두 고른 것은? (다툼이 있으면 판례에 따름)

> ㄱ. 법인의 정관에 이사의 해임사유에 관한 규정이 있는 경우, 법인으로서는 이사의 중대한 의무위반 등의 특별한 사정이 없는 이상 정관에서 정하지 아니한 사유로 이사를 해임할 수 없다.
> ㄴ. 이사와 감사의 성명·주소는 등기사항이다.
> ㄷ. 법인과 이사의 이익이 상반되는 경우, 법원이 선임한 특별대리인은 그 사항에 대하여 법인을 대표한다.
> ㄹ. 이사의 대표권 제한이 정관에 기재된 경우, 이를 등기하지 않아도 악의의 제3자에게 대항할 수 있다.

① ㄱ, ㄷ
② ㄴ, ㄹ
③ ㄱ, ㄴ, ㄹ
④ ㄱ, ㄷ, ㄹ
⑤ ㄴ, ㄷ, ㄹ

**03** 비법인사단에 관한 설명으로 옳은 것은? (다툼이 있으면 판례에 따름)

① 비법인사단은 부동산소유권에 관하여 등기의무자가 될 수 없다.

② 비법인사단의 해산에 따른 청산절차에는 사단법인의 청산인에 관한 민법 규정을 유추적용할 수 있다.

③ 비법인사단의 대표자가 행한 타인에 대한 업무의 포괄적 위임과 그에 따른 포괄적 수임인의 대행행위는 비법인사단에 대하여 그 효력이 있다.

④ 비법인사단의 채무는 구성원의 지분비율에 따라 귀속한다.

⑤ 이사의 결원으로 인하여 손해가 생길 염려가 있더라도 이해관계인은 법원에 임시이사의 선임을 청구할 수 없다.

**04** 법률행위의 부관에 관한 설명으로 옳지 <u>않은</u> 것은? (다툼이 있으면 판례에 따름)

① 상계에는 시기(始期)를 붙이지 못한다.

② 현상광고에 정한 행위의 완료에 조건이나 기한을 붙일 수 있다.

③ 무상임치와 무이자 소비대차의 경우, 채무자만이 기한이익을 갖는다.

④ 조건의 성취로 인하여 이익을 받을 당사자가 신의성실에 반하여 조건을 성취시킨 때에는 상대방은 그 조건이 성취하지 아니한 것으로 주장할 수 있다.

⑤ 부관이 붙은 법률행위에 있어서 부관에 표시된 사실이 발생한 때뿐만 아니라 발생하지 않는 것으로 확정된 때에도 그 채무를 이행하여야 한다고 보는 것이 상당한 경우에는 표시된 사실의 발생 여부가 확정되는 것을 불확정기한으로 정한 것으로 본다.

**05** 물건에 관한 설명으로 옳은 것은? (다툼이 있으면 판례에 따름)

① 부동산에 부속된 동산을 분리하면 그 동산의 경제적 가치가 없는 경우에는 타인이 권원에 의하여 동산을 부속시킨 경우라도 그 동산은 부동산소유자에게 귀속된다.

② 집합물에 대한 양도담보권자가 점유개정의 방법으로 양도담보권설정계약 당시 존재하는 집합물의 점유를 취득한 후 양도담보권설정자가 자기 소유의 집합물을 이루는 물건을 반입한 경우, 나중에 반입된 물건에는 양도담보권의 효력이 미치지 않는다.

③ 적법한 경작권 없이 타인의 토지를 경작하였다면 그 경작한 입도(立稻)가 성숙한 경우에도 경작자는 그 입도의 소유권을 갖지 못한다.

④ 종물은 주물의 처분에 따르므로, 당사자의 특약으로 종물만을 별도로 처분할 수 없다.

⑤ 입목에 관한 법률에 의하여 소유권보존등기가 마쳐진 입목은 토지와 분리하여 양도될 수 있으나, 저당권의 객체는 될 수 없다.

**06** 소멸시효에 관한 설명으로 옳지 <u>않은</u> 것은? (다툼이 있으면 판례에 따름)

① 소멸시효에 관한 규정은 강행규정이지만, 법률행위에 의하여 경감할 수 있다.

② 공유물분할청구권은 공유관계가 존속하는 한 별도로 소멸시효가 진행되지 않는다.

③ 부당이득반환청구권의 소멸시효는 청구권이 성립한 때로부터 진행하고, 원칙적으로 권리의 존재나 발생을 알지 못하였다고 하더라도 소멸시효의 진행에 장애가 되지 않는다.

④ 부동산매수인이 소유권이전등기 없이 부동산을 인도받아 사용·수익하다가 제3자에게 그 부동산을 처분하고 점유를 승계하여 준 경우, 소유권이전등기청구권의 소멸시효가 진행되지 않는다.

⑤ 원인채권의 지급을 확보하기 위하여 어음이 수수된 당사자 사이에 채권자가 어음채권에 관한 집행권원에 기하여 한 배당요구는 그 원인채권의 소멸시효를 중단시키는 효력이 없다.

**07** 불공정한 법률행위에 관한 설명으로 옳은 것은? (다툼이 있으면 판례에 따름)

① 불공정한 법률행위에도 무효행위 전환의 법리가 적용될 수 있다.

② 불공정한 법률행위로서 무효인 경우에도 추인하면 유효로 된다.

③ 불공정한 법률행위에 관한 규정은 부담 없는 증여의 경우에도 적용된다.

④ 경매에서 경매부동산의 매각대금이 시가에 비하여 현저히 저렴한 경우, 불공정한 법률행위에 해당하여 무효이다.

⑤ 법률행위가 현저하게 공정을 잃은 경우, 특별한 사정이 없는 한 그 법률행위는 궁박·경솔·무경험으로 인해 이루어진 것으로 추정된다.

**08** 착오로 인한 법률행위에 관한 설명으로 옳은 것은? (다툼이 있으면 판례에 따름)

① 법률에 관한 착오는 그것이 법률행위 내용의 중요부분에 관한 것이라 하더라도 착오를 이유로 취소할 수 없다.

② 착오로 인한 의사표시의 취소에 관한 민법 제109조 제1항은 당사자의 합의로 그 적용을 배제할 수 없다.

③ 착오한 표의자의 중대한 과실 유무에 관한 증명책임은 의사표시의 효력을 부인하는 착오자에게 있다.

④ 상대방이 표의자의 착오를 알고 이용한 경우, 그 착오가 표의자의 중대한 과실로 인한 것이라고 하더라도 표의자는 착오에 의한 의사표시를 취소할 수 있다.

⑤ 표의자가 착오를 이유로 의사표시를 취소한 경우, 취소로 인하여 손해를 입은 상대방은 표의자에게 불법행위로 인한 손해배상을 청구할 수 있다.

**09** 甲 소유의 X토지를 매도하는 계약을 체결할 대리권을 甲으로부터 수여받은 乙은 甲의 대리인임을 현명하고 丙과 매매계약을 체결하였다. 이에 관한 설명으로 옳지 <u>않은</u> 것은? (다툼이 있으면 판례에 따름)

① 乙은 특별한 사정이 없는 한 매매계약을 해제할 권한이 없다.

② 乙이 미성년자인 경우, 甲은 乙의 제한능력을 이유로 X토지에 대한 매매계약을 취소할 수 없다.

③ 丙과의 매매계약이 불공정한 법률행위에 해당하는지 여부가 문제된 경우, 매도인의 무경험은 甲을 기준으로 판단한다.

④ 乙이 丙으로부터 매매대금을 수령한 경우, 甲에게 이를 아직 전달하지 않았더라도 특별한 사정이 없는 한 丙의 매매대금채무는 소멸한다.

⑤ 甲이 乙에게 매매계약의 체결과 이행에 관한 포괄적 대리권을 수여한 경우, 특별한 사정이 없는 한 乙은 약정된 매매대금 지급기일을 연기하여 줄 권한을 가진다.

**10** 법률행위의 취소에 관한 설명으로 옳지 <u>않은</u> 것은? (다툼이 있으면 판례에 따름)

① 제한능력자의 법률행위에 대한 법정대리인의 추인은 취소의 원인이 소멸된 후에 하여야 그 효력이 있다.

② 취소할 수 있는 법률행위로 취득한 권리를 취소권자의 상대방이 제3자에게 양도한 경우, 법정추인이 되지 않는다.

③ 법률행위의 취소를 전제로 한 소송상의 이행청구나 이를 전제로 한 이행거절에는 취소의 의사표시가 포함되어 있다고 볼 수 있다.

④ 취소할 수 있는 법률행위는 취소권자가 추인할 수 있는 후에 이의를 보류하지 않고 이행청구를 하면 추인한 것으로 본다.

⑤ 취소권자가 취소할 수 있는 법률행위를 적법하게 추인한 경우, 그 법률행위를 다시 취소할 수 없다.

**11** 甲은 토지거래허가구역 내에 있는 그 소유의 X토지에 대하여 토지거래허가를 받을 것을 전제로 乙과 매매계약을 체결하였다. 이에 관한 설명으로 옳지 <u>않은</u> 것은? (다툼이 있으면 판례에 따름)

① 甲이 허가신청절차에 협력하지 않으면 乙은 甲에 대하여 협력의무의 이행을 소구할 수 있다.

② 甲이 허가신청절차에 협력할 의무를 이행하지 않더라도 특별한 사정이 없는 한 乙은 이를 이유로 계약을 해제할 수 없다.

③ 甲과 乙이 허가신청절차 협력의무의 이행거절의사를 명백히 표시한 경우, 매매계약은 확정적으로 무효가 된다.

④ 매매계약이 乙의 사기에 의해 체결된 경우, 甲은 토지거래허가를 신청하기 전에 사기를 이유로 계약을 취소함으로써 허가신청절차의 협력의무를 면할 수 있다.

⑤ X토지가 중간생략등기의 합의에 따라 乙로부터 丙에게 허가 없이 전매된 경우, 丙은 甲에 대하여 직접 허가신청절차의 협력의무 이행청구권을 가진다.

**12** 甲은 그 소유의 X토지에 저당권을 설정하고 금전을 차용하는 계약을 체결할 대리권을 친구 乙에게 수여하였는데, 乙이 甲을 대리하여 X토지를 丙에게 매도하는 계약을 체결하였다. 이에 관한 설명으로 옳은 것은? (다툼이 있으면 판례에 따름)

① 丙이 乙의 대리행위가 유권대리라고 주장하는 경우, 그 주장 속에는 표현대리의 주장이 포함된 것으로 보아야 한다.

② 丙이 계약체결 당시에 乙에게 매매계약 체결의 대리권이 없음을 알았더라도 丙의 甲에 대한 최고권이 인정된다.

③ 丙이 계약체결 당시에 乙에게 매매계약 체결의 대리권이 없음을 알았더라도 계약을 철회할 수 있다.

④ 乙의 행위가 권한을 넘은 표현대리로 인정되는 경우, 丙에게 과실(過失)이 있다면 과실상계의 법리에 따라 甲의 책임이 경감될 수 있다.

⑤ 丙이 乙의 대리행위가 권한을 넘은 표현대리라고 주장하는 경우, 乙에게 매매계약체결의 대리권이 있다고 丙이 믿을 만한 정당한 이유가 있었는지의 여부는 계약성립 이후의 모든 사정을 고려하여 판단해야 한다.

**13** 선의취득에 관한 설명으로 옳지 <u>않은</u> 것은? (다툼이 있으면 판례에 따름)

① 대리인이 본인 소유가 아닌 물건을 처분하고 상대방이 본인 소유라고 오신한 경우에도 선의취득이 인정될 수 있다.

② 자동차관리법이 적용되는 자동차이더라도 행정상 특례조치에 의하지 아니하고는 적법하게 등록할 수 없어서 등록하지 아니한 상태에 있고 통상적인 용도가 도로 외의 장소에서만 사용하는 것이라는 등의 특별한 사정이 있다면, 민법 제249조의 선의취득 규정이 적용될 수 있다.

③ 채무자 이외의 사람에 속하는 동산을 경매절차에서 경락받은 경우에도 선의취득이 성립할 수 있다.

④ 매수인이 점유개정으로 동산의 점유를 취득한 경우에는 선의취득이 인정되지 않는다.

⑤ 점유보조자가 보관한 물건을 횡령하여 형사상 절도죄가 성립되는 경우, 그 물건은 민법 제250조(도품·유실물에 대한 특례)의 도품에 해당되므로, 피해자는 점유를 상실한 날로부터 2년 내에 그 물건의 반환을 청구할 수 있다.

**14** 점유자와 회복자의 법률관계에 관한 설명으로 옳은 것은? (다툼이 있으면 판례에 따름)

① 악의의 점유자가 점유물의 사용에 따른 이익을 반환하여야 하는 경우, 자신의 노력으로 점유물을 활용하여 얻은 초과이익도 반환하여야 한다.

② 악의의 수익자는 받은 이익에 이자를 붙여 반환하여야 하며, 그 이자의 이행지체로 인한 지연손해금도 지급하여야 한다.

③ 악의의 점유자가 과실(果實)을 수취하지 못한 경우, 이에 대한 과실(過失)이 없더라도 그 과실(果實)의 대가를 보상하여야 한다.

④ 점유자가 점유물을 개량하기 위하여 유익비를 지출한 경우는 점유자가 점유물을 반환할 때에 그 상환을 청구할 수 있으나, 필요비를 지출한 경우에는 즉시 상환을 청구할 수 있다.

⑤ 점유물이 점유자의 책임 있는 사유로 멸실된 때, 악의의 점유자라 하더라도 자주점유인 경우는 타주점유에 비하여 책임이 경감된다.

**15** 등기에 관한 설명으로 옳은 것은? (다툼이 있으면 판례에 따름)

① 본등기에 의한 물권변동의 효력은 가등기를 한 때에 소급하여 발생한다.

② 등기가 원인 없이 말소된 경우, 그 회복등기가 마쳐지기 전이라도 말소된 등기의 등기명의인은 적법한 권리자로 추정된다.

③ 합유자가 그 지분을 포기하면 지분권 이전등기를 하지 않더라도, 포기된 합유지분은 나머지 잔존 합유지분권자들에게 물권적으로 귀속하게 된다.

④ 매매로 인한 소유권이전등기에서 등기명의자가 등기원인을 증여로 주장하였다면 등기의 추정력은 깨어진다.

⑤ 사망자 명의로 신청하여 이루어진 이전등기도 특별한 사정이 없는 한 등기의 추정력이 인정되므로, 등기의 무효를 주장하는 자가 현재의 실체관계에 부합하지 않음을 증명하여야 한다.

**16** 乙은 甲의 X토지를 임차하여 점유하고 있는데, 丙이 무단으로 X토지 위에 건축폐자재를 적치(積置)하여 乙의 토지사용을 방해하고 있다. 이에 관한 설명으로 옳지 <u>않은</u> 것은? (다툼이 있으면 판례에 따름)

① 甲은 丙에 대하여 소유권에 기한 방해배제청구권을 행사할 수 있다.

② 乙은 丙에 대하여 소유권에 기한 방해배제청구권을 행사할 수 없지만, 甲의 소유권에 기한 방해배제청구권을 대위 행사할 수 있다.

③ 丙이 X토지를 자신의 것으로 오신하여 건축폐자재를 적치한 경우라 하더라도, 乙은 丙에 대하여 점유권에 기한 방해배제청구권을 행사할 수 있다.

④ 甲은 丙에 대하여 점유권에 기한 방해배제청구권을 행사할 수 없지만, 乙의 점유권에 기한 방해배제청구권을 대위 행사할 수 있다.

⑤ X토지에 대한 임대차 계약이 종료되면 甲은 乙에 대하여 임대차 계약상 반환청구권을 행사할 수 있는데, 이는 채권적 청구권으로 물권적 청구권과 별개로 행사할 수 있다.

**17** 부동산 소유권의 점유취득시효에 관한 설명으로 옳지 <u>않은</u> 것은? (다툼이 있으면 판례에 따름)

① 시효완성자는 취득시효완성에 따른 등기를 하지 않더라도 시효완성 당시의 등기명의인에 대하여 취득시효를 주장할 수 있다.

② 취득시효가 완성되기 전에 등기명의인이 바뀐 경우에는 시효완성자는 취득시효완성 당시의 등기명의인에게 취득시효를 주장할 수 있다.

③ 취득시효완성 후 등기명의인이 변경되면 설사 등기원인이 취득시효 완성 전에 존재하였더라도, 시효완성자는 변경된 등기명의인에게 취득시효를 주장할 수 없다.

④ 취득시효기간이 진행하는 중에 등기명의인이 변동된 경우, 취득시효기간의 기산점을 임의로 선택하거나 소급하여 20년 이상 점유한 사실만을 내세워 시효완성을 주장할 수 없다.

⑤ 취득시효완성 후 등기명의인이 바뀐 경우, 등기명의가 바뀐 시점으로부터 다시 취득시효기간이 경과하더라도 취득시효완성을 주장할 수 없다.

**18** 2020.10.1. 甲 소유의 X토지와 그 지상에 있는 Y건물에 설정된 저당권의 실행으로 X토지는 乙이 경락받았고, Y건물은 丙이 경락받았다. X토지 및 Y건물에는 매각에 따른 소유권이전등기만 되었으며, X토지에 대한 법정지상권 등기는 현재까지 경료되지 않았다. 2021.1.15. 乙은 X토지를 丁에게 양도하고 丁 명의로 소유권이전등기를 하였고, 2021.2.10. 丙은 자신이 가진 X토지에 대한 권리와 Y건물에 대한 소유권을 戊에게 매도하는 계약을 체결하고 Y건물에 대한 소유권이전등기를 하였다. 이에 관한 설명으로 옳은 것은? (다툼이 있으면 판례에 따름)

① 2020.10.1. 당시 丙은 X토지에 대하여 법정지상권 등기를 하지 않았기 때문에, 丙은 X토지에 대한 법정지상권을 취득하지 못한다.

② 2020.10.1. 당시 丙이 법정지상권을 취득하였더라도 본인의 의사와 무관하게 취득한 것이므로, 지료를 지급할 필요가 없다.

③ 2021.1.16. 丙은 X토지에 대한 법정지상권을 丁에게 주장할 수 있다.

④ 2021.2.10. 戊는 법정지상권 등기 없이도, X토지에 대하여 법정지상권을 취득한다.

⑤ 2021.2.27. 현재 丁은 戊에 대하여 Y건물의 철거를 청구할 수 있다.

**19** 저당권에 관한 설명으로 옳지 <u>않은</u> 것은? (다툼이 있으면 판례에 따름)

① 구분건물의 전유부분에 설정된 저당권의 효력은 특별한 사정이 없는 한 그 전유부분의 소유자가 나중에 취득한 대지권에도 미친다.

② 저당목적물에 갈음하는 금전의 인도청구권에 대하여 저당권자가 압류하기 전에 그 금전이 물상보증인에게 지급되었더라도, 저당권자는 물상보증인에게 부당이득반환을 청구할 수 있다.

③ 저당권부 채권을 양수한 채권자가 채권양도의 대항요건을 갖추지 않은 경우에는 그보다 후순위 저당권자에 대하여 채권양도로써 대항할 수 없다.

④ 물상대위권을 행사하지 아니하여 우선변제권을 상실한 저당권자는 저당목적물에 갈음한 보상금으로 이득을 얻은 다른 채권자에 대하여 그 이익을 부당이득으로 반환청구할 수 없다.

⑤ 저당부동산에 대하여 전세권을 취득한 제3자는 저당권자에게 그 부동산으로 담보된 채권을 변제하고 저당권의 소멸을 청구할 수 있다.

**20** 전세권에 관한 설명으로 옳지 <u>않은</u> 것은? (다툼이 있으면 판례에 따름)

① 타인의 토지에 있는 건물의 소유자가 그 건물에 설정한 전세권의 효력은 그 건물의 소유를 목적으로 한 임차권에도 미친다.

② 대지와 건물이 동일한 소유자에게 속한 경우에 건물에 전세권을 설정한 때에는 그 대지소유권의 특별승계인은 전세권설정자에 대하여 지상권을 설정한 것으로 본다.

③ 전세권이 법정갱신된 경우, 전세권자는 등기 없이도 그 목적물을 취득한 제3자에 대하여 갱신된 권리를 주장할 수 있다.

④ 전세권에 저당권을 설정한 경우, 전세기간이 만료되더라도 전세권의 저당권자는 전세권 자체에 대하여 저당권을 실행하여 전세금을 배당받을 수 있다.

⑤ 토지전세권의 존속기간을 15년으로 약정한 경우에 그 존속기간은 10년으로 단축되지만, 당사자는 존속기간 만료 시에 갱신한 날로부터 10년을 넘지 않는 기간으로 전세권을 갱신할 수 있다.

**21** 민사유치권에 관한 설명으로 옳은 것은? (다툼이 있으면 판례에 따름)

① 유치권자는 유치물의 과실(果實)이 금전인 경우, 이를 수취하여 다른 채권보다 먼저 유치권으로 담보된 채권의 변제에 충당할 수 있다.

② 유치권자가 유치물의 보존에 필요한 사용을 한 경우에는 특별한 사정이 없는 한, 차임 상당의 이득을 소유자에게 반환할 의무가 없다.

③ 건물공사대금의 채권자가 그 건물에 대하여 유치권을 행사하는 동안에는 그 공사대금채권의 소멸시효가 진행하지 않는다.

④ 임대인과 임차인 사이에 임대차 종료에 따른 건물명도 시에 권리금을 반환하기로 약정한 경우, 임차인은 권리금반환청구권을 가지고 건물에 대한 유치권을 행사할 수 있다.

⑤ 유치권자가 경매개시결정등기 전에 부동산에 관하여 유치권을 취득하였더라도 그 취득에 앞서 저당권설정등기가 먼저 되어 있었다면, 경매절차의 매수인에게 자기의 유치권으로 대항할 수 없다.

**22** 양도담보에 관한 설명으로 옳지 <u>않은</u> 것은? (다툼이 있으면 판례에 따름)

① 집합물 양도담보에서 양도담보의 목적인 집합물을 구성하는 개개의 물건이 변동되더라도 양도담보권의 효력은 항상 현재의 집합물에 미친다.

② 주택을 채권담보의 목적으로 양도한 경우, 양도담보권자가 그 주택을 사용·수익하기로 하는 약정이 없는 이상 주택에 대한 임대권한은 양도담보 설정자에게 있다.

③ 채무자가 피담보채무의 이행지체에 빠진 경우, 양도담보권자는 채무자로부터 적법하게 목적 부동산의 점유를 이전받은 제3자에 대하여 직접 소유권에 기한 인도청구를 할 수 있다.

④ 양도담보권의 목적인 주된 동산에 다른 동산이 부합되어 부합된 동산에 관한 권리를 상실하는 손해를 입은 사람은 양도담보권자를 상대로 그로 인한 보상을 청구할 수 없다.

⑤ 채무자가 금전채무를 담보하기 위하여 그 소유의 동산을 채권자에게 양도하되 점유개정에 의하여 이를 계속 점유하기로 한 경우, 다시 다른 채권자와 양도담보 설정계약을 체결하고 점유개정의 방법으로 그 동산을 인도하더라도 뒤의 채권자는 양도담보권을 취득할 수 없다.

**23** 채권질권에 관한 설명으로 옳지 <u>않은</u> 것은? (다툼이 있으면 판례에 따름)

① 피담보채권액이 입질채권액보다 적은 경우에도 질권의 효력은 입질채권 전부에 미친다.

② 주택임차인이 보증금반환채권을 담보로 질권을 설정한 경우, 질권자에게 임대차계약서를 교부하지 않았더라도 그 질권은 유효하다.

③ 질권설정자가 제3채무자에게 질권설정 사실을 통지한 후 제3채무자가 질권자의 동의없이 질권설정자와 상계합의를 하여 질권의 목적인 채무를 소멸하게 한 경우, 질권자는 제3채무자에 대하여 직접 채무의 변제를 청구할 수 있다.

④ 저당권부 채권에 질권을 설정한 경우에는 그 저당권등기에 질권의 부기등기를 하여야 질권의 효력이 저당권에 미친다.

⑤ 저당권부 채권에 질권을 설정하면서 그 저당권의 피담보채권만을 질권의 목적으로 하고 저당권은 질권의 목적으로 하지 않는 것은 저당권의 부종성에 반하여 허용되지 않는다.

**24** 관습법상 법정지상권이 성립되지 <u>않는</u> 경우를 모두 고른 것은? (다툼이 있으면 판례에 따름)

ㄱ. 환지처분으로 인하여 토지와 그 지상건물의 소유자가 달라진 경우

ㄴ. 미등기 건물을 그 대지와 함께 양수한 사람이 그 대지에 관하여서만 소유권이전등기를 넘겨받고 건물에 대하여는 그 등기를 이전받지 못하고 있는 상태에서 그 대지가 강제경매되어 소유자가 달라진 경우

ㄷ. 공유토지 위에 신축한 건물을 단독 소유하던 토지공유자 1인이 자신의 토지지분만을 양도하여 건물과 토지의 소유자가 달라진 경우

ㄹ. 토지를 매수하여 소유권이전등기를 마친 매수인이 그 지상에 건물을 신축한 후 그 토지의 소유권이전등기가 원인무효로 밝혀져 말소됨으로써 건물과 토지의 소유자가 달라진 경우

① ㄱ, ㄴ

② ㄴ, ㄹ

③ ㄱ, ㄴ, ㄷ

④ ㄴ, ㄷ, ㄹ

⑤ ㄱ, ㄴ, ㄷ, ㄹ

**25** 이행지체에 관한 설명으로 옳지 <u>않은</u> 것은? (다툼이 있으면 판례에 따름)

① 동산매매계약에서 매도인 甲이 매수인 乙에 대해 잔금 지급기일 도과를 이유로 지연손해금을 청구하려면 甲은 자기 채무의 이행제공을 계속하여야 한다.

② 신축 중인 상가를 乙에게 분양한 甲이 분양대금의 중도금지급기한을 1층 골조공사 완료시로 약정한 경우, 1층 골조공사 완료 후 乙이 그 사실을 안 날의 다음 날부터 중도금지급채무의 지체책임을 진다.

③ 이행기의 정함이 없는 매매대금채권을 甲으로부터 양수한 丙이 채무자 乙을 상대로 그 이행을 구하는 소를 제기하고 소송 계속 중 甲이 乙에 대해 채권양도통지를 한 경우, 특별한 사정이 없는 한 乙은 채권양도통지가 도달된 날의 다음 날부터 이행지체의 책임을 진다.

④ 매수인 乙이 매도인 甲의 영업소에서 쌀 10포대를 받아가기로 약정한 경우, 乙이 변제기 이후에 오지 않은 이상 甲은 지연에 따른 손해배상책임을 지지 않는다.

⑤ 甲은 乙로부터 1억 원을 빌리면서 5회에 걸쳐 매회 2천만 원씩 분할상환하되, 분할변제기한을 1회라도 지체하였을 때는 기한의 이익을 잃는 것으로 특약한 경우, 특별한 사정이 없는 한 甲은 1회 변제기한이라도 지체하면 미상환금액 전부에 대하여 지체책임을 진다.

**26** 채권의 목적에 관한 설명으로 옳지 <u>않은</u> 것은? (다툼이 있으면 판례에 따름)

① 수임인이 위임사무의 처리과정에서 받은 물건으로 위임인에게 인도할 목적물이 대체물이더라도 당사자 사이에는 특정된 물건과 같은 것으로 보아야 한다.

② 채권의 성질 또는 당사자의 의사표시로 달리 정한 바가 없는 이상, 특정물의 인도는 채권성립 당시의 그 물건의 소재지에서 한다.

③ 제한종류채권에서 채무자가 지정권자인 경우, 채권의 기한이 도래한 후 채권자의 최고에도 불구하고 채무자가 이행할 물건을 지정하지 않으면 그 지정권은 채권자에게 이전한다.

④ 채권액이 외국통화로 지정된 금액채권인 외화채권의 경우, 채권자는 대용급부권을 행사하여 우리나라 통화로 환산하여 청구할 수 없다.

⑤ 이자제한법상 제한이자를 초과하는 이자채권을 자동채권으로 하여 상계의 의사표시를 하더라도 그 상계의 효력은 발생하지 않는다.

**27** 이행불능에 관한 설명으로 옳지 <u>않은</u> 것은? (다툼이 있으면 판례에 따름)

① 토지거래허가구역 내의 토지에 관하여 허가를 조건으로 매매계약을 체결한 경우, 그 허가 전에는 거래 계약상의 채무를 이행할 수 없게 되더라도 그에 따른 손해배상책임을 지지 않는다.

② 쌍무계약에서 당사자 일방이 부담하는 채무의 일부만이 채무자의 책임 있는 사유로 이행할 수 없게 된 경우, 이행가능한 나머지 부분만의 이행으로 계약목적을 달성할 수 없다면 채무의 이행은 전부가 불능이라고 보아야 한다.

③ 민법상 임대차에서 목적물을 사용·수익하게 할 임대인의 의무는 임대인이 임대차목적물의 소유권을 상실한 것만으로 이행불능이 된다.

④ 매매목적물에 관하여 매도인의 다른 채권자가 강제경매를 신청하여 그 절차가 진행 중에 있다는 사유만 으로 매도인의 채무가 이행불능이 되는 것은 아니다.

⑤ 쌍무계약에서 당사자 일방의 급부뿐만 아니라 상대방의 반대급부도 전부 이행불능이 된 경우, 특별한 사정이 없는 한 당사자 일방은 상대방에게 대상청구를 할 수 없다.

**28** 채무인수에 관한 설명으로 옳은 것은? (다툼이 있으면 판례에 따름)

① 채무자와 채무인수인 사이의 면책적 채무인수에서 채권자가 승낙을 거절하였더라도 다시 승낙하면 채무인수의 효력이 생긴다.

② 채무자와 채무인수인 사이의 면책적 채무인수에서 채권자가 채무인수인에게 인수금의 지급을 청구하더라도 채무인수의 승낙으로 볼 수 없다.

③ 채무자와 채무인수인 사이의 면책적 채무인수에서 채권자의 승낙이 없는 경우, 채무자와 인수인 사이에는 이행인수로서의 효력도 인정될 수 없다.

④ 채권자와 채무인수인 사이의 중첩적 채무인수는 채무자의 의사에 반하여도 이루어질 수 있다.

⑤ 면책적 채무인수의 경우, 채무인수인은 채무자에 대한 항변사유로 채권자에게 대항할 수 있다.

**29** 다수당사자의 채권관계에 관한 설명으로 옳지 <u>않은</u> 것은? (다툼이 있으면 판례에 따름)

① 甲과 乙이 공유하는 부동산을 丙에게 공동으로 임대한 경우, 임대차 종료 시 甲과 乙은 지분비율에 따라 丙에게 임대차보증금을 반환할 채무를 부담한다.

② 丙에 대해 불가분채권을 가지고 있는 甲과 乙중 甲이 丙에게 이행을 청구하여 丙이 이행지체에 빠진 경우, 丙은 乙에게도 이행지체 책임을 진다.

③ 甲과 乙이 공유하는 부동산을 丙이 무단으로 점유·사용하고 있는 경우, 특별한 사정이 없는 한 甲과 乙은 丙에 대해 지분 비율에 따른 부당이득반환청구권을 갖는다.

④ 甲이 乙의 丙에 대한 채무를 중첩적으로 인수하는 경우, 甲과 乙은 원칙적으로 연대채무를 부담한다.

⑤ 甲의 채권자 丁이 甲의 연대채무자 乙, 丙에 대한 채권 중 甲의 乙에 대한 채권에 대해 압류 및 추심명령을 발령받았더라도 甲은 丙에 대해 이행을 청구할 수 있다.

**30** 수급인 甲은 2020.10.1. 도급인 乙과 도급계약을 체결하고, 2021.1.5. 공사를 완성하여 乙에 대한 1억 원의 공사대금채권을 갖고 있던 중 위 채권을 丙에게 양도하고, 이를 乙에게 통지하였다. 이에 관한 설명으로 옳지 <u>않은</u> 것은? (다툼이 있으면 판례에 따름)

① 甲이 丙에게 공사대금채권의 추심 기타 행사를 위임하면서 그 채권을 양도하였으나 양도의 원인인 위임이 해지된 경우, 공사대금채권은 甲에게 복귀한다.

② 甲이 주채무자 乙에 대한 채권과 그의 보증인 丁에 대한 채권 중 丁에 대한 채권만을 양도하기로 한 경우, 그 약정은 효력이 없다.

③ 甲과 乙사이에 채권양도금지특약이 있는 경우, 이와 같은 사실을 알고 있는 甲의 채권자 戊가 甲의 乙에 대한 채권에 대해 압류 및 전부명령을 받았다면 乙은 戊에게 위 특약에 의해 대항할 수 없다.

④ 甲이 丙에게 공사대금채권 중 5,000만 원만 양도하고 乙에게 채권양도통지 후 乙이 甲에 대한 2,000만 원의 하자보수에 갈음하는 손해배상채권을 취득한 경우, 乙의 위 채권에 의한 상계는 각 분할된 채권액의 채권 총액에 대한 비율에 따라야 한다.

⑤ 甲의 丙에 대한 채권양도 및 乙에 대한 확정일자부 통지와 甲의 채권자 戊가 신청한 甲의 乙에 대한 채권에 대한 압류 및 전부명령이 乙에게 동시에 도달한 경우, 乙은 채권자를 알 수 없음을 이유로 변제공탁을 할 수 있다.

**31** 변제에 관한 설명으로 옳은 것을 모두 고른 것은? (다툼이 있으면 판례에 따름)

> ㄱ. 甲은 乙에 대해 1,000만 원의 채무를 부담하고 있는데, 丙이 자신의 채무로 오해하여 乙에게 1,000만 원을 지급한 경우, 제3자 변제에 해당하지 않는다.
>
> ㄴ. 甲이 그의 乙에 대한 공사대금채무의 담보로 乙의 유치권이 성립한 그 소유의 건물을 丙에게 매도하면서 소유권이전등기시까지 임대한 경우, 丙은 甲의 의사에 반하여 공사대금채무를 乙에게 변제할 수 없다.
>
> ㄷ. 예금주 甲의 대리인이라고 주장하는 乙이 甲의 통장과 인감을 소지하고 丙은행에 예금반환청구를 한 경우, 대리인을 사칭한 乙은 채권의 사실상 귀속자와 같은 외형을 갖추고 있지 아니하여 채권의 준점유자로 볼 수 없다.
>
> ㄹ. 지시채권 증서 소지인 甲에 대한 乙의 변제는 乙이 甲의 권리 없음을 알았거나 중과실이 있는 경우를 제외하고 유효하다.

① ㄱ

② ㄱ, ㄴ

③ ㄱ, ㄹ

④ ㄱ, ㄴ, ㄷ

⑤ ㄴ, ㄷ, ㄹ

**32** 甲은 乙에 대해 2020.7.1. 발생한 대여금채권을 갖고 있다. 2021.1.10.부터 채무초과상태인 乙이 사해의 사로 악의의 丙과 2021.1.15.에 법률행위를 하였다. 甲은 乙과 丙사이의 법률행위에 대해서 2021.2.15. 채권자취소권을 행사하고자 한다. 이에 관한 설명으로 옳지 <u>않은</u> 것은? (다툼이 있으면 판례에 따름)

① 甲이 乙을 상대로 위 대여금채무의 이행청구소송을 제기하였으나 2020.9.1. 원고패소로 확정된 경우, 甲의 사해행위취소청구는 인용될 수 없다.

② 乙이 2020.9.1. 甲의 위 대여금채권에 대한 담보로 그 소유의 X부동산에 저당권설정등기를 한 경우, 우선변제적 효력이 미치는 범위 내에서는 甲의 채권자취소권 행사도 허용되지 않는다.

③ 甲이 위 대여금채권에 기해 2021.1.3. 乙 소유의 X부동산에 가압류를 한 후 乙은 丁의 丙에 대한 채무를 담보하기 위해 X부동산에 대하여 2021.1.15. 丙과 저당권설정계약을 체결하고 저당권설정등기를 마쳐준 경우, 甲은 채권자취소권을 행사할 수 있다.

④ 乙이 2020.10.3. 그 소유 X부동산(시가 6,000만 원)과 Y부동산(시가 4,000만 원)에 丁에 대한 3,000만 원의 피담보채무를 담보하기 위해 공동저당권을 설정한 후, 2021.1.15. 丙에게 X부동산을 매도하고 당일 소유권이전등기를 마친 경우, 4,200만 원의 범위 내에서 사해행위가 성립한다.

⑤ 乙의 채권자 戊가 2020.12.3. 乙 소유의 X부동산을 가압류한 상태에서, 2021.1.15. 乙로부터 X부동산을 양도받은 丙이 乙의 戊에 대한 가압류채무를 변제한 경우, X부동산의 양도계약이 사해행위로 취소되면 丙은 특별한 사정이 없는 한 甲에게 가액반환을 하여야 하고, 위 변제액을 공제하여야 한다.

**33** 甲은 자신 소유의 X노트북을 乙에게 매도하면서 그 대금은 乙이 甲의 채권자 丙에게 직접 지급하기로 하는 제3자를 위한 계약을 체결하였고, 丙은 乙에게 수익의 의사를 표시하였다. 이에 관한 설명으로 옳지 **않은** 것은? (다툼이 있으면 판례에 따름)

① 甲과 乙이 미리 매매계약에서 丙의 권리를 변경·소멸할 수 있음을 유보한 경우, 이러한 약정은 丙에 대해서도 효력이 있다.

② 甲은 丙의 동의가 없는 한 乙의 채무불이행을 이유로 계약을 해제할 수 없다.

③ 제3자를 위한 계약의 체결 원인이 된 甲과 丙사이의 법률관계가 취소된 경우, 특별한 사정이 없는 한 乙은 丙에게 대금지급을 거절할 수 없다.

④ 乙의 채무불이행을 이유로 甲이 계약을 해제한 경우, 丙은 乙에게 자기가 입은 손해에 대한 배상을 청구할 수 있다.

⑤ 甲과 乙의 매매계약이 취소된 경우, 乙이 丙에게 이미 매매대금을 지급하였다고 하더라도 특별한 사정이 없는 한 乙은 丙을 상대로 부당이득반환청구를 할 수 없다.


**34** 계약의 성립에 관한 설명으로 옳지 **않은** 것은? (다툼이 있으면 판례에 따름)

① 계약의 당사자가 누구인지는 계약에 관여한 당사자의 의사해석 문제로서, 당사자들의 의사가 일치하는 경우에는 그 의사에 따라 계약의 당사자를 확정해야 한다.

② 임대차계약에서 보증금의 지급약정이 있는 경우, 보증금의 수수는 임대차계약의 성립요건이 아니다.

③ 계약이 의사의 불합치로 성립하지 아니한 경우, 그로 인하여 손해를 입은 당사자는 상대방에 대하여 민법 제535조(계약체결상의 과실)를 유추적용하여 손해배상을 청구할 수 있다.

④ 매매계약체결 당시 목적물과 대금이 구체적으로 확정되지 않았더라도, 이행기 전까지 구체적으로 확정될 수 있는 방법과 기준이 정해져 있다면 계약의 성립을 인정할 수 있다.

⑤ 청약자의 의사표시나 관습에 의해 승낙의 통지가 필요하지 않은 경우, 계약은 승낙의 의사표시로 인정되는 사실이 있는 때에 성립한다.

**35** 동시이행의 항변권에 관한 설명으로 옳지 <u>않은</u> 것은? (다툼이 있으면 판례에 따름)

① 부동산 매매계약에서 매수인이 부가가치세를 부담하기로 약정한 경우, 특별한 사정이 없는 한 부가가치세를 포함한 매매대금 전부와 부동산의 소유권이전등기의무는 동시이행관계에 있다.

② 공사도급계약상 도급인의 지체상금채권과 수급인의 공사대금채권은 특별한 사정이 없는 한 동시이행관계에 있다고 할 수 없다.

③ 구분소유적 공유관계가 전부 해소된 경우, 공유지분권자 상호 간의 지분이전등기의무는 동시이행의 관계에 있다.

④ 원인채무의 지급을 담보하기 위하여 어음이 교부된 경우, 채무자는 어음반환과 동시이행을 주장하여 원인채무의 지급을 거절할 수는 없다.

⑤ 동시이행의 관계에 있는 쌍방의 채무 중 어느 한 채무가 이행불능이 됨으로 인하여 발생한 손해배상채무도 여전히 다른 채무와 동시이행의 관계에 있다.

**36** 甲과 乙은 甲 소유의 X토지에 대하여 매매계약을 체결하였다. 이에 관한 설명으로 옳지 <u>않은</u> 것은? (다툼이 있으면 판례에 따름)

① 甲과 乙이 계약해제로 인한 원상회복의무로 반환할 매매대금에 가산할 이자를 4%로 약정한 경우, 동 약정이율은 매매대금 반환의무의 이행지체로 인한 지연손해금률에도 적용된다.

② 甲이 乙의 채무불이행을 이유로 매매계약을 해제한 후에도 乙은 착오를 이유로 매매계약을 취소할 수 있다.

③ 乙 명의로 소유권이전등기가 경료된 X토지에 대하여 乙의 채권자 丙이 가압류 집행을 마쳐둔 경우, 甲은 丙에 대하여 乙의 채무불이행을 이유로 한 해제의 소급효를 주장할 수 없다.

④ 甲이 乙의 채무불이행에 관하여 원인의 일부를 제공하였다고 하더라도 乙이 이를 이유로 甲의 계약해제에 따른 원상회복청구에 대하여 과실상계하는 것은 인정되지 않는다.

⑤ 乙이 중도금을 약정된 기일에 지급하지 않으면 최고 없이 계약은 자동적으로 해제되는 것으로 약정한 경우, 특별한 사정이 없는 한 그 불이행이 있으면 계약은 자동적으로 해제된다.

**37** 甲은 친구 乙이 운전하는 차량에 호의로 동승하여 귀가하던 중 신호를 무시하고 운전하던 丙의 차량과 충돌하는 사고로 부상을 당하였다. 이 사고로 인한 甲의 손해액은 1,000만 원, 乙과 丙의 과실비율은 2:8로 확정되었다. 이에 관한 설명으로 옳지 <u>않은</u> 것은? (단, 자동차손해배상보장법은 고려하지 않으며, 다툼이 있으면 판례에 따름)

① 甲의 손해에 대하여 乙, 丙은 부진정연대책임을 진다.

② 甲의 호의동승으로 인해 乙의 책임이 제한되는 경우, 이는 丙에게도 인정된다.

③ 甲이 乙의 난폭운전으로 사고발생의 위험성이 상당할 정도로 우려된다는 것을 인식한 경우, 甲에게 안전운전을 촉구할 주의의무가 인정된다.

④ 甲의 호의동승에 따른 책임제한이 30%로 인정되고 丙이 甲에게 600만 원을 변제한 경우, 丙은 乙에게 40만 원을 구상할 수 있다.

⑤ 丙이 甲에게 손해 전부를 배상하고 乙에 대한 구상권을 취득한 후 甲의 乙에 대한 손해배상채권이 시효로 소멸한 경우, 丙은 乙에게 더 이상 구상권을 행사할 수 없다.

**38** 甲은 주택을 짓기 위하여 건축업자 乙과 도급계약을 체결하면서 지체상금약정도 하였다. 이에 관한 설명으로 옳은 것을 모두 고른 것은? (다툼이 있으면 판례에 따름)

> ㄱ. 乙에 의해 완공된 주택에 하자가 있어 계약의 목적을 달성할 수 없는 경우라도 甲은 도급계약을 해제할 수 없다.
> ㄴ. 乙에 의해 완공된 주택에 발생한 하자가 중요하지 않는데도 그 보수에 과다한 비용이 드는 경우, 甲은 하자보수에 갈음하는 손해배상을 청구 할 수 있다.
> ㄷ. 지체상금의 종기는 특별한 사정이 없는 한 乙이 공사를 중단하거나 기타 해제사유가 있어 甲이 실제로 해제한 때로부터 甲이 다른 업자에게 의뢰하여 완공할 수 있었던 시점까지로 제한된다.
> ㄹ. 예정된 준공기한 전에 도급계약이 해제되어 乙이 공사를 완료하지 아니한 경우에는 특별한 사정이 없는 한 지체상금약정은 적용되지 않는다.

① ㄱ, ㄴ          ② ㄱ, ㄹ

③ ㄴ, ㄷ          ④ ㄴ, ㄹ

⑤ ㄷ, ㄹ

**39** 민법상 조합에 관한 설명으로 옳은 것은? (다툼이 있으면 판례에 따름)

① 어느 조합원이 출자의무를 이행하지 않은 경우, 다른 조합원은 이를 이유로 조합계약을 해제할 수 있다.

② 조합계약이 성립하기 위한 공동사업이란 조합원 전원이 사업의 성공에 대하여 이해관계를 가지는 것으로 일부 조합원만이 이익분배를 받는 관계는 조합이 아니다.

③ 부동산의 공동매수인들이 전매차익을 얻으려는 목적으로만 상호 협력하는 경우에도 민법상 조합관계에 있다고 볼 수 있다.

④ 조합원의 채권자는 조합재산을 구성하는 개개의 재산에 대한 조합원의 합유지분에 대하여 강제집행을 할 수 있다.

⑤ 조합원이 조합을 탈퇴할 권리는 그 성질상 채권자대위가 허용되지 않는 일신전속적 권리에 해당한다.

**40** 매도인의 담보책임에 관한 설명으로 옳지 <u>않은</u> 것은? (다툼이 있으면 판례에 따름)

① 수량지정매매에 해당하는 부동산매매계약에서 실제면적이 계약면적에 미달하는 경우, 매수인은 대금감액청구권의 행사와 별도로 부당이득반환청구도 할 수 있다.

② 타인의 권리를 매매한 자가 그 권리를 이전할 수 없게 된 경우, 매도인은 선의의 매수인에 대하여 불능당시의 시가를 표준으로 이행이익을 배상할 의무가 있다.

③ 매매계약 내용의 중요부분에 착오가 있는 경우, 매수인은 매도인의 하자담보책임이 성립하는지와 상관없이 착오를 이유로 그 매매계약을 취소할 수 있다.

④ 매수인이 하자의 발생과 확대에 잘못이 있는 경우, 법원은 매도인의 손해배상액을 산정함에 있어 매수인의 과실을 직권으로 참작하여 그 범위를 정해야 한다.

⑤ 저당권이 설정된 부동산의 매수인이 저당권의 행사로 그 소유권을 취득할 수 없는 경우, 악의의 매수인이라도 특별한 사정이 없는 한 계약을 해제할 수 있다.

**01** 경사진 면을 질량 $m$인 물체가 마찰 없이 미끄러져 내려오고 있다. 물체는 높이 $h$에서 정지 상태로부터 출발하였다. 물체가 $\dfrac{h}{2}$인 지점을 통과하는 순간의 속력은?

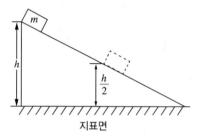

① $\dfrac{1}{4}\sqrt{gh}$

② $\dfrac{1}{2}\sqrt{gh}$

③ $\sqrt{\dfrac{gh}{2}}$

④ $\sqrt{gh}$

⑤ $\sqrt{2gh}$

**02** 균일한 자기장 $B$에 수직한 방향으로 속력 $v$로 입사한 질량 $m$인 전하 $+q$는 반지름 $r$인 원운동을 한다. 전하의 운동을 설명한 것으로 옳지 <u>않은</u> 것은?

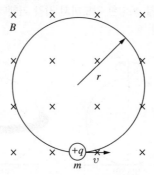

① 전하의 가속도 크기는 $\dfrac{qvB}{r}$이다.

② 원운동의 주기는 $\dfrac{2\pi m}{qB}$이다.

③ 원운동의 반지름은 $\dfrac{mv}{qB}$이다.

④ 전하의 운동에너지는 $\dfrac{1}{2}mv^2$이다.

⑤ 전하가 받는 힘의 크기는 $qvB$이다.

**03** 그림은 전지와 부하 저항이 연결된 회로이다. 부하 저항은 5Ω인 저항과 $R'$인 가변 저항이 병렬로 연결되어있다. 전지의 기전력($\varepsilon$)은 3V이고, 내부 저항($r$)은 4Ω이다. 부하 저항에 최대 전력(electric power)을 전달하기 위한 $R'$은?

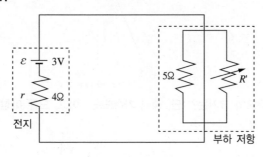

① 1Ω             ② 4Ω

③ 5Ω             ④ 9Ω

⑤ 20Ω

**04** 그림 (가)는 질량이 $M$이고 반지름이 $R$인 속이 꽉 찬 균일한 강체 구를, (나)는 질량이 $m$이고 반지름이 $R$인 가늘고 균일한 고리를 (가)의 구에 수평으로 끼워 고정한 강체를 나타낸 것이다. 정지해 있던 (가)와 (나)의 강체에 동일한 토크를 동일한 각도까지 각각 가했더니, (가)와 (나)의 강체는 제자리에서 각각 각속도 $2\omega$와 $\omega$로 회전한다.

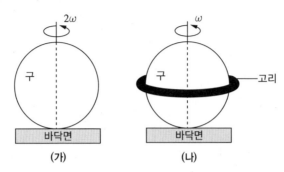

질량비 $\dfrac{M}{m}$은? (단, 구의 관성모멘트는 $\dfrac{2}{5}MR^2$이고, 고리는 수평을 유지하며 회전하고, 고리의 두께, 강체와 바닥면 사이의 마찰, 공기 마찰은 무시한다)

① $\dfrac{3}{5}$　　　　　　　　　　　　　② $\dfrac{5}{6}$

③ $\dfrac{6}{5}$　　　　　　　　　　　　　④ $\dfrac{5}{4}$

⑤ $\dfrac{5}{3}$

**05** 그림은 줄에 매달린 물체가 수평면에서 등속 원운동을 하는 모습을 나타낸 것이다. 물체의 질량은 $m$이고, 줄과 수직축 사이의 각도는 $30°$이다.

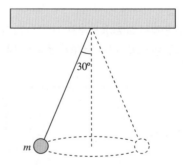

물체의 구심 가속도의 크기는? (단, 중력 가속도는 $g$이고, 모든 마찰은 무시한다)

① $\dfrac{1}{2}g$　　　　　　　　　　　　② $\dfrac{1}{\sqrt{3}}g$

③ $\dfrac{\sqrt{3}}{2}g$　　　　　　　　　　　④ $\sqrt{3}\,g$

⑤ $2g$

**06** 그림과 같이 $xy$평면의 일사분면에 놓인 한 변의 길이가 $d$인 정사각형의 한 꼭짓점은 원점에 있고, 점전하 $+q$는 원점에서 $d$만큼 떨어져 $z$축 상에 고정되어 있다.

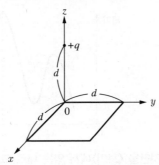

정사각형을 통과하는 전기 선속(electric flux)은? (단, $\epsilon_0$은 진공의 유전율이다)

① $\dfrac{q}{2\epsilon_0}$

② $\dfrac{q}{3\epsilon_0}$

③ $\dfrac{q}{6\epsilon_0}$

④ $\dfrac{q}{12\epsilon_0}$

⑤ $\dfrac{q}{24\epsilon_0}$

**07** 그림 (가)는 길이가 $L$인 한쪽이 막힌 관이고, (나)는 양쪽이 열린 관이다. (가)의 관에서 가장 낮은 음의 정상 음파가 (나)의 관에서 정상 음파가 되기 위한 관의 최소 길이는? (단, 관의 가장자리 효과는 무시한다)

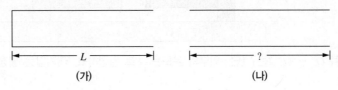

① $\dfrac{1}{2}L$

② $L$

③ $\dfrac{3}{2}L$

④ $2L$

⑤ $3L$

**08** 그림은 어떤 각도 $\theta$로 산란된 $X$선의 세기를 파장에 따라 측정한 콤프턴 실험 결과이다. 세기 분포는 파장 $\lambda_0$, $\lambda_1$에서 두 개의 봉우리를 갖는다.

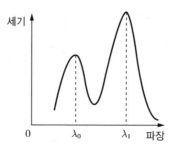

이에 관한 설명으로 옳은 것만을 〈보기〉에서 있는 대로 고른 것은?

> ㄱ. 산란각 $\theta$가 커지면 두 봉우리에 해당하는 파장의 차는 커진다.
> ㄴ. 산란된 $X$선의 광자 한 개 당 에너지는 $\lambda_1$일 때가 $\lambda_0$일 때보다 크다.
> ㄷ. 광자와 전자의 총운동량은 충돌 전과 후가 동일하다.

① ㄱ
② ㄴ
③ ㄷ
④ ㄱ, ㄷ
⑤ ㄱ, ㄴ, ㄷ

**09** 그림은 힘의 평형을 이루며 정지해 있는 연결된 피스톤과 단원자 이상기체 A와 B가 각각 실린더에 들어 있는 모습을 나타낸 것이다. A와 B의 압력, 부피, 절대 온도는 각각 $P$, $V$, $T$로 같다. A가 들어 있는 실린더는 단열되어 있고, B가 들어있는 실린더는 외부와 열적 평형을 이룬다. 이때 A에 열량 $Q_{in}$ $(>0)$을 서서히 공급하면, A의 나중 온도는 $4T$가 되고 B에서 열량 $Q_{out}$ $(>0)$이 외부로 방출된다.

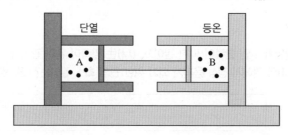

열량의 차($Q_{in} - Q_{out}$)는? (단, 외부의 온도는 $T$로 일정하고, 대기압은 일정하며 마찰은 무시한다)

① $\frac{1}{2}PV$
② $\frac{3}{2}PV$
③ $\frac{5}{2}PV$
④ $\frac{7}{2}PV$
⑤ $\frac{9}{2}PV$

**10** 다음의 핵융합 반응식에 해당하는 것은? (단, $n$은 중성자이다)

$$^2H + {}^xH \rightarrow {}^4He + n + 17.6MeV$$

① 1            ② 2

③ 3            ④ 4

⑤ 5

**11** 다음은 온도 T에서 A($s$) 분해 반응의 화학 반응식과 압력으로 정의되는 평형 상수($K_P$)이다.

$$A(s) \rightleftharpoons B(g) + C(g) \quad K_P$$

T에서, 1기압의 B($g$)가 들어 있는 용기에 A($s$)를 넣은 후 A($s$)의 분해 반응이 일어나 도달한 평형 상태의 전체 기체 압력이 2기압이었다. $K_p$는? (단, 기체는 이상 기체로 거동하고, A($s$)의 증기 압력은 무시한다)

① $\dfrac{1}{4}$            ② $\dfrac{1}{2}$

③ $\dfrac{3}{4}$            ④ 1

⑤ $\dfrac{5}{4}$

**12** 표는 기체의 분해 반응 (가)~(다)의 반응 속도 실험 자료이다.

| 반 응 | 화학 반응식 | 온 도 | 초기($t = 0$) 농도 | 속도 법칙 |
|---|---|---|---|---|
| (가) | $2A \rightarrow 4B + C$ | $T_1$ | $[A]_0 = 1M$ | $-\dfrac{d[A]}{dt} = 1h^{-1}[A]$ |
| (나) | $2D \rightarrow 2E + F$ | $T_2$ | $[D]_0 = 1M$ | $-\dfrac{d[D]}{dt} = 1M^{-1}h^{-1}[D]^2$ |
| (다) | $2G \rightarrow 3H + I$ | $T_3$ | $[G]_0 = 1M$ | $-\dfrac{d[G]}{dt} = 0.8Mh^{-1}$ |

$t = $ 1h일 때, C, E, I의 농도를 비교한 것으로 옳은 것은? (단, ln2 = 0.69이고, 반응 용기의 부피는 일정하다)

① $[C] < [E] < [I]$            ② $[C] < [I] < [E]$

③ $[E] < [C] < [I]$            ④ $[E] < [I] < [C]$

⑤ $[I] < [C] < [E]$

**13** 그림은 1기압에서 1몰 $H_2O$의 가열 곡선이다.

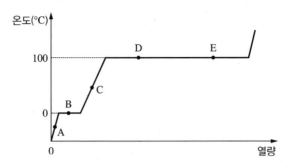

상태가 A~E인 1몰 $H_2O$에 관한 설명으로 옳은 것은?

① 열용량은 A > C이다.

② 내부 에너지는 B > C이다.

③ 엔트로피는 C > D이다.

④ 깁스 자유 에너지는 D = E이다.

⑤ 엔탈피는 A가 가장 크다.

**14** 다음은 3가지 탄화수소의 구조식이다.

|  |  |  |
|---|---|---|
| = | ≡ | == |
| 에틸렌 | 아세틸렌 | 알렌 |

이에 관한 설명으로 옳은 것만을 〈보기〉에서 있는 대로 고른 것은?

ㄱ. $sp$ 혼성 궤도함수를 갖는 탄소가 포함된 탄화수소는 2가지이다.

ㄴ. H의 질량 백분율이 가장 큰 것은 에틸렌이다.

ㄷ. 알렌에서 모든 원자는 같은 평면에 있다.

① ㄱ

② ㄷ

③ ㄱ, ㄴ

④ ㄴ, ㄷ

⑤ ㄱ, ㄴ, ㄷ

**15** 표는 화학식이 $C_4H_{10}O$인 두 이성질체 A와 B의 적외선(IR)과 $^{13}C$ 핵자기 공명(NMR) 분광학 자료이다.

| 구 분 | IR 주요 특성 봉우리($\tilde{v}$, cm$^{-1}$) | $^{13}C$ NMR 봉우리($\delta$, ppm) |
|---|---|---|
| A | 2950, 1130 | 80, 57, 22 |
| B | 3368, 2973, 1202 | 69, 31 |

A와 B의 구조식을 순서대로 옳게 나타낸 것은?

① (구조식) (구조식)

② (구조식) (구조식)

③ (구조식) (구조식)

④ (구조식) (구조식)

⑤ (구조식) (구조식)

**16** 다음은 $H_2O$, $Br^-$, 두 자리 리간드 phen이 배위 결합한 정팔면체 Co(III) 착이온 (가)와 (나)의 화학식이다. phen은 (구조)이다.

| | |
|---|---|
| (가) $[Co(H_2O)_3(phen)Br]^{2+}$ | (나) $[Co(H_2O)_2(phen)Br_2]^+$ |

이에 관한 설명으로 옳은 것만을 〈보기〉에서 있는 대로 고른 것은?

ㄱ. (가)의 모든 기하이성질체는 광학 비활성이다.
ㄴ. 기하이성질체의 수는 (나)가 (가)보다 크다.
ㄷ. (나)의 기하이성질체 중 광학 비활성인 것이 있다.

① ㄱ   ② ㄷ

③ ㄱ, ㄴ   ④ ㄴ, ㄷ

⑤ ㄱ, ㄴ, ㄷ

**17** 표는 원자 X의 오비탈 A와 B에 관한 자료이다.

| 오비탈 | 주양자수 | 방사 방향 마디 수 | 각마디 수 |
|---|---|---|---|
| A | $n$ | 0 | $x$ |
| B | $n+1$ | 0 | 2 |

이에 관한 설명으로 옳은 것만을 〈보기〉에서 있는 대로 고른 것은?

> ㄱ. $x = 1$이다.
> ㄴ. $n = 3$이다.
> ㄷ. A의 각운동량 양자수($l$)는 0이다.

① ㄱ  
② ㄷ  
③ ㄱ, ㄴ  
④ ㄴ, ㄷ  
⑤ ㄱ, ㄴ, ㄷ

**18** 분자 궤도함수 이론에 근거하여 바닥 상태 이원자 분자에 관한 설명으로 옳지 <u>않은</u> 것은?

① $Li_2$의 결합 차수는 1이다.  
② $C_2$는 반자기성이다.  
③ $O_2$에는 2개의 홀전자가 있다.  
④ $N_2$의 최고 점유 분자 궤도함수(HOMO)는 $\sigma$ 궤도함수이다.  
⑤ $B_2$의 최저 비점유 분자 궤도함수(LUMO)는 이중 축퇴된 한 쌍의 반결합성 궤도함수이다.

**19** 다음의 산화 환원 반응을 염기성 용액에서 균형을 맞추었을 때 $OH^-(aq)$의 반응 계수는 $a$, $H_2O(l)$의 반응 계수는 $b$이다. $\dfrac{b}{a}$ 는?

$$Cl_2O_7(aq) + H_2O_2(aq) \longrightarrow ClO_2^-(aq) + O_2(g)$$

① $\dfrac{3}{2}$  
② 2  
③ $\dfrac{5}{2}$  
④ 3  
⑤ $\dfrac{7}{2}$

**20** 25℃에서 $1.0 \times 10^{-8}$M 염산($HCl(aq)$)에 들어 있는 $H^+$, $OH^-$, $Cl^-$의 농도를 비교한 것으로 옳은 것은? (단, 25℃에서 $H_2O$의 이온곱 상수($K_w$)는 $1.0 \times 10^{-14}$이다)

① $[H^+] < [OH^-] < [Cl^-]$

② $[H^+] = [Cl^-] < [OH^-]$

③ $[OH^-] = [Cl^-] < [H^+]$

④ $[OH^-] < [Cl^-] < [H^+]$

⑤ $[Cl^-] < [OH^-] < [H^+]$

**21** 식물에서 일어나는 광합성에 관한 설명으로 옳은 것만을 〈보기〉에서 있는 대로 고른 것은?

> ㄱ. $NAD^+$가 전자운반체 역할을 한다.
> ㄴ. 암반응에서 탄소고정이 일어난다.
> ㄷ. 배출되는 $O_2$는 $CO_2$에서 유래된 것이다.
> ㄹ. 광계 II에서 얻은 에너지는 ATP 생성에 이용된다.

① ㄱ, ㄴ　　　　　　　　　② ㄱ, ㄷ

③ ㄴ, ㄷ　　　　　　　　　④ ㄴ, ㄹ

⑤ ㄷ, ㄹ

**22** 그림은 분열 중인 동물세포를 나타낸 것이다. (가)는 중심체로부터 뻗어 나온 섬유이다.

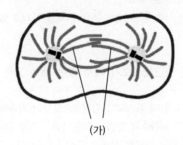

(가)

(가)의 단량체는?

① 액 틴　　　　　　　　　② 튜불린

③ 라미닌　　　　　　　　　④ 미오신

⑤ 케라틴

**23** 포유동물의 동맥, 정맥, 모세혈관에 관한 설명으로 옳은 것만을 〈보기〉에서 있는 대로 고른 것은?

> ㄱ. 혈압은 동맥에서 가장 높다.
> ㄴ. 혈류의 속도는 정맥에서 가장 느리다.
> ㄷ. 총 단면적은 모세혈관에서 가장 크다.

① ㄱ                                 ② ㄴ

③ ㄱ, ㄷ                        ④ ㄴ, ㄷ

⑤ ㄱ, ㄴ, ㄷ

**24** 다음은 그레이브스병(Graves' disease)과 그레이브스병을 가진 여성 A에 대한 자료이다.

> • 그림은 갑상샘호르몬의 분비가 유도되는 과정을 나타낸 것이다.
>
>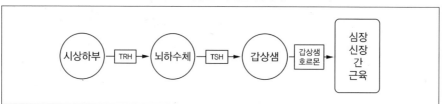
>
> TRH : 갑상샘자극호르몬 방출호르몬
> TSH : 갑상샘자극호르몬
> • 그레이브스병은 수용체 작동제(receptor agonist)로 작용하는 항-TSH 수용체 항체를 생성하는 자가면역질환이며, A는 갑상샘 항진증을 갖고 있다.
> • A가 출산한 B는 태어난 직후 항-TSH 수용체 항체를 가지고 있었고, 시간이 지난 후 B에서 더 이상 이 항체가 발견되지 않았다.

이에 관한 설명으로 옳은 것만을 〈보기〉에서 있는 대로 고른 것은?

> ㄱ. A에서 갑상샘호르몬의 양이 증가해도 갑상샘으로부터 지속적으로 호르몬이 분비된다.
> ㄴ. A에서 갑상샘호르몬은 뇌하수체 전엽에 작용하여 TSH의 분비를 촉진한다.
> ㄷ. B가 가지고 있던 항-TSH 수용체 항체의 유형은 IgG이다.

① ㄱ                                 ② ㄴ

③ ㄷ                                 ④ ㄱ, ㄴ

⑤ ㄱ, ㄷ

**25** 감수분열에 관한 설명으로 옳은 것만을 〈보기〉에서 있는 대로 고른 것은?

> ㄱ. 감수분열 I 에서 교차가 일어난다.
> ㄴ. 감수분열 II 에서 자매염색분체가 서로 분리된다.
> ㄷ. 감수분열 전체 과정을 통해 DNA 복제가 두 번 일어난다.

① ㄱ                             ② ㄴ
③ ㄷ                             ④ ㄱ, ㄴ
⑤ ㄱ, ㄷ

**26** 유전자형이 AaBbDd인 어떤 식물에서 대립유전자 A와 d는 같은 염색체에, B는 다른 염색체에 있다. 이 식물을 자가교배하여 자손을 얻을 때, 자손의 유전자형이 AaBbDd일 확률은? (단, 생식세포 형성 시 교차는 고려하지 않는다)

① $\dfrac{1}{2}$                             ② $\dfrac{1}{4}$

③ $\dfrac{1}{8}$                             ④ $\dfrac{1}{9}$

⑤ $\dfrac{1}{16}$

**27** 진핵세포의 유전자발현에 관한 설명으로 옳은 것은?

① 오페론을 통해 전사가 조절된다.
② mRNA 가공은 세포질에서 일어난다.
③ 인핸서(enhancer)는 전사를 촉진하는 단백질이다.
④ 히스톤 꼬리의 아세틸화는 염색질 구조변화를 유도한다.
⑤ 마이크로 RNA(miRNA)는 짧은 폴리펩티드에 대한 정보를 담고 있다.

**28** 그림 (가)~(라)는 생물분류군 A~E의 유연관계를 나타낸 계통수이다.

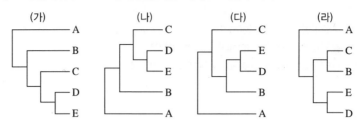

A~E의 진화적 관계가 동일한 계통수를 옳게 짝지은 것은?

① (가) – (나)

② (가) – (다)

③ (나) – (다)

④ (나) – (라)

⑤ (다) – (라)

**29** 코로나 바이러스(SARS-CoV-2)의 감염 여부를 역전사 중합효소연쇄반응(RT-PCR)을 이용하여 진단하고자 한다. 이 진단 방법에서 필요한 시료가 아닌 것은?

① 역전사효소

② 열안정성 DNA 중합효소

③ 디옥시뉴클레오티드(dNTP)

④ SARS-CoV-2 바이러스 특이적 IgM

⑤ SARS-CoV-2 유전자 특이적 프라이머

**30** 다음 중 어떤 생물이 세균(Bacteria) 영역에 속하는 생물이라고 판단한 근거로 가장 적절한 것은?

① RNA 중합효소는 한 종류만 있다.

② 히스톤과 결합한 DNA가 있다.

③ 세포 표면에 섬모가 있다.

④ 셀룰로오스로 구성된 세포벽이 있다.

⑤ 막으로 둘러싸인 세포 소기관이 세포질에 있다.

**31** 탄산염 광물에 해당하는 것은?

① 암 염

② 황동석

③ 각섬석

④ 금강석

⑤ 돌로마이트

**32** 고생대의 화석과 지질에 관한 설명으로 옳지 <u>않은</u> 것은?

① 석탄층이 발견된다.

② 석회암층이 발견된다.

③ 삼엽충 화석이 산출된다.

④ 화폐석 화석이 산출된다.

⑤ 초대륙인 판게아(Pangaea)가 형성되었다.

**33** 온대 저기압에 관한 설명으로 옳은 것만을 〈보기〉에서 있는 대로 고른 것은?

> ㄱ. 성질이 다른 두 기단이 만나서 형성된다.
> ㄴ. 온난 전선의 전선면에서는 적란운이 발달한다.
> ㄷ. 온난 전선면의 기울기가 한랭 전선면의 기울기보다 작다.

① ㄱ

② ㄴ

③ ㄱ, ㄷ

④ ㄴ, ㄷ

⑤ ㄱ, ㄴ, ㄷ

**34** 지진과 지진파에 관한 설명으로 옳은 것만을 〈보기〉에서 있는 대로 고른 것은?

> ㄱ. 진앙은 탄성 에너지가 최초로 방출된 지점이다.
> ㄴ. P파와 S파는 모두 실체파이다.
> ㄷ. S파는 파의 진행 방향이 매질 입자의 진동 방향과 평행한 종파이다.

① ㄱ

② ㄴ

③ ㄷ

④ ㄱ, ㄴ

⑤ ㄴ, ㄷ

**35** 지구 내부의 구성 물질에 관한 설명으로 옳은 것만을 〈보기〉에서 있는 대로 고른 것은?

> ㄱ. 내핵의 물질은 고체 상태로 존재한다.
> ㄴ. 상부 맨틀의 암석은 유문암으로 구성되어 있다.
> ㄷ. 해양 지각의 $SiO_2$ 구성 성분비는 대륙 지각의 $SiO_2$ 구성 성분비보다 크다.

① ㄱ         ② ㄴ
③ ㄷ         ④ ㄱ, ㄴ
⑤ ㄴ, ㄷ

**36** 그림은 A 지점에서 기온이 18℃, 이슬점이 10℃인 공기 덩어리가 산을 타고 올라가다가 B 지점부터 정상인 C 지점까지 구름을 만든 후 산을 넘어 D 지점까지 가는 과정을 나타낸 것이다.

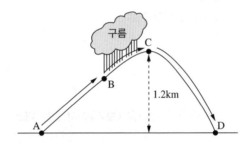

이에 관한 설명으로 옳은 것만을 〈보기〉에서 있는 대로 고른 것은? (단, 건조단열 감률은 10℃/km, 이슬점 감률은 2℃/km이며, A와 D의 해발고도는 0km이다)

> ㄱ. B 지점의 고도는 1km이다.
> ㄴ. C 지점에서 기온은 이슬점보다 낮다.
> ㄷ. D 지점에서는 A 지점보다 기온이 높다.

① ㄱ         ② ㄴ
③ ㄱ, ㄷ         ④ ㄴ, ㄷ
⑤ ㄱ, ㄴ, ㄷ

**37** 지진해일(Tsunami)에 관한 설명으로 옳지 <u>않은</u> 것은?

① 심해파의 특성을 갖는다.
② 속도는 수심과 관련된다.
③ 해안으로 다가오면서 파고가 높아진다.
④ 우리나라 동해안에서 피해가 보고되었다.
⑤ 해저에서 발생하는 지진에 의해 일어난다.

**38** 다음 그래프는 외부 은하들의 거리와 시선속도의 관계를 나타낸 것이다.

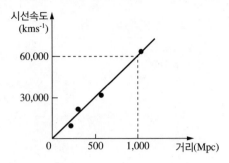

이에 관한 설명으로 옳은 것만을 〈보기〉에서 있는 대로 고른 것은?

> ㄱ. 우주는 팽창하고 있다.
> ㄴ. 허블 상수는 $60kms^{-1} Mpc^{-1}$이다.
> ㄷ. 멀리 있는 은하일수록 청색 편이가 크게 나타난다.

① ㄱ            ② ㄴ
③ ㄱ, ㄴ        ④ ㄴ, ㄷ
⑤ ㄱ, ㄴ, ㄷ

**39** 지구 대기권에 관한 설명으로 옳지 <u>않은</u> 것은?

① 대류권에서는 기상 현상이 나타난다.
② 대류권의 높이는 위도에 따라 다르다.
③ 성층권에서는 오존층에서 기온이 가장 높다.
④ 중간권에서는 대류작용이 일어난다.
⑤ 열권에서는 전리층이 존재한다.

**40** 표는 별 A, B의 절대 등급과 겉보기 등급을 나타낸 것이다.

| 구 분 | A | B |
| --- | --- | --- |
| 절대 등급(M) | 0 | 0 |
| 겉보기 등급(m) | 5 | 7 |

별 A, B에 관한 설명으로 옳은 것은?

① A의 연주 시차는 0.1″이다.
② A가 B보다 지구에서 가까운 거리에 있다.
③ 100pc에 위치한 A의 겉보기 등급은 0이다.
④ 육안으로 관측할 때 B가 A보다 10배 밝다.
⑤ A, B의 거리 지수(m−M)로 별의 화학조성을 알 수 있다.

**"오늘 당신의 노력은 아름다운 꽃의 물이 될 것입니다."**

그러나, 이 꽃을 볼 때 사람들은 이 꽃의 아름다움과 향기만을 사랑하고 칭찬하였지, 이 꽃을 그렇게 아름답게 어여쁘게 만들어 주는 병 속의 물은 조금도 생각지 않는 것이 보통입니다.

아무리 아름답고 어여쁜 꽃이기로서니 단 한 송이의 꽃을 피울 수 있으며, 단 한 번이라도 꽃 향기를 날릴 수 있겠는가? 우리는 여기서 아무리 본바탕이 좋고 아름다운 꽃이라도 보이지 않는 물의 숨은 힘이 없으면 도저히 그 빛과 향기를 자랑할 수 없는 것을 알았습니다.

-방정환의 우리 뒤에 숨은 힘 중

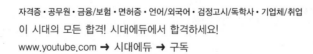

변리사 1차 | **해설편**

# 2024년 제61회 정답 및 해설

| 01 | 02 | 03 | 04 | 05 | 06 | 07 | 08 | 09 | 10 | 11 | 12 | 13 | 14 | 15 | 16 | 17 | 18 | 19 | 20 |
|---|---|---|---|---|---|---|---|---|---|---|---|---|---|---|---|---|---|---|---|
| ② | ④ | ⑤ | ② | ① | ③ | ④ | ① | ⑤ | ⑤ | ③ | ④ | ② | ③ | ⑤ | ① | ③ | ④ | ② | ⑤ |
| 21 | 22 | 23 | 24 | 25 | 26 | 27 | 28 | 29 | 30 | 31 | 32 | 33 | 34 | 35 | 36 | 37 | 38 | 39 | 40 |
| ⑤ | ⑤ | ①, ③ | ⑤ | ③ | ② | ④ | ④ | ① | ③ | ① | ① | ③ | ② | ⑤ | ④ | ⑤ | ② | ③ | ④ |

## 01

답 ②

◀ 정답해설

② 실용신안권 또는 전용실시권을 침해한 자는 7년 이하의 징역 또는 1억 원 이하의 벌금에 처한다(실용신안법 제45조 제1항). 특허권 또는 전용실시권을 침해한 자는 7년 이하의 징역 또는 1억 원 이하의 벌금에 처한다(특허법 제225조 제1항). 따라서 실용신안법은 실용신안권을 침해한 자에 대하여 특허권을 침해한 자보다 낮은 형량을 규정하고 있지 않다.

▶ 오답해설

① 실용신안법 제6조 제2호
③ 특허법 제225조 제2항, 실용신안법 제45조 제2항
④ 특허법 제42조 제2항, 실용신안법 제8조 제2항
⑤ 특허법 제201조 제4항, 실용신안법 제36조 제1항, 제2항

## 02

답 ④

◀ 정답해설

④ 발명은 사실행위이므로 법인은 발명자가 될 수 없고 자연인만이 발명자가 될 수 있다. 행위제한능력자인 미성년자, 피한정후견인, 피성년후견인도 자연인이므로 발명자가 될 수 있다.

▶ 오답해설

① 특허법 제33조 제1항 참고

> **특허법 제33조(특허를 받을 수 있는 자)**
> ① 발명을 한 사람 또는 그 승계인은 이 법에서 정하는 바에 따라 특허를 받을 수 있는 권리를 가진다. 다만, 특허청 직원 및 특허심판원 직원은 상속이나 유증(遺贈)의 경우를 제외하고는 재직 중 특허를 받을 수 없다.

② 특허권은 발명을 한 사람. 즉, 자연인만이 갖는 권리이므로 인공지능(AI)은 특허권을 갖지 못한다.
③ 특허법 제33조 제1항 본문, 제37조 제2항.
⑤ 특허법 제33조 제2항

**정답해설**

⑤ 특허법 제103조의2 참고

---

**특허법 제103조의2(특허권의 이전청구에 따른 이전등록 전의 실시에 의한 통상실시권)**

① 다음 각 호의 어느 하나에 해당하는 자가 제99조의2 제2항에 따른 특허권의 이전등록이 있기 전에 해당 특허가 제133조 제1항 제2호 본문에 해당하는 것을 알지 못하고 국내에서 해당 발명의 실시사업을 하거나 이를 준비하고 있는 경우에는 그 실시하거나 준비를 하고 있는 발명 및 사업목적의 범위에서 그 특허권에 대하여 통상실시권을 가진다.

1. 이전등록된 특허의 원(原)특허권자
2. 이전등록된 특허권에 대하여 이전등록 당시에 이미 전용실시권이나 통상실시권 또는 그 전용실시권에 대한 통상실시권을 취득하고 등록을 받은 자. 다만, 제118조 제2항에 따른 통상실시권을 취득한 자는 등록을 필요로 하지 아니한다.

---

**오답해설**

① A는 기술적 사상의 창작에 실질적인 기여를 한 바 없기 때문에 '무권리자'에 해당한다. 무권리자의 특허출원 후 정당한 권리자의 특허출원은 무효로 된 그 특허의 출원 시에 특허출원한 것으로 본다(특허법 제35조 참고).

---

**특허법 제35조(무권리자의 특허와 정당한 권리자의 보호)**

제33조 제1항 본문에 따른 특허를 받을 수 있는 권리를 가지지 아니한 사유로 제133조 제1항 제2호에 해당하여 특허를 무효로 한다는 심결이 확정된 경우에는 그 무권리자의 특허출원 후에 한 정당한 권리자의 특허출원은 무효로 된 그 특허의 출원 시에 특허출원한 것으로 본다. 다만, 심결이 확정된 날부터 30일이 지난 후에 정당한 권리자가 특허출원을 한 경우에는 그러하지 아니하다.

---

② 특허를 받을 수 있는 권리를 가지지 아니한 C가 특허출원하여 특허 등록되었을 경우에 정당한 권리자 D는 특허권의 이전청구를 할 수 있다(특허법 제99조의2 제1항 참고).

---

**특허법 제99조의2(특허권의 이전청구)**

① 특허가 제133조 제1항 제2호 본문에 해당하는 경우에 특허를 받을 수 있는 권리를 가진 자는 법원에 해당 특허권의 이전(특허를 받을 수 있는 권리가 공유인 경우에는 그 지분의 이전을 말한다)을 청구할 수 있다.

---

③ 다른 공유자의 동의를 얻지 아니하더라도 그 지분의 이전을 청구할 수 있다(특허법 제99조의2 제3항).

④ 특허권이 이전등록된 경우에는 특허권과 보상금청구권은 특허권이 설정등록된 날부터 이전등록을 받은 자에게 있는 것으로 본다(특허법 제99조의2 제2항).

## 04

정답해설

② 구 특허법(2001.2.3. 법률 제6411호로 개정되기 전의 것) 제29조 제1항 제1호 소정의 '특허출원 전에 국내에서 공지되었거나 공연히 실시된 발명'에서 '특허출원 전'의 의미는 발명의 공지 또는 공연 실시된 시점이 특허출원 전이라는 의미이지 그 공지 또는 공연 실시된 사실을 인정하기 위한 증거가 특허출원 전에 작성된 것을 의미하는 것은 아니므로, 법원은 특허출원 후에 작성된 문건들에 기초하여 어떤 발명 또는 기술이 특허출원 전에 공지 또는 공연 실시된 것인지 여부를 인정할 수 있다(判例 2006후2660).

> 오답해설

① 判例 2021후10732
③ 전기통신회선을 통하여 공개되었다 하더라도 암호화 방법을 통해 불특정 다수인이 접근할 수 없다면 공중이 이용가능하게 된 발명이라고 볼 수 없다.
④ 判例 98후270
⑤ 특허 · 실용신안 심사기준

## 05

정답해설

① '통상의 기술자'란 '특허발명의 출원 시를 기준으로 국내외를 막론하고, 출원 시 당해 기술분야에 관한 기술수준에 있는 모든 것을 입수하여 자신의 지식으로 할 수 있으며, 연구개발을 위하여 통상의 수단 및 능력을 자유롭게 구사할 수 있다고 가정한 자연인'을 말하는 것이다(判例 2009허1965). 즉, '통상의 기술자'는 심사관, 심판관합의체, 법관이 진보성 판단에 객관성을 부여하기 위해 가정한 상상의 인물이다.

> 오답해설

② 判例 2006후3052
③ 判例 2013후2620
④ 判例 2007후3820
⑤ 判例 2013허2811

## 06

**정답해설**

③ 특허권의 설정등록을 받으려는 자 또는 특허권자는 제79조 제3항에 따른 납부기간이 지난 후에도 6개월 이내에 특허료를 추가로 낼 수 있다. 이 경우 내야 할 특허료의 2배 범위에서 산업통상자원부령으로 정하는 금액을 납부하여야 한다(특허법 제81조 제1항·제2항).

**오답해설**

① 특허법 제79조 제1항
② 특허법 제80조
④ 특허법 제81조의3 제1항
⑤ 특허법 제82조 제2항

## 07

**정답해설**

④ 국어로 출원한 국제특허출원에 관하여 출원공개 전에 이미 특허협력조약(PCT) 제21조에 따라 국제공개가 된 경우에는 국제공개가 된 때 출원공개가 된 것으로 본다(특허법 제207조 제2항).

**오답해설**

① 특허법 제60조 제2항
② 특허법 제65조 제3항·제4항
③ 특허법 제65조 제6항
⑤ 특허법 제207조 제3항

## 08

**정답해설**

① 누구든지 특허출원에 대하여 특허출원일로부터 3년 이내에 특허청장에게 출원심사를 청구할 수 있다(특허법 제59조 제2항). 출원심사의 청구는 취하할 수 없다(특허법 제59조 제4항).

**오답해설**

② 判例 2003후182
③ 특허법 제63조의3
④ 특허법 제44조
⑤ 判例 2011다67705

## 09

**정답해설**

⑤ 서류의 통지 등은 그 통지 등을 받을 자가 자신이 사용하는 전산정보처리조직을 통하여 그 서류를 확인한 때 특허청 또는 특허심판원에서 사용하는 발송용 전산정보처리조직의 파일에 기록된 내용으로 도달한 것으로 본다(특허법 제28조의5 제3항).

**오답해설**

① 특허법 제28조의3 제1항
② 특허법 제28조의5 제1항·제2항
③ 특허법 제28조 제1항
④ 특허법 제28조 제2항 단서

## 10

**정답해설**

⑤ 특허권·전용실시권 또는 통상실시권을 포기한 때에는 특허권·전용실시권 또는 통상실시권은 그때부터 소멸된다(특허법 제120조).

**오답해설**

① 특허권의 상속이 개시된 때 상속인이 없는 경우에는 그 특허권은 소멸된다(특허법 제124조 제1항).
② 특허권인 공유인 경우에는 각 공유자는 계약으로 특별히 약정한 경우를 제외하고는 다른 공유자의 동의를 받지 아니하고 그 특허발명을 자신이 실시할 수 있다(특허법 제99조 제3항).
③ 청산절차가 진행 중인 법인의 특허권은 법인의 청산종결등기일(청산종결등기가 되었더라도 청산사무가 사실상 끝나지 아니한 경우에는 청산사무가 사실상 끝난 날과 청산종결등기일부터 6개월이 지난 날 중 빠른 날로 한다. 이하 이 항에서 같다)까지 그 특허권의 이전등록을 하지 아니한 경우에는 청산종결등기일의 다음 날에 소멸한다(특허법 제124조 제2항).
④ 특허청장이 정한 대가와 보상금액에 관하여 확정된 결정은 집행력 있는 집행권원(執行權原)과 같은 효력을 가진다. 이 경우 집행력 있는 정본은 특허청 소속 공무원이 부여한다(특허법 제125조의2).

## 11

**정답해설**

③ 보정명령을 받은 자가 지정된 기간에 보정을 하지 아니하면 해당 국제특허출원을 무효로 할 수 있다(특허법 제203조 제4항).

**오답해설**

① 判例 2005후3130
② 判例 2015후2259
④ 특허법 제47조 제2항
⑤ 判例 2015후2259

# 12

**정답해설**

④ 심판관은 특허취소신청에 관하여 특허취소신청인, 특허권자 또는 참가인이 제출하지 아니한 이유에 대해서도 심리할 수 있다(특허법 제132조의10 제1항).

**오답해설**

① 누구든지 특허권의 설정등록일부터 등록공고일 후 1년이 되는 날까지 특허취소신청을 할 수 있다(특허법 제132조의2 제1항).
② 특허권에 관하여 권리를 가진 자 또는 이해관계를 가진 자는 특허취소신청에 대한 결정이 있을 때까지 특허권자를 보조하기 위하여 그 심리에 참가할 수 있다(특허법 제132조의9 제1항).
③ 특허취소결정이 확정된 때에는 그 특허권은 처음부터 없었던 것으로 본다(특허법 제132조의13 제3항).
⑤ 공유인 특허권의 특허권자 중 1인에게 특허취소신청절차의 중단 또는 중지의 원인이 있으면 모두에게 그 효력이 발생한다(특허법 제132조의8 제2항).

# 13

**정답해설**

② 심판청구는 심결이 확정될 때까지 취하할 수 있다. 다만, 답변서가 제출된 후에는 상대방의 동의를 받아야 한다(특허법 제161조 제1항).

**오답해설**

① 특허법 제163조
③ 判例 2013후1054
④ 判例 2017후1779
⑤ 특허법 제136조 제12항·제13항

# 14

**정답해설**

③ 재심사유가 특허취소결정 또는 심결 확정 후에 생겼을 때에는 3년의 기간은 그 사유가 발생한 날의 다음 날부터 기산한다(특허법 제180조 제4항).

**오답해설**

① 특허법 제178조 제2항 준용 민사소송법 제451조 제2항
② 특허법 제178조 제1항
④ 특허법 제183조
⑤ 특허법 제180조 제2항

# 15

**정답해설**

⑤ 소송은 심결·결정 또는 재정의 등본을 송달받은 날부터 30일 이내에 제기하여야 한다(특허법 제190조 제2항).

**오답해설**

① 특허법 제186조 제1항
② 특허법 제164조 제2항
③ 특허법 제132조
④ 특허법 제189조 제1항


# 16

답 ①

**정답해설**

① 비밀유지명령을 신청한 자의 고소가 없으면 공소를 제기할 수 없다(특허법 제229조의2 제1항).

**오답해설**

② 특허법 제232조 제1항 제3호
③ 특허법 제229조
④ 특허법 제226조
⑤ 특허법 제227조


# 17

답 ③

**정답해설**

③ 어느 주지관용의 기술이 소송상 공지 또는 현저한 사실이라고 볼 수 있을 만큼 일반적으로 알려져 있지 아니한 경우에 그 주지관용의 기술은 심결취소소송에 있어서는 증명을 필요로 하고, 이때 법원은 자유로운 심증에 의하여 증거 등 기록에 나타난 자료를 통하여 주지관용의 기술을 인정할 수 있으나, 변론종결 후 제출된 참고자료까지 여기의 '증거 등 기록에 나타난 자료'에 포함된다고 볼 수는 없다(判例 2012후436).

**오답해설**

① 判例 98후1921
② 判例 2006허9197
④ 判例 2010후3509
⑤ 判例 2018후11360

# 18

**정답해설**

④ WTO/TRIPs의 3대 원칙 : 최소보호의 원칙, 내국민대우의 원칙, 최혜국대우의 원칙

**오답해설**

① WTO/TRIPs는 최소보호의 원칙을 제시하므로 각국은 자신들의 고유한 법 제도나 관행을 토대로 본 협정의 모든 규정을 이행하는 적절한 방법들을 자유롭게 결정할 수 있다.
② 특허실체법통일화 조약은 SPLT이고 PLT는 특허절차법 통일화 조약에 해당한다.
③ 국제기탁기관의 요건은 부다페스트 조약 제6조, 제7조에 규정되어 있다. 정부, 지방자치단체, 정부투자기관 중 하나에 한정되지 않는다.

---

**특허절차상 미생물 기탁의 국제적 승인에 관한 부다페스트 조약**
**제6조(국제기탁기관의 지위)**
1. 국제기탁기관의 지위를 취득하기 위하여는 어떠한 기탁기관도 체약국의 영토에 위치하고 있어야 하며 동 기관이 제2항에서 정하는 요건을 충족하며 계속하여 충족할 것이라는 동 체약국에 의한 보증을 향유하여야 한다. 동 보증은 정부간 공업소유권기구에 의하여 부여될 수도 있으며, 이 경우에도 기탁기관은 동 정부간 공업소유권기구의 일 회원국의 영토에 위치하여야 한다.
2. 국제기탁기관으로서의 기탁기관은 다음의 요건을 충족하여야 한다.
    가. 영속적으로 존재할 것.
    나. 이 조약에 따라 과학적이며 관리적인 업무를 수행하기 위하여 규칙에 정한 필요한 직원 및 시설을 갖출 것.
    다. 공평하며 객관적일 것.
    라. 미생물 기탁의 목적상 어떠한 기탁자에 대하여도 동일한 조건하에서 이용이 가능할 것.
    마. 규칙이 정하는 바에 따라 모든 또는 특정 종류의 미생물을 수탁하며 그 미생물에 대하여 생존시험을 하고 보관할 것.
    바. 규칙이 정하는 바에 따라 기탁자에게 수탁증을 발행하며 필요한 경우에 생존에 관한 증명서를 발행할 것.
    사. 기탁된 미생물에 대하여 규칙이 정하는 바에 따라 비밀의 유지요건을 충족시킬 것.
    아. 규칙이 정하는 조건과 절차에 의하여 기탁된 미생물의 시료를 분양할 것.
3. 규칙은 다음 경우에 있어서 취할 조치를 정한다.
    가. 국제기탁기관이 기탁된 미생물에 대하여 그의 업무 수행을 일시적으로나 확정적으로 정지할 경우, 또는 제공된 보증하에서 그 국제기탁기관이 수탁하여야만 하는 어떤 종류의 미생물에 대한 수탁을 거부할 경우.
    나. 국제기탁기관에 대하여 국제기탁기관으로서의 지위를 정지시키거나 또는 제한할 경우.
**제7조(국제기탁기관의 지위 취득)**
1.
    가. 기탁기관은 체약국이 자국 영토 내에 있는 기탁기관에 대하여 동 기관이 제6조 제2항에 규정된 요건을 충족하며 계속하여 충족한다는 취지의 보증선언을 포함한 서면을 사무국장에게 통고함으로써 국제기탁기관으로서의 지위를 취득한다. 동 지위는 정부간 공업소유권기구가 사무국장에 대하여 상기 선언을 포함한 서면의 통고를 함으로써도 취득될 수 있다.
    나. 동 통고에는 규칙이 정하는 바에 따라 기탁기관에 관한 정보도 포함되며 국제기탁기관으로서의 지위취득일이 표시될 수 있다.
2.
    가. 만일 동 통고가 요구되는 선언을 포함하고 있으며 모든 요구되는 정보를 수령한 것으로 사무국장이 인정하는 경우에는 동 통고는 국제사무국에 의하여 신속히 공표되어야 한다.
    나. 국제기탁기관의 지위는 동 통고의 공표일 또는 제1항 나호의 규정에 의하여 날짜가 표시되며 그 날짜가 동 통고의 공표일보다 늦을 경우에는 그 표시된 날로부터 취득된다.
3. 제1항 및 제2항에 의한 절차의 세부사항은 규칙으로 정한다.

# 19

**탭** ②

**정답해설**

② 判例 2015후321

**오답해설**

① 당사자가 주장한 사항에 대한 구체적·직접적인 판단이 판결 이유에 표시되어 있지 않았더라도 판결 결과에 영향이 없다면 판단누락의 위법이 있다고 할 수 없다(判例 2017다289903).

③ 이른바 고유필수적 공동소송이 아닌 사건에서 소송 도중에 당사자를 추가하는 것은 허용될 수 없고, 동일한 특허권에 관하여 2인 이상의 자가 공동으로 특허의 무효심판을 청구하여 승소한 경우에 그 특허권자가 제기할 심결취소소송은 심판청구인 전원을 상대로 제기하여야만 하는 고유필수적 공동소송이라고 할 수 없으므로, 위 소송에서 당사자의 변경을 가져오는 당사자추가신청은 명목이 어떻든 간에 부적법하여 허용될 수 없다(判例 2007후1510).

④ 권리범위확인심판 제도의 성질과 기능, 특허법의 규정 내용과 취지 등에 비추어 보면, 침해소송이 계속 중이어서 그 소송에서 특허권의 효력이 미치는 범위를 확정할 수 있더라도 이를 이유로 침해소송과 별개로 청구된 권리범위확인심판의 심판청구의 이익이 부정된다고 볼 수는 없다(判例 2016후328).

⑤ 특허청이 출원발명에 대한 최초의 거절이유 통지부터 출원거절의 심결을 내릴 때까지 출원발명의 진보성을 문제삼았을 뿐이고 출원인에게 출원발명이 신규성이 없다는 이유로 의견서 제출통지를 하여 그로 하여금 명세서를 보정할 기회를 부여한 바 없는 경우, 법원이 출원 발명의 요지가 신규성이 없다는 이유로 위 심결을 유지할 수 없다(判例 2000후1177).

# 20

**탭** ⑤

**정답해설**

⑤ 특허무효심판에 대한 심결취소소송의 사실심 변론종결 이후에 특허발명의 명세서 또는 도면에 대하여 정정을 한다는 심결이 확정된 경우에는 정정된 청구범위가 아니라 정정 전 청구범위를 기초로 하여 무효사유가 있는지 판단한다(判例 2016후2522). 등록무효심판의 심결 후에 정정심결이 확정되어 특허발명의 청구범위 일부가 삭제된 경우, 삭제된 부분에 대한 특허권은 처음부터 없었던 것으로 보아야 하므로 그 부분에 대한 심결의 취소를 구할 법률상 이익이 없다(判例 2005허10213).

**오답해설**

① 특허법 제164조 제1항
② 특허법 제92조 제2항, 제92조의5 제2항
③ 특허법 제128조 제4항
④ 특허법 제188조 제4항

## 21

**정답해설**

⑤ '국가·인종·민족·공공단체·종교 또는 저명한 고인(故人)과의 관계를 거짓으로 표시하거나 이들을 비방 또는 모욕하거나 이들에 대한 평판을 나쁘게 할 우려가 있는 상표'는 상표등록을 받을 수 없는 상표에 해당한다(상표법 제34조 제1항 제2호).

**오답해설**

① 상표법 제34조 제1항 제6호
② 상표법 제34조 제1항 제2호
③ 상표법 제34조 제1항 제12호
④ 상표법 제34조 제1항 제6호

## 22

**정답해설**

ㄴ. (○) 심사관은 상표등록출원이 다음 각 호의 어느 하나에 해당하는 경우에는 상표등록거절결정을 하여야 한다. 이 경우 상표등록출원의 지정상품 일부가 다음 각 호의 어느 하나에 해당하는 경우에는 그 지정상품에 대하여만 상표등록거절결정을 하여야 한다(상표법 제54조 참고). 제54조에 따른 상표등록거절결정을 받은 자는 그 결정 등본을 송달받은 날부터 3개월(제17조 제1항에 따라 제116조에 따른 기간이 연장된 경우에는 그 연장된 기간을 말한다) 이내에 지정상품 또는 상표를 보정하여 해당 상표등록출원에 관한 재심사를 청구할 수 있다. 다만, 재심사를 청구할 때 이미 재심사에 따른 거절결정이 있거나 제116조에 따른 심판청구가 있는 경우에는 그러하지 아니하다(상표법 제55조의2 제1항).

ㄹ. (○) 부분거절제도는 국제상표등록출원 특례사유가 아니므로 국제상표등록출원에도 그 적용이 있다.

**오답해설**

ㄱ. (×) 거절되지 않은 상품에 대해 '조기등록'을 받으려면 거절된 상품에 대해 보정·분할출원 등의 조치를 해야 한다.
ㄷ. (×) 부분거절결정이 확정된 후에 출원공고를 하여 최종 등록된다.

# 23

**정답해설**

① 국제상표등록출원을 하려는 자가 상표의 부기적(附記的)인 부분을 삭제한 경우에는 상표등록출원의 요지를 변경한 것으로 볼 수 있다. 상표의 보정이 허용되지 않는다.

③ 마드리드 의정서 제182조, 상표법 시행규칙 제86조 제2호 개정법령에 따라 ③도 옳지 않은 지문으로 되어 복수정답으로 인정되었다.

| 개정 전<br>[시행 2021.2.1.] | **상표법 시행규칙 제86조(단체표장 또는 증명표장에 관한 정관 또는 규약의 제출기간)**<br>법 제182조 제3항 전단에서 "산업통상자원부령으로 정하는 기간"이란 다음 각 호의 어느 하나에 해당하는 기간을 말한다.<br>  2. 법 제180조 제2항 본문에 따른 국제등록일(대한민국을 사후지정한 경우에는 사후지정일)부터 3개월 |
|---|---|
| 개정 후<br>[시행 2022.4.20.] | **상표법 시행규칙 제86조(단체표장 또는 증명표장에 관한 정관 또는 규약의 제출기간)**<br>법 제182조 제3항 전단에서 "산업통상자원부령으로 정하는 기간"이란 다음 각 호의 어느 하나에 해당하는 기간을 말한다.<br>  2. 국제사무국이 마드리드 의정서 제3조의3에 따른 영역확장의 통지를 한 날부터 3개월 |

**오답해설**

② 마드리드 의정서 제181조
④ 마드리드 의정서 제170조
⑤ 마드리드 의정서 제172조 제1항

# 24

**정답해설**

⑤ 상표의 구성 중 식별력이 없거나 미약한 부분과 동일한 표장이 거래사회에서 오랜 기간 사용된 결과 상표의 등록 또는 지정상품 추가등록 전부터 수요자 간에 누구의 업무에 관련된 상품을 표시하는 것인가 현저하게 인식되어 있는 경우에는 그 부분은 사용된 상품에 관하여 식별력 있는 요부로 보아 상표의 유사 여부를 판단할 수 있으나, 그렇다고 하더라도 그 부분이 사용되지 아니한 상품에 대해서까지 당연히 식별력 있는 요부가 됨을 전제로 하여 상표의 유사 여부를 판단할 수 없다(判例 2005후2977).

**오답해설**

① 상품의 유사판단에 있어 가장 중요한 기준은 '상품 출처의 오인·혼동 가능성 여부'의 고려 이다.
② 상표의 유사여부 관찰방법은 전체적, 객관적, 이격적 관찰을 원칙으로 하되 상표 구성 중 인상적인 부분(요부)에 대해 중점적으로 비교하는 방식으로 한다. 이때 소리·냄새 등은 같은 유형의 상표간에 시각적 표현을 기준으로 유사여부를 비교하여 판단한다.
③ 상표의 유사 판단은 두 개의 상표 자체를 나란히 놓고 대비하는 것이 아니라 때와 장소를 달리하여 두 개의 상표를 대비하는 일반 수요자에게 상품 출처에 관하여 오인·혼동을 일으킬 우려가 있는지의 관점에서 이루어져야 한다(判例 2015후1348).
④ 判例 2019후11121

# 25

**정답해설**

③ 등록요건은 지정상품별로 판단하고 일부 상품에 거절사유가 있는 경우에는 부분거절을 하게 된다.


# 26

답 ②

**정답해설**

② 불법행위가 계속적으로 행하여지는 결과 손해도 역시 계속적으로 발생하는 경우에는 특별한 사정이 없는 한 그 손해는 날마다 새로운 불법행위에 기하여 발생하는 손해이므로, 민법 제766조 제항에서 정한 불법행위로 인한 손해배상청구권의 소멸시효는 그 각 손해를 안 때부터 각별로 진행된다고 보아야 한다(判例 2012다6035).

**오답해설**

① 상표법 제110조 제7항
③ 상표법 제111조 제1항
④ 상표법 제112조
⑤ 상표법 제104조의2


# 27

답 ④

**정답해설**

④ 상표법 제119조 제1항 제9호, 제119조 제5항 참고

> **상표법 제119조(상표등록의 취소심판)**
> ① 등록상표가 다음 각 호의 어느 하나에 해당하는 경우에는 그 상표등록의 취소심판을 청구할 수 있다.
>   9. 증명표장과 관련하여 다음 각 목의 어느 하나에 해당하는 경우
>     마. 증명표장권자가 그 증명표장을 사용할 수 있는 자에 대하여 정당한 사유 없이 정관 또는 규약으로 사용을 허락하지 아니하거나 정관 또는 규약에 충족하기 어려운 사용조건을 규정하는 등 실질적으로 사용을 허락하지 아니한 경우
> ⑤ 제1항에 따른 취소심판은 누구든지 청구할 수 있다. 다만, 제1항 제4호 및 제6호에 해당하는 것을 사유로 하는 심판은 이해관계인만이 청구할 수 있다.

① 고의가 필요한 경우는 상표법 제119조 제1항 제1호이다.

---

**상표법 제119조(상표등록의 취소심판)**

① 등록상표가 다음 각 호의 어느 하나에 해당하는 경우에는 그 상표등록의 취소심판을 청구할 수 있다.

1. 상표권자가 고의로 지정상품에 등록상표와 유사한 상표를 사용하거나 지정상품과 유사한 상품에 등록상표 또는 이와 유사한 상표를 사용함으로써 수요자에게 상품의 품질을 오인하게 하거나 타인의 업무와 관련된 상품과 혼동을 불러일으키게 한 경우
2. 전용사용권자 또는 통상사용권자가 지정상품 또는 이와 유사한 상품에 등록상표 또는 이와 유사한 상표를 사용함으로써 수요자에게 상품의 품질을 오인하게 하거나 타인의 업무와 관련된 상품과의 혼동을 불러일으키게 한 경우. 다만, 상표권자가 상당한 주의를 한 경우는 제외한다.

---

② 상표법 제119조 제1항 제2호는 등록상표를 변형하였을 것을 요건으로 규정한 것은 아니다.

③ 상표법 제119조 제1항 제4호 및 제6호는 심판 청구 이후 사정변경이 인정되는 경우이다.

⑤ 심판장은 상표등록취소심판이 청구된 경우에는 그 취지를 해당 상표권의 전용사용권자와 그 밖에 상표에 관한 권리를 등록한 자에게 통지하여야 한다(상표법 제119조 제7항).

# 28

**답** ④

④ 상표권이나 서비스표권에 관하여 전용사용권이 설정된 경우 이로 인하여 상표권자나 서비스표권자의 상표 또는 서비스표의 사용권이 제한받게 되지만, 제3자가 그 상표 또는 서비스표를 정당한 법적 권한 없이 사용하는 경우에는 그 상표권자나 서비스표권자가 그 상표권이나 서비스표권에 기하여 제3자의 상표 또는 서비스표의 사용에 대한 금지를 청구할 수 있는 권리까지 상실하는 것은 아니고, 이러한 경우에 그 상표나 서비스표에 대한 전용사용권을 침해하는 상표법 위반죄가 성립함은 물론 상표권자나 서비스표권자의 상표권 또는 서비스표권을 침해하는 상표법 위반죄도 함께 성립한다(判例 2006도1580).

① 상표법 제53조에서 등록상표가 그 등록출원 전에 발생한 저작권과 저촉되는 경우에 저작권자의 동의 없이 그 등록상표를 사용할 수 없다고 한 것은 저작권자에 대한 관계에서 등록상표의 사용이 제한됨을 의미하는 것이므로, 저작권자와 관계없는 제3자가 등록상표를 무단으로 사용하는 경우에는 상표권자는 그 사용금지를 청구할 수 있다(判例 2006마232).

② 상표등록출원일부터 30일 이내에 특허청장에게 제출하여야 한다(상표법 제47조 제2항).

③ 당사자는 심결 확정 후 재심 사유를 안 날부터 30일 이내에 재심을 청구하여야 한다(상표법 제159조 제1항).

⑤ 경고를 한 출원인은 경고 후 상표권을 설정등록할 때까지의 기간에 발생한 해당 상표의 사용에 관한 업무상 손실에 상당하는 보상금의 지급을 청구할 수 있다(상표법 제58조 제2항).

## 29

답 ①

> 정답해설

① 존속기간갱신등록신청을 하면 상표권의 존속기간이 갱신된 것으로 본다(상표법 제85조 제1항).

> 오답해설

② 상표권 공유자의 지분권 포기는 등록되지 않으면 효력이 발생하지 않는다(상표법 제96조 제1항 제2호). 사례처럼 공유자 중 일부가 갱신신청한 경우라면 적법한 갱신이 되며 무효사유에 해당하지 않는다(상표법 제118조 제1항 제2호).

③ 갱신신청은 상표권자만 가능하다(상표법 제118조 제1항 제2호).

④ 시기적 요건에 대한 무효사유는 제척기간이 존재한다(상표법 제122조 제1항).

> **상표법 제122조(제척기간)**
>
> ① 제34조 제1항 제6호부터 제10호까지 및 제16호, 제35조, 제118조 제1항 제1호 및 제214조 제1항 제3호에 해당하는 것을 사유로 하는 상표등록의 무효심판, 존속기간갱신등록의 무효심판 또는 상품분류전환등록의 무효심판은 상표등록일, 존속기간갱신등록일 또는 상품분류전환등록일부터 5년이 지난 후에는 청구할 수 없다.

⑤ 존속기간갱신등록은 원등록(原登錄)의 효력이 끝나는 다음 날부터 효력이 발생한다(상표법 제85조 제2항).

## 30

답 ③

> 정답해설

③ 선사용권은 선사용자 및 그 지위승계인에게 이전 가능하다(상표법 제97조 제3항 참고).

> 오답해설

① 상표법 제99조
② 상표법 제99조 제3항
④ 상표법 제99조 제2항 제1호
⑤ 상표법 제99조 제1항 제1호

# 31

정답해설

① 법정대리인은 후견감독인의 동의 없이 상대방이 청구한 디자인일부심사등록 이의신청, 심판 또는 재심에 대한 절차를 밟을 수 있다(디자인보호법 제4조 제2항).

오답해설

② 그 기간의 만료일부터 2개월 이내에 같은 항에 규정된 서류 또는 서면을 특허청장에게 제출할 수 있다(디자인보호법 제51조 제3항).

> **디자인보호법 제51조(조약에 따른 우선권 주장)**
> ② 제1항에 따라 우선권을 주장하려는 자는 우선권 주장의 기초가 되는 최초의 출원일부터 6개월 이내에 디자인등록출원을 하지 아니하면 우선권을 주장할 수 없다.
> ③ 제1항에 따라 우선권을 주장하려는 자는 디자인등록출원 시 디자인등록출원서에 그 취지와 최초로 출원한 국명 및 출원연월일을 적어야 한다.
> ⑤ 제3항에 따라 우선권을 주장한 자가 정당한 사유로 제4항의 기간 내에 같은 항에 규정된 서류 또는 서면을 제출할 수 없었던 경우에는 그 기간의 만료일부터 2개월 이내에 같은 항에 규정된 서류 또는 서면을 특허청장에게 제출할 수 있다. 〈신설 2023.6.20.〉

③ 디자인보호법에는 정정심판제도가 존재하지 않는다.
④ 철회된 것으로 간주한다(디자인보호법 제43조).
⑤ 디자인보호법 제43조

> **디자인보호법 제43조(비밀디자인)**
> ① 디자인등록출원인은 디자인권의 설정등록일부터 3년 이내의 기간을 정하여 그 디자인을 비밀로 할 것을 청구할 수 있다. 이 경우 복수디자인등록출원된 디자인에 대하여는 출원된 디자인의 전부 또는 일부에 대하여 청구할 수 있다.
> ② 디자인등록출원인은 디자인등록출원을 한 날부터 최초의 디자인등록료를 내는 날까지 제1항의 청구를 할 수 있다. 다만, 제86조 제1항 제1호 및 제2항에 따라 그 등록료가 면제된 경우에는 제90조 제2항 각 호의 어느 하나에 따라 특허청장이 디자인권을 설정등록할 때까지 할 수 있다.

**정답해설**

ㄱ. (○) 디자인보호법 제35조 제1항

> **디자인보호법 제35조(관련디자인)**
> ① 디자인권자 또는 디자인등록출원인은 자기의 등록디자인 또는 디자인등록출원한 디자인(이하 "기본디자인"이라 한다)
> 과만 유사한 디자인(이하 "관련디자인"이라 한다)에 대하여는 그 기본디자인의 디자인등록출원일부터 3년 이내에
> 디자인등록출원된 경우에 한하여 제33조 제항 각 호 및 제46조 제1항·제2항에도 불구하고 관련디자인으로 디자인등
> 록을 받을 수 있다. 다만, 해당 관련디자인의 디자인권을 설정등록할 때에 기본디자인의 디자인권이 설정등록되어
> 있지 아니하거나 기본디자인의 디자인권이 취소, 포기 또는 무효심결 등으로 소멸한 경우에는 그러하지 아니하다.
> 〈개정 2023.6.20.〉

ㄴ. (○) 디자인보호법 제121조 참고

> **디자인보호법 제121조(디자인등록의 무효심판)**
> ① 이해관계인 또는 심사관은 디자인등록이 다음 각 호의 어느 하나에 해당하는 경우에는 무효심판을 청구할 수 있다.
> 이 경우 제41조에 따라 복수디자인등록출원된 디자인등록에 대하여는 각 디자인마다 청구하여야 한다. 〈개정 2023.6.20.〉
> 2. 제27조, 제33조부터 제35조까지, 제39조 및 제46조 제1항·제2항에 위반된 경우

**오답해설**

ㄷ. (×) 디자인보호법에 변경출원제도는 규정되어 있지 않다.

ㄹ. (×) 디자인보호법 제35조 제3항 참고

> **디자인보호법 제35조(관련디자인)**
> ③ 기본디자인의 디자인권에 제97조에 따른 전용실시권(이하 "전용실시권"이라 한다)이 설정되어 있는 경우에는 그 기본
> 디자인에 관한 관련디자인에 대하여는 제1항에도 불구하고 디자인등록을 받을 수 없다.

ㅁ. (×) 디자인보호법 제96조 참고

> **디자인보호법 제96조(디자인권의 이전 및 공유 등)**
> ① 디자인권은 이전할 수 있다. 다만, 기본디자인의 디자인권과 관련 디자인의 디자인권은 같은 자에게 함께 이전하여야
> 한다.

# 33

③ 조약에 따른 우선권주장의 기초가 되는 디자인등록출원(해당 디자인등록출원을 기초로 하는 우선권주장에 의하여 외국 특허청에서 디자인에 관한 절차가 진행 중인 것으로 한정한다)(디자인보호법 시행령 제6조 제9호)

---

**디자인보호법 시행령 제6조(우선심사의 대상)**

법 제61조 제1항 제2호에서 "대통령령으로 정하는 디자인등록출원"이란 다음 각 호의 어느 하나에 해당하는 것으로서 특허청장이 정하는 디자인등록출원을 말한다.

1. 방위산업 분야의 디자인등록출원
2. 「기후위기 대응을 위한 탄소중립·녹색성장 기본법」에 따른 녹색기술과 직접 관련된 디자인등록출원
3. 수출 촉진과 직접 관련된 디자인등록출원
4. 국가나 지방자치단체의 직무에 관한 디자인등록출원(「고등교육법」에 따른 국립·공립학교의 직무에 관한 디자인등록출원으로서 「기술의 이전 및 사업화 촉진에 관한 법률」 제11조 제1항에 따라 국립·공립학교에 설치된 기술이전·사업화에 관한 업무를 전담하는 조직이 낸 디자인등록출원을 포함한다)
5. 「벤처기업육성에 관한 특별조치법」 제25조에 따라 벤처기업 확인을 받은 기업의 디자인등록출원
6. 「중소기업 기술혁신 촉진법」 제15조에 따라 기술혁신형 중소기업으로 선정된 기업의 디자인등록출원
7. 「발명진흥법」 제11조의2에 따라 직무발명보상 우수기업으로 선정된 기업의 디자인등록출원

   7의2. 「발명진흥법」 제24조의2에 따라 지식재산 경영인증을 받은 중소기업의 디자인등록출원

   7의3. 「산업디자인진흥법」 제6조에 따라 디자인이 우수한 상품으로 선정된 상품에 관한 디자인등록출원
8. 「국가연구개발혁신법」에 따른 국가연구개발사업의 결과물에 관한 디자인등록출원
9. 조약에 따른 우선권주장의 기초가 되는 디자인등록출원(해당 디자인등록출원을 기초로 하는 우선권주장에 의하여 외국 특허청에서 디자인에 관한 절차가 진행 중인 것으로 한정한다)
10. 디자인등록출원인이 디자인등록출원된 디자인을 실시하고 있거나 실시를 준비 중인 디자인등록출원
11. 삭제 〈2023.12.19.〉
12. 특허청장이 외국 특허청장과 우선심사하기로 합의한 디자인등록출원
13. 삭제 〈2023.12.19.〉
14. 인공지능, 사물인터넷 등 4차 산업혁명과 관련된 기술을 활용한 디자인등록출원

---

# 34

② 디자인의 등록요건을 판단할 때 디자인의 유사 여부는 이를 구성하는 각 요소를 분리하여 개별적으로 대비할 것이 아니라 외관을 전체적으로 대비·관찰하여 보는 사람으로 하여금 다른 심미감을 느끼게 하는지에 따라 판단해야 하므로, 지배적인 특징이 유사하다면 세부적인 점에 다소 차이가 있을지라도 유사하다고 보아야 하고, 이러한 법리는 디자인보호법 제2조 제1호의2에서 정한 글자체에 대한 디자인의 경우에도 마찬가지로 적용된다(判例 2012후597). 즉 글자체 디자인이라 해서 일반디자인과 다른 판단기준이 적용되는 것은 아니다.

① · ③ 判例 2010다23739
⑤ 判例 2016다219150

# 35

답 ⑤

정답해설

⑤ 1, 2, 3, 5, 9, 11, 19류가 일부심사등록출원의 대상이다.

# 36

답 ④

정답해설

④ 디자인보호법 제63조 제1항 제2호

> **디자인보호법 제63조(거절이유통지)**
> ① 심사관은 다음 각 호의 어느 하나에 해당하는 경우에는 디자인등록출원인에게 미리 거절이유(제62조 제1항부터 제3항까지에 해당하는 이유를 말하며, 이하 "거절이유"라 한다)를 통지하고 기간을 정하여 의견서를 제출할 수 있는 기회를 주어야 한다.
> 1. 제62조에 따라 디자인등록거절결정을 하려는 경우
> 2. 제66조의2 제1항에 따른 직권 재심사를 하여 취소된 디자인등록결정 전에 이미 통지한 거절이유로 디자인등록거절결정을 하려는 경우

오답해설

① 디자인보호법 제195조

> **디자인보호법 제195조(직권보정의 특례)**
> 국제디자인등록출원에 대하여는 제66조를 적용하지 아니한다.

② 디자인보호법 제66조

> **디자인보호법 제66조(직권보정)**
> ③ 디자인등록출원인은 직권보정 사항의 전부 또는 일부를 받아들일 수 없는 경우에는 제79조 제1항에 따라 디자인등록료를 낼 때까지 그 직권보정 사항에 대한 의견서를 특허청장에게 제출하여야 한다.
> ④ 디자인등록출원인이 제3항에 따라 의견서를 제출한 경우 해당 직권보정 사항의 전부 또는 일부는 처음부터 없었던 것으로 본다.
> ⑤ 제4항에 따라 직권보정의 전부 또는 일부가 처음부터 없었던 것으로 보는 경우 심사관은 그 디자인등록결정을 취소하고 처음부터 다시 심사하여야 한다.

③ 의견제출통지를 통한 보정 또는 출원인의 자진보정을 통해 오류시정을 해야 한다.
⑤ 디자인보호법 제71조

> **디자인보호법 제71조(디자인일부심사등록 이의신청 심사에서의 직권심사)**
> ② 디자인일부심사등록 이의신청에 관한 심사를 할 때에는 이의신청인이 신청하지 아니한 등록디자인에 관하여는 심사할 수 없다.

# 37

⑤ 갑의 신규성 상실의 예외 주장 기준은 2020.2.6.이므로 이로부터 12개월이 지나 2021.3.15. 대한민국에 출원한 경우이므로 디자인 A는 신규성 상실의 예외에 해당하지 않는다.


# 38

답 ②

정답해설

② 乙이 丙의 공유지분에만 국한하여 무효심판을 청구하는 것은 불가능하다.

오답해설

① 다른 공유디자인권자의 동의가 없어도 '실시'는 가능하다.
③ 단독으로 심결에 대한 취소소송의 제기는 가능하다.
④ 공유디자인권자의 동의를 받아 압류명령을 신청한 경우이므로 가능하다.
⑤ 디자인권에 대한 공유물분할청구가 가능하며 경매 시 대금분할도 가능하다.


# 39

답 ③

정답해설

③ 선출원에 후출원이 포함되지 않으므로 확대된 선출원이 적용되지 않는다.


# 40

답 ④

정답해설

④ '소극적' 권리범위확인심판청구는 '확인의 이익'이 인정된다.

오답해설

① 피심판청구인이 실시하지 않고 있는 물품을 대상으로 한 적극적 권리범위확인 심판청구는 확인의 이익이 없어 부적법하고 각하되어야 한다(判例 2002후2419).
② '등록디자인의 무효심결이 확정'된 경우이므로 '소극적 권리범위확인심판 청구'는 확인의 이익이 없다.
③ 양 디자인이 이용관계에 있지 않은 경우라면 권리 대 권리간 권리범위확인심판이므로 부적법하다.
⑤ 확인대상디자인의 특정이 되지 않은 경우이므로 부적법하다.

↻ 문제편 024p

| 01 | 02 | 03 | 04 | 05 | 06 | 07 | 08 | 09 | 10 | 11 | 12 | 13 | 14 | 15 | 16 | 17 | 18 | 19 | 20 |
|----|----|----|----|----|----|----|----|----|----|----|----|----|----|----|----|----|----|----|----|
| ① | ③ | ④ | ⑤ | ① | ② | ③ | ① | ⑤ | ④ | ③ | ③ | ⑤ | ③ | ② | ④ | ④ | ① | ⑤ | ⑤ |
| 21 | 22 | 23 | 24 | 25 | 26 | 27 | 28 | 29 | 30 | 31 | 32 | 33 | 34 | 35 | 36 | 37 | 38 | 39 | 40 |
| ④ | ② | ① | ② | ② | ② | ③ | ③ | ④ | ④ | ② | ⑤ | ① | ① | ① | ④ | ⑤ | ⑤ | ③ | ④ |

## 01

답 ①

### 정답해설

① 물상보증인은 채권자가 아니라 채무자를 위해 자기 소유의 부동산을 담보로 제공하는 사람이다. 물상보증인은 담보권의 실행으로 담보물의 소유권을 잃게 되면 채무자에 대한 구상권을 행사할 수 있다. 보증제도는 본질적으로 주채무자의 무자력에 따른 채권자의 위험을 인수하는 것이다. 이러한 사정을 고려하면 물상보증인이 주채무자의 자력에 대하여 조사한 다음 계약을 체결할 것인지 여부를 스스로 결정해야 하고, 채권자가 물상보증인에게 주채무자의 신용 상태를 고지할 신의칙상 의무는 존재하지 않는다(대판 2020.10.15. 2017다254051).

### 오답해설

② 환자가 병원에 입원하여 치료를 받는 경우에 있어서, 병원은 진료뿐만 아니라 환자에 대한 숙식의 제공을 비롯하여 간호, 보호 등 입원에 따른 포괄적 채무를 지는 것인 만큼, 병원은 병실에의 출입자를 통제·감독하든가 그것이 불가능하다면 최소한 입원환자에게 휴대품을 안전하게 보관할 수 있는 시정장치가 있는 사물함을 제공하는 등으로 입원환자의 휴대품 등의 도난을 방지함에 필요한 적절한 조치를 강구하여 줄 신의칙상의 보호의무가 있다고 할 것이고, 이를 소홀히 하여 입원환자와는 아무런 관련이 없는 자가 입원환자의 병실에 무단출입하여 입원환자의 휴대품 등을 절취하였다면 병원은 그로 인한 손해배상책임을 면하지 못한다(대판 2003.4.11. 2002다63275).

③ 공중접객업인 숙박업을 경영하는 자가 투숙객과 체결하는 숙박계약은 숙박업자가 고객에게 숙박을 할 수 있는 객실을 제공하여 고객으로 하여금 이를 사용할 수 있도록 하고 고객으로부터 그 대가를 받는 일종의 일시사용을 위한 임대차계약으로서, 여관의 객실 및 관련시설, 공간은 오로지 숙박업자의 지배 아래 놓여 있는 것이므로 숙박업자는 통상의 임대차와 같이 단순히 여관의 객실 및 관련시설을 제공하여 고객으로 하여금 이를 사용수익하게 할 의무를 부담하는 것에서 한 걸음 더 나아가 고객에게 위험이 없는 안전하고 편안한 객실 및 관련시설을 제공함으로써 고객의 안전을 배려하여야 할 보호의무를 부담하며 이러한 의무는 숙박계약의 특수성을 고려하여 신의칙상 인정되는 부수적인 의무로서 숙박업자가 이를 위반하여 고객의 생명, 신체를 침해하여 손해를 입힌 경우 불완전이행으로 인한 채무불이행책임을 부담한다(대판 1994.1.28. 93다43590).

④ 민법상 신의성실의 원칙은, 법률관계의 당사자가 상대방의 이익을 배려하여 형평에 어긋나거나 신뢰를 저버리는 내용 또는 방법으로 권리를 행사하거나 의무를 이행하여서는 안 된다는 추상적 규범을 말하는 것인바, 사적자치의 영역을 넘어 공공질서를 위하여 공익적 요구를 선행시켜야 할 사안에서는 원칙적으로 합법성의 원칙은 신의성실의 원칙보다 우월한 것이므로 신의성실의 원칙은 합법성의 원칙을 희생하여서라도 구체적 신뢰보호의 필요성이 인정되는 경우에 비로소 적용된다고 봄이 상당하다(대판 2000.8.22. 99다62609·62616).

⑤ 신의성실의 원칙에 반하는 것 또는 권리남용은 강행규정에 위배되는 것이므로 당사자의 주장이 없더라도 법원은 직권으로 판단할 수 있다(대판 1995.12.22. 94다42129).

# 02

---

**정답해설**

ㄴ. (○) [1] 민법 제35조 제1항은 "법인은 이사 기타 대표자가 그 직무에 관하여 타인에게 가한 손해를 배상할 책임이 있다"라고 정한다. 여기서 '법인의 대표자'에는 그 명칭이나 직위 여하, 또는 대표자로 등기되었는지 여부를 불문하고 당해 법인을 실질적으로 운영하면서 법인을 사실상 대표하여 법인의 사무를 집행하는 사람을 포함한다고 해석함이 상당하다. [2] 甲 주택조합의 대표자가 乙에게 대표자의 모든 권한을 포괄적으로 위임하여 乙이 그 조합의 사무를 집행하던 중 불법행위로 타인에게 손해를 발생시킨 데 대하여 불법행위 피해자가 甲 주택조합을 상대로 민법 제35조에서 정한 법인의 불법행위책임에 따른 손해배상청구를 한 사안에서, ...(중략)... 乙은 甲 주택조합을 실질적으로 운영하면서 법인을 사실상 대표하여 법인의 사무를 집행하는 사람으로서 민법 제35조에서 정한 '대표자'에 해당한다고 보아야 함에도, 乙이 甲 주택조합의 적법한 대표자 또는 대표기관이라고 볼 수 없다는 이유로 甲 주택조합에 대한 법인의 불법행위에 따른 손해배상청구를 배척한 원심판결에는 법리오해의 위법이 있다고 한 사례(대판 2011.4.28. 2008다15438).

ㄹ. (○) 대표이사가 대표이사로서의 업무 일체를 다른 이사 등에게 위임하고, 대표이사로서의 직무를 전혀 집행하지 않는 것은 그 자체가 이사의 직무상 충실 및 선관의무를 위반하는 행위에 해당한다(대판 2003.4.11. 2002다70044).

**오답해설**

ㄱ. (×) 비법인사단에 대하여는 사단법인에 관한 민법규정 가운데 법인격을 전제로 하는 것을 제외하고는 이를 유추적용하여야 하는데, 민법 제62조에 비추어 보면 비법인사단의 대표자는 정관 또는 총회의 결의로 금지하지 아니한 사항에 한하여 타인으로 하여금 특정한 행위를 대리하게 할 수 있을 뿐 비법인사단의 제반 업무처리를 포괄적으로 위임할 수는 없으므로 비법인사단 대표자가 행한 타인에 대한 업무의 포괄적 위임과 그에 따른 포괄적 수임인의 대행행위는 민법 제62조를 위반한 것이어서 비법인사단에 대하여 그 효력이 미치지 않는다(대판 2011.4.28. 2008다15438). 사단법인에 관한 민법규정 제62조를 비법인사단에 유추적용 한다는 입장이다.

> **민법 제62조(이사의 대리인 선임)**
> 이사는 정관 또는 총회의 결의로 금지하지 아니한 사항에 한하여 타인으로 하여금 특정한 행위를 대리하게 할 수 있다.

ㄷ. (×) 주택조합과 같은 비법인사단의 대표자가 직무에 관하여 타인에게 손해를 가한 경우 그 사단은 민법 제35조 제1항의 유추적용에 의하여 그 손해를 배상할 책임이 있으며, 비법인사단의 대표자의 행위가 대표자 개인의 사리를 도모하기 위한 것이었거나 혹은 법령의 규정에 위배된 것이었다 하더라도 외관상, 객관적으로 직무에 관한 행위라고 인정할 수 있는 것이라면 민법 제35조 제1항의 직무에 관한 행위에 해당한다(대판 2003.7.25. 2002다27088). 법인의 불법행위능력을 규정한 민법 제35조 제1항을 비법인사단에 유추적용하며, 민법 제35조의 제1항의 '직무에 관하여'의 의미는 행위의 외형상 법인의 대표자의 직무행위라고 인정할 수 있는 것이라면 설사 그것이 대표자 개인의 사리를 도모하기 위한 것이었거나 혹은 법령의 규정에 위배된 것이었다 하더라도 위의 직무에 관한 행위에 해당한다고 본다는 판례이다.

> **민법 제35조(법인의 불법행위능력)**
> ① 법인은 이사 기타 대표자가 그 직무에 관하여 타인에게 가한 손해를 배상할 책임이 있다. 이사 기타 대표자는 이로 인하여 자기의 손해배상책임을 면하지 못한다.

# 03

**정답해설**

ㄴ. (○) <u>무능력자의 책임을 제한하는 민법 제141조 단서는 부당이득에 있어 수익자의 반환범위를 정한 민법 제748조의 특칙으로서 무능력자의 보호를 위해 그 선의·악의를 묻지 아니하고 반환범위를 현존 이익에 한정시키려는데 그 취지가 있으므로, 의사능력의 흠결을 이유로 법률행위가 무효가 되는 경우에도 유추적용되어야 할 것</u>이나, 법률상 원인 없이 타인의 재산 또는 노무로 인하여 이익을 얻고 그로 인하여 타인에게 손해를 가한 경우에 그 취득한 것이 금전상의 이득인 때에는 그 금전은 이를 취득한 자가 소비하였는가의 여부를 불문하고 현존하는 것으로 추정되므로, 위 이익이 현존하지 아니함은 이를 주장하는 자, 즉 의사무능력자 측에 입증책임이 있다(대판 2009.1.15. 2008다58367). 무능력자의 책임을 제한하는 민법 제141조 단서 규정을 의사능력의 흠결을 이유로 법률행위가 무효가 되는 경우에도 유추적용한다는 판례이다.

> **민법 제141조(취소의 효과)**
> 취소된 법률행위는 처음부터 무효인 것으로 본다. 다만, 제한능력자는 그 행위로 인하여 받은 이익이 현존하는 한도에서 상환(償還)할 책임이 있다.

ㄷ. (○) 의사무능력자가 자신이 소유하는 부동산에 근저당권을 설정해 주고 금융기관으로부터 금원을 대출받아 이를 제3자에게 대여한 사안에서, 대출로 받은 이익이 위 제3자에 대한 대여금채권 또는 부당이득반환채권의 형태로 현존하므로, <u>금융기관은 대출거래약정 등의 무효에 따른 원상회복으로서 위 대출금 자체의 반환을 구할 수는 없더라도 현존 이익인 위 채권의 양도를 구할 수 있다고 본 사례</u>(대판 2009.1.15. 2008다58367). 나아가 이 판결은 이유 부분에서 「<u>공평의 관념과 신의칙에 비추어 볼 때 원고의 위 채권양도 의무와 피고 조합의 이 사건 근저당권설정등기말소 의무는 동시이행관계에 있다고 보아야 할 것</u>」이라고 하였다.

**오답해설**

ㄱ. (×) 의사무능력자가 사실상의 후견인이었던 아버지의 보조를 받아 자신의 명의로 대출계약을 체결하고 자신 소유의 부동산에 관하여 근저당권을 설정한 후, 의사무능력자의 여동생이 특별대리인으로 선임되어 위 대출계약 및 근저당권설정계약의 효력을 부인하는 경우에, 이러한 무효 주장이 거래관계에 있는 당사자의 신뢰를 배신하고 정의의 관념에 반하는 예외적인 경우에 해당하지 않는 한, <u>의사무능력자에 의하여 행하여진 법률행위의 무효를 주장하는 것이 신의칙에 반하여 허용되지 않는다고 할 수 없다</u>(대판 2006.9.22. 2004다51627).

⑤ 이자채권은 원본채권에 대하여 종속성을 갖고 있으나 이미 변제기에 도달한 이자채권은 원본채권과 분리하여 양도할 수 있고 원본채권과 별도로 변제할 수 있으며 시효로 인하여 소멸되기도 하는 등 어느 정도 독립성을 갖게 되는 것이므로, 원본채권이 양도된 경우 이미 변제기에 도달한 이자채권은 원본채권의 양도당시 그 이자채권도 양도한다는 의사표시가 없는 한 당연히 양도되지는 않는다(대판 1989.3.28. 88다카12803).

① 횟집으로 사용할 점포 건물에 거의 붙여서 횟감용 생선을 보관하기 위하여 즉 위 점포 건물의 상용에 공하기 위하여 신축한 수족관 건물은 위 점포 건물의 종물이라고 해석할 것이다(대판 1993.2.12. 92도3234). 종물은 독립한 물건으로 동산과 부동산 모두 종물이 될 수 있다.

② 종물은 주물의 처분에 따른다(민법 제100조 제2항)는 규정에서의 처분은 점유 기타 사실관계에 기한 권리의 득실변경에 대해서는 적용되지 않는다. 주물 만에 대한 점유의 시효취득에 대하여 점유를 하지 않는 종물에 대해서는 시효취득이 인정되지 않는다.

③ 민법 제100조 제2항의 종물과 주물의 관계에 관한 법리는 물건 상호간의 관계뿐 아니라 권리 상호간에도 적용되고, 위 규정에서의 처분은 처분행위에 의한 권리변동뿐 아니라 주물의 권리관계가 압류와 같은 공법상의 처분 등에 의하여 생긴 경우에도 적용되어야 하는 점, 저당권의 효력이 종물에 대하여도 미친다는 민법 제358조 본문 규정은 같은 법 제100조 제2항과 이론적 기초를 같이하는 점, 집합건물의 소유 및 관리에 관한 법률 제20조 제1항, 제2항에 의하면 구분건물의 대지사용권은 전유부분과 종속적 일체불가분성이 인정되는 점 등에 비추어 볼 때, 구분건물의 전유부분에 대한 소유권보존등기만 경료되고 대지지분에 대한 등기가 경료되기 전에 전유부분만에 대해 내려진 가압류결정의 효력은, 대지사용권의 분리처분이 가능하도록 규약으로 정하였다는 등의 특별한 사정이 없는 한, 종물 내지 종된 권리인 그 대지권에까지 미친다(대판 2006.10.26. 2006다29020).

> **민법 제100조(주물, 종물)**
> ② 종물은 주물의 처분에 따른다.

④ 어느 건물이 주된 건물의 종물이기 위하여는 주물의 상용에 이바지되어야 하는 관계가 있어야 하는바, 여기에서 주물의 상용에 이바지한다 함은 주물 그 자체의 경제적 효용을 다하게 하는 것을 말하는 것이며, 주물의 소유자나 이용자의 상용에 공여되고 있더라도 주물 그 자체의 효용과는 직접 관계없는 물건은 종물이 아니다(대판 1994.6.10. 94다11606).

> **민법 제100조(주물, 종물)**
> ① 물건의 소유자가 그 물건의 상용에 공하기 위하여 자기소유인 다른 물건을 이에 부속하게 한 때에는 그 부속물은 종물이다.

# 05

## 정답해설

ㄱ. (○) 부동산의 이중매매가 반사회적 법률행위로서 무효가 되기 위하여는 매도인의 배임행위와 매수인이 <u>매도인의 배임행위에 적극 가담한 행위</u>로 이루어진 매매로서, 그 <u>적극가담</u>하는 행위는 매수인이 다른 사람에게 매매목적물이 매도된 것을 <u>안다는 것만으로는 부족하고, 적어도 그 매도사실을 알고도 매도를 요청하여 매매계약에 이르는 정도</u>가 되어야 한다(대판 1994.3.11. 93다55289). 따라서 제2매수인이 매도인의 제1매수인에 대한 배임행위에 적극 가담하였으면 제2매매는 민법 제103조의 선량한 풍속 기타 사회질서에 위반하여 무효이다.

**│관련│** 어떠한 부동산에 관하여 소유자가 양도의 원인이 되는 매매 기타의 계약을 하여 일단 소유권 양도의 의무를 짐에도 다시 제3자에게 매도하는 등으로 같은 부동산에 관하여 소유권 양도의 의무를 이중으로 부담하고 나아가 그 의무의 이행으로, 그러나 제1의 양도채권자에 대한 양도의무에 반하여, 소유권의 이전에 관한 등기를 그 제3자 앞으로 경료함으로써 이를 처분한 경우에, 소유자의 그러한 제2의 소유권양도의무를 발생시키는 원인이 되는 매매 등의 계약이 소유자의 위와 같은 의무위반행위를 유발시키는 계기가 된다는 것만을 이유로 이를 공서양속에 반하여 무효라고 할 것이 아님은 물론이다. 그것이 공서양속에 반한다고 하려면, 다른 특별한 사정이 없는 한 <u>상대방에게도 그러한 무효의 제재, 보다 실질적으로 말하면 나아가 그가 의도한 권리취득 자체의 좌절을 정당화할 만한 책임귀속사유가 있어야 한다</u>(대판 2013.10.11. 2013다52622).

## 오답해설

ㄴ. (×) 매도인의 매수인에 대한 배임행위에 가담하여 증여를 받아 이를 원인으로 소유권이전등기를 경료한 수증자에 대하여 매수인은 <u>매도인을 대위하여 위 등기의 말소를 청구할 수는 있으나 직접 청구할 수는 없다</u>는 것은 형식주의 아래서의 등기청구권의 성질에 비추어 당연하다(대판 1983.4.26. 83다카57).

ㄷ. (×) 채권자취소권을 특정물에 대한 소유권이전등기청구권을 보전하기 위하여 행사하는 것은 허용되지 않으므로, 부동산의 제1양수인은 자신의 소유권이전등기청구권 보전을 위하여 양도인과 제3자 사이에서 이루어진 이중양도행위에 대하여 채권자취소권을 행사할 수 없다(대판 1999.4.27. 98다56690). 채권자취소권은 민법 제407조의 모든 채권자를 위하여 행사되어야 하기 때문에 특정채권인 소유권이전등기청구권을 보전하기 위하여 채권자취소권을 행사할 수는 없다.

ㄹ. (×) 부동산의 이중매매가 반사회적 법률행위에 해당하는 경우에는 이중매매계약은 절대적으로 무효이므로, 당해 부동산을 제2매수인으로부터 다시 취득한 제3자는 설사 제2매수인이 당해 부동산의 소유권을 유효하게 취득한 것으로 믿었더라도 이중매매계약이 유효하다고 주장할 수 없다(대판 1996.10.25. 96다29151).

**정답해설**

② 민법 제109조 제1항에 의하면 법률행위 내용의 중요 부분에 착오가 있는 경우 착오에 중대한 과실이 없는 표의자는 법률행위를 취소할 수 있고, 민법 제580조 제1항, 제575조 제1항에 의하면 매매의 목적물에 하자가 있는 경우 하자가 있는 사실을 과실 없이 알지 못한 매수인은 매도인에 대하여 하자담보책임을 물어 계약을 해제하거나 손해배상을 청구할 수 있다. 착오로 인한 취소 제도와 매도인의 하자담보책임 제도는 취지가 서로 다르고, 요건과 효과도 구별된다. 따라서 매매계약 내용의 중요 부분에 착오가 있는 경우 매수인은 매도인의 하자담보책임이 성립하는지와 상관없이 착오를 이유로 매매계약을 취소할 수 있다(대판 2018.9.13. 2015다78703).

**오답해설**

① 민법 제110조 제2항

> **민법 제110조(사기, 강박에 의한 의사표시)**
> ① 사기나 강박에 의한 의사표시는 취소할 수 있다.
> ② 상대방있는 의사표시에 관하여 제3자가 사기나 강박을 행한 경우에는 상대방이 그 사실을 알았거나 알 수 있었을 경우에 한하여 그 의사표시를 취소할 수 있다.

③ 통정허위표시로 매매계약이 체결된 경우 당사자 사이에서 매매계약은 무효이므로(민법 제108조 제1항), 채무불이행으로 인한 손해배상을 청구할 수 없다.

④ 불법행위로 인한 손해배상책임이 성립하기 위하여는 가해자의 고의 또는 과실 이외에 행위의 위법성이 요구되므로, 전문건설공제조합이 계약보증서를 발급하면서 조합원이 수급할 공사의 실제 도급금액을 확인하지 아니한 과실이 있다고 하더라도 민법 제109조에서 중과실이 없는 착오자의 착오를 이유로 한 의사표시의 취소를 허용하고 있는 이상, 전문건설공제조합이 과실로 인하여 착오에 빠져 계약보증서를 발급한 것이나 그 착오를 이유로 보증계약을 취소한 것이 위법하다고 할 수는 없다(대판 1997.8.22. 97다13023). 따라서 불법행위로 인한 손해배상을 청구할 수 없다.

⑤ 민법 제109조 제1항 단서는 의사표시의 착오가 표의자의 중대한 과실로 인한 때에는 그 의사표시를 취소하지 못한다고 규정하고 있는데, 위 단서 규정은 표의자의 상대방의 이익을 보호하기 위한 것이므로, 상대방이 표의자의 착오를 알고 이를 이용한 경우에는 착오가 표의자의 중대한 과실로 인한 것이라고 하더라도 표의자는 의사표시를 취소할 수 있다(대판 2014.11.27. 2013다49794).

> **민법 제109조(착오로 인한 의사표시)**
> ① 의사표시는 법률행위의 내용의 중요부분에 착오가 있는 때에는 취소할 수 있다. 그러나 그 착오가 표의자의 중대한 과실로 인한 때에는 취소하지 못한다.

# 07

정답해설

③ 민법은 제한능력자를 의사표시의 수령무능력자로 규정하여 제한능력자를 보호하고 있으므로(민법 제112조), 미성년자의 법정대리인이 의사표시가 도달한 사실을 안 후여야 표의자는 해제의 효력발생을 주장할 수 있다.

> **민법 제112조(제한능력자에 대한 의사표시의 효력)**
> 의사표시의 상대방이 의사표시를 받은 때에 제한능력자인 경우에는 의사표시자는 그 의사표시로써 대항할 수 없다. 다만, 그 상대방의 법정대리인이 의사표시가 도달한 사실을 안 후에는 그러하지 아니하다.

오답해설

① 민법 제111조 제1항

> **민법 제111조(의사표시의 효력발생시기)**
> ① 상대방이 있는 의사표시는 상대방에게 도달한 때에 그 효력이 생긴다.

② 민법 제111조 제2항

> **민법 제111조(의사표시의 효력발생시기)**
> ② 의사표시자가 그 통지를 발송한 후 사망하거나 제한능력자가 되어도 의사표시의 효력에 영향을 미치지 아니한다.

④ 상대방이 부당하게 등기취급 우편물의 수취를 거부함으로써 우편물의 내용을 알 수 있는 객관적 상태의 형성을 방해한 경우 그러한 상태가 형성되지 아니하였다는 사정만으로 발송인의 의사표시의 효력을 부정하는 것은 신의성실의 원칙에 반하므로 허용되지 아니한다. 이러한 경우에는 <u>부당한 수취 거부가 없었더라면 상대방이 우편물의 내용을 알 수 있는 객관적 상태에 놓일 수 있었던 때, 즉 수취 거부 시에 의사표시의 효력이 생긴 것으로 보아야 한다.</u> 여기서 우편물의 수취 거부가 신의성실의 원칙에 반하는지는 발송인과 상대방과의 관계, 우편물의 발송 전에 발송인과 상대방 사이에 우편물의 내용과 관련된 법률관계나 의사교환이 있었는지, 상대방이 발송인에 의한 우편물의 발송을 예상할 수 있었는지 등 여러 사정을 종합하여 판단하여야 한다. 이때 우편물의 수취를 거부한 것에 정당한 사유가 있는지에 관해서는 수취 거부를 한 상대방이 이를 증명할 책임이 있다(대판 2020.8.20. 2019두34630).

⑤ <u>채권양도의 통지와 같은 준법률행위의 도달은 의사표시와 마찬가지로 사회관념상 채무자가 통지의 내용을 알 수 있는 객관적 상태에 놓여졌을 때를 지칭하고, 그 통지를 채무자가 현실적으로 수령하였거나 그 통지의 내용을 알았을 것까지는 필요하지 않다.</u> 채권양도의 통지서가 들어 있는 우편물을 채무자의 가정부가 수령한 직후 한집에 거주하고 있는 통지인인 채권자가 그 우편물을 바로 회수해 버렸다면 그 우편물의 내용이 무엇인지를 그 가정부가 알고 있었다는 등의 특별한 사정이 없었던 이상 그 채권양도의 통지는 <u>사회관념상 채무자가 그 통지내용을 알 수 있는 객관적 상태에 놓여 있는 것이라고 볼 수 없으므로</u> 그 통지는 피고에게 도달되었다고 볼 수 없을 것이다(대판 1983.8.23. 82다카439).

답 ①

① 민법 제122조 본문

> **민법 제122조(법정대리인의 복임권과 그 책임)**
> 법정대리인은 그 책임으로 복대리인을 선임할 수 있다. 그러나 부득이한 사유로 인한 때에는 전조 제1항에 정한 책임만이 있다.

┃참고┃ 법정대리인은 본인의 신임을 받아서 대리인이 된 것이 아니라, 법률의 규정에 의해 대리인이 된 자이고 임의로 사임할 수 없으므로, 언제든지 복임권을 갖는다. 이렇게 법정대리인에게 복임권을 주는 대신 책임은 가중된다. 복대리인의 행위에 의해 본인이 손해를 입은 경우에는 복대리인의 선임·감독에 관하여 과실이 없더라도 전적인 책임을 지며(민법 제122조 본문 참고), 다만 부득이한 사유로 복대리인을 선임한 경우에는 그 선임·감독상의 과실에 대해서만 책임을 진다(민법 제122조 단서).

② 법정대리인이 부득이한 사유로 복대리인을 선임한 경우에는 그 선임·감독상의 과실에 대해서만 책임을 진다(민법 제122조 단서).
③ 민법 제120조. 임의대리인은 원칙적으로 복임권을 갖지 못하며, 임의대리인이 본인의 승낙이나 부득이한 사유없이 복대리인을 선임하여 복대리인이 본인의 대리인으로 법률행위를 하면, 이는 무권대리가 된다.

> **민법 제120조(임의대리인의 복임권)**
> 대리권이 법률행위에 의하여 부여된 경우에는 대리인은 본인의 승낙이 있거나 부득이한 사유있는 때가 아니면 복대리인을 선임하지 못한다.

④ 민법 제121조 제1항

> **민법 제121조(임의대리인의 복대리인선임의 책임)**
> ① 전조의 규정에 의하여 대리인이 복대리인을 선임한 때에는 본인에게 대하여 그 선임감독에 관한 책임이 있다.

⑤ 대판 1996.1.26. 94다30690

# 09

**정답해설**

⑤ 무권대리행위의 추인에 특별한 방식이 요구되는 것이 아니므로 명시적인 방법만 아니라 묵시적인 방법으로도 할 수 있고, 그 추인은 무권대리인, 무권대리행위의 직접의 상대방 및 그 무권대리행위로 인한 권리 또는 법률 관계의 승계인에 대하여도 할 수 있다(대판 1981.4.14. 80다2314).

**오답해설**

① 본인의 적법한 추인이 있으면 처음부터 유권대리였던 것과 마찬가지로 다루어지므로, 법률행위의 효과는 대리인이 아니라 본인에게 귀속된다. 따라서 상대방은 무권대리인에게 계약상의 책임을 물을 수 없고, 또한 본인의 추인을 받은 경우에는 상대방은 무권대리인에게 민법 제135조의 책임도 물을 수 없다(민법 제135조 참고).

② 민법 제132조는 본인이 무권대리인에게 무권대리행위를 추인한 경우에 상대방이 이를 알지 못하는 동안에는 본인은 상대방에게 추인의 효과를 주장하지 못한다는 취지이므로 상대방은 그때까지 민법 제134조에 의한 철회를 할 수 있고, 또 무권대리인에의 추인이 있었음을 주장할 수도 있다(대판 1981.4.14. 80다2314). 여기서 철회는 상대방이 계약당시 선의인 경우에 한하여 할 수 있다(민법 제134조).

③ 민법 제135조 제1항은 "타인의 대리인으로 계약을 한 자가 그 대리권을 증명하지 못하고 또 본인의 추인을 얻지 못한 때에는 상대방의 선택에 좇아 계약의 이행 또는 손해배상의 책임이 있다."고 규정하고 있다. 위 규정에 따른 무권대리인의 상대방에 대한 책임은 무과실책임으로서 대리권의 흠결에 관하여 대리인에게 과실 등의 귀책사유가 있어야만 인정되는 것이 아니고, 무권대리행위가 제3자의 기망이나 문서위조 등 위법행위로 야기되었다고 하더라도 책임은 부정되지 아니한다(대판 2014.2.27. 2013다213038).

> **민법 제135조(상대방에 대한 무권대리인의 책임)**
> ① 다른 자의 대리인으로서 계약을 맺은 자가 그 대리권을 증명하지 못하고 또 본인의 추인을 받지 못한 경우에는 그는 상대방의 선택에 따라 계약을 이행할 책임 또는 손해를 배상할 책임이 있다.
> ② 대리인으로서 계약을 맺은 자에게 대리권이 없다는 사실을 상대방이 알았거나 알 수 있었을 때 또는 대리인으로서 계약을 맺은 사람이 제한능력자일 때에는 제1항을 적용하지 아니한다.

④ 다른 자의 대리인으로서 계약을 맺은 자가 그 대리권을 증명하지 못하고 또 본인의 추인을 받지 못한 경우에는 그는 상대방의 선택에 따라 계약을 이행할 책임 또는 손해를 배상할 책임이 있다(민법 제135조 제1항). 이때 상대방이 계약의 이행을 선택한 경우 무권대리인은 계약이 본인에게 효력이 발생하였더라면 본인이 상대방에게 부담하였을 것과 같은 내용의 채무를 이행할 책임이 있다. 무권대리인은 마치 자신이 계약의 당사자가 된 것처럼 계약에서 정한 채무를 이행할 책임을 지는 것이다. 무권대리인이 계약에서 정한 채무를 이행하지 않으면 상대방에게 채무불이행에 따른 손해를 배상할 책임을 진다. 위 계약에서 채무불이행에 대비하여 손해배상액의 예정에 관한 조항을 둔 때에는 특별한 사정이 없는 한 무권대리인은 조항에서 정한 바에 따라 산정한 손해액을 지급하여야 한다. 이 경우에도 손해배상액의 예정에 관한 민법 제398조가 적용됨은 물론이다(대판 2018.6.28. 2018다210775).

# 10

④ 민법 제140조. 따라서 건물양수인은 특정승계인으로서 전세권자의 사기를 이유로 전세권 설정 계약을 취소할 수 있다.

> **민법 제140조(법률행위의 취소권자)**
> 취소할 수 있는 법률행위는 제한능력자, 착오로 인하거나 사기・강박에 의하여 의사표시를 한 자, 그의 대리인 또는 승계인만이 취소할 수 있다.

① 미성년자 자신이 체결한 계약도 미성년자가 단독으로 그 계약을 취소할 수 있다(민법 제140조).
② 계약을 체결할 수 있는 권한만을 가진 임의대리인이 상대방의 사기로 계약을 체결한 경우, 그 임의대리인은 특별수권이 없는 한 그 계약을 취소 또는 해제 등을 할 수 없다.
③ 대리인은 행위능력자임을 요하지 아니하므로(민법 제117조), 본인은 미성년자에 의한 대리행위라는 이유로 취소할 수 없다.
⑤ 미성년자가 단독으로 발급받은 신용카드를 이용하여 구입한 물품의 대금을 성년자가 되어 이의없이 결제한 후에는 법정추인이 되어 그 물품구입계약을 미성년자의 행위임을 이유로 취소할 수 없다(민법 제145조 제1호).

> **민법 제145조(법정추인)**
> 취소할 수 있는 법률행위에 관하여 전조의 규정에 의하여 추인할 수 있는 후에 다음 각 호의 사유가 있으면 추인한 것으로 본다. 그러나 이의를 보류한 때에는 그러하지 아니하다.
>   1. 전부나 일부의 이행

# 11

③ 국토이용관리법상 토지거래허가를 받지 않아 거래계약이 유동적 무효의 상태에 있는 경우, 유동적 무효 상태의 계약은 <u>관할 관청의 불허가처분이 있을 때뿐만 아니라 당사자 쌍방이 허가신청협력의무의 이행거절 의사를 명백히 표시한 경우에는 허가 전 거래계약관계, 즉 계약의 유동적 무효 상태가 더 이상 지속된다고 볼 수 없으므로, 계약관계는 확정적으로 무효가 된다고</u> 할 것이고, 그와 같은 법리는 거래계약상 일방의 채무가 이행불능임이 명백하고 나아가 상대방이 거래계약의 존속을 더 이상 바라지 않고 있는 경우에도 마찬가지라고 보아야 하며, 거래계약이 확정적으로 무효가 된 경우에는 <u>거래계약이 확정적으로 무효로 됨에 있어서 귀책사유가 있는 자라고 하더라도 그 계약의 무효를 주장할 수 있다</u>(대판 1997.7.25. 97다4357·4364).

① 국토의 계획 및 이용에 관한 법률상의 토지거래계약 허가구역 내의 토지에 관하여 관할관청의 허가를 받을 것을 전제로 한 매매계약은 법률상 미완성의 법률행위로서 허가받기 전의 상태에서는 아무런 효력이 없어, <u>그 매수인이 매도인을 상대로 하여 권리의 이전 또는 설정에 관한 어떠한 이행청구도 할 수 없고, 이행청구를 허용하지 않는 취지에 비추어 볼 때 그 매매계약에 기한 소유권이전등기청구권 또는 토지거래계약에 관한 허가를 받을 것을 조건으로 한 소유권이전등기청구권을 피보전권리로 한 부동산처분금지가처분신청 또한 허용되지 않는다</u>(대결 2010.8.26. 2010마818). 토지거래허가를 받지 않은 상태에서의 매매계약은 유동적 무효로서, 허가가 있기까지는 채권계약의 효력이 발생하지 아니한다. 따라서 허가조건 부이전등기의무나 토지거래계약에 관한 허가를 받을 것을 조건으로 한 소유권이전등기청구권을 피보전권리로 한 부동산처분금지가처분신청이 허용되지 않는다.

② 허가받을 것을 전제로 하는 거래계약은 허가를 받을 때까지는 법률상 미완성의 법률행위로서 소유권 등 권리의 이전 또는 설정에 관한 거래의 효력이 전혀 발생하지 않으나 일단 허가를 받으면 그 계약은 소급하여 유효한 계약이 되고, 이와 달리 불허가가 된 때에 무효로 확정되므로 허가를 받기까지는 유동적 무효의 상태에 있다고 볼 것인바, <u>허가를 받을 것을 전제로 한 거래계약은 허가받기 전의 상태에서는 거래계약의 채권적 효력도 전혀 발생하지 않으므로 권리의 이전 또는 설정에 관한 어떠한 내용의 이행청구도 할 수 없고, 그러한 거래계약의 당사자로서는 허가받기 전의 상태에서 상대방의 거래계약상 채무불이행을 이유로 거래계약을 해제하거나 그로 인한 손해배상을 청구할 수 없다</u>(토지거래허가구역 내에 있는 토지를 허가대상이 아닌 다른 부동산과 교환하기로 하는 내용의 교환계약이 국토이용관리법상의 토지거래허가를 받아야 하는 거래계약이어서, 당해 계약에 관하여 관할 관청의 토지거래허가를 받지 않은 이상 허가를 받기까지는 유동적 무효의 상태에 있는 것임에도 불구하고, 당해 계약이 유효한 계약임을 전제로 하여, 매수인의 교환대상 건물에 관한 소유권이 전등기의무가 이행불능이 되었고 그와 같은 채무불이행이 매수인의 귀책사유에 기한 것이라는 이유로 계약이 매도인에 의하여 적법하게 해제된 것을 이유로, 매수인은 매도인에게 이행불능으로 인한 손해배상책임이 있다고 한 원심판결을 파기한 사례)(대판 1997.7.25. 97다4357·4364). 매매계약이 유동적 무효인 상태에서는 물권적 효력뿐만 아니라, 채권적 효력도 발생하지 않는다. 따라서 허가가 나오기 전에는 각 당사자는 주된 급부의무의 이행을 청구할 수 없으며, 주된 급부의 무가 없으므로 채무불이행을 이유로 손해배상을 청구하거나 계약을 해제할 수는 없다.

④ 국토이용관리법상 규제구역 내에 속하는 토지거래에 관하여 관할 도지사로부터 거래허가를 받지 아니한 거래계약은 처음부터 위 허가를 배제하거나 잠탈하는 내용의 계약이 아닌 한 허가를 받기까지는 <u>유동적 무효의 상태에 있고 거래 당사자는 거래허가를 받기 위하여 서로 협력할 의무가 있으나, 그 토지거래가 계약 당사자의 표시와 불일치한 의사</u>(비진의표시, 허위표시 또는 착오) 또는 사기, 강박과 같은 하자 있는 의사에 의하여 이루어진 경우에는, <u>이들 사유에 의하여 그 거래의 무효 또는 취소를 주장할 수 있는 당사자는 그러한 거래허가를 신청하기 전 단계에서 이러한 사유를 주장하여 거래허가신청 협력에 대한 거절의사를 일방적으로 명백히 함으로써 그 계약을 확정적으로 무효화시키고 자신의 거래허가절차에 협력할 의무를 면할 수 있다</u>(대판 1997.11.14. 97다36118).

⑤ 제3자를 위한 계약관계에서 낙약자와 요약자 사이의 법률관계(이른바 기본관계)를 이루는 계약이 무효이거나 해제된 경우 <u>그 계약관계의 청산은 계약의 당사자인 낙약자와 요약자 사이에 이루어져야 하므로, 특별한 사정이 없는 한 낙약자가 이미 제3자에게 급부한 것이 있더라도 낙약자는 계약해제 등에 기한 원상회복 또는 부당이득을 원인으로 제3자를 상대로 그 반환을 구할 수 없다</u>(대판 2010.8.19. 2010다31860·31877). 따라서 乙은 丙을 상대로 지급한 계약금 상당액의 반환을 청구할 수 없다.

변리사 1차 2024년 제61회

2024년 제61회 | 민법개론 **269**

# 12

### 정답해설

③ 민법 제168조 제1호, 제170조 제1항에서 시효중단사유의 하나로 규정하고 있는 재판상의 청구란, 통상적으로는 권리자가 원고로서 시효를 주장하는 자를 피고로 하여 소송물인 권리를 소의 형식으로 주장하는 경우를 가리키나, 이와 반대로 <u>시효를 주장하는 자가 원고가 되어 소를 제기한 데 대하여 피고로서 응소하여 소송에서 적극적으로 권리를 주장하고 그것이 받아들여진 경우도 이에 포함되고, 위와 같은 응소행위로 인한 시효중단의 효력은 피고가 현실적으로 권리를 행사하여 응소한 때에 발생하지만, 권리자인 피고가 응소하여 권리를 주장하였으나 소가 각하되거나 취하되는 등의 사유로 본안에서 권리주장에 관한 판단 없이 소송이 종료된 경우에는 민법 제170조 제2항을 유추적용하여 그때부터 6월 이내에 재판상의 청구 등 다른 시효중단조치를 취한 경우에 한하여 응소 시에 소급하여 시효중단의 효력이 있다고 보아야 한다</u>(대판 2012.1.12. 2011다78606).

### 오답해설

① 민법 제174조

> **민법 제174조(최고와 시효중단)**
> 최고는 6월내에 재판상의 청구, 파산절차참가, 화해를 위한 소환, 임의출석, 압류 또는 가압류, 가처분을 하지 아니하면 시효중단의 효력이 없다.

② 민사소송법 제265조에 의하면, 시효중단사유 중 하나인 '재판상의 청구'(민법 제168조 제1호, 제170조)는 소를 제기한 때 시효중단의 효력이 발생한다. <u>이는 소장 송달 등으로 채무자가 소 제기 사실을 알기 전에 시효중단의 효력을 인정한 것이다.</u> 가압류에 관해서도 위 민사소송법 규정을 유추적용하여 '재판상의 청구'와 유사하게 가압류를 신청한 때 시효중단의 효력이 생긴다고 보아야 한다(대판 2017.4.7. 2016다35451).

④ 비록 대항요건을 갖추지 못하여 채무자에게 대항하지 못한다고 하더라도 채권의 양수인이 채무자를 상대로 재판상의 청구를 하였다면 이는 소멸시효 중단사유인 재판상의 청구에 해당한다(대판 2005.11.10. 2005다41818). 그리고 재판상의 청구는 소송의 각하, 기각 또는 취하의 경우에는 시효중단의 효력이 없지만 6월 내에 재판상의 청구, 파산절차참가, 압류 또는 가압류, 가처분을 한 때에는 시효는 최초의 재판상 청구로 인하여 중단된 것으로 본다(민법 제170조).

⑤ 채권자의 신청에 의한 경매개시결정에 따라 연대채무자 1인의 소유 부동산이 압류된 경우, 이로써 위 채무자에 대한 채권의 소멸시효는 중단되지만, 압류에 의한 시효중단의 효력은 다른 연대채무자에게 미치지 아니하므로, 경매개시결정에 의한 시효중단의 효력을 다른 연대채무자에 대하여 주장할 수 없다(대판 2001.8.21. 2001다22840). 연대채무에서 압류, 가압류 등 이행청구 이외의 시효중단사유는 상대적 효력이 있을 뿐이다.

# 13

**정답해설**

ㄱ. (○) 사인증여는 등기가 경료되어야지 물권변동이 된다.

ㄴ. (○) 합유지분 포기가 적법하다면 그 포기된 합유지분은 나머지 잔존 합유지분권자들에게 균분으로 귀속하게 되지만 그와 같은 물권변동은 합유지분권의 포기라고 하는 법률행위에 의한 것이므로 <u>등기하여야 효력이 있고</u> 지분을 포기한 합유지분권자로부터 잔존 합유지분권자들에게 합유지분권 이전등기가 이루어지지 아니하는 한 지분을 포기한 지분권자는 제3자에 대하여 여전히 합유지분권자로서의 지위를 가지고 있다(대판 1997.9.9. 96다16896).

ㄷ. (○) <u>민법 제187조의 판결은 형성판결을 의미</u>하므로, 매매를 원인으로 한 소유권이전등기절차 <u>이행판결이</u> 확정된 경우에는, 매수인 명의로 등기가 된 때에 비로소 소유권 이전의 효력이 생긴다(민법 제186조).

ㄹ. (○) 부동산점유취득시효의 경우 등기를 요한다(민법 제245조 제1항).

> **민법 제245조(점유로 인한 부동산소유권의 취득기간)**
> ① 20년간 소유의 의사로 평온, 공연하게 부동산을 점유하는 자는 등기함으로써 그 소유권을 취득한다.

# 14

**정답해설**

③ 선의취득은 양도인이 무권리자(처분권이 없다)라는 것을 제외하고 거래행위 자체는 유효하여야 한다. 따라서 거래행위가 무효이거나 당사자에게 제한능력, 착오, 사기·강박 등의 사유가 있어 취소 또는 무효가 된 경우에는 성립하지 않는다.

**오답해설**

① 토지로부터 분리된 수목은 동산이므로 선의취득의 대상이 된다.

② 서울특별시가 무허가 건물을 자진철거하는 시민들을 위하여 건립하는 <u>연립주택의 입주권은 수분양자로서의 지위</u>에 불과한 것이므로 <u>선의취득의 대상이 될 수 없다</u>(대판 1980.9.9. 79다2233).

④ 동산의 선의취득에 필요한 점유의 취득은 현실적 인도가 있어야 하고 점유개정에 의한 점유취득만으로서는 그 요건을 충족할 수 없다(대판 1978.1.17. 77다1872). 판례는 동산의 선의취득에 필요한 점유의 취득으로 점유개정을 부정한다. 위 사례의 경우, 乙이 종전대로 점유하고 있으므로 외부에서 매도하였다는 사실을 전혀 알 수 없기 때문에 선의취득이 부정된다.

⑤ 민법 제250조

> **민법 제250조(도품, 유실물에 대한 특례)**
> 전조의 경우에 그 동산이 도품이나 유실물인 때에는 피해자 또는 유실자는 도난 또는 유실한 날로부터 2년내에 그 물건의 반환을 청구할 수 있다. 그러나 도품이나 유실물이 금전인 때에는 그러하지 아니하다.

# 15

답 ②

**정답해설**

② 사회통념상 건물은 그 부지를 떠나서는 존재할 수 없는 것이므로 <u>건물의 부지가 된 토지는 그 건물의 소유자가 점유하는 것으로 볼 것이고</u>, 건물의 소유권이 양도된 경우에는 건물의 종전의 소유자가 건물의 소유권을 상실하였음에도 불구하고 그 부지를 계속 점유할 별도의 독립된 권원이 있는 등의 특별한 사정이 없는 한 그 부지에 대한 점유도 함께 상실하는 것으로 보아야 하며, 이 경우에 건물의 종전의 소유자가 그 건물에 계속 거주하고 있고 건물의 새로운 소유자는 현실적으로 건물이나 그 부지를 점거하고 있지 아니하고 있더라도 결론은 마찬가지이다(대판 1993.10.26. 93다2483).

**오답해설**

① 민법 제197조 제2항

> **민법 제197조(점유의 태양)**
> ② 선의의 점유자라도 본권에 관한 소에 패소한 때에는 그 소가 제기된 때로부터 악의의 점유자로 본다.

③ 직접점유자가 제3자에 의하여 점유를 침탈당하거나 방해받고 있는 경우에는 간접점유자도 제3자에 대하여 점유보호청구권을 갖는다(민법 제207조 제1항).

> **민법 제207조(간접점유의 보호)**
> ① 전3조의 청구권은 제194조의 규정에 의한 간접점유자도 이를 행사할 수 있다.

④ 점유의 승계가 있는 경우 전 점유자의 점유가 타주점유라 하여도 점유자의 승계인이 자기의 점유만을 주장하는 경우에는 현 점유자의 점유는 자주점유로 추정된다(대판 2002.2.26. 99다72743).

⑤ 기계의 점유자가 그 기계장치를 계속 사용함에 따라 마모되거나 손상된 부품을 교체하거나 수리하는 데에 소요된 비용은 통상의 필요비에 해당하고, 그러한 <u>통상의 필요비는 점유자가 과실을 취득하면 회복자로부터 그 상환을 구할 수 없다</u>(대판 1996.7.12. 95다41161·41178). (민법 제203조 제1항 단서 참고)

> **민법 제203조(점유자의 상환청구권)**
> ① 점유자가 점유물을 반환할 때에는 회복자에 대하여 점유물을 보존하기 위하여 지출한 금액 기타 필요비의 상환을 청구할 수 있다. 그러나 점유자가 과실을 취득한 경우에는 통상의 필요비는 청구하지 못한다.

# 16

**정답해설**

④ 민법 제247조 제2항은 '소멸시효의 중단에 관한 규정은 점유로 인한 부동산소유권의 시효취득기간에 준용한다.'고 규정하고, 민법 제168조 제2호는 소멸시효 중단사유로 '압류 또는 가압류, 가처분'을 규정하고 있다. 점유로 인한 부동산소유권의 시효취득에 있어 취득시효의 중단사유는 종래의 점유상태의 계속을 파괴하는 것으로 인정될 수 있는 사유이어야 하는데, 민법 제168조 제2호에서 정하는 '압류 또는 가압류'는 금전채권의 강제집행을 위한 수단이거나 그 보전수단에 불과하여 취득시효기간의 완성 전에 부동산에 압류 또는 가압류 조치가 이루어졌다고 하더라도 이로써 종래의 점유상태의 계속이 파괴되었다고는 할 수 없으므로 이는 취득시효의 중단사유가 될 수 없다(대판 2019.4.3. 2018다296878).

**오답해설**

① 시효취득의 요건인 점유에는 직접점유뿐만 아니라 간접점유도 포함되는 것이기는 하나, 간접점유를 인정하기 위해서는 간접점유자와 직접점유를 하는 자 사이에 일정한 법률관계, 즉 점유매개관계가 필요하다(대판 2020.5.28. 2020다202562). 따라서 甲은 20년간 소유의 의사로 평온, 공연하게 부동산을 점유하였으므로 시효취득을 주장할 수 있다.

② 시효기간 진행 중 제3취득자의 이전등기는 점유상태를 파괴한 것으로 볼 수 없으므로 취득시효기간의 중단사유에 해당하지 않는다. 따라서 시효완성자는 완성 당시의 제3취득자에게 취득시효 완성을 이유로 이전등기를 청구할 수 있다(대판 1997.4.25. 97다6186).

③ 부동산의 점유로 인한 시효취득자는 취득시효완성당시의 소유자에 대하여 소유권이전등기청구권을 가질뿐 그 등기전에 먼저 소유권이전등기를 경료하여 부동산소유권을 취득한 제3자에 대하여 시효취득을 주장할 수 없는 것이지만 이는 어디까지나 그 제3자 명의의 등기가 적법 유효함을 전제로 하는 것이므로 만일 위 제3자 명의의 등기가 원인무효라면 동인에게 대항할 수 있고, 따라서 취득시효완성당시의 소유자에 대하여 가지는 소유권이전등기청구권으로서 위 소유자를 대위하여 동인앞으로 경료된 원인무효인 등기의 말소를 구하고 아울러 위 소유자에게 취득시효완성을 원인으로 한 소유권이전등기를 구할 수 있다(대판 1986.8.19. 85다카2306).

⑤ 부동산에 대한 취득시효가 완성되면 점유자는 소유명의자에 대하여 취득시효완성을 원인으로 한 소유권이전등기절차의 이행을 청구할 수 있고 소유명의자는 이에 응할 의무가 있으므로 점유자가 그 명의로 소유권이전등기를 경료하지 아니하여 아직 소유권을 취득하지 못하였다고 하더라도 소유명의자는 점유자에 대하여 점유로 인한 부당이득반환청구를 할 수 없다(대판 1993.5.25. 92다51280).

**참고** 취득시효 완성으로 인한 소유권 취득의 효력은 점유를 개시한 때에 소급한다(민법 제247조 제1항). 이는 '시효취득자의 점유'가 '원소유자'에 대하여 소급하여 적법한 점유가 된다는 의미로, 따라서 원소유자는 시효취득자에 대하여 그 동안의 점유에 대해 불법점유임을 이유로 대지의 인도·건물철거를 청구할 수 없고, 점유를 이유로 부당이득반환청구나 손해배상청구를 할 수도 없다.

④ 민법 제273조 제1항

> **민법 제273조(합유지분의 처분과 합유물의 분할금지)**
> ① 합유자는 전원의 동의없이 합유물에 대한 지분을 처분하지 못한다.

① 공유자는 공유지분 처분의 자유가 있으므로(민법 제263조), 다른 공유자의 동의없이 자기의 지분을 담보로 제공할 수 있다.

> **민법 제263조(공유지분의 처분과 공유물의 사용, 수익)**
> 공유자는 그 지분을 처분할 수 있고 공유물 전부를 지분의 비율로 사용, 수익할 수 있다.

② 공유물의 처분과 변경은 공유자 전원의 동의를 요한다(민법 제264조).

> **민법 제264조(공유물의 처분, 변경)**
> 공유자는 다른 공유자의 동의없이 공유물을 처분하거나 변경하지 못한다.

③ 공유물의 관리에 관한 사항은 공유자의 지분의 과반수로써 결정한다(민법 제265조 본문).
⑤ 민법 제276조 제1항은 "총유물의 관리 및 처분은 사원총회의 결의에 의한다", 같은 조 제2항은 "각 사원은 정관 기타의 규약에 좇아 총유물을 사용·수익할 수 있다"라고 규정하고 있을 뿐 공유나 합유의 경우처럼 보존행위는 그 구성원 각자가 할 수 있다는 민법 제265조 단서 또는 제272조 단서와 같은 규정을 두고 있지 아니한바, 이는 법인 아닌 사단의 소유형태인 총유가 공유나 합유에 비하여 단체성이 강하고 구성원 개인들의 총유재산에 대한 지분권이 인정되지 아니하는 데에서 나온 당연한 귀결이라고 할 것이므로 총유재산에 관한 소송은 법인 아닌 사단이 그 명의로 사원총회의 결의를 거쳐 하거나 또는 그 구성원 전원이 당사자가 되어 필수적 공동소송의 형태로 할 수 있을 뿐 그 사단의 구성원은 설령 그가 사단의 대표자라거나 사원총회의 결의를 거쳤다 하더라도 그 소송의 당사자가 될 수 없고, 이러한 법리는 총유재산의 보존행위로서 소를 제기하는 경우에도 마찬가지라 할 것이다(대판[전합] 2005.9.15. 2004다44971).

# 18

**정답해설**

① 근저당권 등 담보권 설정의 당사자들이 그 목적 토지 위에 차후 용익권 설정 등으로 담보가치가 저감하는 것을 막기 위해 채권자 앞으로 지상권을 설정한 경우, 피담보채권이 변제나 시효로 소멸하면 그 지상권도 부종하여 소멸한다(대판 2011.4.14. 2011다6342). 저당권의 담보가치를 획득하기 위하여 지상권을 취득하는 담보지상권의 경우, 담보지상권은 저당권의 담보가치를 확보하는데 그 목적이 있기 때문에, 저당권이 양도되면 함께 양도되고 저당권이 피담보채권의 변제 등으로 소멸하면 담보지상권도 함께 소멸한다(담보지상권의 부종성).

**│관련│** 토지에 관하여 저당권을 취득함과 아울러 그 저당권의 담보가치를 확보하기 위하여 지상권을 취득하는 경우, 특별한 사정이 없는 한 당해 지상권은 저당권이 실행될 때까지 제3자가 용익권을 취득하거나 목적 토지의 담보가치를 하락시키는 침해행위를 하는 것을 배제함으로써 저당 부동산의 담보가치를 확보하는 데에 그 목적이 있다고 할 것이므로, 그와 같은 경우 제3자가 비록 토지소유자로부터 신축중인 지상 건물에 관한 건축주 명의를 변경받았다 하더라도, 그 지상권자에게 대항할 수 있는 권원이 없는 한 지상권자로서는 제3자에 대하여 목적 토지 위에 건물을 축조하는 것을 중지하도록 요구할 수 있다(대결 2004.3.29. 2003마1753).

**오답해설**

② 민법 제283조 제1항의 갱신청구권은, 지상권이 존속기간의 만료로 소멸한 경우에 한하여 건물 기타 공작물이나 수목이 현존하는 때에 지상권자에게 인정되는 권리이며(통설), 지상권자의 갱신청구로 곧 계약갱신의 효과가 발생하지는 않고 지상권설정자가 갱신청구에 응하여 갱신계약을 체결함으로써 갱신이 효과가 발생한다.

> **민법 제283조(지상권자의 갱신청구권, 매수청구권)**
> ① 지상권이 소멸한 경우에 건물 기타 공작물이나 수목이 현존한 때에는 지상권자는 계약의 갱신을 청구할 수 있다.

③ 민법 제285조 제2항

> **민법 제285조(수거의무, 매수청구권)**
> ① 지상권이 소멸한 때에는 지상권자는 건물 기타 공작물이나 수목을 수거하여 토지를 원상에 회복하여야 한다.
> ② 전항의 경우에 지상권설정자가 상당한 가액을 제공하여 그 공작물이나 수목의 매수를 청구한 때에는 지상권자는 정당한 이유없이 이를 거절하지 못한다.

④ 지상권은 타인의 토지에서 건물 기타의 공작물이나 수목을 소유하는 것을 본질적 내용으로 하는 것이 아니라 타인의 토지를 사용하는 것을 본질적 내용으로 하고 있으므로 지상권 설정계약 당시 건물 기타의 공작물이나 수목이 없더라도 지상권은 유효하게 성립할 수 있고, 또한 기존의 건물 기타의 공작물이나 수목이 멸실되더라도 존속기간이 만료되지 않는 한 지상권이 소멸되지 아니한다(대판 1996.3.22. 95다49318).

⑤ 무상의 지상권은 기간에 관한 약정의 유무를 불문하고 지상권자가 자유롭게 포기할 수 있다. 그러나 지상권이 저당권의 목적인 때에는 저당권자의 동의 없이는 포기하지 못한다(민법 제371조 제2항).

> **민법 제371조(지상권, 전세권을 목적으로 하는 저당권)**
> ② 지상권 또는 전세권을 목적으로 저당권을 설정한 자는 저당권자의 동의없이 지상권 또는 전세권을 소멸하게 하는 행위를 하지 못한다.

## 19

**정답해설**

⑤ 지상권을 가지는 건물소유자가 그 건물에 전세권을 설정하였으나 그가 2년 이상의 지료를 지급하지 아니하였음을 이유로 지상권설정자, 즉 토지소유자의 청구로 지상권이 소멸하는 것(민법 제287조 참조)은 전세권설정자가 전세권자의 동의 없이는 할 수 없는 민법 제304조 제2항상의 "지상권 또는 임차권을 소멸하게 하는 행위"에 해당하지 아니한다. 민법 제304조 제2항이 제한하려는 것은 포기, 기간단축약정 등 지상권 등을 소멸하게 하거나 제한하여 건물전세권자의 지위에 불이익을 미치는 전세권설정자의 임의적인 행위이고, 그것이 법률의 규정에 의하여 지상권소멸청구권의 발생요건으로 정하여졌을 뿐인 지상권자의 지료 부지급 그 자체를 막으려고 한다거나 또는 지상권설정자가 취득하는 위의 지상권소멸청구권이 그의 일방적 의사표시로 행사됨으로 인하여 지상권이 소멸되는 효과를 제한하려고 하는 것이라고 할 수 없다. 따라서 전세권설정자가 건물의 존립을 위한 토지사용권을 가지지 못하여 그가 토지소유자의 건물철거 등 청구에 대항할 수 없는 경우에 민법 제304조 등을 들어 전세권자 또는 대항력 있는 임차권자가 토지소유자의 권리행사에 대항할 수 없음은 물론이다. 또한 건물에 대하여 전세권 또는 대항력 있는 임차권을 설정하여 준 지상권자가 그 지료를 지급하지 아니함을 이유로 토지소유자가 한 지상권소멸청구가 그에 대한 전세권자 또는 임차인의 동의가 없이 행하여졌다고 해도 민법 제304조 제2항에 의하여 그 효과가 제한된다고 할 수 없다(대판 2010.8.19. 2010다43801). 따라서 乙은 丙의 동의 없이도 甲에게 지상권소멸을 청구할 수 있다.

**오답해설**

① 전세권이 용익물권적 성격과 담보물권적 성격을 겸비하고 있다는 점 및 목적물의 인도는 전세권의 성립요건이 아닌 점 등에 비추어 볼 때, 당사자가 주로 채권담보의 목적으로 전세권을 설정하였고, 그 설정과 동시에 목적물을 인도하지 아니한 경우라 하더라도, 장차 전세권자가 목적물을 사용·수익하는 것을 완전히 배제하는 것이 아니라면, 그 전세권의 효력을 부인할 수는 없다(대판 1995.2.10. 94다18508). 전세금의 지급은 전세권의 성립요소인 반면 목적물의 인도는 전세권의 성립요건이 아니다.

② 민법 제313조. 따라서 상대방이 이 통고를 받은 날로부터 6개월이 경과하여야 전세권이 소멸한다.

> **민법 제313조(전세권의 소멸통고)**
> 전세권의 존속기간을 약정하지 아니한 때에는 각 당사자는 언제든지 상대방에 대하여 전세권의 소멸을 통고할 수 있고 상대방이 이 통고를 받은 날로부터 6월이 경과하면 전세권은 소멸한다.

③ 전세금의 지급은 전세권 성립의 요소가 되는 것이지만 그렇다고 하여 전세금의 지급이 반드시 현실적으로 수수되어야만 하는 것은 아니고 기존의 채권으로 전세금의 지급에 갈음할 수도 있다(대판 1995.2.10. 94다18508).

④ 전세권자는 전세권을 타인에게 양도 또는 담보로 제공할 수 있고 그 존속기간내에서 그 목적물을 타인에게 전전세 또는 임대할 수 있다(민법 제306조 본문). 따라서 전세권설정자의 동의 없이도 전세권자는 타인에게 목적물을 임대할 수 있다.

## 20

답 ⑤

**정답해설**

⑤ 유치권의 성립요건인 유치권자의 점유는 직접점유이든 간접점유이든 관계없지만, <u>유치권자는 채무자 또는 소유자의 승낙이 없는 이상 그 목적물을 타에 임대할 수 있는 권한이 없으므로</u>(민법 제324조 제2항 참조), 유치권자의 그러한 임대행위는 소유자의 처분권한을 침해하는 것으로서 소유자에게 그 임대의 효력을 주장할 수 없다. 따라서 소유자의 승낙 없는 유치권자의 임대차에 의하여 유치권의 목적물을 임차한 자의 점유는 소유자에게 대항할 수 있는 적법한 권원에 기한 것이라고 볼 수 없다(대판 2011.2.10. 2010다94700).

> **민법 제324조(유치권자의 선관의무)**
> ② 유치권자는 채무자의 승낙없이 유치물의 사용, 대여 또는 담보제공을 하지 못한다. 그러나 유치물의 보존에 필요한 사용은 그러하지 아니하다.

**오답해설**

① 유치권은 타물권인 점에 비추어 볼 때 수급인의 재료와 노력으로 건축되었고 독립한 건물에 해당되는 기성부분은 수급인의 소유라 할 것이므로 수급인은 공사대금을 지급받을 때까지 이에 대하여 유치권을 가질 수 없다(대판 1993.3.26. 91다14116). 따라서 자기 소유물에 대한 유치권은 성립하지 않는다.

② 임대인과 임차인 사이에 건물명도시 권리금을 반환하기로 하는 약정이 있었다 하더라도 그와 같은 <u>권리금반환청구권은 건물에 관하여 생긴 채권이라 할 수 없으므로</u> 그와 같은 채권을 가지고 건물에 대한 유치권을 행사할 수 없다(대판 1994.10.14. 93다62119).

③ 제한물권은 이해관계인의 이익을 부당하게 침해하지 않는 한 자유로이 포기할 수 있는 것이 원칙이다. <u>유치권은 채권자의 이익을 보호하기 위한 법정담보물권으로서, 당사자는 미리 유치권의 발생을 막는 특약을 할 수 있고 이러한 특약은 유효하다. 유치권 배제 특약이 있는 경우 다른 법정요건이 모두 충족되더라도 유치권은 발생하지 않는데, 특약에 따른 효력은 특약의 상대방뿐 아니라 그 밖의 사람도 주장할 수 있다</u>(대판 2018.1.24. 2016다234043).

④ 유치권자가 유치물을 점유하기 전에 발생된 채권(건축비채권)이라도 그 후 그 물건(건물)의 점유를 취득했다면 유치권은 성립한다(대판 1965.3.30. 64다1977).

## 21

답 ④

**정답해설**

④ 타인의 채무를 담보하기 위하여 자신의 채권에 질권을 설정하여 준 물상보증인은 <u>채무자의 채무를 변제하거나, 질권의 실행으로 인하여 질물의 소유권을 잃은 경우</u>, 민법 제355조에 의하여 준용되는 같은 법 제341조에 의하여 채무자에 대하여 구상권을 갖게 된다고 할 것이다(대판 2007.5.31. 2005다28686).

**오답해설**

① 질권설정은 처분행위이므로, 질권설정자는 처분권한이 있어야 한다. 다만, 질권설정자에게 처분권한이 없더라도, 채권자가 평온·공연하게 선의이며 과실 없이 질권설정을 받은경우에는, 채권자는 그 동산질권을 선의취득한다(민법 제343조, 제249조).

② 민법 제348조

③ 대판 2009.10.15. 2009다43621

⑤ 대판 1996.7.12. 96다21058

---

**정답해설**

② 근저당권설정등기가 위법하게 말소되어 아직 회복등기를 경료하지 못한 연유로 그 부동산에 대한 경매절차에서 피담보채권액에 해당하는 금액을 전혀 배당받지 못한 근저당권자로서는 <u>위 경매절차에서 실제로 배당받은 자에 대하여 부당이득반환청구로서 그 배당금의 한도 내에서 그 근저당권설정등기가 말소되지 아니하였더라면 배당받았을 금액의 지급을 구할 수 있을 뿐이고, 이미 소멸한 근저당권에 관한 말소등기의 회복등기를 위하여 현소유자를 상대로 그 승낙의 의사표시를 구할 수는 없다</u>(대판 1998.10.2. 98다27197).

**오답해설**

① 민법상 부동산(민법 제356조)과 지상권, 전세권을 저당권의 목적으로 할 수 있다(민법 제371조 제1항).
③ 실질관계의 소멸로 무효로 된 등기의 유용은 그 등기를 유용하기로 하는 합의가 이루어지기 전에 등기상 이해관계가 있는 제3자가 생기지 않은 경우에는 허용된다(대판 2002.12.6. 2001다2846).
④ 민법 제359조 전문은 "저당권의 효력은 저당부동산에 대한 압류가 있은 후에 저당권설정자가 그 부동산으로부터 수취한 과실 또는 수취할 수 있는 과실에 미친다."라고 규정하고 있는데, 위 규정상 '과실'에는 천연과실뿐만 아니라 법정과실도 포함되므로, 저당부동산에 대한 압류가 있으면 압류 이후의 저당권설정자의 저당부동산에 관한 차임채권 등에도 저당권의 효력이 미친다(대판 2016.7.27. 2015다230020).
⑤ 저당권의 피담보채권의 범위는 민법 제360조에 열거되어 있다. 즉, 원본, 이자, 위약금, 채무불이행에 기한 손해배상채권, 저당권실행비용이 그 범위에 포함된다. 피담보채권이 금전으로 산정되어 등기되면 채권자는 제3자와의 관계에서는 등기된 평가액의 한도에서만 저당권의 효력을 주장할 수 있다.

**23**　　　　　　　　　　　　　　　　　　　　　　　　　　　　　　　　　　　　　　　　　 답 ①

---

**정답해설**

ㄱ. (○) 동시배당의 경우 각 부동산의 경매대가에 비례하여 안분배당해야 하므로 甲은 X토지의 매각대금으로부터 2억 원, Y토지의 매각대금으로부터 1억 원을 배당받는다(민법 제368조 제1항).
ㄴ. (○) 일부의 경매대가를 먼저 배당하는 경우에는 그 대가에서 그 채권전부의 변제를 받을 수 있다. 이 경우에 그 경매한 부동산의 차순위저당권자는 선순위저당권자가 전항의 규정에 의하여 다른 부동산의경매대가에서 변제를 받을 수 있는 금액의 한도에서 선순위자를 대위하여 저당권을 행사할 수 있다(민법 제368조 제2항). 따라서 먼저 X토지에 대한 경매가 이루어져 甲이 3억 원을 배당받은 경우, 丙은 Y토지에 대하여 1억 원의 범위에서 甲의 1번 저당권을 대위할 수 있다.

**오답해설**

ㄷ. (✕) 먼저 경매된 부동산의 후순위저당권자가 다른 부동산에 공동저당의 대위등기를 하지 아니하고 있는 사이에 선순위저당권자 등에 의해 그 부동산에 관한 저당권등기가 말소되고, 그와 같이 저당권등기가 말소되어 등기부상 저당권의 존재를 확인할 수 없는 상태에서 그 부동산에 관하여 소유권이나 저당권 등 새로 이해관계를 취득한 사람에 대해서는, 후순위저당권자가 민법 제368조 제2항에 의한 대위를 주장할 수 없다(대판 2015.3.20. 2012다99341).
ㄹ. (✕) 선순위 공동저당권자가 피담보채권을 변제받기 전에 공동저당 목적 부동산 중 일부에 관한 저당권을 포기한 경우에는, 후순위저당권자가 있는 부동산에 관한 경매절차에서, 저당권을 포기하지 아니하였더라면 후순위저당권자가 대위할 수 있었던 한도에서는 후순위저당권자에 우선하여 배당을 받을 수 없다고 보아야 하고, 이러한 법리는 공동근저당권의 경우에도 마찬가지로 적용된다(대판 2009.12.10. 2009다41250). 따라서 사례에서 甲은 X토지의 매각대금으로부터 2억 원만 우선 배당받을 수 있다.

# 24

**정답해설**

② 가등기담보권이 성립하기 위해서는 '피담보채권의 발생원인에 해당하는 소배대차계약이나 준소비대차계약이 존재'해야 하고, '계약 당사자 사이에 가등기담보설정계약을 체결'하였으며, '채권자명의의 (가)등기'가 설정되었어야 한다. 피담보채권의 등기여부는 요건이 아니다.

**오답해설**

① 가등기담보 등에 관한 법률은 소비대차계약이나 준소비대차에 의하여 발생한 차용물의 반환에 관하여 차주가 차용물에 갈음하여 다른 재산권을 이전할 것을 예약한 경우에 적용된다.

③ 채권자와 채무자가 가등기담보권설정계약을 체결하면서 가등기 이후에 발생할 채권도 후순위권리자에 대하여 우선변제권을 가지는 가등기담보권의 피담보채권에 포함시키기로 약정할 수 있고, 가등기담보권을 설정한 후에 채권자와 채무자의 약정으로 새로 발생한 채권을 기존 가등기담보권의 피담보채권에 추가할 수도 있다(대판 2011.7.14. 2011다28090).

④ 가등기담보 등에 관한 법률 제3조, 제4조에 의하면 가등기담보권자가 담보계약에 따른 담보권을 실행하여 담보목적부동산의 소유권을 취득하기 위해서는 채권의 변제기 후에 청산금의 평가액을 채무자 등에게 통지하여야 한다. 여기서 말하는 청산금의 평가액은 통지 당시의 담보목적부동산의 가액에서 그 당시의 피담보채권액(원본, 이자, 위약금, 지연배상금, 실행비용)을 뺀 금액을 의미하므로, 가등기담보권자가 담보권 실행을 통하여 우선변제받게 되는 이자나 지연배상금 등 피담보채권의 범위는 통지 당시를 기준으로 확정된다. 채권자는 주관적으로 평가한 청산금의 평가액을 통지하면 족하고, 채권자가 주관적으로 평가한 청산금의 액수가 정당하게 평가된 청산금의 액수에 미치지 못하더라도 담보권 실행의 통지로서의 효력에는 아무런 영향이 없다(대판 2016.6.23. 2015다13171).

⑤ 가등기담보에 관한 법률 제12조 제1항

# 25

**정답해설**

② 매매계약 있은 후에도 인도하지 아니한 목적물로부터 생긴 과실은 매도인에게 속한다(민법 제587조).

**오답해설**

① 특정물의 매매에 있어서 매수인의 대금지급채무가 이행지체에 빠졌다 하더라도 그 목적물이 매수인에게 인도될 때까지는 매수인은 매매대금의 이자를 지급할 필요가 없는 것이므로, 그 목적물의 인도가 이루어지지 아니하는 한매도인은 매수인의 대금지급의무 이행의 지체를 이유로 매매대금의 이자 상당액의 손해배상청구를 할 수 없다(대판 1995.6.10. 95다14190).

③ 채권자대위권은 채무자의 채권을 대위행사함으로써 채권자의 채권이 보전되는 관계가 존재하는 경우에 한하여 이를 행사할 수 있으므로 특정물에 관한 채권자는 채권을 보전하기 위하여 채무자의 제3채무자에 대한 그 특정물에 관한 권리만을 대위행사할 수 있다(대판 1993.4.23. 93다289).

④ 원고와 피고들간에 체결된 아파트분양계약이 아파트의 6층 607호, 1층 102호 등으로 특정된 아파트 1동씩을 특정하여 매매한 것이므로 이는 수량을 지정한 매매가 아니라 특정물을 목적으로 한 매매로서 설사 분양안내 카타로그가 잘못되어 피고들이 분양받은 아파트의 실제면적이 분양계약서상에 표시된 분양면적보다 다소 넓다 하더라도 피고들이 법률상 원인없이 이득을 얻은 것이라 할 수 없다(대판 1991.3.27. 90다13888).

⑤ 채권자취소권은 채무자가 채권자를 해함을 알면서 자기의 일반재산을 감소시키는 행위를 한 경우에 그 행위를 취소하여 채무자의 재산을 원상회복시킴으로써 모든 채권자를 위하여 채무자의 책임재산을 보전하는 권리로서, 특정물 채권을 보전하기 위하여 행사하는 것은 허용되지 않는다(대판 1995.2.10. 94다2534).

# 26

**정답해설**

② 채무에 이행기의 정함이 없는 경우에는 채무자가 이행의 청구를 받은 다음 날부터 이행지체의 책임을 지는 것이나, 한편 <u>지명채권이 양도된 경우 채무자에 대한 대항요건이 갖추어질 때까지 채권양수인은 채무자에게 대항할 수 없으므로</u>, 이행기의 정함이 없는 채권을 양수한 채권양수인이 채무자를 상대로 그 이행을 구하는 소를 제기하고 소송 계속 중 채무자에 대한 채권양도통지가 이루어진 경우에는 특별한 사정이 없는 한 <u>채무자는 채권양도통지가 도달된 다음 날부터 이행지체의 책임을 진다</u>(대판 2014.4.10. 2012다29557).

**오답해설**

① 대판 2011.5.26. 2011다13330
③ 매매목적물에 관하여 이중으로 제3자와 매매계약을 체결하였다는 사실만 가지고는 매매계약이 법률상 이행불능이라고 할 수 없고, 채무의 이행이 불능이라는 것은 단순히 절대적, 물리적으로 불능인 경우가 아니라 사회생활에 있어서의 경험법칙 또는 거래상의 관념에 비추어 볼 때 채권자가 채무자의 이행의 실현을 기대할 수 없는 경우를 말한다(대판 1996.7.26. 96다14616).
④ 대판 2016.10.27. 2013다7769
⑤ 임대인이 임차인과의 임대차계약상의 약정에 따라 제3자에게 도급을 주어 임대차목적 시설물을 수선한 경우에는 그 수급인도 임대인에 대하여 종속적인지 여부를 불문하고 이행보조자로서의 피용자라고 보아야 할 것이고, 이러한 수급인이 시설물 수선 공사 등을 하던 중 수급인의 과실로 인하여 화재가 발생한 경우에는 임대인은 민법 제391조에 따라 위 화재발생에 귀책사유가 있다 할 것이어서 임차인에 대한 채무불이행상의 손해배상책임이 있다(대판 2002.7.12. 2001다44338).

# 27

**정답해설**

③ 이행지체에 의한 전보배상에 있어서의 손해액 산정은 본래의 의무이행을 최고한 후 상당한 기간이 경과한 당시의 시가를 표준으로 하고, <u>이행불능으로 인한 전보배상액은 이행불능 당시의 시가 상당액을 표준으로 할 것인바</u>, 채무자의 이행거절로 인한 채무불이행에서의 손해액 산정은, 채무자가 이행거절의 의사를 명백히 표시하여 최고 없이 계약의 해제나 손해배상을 청구할 수 있는 경우에는 이행거절 당시의 급부목적물의 시가를 표준으로 해야 한다(대판 2007.9.20. 2005다63337).

**오답해설**

① 숙박업자가 숙박계약상의 고객 보호의무를 다하지 못하여 투숙객이 사망한 경우, 숙박계약의 당사자가 아닌 그 투숙객의 근친자가 그 사고로 인하여 정신적 고통을 받았다 하더라도 숙박업자의 그 망인에 대한 숙박계약상의 채무불이행을 이유로 위자료를 청구할 수는 없다(대판 2000.11.14. 2000다38718).
② 채무불이행을 이유로 계약을 해제하거나 해지하고 손해배상을 청구하는 경우에, 채권자는 채무가 이행되었더라면 얻었을 이익을 얻지 못하는 손해를 입은 것이므로 계약의 이행으로 얻을 이익, 즉 이행이익의 배상을 구하는 것이 원칙이다. 그러나 채권자는 그 대신에 계약이 이행되리라고 믿고 지출한 비용의 배상을 채무불이행으로 인한 손해라고 볼 수 있는 한도에서 청구할 수도 있다. <u>이러한 지출비용의 배상은 이행이익의 증명이 곤란한 경우에 증명을 용이하게 하기 위하여 인정되는데, 이 경우에도 채권자가 입은 손해, 즉 이행이익의 범위를 초과할 수는 없다</u>(대판 2017.2.15. 2015다235766).
④ 당사자 사이의 계약에서 <u>채무자의 채무불이행으로 인한 손해배상액이 예정되어 있는 경우</u>, 채무불이행으로 인한 손해의 발생 및 확대에 채권자에게도 과실이 있더라도 민법 제398조 제2항에 따라 채권자의 과실을 비롯하여 채무자가 계약을 위반한 경위 등 제반 사정을 참작하여 <u>손해배상 예정액을 감액할 수는 있을지언정 채권자의 과실을 들어 과실상계를 할 수는 없다</u>(대판 2016.6.10. 2014다200763).

⑤ 도급계약서 및 그 계약내용에 편입된 약관에 수급인의 귀책사유로 인하여 계약이 해제된 경우에는 계약보증금이 도급인에게 귀속한다는 조항이 있는 경우, 그 계약보증금이 손해배상액의 예정인지 위약벌인지는 도급계약서 및 위 약관 등을 종합하여 개별적으로 결정할 의사해석의 문제이고, <u>위약금은 민법 제398조 제4항에 의하여 손해배상액의 예정으로 추정되므로 위약금이 위약벌로 해석되기 위하여는 특별한 사정이 주장·입증되어야 하는바, 도급계약서에 계약보증금 외에 지체상금도 규정되어 있다는 점만을 이유로 하여 계약보증금을 위약벌이라고 보기는 어렵다 할 것이다</u>(대판 2005.11.10. 2004다40597).

## 28

답 ③

### 정답해설

③ 취득시효의 대상인 부동산의 소유자가 취득시효 완성 후에 이를 처분하여 채권자의 시효취득을 원인으로 한 소유권이전등기청구권이 침해되었음을 이유로 하는 경우에는 채권자취소권을 인정할 수 없다(대판 1992.11.24. 92다33855).

### 오답해설

① 농지를 취득하려는 자가 농지에 대한 매매계약을 체결하는 등으로 농지에 관한 소유권이전등기청구권을 취득하였다면, 농지취득자격증명 발급신청권을 보유하게 된다. 이러한 농지취득자격증명 발급신청권은 채권자대위권의 행사대상이 될 수 있다(대판 2018.7.11. 2014다36518).
② 대판 2011.10.13. 2010다80930
④ 채권자가 채권자취소권을 행사할 때에는 원칙적으로 자신의 채권액을 초과하여 취소권을 행사할 수 없고, 이때 채권자의 채권액에는 사해행위 이후 사실심 변론종결시까지 발생한 이자나 지연손해금이 포함된다(대판 2001.9.4. 2000다66416).
⑤ 사해행위인지가 문제되는 법률행위가 대리인에 의하여 이루어진 때에는 수익자의 사해의사 또는 전득자의 사해행위에 대한 악의의 유무는 대리인을 표준으로 결정하여야 한다(대판 2006.9.8. 2006다22661).

## 29

답 ④

### 정답해설

④ 어느 연대채무자에 대한 채무면제는 그 채무자의 부담부분에 한하여 다른 연대채무자의 이익을 위하여 효력이 있다(민법 제419조). 따라서 1억 원의 범위에서 채무면제의 효력이 있다.

### 오답해설

① 어느 연대채무자에 대한 이행청구는 다른 연대채무자에게도 효력이 있다(민법 제416조).
② 상계할 채권이 있는 연대채무자가 상계하지 아니한 때에는 그 채무자의 부담부분에 한하여 다른 연대채무자가 상계할 수 있다(민법 제418조 제2항).
③ 어느 연대채무자와 채권자간에 채무의 경개가 있는 때에는 채권은 모든 연대채무자의 이익을 위하여 소멸한다(민법 제417조).
⑤ 어느 연대채무자와 채권자간에 혼동이 있는 때에는 그 채무자의 부담부분에 한하여 다른 연대채무자도 의무를 면한다(민법 제420조).

# 30

### 정답해설

④ 채권양도의 대항요건의 흠결의 경우 채권을 주장할 수 없는 채무자 이외의 제3자는 <u>양도된 채권 자체에 관하여 양수인의 지위와 양립할 수 없는 법률상 지위를 취득한 자에 한하므로</u>, 선순위의 근저당권부채권을 양수한 채권자보다 후순위의 근저당권자는 채권양도의 대항요건을 갖추지 아니한 경우 대항할 수 없는 제3자에 포함되지 않는다(대판 2005.6.23. 2004 다29279).

### 오답해설

① 부동산의 매매로 인한 소유권이전등기청구권은 물권의 이전을 목적으로 하는 매매의 효과로서 매도인이 부담하는 재산권이 전의무의 한 내용을 이루는 것이고, 매도인이 물권행위의 성립요건을 갖추도록 의무를 부담하는 경우에 발생하는 채권적 청구권으로 그 이행과정에 신뢰관계가 따르므로, <u>소유권이전등기청구권을 매수인으로부터 양도받은 양수인은 매도인이 그 양도에 대하여 동의하지 않고 있다면 매도인에 대하여 채권양도를 원인으로 하여 소유권이전등기절차의 이행을 청구할 수 없고</u>, 따라서 매매로 인한 소유권이전등기청구권은 특별한 사정이 없는 이상 그 권리의 성질상 양도가 제한되고 그 양도에 채무자의 승낙이나 동의를 요한다고 할 것이므로 통상의 채권양도와 달리 양도인의 채무자에 대한 통지만으로는 채무자에 대한 대항력이 생기지 않으며 반드시 채무자의 동의나 승낙을 받아야 대항력이 생긴다(대판 2001.10.9. 2000다 51216).

② 소송행위를 하게 하는 것을 주목적으로 채권양도 등이 이루어진 경우, 그 채권 양도가 신탁법상의 신탁에 해당하지 않는다고 하여도 신탁법 제6조가 유추적용되므로 무효이다(대판 2022.1.14. 2017다257098).

③ 보증채무는 주채무에 대한 부종성 또는 수반성이 있어서 주채무자에 대한 채권이 이전되면 당사자 사이에 별도의 특약이 없는 한 보증인에 대한 채권도 함께 이전하고, 이 경우 채권양도의 대항요건도 주채권의 이전에 관하여 구비하면 족하고, 별도로 보증채권에 관하여 대항요건을 갖출 필요는 없다(대판 2002.9.10. 2002다21509).

⑤ 지명채권의 양도는 특별한 사정이 없는 한 채권자와 양수인 사이의 계약에 의하여 이루어지는데, 채무자에 대한 통지 또는 채무자의 승낙이 없으면 채무자 기타 제3자에게 대항할 수 없다(민법 제450조 제1항). 한편 위 통지나 승낙이 확정일자 있는 증서에 의한 것이 아니면 채무자 이외의 제3자에게 대항하지 못하므로(민법 제450조 제2항), 양수인은 대항요건을 구비하기 위해 채권자에게 채권양도통지절차의 이행을 청구할 수 있다(대판 2022.10.27. 2017다243143).

# 31

### 정답해설

ㄱ. (○) 채권자와 인수인 사이의 계약으로 이루어질 경우 이는 담보적 기능을 갖기 때문에 채무자의 의사에 반해서도 제3자의 병존적 채무인수가 가능하다(대판 1988.11.22. 87다카1836).

ㄴ. (○) 면책적 채무인수가 있는 경우, 인수채무의 소멸시효기간은 채무인수와 동시에 이루어진 소멸시효 중단사유, 즉 채무승인에 따라 채무인수일로부터 새로이 진행된다(대판 1999.7.9. 99다12376).

### 오답해설

ㄷ. (×) 채무자와 인수인의 합의에 의한 중첩적 채무인수는 일종의 제3자를 위한 계약이라고 할 것이므로, 채권자는 인수인에 대하여 채무이행을 청구하거나 기타 채권자로서의 권리를 행사하는 방법으로 수익의 의사표시를 함으로써 인수인에 대하여 직접 청구할 권리를 갖게 된다(대판 2013.9.13. 2011다56033).

# 32

**정답해설**

ㄴ. (×) 채권자의 태도로 보아 채무자가 설사 채무의 이행제공을 하였더라도 그 수령을 거절하였을 것이 명백한 경우에는 채무자는 이행의 제공을 하지 않고 바로 변제공탁할 수 있다(대판 1981.9.8. 80다2851).

ㄷ. (×) 변제공탁이 적법한 경우에는 채권자가 공탁물 출급청구를 하였는지와 관계없이 공탁을 한 때에 변제의 효력이 발생하고, 그 후 공탁물 출급청구권에 대하여 가압류 집행이 되더라도 변제의 효력에 영향을 미치지 아니한다(대판 2011.12.13. 2011다11580).

ㄹ. (×) 매도인이나 수급인의 담보책임을 기초로 한 손해배상채권의 제척기간이 지난 경우에도 제척기간이 지나기 전 상대방의 채권과 상계할 수 있었던 경우에는 매수인이나 도급인은 민법 제495조를 유추적용해서 위 손해배상채권을 자동채권으로 해서 상대방의 채권과 상계할 수 있다고 봄이 타당하다(대판 2019.3.14. 2018다255648).

**오답해설**

ㄱ. (○) 법정변제충당의 순위를 정함에 있어서 변제의 유예가 있는 채무에 대하여는 유예기까지 변제기가 도래하지 않은 것과 같게 보아야 한다(대판 1999.8.24. 99다22281).

# 33

**정답해설**

① 계약이 의사의 불합치로 성립하지 아니한 경우 그로 인하여 손해를 입은 당사자가 상대방에게 부당이득반환청구 또는 불법행위로 인한 손해배상청구를 할 수 있는지는 별론으로 하고, 상대방이 계약이 성립되지 아니할 수 있다는 것을 알았거나 알 수 있었음을 이유로 민법 제535조를 유추적용하여 계약체결상의 과실로 인한 손해배상청구를 할 수는 없다(대판 2017.11.14. 2015다10929).

**오답해설**

② 예금계약은 예금자가 예금의 의사를 표시하면서 금융기관에 돈을 제공하고 금융기관이 그 의사에 따라 그 돈을 받아 확인을 하면 그로써 성립하며, 금융기관의 직원이 그 받은 돈을 금융기관에 입금하지 아니하고 이를 횡령하였다고 하더라도 예금계약의 성립에는 아무런 소장이 없다(대판 1996.1.26. 95다26919).

③ 1억 원에 매도, 매수하겠다는 甲과 乙의 청약이 도달한 경우라면 의사표시의 객관적 합치와 주관적 합치가 발생하였으므로 계약이 성립한다.

④ 매매계약 당사자 중 매도인이 매수인에게 매매계약을 합의해제할 것을 청약하였다고 할지라도, 매수인이 그 청약에 대하여 조건을 붙이거나 변경을 가하여 승낙한 때에는 민법 제534조의 규정에 비추어 보면 그 청약의 거절과 동시에 새로 청약한 것으로 보게 되는 것이고, 그로 인하여 종전의 매도인의 청약은 실효된다(대판 2002.4.12. 2000다17834).

⑤ 임대차는 당사자 일방이 상대방에게 목적물을 사용·수익하게 할 것을 약정하고 상대방이 이에 대하여 차임을 지급할 것을 약정함으로써 성립하는 것으로서(민법 제618조 참조), 임대인이 그 목적물에 대한 소유권 기타 이를 임대할 권한이 없다고 하더라도 임대차계약은 유효하게 성립한다(대판 2009.9.24. 2008다38325).

## 34

**정답해설**

① 채권자 귀책사유로 인한 이행불능시 채무자는 채무를 면함으로써 이익을 얻는 때에는 이를 채권자에게 상환하여야 한다(민법 제538조 제2항). 따라서 사례에서 乙의 과실로 도자기가 멸실된 경우, 甲은 도자기 이전의무를 면하면서 얻은 이익이 있으면 이를 乙에게 상환해야 한다.

**오답해설**

② 쌍무계약의 당사자 일방의 채무가 당사자쌍방의 책임 없는 사유로 이행할 수 없게 된 때에는 채무자는 상대방의 이행을 청구하지 못한다(민법 제537조). 따라서 도자기가 2024.2.20. 지진으로 멸실된 경우, 甲은 乙에게 매매대금의 지급을 청구할 수 없다.

③ 계약일에 대금을 지급했고 그 후 인도일 이전에 쌍방 귀책사유없는 사유로 이행불능이 된 경우이므로 부당이득의 법리에 따라 乙은 甲에게 부당이득반환을 청구할 수 있다.

④ 민법 제538조 제1항 전문

> **민법 제538조(채권자귀책사유로 인한 이행불능)**
> ① 쌍무계약의 당사자 일방의 채무가 채권자의 책임있는 사유로 이행할 수 없게 된 때에는 채무자는 상대방의 이행을 청구할 수 있다. 채권자의 수령지체 중에 당사자쌍방의 책임없는 사유로 이행할 수 없게 된 때에도 같다.

⑤ 민법 제538조 제1항 후문

## 35

**정답해설**

① 상대부담 있는 증여에 대하여는 민법 제561조에 의하여 쌍무계약에 관한 규정이 준용되어 부담의무 있는 상대방이 자신의 의무를 이행하지 아니할 때에는 비록 증여계약이 이미 이행되어 있다 하더라도 증여자는 계약을 해제할 수 있고, 그 경우 민법 제555조와 제558조는 적용되지 아니한다(대판 1997.7.8. 97다2177).

**오답해설**

② 민법 제555조 소정의 증여의 의사가 표시된 서면의 작성시기에 대하여는 법률상 아무런 제한이 없으므로 증여계약이 성립한 당시에는 서면이 작성되지 않았더라도 그후 계약이 존속하는 동안 서면을 작성한 때에는 그때부터는 서면에 의한 증여로서 당사자가 임의로 이를 해제할 수 없게 된다(대판 1989.5.9. 88다카2271).

③ 재단법인에 대한 출연자와 법인과의 관계에 있어서 그 출연행위에 터잡아 법인이 성립되면 그로써 출연재산은 민법 제48조에 의하여 법인 성립시에 법인에게 귀속되어 법인의 재산이 되는 것이고, 출연재산이 부동산인 경우에 있어서도 위 양당사자 간의 관계에 있어서는 법인의 성립 외에 등기를 필요로 하는 것은 아니라 할지라도, 재단법인의 출연자가 착오를 원인으로 취소를 한 경우에는 출연자는 재단법인의 성립 여부나 출연된 재산의 기본재산인 여부와 관계없이 그 의사표시를 취소할 수 있다(대판 1999.7.9. 98다9045).

④ 민법 제555조에서 말하는 증여계약의 해제는 민법 제543조 이하에서 규정한 본래 의미의 해제와는 달리 형성권의 제척기간의 적용을 받지 않는 특수한 철회로서, 10년이 경과한 후에 이루어졌다 하더라도 원칙적으로 적법하다(대판 2009.9.24. 2009다37831).

⑤ 민법 제560조

# 36

답 ④

**정답해설**

ㄱ. (×) '완성된 목적물'이 건물 기타 공작물인 경우에는, 그 하자로 인해 계약의 목적을 달성할 수 없는 때에도 해제할 수 없다(민법 제668조 단서).

ㄷ. (×) 도급인의 손해배상청구권과 수급인의 보수청구권은 동시이행의 관계에 있다. 다만, 동시이행관계에 있는 보수청구권은 손해배상채권액에 상당하는 부분에 한한다.

ㄹ. (×) 하자보수에 갈음한 손해배상청구권은 하자가 발생하여 보수가 필요하게 된 시점에서 성립된다(대판 2000.3.10. 99다55632).

**오답해설**

ㄴ. (○) 민법 제666조에서 정한 수급인의 저당권설정청구권은 공사대금채권을 담보하기 위하여 인정되는 채권적 청구권으로서 공사대금채권에 부수하여 인정되는 권리이므로, 당사자 사이에 공사대금채권만을 양도하고 저당권설정청구권은 이와 함께 양도하지 않기로 약정하였다는 등의 특별한 사정이 없는 한, 공사대금채권이 양도되는 경우 저당권설정청구권도 이에 수반하여 함께 이전된다고 봄이 타당하다. 따라서 신축건물의 수급인으로부터 공사대금채권을 양수받은 자의 저당권설정청구에 의하여 신축건물의 도급인이 그 건물에 저당권을 설정하는 행위 역시 다른 특별한 사정이 없는 한 사해행위에 해당하지 아니한다(대판 2018.11.29. 2015다19827).

# 37

답 ⑤

**정답해설**

⑤ 대리인이 본인의 지명에 의하여 복대리인을 선임한 경우에는 그 부적임 또는 불성실함을 알고 본인에게 대한 통지나 그 해임을 태만한 때가 아니면 책임이 없다(민법 제121조 제2항). 따라서 수임인이 위임인의 지명에 의하여 복수임인을 선임한 경우, 위임인에 대하여 그 선임감독에 관한 책임을 지지 않는다.

**오답해설**

① 수임인은 위임계약이 유상인지 무상인지 여부와 무관하게 위임의 취지에 따라 선량한 관리자의 주의로써 위임사무를 처리할 의무를 부담한다(민법 제681조).

② 민법 제684조 제1항은 "수임인은 위임사무의 처리로 인하여 받은 금전 기타의 물건 및 그 수취한 과실을 위임인에게 인도하여야 한다."라고 규정하고 있다. 이때 인도 시기는 당사자 간에 특약이 있거나 위임의 본뜻에 반하는 경우 등과 같은 특별한 사정이 없는 한 위임계약이 종료된 때이므로, 수임인이 반환할 금전의 범위도 위임 종료 시를 기준으로 정해진다(대판 2016.6.28. 2016다11295).

③ 수임인에 대한 성년후견개시의 심판(민법 제690조)시 위임이 종료된다.

④ 민법 제689조 제1항

**정답해설**

⑤ 관리자가 타인의 생명, 신체, 명예 또는 재산에 대한 급박한 위해를 면하게 하기 위하여 그 사무를 관리한 때에는 고의나 중대한 과실이 없으면 이로 인한 손해를 배상할 책임이 없다(민법 제735조).

**오답해설**

① 관리자가 사무관리를 함에 있어서 과실없이 손해를 받은 때에는 <u>본인의 현존이익의 한도에서</u> 그 손해의 보상을 청구할 수 있다(민법 제740조).

② 관리자가 본인의 의사에 반하여 관리한 때에는 본인의 현존이익의 한도에서 상환을 청구할 수 있다(민법 제739조 제3항 참고).

> **민법 제739조(관리자의 비용상환청구권)**
> ① 관리자가 본인을 위하여 필요비 또는 유익비를 지출한 때에는 본인에 대하여 그 상환을 청구할 수 있다.
> ② 관리자가 본인을 위하여 필요 또는 유익한 채무를 부담한 때에는 제688조 제2항의 규정을 준용한다.
> ③ 관리자가 본인의 의사에 반하여 관리한 때에는 본인의 현존이익의 한도에서 전2항의 규정을 준용한다.

③ 의무 없이 타인의 사무를 처리한 자는 그 타인에 대하여 민법상 사무관리 규정에 따라 비용상환 등을 청구할 수 있으나, 제3자와의 약정에 따라 타인의 사무를 처리한 경우에는 의무 없이 타인의 사무를 처리한 것이 아니므로 이는 원칙적으로 그 타인과의 관계에서는 사무관리가 된다고 볼 수 없다(대판 2013.9.26. 2012다43539).

④ 사무관리가 성립하기 위하여는 우선 그 사무가 타인의 사무이고 타인을 위하여 사무를 처리하는 의사, 즉 관리의 사실상의 이익을 타인에게 귀속시키려는 의사가 있어야 하며, 나아가 그 사무의 처리가 본인에게 불리하거나 본인의 의사에 반한다는 것이 명백하지 아니할 것을 요한다. 여기에서 '<u>타인을 위하여 사무를 처리하는 의사</u>'는 관리자 자신의 이익을 위한 의사와 <u>병존할 수 있고, 반드시 외부적으로 표시될 필요가 없으며</u>, 사무를 관리할 당시에 확정되어 있을 필요가 없다(대판 2013.8.22. 2013다30882).

# 39

**정답해설**

③ 점유자의 1차 책임은 과실의 입증책임을 전환한 중간책임이나, 2차로 보충적으로 지는 소유자의 책임은 무과실책임으로 구성되어 있다(민법 제758조 제1항).

> **민법 제758조(공작물등의 점유자, 소유자의 책임)**
> ① 공작물의 설치 또는 보존의 하자로 인하여 타인에게 손해를 가한 때에는 공작물점유자가 손해를 배상할 책임이 있다. 그러나 점유자가 손해의 방지에 필요한 주의를 해태하지 아니한 때에는 그 소유자가 손해를 배상할 책임이 있다.

**오답해설**

① 공동불법행위자의 다른 공동불법행위자에 대한 구상권은 피해자의 다른 공동불법행위자에 대한 손해배상채권과는 그 발생원인 및 성질을 달리하는 별개의 권리이고, 연대채무에 있어서 소멸시효의 절대적 효력에 관한 민법 제421조의 규정은 공동불법행위자 상호 간의 부진정연대채무에 대하여는 그 적용이 없으므로, 공동불법행위자 중 1인의 손해배상채무가 시효로 소멸한 후에 다른 공동불법행위자 1인이 피해자에게 자기의 부담부분을 넘는 손해를 배상하였을 경우에도, 그 공동불법행위자는 다른 공동불법행위자에게 구상권을 행사할 수 있다(대판 1997.12.23. 97다42830).

② 민법 제761조 제3항의 긴급피난이 성립하기 위해서는 위난이 자신의 과실에 의해 초래되어서는 안 된다.

④ 피용자와 제3자가 공동불법행위로 피해자에게 손해를 가하여 그 손해배상채무를 부담하는 경우에 피용자와 제3자는 공동불법행위자로서 서로 부진정연대관계에 있고, 한편 사용자의 손해배상책임은 피용자의 배상책임에 대한 대체적 책임이어서 사용자도 제3자와 부진정연대관계에 있다고 보아야 할 것이므로, 사용자가 피용자와 제3자의 책임비율에 의하여 정해진 피용자의 부담부분을 초과하여 피해자에게 손해를 배상한 경우에는 사용자는 제3자에 대하여도 구상권을 행사할 수 있으며, 그 구상의 범위는 제3자의 부담부분에 국한된다고 보는 것이 타당하다(대판 1992.6.23. 91다33070).

⑤ 불법행위로 인하여 건물이 훼손된 경우 그 손해는 수리가 가능하다면 그 수리비, 수리가 불가능하다면 그 교환가치(시가)가 통상의 손해이고, 사용 및 수리가 불가능한 경우 통상 불법행위로 인한 손해배상액의 기준이 되는 건물의 시가에는 건물의 철거비용은 포함되지 않는다(대판 1995.7.28. 94다19129).

# 40

**정답해설**

ㄱ. (○) 타인의 권리를 매매한 자가 권리이전을 할수 없게 된 때에는 매도인은 선의의 매수인에 대하여 불능 당시의 시가를 표준으로 그 계약이 완전히 이행된 것과 동일한 경제적 이익을 배상할 의무가 있다(대판[전합] 1967.5.18. 66다2618).

ㄴ. (○) 매수인이 선의의 경우에 한하여 대금감액청구권, 계약해제권, 손해배상청구권을 행사할 수 있다(민법 제574조).

ㄹ. (○) 매매의 목적물이 거래통념상 기대되는 객관적 성질·성능을 결여하거나, 당사자가 예정 또는 보증한 성질을 결여한 경우에 매도인은 매수인에 대하여 그 하자로 인한 담보책임을 부담한다 할 것이고, 한편 건축을 목적으로 매매된 토지에 대하여 건축허가를 받을 수 없어 건축이 불가능한 경우, 위와 같은 법률적 제한 내지 장애 역시 매매목적물의 하자에 해당한다 할 것이나, 다만 위와 같은 하자의 존부는 매매계약 성립시를 기준으로 판단하여야 할 것이다(대판 2000.1.18. 98다18506).

**오답해설**

ㄷ. (✕) 매매의 목적물이 지상권, 지역권, 전세권, 질권 또는 유치권의 목적이 된 경우에 매수인이 이를 알지 못한 때에는 이로 인하여 계약의 목적을 달성할 수 없는 경우에 한하여 매수인은 계약을 해제할 수 있다(민법 제575조 제1항).

| 01 | 02 | 03 | 04 | 05 | 06 | 07 | 08 | 09 | 10 | 11 | 12 | 13 | 14 | 15 | 16 | 17 | 18 | 19 | 20 |
|----|----|----|----|----|----|----|----|----|----|----|----|----|----|----|----|----|----|----|----|
| ④ | ③ | ④ | ④ | ② | ⑤ | ① | ③ | ③ | ⑤ | ① | ② | ④ | ⑤ | ③ | ④ | ⑤ | ⑤ | ① | ① |
| 21 | 22 | 23 | 24 | 25 | 26 | 27 | 28 | 29 | 30 | 31 | 32 | 33 | 34 | 35 | 36 | 37 | 38 | 39 | 40 |
| ② | ③ | ⑤ | ⑤ | ③ | ① | ② | ① | ⑤ | ③ | ② | ② | ② | ④ | ① | ② | ④ | ③ | ⑤ | ⑤ |

## 01

답 ④

**정답해설**

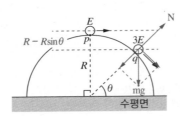

④ $p$와 $q$에서 운동에너지가 $E$, $3E$이므로 속력은 $v$와 $\sqrt{3}\,v$로 놓을 수 있다. $q$에서의 속력은 에너지 보존에 의해 $mgR(1-\sin\theta)=\dfrac{1}{2}m3v^2-\dfrac{1}{2}mv^2=mv^2$ 이다. $q$점까지 원운동을 하므로 구심력에 대한 운동방정식은 $mg\sin\theta-N=\dfrac{3mv^2}{R}$ 이고 두 식을 연립하면 $\sin\theta=\dfrac{3}{4}$ 이다.

## 02

답 ③

**정답해설**

③ B의 질량을 $M$으로 놓고 운동방정식을 세우면

(가) (A+B+C) : $2mg=(7m+M)a$

(나) (B+C) : $2mg=(2m+M)2a$

에서 $M=3m$이고, $a=\dfrac{1}{5}g$이다. 다시 각각 C에 대해 운동방정식을 세우면

(가) C : $2mg-T_{가}=2m\dfrac{1}{5}g$에서 $T_{가}=\dfrac{8}{5}mg$이고,

(나) C : $2mg-T_{나}=\dfrac{6}{5}mg$에서 $T_{나}=\dfrac{6}{5}mg$이다. 그러므로 $\dfrac{T_{나}}{T_{가}}=\dfrac{3}{4}$ 이다.

# 03

**정답해설**

④ 등가속도 운동 공식 $v = v_0 - at$에서 나중속력 $v = 0$이고 초기 속력이 같고 정지할 때까지 걸린 시간이 $1:2$이므로 $a$는 $2:1$이다. 그러므로 $2as = v^2 - v_0^2$에서 $v = 0$이고, 초기 속력이 같으므로 $a$가 $2:1$이므로 $s$는 $1:2$가 된다.

# 04

**정답해설**

④ 홀전압은 전하가 도체를 통해 운동할 때 전기력과 로렌츠힘이 같아져서 전압이 일정하게 유지될 때의 전압을 홀전압이라 한다. $q\dfrac{\Delta V_H}{d} = qv_dB$에서 $V_H = Bv_dd$이다. 그런데 $v_d = \dfrac{I}{Sen}$에서 $S$가 도체의 단면적인데 도체의 두께를 $t$라고 놓으면 $S = td$이다. 그러면 $V_H \propto B$이므로 4배가 된다.

# 05

**정답해설**

② 앙페르 맥스웰 방정식에 의해 두 도체판이 충전되는 과정에서 도체판 사이의 전기장 변화를 변위전류($I_d$)라 한다. 도체판 사이의 자기장의 방향은 변위 전류에 의한 자기장에 의해 형성된다.(오른손 법칙) 변위전류에 의해 형성된 도체판 사이의 자기장 세기는 다음과 같이 결정된다.

$$B = \frac{\mu_0 I_d}{2\pi R^2}r$$

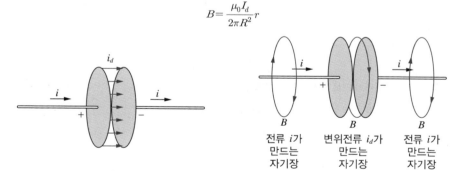

(a)                    (b)

# 06
답 ⑤

**정답해설**

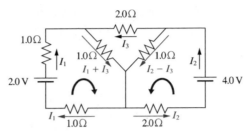

⑤ 각 저항에 흐르는 전류를 그림과 같이 설정한 다음 키르히호프의 전압규칙을 적용한다.

　　왼쪽 폐회로를 시계방향으로 돌리면 $2-3I_1-I_3=0$이고, 오른쪽 폐회로를 반시계방향으로 돌리면 $4-3I_2+I_3=0$이고,

　　가장 바깥 폐회로를 반시계 방향으로 돌리면 $2-2I_3+2I_1-2I_2=0$이 된다. 세 식을 연립하면 $I_1=0.6A$, $I_2=1.4A$이다.


# 07
답 ①

**정답해설**

① 한 순환 과정에서 한일의 양은 폐회로의 면적이다. A → B과정에서 아래 면적은 $3P_0 2V_0$이고, C → D과정에서 아래 면적은 $RT_0\ln3$이다. A점에서 온도를 $T_0$로 설정하면 $3P_0V_0=RT_0$이므로 닫힌 도형의 면적은 $6P_0V_0-3P_0V_0\ln3=P_0V_0(6-3\ln3)$

이다.


# 08
답 ③

**정답해설**

ㄱ. (○) 사인 앞의 계수가 진폭이므로 Q가 P의 2배이다.

ㄴ. (○) $x$앞의 계수가 파수이다. 파수는 $\dfrac{2\pi}{\lambda}$이므로 Q가 P의 $\dfrac{1}{3}$배이다.

**오답해설**

ㄷ. (×) 파동의 속력은 $v=\dfrac{\lambda}{T}=\dfrac{w}{k}=\dfrac{각진동수}{파수}$이다. $x$앞의 계수가 파수, $t$앞의 계수가 각진동수이므로 P의 속력은 $\dfrac{c}{b}$

　　Q의 속력은 $\dfrac{2c}{3b}$이므로 속력은 Q가 P의 $\dfrac{2}{3}$배이다.

**정답해설**

③ 1차원 무한 우물속에 갇힌 입자의 양자화된 에너지는 $E_n = \dfrac{h^2}{8mL^2}n^2$ 이다. 그런데 문제에서 주어진 정보를 이용하면

$\dfrac{(hc)^2}{m_e c^2} = \dfrac{h^2}{m_e} = \dfrac{(1.24 \times 10^3)^2}{0.5 \times 10^6}$ 이므로 $E_1$을 구하면 $E_1 = \dfrac{(1.24 \times 10^3)^2}{8 \times 0.5 \times 10^6 \times (0.31)^2} \times 1 = 4eV$이다. 그러면 $E \propto n^2$이므로

$E_2 = 16eV$, $E_3 = 36eV$이다. 세 번째 들뜬 상태에서 바닥상태로 전이될 때 방출되는 에너지는 $E_3 - E_1 = 32eV$이다.

**정답해설**

⑤ 반도체 소자의 선폭과 같은 파장의 광자 에너지는 $E_\gamma = \dfrac{hc}{\lambda} = \dfrac{1.24 \times 10^3}{6.2} = 2 \times 10^2 eV$이다.

문제에서 주어진 정보를 이용하면 $\dfrac{(hc)^2}{m_e c^2} = \dfrac{h^2}{m_e} = \dfrac{(1.24 \times 10^3)^2}{0.5 \times 10^6}$ 이므로 전자의 물질파 파장과 운동에너지와의 관계식

$\lambda = \dfrac{h}{\sqrt{2mE_e}}$ 에서 $E_e = \dfrac{h^2}{2m\lambda^2} = \dfrac{(1.24 \times 10^3)^2}{2 \times 0.5 \times 10^6 \times 6.2^2} = 4 \times 10^{-2} eV$이다.

**정답해설**

① 그림 (가)에서 He의 부분압은 0.6atm이므로 $H_2O(g)$의 부분압은 0.4atm이다.

그림 (나)에서 $H_2O(l)$이 모두 기화하므로 He과 $H_2O(g)$는 각각 1 mol씩 존재한다.

따라서 각 기체들의 부분압력은 0.25atm이다.

그림 (가)에서 $H_2O$의 부분압이 0.4atm이므로 전체 압력×몰분율 = 0.4atm이 된다. 이때, He의 몰수가 1 mol이므로,

$0.4atm = 1atm \times \chi_{H_2O} = 1atm \times (1 - \chi_{He}) = 1atm \times (1 - \dfrac{1}{1 + H_2O(g)몰수})$

$H_2O(g)몰수 = \dfrac{2}{3}$ 이므로 $H_2O(l)몰수 = \dfrac{1}{3}$ 이다.

$T_1$과 $T_2$의 관계는 이상기체 방정식을 이용하여 계산이 가능하다.

$T_1 = \dfrac{0.6atm \times V}{1mol \times R}$, $T_2 = \dfrac{0.25atm \times 3V}{1mol \times R} = \dfrac{0.75atm\,V}{1mol \times R}$ 이므로

$T_1 : T_2 = 4 : 5$

따라서 $5T_1 = 4T_2$ 이다.

② 1) A분자 1몰이 B분자 2몰로 변하므로 분자량비는 A : B = 2 : 1 이다.

2) (가) 실린더에 2g의 A, (나) 실린더에 2g의 A와 1g의 B 기체가 들어 있으므로 B 1g이 n mol이라 하면 A 2g이 n mol에 해당한다.

3) 이 때, (나) 실린더에 A 2g과 B 1g이 2L의 부피를 가지므로 $T_1$에서 2n mol 기체의 부피는 2L이고, (가) 실린더의 부피는 1L가 된다.

4) 콕을 열고 새로운 평형이 되었을 때, 기체의 밀도가 $\frac{3}{2}$이므로 전체 질량은 5g이고 부피는 $\frac{10}{3}L$가 된다.

새로운 평형에 도달 하였을 때, 부피가 $\frac{10}{3}L$이므로 아보가드로의 법칙에 따라 비례식을 세우면 다음과 같다.

$$A \rightarrow 2B \qquad\qquad 3n : 3n+m = 3L : \frac{10}{3}L$$

처음  $2n$   $n$
반응  $-m$  $+2m$ $\qquad\qquad m = \frac{1}{3}n \rightarrow$ 반응한 $A$의 몰수
최종  $2n-m+n+2m = 3n+m$

5) 평형 I의 부피가 $\frac{10}{3}L$이고, 평형에서 B의 몰수는 $n + \frac{2}{3}n$ mol이므로 $[B] = \dfrac{\frac{5}{3}n}{\frac{10}{3}L} = \frac{1}{2}nM$

6) $T_2$에서 새로운 평형의 밀도가 $\frac{10}{9}$이므로 밀도를 이용해 부피로 환산하면 $\frac{9}{2}L$가 된다.

$$A \rightarrow 2B \qquad\qquad 3n : 3n+m = 3L : \frac{9}{2}L$$

처음  $2n$   $n$
반응  $-m$  $+2m$ $\qquad\qquad m = \frac{3}{2}n \rightarrow$ 반응한 $A$의 몰수
최종  $2n-m+n+2m = 3n+m$

7) 평형 II의 부피가 $\frac{9}{2}L$이고 B의 몰수는 $n + \frac{6}{2}n$ mol이므로 $[B] = \dfrac{\frac{6}{2}n}{\frac{9}{2}L} = \frac{2}{3}nM$

8) $\dfrac{\text{평형 II의 } [B]}{\text{평형 I 의 } [B]} = \dfrac{\frac{2}{3}}{\frac{1}{2}} = \frac{4}{3}$

# 13

**정답해설**

④ 1) A의 초기 농도를 $[A]_0 = 4a$라 하면 D의 초기농도 $[D]_0 = 2a$가 된다.

2) 용기 (가)에서 순간 반응속도를 이용하여 $k_1$을 계산하면

$$64 = k_1 [4a]^2 = k_1 \times 16a^2 \quad \rightarrow \quad k_1 = \frac{4}{a^2}$$

용기 (나)에서 순간 반응속도를 이용하여 $k_2$를 계산하면

$$16 = k_2 [2a]^2 = k_2 \times 4a^2 \quad \rightarrow \quad k_2 = \frac{4}{a^2} \qquad k_1 = k_2$$

3) 용기 (가)에서 1분 후 속도가 용기 (나)의 초기 속도와 같고 속도상수 $k_1 = k_2$이므로, $[A] = \frac{[A]_0}{2} = 2a$ 처음 농도의 절반이 되었음을 알 수 있다.

4) 용기 (나)에서 처음 농도가 $[D]_0 = 2a$이고 2분후 순간속도가 4이므로

$$4 = \frac{4}{a^2} \times [D]^2 \quad \rightarrow \quad [D] = a \text{ 역시 처음 농도의 절반이 되었음.}$$

따라서 용기 (가)애서 1~3분 사이에 반응속도가 $16 \rightarrow x$로 변했으므로 $x = 4$

5) 0~3분 동안 변화된 (가)용기 내의 $[A]$ : $4a \rightarrow a$

0~2분 동안 변화된 (나)용기 내의 $[D]$ : $2a \rightarrow a$

$$\frac{\text{(가)에서 } 0\sim3\text{min 동안 평균 반응 속도(M/s)}}{\text{(나)에서 } 0\sim2\text{min 동안 평균 반응 속도(M/s)}} = \frac{\frac{3a}{3}}{\frac{a}{2}} = 2$$

# 14

**정답해설**

화학식 : $C_9H_{15}N_5O$

⑤ 우선 H원자는 항상 단일결합이므로 $\sigma$ 결합 15개

모든 원자와 원자 사이에는 무조건 1개씩의 $\sigma$ 결합 존재하므로 $\sigma$ 결합 16개

N+를 제외한 질소원자에 비공유 전자쌍 1개씩, O-에 비공유 전자쌍 3쌍 → 합 7쌍

$\sigma$ 31개 + 비공유 7쌍 = 38

# 15

**정답해설**

③ 1) 제2이온화 에너지는 Na, F, N, Mg 중 Na가 가장 크다. 따라서 D = Na
    제2이온화 에너지는 Mg가 가장 작음(3주기원소). 따라서 A = Mg
    제2이온화 에너지는 N과 F 중 F가 더 큼. 따라서 B = N, C = F
2) 제1이온화 에너지의 크기 순서는 Na < Mg < N < F : D < A < B < C
3) 전기음성도는 F > N : C > B
4) 원자 반지름은 Na > Mg : D > A

# 16

**정답해설**

④ 1) 우선 C, N, O 원자들의 전자배치를 판단한다.
    C : $1s^2 2s^2 2p^2$
    N : $1s^2 2s^2 2p^3$
    O : $1s^2 2s^2 2p^4$
2) 보기에 나와있는 XY의 분자오비탈 전자배치는 $(\sigma_{1s})^2 (\sigma^*_{1s})^2 (\sigma_{2s})^2 (\sigma^*_{2s})^2 (\pi_{2p})^4 (\pi^*_{2p})^2$ 이므로 $\pi 2p$이상의 오비탈만 자세히 살펴보면

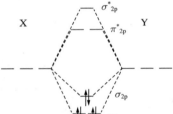

→ 2p 오비탈 전자수의 합 = 6, 따라서 XY분자는 C≡O

3) $ZY^-$의 결합차수 = 2이므로 $ZY^-$는 $NO^-$

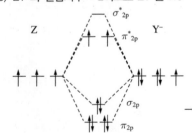

→ 결합차수 = 2

따라서 X = C, Y = O, Z = N

4) $Z_2$의 결합차수 = 3, $Z_2^+$의 결합차수는 2.5

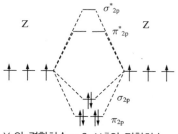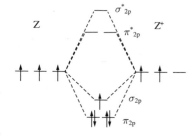

$Y_2$의 결합차수 = 2, $Y_2^-$의 결합차수는 1.5

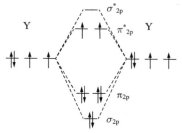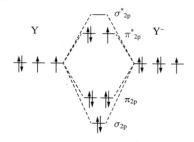

$$\frac{2.5}{3} > \frac{1.5}{2}$$

5) ZY의 홀전자수 1개, $X_2^-$의 홀전자수 1개

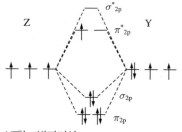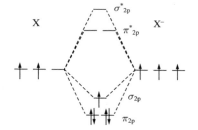

6) $XZ^-$는 반자기성

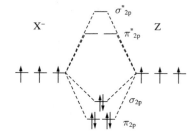

**정답해설**

⑤ 1) $IF_4^-$

　　$\overset{\displaystyle ..}{\underset{\displaystyle}{F}}{>}I{<}\overset{}{\underset{\displaystyle}{F}}$　중심 원자 공유전자쌍 = 4, 중심 원자 비공유전자쌍 = 2

　　$IBr_3$

　　$Br{-}\overset{}{\underset{\displaystyle ..}{I}}{<}\overset{Br}{\underset{\displaystyle Br}{}}$　중심 원자 공유전자쌍 = 3, 중심 원자 비공유전자쌍 = 2

　　$ICl_2^+$

　　$Cl{\diagdown}\overset{\displaystyle .. ..}{I}{\diagdown}Cl$　중심 원자 공유전자쌍 = 2, 중심 원자 비공유전자쌍 = 2

2) 세 화합물 모두 비공유 전자쌍 수가 같다. 따라서 (가) = $IBr_3$, (나) = $ICl_2^+$, (다) = $IF_4^-$

3) $ICl_2^+$는 입체수가 4이고, 비공유전자쌍이 두 쌍이므로 굽은형 구조.

4) I의 형식전하는 (가) = −1, (나) = +1, (다) = 0 이므로 (나) > (가)

5) (가)의 혼성은 $dsp^3$, (다)의 혼성은 $d^2sp^3$ 이므로 s orbital의 기여도는 (가) = 1/5 > (다) = 1/6

---

**정답해설**

⑤ 1) Fe, Co, Ni의 전자배치는 다음과 같다.

　　Fe : $[Ar]4s^23d^6$

　　Co : $[Ar]4s^23d^7$

　　Ni : $[Ar]4s^23d^8$

　　또한 $Cl^-$ 리간드는 약한장 리간드이다.

2) 착화합물의 구조가 정사면체인 경우 각 축상에 존재하는 d orbital보다 축과 축 사이에 존재하는 d orbital들이 더 에너지가 높아진다.

이와는 반대로 팔면체 착화합물에서는 각 축상에 존재하는 d orbital들이 축 사이에 존재하는 orbital들 보다 에너지가 높아진다.

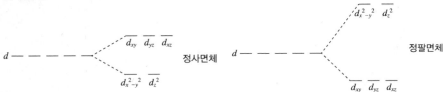

3) $[XCl_4]^{2-}$ : $X^{2+}$이온 + $Cl^-$ 4개, 홀전자수 = 2개, 정사면체

　　$[YCl_4]^{2-}$ : $Y^{2+}$이온 + $Cl^-$ 4개, 홀전자수 = 3개, 정사면체

　　$[ZCl_6]^{3-}$ : $Z^{3+}$이온 + $Cl^-$ 6개, 홀전자수 = 5개, 정팔면체

4) X와 Y는 2+, Z는 3+ 이므로

$Fe^{2+}$ : $[Ar]3d^6$

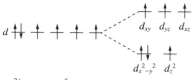

정사면체

$\rightarrow$ 홀전자가 4개 이므로 해당 없음

$Fe^{3+}$ : $[Ar]3d^5$

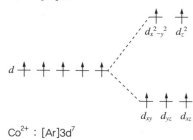

정팔면체

$\rightarrow$ 홀전자 5개, 따라서 Z = $Fe^{3+}$

$Co^{2+}$ : $[Ar]3d^7$

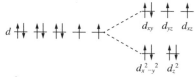

정사면체

$\rightarrow$ 홀전자 3개, 따라서 Y = $Co^{2+}$

$Ni^{2+}$ : $[Ar]3d^8$

정사면체

$\rightarrow$ 홀전자 2개, 따라서 X = $Ni^{2+}$

5) 팔면체 착화합물의 안정화 에너지는 다음과 같다.

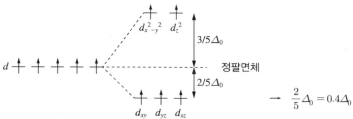

정팔면체

$\rightarrow \dfrac{2}{5}\Delta_0 = 0.4\Delta_0$

6) $[Z(CN)_6]^{4-}$는 Fe2+로 구성되었으며, d orbital에 6개의 전자를 가졌다. 또한, CN−는 강한장 리간드이므로

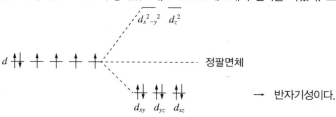

정팔면체

$\rightarrow$ 반자기성이다.

**정답해설**

① 1) 산화 반쪽 반응식
$$Fe(OH)_2 \rightarrow Fe(OH)_3 + e^-$$
환원 반쪽 반응식
$$MnO_4^- + 3e^- \rightarrow MnO_2$$

2) 전자수를 맞춰 계수 결정
$$3Fe(OH)_2 \rightarrow 3Fe(OH)_3 + 3e^-$$
$$MnO_4^- + 3e^- \rightarrow MnO_2 \quad \rightarrow \quad 3Fe(OH)_2 + MnO_4^- \rightarrow 3Fe(OH)_3 + MnO_2$$

3) 산소수를 맞춰 계수 결정
$$3Fe(OH)_2 + MnO_4^- \rightarrow 3Fe(OH)_3 + MnO_2 \quad \rightarrow \quad$$ 반응물 중 산소수 : 10, 생성물중 산소수 : 11
산소수를 맞추기 위해 반응물에 $H_2O$ 추가
$$3Fe(OH)_2 + MnO_4^- + H_2O \rightarrow 3Fe(OH)_3 + MnO_2$$

4) 수소수를 맞춰 계수 결정
반응물의 수소수 : 8, 생성물의 수소수 : 9 이므로 양변에 2를 곱하고 반응물에 $H_2O$추가
$$6Fe(OH)_2 + 2MnO_4^- + 2H_2O \rightarrow 6Fe(OH)_3 + 2MnO_2$$

5) 염기성 조건에서 균형 맞춘 반응식 만들기
반응물에 $2H_2O$ 추가하고, 생성물에 $2OH^-$ 추가
$$6Fe(OH)_2 + 2MnO_4^- + 4H_2O \rightarrow 6Fe(OH)_3 + 2MnO_2 + 2OH^-$$

6) 균형 맞춘 반응식에서 $Fe(OH)_2$와 $OH^-$의 비율은 3 : 1

# 20

**정답해설**

① 1) 평형 I에서 F-의 염기 작용을 무시하므로

$$K_{sp} = 8.0 \times 10^{-10} = [X^{2+}][F^-]^2$$

이 때, $[X^{2+}] = y$라 하면 $[F^-] = 2y$

$$K_{sp} = 4y^3 = 8.0 \times 10^{-10} \quad \rightarrow \quad y = (2.0 \times 10^{-10})^{\frac{1}{3}}$$

2) 평형 II에서 F-는 H+와 결합하여 HF가 되고, 완충용액이면 H+ 농도가 일정하다.

$$K_a = \frac{[H^+][F^-]}{[HF]} = 7.0 \times 10^{-4} \quad \rightarrow \quad [HF] = \frac{(4.9 \times 10^{-3})[F^-]}{7.0 \times 10^{-4}} = 7[F^-]$$

여기서 F-는 오직 $XF_2$에 의해서만 발생하므로 용액 내 용해된 F-의 전체농도는

$$[HF] + [F^-] = 8[F^-] \quad \rightarrow \quad \text{따라서} \ \frac{[HF]}{[F^-]} = 7 = x$$

3) 용액 내의 $X^{2+}$이온 농도는 HF와 F-농도의 합의 절반에 해당하므로

$$\frac{[HF] + [F^-]}{2} = 4[F^-] = z$$

여기서 $[X^{2+}] = 4[F^-]$이므로 $K_{sp}$식에 대입하면

$$K_{sp} = 8.0 \times 10^{-10} = [X^{2+}][F^-]^2 = 4[F^-][F^-]^2 = 4[F^-]^3$$

따라서 $[F^-] = (2.0 \times 10^{-10})^{\frac{1}{3}}$이고, $z = 4[F^-] = 4(2.0 \times 10^{-10})^{\frac{1}{3}}$

4) $\dfrac{x \times z}{y} = \dfrac{7 \times 4(2.0 \times 10^{-10})^{\frac{1}{3}}}{(2.0 \times 10^{-10})^{\frac{1}{3}}} = 7 \times 4 = 28$

# 21

① 큐틴은 식물의 표피세포 2차 세포벽에 추가로 침착(큐티클화)되는 성분으로, 방수, 보호 효과를 강화시킨다.

③ 펙틴은 끈적한 산성다당류로서 식물의 1차 세포벽과 식물세포 사이의 라멜라(박막층)에서 발견된다.

④ 리그닌은 식물의 물관세포나 섬유세포의 2차 세포벽에 침착(리그닌)되는 성분으로, 방수, 지지 효과를 강화시킨다.

⑤ 셀룰로오스는 베타-포도당의 중합체로서, 식물 세포벽의 주 구성성분이다.

# 22

답 ③

ㄱ, ㄷ. (○) $C_4$ 식물과 CAM 식물은 덥고 건조한 지역에서 광호흡에 의한 광합성 효율 저하를 최소화하는 진화적 적응이 일어난 식물들로서, 둘 모두 캘빈회로의 탄소고정 효소인 rubisco와는 달리 $O_2$에는 결합하지 않고 $CO_2$에만 결합하여 높은 효율로 탄소를 고정하는 PEP(phosphoenolpyruvate) 카르복시화효소(carboxylase)를 보유한다. $C_4$ 식물의 경우는 PEP-카르복시화효소를 이용한 탄소의 최초 고정과정은 엽육세포에서 일어나고 캘빈회로는 유관속초세포에서 일어나는 탄소고정과 캘빈회로의 '장소의 분리'가 일어났다. 뜨겁고 건조한 사막에서 주로 서식하는 CAM 식물의 경우는 엽육세포에서 밤에만 기공을 열어 탄소고정을 수행하고, 명반응이 일어나는 낮에 캘빈회로가 일어나 당이 합성되는 '시간의 분리'가 일어나 있다.

ㄴ. (×) $C_3$ 식물은 주로 온대지역에 서식하며 PEP 카르복시화효소를 생성하는 진화적 적응은 일어나지 않았으므로, 뜨거운 한여름에는 광호흡에 의한 광합성 효율의 저하가 일어난다. $C_3$ 식물에서는 탄소고정이 캘빈회로의 rubisco에 의해서만 일어나며, 명반응과 캘빈회로 모두 엽육세포에서 수행된다.

# 23

답 ⑤

⑤ 포도당이 피루브산으로 분해되는 과정은 해당과정(glycolysis)이며, 유기호흡과 무기호흡 모두에서 첫단계에 산소없이 세포질에서 일어난다. 해당과정의 앞 단계에서 포도당 한분자당 2ATP의 에너지 소모가 있지만, 뒷 단계에서 4ATP 합성이 일어나 결과적으로 +2ATP가 생성된다. 해당과정을 요약하면, 포도당(6탄소 화합물) 한 분자가 부분적으로 산화되면서 2ATP, 2NADH가 생성되며 두 분자의 피루브산(3탄소 화합물)으로 쪼개지는 과정이다.

# 24

**정답해설**

⑤ B세포는 골수에서 생성, 성숙되며, 성숙과정 중 자기(self) 분자들과 강하게 결합하는 BCR(B세포 수용체)를 지니는 B세포(B림프구)는 세포자멸사(세포예정사)에 의해 제거되는 음성선택(negative selection)이 일어나 자기 분자(자기 항원)에 대한 반응성을 나타내지 않는 자기관용(self-tolerance) 상태가 된다. 알 수 없는 이유로 자기관용에 실패한 경우 면역세포가 숙주 자체의 자기분자 또는 자기세포를 공격해 조직이나 기관이 파괴되는 1형 당뇨 등의 자가면역질환(autoimmune diseases)에 걸리게 된다.

**오답해설**

① 동형전환이란 B세포가 특이적인 항원에 노출, 결합한 후 최초로 생성, 분비되는 IgM이 동일한 항원에 부착가능한 IgG, IgA 등의 다른 타입의 항체로 전환되는 과정이다. 이 과정은 B세포 핵 내에서 항체 유전자의 비가역적 재조합에 의해 중쇄 불변부위 내 특정부위가 변경되어 일어난다.

② 괴사는 예정세포사와 구분되는 세포 죽음의 또 다른 타입으로, 세포가 물리적 자극을 받거나 생존에 필수적인 $O_2$, ATP 등의 결핍이 있을 때 나타난다. 괴사 과정 중 DNA는 무작위로 절단되며, 미토콘드리아 등의 세포소기관과 세포가 부풀다 터져 죽게 되며, 염증이 수반된다.

③ 양성선택은 T세포(T림프구)가 골수에서 생성된 후 흉선(thymus)으로 이동해 성숙하는 과정 중 음성선택 이전에 나타나는데, 자기(self) MHC(주조직적합성복합체 ; major histocompatibility complex)를 인식해 결합할 수 있는 T세포만 살아남는 과정이다. 이후 T세포는 음성선택도 일어나 자기 항원에 강하게 결합하는 TCR(T세포 수용체)를 지니는 T세포는 예정세포사로 제거되며, 자기 MHC가 제시한 외래(foreign) 항원을 인식하는 T세포만 몸에 남게 된다.

④ 보체계(complement system)는 30여종의 혈장단백질 그룹으로, 보체(complement) 단백질이 병원체 표면에 결합하여 둘러싸(옵소닌화 ; opsonization) 단독으로(선천면역에서), 또는 항체의 도움을 받아(후천면역에서) 활성화되면 막공격복합체(MAC ; membrane attack complex)를 형성해 병원체를 용해시켜 죽이거나 염증을 촉진한다.

# 25

**정답해설**

ㄱ, ㄴ. (○) 세균과 진핵생물의 전반적인 복제기작은 유사하다. 모(mother) DNA 내의 복제시점(origin of replication)에서 시작되어 양방향으로 진행되며, 반보존적 방식(semi-conservative mode)으로 일어나 복제로 생성된 두 딸(daughter) DNA는 모 DNA의 한가닥(주형으로 사용됨)과 새로 합성된 한가닥이 합쳐진 이중가닥이 된다. 복제 시 헬리케이스(helicase)가 복제시점 부위부터 이중가닥을 풀면 프리메이스가 주형가닥에 상보적인 RNA 단편인 RNA 프라이머를 합성하여 DNA 폴리머레이스(중합효소)에 3′ 말단을 제공하고, 이후 DNA 폴리머레이스에 의해 프라이머의 3′ 말단부터 딸가닥 신장이 5′→3′ 방향으로 일어난다. 복제가 어느 정도 진행되면 RNA 프라이머는 제거되고, DNA 폴리머레이스가 프라이머 제거부위를 메운 후 DNA 라이게이스(연결효소)가 DNA 절편들을 공유결합으로 연결하며 복제가 마무리된다.

**오답해설**

ㄷ. (×) 오카자키 절편이 발견되는 것은 후발가닥(지연가닥 ; lagging strand)이다. 새로 합성되는 딸가닥 중 선도가닥은 DNA 폴리머레이스의 진행 방향과 헬리케이스의 진행 방향이 동일하여 연속적으로 합성된다. 반면 후발가닥은 DNA 폴리머레이스의 진행 방향과 헬리케이스의 진행 방향이 반대여서 헬리케이스가 모 DNA 가닥을 어느 정도 풀면 부분적으로 딸가닥 합성이 일어나는 불연속적 복제가 일어나는데, 이 때 딸가닥 내의 절편들을 오카자키 절편이라 한다.

# 26

답 ①

① 노던 블로팅은 젤 전기영동(electrophoresis), 블로팅, 혼성화(hybridization) 기법을 이용해 RNA 혼합물에서 특정 RNA의 존재 유무를 확인하고 양도 알아낼 수 있는 RNA의 정성, 정량 분석법이다.

②·③·④·⑤ 에드만 분해법은 단백질 및 펩타이드의 아미노산 서열을 분석하는 실험기법이며, 등전점 전기영동은 단백질의 총전하(net charge)가 0이 되는 pH인 pI(등전점)을 알아내는 분석법이다. 2차원 전기영동은 분자량과 pI 차이를 이용하여 단백질 혼합물 내의 단백질들을 젤(gel) 내에서 정기영동을 이용해 분리하는 기법이며, 효소결합면역흡착측정법(ELISA)은 발색효소가 부착된 항체를 이용하여 주로 특정 단백질 항원의 존재유무와 양을 항원–항체 특이성을 이용해 알아내는 단백질의 정성, 정량 분석법이다.


# 27

답 ②

② tRNA는 번역과정 중 mRNA의 특정 코돈 부위로 적합한 아미노산을 운반해오며, 리보솜은 번역이 진행되는 동안 mRNA, tRNA 및 펩티드 사슬을 제 위치에 붙잡아주는 역할과 신장 중인 펩티드 사슬에 새로 운반해 온 아미노산을 펩티드결합으로 연결해주는 역할도 수행한다.

①·③ 진핵생물 유전자의 전사는 핵 내에서 일어나며, 번역은 세포질에서 일어난다.
④ 핵 내에서 엑손과 인트론은 모두 하나의 pre–mRNA 분자로 전사된 후 스플라이싱(splicing) 과정을 통해 인트론들이 제거되고 엑손들만이 연결된 성숙한 mRNA가 형성된 이후에 핵 밖으로 수송되어 번역된다.
⑤ 3종류의 종결코돈을 제외한 61개의 코돈이 20종류의 아미노산을 암호화하므로 코돈 여러 개가 한 종류의 아미노산을 암호화하는 경우가 있는데 (코돈의 풍부성 ; 중복성), 이 때 중복으로 사용되는 코돈들은 세 번째(3′ 말단) 염기서열만 차이가 나는 경우가 흔하다. 그러므로 돌연변이에 의해 코돈의 세 번째 염기부위가 변화되어도 단백질 내 아미노산 서열은 변화되지 않는 경우가 많다.

# 28

**정답해설**

① 감수분열은 연속적인 두 번의 분열(감수 제1분열 및 제2분열)로 구성되며 최종적으로 4개의 딸세포가 생성되는 과정이다.

**오답해설**

② DNA(복제 이후 염색체로 응축)의 복제는 간기(interphase)의 S기에 일어난다.
③ 상동염색체의 접합(4분체 형성) 과정은 오로지 감수 제1분열 전기에서만 볼 수 있다.
④ 체세포분열은 1회, 감수분열에선 연속 2회 분열한다.
⑤ 감수분열 과정 중 4분체 형성 시 상동염색체 사이의 교차로 인한 재조합이 일어나며 감수 제1분열 후기에 상동염색체 각각이 분리되어 딸세포로 나뉘어 들어갈 때 모계 및 부계의 염색체가 무작위로 분배되므로, 결과로 생성된 네 개의 딸세포는 DNA가 모두 다르다.

# 29

**정답해설**

⑤ 속씨식물을 종자 내 떡잎의 개수에 따라 외떡잎 식물과 쌍떡잎 식물로 분류한다.

# 30

**정답해설**

ㄱ, ㄷ. (○) 열대우림은 연중 높은 강수량과 높은 기온에 의한 급속한 분해작용에 의해 토양이 산성이며, 육상생물군계 중 식물 종다양성이 최대로서 복잡한 군집을 이루고 있다.

**오답해설**

ㄴ. (×) 연중 기온은 25~29℃로 계절적 변화가 적다.

# 31

**정답해설**

② B 맨틀과 C 외핵의 경계를 구텐베르그면이라고 하며, 고체 상태인 맨틀에서는 P파와 S파가 모두 전파되나 액체 상태인 외핵에서는 S파가 전파되지 않는다.

**오답해설**

① B는 맨틀로, $SiO_2$ 함량이 작은 감람암질 암석으로 이루어져 있다. 규장질은 $SiO_2$ 함량이 큰 화강암질 암석을 의미한다.
③ C 외핵과 D 내핵은 모두 철, 니켈과 같은 금속 성분으로 이루어져 있어 화학 조성은 같으나, 외핵은 액체 상태, 내핵은 고체 상태이므로 물리적 성질은 서로 다르다.
④ A, B, D는 고체, C는 액체로 구성되어 있다.
⑤ C 외핵은 액체, D 내핵은 고체이기 때문에 경계면에서 지진파 P파의 속도는 증가한다.

# 32

**정답해설**

② 보웬의 반응계열은 마그마가 냉각되면서 광물이 정출되는 과정을 보여주는 모델이다. 마그마의 온도가 높을 때에는 녹는점이 높은 광물이 먼저 정출되고 마그마가 냉각됨에 따라 점차 녹는점이 낮은 광물이 정출된다. 따라서 아래 그림을 보면 광물의 녹는점은 감람석에서 가장 높고 휘석, 각섬석, 흑운모로 갈수록 낮아지며, Ca 비율이 높은 사장석이 Na 비율이 높은 사장석보다 녹는점이 높은 것을 알 수 있다.

**오답해설**

① 염기성 화성암의 온도가 높아지면 녹는점이 낮은 물질부터 용융되므로 각섬석→휘석→감람석 순으로 용융된다.
③ 광물 내 마그네슘(Mg)의 함량은 감람석에서 가장 높고 휘석, 각섬석, 흑운모로 갈수록 낮아지므로 온도가 높아질수록 마그마에서 정출되는 광물 내 마그네슘(Mg)의 함량은 높아진다.
④ 낮은 온도에서 정출되는 광물들로 구성된 화성암은 유문암질 암석으로, 철(Fe)과 마그네슘(Mg)을 포함한 유색 광물의 비율이 적고 무색 광물인 장석류와 석영 등의 비율이 높기 때문에 주로 밝은 색을 띤다.
⑤ 감람석, 휘석, 각섬석, 흑운모는 광물이 단계적으로 정출되는 불연속 계열이지만 사장석은 광물조성이 연속적으로 변하는 연속 계열이다. 사장석처럼 일정한 화학 성분을 가지고 있지 않고 어떤 범위 내에서 성분에 변화가 있는 광물을 고용체광물이라고 한다.

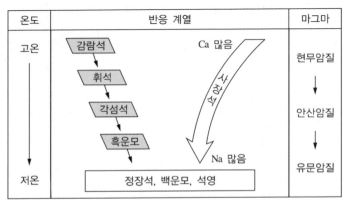

## 33

**정답해설**

② 화성암은 화학 조성과 조직에 따라 분류할 수 있는데, 마그마의 식는 속도 차이는 암석의 조직과 관련이 있다. 마그마의 식는 속도가 빠를수록 결정 입자가 성장할 시간이 부족하므로 암석을 구성하는 결정 입자의 크기는 작아진다.

**오답해설**

①·③·④·⑤ 암석의 광물 조합, 암석의 색깔, 암석의 밀도, 암석의 쪼개짐은 모두 화학 조성과 관련이 있는 물리화학적 성질이다.

## 34

**정답해설**

④ 암석의 $SiO_2$ 함량에 따라 $SiO_2$ 함량이 45~52%인 염기성암, 52~63%인 중성암, 63% 이상인 산성암으로 분류할 수 있다. 이때 염기성암에는 현무암과 반려암이, 중성암에는 안산암과 섬록암이, 산성암에는 유문암과 화강암이 있다. 이때 염기성암 보다 $SiO_2$ 함량이 낮은 암석을 초염기성암이라고 하는데, 대표적인 암석으로는 주 구성 광물이 감람석인 감람암이 있다. 따라서 보기 중 $SiO_2$ 함량이 가장 낮은 화성암은 감람암이다.

## 35

**정답해설**

ㄱ. (O) 그림은 현생이언(고생대~현재) 동안 일어난 5대 대량멸종 사건이다. 이때 가장 규모가 큰 멸종 사건은 판게아 형성으로 인해 발생한 3차 대멸종 C이며, 이 대멸종으로 인해 삼엽충, 방추충 등의 고생대 대표 생물이 멸종하였다.

**오답해설**

ㄴ. (×) D 시기는 중생대 초기에 일어난 4차 대멸종이며, 삼엽충은 고생대 말인 C 시기에 멸종되었다.

ㄷ. (×) 운석 충돌로 인해 멸종이 일어난 시기는 5차 대멸종에 해당하는 E 시기이며, 운석 충돌로 인해 중생대 대표 생물인 공룡과 암모나이트가 멸종하면서 신생대가 시작되었다.

# 36

**정답해설**

② 우리나라는 데본기에 퇴적이 중단되었으므로 결층이었다.

**오답해설**

① 조선누층군은 고생대 초기에 형성된 지층으로, 강원도 태백에 대규모의 석회암층의 형태로 존재하며 삼엽충과 완족류, 필석의 화석이 발견된다.
③ 우리나라 중생대 퇴적층은 모두 육성층이며, 중생대 후기에 경상 누층군이 형성되었다.
④ 평안누층군은 우리나라에 형성된 후기 고생대 육성층으로, 대규모의 석탄층이 존재한다.
⑤ 조선누층군과 평안누층군 사이에 결층이 존재하므로 두 누층군은 부정합 관계이다.


# 37

**정답해설**

ㄱ. (○) 대기권은 고도에 따른 온도 분포에 따라 지표면에서부터 고도가 높아질수록 온도가 하강하는 대류권, 고도가 높아질수록 온도가 상승하는 성층권, 고도가 높아질수록 온도가 하강하는 중간권, 고도가 높아질수록 온도가 상승하는 열권으로 구분된다.
ㄴ. (○) 대류권의 두께는 대류권의 평균 기온에 따라 결정된다. 평균 기온이 높을수록 공기의 밀도가 작기 때문에 두께가 두꺼워진다. 따라서 대류권의 두께는 평균 기온이 높은 적도 지방이 평균 기온이 낮은 극지방보다 두껍다.

**오답해설**

ㄷ. (×) 성층권은 오존층이 존재하는 층으로, 오존층의 자외선 흡수로 인해 고도가 높아짐에 따라 온도가 상승한다.


# 38

**정답해설**

ㄱ. (○) 표층 해류는 크게 대기 대순환과 대륙의 분포의 영향을 받아 형성된다.
ㄴ. (○) 심층수는 표층에 있는 해수가 침강하면서 형성되는데, 해수가 침강되기 위해선 해수의 밀도가 증가해야 한다. 해수의 밀도가 증가하는 경우는 수온이 낮아지거나 염분이 높아지는 경우이다. 따라서 심층수의 순환을 열과 염분에 의해 일어나는 순환이라고 하여 열염순환이라고도 한다.

**오답해설**

ㄷ. (×) 아열대 환류는 무역풍과 편서풍, 대륙의 분포에 의해 형성되는데, 북반구를 기준으로 저위도(남)에서는 동풍 계열인 무역풍, 중위도(북)에서는 서풍 계열인 편서풍이 불기 때문에 시계 방향의 순환이 형성되며, 남반구를 기준으로 저위도(북)에서는 동풍 계열인 무역풍, 중위도(남)에서는 서풍 계열인 편서풍이 불기 때문에 시계 반대 방향의 순환이 형성된다. 따라서 북반구와 남반구의 표층 순환은 대칭적인 형태를 보인다.

# 39

**정답해설**

ㄱ. (○) 태양은 온도가 매우 높기 때문에 기체가 이온화되어 플라스마가 존재한다.

ㄴ. (○) 태양의 내부는 에너지를 생산하는 핵과 에너지를 전달하는 핵을 둘러싼 층으로 이루어져 있으며, 에너지를 주로 전달하는 방식에 따라 복사층과 대류층으로 구분된다. 충분히 온도가 높은 핵의 바로 바깥층에서는 복사층이 형성되며, 온도 변화가 큰 표면 부근에서는 대류층이 형성된다.

ㄷ. (○) 태양의 중심부에 위치한 핵에서는 수소 핵융합 반응이 일어나며, 에너지를 생산한다.


# 40

**정답해설**

⑤ 목성형 행성은 목성과 같이 질량과 반지름이 크고, 주로 수소와 헬륨으로 이루어져 있어 밀도가 작으며 단단한 지각이 없는 행성을 말한다. 태양계에 존재하는 목성형 행성 중 자기장의 세기가 가장 큰 것은 목성으로, 강한 자기장에 의한 오로라가 나타나기도 한다.

실패하는 길은 여럿이나 성공하는 길은 오직 하나다.

- 아리스토텔레스 -

# 2023년 제60회 정답 및 해설

| 01 | 02 | 03 | 04 | 05 | 06 | 07 | 08 | 09 | 10 | 11 | 12 | 13 | 14 | 15 | 16 | 17 | 18 | 19 | 20 |
|----|----|----|----|----|----|----|----|----|----|----|----|----|----|----|----|----|----|----|----|
| ③ | ④ | ⑤ | ④ | ⑤ | ⑤ | ④ | ① | ③ | ⑤ | ① | ② | ③ | ④ | 전항<br>정답 | ② | ⑤ | ② | ② | ④ |
| 21 | 22 | 23 | 24 | 25 | 26 | 27 | 28 | 29 | 30 | 31 | 32 | 33 | 34 | 35 | 36 | 37 | 38 | 39 | 40 |
| ③ | ③ | ④ | ③ | ⑤ | ① | ① | ④ | ⑤ | ④ | ③ | ② | ④ | ⑤ | ② | ⑤ | ⑤ | ④ | ② | ① |

## 01

답 ③

**정답해설**

③ 특허에 관한 절차에서 기간의 마지막 날이 공휴일에 해당하면 기간은 그 다음 날로 만료한다(특허법 제14조 제4호). 기산일이 공휴일인 것에 의하여 기간 계산이 달라지지 않는다.

**오답해설**

① 월 또는 연의 처음부터 기간을 기산(起算)하지 아니하는 경우에는 마지막의 월 또는 연에서 그 기산일에 해당하는 날의 전날로 기간이 만료한다. 다만, 월 또는 연으로 정한 경우에 마지막 월에 해당하는 날이 없으면 그 월의 마지막 날로 기간이 만료한다(특허법 제14조 제3호).

② 특허에 관한 절차에서 기간의 마지막 날이 공휴일에 해당하면 기간은 그 다음 날로 만료한다(특허법 제14조 제4호). 국내우선권주장에 있어서 "선출원의 취하로 보는 시점"에 관한 기간은 특허에 관한 절차에 관한 기간이 아니다. 특허법 제14조 제4호의 취지는 절차를 수행할 수 없었던 사유가 있다면, 이를 보완하여 절차적 권리를 보호하고자 함에 있다. 선출원의 취하로 보는 시점을 계산함에 있어서, 출원인이 제출할 것이 있지 않으므로, 출원인의 절차적 권리를 보호할 이유 없다.

④ 특허청장은 청구에 따라 또는 직권으로 제132조의17에 따른 심판의 청구기간을 30일 이내에서 한 차례만 연장할 수 있다(특허법 제15조 제1항). 지정기간은 특허청장 등에 의하여 지정되므로, 연장 대상에 제한이 없다.

⑤ 법정기간은 법으로 정해진 기간이어서 단축할 수 없으나, 지정기간은 특허청장 등에 의하여 지정되므로, 당사자의 청구에 의하여 단축 가능하다(특허법 제15조 제2항).

## 02

답 ④

**정답해설**

④ 국제특허출원의 출원인은 국내서면제출기간에 발명자의 성명 및 주소의 사항을 적은 서면을 특허청장에게 제출하여야 한다(특허법 제203조 제1항 제4호).

① 특허법 제2조는 "발명"을 정의할 뿐, "발명자"를 정의하지 않는다.
② 특허법 제42조 제1항은 출원인과 발명자의 성명 및 주소를 기재하라고 요구할 뿐, 출원인과 발명자가 동일한 경우의 취급에 대하여 별도로 언급하고 있지 않다.
③ 특허법 제87조는 발명자의 성명 및 주소를 생략할 수 있는 경우를 언급하고 있지 않다.
⑤ 공개특허공보에는 다음 각 호의 사항을 게재한다. 다만, 공공의 질서 또는 선량한 풍속을 문란하게 하거나 공중의 위생을 해할 염려가 있다고 인정되는 사항은 게재하지 아니한다(특허법 시행령 제19조 제3항).

> **특허법 시행령 제19조(특허공보)**
> ③ 공개특허공보에는 다음 각 호의 사항을 게재한다. 다만, 공공의 질서 또는 선량한 풍속을 문란하게 하거나 공중의 위생을 해할 염려가 있다고 인정되는 사항은 게재하지 아니한다.
> 　1. 다음 각 목의 구분에 따른 사항
> 　　가. 출원인이 자연인인 경우 : 성명 및 주소
> 　　나. 출원인이 법인인 경우 : 법인의 명칭 및 영업소의 소재지
> 　2. 출원번호·분류기호 및 출원연월일
> 　3. 발명자의 성명 및 주소
> 　4. 출원공개번호 및 공개연월일
> 　5. 특허출원서에 최초로 첨부된 명세서 및 도면

## 03
**답 ⑤**

⑤ 미성년자·피한정후견인 또는 피성년후견인은 법정대리인에 의하지 아니하면 특허에 관한 출원·청구, 그 밖의 절차(이하 "특허에 관한 절차"라 한다)를 밟을 수 없다. 다만, 미성년자와 피한정후견인이 독립하여 법률행위를 할 수 있는 경우에는 그러하지 아니하다(특허법 제3조 제1항). 미성년자는 법정대리인의 동의가 없어도 제3자로부터 특허를 받을 수 있는 권리를 무상으로 양도받을 수 있다. 무상 양도는 미성년자의 법적 지위를 위험하게 할 염려없는 행위이기 때문이다.

① 묵시적 동의도 동의의 일종이므로, 양도의 묵시적 동의도 양도의 의사표시로서 인정될 수 있다(判例 2011다67705, 67712).
② 발명을 한 사람 또는 그 승계인은 이 법에서 정하는 바에 따라 특허를 받을 수 있는 권리를 가진다. 다만, 특허청 직원 및 특허심판원 직원은 상속이나 유증(遺贈)의 경우를 제외하고는 재직 중 특허를 받을 수 없다(특허법 제33조 제1항). 그러나, 특허청 직원이 아닌 자는 특허를 받을 권리의 양도의 대상이 될 수 있고, 특허도 받을 수 있다.
③ 특허를 받을 수 있는 권리 역시 재산권이므로 성질에 반하지 아니하는 범위에서는 민법의 공유에 관한 규정을 준용할 수 있다(민법 제278조 참조). 따라서 특허를 받을 수 있는 권리의 공유자 사이에 지분에 대한 별도의 약정이 있으면 그에 따르되, 약정이 없는 경우에는 민법 제262조 제2항에 의하여 지분의 비율은 균등한 것으로 추정된다(判例 2011다77313, 77320).
④ 특허를 받을 수 있는 권리의 상속, 그 밖의 일반승계가 있는 경우에는 승계인은 지체 없이 그 취지를 특허청장에게 신고하여야 한다(특허법 제38조 제5항). 특허청 직원에게 특허를 받을 수 있는 권리를 승계한 것이 아니라, 일반인에게 특허를 받을 수 있는 권리를 승계한다고 하더라도, 그 취지를 특허청장에게 신고하여야 한다.

# 04

**정답해설**

ㄴ. (○) 국내우선권주장출원 할 수 있다. 선출원일로부터 1년의 기간이 아직 지나지 않았기 때문이다.

ㄷ. (○) 특허거절결정을 받은 자는 제132조의17에 따른 심판청구가 기각된 경우 그 심결의 등본을 송달받은 날부터 30일(제186조 제5항에 따라 심판장이 부가기간을 정한 경우에는 그 기간을 말한다) 이내에 그 특허출원의 출원서에 최초로 첨부된 명세서 또는 도면에 기재된 사항의 범위에서 그 특허출원의 일부를 새로운 특허출원으로 분리할 수 있다(특허법 제52조의2 제1항).

**오답해설**

ㄱ. (×) 분할출원은 할 수 없다. 거절결정등본을 송달받은 후 3개월의 기간이 도과하였기 때문이다.

ㄹ. (×) 재심사청구는 할 수 없다. 특허거절결정의 등본을 송달받은 후 3개월이 도과하였기 때문이다.


# 05

**정답해설**

⑤ 출원발명의 진보성 판단에 제공되는 선행기술은 기술 구성 전체가 명확하게 표현된 것뿐만 아니라, 자료의 부족으로 표현이 불충분하거나 일부 내용에 흠결이 있다고 하더라도 그 기술분야에서 통상의 지식을 가진 자가 기술상식이나 경험칙에 의하여 쉽게 기술내용을 파악할 수 있는 범위 내에서는 대비대상이 될 수 있다(判例 2004후2307).

**오답해설**

① 신규성은 인용발명이 단일한 경우에만 적용된다(判例 2013후2873, 2880).

② 신규성과 진보성의 거절이유는 동시에 통지 가능하다(특허·실용신안 심사기준).

③ 진보성 판단의 대상이 된 발명의 명세서에 개시되어 있는 기술을 알고 있음을 전제로 하여 사후적으로 통상의 기술자가 그 발명을 용이하게 발명할 수 있는지를 판단해서는 안 된다(判例 2007후3660).

④ 종속항은 독립항의 특징을 포함하고 있으므로, 독립항의 진보성이 인정되는 경우, 종속항의 진보성이 인정된다(判例 94후1657).

# 06

**정답해설**

⑤ 외형 사진만이 간행물에 게재되어 있다면, 내부에 있는 특징이 게재되어 있다고 보기 어려우므로, 그 발명이 게재되어 있다고 보기 어렵다(判例 97후433).

**오답해설**

① 특허법 제29조 제1항 제1호에서 규정하고 있는 "국내 또는 국외에서 공지되었거나 공연히 실시된 발명"에서 '공지된 발명'이라 함은 반드시 불특정다수인에게 인식되었을 필요는 없다 하더라도 적어도 불특정다수인이 인식할 수 있는 상태에 놓여져 있는 발명을 말하고, '불특정 다수인'이라 함은 일반 공중을 의미하는 것이 아니고 발명의 내용을 비밀로 유지할 의무가 없는 사람이라면 그 인원의 많고 적음을 불문하고 불특정 다수인에 해당된다(判例 95후19).

② '특허출원 전'이란 특허출원일의 개념이 아닌 특허출원의 시, 분, 초까지도 고려한 자연시(외국에서 공지된 경우 한국시간으로 환산한 시간) 개념이다(判例 2006후2660).

③ 불특정인에게 공장을 견학시킨 경우, 그 제조상황을 보면 그 기술분야에서 통상의 지식을 가진 자가 그 기술내용을 알 수 있는 상태인 때에는 '공연히 실시'된 것으로 본다. 또한, 그 제조상황을 보았을 경우에 제조공정의 일부에 대하여는 장치의 외부를 보아도 그 제조공정의 내용을 알 수 없는 것으로서, 그 내용을 알지 못하면 그 기술의 전체를 알 수 없는 경우에도 견학자가 그 장치의 내부를 볼 수 있거나 그 내부에 대하여 공장의 종업원에게 설명을 들을 수 있는 상황(공장 측에서 설명을 거부하지 않음)으로서 그 내용을 알 수 있을 때에는 그 기술은 공연히 실시된 것으로 본다(判例 99허6596).

④ 카탈로그는 제작되었으면 배부, 반포되는 것이 사회통념이라 하겠으며 제작한 카탈로그를 배부, 반포하지 아니하고 사장하고 있다는 것은 경험칙상 수긍할 수 없는 것이어서 카탈로그의 배부범위, 비치장소 등에 관하여 구체적인 증거가 없다고 하더라도 그 카탈로그의 반포, 배부되었음을 부인할 수는 없다(判例 91후1410).

# 07

**정답해설**

④ 인간의 수술, 치료 또는 진단에 사용하기 위한 의료기기 그 자체, 의약품 그 자체 등은 산업상 이용할 수 있는 발명에 해당한다(특허·실용신안 심사기준).

**오답해설**

① 인체를 처치하는 방법이 치료 효과와 비치료 효과(예 미용 효과)를 동시에 가지는 경우, 치료 효과와 비치료 효과를 구별 및 분리할 수 없는 방법은 치료방법으로 간주되어 산업상 이용 가능한 것으로 인정하지 않는다(특허·실용신안 심사기준).

② 인간을 수술, 치료 또는 진단하는 방법의 발명은 산업상 이용 가능성이 없는 것으로 보나, 그것이 인간 이외의 동물에만 한정한다는 사실이 청구범위에 명시되어 있으면 산업상 이용할 수 있는 발명으로 취급한다(判例 90후250).

③ 의료인에 의한 의료행위가 아니더라도 발명의 목적, 구성 및 효과 등에 비추어 보면 인간의 질병을 치료, 예방 또는 건강상태의 증진 내지 유지 등을 위한 처치방법의 발명인 경우에는 산업상 이용 가능성이 없는 것으로 취급한다(判例 2012허9587).

⑤ 의료기기의 작동방법 또는 의료기기를 이용한 측정방법 발명은 그 구성에 인체와 의료기기 간의 상호작용이 인체에 직접적이면서 일시적이 아닌 영향을 주는 경우 또는 실질적인 의료행위를 포함하는 경우를 제외하고는 산업상 이용 가능한 것으로 취급한다(특허·실용신안 심사기준).

---

**정답해설**

① 특허결정등본 송달일로부터 3개월이 지났으므로, 제30조의 적용을 받을 수 없다.

> **특허법 제30조(공지 등이 되지 아니한 발명으로 보는 경우)**
> ② 제1항 제1호를 적용받으려는 자는 특허출원서에 그 취지를 적어 출원하여야 하고, 이를 증명할 수 있는 서류를 산업통상자원부령으로 정하는 방법에 따라 특허출원일부터 30일 이내에 특허청장에게 제출하여야 한다.
> ③ 제2항에도 불구하고 산업통상자원부령으로 정하는 보완수수료를 납부한 경우에는 다음 각 호의 어느 하나에 해당하는 기간에 제1항 제1호를 적용받으려는 취지를 적은 서류 또는 이를 증명할 수 있는 서류를 제출할 수 있다.
> 1. 제47조 제1항에 따라 보정할 수 있는 기간
> 2. 제66조에 따른 특허결정 또는 제176조 제1항에 따른 특허거절결정 취소심결(특허등록을 결정한 심결에 한정하되, 재심심결을 포함한다)의 등본을 송달받은 날부터 3개월 이내의 기간. 다만, 제79조에 따른 설정등록을 받으려는 날이 3개월보다 짧은 경우에는 그날까지의 기간

**오답해설**

② 분할출원과 함께 공지예외 주장을 할 수 있다(判例 2020후11479).

③ 선출원보다 늦게 공지되었다면, 공지일로부터 1년 이내에 후출원을 한 경우이므로, 30조의 주장이 가능하다(특허·실용신안 심사기준).

④ 발명자로부터 지득한 자에 의한 공지는 의사에 반한 공지이다(특허·실용신안 심사기준).

⑤ 출원서에 기재된 발명 공개 행위의 후속 절차로서 통상적으로 이루어지는 반복 공개 행위는 출원서에 기재된 발명의 공개 행위의 연장선에 있다고 볼 수 있으므로, 비록 출원서에 기재되어 있지 않거나 증명서류가 첨부되어 있지 않더라도 당연히 특허법 제30조의 공지 등의 예외 적용을 적용받을 수 있다(判例 2015허7308).

---

---

**정답해설**

③ 제조방법이 기재된 물건발명의 특허요건을 판단함에 있어서 그 기술적 구성을 제조방법 자체로 한정하여 파악할 것이 아니라 제조방법의 기재를 포함하여 특허청구범위의 모든 기재에 의하여 특정되는 구조나 성질 등을 가지는 물건으로 파악하여 출원 전에 공지된 선행기술과 비교하여 신규성, 진보성 등이 있는지 여부를 살펴야 한다(判例 2013후1726).

**오답해설**

① 수치한정발명에 있어, 수치 범위가 개시된 경우, 수치한정의 임계적 의의가 있어야 진보성을 인정할 수 있다(判例 2007후1299).

② 파라미터발명은 청구항의 기재 자체만으로는 기술적 구성을 명확하게 이해할 수 없는 경우가 있으므로, 파라미터발명의 진보성은 발명의 설명 또는 도면 및 출원시의 기술상식을 참작하여 발명이 명확하게 파악되는 경우에 한하여 판단한다(심사기준).

④ 결정형 발명은, 특별한 사정이 없는 한 선행발명에 공지된 화합물이 갖는 효과와 질적으로 다른 효과를 갖고 있거나 질적인 차이가 없더라도 양적으로 현저한 차이가 있는 경우에 한하여 그 진보성이 부정되지 않는다(判例 2010후2865). 진보성은 구성의 곤란성이 인정되어야 인정될 수 있는 개념이므로, 결정형 발명의 경우, 효과의 현저성이 구성의 곤란성을 추론하게 할 수 있는 근거가 될 수 있다는 말이 된다.

⑤ 선행 또는 공지의 발명에 구성요소가 상위개념으로 기재되어 있고, 위 상위개념에 포함되는 하위개념만을 구성요소 중의 전부 또는 일부로 하는 선택발명의 진보성이 부정되지 않기 위해서는, 선택발명에 포함되는 하위개념들 모두가 선행발명이 갖는 효과와 질적으로 다른 효과를 갖고 있거나, 질적인 차이가 없더라도 양적으로 현저한 차이가 있어야 한다. 이때 선택발명의 명세서 중 발명의 상세한 설명에는 선행발명에 비하여 위와 같은 효과가 있음을 명확히 기재하여야 하는데, 이러한 기재가 있다고 하려면 발명의 상세한 설명에 질적인 차이를 확인할 수 있는 구체적인 내용이나 양적으로 현저한 차이가 있음을 확인할 수 있는 정량적 기재가 있어야 한다(判例 2012후3664).

## 10

정답 ⑤

### 정답해설

⑤ 제1항에 따른 특허료 및 수수료의 반환청구는 제2항에 따른 통지를 받은 날부터 <u>5년이 지나면 할 수 없다</u>(특허법 제84조 제3항).

**특허법 제84조(특허료 등의 반환)**
① 납부된 특허료 및 수수료는 다음 각 호의 어느 하나에 해당하는 경우에만 납부한 자의 청구에 의하여 반환한다.
　1. 잘못 납부된 특허료 및 수수료
　3. 특허권의 존속기간의 연장등록을 무효로 한다는 심결이 확정된 해의 다음 해부터의 특허료 해당분
② 특허청장 또는 특허심판원장은 납부된 특허료 및 수수료가 제1항 각 호의 어느 하나에 해당하는 경우에는 그 사실을 납부한 자에게 통지하여야 한다.
③ 제1항에 따른 특허료 및 수수료의 반환청구는 제2항에 따른 통지를 받은 날부터 5년이 지나면 할 수 없다.

### 오답해설

① 납부된 특허료 및 수수료는 다음 각 호의 어느 하나에 해당하는 경우에만 납부한 자의 청구에 의하여 반환한다(특허법 제84조 제1항).

② 잘못 납부된 특허료 및 수수료(특허법 제84조 제1항)

③ 특허권의 존속기간의 연장등록을 무효로 한다는 심결이 확정된 해의 다음 해부터의 특허료 해당분(특허법 제84조 제1항 제3호)

④ 특허청장 또는 특허심판원장은 납부된 특허료 및 수수료가 제1항 각 호의 어느 하나에 해당하는 경우에는 그 사실을 납부한 자에게 통지하여야 한다(특허법 제84조 제2항).

# 11

① 특허발명의 실시가 공공의 이익을 위하여 특히 필요하여 하는 재정의 경우, 특허청장은 재정을 받은 자에게 통상실시권은 국내수요충족을 위한 공급을 주목적으로 하여야 한다는 조건을 붙여야 한다(특허법 제107조 제4항 제1호).

② 공공의 이익을 위하여 비상업적으로 실시하려는 경우와 제4호에 해당하는 경우에는 협의 없이도 재정을 청구할 수 있다(특허법 제107조 제1항 단서).

③ 반도체 기술에 대해서는 제1항 제3호(공공의 이익을 위하여 비상업적으로 실시하는 경우만 해당한다) 또는 제4호의 경우에만 재정을 청구할 수 있다(특허법 제107조 제6항).

④ 특허출원일부터 4년이 지나지 아니한 특허발명에 관하여는 제1항 제1호 및 제2호를 적용하지 아니한다(특허법 제107조 제2항).

> **특허법 제107조(통상실시권 설정의 재정)**
> ① 특허발명을 실시하려는 자는 특허발명이 다음 각 호의 어느 하나에 해당하고, 그 특허발명의 특허권자 또는 전용실시권자와 합리적인 조건으로 통상실시권 허락에 관한 협의(이하 이 조에서 "협의"라 한다)를 하였으나 합의가 이루어지지 아니하는 경우 또는 협의를 할 수 없는 경우에는 특허청장에게 통상실시권 설정에 관한 재정(裁定)(이하 "재정"이라 한다)을 청구할 수 있다. 다만, 공공의 이익을 위하여 비상업적으로 실시하려는 경우와 제4호에 해당하는 경우에는 협의 없이도 재정을 청구할 수 있다.
> 1. 특허발명이 천재지변이나 그 밖의 불가항력 또는 대통령령으로 정하는 정당한 이유 없이 계속하여 3년 이상 국내에서 실시되고 있지 아니한 경우
> 2. 특허발명이 정당한 이유 없이 계속하여 3년 이상 국내에서 상당한 영업적 규모로 실시되고 있지 아니하거나 적당한 정도와 조건으로 국내수요를 충족시키지 못한 경우
> ② 특허출원일부터 4년이 지나지 아니한 특허발명에 관하여는 제1항 제1호 및 제2호를 적용하지 아니한다.

⑤ 제107조에 따른 통상실시권은 실시사업과 함께 이전하는 경우에만 이전할 수 있다(특허법 제107조 제3항).

# 12

② 하나의 특허와 관련하여 연장등록출원의 대상이 되는 유효성분 A, B 및 C에 대하여 각각 허가 A, B 및 C를 받았다면 각 유효성분 중에서 연장받고자 하는 허가 하나만을 선택하여 1회에 한해 연장등록출원 할 수 있다(특허·실용신안 심사기준).

① 허가등에 따른 특허권존속기간 연장등록출원은 대상이 되는 특허발명의 특허권이 존속되는 경우에만 가능하다. 따라서 그 특허권이 무효 또는 취소되거나 특허료를 납부하지 않아 소멸한 경우에는 특허권존속기간연장등록출원이 인정되지 않는다(허가등에 따른 특허권의 존속기간 연장의 제도에 관한 규정(3)).

③ 특허발명을 실시하기 위하여 다른 법령에 따라 허가를 받거나 등록 등을 하여야 하고, 그 허가 또는 등록 등(이하 "허가등"이라 한다)을 위하여 필요한 유효성·안전성 등의 시험으로 인하여 장기간이 소요되는 대통령령으로 정하는 발명인 경우에는 제88조 제1항에도 불구하고 그 실시할 수 없었던 기간에 대하여 5년의 기간까지 그 특허권의 존속기간을 한 차례만 연장할 수 있다(특허법 제89조 제1항).

④ 임상시험기간은 '최초 피험자 선정일로부터 최종 피험자 관찰기간종료일'까지의 기간이고, 허가신청 관련서류의 검토기간은 '품목허가신청 접수일로부터 품목허가승인을 알게 된 날'까지의 기간으로서 그중 허가등을 받은 자의 책임 있는 사유로 발생한 보완기간은 제외한다. 한편 해당 관청의 심사부서 중 어느 한 부서의 보완요구로 인하여 보완기간이 소요되었다 하더라도, 다른 부서에서 허가를 위한 심사 등의 절차가 계속 진행되고 있었던 경우에는 그 보완기간 중 다른 부서에서 심사가 진행되고 있는 기간과 중첩되는 기간에 관한 한 허가등을 받은 자의 책임있는 사유로 인하여 허가가 지연되었다고 볼 수 없으므로 위 중첩되는 기간은 그 특허발명을 실시할 수 없었던 기간에서 제외할 수 없다(判例 2017후882).

⑤ 특허권이 공유인 경우에는 공유자 모두가 공동으로 특허권의 존속기간의 연장등록출원을 하여야 한다(특허법 제90조 제3항).

# 13

**정답해설**

③ 작용효과가 실질적으로 동일한지 여부는 선행기술에서 해결되지 않았던 기술과제로서 특허발명이 해결한 과제를 특허권침해소송의 상대방이 제조 등을 하는 제품 또는 사용하는 방법(이하 '침해제품 등'이라고 한다)도 해결하는지를 중심으로 판단하여야 한다. 따라서 발명의 상세한 설명의 기재와 출원 당시의 공지기술 등을 참작하여 파악되는 특허발명에 특유한 해결수단이 기초하고 있는 기술사상의 핵심이 침해제품 등에서도 구현되어 있다면 작용효과가 실질적으로 동일하다고 보는 것이 원칙이다(判例 2018다267252).

**오답해설**

① 전용실시권을 설정받은 전용실시권자는 그 설정행위로 정한 범위에서 그 특허발명을 업으로서 실시할 권리를 독점한다(특허법 제100조 제2항). 전용실시권자는 특허권에 기초한 권리 행사와 마찬가지로, 기계의 제거를 청구할 수 있다.

② 투여용법과 투여용량은 의료행위 자체가 아니라 의약이라는 물건이 효능을 온전하게 발휘하도록 하는 속성을 표현함으로써 의약이라는 물건에 새로운 의미를 부여하는 구성요소가 될 수 있다(判例 2014후768).

④ 나아가 '특허 물건의 생산에만 사용하는 물건'에 해당하기 위하여는 사회통념상 통용되고 승인될 수 있는 경제적, 상업적 내지 실용적인 다른 용도가 없어야 한다(判例 2007후3356). 시장에서 다른 용도로 판매되고 있다는 사정은, 특허물건의 사회통념상 통용되는 상업적인 다른 용도가 있다는 의미이므로, 간접침해의 대상이 될 수 없다.

⑤ 법원은 타인의 특허권 또는 전용실시권을 침해한 행위가 고의적인 것으로 인정되는 경우에는 제1항에도 불구하고 제2항부터 제7항까지의 규정에 따라 손해로 인정된 금액의 3배를 넘지 아니하는 범위에서 배상액을 정할 수 있다(특허법 제128조 제8항).

# 14

**정답해설**

④ 특허무효심판 또는 정정의 무효심판이 특허심판원에 계속 중인 기간에는 정정심판을 청구할 수 없다(특허법 제136조 제2항 제2호).

**오답해설**

① 乙은 권리범위확인심판을 청구할 수 있는 이해관계인이다(특허법 제135조 제2항).

② 丙은 무효심판에 대응하여 정정청구를 할 수 있다(특허법 제133조의2).

③ 甲과 乙은 공동으로 무효심판을 청구할 수 있다(특허법 제139조 제1항).

⑤ 심판청구는 심결이 확정될 때까지 취하할 수 있다. 다만, 답변서가 제출된 후에는 상대방의 동의를 받아야 한다(특허법 제161조 제1항).

ㄱ. 특허취소결정 또는 심결 확정 후 3년이 지나면 재심을 청구할 수 없다(특허법 제180조 제3항). 甲은 2023.1.27.로부터 3년이 지난, 2026.1.26.까지 재심을 청구할 수 있다.

ㄴ. (○) 당사자는 특허취소결정 또는 심결 확정 후 재심사유를 안 날부터 30일 이내에 재심을 청구하여야 한다(특허법 제180조 제1항). 甲은 재심사유를 알게 된 날인 2023.2.6.로부터 30일 이내인 2023.3.8.까지 재심을 청구할 수 있다.

ㄷ. (×) 재심사유가 특허취소결정 또는 심결 확정 후에 생겼을 때에는 제3항의 기간은 그 사유가 발생한 날의 다음 날부터 기산한다(특허법 제180조 제4항). 재심사유가 생긴 날의 다음 날부터 3년이 지난 2026.2.2.까지 재심 청구 가능하다.

ㄹ. (○) 대리권의 흠을 이유로 재심을 청구하는 경우에 제1항의 기간은 청구인 또는 법정대리인이 특허취소결정등본 또는 심결등본의 송달에 의하여 특허취소결정 또는 심결이 있는 것을 안 날의 다음 날부터 기산한다(특허법 제180조 제2항). 2023.2.13. 다음 날부터 30일을 기산하면 2023.3.15.까지이다.

※ 가답안 정답 ②번으로 발표된 이후, 해당 문제의 설정이 불명확해 수험생들이 정답을 선택하는 데에 혼란을 초래한다고 판단하여 전항정답으로 처리된 문제다.

ㄱ. (○) 특허취소결정, 결정계 심판 등은 특허청장을 피고로 하여 청구하여야 한다(특허법 제187조).

ㄷ. (○) 심판관 합의체는 특허취소신청이 제132조의2 제1항 각 호의 어느 하나에 해당하지 아니하거나 같은 조 제2항을 위반한 것으로 인정되는 경우에는 결정으로 그 특허취소신청을 기각하여야 한다. 제4항에 따른 기각결정에 대해서는 불복할 수 없다(특허법 제132조의13 제4항·제5항).

ㄴ. (×) 무효심판의 심결취소소송은 유사필수적 공동소송이므로, 당사자변경을 가져오는 당사자추가신청은 허용되지 않는다(判例 2007후1510).

ㄹ. (×) 심결취소소송은 자기의 법률상 이익이 침해되는 자의 원고적격이 요구된다(특허법 제186조 제2항).

> **특허법 제186조(심결 등에 대한 소)**
> ① 특허취소결정 또는 심결에 대한 소 및 특허취소신청서·심판청구서·재심청구서의 각하결정에 대한 소는 특허법원의 전속관할로 한다.
> ② 제1항에 따른 소는 다음 각 호의 자만 제기할 수 있다.
>   1. 당사자
>   2. 참가인
>   3. 해당 특허취소신청의 심리, 심판 또는 재심에 참가신청을 하였으나 신청이 거부된 자

## 17

⑤ 특허발명의 신규성 또는 진보성 판단과 관련하여 특허발명의 구성요소가 출원 전에 공지된 것인지는 사실인정의 문제이고, 공지사실에 관한 증명책임은 신규성 또는 진보성이 부정된다고 주장하는 당사자에게 있다. 따라서 권리자가 자백하거나 법원에 현저한 사실로서 증명을 필요로 하지 않는 경우가 아니라면, 공지사실은 증거에 의하여 증명되어야 하는 것이 원칙이다(判例 2013후37).

① 심결 또는 결정의 취소판결이 확정된 경우, 심판원으로 환송되어 심판관의 심리 절차가 다시 개시된다(특허법 제189조 제2항).

② 심판은 특허심판원에서의 행정절차이며 심결은 행정처분에 해당하고, 그에 대한 불복의 소송인 심결취소소송은 항고소송에 해당하여 그 소송물은 심결의 실체적·절차적 위법 여부이므로, 당사자는 심결에서 판단되지 않은 처분의 위법사유도 심결취소소송단계에서 주장·입증할 수 있고, 심결취소소송의 법원은 특별한 사정이 없는 한 제한 없이 이를 심리·판단하여 판결의 기초로 삼을 수 있으며, 이와 같이 본다고 하여 심급의 이익을 해한다거나 당사자에게 예측하지 못한 불의의 손해를 입히는 것이 아니다(判例 2007후4410).

③ 자백의 대상은 사실에 한하는 것이고 사실에 대한 법적 판단 또는 평가는 그 대상이 될 수 없는 것이다(判例 2000후1542). 선행발명이 어떤 구성요소를 가지고 있다는 것은 주요 사실에 대한 것이어서 자백의 대상이 된다.

④ 법원은 자유심증주의에 따라 자유로이 판단할 수 있으므로, 주지관용기술 여부는 법원이 자유로운 심증에 의하여 증거 등을 통하여 인정할 수 있다(判例 2012후436).

변리사

1차

2023년 제60회

## 18

ㄱ. (×) 침해죄는 피해자의 명시적인 의사에 반하여 공소를 제기할 수 없다(실용신안법 제45조).

ㄷ. (×) 전문심리위원 또는 전문심리위원이었던 자가 그 직무수행 중에 알게 된 다른 사람의 비밀을 누설하는 경우에는 2년 이하의 징역이나 금고 또는 1천만 원 이하의 벌금에 처한다(특허법 제226조 제2항). 특허법에 관한 설명이다. 실용신안법에는 해당 규정이 없다.

ㅁ. (×) 침해죄(제45조 제1항)에 해당하는 침해행위를 조성한 물품 또는 그 침해행위로부터 생긴 물품은 몰수하거나 피해자의 청구에 따라 그 물품을 피해자에게 교부할 것을 선고할 수 있다(실용신안법 제51조 제1항).

ㄴ. (○) 특허청 또는 특허심판원 소속 직원이거나 직원이었던 사람이 특허출원 중인 발명(국제출원 중인 발명을 포함한다)에 관하여 직무상 알게 된 비밀을 누설하거나 도용한 경우에는 5년 이하의 징역 또는 5천만 원 이하의 벌금에 처한다(실용신안법 제46조).

ㄹ. (○) 비밀유지명령 위반죄는 비밀유지명령을 신청한 자의 고소가 없으면 공소를 제기할 수 없다(실용신안법 제49조의2).

2023년 제60회 | 산업재산권법 **319**

# 19

**정답해설**

② 발명을 한 자 또는 그 승계인은 특허법에서 정하는 바에 의하여 특허를 받을 수 있는 권리를 갖고(특허법 제33조 제1항 본문), 특허를 받을 수 있는 권리는 이전할 수 있으므로(특허법 제37조 제1항), 후출원의 출원인이 후출원 시에 '특허를 받을 수 있는 권리'를 승계하였다면 우선권 주장을 할 수 있고, 후출원 시에 선출원에 대하여 특허출원인변경신고를 마쳐야만 하는 것은 아니다. 특허출원 후 특허를 받을 수 있는 권리의 승계는 상속 기타 일반승계의 경우를 제외하고는 특허출원인변경신고를 하지 아니하면 그 효력이 발생하지 아니한다고 규정한 특허법 제38조 제4항은 특허에 관한 절차에서 참여자와 특허를 등록받을 자를 쉽게 확정함으로써 출원심사의 편의성 및 신속성을 추구하고자 하는 규정으로 우선권 주장에 관한 절차에 적용된다고 볼 수 없다. 따라서 후출원의 출원인이 선출원의 출원인과 다르더라도 특허를 받을 수 있는 권리를 승계받았다면 우선권 주장을 할 수 있다고 보아야 한다(判例 2016두58543).

**오답해설**

① 특허권자·전용실시권자 또는 통상실시권자는 특허발명이 그 특허발명의 특허출원일 전에 출원된 타인의 특허발명·등록실용신안 또는 등록디자인이나 그 디자인과 유사한 디자인을 이용하거나 특허권이 그 특허발명의 특허출원일 전에 출원된 타인의 디자인권 또는 상표권과 저촉되는 경우에는 그 특허권자·실용신안권자·디자인권자 또는 상표권자의 허락을 받지 아니하고는 자기의 특허발명을 업으로서 실시할 수 없다(특허법 제98조).

③ 특허권침해소송의 상대방이 제조 등을 하는 제품 또는 사용하는 방법(이하 '침해제품 등'이라고 한다)이 특허발명의 특허권을 침해한다고 할 수 있기 위해서는 특허발명의 특허청구범위에 기재된 각 구성요소와 그 구성요소 간의 유기적 결합관계가 침해제품 등에 그대로 포함되어 있어야 한다(判例 2013다14361).

④ 특허를 받을 수 있는 권리를 양도를 한 경우, 양도인은 특허를 받을 수 있는 권리를 가지고 있지 않으므로, '정당한 권리자가 아닌 사람'이다(判例 2020후10087).

⑤ 마찬가지로 특허심판에서 중복심판청구 금지는 심판청구의 적법요건으로, 심결 시를 기준으로 전심판의 심판계속이 소멸되면 후심판은 중복심판청구 금지에 위반되지 않는다고 보아야 한다(判例 2016후2317).

# 20

**정답해설**

④ 특허권은 발명실시에 대한 독점권으로서 그 대상은 형체가 없을 뿐만 아니라 각 공유자에게 특허권을 부여하는 방식의 현물분할을 인정하면 하나의 특허권이 사실상 내용이 동일한 복수의 특허권으로 증가하는 부당한 결과를 초래하게 되므로, 특허권의 성질상 그러한 현물분할은 허용되지 아니한다(判例 2013다41578).

**오답해설**

① 특허를 받을 수 있는 권리가 공유인 경우, 공유자 전부를 출원인으로 하지 않으면, 당사자적격을 상실하여 등록거절사유, 등록무효사유가 된다(특허법 제44조, 제62조 제1호, 제133조 제1항 제2호).

② 특허를 받을 수 있는 권리는 질권의 목적으로 할 수 없다(특허법 제37조 제2항).

③ 특허처분은 하나의 특허출원에 대하여 하나의 특허권을 부여하는 단일한 행정행위이므로, 설령 그러한 특허처분에 의하여 수인을 공유자로 하는 특허등록이 이루어졌다고 하더라도, 그 특허처분 자체에 대한 무효를 청구하는 제도인 특허무효심판에서 그 공유자 지분에 따라 특허를 분할하여 일부 지분만의 무효심판을 청구하는 것은 허용할 수 없다(判例 2012후2432).

⑤ 공유인 특허권의 특허권자에 대하여 심판을 청구할 때에는 공유자 모두를 피청구인으로 하여야 한다(특허법 제139조 제2항). 특허권 또는 특허를 받을 수 있는 권리의 공유자가 그 공유인 권리에 관하여 심판을 청구할 때에는 공유자 모두가 공동으로 청구하여야 한다(특허법 제139조 제3항).

# 21

③ 상표법에 특별 수권 사항으로 규정된 바 없다.

① 상표법 제7조 제2호
② 상표법 제7조 제7호
④ 상표법 제7조 제8호
⑤ 상표법 제7조 제5호

---

**상표법 제7조(대리권의 범위)**
국내에 주소나 영업소가 있는 자로부터 상표에 관한 절차를 밟을 것을 위임받은 대리인(상표관리인을 포함한다. 이하
같다)은 특별히 권한을 위임받지 아니하면 다음 각 호에 해당하는 행위를 할 수 없다.

1. 제36조에 따른 상표등록출원(이하 "상표등록출원"이라 한다)의 포기 또는 취하
2. 제44조에 따른 출원의 변경
3. 다음 각 목의 어느 하나에 해당하는 신청 또는 출원의 취하
   가. 제84조에 따른 상표권의 존속기간 갱신등록(이하 "존속기간갱신등록"이라 한다)의 신청(이하 "존속기간갱신등록신청"이라 한다)
   나. 제86조 제1항에 따라 추가로 지정한 상품의 추가등록출원(이하 "지정상품추가등록출원"이라 한다)
   다. 제211조에 따른 상품분류전환 등록(이하 "상품분류전환등록"이라 한다)을 위한 제209조 제2항에 따른 신청(이하 "상품분류전환등록신청"이라 한다)
4. 상표권의 포기
5. 신청의 취하
6. 청구의 취하
7. 제115조 또는 제116조에 따른 심판청구
8. 복대리인(復代理人)의 선임

변리사 1차 2023년 제60회

2023년 제60회 | 산업재산권법 **321**

# 22

**정답해설**

ㄴ. (×) "사용방법"을 증명하고 관리할 수 있음을 증명하려는 서류는 필요 없다(상표법 제36조 제4항).

ㄷ. (×) 지리적 표시 상품의 생산지를 증명하려는 서류는 필요 없다. 다만, 지리적 표시 정의에 일치함을 증명할 수 있는 서류는 필요하다(상표법 제36조 제5항).

**오답해설**

ㄱ. (○) 상표법 제36조 제3항

ㄹ. (○) 상표법 제36조 제6항

---

**상표법 제36조(상표등록출원)**

③ 단체표장등록을 받으려는 자는 제1항 각 호의 사항 외에 대통령령으로 정하는 단체표장의 사용에 관한 사항을 정한 정관을 단체표장등록출원서에 첨부하여야 한다.

④ 증명표장등록을 받으려는 자는 제1항 각 호의 사항 외에 대통령령으로 정하는 증명표장의 사용에 관한 사항을 정한 서류(법인인 경우에는 정관을 말하고, 법인이 아닌 경우에는 규약을 말하며, 이하 "정관 또는 규약"이라 한다)와 증명하려는 상품의 품질, 원산지, 생산방법이나 그 밖의 특성을 증명하고 관리할 수 있음을 증명하는 서류를 증명표장등록출원서에 첨부하여야 한다.

⑤ 지리적 표시 단체표장등록이나 지리적 표시 증명표장등록을 받으려는 자는 제3항 또는 제4항의 서류 외에 대통령령으로 정하는 바에 따라 지리적 표시의 정의에 일치함을 증명할 수 있는 서류를 지리적 표시 단체표장등록출원서 또는 지리적 표시 증명표장등록출원서에 첨부하여야 한다.

⑥ 업무표장등록을 받으려는 자는 제1항 각 호의 사항 외에 그 업무의 경영 사실을 증명하는 서류를 업무표장등록출원서에 첨부하여야 한다.

---

# 23

**정답해설**

ㄴ. (○) 상표법 제34조 제1항 제20호

ㄹ. (○) 상표법 제34조 제1항 제2호

**오답해설**

ㄱ. (×) 등록된 지리적 표시 단체 표장과 동일 유사한 상표는 그 지정상품과 동일한 상품에 대하여 등록받을 수 없다(상표법 제34조 제1항 제7호·제8호).

ㄷ. (×) 수요자에게 현저하게 인식되어 있는 상표여야 한다(상표법 제34조 제1항 제11호).

## 24

 답 ③

**정답해설**

③ 상표에 관한 절차를 밟는 자의 대리인의 대리권은 서면으로 증명하여야 한다(상표법 제8조).

**오답해설**

① 국내에 주소나 영업소가 없는 자(이하 "재외자"라 한다)는 재외자(법인인 경우에는 그 대표자를 말한다)가 국내에 체류하는 경우를 제외하고는 그 재외자의 상표에 관한 대리인으로서 국내에 주소나 영업소가 있는 자(이하 "상표관리인"이라 한다)에 의해서만 상표에 관한 절차를 밟거나 이 법 또는 이 법에 따른 명령에 따라 행정청이 한 처분에 대하여 소(訴)를 제기할 수 있다(상표법 제6조 제1항).

② 행위능력 또는 법정대리권이 없거나 상표에 관한 절차를 밟는 데 필요한 권한의 위임에 흠이 있는 자가 밟은 절차는 보정(補正)된 당사자나 법정대리인이 추인(追認)하면 행위를 한 때로 소급하여 그 효력이 발생한다(상표법 제9조).

④ 상표법에 규정된 절차의 추후 보완 사유에는 "심결에 관한 소"에 대한 규정이 없다.

⑤ 제22조에 따라 특허청 또는 특허심판원에 계속 중인 절차가 중단된 경우에는 다음 각 호의 구분에 따른 자가 그 절차를 수계(受繼)하여야 한다(상표법 제23조). 제22조 제3호 및 제4호의 경우 : 절차를 밟을 능력을 회복한 당사자 또는 법정대리인이 된 자

# 25

**정답해설**

⑤ 상표권을 목적으로 하는 질권의 설정·이전(상속이나 그 밖의 일반승계에 의한 경우는 제외한다)·변경·소멸(권리의 혼동에 의한 경우는 제외한다) 또는 처분의 제한에 해당하는 사항은 등록하지 아니하면 그 효력이 발생하지 아니한다(상표법 제96조 제1항 제2호).

**오답해설**

① 상표를 사용할 권리는 지정상품과 동일한 상품에 관하여 그 권리를 가진다(상표법 제89조).
② 전용사용권자는 물상대위권을 행사할 수 없다(상표법 제105조).
③ 통상사용권에서의 등록은 제3자 대항요건이다(상표법 제100조). 다만, 통상사용권자는 그 상품에 자신의 이름이나 명칭과 상표에 관한 표시를 할 필요는 없다.
④ 해당 상표권자 또는 전용사용권자는 제1항 또는 제2항에 따라 상표를 사용할 권리를 가진 자에게 그 자의 업무에 관한 상품과 자기의 업무에 관한 상품 간에 혼동을 방지하는 데 필요한 표시를 하도록 청구할 수 있다(상표법 제98조 제4항). 통상사용권자는 이러한 권리가 없다.

# 26

**정답해설**

① 국제등록 명의의 변경에 따라 국제등록 지정상품의 전부 또는 일부가 분할되어 이전된 경우에는 국제상표등록출원은 변경된 국제등록명의인에 의하여 각각 출원된 것으로 본다(상표법 제184조 제2항).

**오답해설**

② 특허청장 또는 심판장은 상표에 관한 절차가 특허청 또는 특허심판원에 계속(繫屬) 중일 때 상표권 또는 상표에 관한 권리가 이전된 경우에는 그 상표권 또는 상표에 관한 권리의 승계인에게 그 절차를 속행(續行)하게 할 수 있다(상표법 제21조).
③ 통상사용권은 상속이나 그 밖의 일반승계의 경우를 제외하고는 상표권자(전용사용권에 관한 통상사용권의 경우에는 상표권자 및 전용사용권자를 말한다)의 동의를 받지 아니하면 이전할 수 없다(상표법 제97조 제3항).
④ 상표권자(공유인 상표권을 분할청구한 경우에는 분할청구를 한 공유자를 제외한 나머지 공유자를 말한다)는 상표권을 목적으로 하는 질권설정 또는 공유인 상표권의 분할청구 전에 지정상품에 관하여 그 등록상표를 사용하고 있는 경우에는 그 상표권이 경매 등에 의하여 이전되더라도 그 상표권에 대하여 지정상품 중 사용하고 있는 상품에 한정하여 통상사용권을 가진다(상표법 제104조의2).
⑤ 상표권자가 사망한 날부터 3년 이내에 상속인이 그 상표권의 이전등록을 하지 아니한 경우에는 상표권자가 사망한 날부터 3년이 되는 날의 다음 날에 상표권이 소멸된다(상표법 제106조).

---

**상표법 제106조(상표권의 소멸)**
① 상표권자가 사망한 날부터 3년 이내에 상속인이 그 상표권의 이전등록을 하지 아니한 경우에는 상표권자가 사망한 날부터 3년이 되는 날의 <u>다음 날</u>에 상표권이 소멸된다.
② 상표권의 상속이 개시된 때 상속인이 없는 경우에는 그 상표권은 소멸된다. 〈신설 2023.10.31.〉
③ 청산절차가 진행 중인 법인의 상표권은 법인의 청산종결등기일(청산종결등기가 되었더라도 청산사무가 사실상 끝나지 아니한 경우에는 청산사무가 사실상 끝난 날과 청산종결등기일부터 6개월이 지난 날 중 빠른 날로 한다. 이하 이 항에서 같다)까지 그 상표권의 이전등록을 하지 아니한 경우에는 청산종결등기일의 다음 날에 소멸된다. 〈개정 2023.10.31.〉
[시행일 : 2024.5.1.]

---

# 27

**정답해설**

① 상표권자 등이 국내에서 등록상표가 표시된 상품을 양도한 경우에는 당해 상품에 대한 상표권은 그 목적을 달성한 것으로서 소진되고, 그로써 상표권의 효력은 당해 상품을 사용, 양도 또는 대여한 행위 등에는 미치지 않는다고 할 것이나(判例 2002도3445), 권리소진은 적법한 양도가 이루어졌을 경우에 인정되는 것이다.

**오답해설**

② 공유자 1인의 손해배상청구는 보존행위이므로 가능하다.
③ 통상사용권 설정행위는 처분행위이므로, 공유자 전원의 동의가 필요하다(상표법 제93조 제3항).
④ 증명표장의 양도는 영업 일체의 양도와 함께 이루어져야 한다(상표법 제93조 제7항).
⑤ 업무표장권, 제34조 제1항 제1호 다목 단서, 같은 호 라목 단서 또는 같은 항 제3호 단서에 따른 상표권, 단체표장권 또는 증명표장권을 목적으로 하는 질권은 설정할 수 없다(상표법 제93조 제8항).

# 28

**정답해설**

④ 상표권이 포기된 경우, 상표권 취소심판의 심리를 진행할 이익이 없어, 심리가 종결된다.

**오답해설**

① 전용사용권자 또는 통상사용권자가 지정상품 또는 이와 유사한 상품에 등록상표 또는 이와 유사한 상표를 사용함으로써 수요자에게 상품의 품질을 오인하게 하거나 타인의 업무와 관련된 상품과의 혼동을 불러일으키게 한 경우. 다만, 상표권자가 상당한 주의를 한 경우는 제외한다(상표법 제119조 제1항 제2호).
② 제92조 제2항에 해당하는 상표가 등록된 경우에 그 상표에 관한 권리를 가진 자가 해당 상표등록일부터 5년 이내에 취소심판을 청구한 경우에 취소심판 가능하므로(상표법 제119조 제1항 제6호), 가능하다.
③ 증명표장권자가 제3조 제3항 단서를 위반하여 증명표장을 자기의 상품에 대하여 사용하는 경우(상표법 제119조 제1항 제9호 나목)
⑤ 자신의 상표가 아니라 주문자가 요구하는 상표로 상품을 생산하여 주는 주문자상표부착생산 방식(이른바 OEM 방식)에 의한 수출의 경우 상품제조에 대한 품질관리 등 실질적인 통제가 주문자에 의하여 유지되고 있고 수출업자의 생산은 오직 주문자의 주문에만 의존하며 생산된 제품 전량이 주문자에게 인도되는 것이 보통이므로, 상표법 제119조 제1항 제3호에 의한 상표등록취소심판에서 누가 상표를 사용한 것인지를 판단하면서는 특별한 사정이 없는 한 주문자인 상표권자나 사용권자가 상표를 사용한 것으로 보아야 한다(判例 2012후740).

# 29

**정답해설**

⑤ 확인대상표장에 대하여 상표권의 효력이 미치는지를 확인하는 권리확정을 목적으로 한 것으로 심결이 확정된 경우 심판의 당사자뿐만 아니라 제3자에게도 일사부재리의 효력이 미친다. 그런데 적극적 권리범위확인 심판청구의 상대방이 확인대상표장에 관하여 상표법 제99조의 "선사용에 따른 상표를 계속 사용할 권리"(이하 '선사용권'이라고 한다)를 가지고 있다는 것은 대인적(對人的)인 상표권 행사의 제한사유일 뿐이어서 상표권의 효력이 미치는 범위에 관한 권리확정과는 무관하므로, 상표권 침해소송이 아닌 적극적 권리범위확인심판에서 선사용권의 존부에 대해서까지 심리·판단하는 것은 허용되지 않는다 (判例 2011후3872).

**오답해설**

① 업무표장권의 적극적 권리범위확인심판에서 심판대상으로 삼고 있는 확인대상표장과 피심판청구인이 실제로 사용하는 표장이 동일하지 않은 경우에는 확인의 이익이 없어 그 심판청구는 부적법하나, 확인대상표장과 실사용 표장이 차이가 있더라도 그 차이나는 부분이 부기적인 것에 불과하여 양 표장이 동일성의 범위 내에 있는 경우에는 확인의 이익이 있다(判例 2010후1268).

② 권리범위확인심판의 판단 시점은 심결 시이다.

③ 상표권의 권리범위확인심판에서 등록상표와 확인대상표장의 유사 여부는 외관, 호칭 및 관념을 객관적, 전체적, 이격적으로 관찰하여 지정상품의 거래에서 일반 수요자들이 상표에 대하여 느끼는 직관적 인식을 기준으로 상품의 출처에 관하여 오인·혼동을 일으키게 할 우려가 있는지에 따라 판단하여야 한다(判例 2018후10848).

④ 상표권의 권리범위확인은 등록된 상표를 중심으로 어떠한 미등록상표가 적극적으로 등록상표의 권리범위에 속한다거나 소극적으로 이에 속하지 아니함을 확인하는 것이므로 상대방의 상표가 등록상표인 경우에는 설사 그것이 청구인의 선등록상표와 동일 또는 유사한 것이라 하더라도 상대방의 상표 내용이 자기의 등록상표의 권리범위에 속한다는 확인을 구하는 것은 상대방의 그 등록이 상표법 소정의 절차에 따라 무효심결이 확정되기까지는 그 무효를 주장할 수 없는 것임에도 그에 의하지 아니하고 곧 상대방의 등록상표의 효력을 부인하는 결과가 되므로 상대방의 등록상표가 자신의 등록상표의 권리범위에 속한다는 확인을 구하는 심판청구는 부적법하다고 하여야 할 것이다(判例 92후605).

# 30

**정답해설**

④ 제109조에 따른 손해배상을 청구하는 경우 그 등록상표의 사용에 대하여 합리적으로 받을 수 있는 금액에 상당하는 금액을 상표권자 또는 전용사용권자가 받은 손해액으로 하여 그 손해배상을 청구할 수 있다(상표법 제110조 제4항).

**오답해설**

① 그 표장이 상표의 본질적인 기능이라고 할 수 있는 자타상품의 출처표시를 위하여 사용되는 것으로 볼 수 있는 경우에는 상표로서의 사용이라고 보아야 할 것이다(判例 2006후2265). 상표로서의 사용이 되어야 상표권을 침해하였다고 할 수 있다.

② 상표법은 등록상표가 일정한 사유에 해당하는 경우 별도로 마련한 상표등록의 무효심판절차를 거쳐 등록을 무효로 할 수 있도록 규정하고 있으므로, 상표는 일단 등록된 이상 비록 등록무효사유가 있다고 하더라도 이와 같은 심판에 의하여 무효로 한다는 심결이 확정되지 않는 한 대세적(對世的)으로 무효로 되는 것은 아니다. 그런데 상표등록에 관한 상표법의 제반 규정을 만족하지 못하여 등록을 받을 수 없는 상표에 대해 잘못하여 상표등록이 이루어져 있거나 상표등록이 된 후에 상표법이 규정하고 있는 등록무효사유가 발생하였으나 상표등록만은 형식적으로 유지되고 있을 뿐임에도 그에 관한 상표권을 별다른 제한 없이 독점·배타적으로 행사할 수 있도록 하는 것은 상표의 사용과 관련된 공공의 이익을 부당하게 훼손할 뿐만 아니라 상표를 보호함으로써 상표사용자의 업무상 신용유지를 도모하여 산업발전에 이바지함과 아울러 수요자의 이익을 보호하고자 하는 상표법의 목적에도 배치되는 것이다. 또한 상표권도 사적 재산권의 하나인 이상 그 실질적 가치에 부응하여 정의와 공평의 이념에 맞게 행사되어야 할 것인데, 상표등록이 무효로 될 것임이 명백하여 법적으로 보호받을 만한 가치가 없음에도 형식적으로 상표등록이 되어 있음을 기화로 그 상표를 사용하는 자를 상대로 침해금지 또는 손해배상 등을 청구할 수 있도록 용인하는 것은 상표권자에게 부당한 이익을 주고 그 상표를 사용하는 자에게는 불합리한 고통이나 손해를 줄 뿐이므로 실질적 정의와 당사자들 사이의 형평에도 어긋난다. 이러한 점들에 비추어 보면, 등록상표에 대한 등록무효심결이 확정되기 전이라고 하더라도 상표등록이 무효심판에 의하여 무효로 될 것임이 명백한 경우에는 상표권에 기초한 침해금지 또는 손해배상 등의 청구는 특별한 사정이 없는 한 권리남용에 해당하여 허용되지 아니한다고 보아야 하고, 상표권침해소송을 담당하는 법원으로서도 상표권자의 그러한 청구가 권리남용에 해당한다는 항변이 있는 경우 그 당부를 살피기 위한 전제로서 상표등록의 무효 여부에 대하여 심리·판단할 수 있다고 할 것이며, 이러한 법리는 서비스표권의 경우에도 마찬가지로 적용된다(判例 2010다103000).

③ 법원은 상표권 또는 전용사용권의 침해에 관한 소가 제기된 경우에는 그 취지를 특허심판원장에게 통보하여야 한다. 그 소송절차가 끝난 경우에도 또한 같다(상표법 제151조 제3항).

⑤ 상표권자 또는 전용사용권자는 자기가 사용하고 있는 등록상표와 같거나 동일성이 있는 상표를 그 지정상품과 같거나 동일성이 있는 상품에 사용하여 자기의 상표권 또는 전용사용권을 고의나 과실로 침해한 자에 대하여 제109조에 따른 손해배상을 청구하는 대신 1억 원(고의적으로 침해한 경우에는 3억 원) 이하의 범위에서 상당한 금액을 손해액으로 하여 배상을 청구할 수 있다. 이 경우 법원은 변론 전체의 취지와 증거조사의 결과를 고려하여 상당한 손해액을 인정할 수 있다(상표법 제111조 제1항).

# 31

**답 ③**

**정답해설**

③ 모인출원은 출원인이 실제와 다르게 기재된 경우를 말한다.

**오답해설**

① "디자인을 창작한 자"란 법 제2조 제1호의 "디자인" 창작 행위를 한 사람으로, 디자인의 전체적인 심미감에 영향을 미치는 요부 내지 지배적인 특징 부분을 착상하거나 그 착상을 구체화한 경우와 같이 실질적으로 해당 디자인을 창작하는데 기여한 자를 말한다(디자인 심사기준).

② 디자인보호법 제37조, 제179조

④ 디자인보호법 제3조

⑤ 디자인등록출원 전에 그 디자인이 속하는 분야에서 통상의 지식을 가진 사람이 다음 각 호의 어느 하나에 따라 쉽게 창작할 수 있는 디자인(제1항 각 호의 어느 하나에 해당하는 디자인은 제외한다)은 제1항에도 불구하고 디자인등록을 받을 수 없다(디자인보호법 제33조 제2항).

# 32

② 글자체는 단순히 미적 감상의 대상이 아니고, 기록이나 표시 또는 인쇄 등에 사용하기 위한 실용적 목적으로 창작된 것이어야 한다(디자인 심사기준).

---

**디자인 심사기준**

2.3 글자체 디자인의 성립요건

2.3.1 글자체 디자인이 다음의 요건을 구비하지 못한 경우에는 법 제2조(정의) 제1호에 따른 디자인의 정의에 합치되지 않는 것으로 본다.

   (1) 기록이나 표시 또는 인쇄 등에 사용하기 위한 것일 것

      (가) 글자체는 단순히 미적 감상의 대상이 아니고, 기록이나 표시 또는 인쇄 등에 사용하기 위한 실용적 목적으로 창작된 것이어야 한다.

      (나) 실용적인 목적이 아닌 미적 감상의 대상으로 창작된 서예나, 회사 또는 상품의 이름 등을 표상하기 위한 조립문자인 로고타입 등은 성립요건의 위반으로 디자인보호법상의 글자체 디자인에 해당되지 않는다.

   (2) 공통적인 특징을 가진 형태로 만들어진 것일 것

      (가) "공통적인 특징을 가진 형태"란 개개의 글자꼴이 지니는 형태, 규모, 색채, 질감 등이 서로 비슷하여 시각적으로 서로 닮아있거나 같은 그룹으로 보이는 형태로 글자들 간에도 통일과 조화를 이루도록 만들어진 것을 말한다.

   (3) 한 벌의 글자꼴일 것

      (가) "한 벌의 글자꼴"이란 개개의 글자꼴이 모인 그 전체로서의 조합을 의미하므로 디자인보호법상 "글자체"란 글자꼴 하나 하나를 가리키는 것이 아니라, 개개 글자꼴들 간에 공통적인 특징을 가지도록 만들어진 한 벌의 글자꼴을 말한다.

---

① 로카르노협정의 물품류에 글자체가 명시되어 있고, 이것을 근거로 현행법은 글자체가 등록 가능하게 개정되었다.

③ 한편 글자체 디자인은 물품성을 요구하지 않고, 인류가 문자생활을 영위한 이래 다수의 글자체가 다양하게 개발되어왔고 문자의 기본형태와 가독성을 필수적인 요소로 고려하여 디자인하여야 하는 관계상 구조적으로 디자인을 크게 변화시키기 어려운 특성이 있으므로, 이와 같은 글자체 디자인의 고유한 특성을 충분히 참작하여 유사 여부를 판단하여야 한다(判例 2021후597).

④ 도면기재불비에 해당하는 경우 디자인보호법 제33조 제1항에 따른 거절이유에 해당한다.

⑤ 글자체가 디자인권으로 설정등록된 경우 그 디자인권의 효력은 타자·조판 또는 인쇄 등의 통상적인 과정에서 글자체를 사용하는 경우, 글자체의 사용으로 생산된 결과물인 경우에 해당하는 경우에는 미치지 아니한다.

# 33

**정답해설**

④ 분할의 기초가 된 디자인등록출원이 제51조, 제51조의2 또는 제51조의3에 따라 우선권을 주장한 디자인등록출원인 경우에는 제1항에 따라 분할출원을 한 때에 그 분할출원에 대해서도 우선권 주장을 한 것으로 보며, 분할의 기초가 된 디자인등록출원에 대하여 제51조, 제51조의2 또는 제51조의3에 따라 제출된 서류 또는 서면이 있는 경우에는 그 분할출원에 대해서도 해당 서류 또는 서면이 <u>제출된 것으로 본다.</u>

**오답해설**

① 디자인등록출원을 하려는 자는 제40조 제1항에도 불구하고 산업통상자원부령으로 정하는 물품류 구분에서 같은 물품류에 속하는 물품에 대하여는 100 이내의 디자인을 1디자인등록출원(이하 "복수디자인등록출원"이라 한다)으로 할 수 있다. 이 경우 1디자인마다 분리하여 표현하여야 한다(디자인보호법 제41조).
② 옳은 설명이다. (디자인 심사기준)
③ 옳은 설명이다. (디자인 심사기준)
⑤ 제1항에 따라 분할된 디자인등록출원(이하 "분할출원"이라 한다)이 있는 경우 그 분할출원은 최초에 디자인등록출원을 한 때에 출원한 것으로 본다. 다만, 제51조 제3항 및 제4항을 적용할 때에는 그러하지 아니하다(디자인보호법 제50조 제2항).

# 34

**정답해설**

⑤ 전사지와 전사지가 전사된 물품은 물품이 유사하지 않아 신규성 상실의 근거가 될 수 없다.

**오답해설**

① 부품과 실질적으로 동일하다고 보는 완성품 디자인의 경우가 그러하다. (디자인 심사기준)
② 부분디자인에서의 점선이 전체디자인의 형상을 포함하는지 여부에 따라 신규성 상실 여부가 달라진다. (디자인 심사기준)
③ 옳은 설명이다. (디자인 심사기준)
④ 디자인의 유사는 물품의 유사성이 전제되어야 한다. (디자인 심사기준)

# 35

ㄱ. (○) 디자인보호법 제33조 제1항, 제2항

ㄹ. (○) 디자인등록출원한 디자인이 그 출원을 한 후에 제52조, 제56조 또는 제90조 제3항에 따라 디자인공보에 게재된 다른 디자인등록출원(그 디자인등록출원일 전에 출원된 것으로 한정한다)의 출원서의 기재사항 및 출원서에 첨부된 도면·사진 또는 견본에 표현된 디자인의 일부와 동일하거나 유사한 경우에 그 디자인은 제1항에도 불구하고 디자인등록을 받을 수 없다. 다만, 그 디자인등록출원의 출원인과 다른 디자인등록출원의 출원인이 같은 경우에는 그러하지 아니하다(디자인보호법 제33조 제3항).

ㄴ. (×) 취하를 권고하지 않는다. 특허청장은 제2항의 경우에 디자인등록출원인에게 기간을 정하여 협의의 결과를 신고할 것을 명하고 그 기간 내에 신고가 없으면 제2항에 따른 협의는 성립되지 아니한 것으로 본다(디자인보호법 제46조 제5항).

ㅁ. (×) 공지부분을 포함하는 경우, 등록 요건 판단 시 유사성을 넓게 보고, 침해 판단 시 유사성을 좁게 본다.

# 36

⑤ 디자인권의 상속이 개시되었으나 상속인이 없는 경우에는 그 디자인권은 소멸된다(디자인보호법 제111조).

① 국내를 통과하는 데에 불과한 선박·항공기·차량 또는 이에 사용되는 기계·기구·장치, 그 밖의 물건에 디자인권의 효력이 미치지 않는다(디자인보호법 제94조 제1항 제2호).

② 등록디자인의 보호범위는 디자인등록출원서의 기재사항 및 그 출원서에 첨부된 도면·사진 또는 견본과 도면에 적힌 디자인의 설명에 따라 표현된 디자인에 의하여 정하여진다(디자인보호법 제93조).

③ 디자인권자는 디자인권을 포기할 수 있다. 이 경우 복수디자인등록된 디자인권은 각 디자인권마다 분리하여 포기할 수 있다(디자인보호법 제105조).

④ 디자인권·전용실시권 또는 통상실시권을 목적으로 하는 질권을 설정하였을 때에는 질권자는 계약으로 특별히 정한 경우를 제외하고는 해당 등록디자인을 실시할 수 없다(디자인보호법 제108조).

# 37

**정답해설**

⑤ 국제등록디자인권의 존속기간은 헤이그협정 제17조(2)에 따라 5년마다 갱신할 수 있다(디자인보호법 제199조 제2항).

**오답해설**

① 디자인권은 제90조 제1항에 따라 설정등록한 날부터 발생하여 디자인등록출원일 후 20년이 되는 날까지 존속한다(디자인보호법 제91조 제1항 본문).
② 제35조에 따라 관련디자인으로 등록된 디자인권의 존속기간 만료일은 그 기본디자인의 디자인권 존속기간 만료일로 한다(디자인보호법 제91조 제1항 단서).
③ 이러한 규정은 없다.
④ 추가납부기간 내에 등록료를 내지 아니하였거나 보전기간 내에 보전하지 아니하여 등록디자인의 디자인권이 소멸한 경우 그 디자인권자는 추가납부기간 또는 보전기간 만료일부터 3개월 이내에 등록료의 2배를 내고 그 소멸한 권리의 회복을 신청할 수 있다. 이 경우 그 디자인권은 계속하여 존속하고 있던 것으로 본다(디자인보호법 제84조 제3항).

# 38

답 ④

**정답해설**

④ 디자인보호법 제35조 제1항

**오답해설**

① 등록디자인과 대비되는 디자인이 등록디자인의 출원 전에 그 디자인이 속하는 분야에서 통상의 지식을 가진 사람이 공지디자인 또는 이들의 결합에 따라 쉽게 실시할 수 있는 것인 때에는 등록디자인과 대비할 것도 없이 그 등록디자인의 권리범위에 속하지 않는다고 보아야 한다(判例 2016후878).
② 디자인보호법 제34조 제4호
③ 디자인권의 권리범위확인심판의 청구는 현존하는 디자인권의 범위를 확정하려는 데 그 목적이 있으므로, 일단 적법하게 발생한 디자인권이라 할지라도 그 권리가 소멸된 이후에는 그에 대한 권리범위확인을 구할 이익이 없어진다(判例 99후3595).
⑤ 디자인보호법 제2조 제1호에서 말하는 '물품'이란 독립성이 있는 구체적인 유체동산을 의미하는 것으로서, 이러한 물품이 디자인등록의 대상이 되기 위해서는 통상의 상태에서 독립된 거래의 대상이 되어야 하고, 그것이 부품인 경우에는 다시 호환성을 가져야 하나, 이는 반드시 실제 거래사회에서 현실적으로 거래되고 다른 물품과 호환될 것을 요하는 것은 아니고, 그러한 독립된 거래의 대상 및 호환의 가능성만 있으면 디자인등록의 대상이 된다(判例 2003후274).

# 39

**정답해설**

> **디자인보호법 제19조(절차의 추후 보완)**
> 디자인에 관한 절차를 밟은 자가 책임질 수 없는 사유로 다음 각 호에 따른 기간을 지키지 못한 경우에는 그 사유가 소멸한 날부터 <u>2개월</u> 이내에 지키지 못한 절차를 추후 보완할 수 있다. 다만, 그 기간의 만료일부터 <u>1년</u>이 지났을 때에는 그러하지 아니하다.
>
> **디자인보호법 제48조 제4항 제3호(출원의 보정과 요지변경)**
> 제120조에 따라 디자인등록거절결정에 대한 심판을 청구하는 경우에는 그 청구일부터 <u>30일</u> 이내
>
> **디자인보호법 제138조 제2항(제척 또는 기피의 소명)**
> 제척 또는 기피의 원인은 신청한 날부터 <u>3일</u> 이내에 소명하여야 한다.

# 40

**정답해설**

① 디자인보호법에서는 국제사무국에 직접 출원하는 방식에 대하여 규정하고 있지 않다. 「산업디자인의 국제등록에 관한 헤이그협정」(1999년 세계지식재산기구에 의하여 제네바 외교회의에서 채택된 조약을 말하며, 이하 "헤이그협정"이라 한다) 제1조(ⅵ)에 따른 국제등록(이하 "국제등록"이라 한다)을 위하여 출원을 하려는 자는 특허청을 통하여 헤이그협정 제1조(ⅶ)에 따른 국제출원(이하 "특허청을 통한 국제출원"이라 한다)을 할 수 있다(디자인보호법 제173조). 직접출원은 규정하고 있지 않다.

↻ 문제편 083p

| 01 | 02 | 03 | 04 | 05 | 06 | 07 | 08 | 09 | 10 | 11 | 12 | 13 | 14 | 15 | 16 | 17 | 18 | 19 | 20 |
|---|---|---|---|---|---|---|---|---|---|---|---|---|---|---|---|---|---|---|---|
| ③ | ① | ③ | ⑤ | ② | ② | ④ | ④ | ⑤ | ② | ⑤ | ① | ④ | ① | ① | ⑤ | ③ | ④ | ③ | ④ |
| 21 | 22 | 23 | 24 | 25 | 26 | 27 | 28 | 29 | 30 | 31 | 32 | 33 | 34 | 35 | 36 | 37 | 38 | 39 | 40 |
| ⑤ | ① | ② | ② | ① | ③ | ⑤ | ④ | ② | ② | ① | ④ | ③ | ③ | ② | ⑤ | ④ | ⑤ | ③ | ① |

## 01

답 ③

**정답해설**

③ 실종선고의 취소가 있을 때에 실종의 선고를 직접원인으로 하여 재산을 취득한 자가 선의인 경우에는 그 받은 이익이 현존하는 한도에서 반환할 의무가 있고, 악의인 경우에는 그 받은 이익에 이자를 붙여서 반환하고 손해가 있으면 이를 배상하여야 한다(민법 제29조 제2항). 따라서 선의인 乙은 현존이익 한도에서 보험금을 반환하면 된다.

**오답해설**

① 실종선고에 의하여 사망한 것으로 간주되는 시기에 관하여 다양한 입법례가 있으나, 민법은 실종기간 만료시에 사망한 것으로 본다(민법 제28조). 보통실종의 경우 실종기간은 최후 소식 시로부터 5년이다. 따라서 사례에선 지리산에 들어간 2015.9.15부터 5년 경과시인 2020년 9월 15일 24시에 실종기간이 만료되므로 그날부터 甲의 사망이 의제된다.

② 甲의 실종선고가 취소되지 않는 한 반증을 들어 실종선고의 효과를 다툴 수는 없으므로(대판 1995.2.17. 94다52751), 보험회사는 甲의 妻 乙을 상대로 한 사망보험금 반환소송에서 승소할 수 없다.

④ 실종선고는 부재자의「종래 주소를 중심」으로「실종기간 만료시의 사법상의 법률관계를 종료시키고, 그 범위에서만」사망의 효과를 발생시키는 것이고, 실종자의 권리능력 자체를 박탈하는 제도가 아니다. 따라서 종래의 주소로「생환 후의 법률관계」나 실종자의「다른 곳에서의 신주소를 중심으로 하는 법률관계」에 관하여는 사망의 효과가 미치지 않으며 공법상의 법률관계(선거권, 납세의무 등)에 관해서도 영향을 미치지는 않는다.

⑤ 실종선고의 취소는 소급효가 있는 것이 원칙이다.

# 02

 답 ①

**정답해설**

① 甲은 미성년시절이던 2022년 1월 12일 부동산매도행위(법률행위)를 법정대리인의 동의 없이 하였으므로 甲의 법률행위는 취소가능하다. 甲의 취소권은 추인할 수 있는 날로부터 3년 내, 법률행위를 한 날로부터 10년 내에 행사하여야 하는데(민법 제146조), 설문의 경우 甲은 성년의제 시점인 2022.3.12.부터는 추인할 수 있으므로 그로부터 3년이 지나지 않은 2023.2.18. 매매계약을 취소할 수 있다.

**오답해설**

② 추인은 취소의 원인이 소멸된 후에 하여야만 효력이 있는데(민법 제144조 제1항), 2022.2.17. 甲은 아직 미성년자이고 성년의제가 되기도 전이므로 유효하게 추인할 수 없다. 따라서 법정대리인 丁의 동의 없이 매매계약을 추인하였더라도, 유효한 추인이 아니므로 甲은 위 매매계약을 추후에 취소할 수 있다.

③ 甲은 2022.3.12.부터 성년의제되어 행위능력자로 간주되므로 유효하게 법률행위를 할 수 있다. 이에 따라 2022.5.15. 법정대리인 丁의 동의 없이도 유효하게 매매계약을 추인할 수 있다.

④ 통설은 甲이 성년이 되기 전인 2022.9.12. 혼인이 해소된 경우에도 성년의제의 효과는 유지된다고 본다. 따라서 갑은 성년의제가 되므로 법정추인이 가능하다. 사례에서 甲이 성년의제된 이후인 2022.10.5. 아무런 이의를 제기하지 않고 乙로부터 매매대금을 수령하였다면, 이는 민법 제145조 제1호(전부나 일부의 이행)의 법정추인이 되어 甲은 매매계약을 더 이상 취소할 수 없다.

⑤ 2023.2.18. 현재 甲은 19세 2개월이 넘은 성년자로서 이혼으로 인한 성년의제 효과가 유지되는지 여부와 관계없이 법정대리인 丁의 동의 없이 단독으로 매매계약을 유효하게 추인할 수 있다(민법 제144조 제1항).

# 03

답 ③

**정답해설**

③ 이사의 대표권의 제한은 정관에 기재하여야 그 효력이 생기며(민법 제41조), 이를 등기하지 아니하면 제3자에게 대항할 수 없다(민법 제60조). 즉 대표권의 제한은 정관에 기재하는 것으로 족하지 않고 등기해야만 제3자에 대항할 수 있다(민법 제41조, 제49조 제2항 제9호, 제54조 제1항).

**오답해설**

① 민법 제47조 제1항
② 민법 제48조 제2항
④ 민법 제46조
⑤ 민법 제44조

# 04

답 ⑤

**정답해설**

⑤ 건물의 정화조, 주유소 토지에 매설된 유류저장탱크 등은 <u>부합물</u>에 불과할 뿐 종물이 아니다(대판 1995.6.29. 94다6345).

**오답해설**

③ 대법원은 <u>주유소의 주유기</u>가 비록 독립된 물건이기는 하나 유류저장탱크에 연결되어 유류를 수요자에게 공급하는 기구로서 주유소 영업을 위한 건물이 있는 토지의 지상에 설치되었고 그 주유기가 설치된 건물은 당초부터 주유소 영업을 위한 건물로 건축되었다는 점 등을 종합하여 볼 때, 그 주유기는 계속해서 주유소 건물 자체의 경제적 효용을 다하게 하는 작용을 하고 있으므로 주유소건물의 상용에 공하기 위하여 부속시킨 <u>종물</u>이라고 보았다(대판 1995.6.29. 94다6345).

④ 횟집으로 사용할 점포 건물에 거의 붙여서 횟감용 생선을 보관하기 위하여 즉 위 점포 건물의 상용에 공하기 위하여 신축한 <u>수족관 건물</u>은 위 점포 <u>건물의 종물</u>이라고 해석할 것이다(대판 1993.2.12. 92도3234).

# 05

답 ②

**정답해설**

② <u>연령계산에는 출생일을 산입한다</u>(민법 제158조). 따라서 2004년 1월 17일부터 기산하여 만 19세가 되는 날인 2023년 1월 16일 24시에 성년이 된다.

**오답해설**

① 기간을 <u>시, 분, 초</u>로 정한 때에는 <u>즉시</u>로부터 기산한다(민법 제156조).

③ 기간을 일, 주, 월 <u>또는</u> 연으로 정한 때에는 기간의 <u>초일은 산입하지 않고</u>(민법 제157조 본문), 또 주, 월 또는 연의 처음으로부터 기간을 기산하지 아니하는 때에는 최후의 주, 월 또는 연에서 그 <u>기산일에 해당한 날의 전일</u>로 기간이 만료하므로(민법 제160조 제2항) 기간의 기산점은 2022.12.1. 오전 0시이고, 기간의 만료점은 2023.2.28. 24시이다.

④ 현재시점이 언제인지 조건이 명확하지 않으나 민법 제157조 단서의 <u>"기간이 오전 영시로부터 시작하는 때"</u>에 해당하는 경우로 산정하면 기산점 산정 시 초일을 산입해야 한다. 따라서 2023.5.1. 오전 0시부터 10일을 기산하면 기간의 만료점은 2023.5.10. 24시이다.

⑤ <u>기간의 역산</u>에 관하여는 민법에 규정이 없어 기간의 순산의 규정을 유추적용한다. 따라서 <u>초일불산입의 원칙</u>은 기간의 <u>역산에도 적용</u>된다. 민법 제71조에 의하면 총회의 소집은 1주간 전에 그 회의의 목적사항을 기재한 통지를 발하고 기타 정관에 정한 방법에 의하여야 한다. 사례에서 사원총회 소집일이 2023.3.10. 오후 2시이므로 기산점은 2023.3.10. 오전 0시(또는 2023.3.9. 24시)이고, 이로부터 1주간 전까지 발송해야 하므로 2023.3.3. 오전 0시(또는 2023.3.2. 24시)까지 발송해야 한다.

# 06

**답** ②

ㄱ. (×) 보험금청구권은 보험사고가 발생하기 전에는 추상적인 권리에 지나지 않고 보험사고의 발생으로 인하여 구체적인 권리로 확정되어 그때부터 권리를 행사할 수 있게 되는 것이므로, 보험금청구권의 소멸시효는 특별한 다른 사정이 없는 한 보험사고가 발생한 때부터 진행하는 것이 원칙이지만, 보험사고가 발생하였는지 여부가 객관적으로 분명하지 아니하여 보험금청구권자가 과실 없이 보험사고의 발생을 알 수 없었던 경우에도 보험사고가 발생한 때부터 보험금청구권의 소멸시효가 진행한다고 해석하는 것은 보험금청구권자에게 가혹한 결과를 초래하게 되어 정의와 형평의 이념에 반하고 소멸시효 제도의 존재이유에도 부합하지 않는다. 따라서 객관적으로 보아 보험사고가 발생한 사실을 확인할 수 없는 사정이 있는 경우에는 보험금청구권자가 보험사고의 발생을 알았거나 알 수 있었던 때부터 보험금청구권의 소멸시효가 진행한다(대판 2008.11.13. 2007다19624).

ㄹ. (×) 보험계약자가 다수의 계약을 통하여 보험금을 부정 취득할 목적으로 보험계약을 체결하여 그것이 민법 제103조에 따라 선량한 풍속 기타 사회질서에 반하여 무효인 경우 보험자의 보험금에 대한 부당이득반환청구권은 상법 제64조를 유추적용하여 5년의 상사 소멸시효기간이 적용된다고 봄이 타당하다(대판[전합] 2021.7.22. 2019다277812).

ㄴ. (○) 대판 2021.9.30. 2021다239745
ㄷ. (○) 대판 2021.9.30. 2019다209345

# 07

**답** ④

③ (×), ④ (○) 민법 제104조에 규정된 불공정한 법률행위는 객관적으로 급부와 반대급부 사이에 현저한 불균형이 존재하고, 주관적으로 그와 같이 균형을 잃은 거래가 피해 당사자의 궁박, 경솔 또는 무경험을 이용하여 이루어진 경우에 성립하는 것으로서, 약자적 지위에 있는 자의 궁박, 경솔 또는 무경험을 이용한 폭리행위를 규제하려는 데에 그 목적이 있고, 불공정한 법률행위가 성립하기 위한 요건인 궁박, 경솔, 무경험은 모두 구비되어야 하는 요건이 아니라 그중 일부만 갖추어져도 충분한데, 여기에서 '궁박'이라 함은 '급박한 곤궁'을 의미하는 것으로서 경제적 원인에 기인할 수도 있고 정신적 또는 심리적 원인에 기인할 수도 있으며, '무경험'이라 함은 일반적인 생활체험의 부족을 의미하는 것으로서 어느 특정영역에 있어서의 경험부족이 아니라 거래일반에 대한 경험부족을 뜻하고, 당사자가 궁박 또는 무경험의 상태에 있었는지 여부는 그의 나이와 직업, 교육 및 사회경험의 정도, 재산 상태 및 그가 처한 상황의 절박성의 정도 등 제반 사정을 종합하여 구체적으로 판단하여야 하며, 한편 피해 당사자가 궁박, 경솔 또는 무경험의 상태에 있었다고 하더라도 그 상대방 당사자에게 그와 같은 피해 당사자 측의 사정을 알면서 이를 이용하려는 의사, 즉 폭리행위의 악의가 없었다거나 또는 객관적으로 급부와 반대급부 사이에 현저한 불균형이 존재하지 아니한다면 불공정 법률행위는 성립하지 않는다(대판 2002.10.22. 2002다38927).

① 행정기관에 진정서를 제출하여 상대방을 궁지에 빠뜨린 다음 이를 취하하는 조건으로 거액의 급부를 제공받기로 약정한 경우, 민법 제103조 소정의 반사회질서의 법률행위에 해당한다(대판 2000.2.11. 99다56833).

② 계약 체결 당시를 기준으로 계약 내용에 따른 권리의무관계를 종합적으로 고려한 결과 불공정한 것이 아니라면, 사후에 외부적 환경의 급격한 변화에 따라 계약당사자 일방에게 큰 손실이 발생하고 상대방에게는 그에 상응하는 큰 이익이 발생할 수 있는 구조라고 하여 그 계약이 당연히 불공정한 계약에 해당한다고 말할 수 없다(대판[전합] 2013.9.26. 2011다53683).

⑤ 매매계약과 같은 쌍무계약이 급부와 반대급부와의 불균형으로 말미암아 민법 제104조에서 정하는 '불공정한 법률행위'에 해당하여 무효라고 한다면, 그 계약으로 인하여 불이익을 입는 당사자로 하여금 위와 같은 불공정성을 소송 등 사법적 구제수단을 통하여 주장하지 못하도록 하는 부제소합의 역시 다른 특별한 사정이 없는 한 무효이다(대판 2010.7.15. 2009다50308).

# 08

④

## 정답해설

④ 보증인이 주채무자의 기망행위에 의하여 주채무가 있는 것으로 믿고 주채무자와 보증계약을 체결한 다음 그에 따라 보증채무자로서 그 채무까지 이행한 경우, 그 보증인은 주채무자에 대한 구상권 취득에 관하여 법률상의 이해관계를 가지게 되었고 그 구상권 취득에는 보증의 부종성으로 인하여 주채무가 유효하게 존재할 것을 필요로 한다는 이유로 결국 그 보증인은 주채무자의 채권자에 대한 채무 부담행위라는 허위표시에 기초하여 구상권 취득에 관한 법률상 이해관계를 가지게 되었다고 보아 민법 제108조 제2항 소정의 '제3자'에 해당한다(대판 2000.7.6. 99다51258).

## 오답해설

① 대판 1984.7.24. 84다카68
② 대판 2021.12.30. 2018다268538
③ 대판 2006.11.10. 2004다10299

# 09

답 ⑤

## 정답해설

⑤ 민법 제109조 제1항에 의하면 법률행위 내용의 중요 부분에 착오가 있는 경우 착오에 중대한 과실이 없는 표의자는 법률행위를 취소할 수 있고, 민법 제580조 제1항, 제575조 제1항에 의하면 매매의 목적물에 하자가 있는 경우 하자가 있는 사실을 과실 없이 알지 못한 매수인은 매도인에 대하여 하자담보책임을 물어 계약을 해제하거나 손해배상을 청구할 수 있다. 착오로 인한 취소 제도와 매도인의 하자담보책임 제도는 취지가 서로 다르고, 요건과 효과도 구별된다. 따라서 매매계약 내용의 중요 부분에 착오가 있는 경우 매수인은 매도인의 하자담보책임이 성립하는지와 상관없이 착오를 이유로 매매계약을 취소할 수 있다(대판 2018.9.13. 2015다78703).

## 오답해설

① 자연적 해석시 오표시무해의 원칙이 적용되므로 표시상의 착오 문제는 발생하지 않는다.
② 계약 당사자 사이에 수술 후 발생한 새로운 증세에 관하여 그 책임 소재와 손해의 전보를 둘러싸고 분쟁이 있어 오다가 이를 종결짓기 위하여 합의에 이른 것이라면, 가해자의 수술행위와 피해자의 수술 후의 증세 사이의 인과관계의 유무 및 그에 대한 가해자의 귀책사유의 유무는 분쟁의 대상인 법률관계 자체에 관한 것으로서, 가해자는 피해자의 수술 후의 증세가 가해자의 수술행위로 인한 것이 아니라거나 그에 대하여 가해자에게 귀책사유가 없다는 등의 이유를 들어 그 합의를 취소할 수 없다(대판 1995.10.12. 94다42846).
③ 매도인이 매수인의 중도금 지급채무 불이행을 이유로 매매계약을 적법하게 해제한 후라도 매수인으로서는 상대방이 한 계약해제의 효과로서 발생하는 손해배상책임을 지거나 매매계약에 따른 계약금의 반환을 받을 수 없는 불이익을 면하기 위하여 착오를 이유로 한 취소권을 행사하여 매매계약 전체를 무효로 돌리게 할 수 있다(대판 1996.12.6. 95다24982, 24999).
④ 하나의 법률행위라 하더라도 가분성이 있거나 그 목적물의 일부가 특정될 수 있다면 그 일부만의 취소도 가능하고 그 일부의 취소는 법률행위의 일부에 관하여 효력이 생긴다(대판 1992.2.14. 91다36062).

# 10

**정답해설**

② 법정대리인인 친권자의 대리행위가 객관적으로 볼 때 미성년자 본인에게는 경제적인 손실만을 초래하는 반면, 친권자나 제3자에게는 경제적인 이익을 가져오는 행위이고 행위의 상대방이 이러한 사실을 알았거나 알 수 있었을 때에는 민법 제107조 제1항 단서의 규정을 유추적용하여 행위의 효과가 子(자)에게는 미치지 않는다고 해석함이 타당하나, 그에 따라 외형상 형성된 법률관계를 기초로 하여 새로운 법률상 이해관계를 맺은 선의의 제3자에 대하여는 같은 조 제2항의 규정을 유추적용하여 누구도 그와 같은 사정을 들어 대항할 수 없으며, 제3자가 악의라는 사실에 관한 주장·증명책임은 무효를 주장하는 자에게 있다(대판 2018.4.26. 2016다3201).

**오답해설**

① 대리권은 본인을 위하여 일정한 법률행위를 할 수 있는 권한이지 권리가 아니다. 따라서 의무 등의 문제가 발생하지 않는다.
③ 복대리인은 본인의 대리인이며 복임행위는 수권행위에 해당한다.
④ 표현대리의 법리는 거래의 안전을 위하여 어떠한 외관적 사실을 야기한 데 원인을 준 자는 그 외관적 사실을 믿음에 정당한 사유가 있다고 인정되는 자에 대하여는 책임이 있다는 일반적인 권리외관 이론에 그 기초를 두고 있는 것인 점에 비추어 볼 때, 대리인이 대리권 소멸 후 직접 상대방과 사이에 대리행위를 하는 경우는 물론 대리인이 대리권 소멸 후 복대리인을 선임하여 복대리인으로 하여금 상대방과 사이에 대리행위를 하도록 한 경우에도, 상대방이 대리권 소멸 사실을 알지 못하여 복대리인에게 적법한 대리권이 있는 것으로 믿었고 그와 같이 믿은 데 과실이 없다면 민법 제129조에 의한 표현대리가 성립할 수 있다(대판 1998.5.29. 97다55317).
⑤ 민법 제135조 제1항은 "타인의 대리인으로 계약을 한 자가 그 대리권을 증명하지 못하고 또 본인의 추인을 얻지 못한 때에는 상대방의 선택에 좇아 계약의 이행 또는 손해배상의 책임이 있다."고 규정하고 있다. 위 규정에 따른 무권대리인의 상대방에 대한 책임은 무과실책임으로서 대리권의 흠결에 관하여 대리인에게 과실 등의 귀책사유가 있어야만 인정되는 것이 아니고, 무권대리행위가 제3자의 기망이나 문서위조 등 위법행위로 야기되었다고 하더라도 책임은 부정되지 아니한다(대판 2014.2.27. 2013다213038).

# 11

**정답해설**

⑤ 유동적 무효상태에 있는 계약을 체결한 당사자는 쌍방 그 계약이 효력 있는 것으로 완성될 수 있도록 서로 협력할 의무가 있다고 할 것이므로, 위와 같이 허가를 배제하거나 잠탈하는 내용이 아닌 유동적 무효상태의 매매계약을 체결하고 매도인이 이에 기하여 임의로 지급한 계약금은 그 계약이 유동적 무효상태로 있는 한 이를 부당이득으로 반환을 구할 수는 없고 유동적 무효상태가 확정적으로 무효로 되었을 때 비로소 부당이득으로 그 반환을 구할 수 있다(대판 1993.7.27. 91다33766). 이에 따라 乙은 특별한 사정이 없는 한 매매계약의 허가를 받기 전까지의 유동적 무효상태에서는 부당이득반환청구권을 행사하여 甲에게 이미 지급한 계약금의 반환을 청구할 수 없다.

**오답해설**

① 국토이용관리법상 토지거래허가지역 내의 토지에 관하여 관할 관청의 허가를 받기 전에 체결한 매매계약은 처음부터 그 허가를 배제하거나 잠탈하는 내용의 계약일 경우에는 확정적 무효로서 유효화될 여지가 없으나, 그와 달리 허가받을 것을 전제로 한 거래계약일 경우에는 일단 허가를 받을 때까지는 법률상 미완성의 법률행위로서 소유권 등 권리의 이전에 관한 계약의 효력이 전혀 발생하지 않음은 위 확정적 무효의 경우와 다를 바 없지만 일단 허가를 받으면 그 계약은 소급하여 유효한 계약이 되고 그와 달리 불허가가 된 때에는 무효로 확정되므로, 허가를 받기까지는 유동적 무효의 상태에 있다고 보아야 하고 당사자 사이에 있어서 그 계약이 효력이 있는 것으로 완성될 수 있도록 서로 협력할 의무가 있다(대판 1996.11.22. 96다31703).

② 유동적 무효상태에 있는 매매계약상의 매수인의 지위에 관하여 매도인과 매수인 및 제3자 사이에 제3자가 그와 같은 매수인의 지위를 매수인으로부터 이전받는다는 취지의 합의를 한 경우, 국토이용관리법상 토지거래허가 제도가 토지의 투기적 거래를 방지하여 정상적 거래를 조장하려는 데에 그 입법취지가 있음에 비추어 볼 때, <u>그와 같은 합의는 매도인과 매수인 사이의 매매계약에 대한 관할 관청의 허가가 있어야 비로소 효력이 발생한다고 보아야 하고, 그 허가가 없는 이상 그 3 당사자 사이의 합의만으로 유동적 무효상태의 매매계약의 매수인 지위가 매수인으로부터 제3자에게 이전하고 제3자가 매도인에 대하여 직접 토지거래허가 신청절차 협력의무의 이행을 구할 수 있다고 할 수는 없다</u>(대판 1996.7.26. 96다7762). 이에 따라 乙의 매수인 지위를 丙이 이전받는다는 취지의 약정을 甲, 乙, 丙이 한 경우, 그와 같은 합의는 <u>甲과 乙간의 위 매매계약에 관한 관할관청의 허가가 있어야 비로소 효력이 발생한다.</u>

③ 국토의 계획 및 이용에 관한 법률상의 허가구역에 있는 토지의 거래계약이 토지거래허가를 전제로 체결된 경우에는 유동적 무효의 상태에 있고 거래계약의 채권적 효력도 전혀 발생하지 않으므로 권리의 이전 또는 설정에 관한 어떠한 내용의 이행청구도 할 수 없지만, 계약을 체결한 당사자 사이에서는 계약이 효력 있는 것으로 완성될 수 있도록 서로 협력할 의무가 있으므로, <u>계약의 쌍방 당사자는 공동으로 관할 관청의 허가를 신청할 의무가 있다. 그 결과 경우에 따라서는 매수인이 토지거래허가 신청절차의 협력의무 이행청구권을 보전하기 위하여 매도인의 권리를 대위하여 행사하는 것도 허용된다고 할 수 있지만, 보전의 필요성이 인정되어야 한다</u>(대판 2013.5.23. 2010다50014).

④ 국토의 계획 및 이용에 관한 법률에 정한 토지거래계약에 관한 <u>허가구역으로 지정된 구역 안의 토지에 관하여 매매계약이 체결된 후 계약금만 수수한 상태에서 당사자가 토지거래허가신청을 하고 이에 따라 관할관청으로부터 그 허가를 받았다 하더라도, 그러한 사정만으로는 아직 이행의 착수가 있다고 볼 수 없어 매도인으로서는 민법 제565조에 의하여 계약금의 배액을 상환하여 매매계약을 해제할 수 있고</u>(대판 2009.4.23. 2008다62427), 매수인도 민법 제565조에 따라 계약금을 포기하고 위 매매계약을 해제할 수 있으므로, 매도인 甲과 매수인 乙이 관할관청에 토지거래허가를 신청하여 그 허가를 받은 후에도 매수인 乙은 다른 사유가 없는 한 계약금을 포기하고 위 매매계약을 해제할 수 있다.

# 12

답 ①

### 정답해설

① 소정의 기간 내에 이행이 없으면 계약은 당연히 해제된 것으로 한다는 뜻을 포함하고 있는 이행청구는 이행청구와 동시에 그 기간 내에 이행이 없는 것을 <u>정지조건으로 하여 미리 해제의 의사를 표시한 것으로 볼 수 있다</u>(대판 1992.12.22. 92다28549).

### 오답해설

② <u>동산의 매매계약을 체결하면서, 매도인이 대금을 모두 지급받기 전에 목적물을 매수인에게 인도하지만 대금이 모두 지급될 때까지는 목적물의 소유권은 매도인에게 유보되며 대금이 모두 지급된 때에 그 소유권이 매수인에게 이전된다는 내용의 소위 소유권유보의 특약을 한 경우</u>, 목적물의 소유권을 이전한다는 당사자 사이의 물권적 합의는 매매계약을 체결하고 목적물을 인도할 때 이미 성립하지만 <u>대금이 모두 지급되는 것을 정지조건으로 하므로</u>, 목적물이 매수인에게 인도되었다고 하더라도 특별한 사정이 없는 한 매도인은 대금이 모두 지급될 때까지 매수인뿐만 아니라 제3자에 대하여도 유보된 목적물의 소유권을 주장할 수 있고, 다만 대금이 모두 지급되었을 때에는 그 정지조건이 완성되어 별도의 의사표시 없이 목적물의 소유권이 매수인에게 이전된다(대판 1996.6.28. 96다14807).

③ 부첩관계인 부부생활의 종료를 해제조건으로 하는 증여계약은 그 조건만이 무효인 것이 아니라 증여계약 자체가 무효이다(대판 1966.6.21. 66다530).

④ 당사자가 불확정한 사실이 발생한 때를 이행기한으로 정한 경우에 있어서 <u>그 사실이 발생한 때는 물론 그 사실의 발생이 불가능하게 된 때에도 이행기한은 도래한 것으로 보아야 한다</u>(대판 1989.6.27. 88다카10579).

⑤ 기한이익 상실의 특약은 그 내용에 의하여 일정한 사유가 발생하면 채권자의 청구 등을 요함이 없이 당연히 기한의 이익이 상실되어 이행기가 도래하는 것으로 하는 <u>정지조건부 기한이익 상실의 특약과 일정한 사유가 발생한 후 채권자의 통지나 청구 등 채권자의 의사행위를 기다려 비로소 이행기가 도래하는 것으로 하는 형성권적 기한이익 상실의 특약의 두 가지로 대별할 수 있고, 기한이익 상실의 특약이 위의 양자 중 어느 것에 해당하느냐는 당사자의 의사해석의 문제이지만 일반적으로 기한이익 상실의 특약이 채권자를 위하여 둔 것인 점에 비추어 명백히 정지조건부 기한이익 상실의 특약이라고 볼 만한 특별한 사정이 없는 이상 형성권적 기한이익 상실의 특약으로 추정하는 것이 타당하다</u>(대판 2002.9.4. 2002다28340).

# 13

**정답해설**

ㄴ. (○) 민법 제245조 제2항에서 정한 부동산의 <u>등기부시효취득을 인정함에 있어서 점유에 과실이 없다고 함은 그 점유의</u> <u>개시시에 과실이 없으면 된다는 취지이다</u>(대판 1993.11.23. 93다21132). 따라서 갑의 무과실은 전 시효기간을 통하여 인정되어야 하는 것은 아니다.

ㄷ. (○) 민법 제245조 제2항은 부동산의 소유자로 <u>등기한 자가 10년간 소유의 의사로 평온·공연하게 선의이며 과실 없이</u> 그 부동산을 점유한 때에는 소유권을 취득한다고 규정하고 있는바, 위 법 조항의 '등기'는 부동산등기법 제15조가 규정한 <u>1부동산 1용지주의에 위배되지 아니한 등기를 말하므로, 어느 부동산에 관하여 등기명의인을 달리하여 소유권보존등기가</u> <u>2중으로 경료된 경우 먼저 이루어진 소유권보존등기가 원인무효가 아니어서 뒤에 된 소유권보존등기가 무효로 되는 때에는,</u> <u>뒤에 된 소유권보존등기나 이에 터잡은 소유권이전등기를 근거로 하여서는 등기부취득시효의 완성을 주장할 수 없다</u>(대판 [전합] 1996.10.17. 96다12511). 따라서 甲이 X토지에 대하여 무효의 중복된 소유권보존등기를 마친 경우라면 등기부취득시효를 주장할 수 없다.

**오답해설**

ㄱ. (×) <u>권리능력을 가진 자는 모두 부동산 등기부취득시효의 주체가 될 수 있다. 따라서 국가뿐만 아니라 지방자치단체도</u> <u>부동산의 소유자로 등기된 경우</u> 10년간 소유의 의사로 평온, 공연하게 선의이며 과실 없이 그 부동산을 점유한 때에는 등기부취득시효를 주장하여 소유권을 취득할 수 있다(민법 제245조 제2항).

# 14

**정답해설**

① [1] 건물철거는 그 소유권의 종국적 처분에 해당되는 사실행위이므로 원칙으로는 그 소유자(민법상 원칙적으로는 등기명의자)에게만 그 철거처분권이 있다 할 것이고, 예외적으로 건물을 전소유자로부터 매수하여 점유하고 있는 등 그 권리의 범위 내에서 그 점유 중인 건물에 대하여 법률상 또는 사실상 처분을 할 수 있는 지위에 있는 자에게도 그 철거처분권이 있다. [2] 미등기건물에 대한 양도담보계약상의 채권자의 지위를 승계하여 건물을 관리하고 있는 자는 건물의 소유자가 <u>아님은 물론 건물에 대하여 법률상 또는 사실상 처분권을 가지고 있는 자라고 할 수도 없다 할 것이어서 건물에 대한</u> <u>철거처분권을 가지고 있는 자라고 할 수 없다</u>(대판 2003.1.24. 2002다61521).

**오답해설**

② 합유지분 포기가 적법하다면 그 포기된 합유지분은 나머지 잔존 합유지분권자들에게 균분으로 귀속하게 되지만 그와 같은 물권변동은 합유지분권의 포기라고 하는 법률행위에 의한 것이므로 <u>등기하여야 효력이 있고</u> 지분을 포기한 합유지분권자로부터 잔존 합유지분권자들에게 합유지분권 이전등기가 이루어지지 아니하는 한 <u>지분을 포기한 지분권자는 제3자에 대하여</u> <u>여전히 합유지분권자로서의 지위를 가지고 있다고 보아야 한다</u>(대판 1997.9.9. 96다16896).

③ 민법 제249조가 규정하는 선의 무과실의 기준시점은 <u>물권행위가 완성되는 때인 것이므로 물권적 합의가 동산의 인도보다</u> <u>먼저 행하여지면 인도된 때를, 인도가 물권적 합의보다 먼저 행하여지면 물권적 합의가 이루어진 때를 기준으로 해야</u> 한다(대판 1991.3.22. 91다70).

④ 본조에서 이른바 판결이라 함은 <u>판결자체에 의하여 부동산물권취득의 형식적 효력이 발생하는 경우를 말하는 것이고 당사자</u> 사이에 이루어진 어떠한 법률행위를 원인으로 하여 부동산소유권이전등기절차의 <u>이행을 명하는 것과 같은 내용의 판결</u> <u>또는 소유권이전의 약정을 내용으로 하는 화해조서는 이에 포함되지 않는다</u>(대판 1965.8.17. 64다1721).

⑤ 공유물분할의 소송절차 또는 조정절차에서 공유자 사이에 공유토지에 관한 현물분할의 협의가 성립하여 그 합의사항을 조서에 기재함으로써 조정이 성립하였다고 하더라도, 그와 같은 사정만으로 재판에 의한 공유물분할의 경우와 마찬가지로 그 즉시 공유관계가 소멸하고 각 공유자에게 그 협의에 따른 새로운 법률관계가 창설되는 것은 아니고, 공유자들이 협의한 바에 따라 토지의 분필절차를 마친 후 각 단독소유로 하기로 한 부분에 관하여 다른 공유자의 공유지분을 이전받아 등기를 마침으로써 비로소 그 부분에 대한 대세적 권리로서의 소유권을 취득하게 된다고 보아야 한다(대판[전합] 2013.11.21. 2011두1917).

# 15 답 ①

**정답해설**

① 부동산취득시효를 인정하기 위한 요건으로서의 자주점유라 함은 소유자와 동일한 지배를 하려는 의사를 가지고 하는 점유를 의미하는 것이지 법률상 그러한 지배를 할 수 있는 권원, 즉 소유권을 가지고 있거나 또한 소유권이 있다고 믿고서 하는 점유를 의미하는 것은 아니므로 부동산을 증여받아 그 점유를 개시하였다면 그 점유권원의 성질상 이는 자주점유라 할 것이고 설사 그 증여가 무권리자에 의한 것이어서 소유권을 적법하게 취득하지 못한다는 사정을 알았다고 하더라도 그와 같은 사유만으로 그 점유가 타주점유가 된다고 볼 수는 없다(대판 1994.11.25. 94다14612).

**오답해설**

② 민법 제201조 제1항은 "선의의 점유자는 점유물의 과실을 취득한다."라고 정하고, 제2항은 "악의의 점유자는 수취한 과실을 반환하여야 하며 소비하였거나 과실로 인하여 훼손 또는 수취하지 못한 경우에는 그 과실의 대가를 보상하여야 한다."라고 정하고 있다. 민법 제203조 제1항은 "점유자가 점유물을 반환할 때에는 회복자에 대하여 점유물을 보존하기 위하여 지출한 금액 기타 필요비의 상환을 청구할 수 있다. 그러나 점유자가 과실을 취득한 경우에는 통상의 필요비는 청구하지 못한다."라고 정하고 있다. 위 규정을 체계적으로 해석하면 민법 제203조 제1항 단서에서 말하는 '점유자가 과실을 취득한 경우'란 점유자가 선의의 점유자로서 민법 제201조 제1항에 따라 과실수취권을 보유하고 있는 경우를 뜻한다고 보아야 한다. 선의의 점유자는 과실을 수취하므로 물건의 용익과 밀접한 관련을 가지는 비용인 통상의 필요비를 스스로 부담하는 것이 타당하기 때문이다. 따라서 과실수취권이 없는 악의의 점유자에 대해서는 위 단서 규정이 적용되지 않는다(대판 2021.4.29. 2018다261889).

③ 점유자가 점유물을 개량하기 위하여 지출한 금액 기타 유익비에 관하여는 그 가액의 증가가 현존한 경우에 한하여 회복자의 선택에 쫓아 지출금액이나 증가액의 상환을 청구할 수 있다(민법 제203조 제2항).

④ 점유물이 점유자의 책임있는 사유에 의하여 멸실 또는 훼손한 때에는 악의의 점유자는 그 손해의 전부를 배상하여야 하며 선의의 점유자는 이익이 현존하는 한도에서 배상하여야 한다. 소유의 의사가 없는 점유자는 선의인 경우에도 손해의 전부를 배상하여야 한다(민법 제202조).

⑤ 민법 제204조에 따르면, 점유자가 점유의 침탈을 당한 때에는 그 물건의 반환 및 손해의 배상을 청구할 수 있고(제1항), 위 청구권은 점유를 침탈당한 날부터 1년 내에 행사하여야 하며(제3항), 여기서 말하는 1년의 행사기간은 제척기간으로서 소를 제기하여야 하는 기간을 말한다. 그런데 민법 제204조 제3항은 본권 침해로 발생한 손해배상청구권의 행사에는 적용되지 않으므로 점유를 침탈당한 자가 본권인 유치권 소멸에 따른 손해배상청구권을 행사하는 때에는 민법 제204조 제3항이 적용되지 아니하고, 점유를 침탈당한 날부터 1년 내에 행사할 것을 요하지 않는다(대판 2021.8.19. 2021다213866).

# 16

**답 ⑤**

**정답해설**

⑤ 임야소유권 이전등기 등에 관한 특별조치법(법률 제2111호, 실효)에 의하여 <u>소유권보존등기가 이루어진 경우</u>에는 그 <u>임야를 사정받은 사람이 따로 있는 것으로 밝혀졌다든가, 임야대장에 등기명의인에 앞서 <u>다른 사람의 소유명의로 등재되어 있는 경우라도 그 등기는 동법 소정의 적법한 절차에 따라 마쳐진 것으로서 실체적 권리관계에 부합하는 등기로 추정된다 할</u> 것이므로 위 특별조치법에 의하여 경료된 소유권보존등기의 말소를 소구하려는 자는 그 소유권보존등기 명의자가 위 법 제5조 소정의 보증서와 확인서가 허위 내지 위조되었다가 그 밖에 다른 어떤 사유로 인하여 그 소유권보존등기가 적법하게 이루어진 것이 아니라는 주장과 입증을 하여야 하며, 허위의 보증서나 확인서라 함은 권리변동의 원인이 되는 실체적 기재내용이 진실이 아닌 것을 의미한다 할 것이다(대판 1991.12.27. 91다14475).

**오답해설**

① 중간생략등기의 합의가 있었다 하더라도 이러한 합의는 중간등기를 생략하여도 당사자 사이에 이의가 없겠고 또 그 등기의 효력에 영향을 미치지 않겠다는 의미가 있을 뿐이지 <u>그러한 합의가 있었다 하여 중간매수인의 소유권이전등기청구권이 소멸된다거나 첫 매도인의 그 매수인에 대한 소유권이전등기의무가 소멸되는 것은 아니라 할 것이다</u>(대판 1991.12.13. 91다18316).

② 가등기는 원래 순위를 확보하는 데에 그 목적이 있으나, 순위 보전의 대상이 되는 물권변동의 청구권은 그 성질상 양도될 수 있는 재산권일 뿐만 아니라 가등기로 인하여 그 권리가 공시되어 결과적으로 공시방법까지 마련된 셈이므로, <u>이를 양도한 경우에는 양도인과 양수인의 공동신청으로 그 가등기상의 권리의 이전등기를 가등기에 대한 부기등기의 형식으로 경료할 수 있다고 보아야 한다</u>(대판[전합] 1998.11.19. 98다24105).

③ 부동산의 매수인이 목적물을 인도받아 계속 점유하는 경우에는 매도인에 대한 소유권이전등기청구권은 소멸시효가 진행되지 않고, 이러한 법리는 3자간 등기명의신탁에 의한 등기가 유효기간의 경과로 무효로 된 경우에도 마찬가지로 적용된다. 따라서 그 경우 <u>목적 부동산을 인도받아 점유하고 있는 명의신탁자의 매도인에 대한 소유권이전등기청구권 역시 소멸시효가 진행되지 않는다</u>(대판 2013.12.12. 2013다26647).

④ 소유권이전청구권 보전을 위한 <u>가등기가 있다하여 소유권이전등기를 청구할 어떤 법률관계가 있다고 추정되지 않는다</u>(대판 1979.5.22. 79다239).

# 17

**답 ③**

**정답해설**

ㄱ. (○) 상호명의신탁관계 내지 구분소유적 공유관계에서 <u>건물의 특정 부분을 구분소유하는 자는</u> 그 부분에 대하여 신탁적으로 지분등기를 가지고 있는 자를 상대로 하여 그 특정 부분에 대한 명의신탁 해지를 원인으로 한 지분이전등기절차의 이행을 구할 수 있을 뿐 그 <u>건물 전체에 대한 공유물분할을 구할 수는 없다</u>(대판 2010.5.27. 2006다84171).

ㄴ. (○) 공유자는 공유물 전부를 지분의 비율로 사용·수익할 수 있으며(민법 제263조), 공유물의 관리에 관한 사항은 공유자의 지분의 과반수로써 결정된다(민법 제265조). 그리고 공유물의 사용·수익·관리에 관한 공유자 사이의 특약은 유효하며 그 특정승계인에 대해서도 승계되지만, 그 특약이 지분권자로서의 사용·수익권을 사실상 포기하는 등으로 공유지분권의 본질적 부분을 침해하는 경우에는 <u>특정승계인이 그러한 사실을 알고도 공유지분권을 취득하였다는 등의 특별한 사정이 없다면 특정승계인에게 당연히 승계된다고 볼 수 없다</u>(대판 2013.3.14. 2011다58701).

ㄹ. (○) 부동산의 합유자 중 일부가 사망한 경우 합유자 사이에 <u>특별한 약정이 없는 한 사망한 합유자의 상속인은 합유자로서의 지위를 승계하는 것이 아니므로</u> 해당 부동산은 <u>잔존 합유자가 2인 이상일 경우에는 잔존합유자의 합유로 귀속되고 합유자가 1인인 경우에는 잔존 합유자의 단독소유로 귀속된다</u>(대판 1994.2.25. 93다39225).

ㄷ. (×) 비법인사단이 총유재산에 관한 소를 제기할 때에는 정관에 다른 정함이 있는 등의 특별한 사정이 없는 한 사원총회의 결의를 거쳐야 하지만(대법원 2011.7.28. 선고 2010다97044 판결 등 참조), 이는 비법인사단의 대표자가 비법인사단 명의로 총유재산에 관한 소를 제기하는 경우에 비법인사단의 의사결정과 특별수권을 위하여 필요한 내부적인 절차이다. 채권자대위권은 채무자가 스스로 자기의 권리를 행사하지 아니하는 때에 채권자가 채무자에 대한 채권을 보전하기 위하여 채무자의 의사와는 상관없이 채무자의 권리를 대위하여 행사할 수 있는 권리로서 그 권리행사에 채무자의 동의를 필요로 하는 것은 아니므로, 비법인사단이 총유재산에 관한 권리를 행사하지 아니하고 있어 비법인사단의 채권자가 채권자대위권에 기하여 비법인사단의 총유재산에 관한 권리를 대위행사하는 경우에는 사원총회의 결의 등 비법인사단의 내부적인 의사결정 절차를 거칠 필요가 없다(대판 2014.9.25. 2014다211336).

# 18

 답 ④

ㄱ. (×) 자기 소유의 토지에 분묘를 설치한 사람이 그 토지를 양도하면서 분묘를 이장하겠다는 특약을 하지 않음으로써 분묘기지 권을 취득한 경우, 특별한 사정이 없는 한 분묘기지권자는 분묘기지권이 성립한 때부터 토지 소유자에게 그 분묘의 기지에 대한 토지사용의 대가로서 지료를 지급할 의무가 없다(대판 2021.5.27. 2020다295892).

ㄷ. (×) 미등기 건물을 그 대지와 함께 양수한 사람이 그 대지에 관하여서만 소유권이전등기를 넘겨받고 건물에 대하여는 그 등기를 이전받지 못하고 있는 상태에서 그 대지가 경매되어 소유자가 달라지게 된 경우에는, 미등기 건물의 양수인은 미등기 건물을 처분할 수 있는 권리는 있을지언정 소유권은 가지고 있지 아니하므로 대지와 건물이 동일인의 소유에 속한 것이라고 볼 수 없어 법정지상권이 발생할 수 없다(대판 1998.4.24. 98다4798).

ㄹ. (×) 동일인 소유의 토지와 그 토지상에 건립되어 있는 건물 중 어느 하나만이 타에 처분되어 토지와 건물의 소유자를 각 달리하게 된 경우에는 관습상의 법정지상권이 성립한다고 할 것이나, 건물 소유자가 토지 소유자와 사이에 건물의 소유를 목적으로 하는 토지 임대차 계약을 체결한 경우에는 관습상의 법정지상권을 포기한 것으로 봄이 상당하다(대판 1992.10.27. 92다3984).

ㄴ. (○) 민법 제287조가 토지소유자에게 지상권소멸청구권을 부여하고 있는 이유는 지상권은 성질상 그 존속기간 동안은 당연히 존속하는 것을 원칙으로 하는 것이나, 지상권자가 2년 이상의 지료를 연체하는 때에는 토지소유자로 하여금 지상권 의 소멸을 청구할 수 있도록 함으로써 토지소유자의 이익을 보호하려는 취지에서 나온 것이라고 할 것이므로, 지상권자가 그 권리의 목적이 된 토지의 특정한 소유자에 대하여 2년분 이상의 지료를 지불하지 아니한 경우에 그 특정의 소유자는 선택에 따라 지상권의 소멸을 청구할 수 있으나, 지상권자의 지료 지급 연체가 토지소유권의 양도 전후에 걸쳐 이루어진 경우 토지양수인에 대한 연체기간이 2년이 되지 않는다면 양수인은 지상권소멸청구를 할 수 없다(대판 2001.3.13. 99다 17142).

┃ 관련 ┃ 법정지상권의 경우 당사자 사이에 지료에 관한 협의가 있었다거나 법원에 의하여 지료가 결정되었다는 아무런 입증이 없다면, 법정지상권자가 지료를 지급하지 않았다고 하더라도 지료지급을 지체한 것으로는 볼 수 없으므로, 법정지상 권자가 2년 이상의 지료를 지급하지 아니하였음을 이유로 하는 토지소유자의 지상권소멸청구는 이유가 없고, 지료액 또는 그 지급시기 등 지료에 관한 약정은 이를 등기하여야만 제3자에게 대항할 수 있는 것이고, 법원에 의한 지료의 결정은 당사자의 지료결정청구에 의하여 형식적 형성소송인 지료결정판결로 이루어져야 제3자에게도 그 효력이 미친다(대판 2001.3.13. 99다17142).

# 19

---

**정답해설**

③ (○), ④ (×) [1] 임대차계약에 따른 임대차보증금반환채권을 담보할 목적으로 임대인과 임차인 사이의 합의에 따라 임차인 명의로 전세권설정등기를 마친 경우, 그 전세금의 지급은 이미 지급한 임대차보증금으로 대신한 것이고, 장차 전세권자가 목적물을 사용·수익하는 것을 완전히 배제하는 것도 아니므로, 그 전세권설정등기는 유효하다. 이때 임대인과 임차인이 그와 같은 전세권설정등기를 마치기 위하여 전세권설정계약을 체결하여도, 임대차보증금은 임대차계약이 종료된 후 임차인이 목적물을 인도할 때까지 발생하는 차임 및 기타 임차인의 채무를 담보하는 것이므로, <u>임대인과 임차인이 위와 같이 임대차보증금반환채권을 담보할 목적으로 전세권을 설정하기 위하여 전세권설정계약을 체결하였다면, 임대차보증금에서 연체차임 등을 공제하고 남은 돈을 전세금으로 하는 것이 임대인과 임차인의 합치된 의사라고 볼 수 있다.</u> 그러나 그 전세권설정계약은 외관상으로는 그 내용에 차임지급 약정이 존재하지 않고 이에 따라 전세금이 연체차임으로 공제되지 않는 등 임대인과 임차인의 진의와 일치하지 않는 부분이 존재한다. 따라서 그러한 전세권설정계약은 위와 같이 임대차계약과 양립할 수 없는 범위에서 통정허위표시에 해당하여 무효라고 봄이 타당하다. 다만 그러한 전세권설정계약에 의하여 형성된 법률관계에 기초하여 새로이 법률상 이해관계를 가지게 된 제3자에 대하여는 그 제3자가 그와 같은 사정을 알고 있었던 경우에만 그 무효를 주장할 수 있다. [2] 임대차계약에 따른 임대차보증금반환채권을 담보할 목적으로 유효한 전세권설정등기가 마쳐진 경우에는 전세권저당권자가 저당권 설정 당시 그 전세권설정등기가 임대차보증금반환채권을 담보할 목적으로 마쳐진 것임을 알고 있었다면, <u>제3채무자인 전세권설정자는 전세권저당권자에게 그 전세권설정계약이 임대차계약과 양립할 수 없는 범위에서 무효임을 주장할 수 있으므로, 그 임대차계약에 따른 연체차임 등의 공제 주장으로 대항할 수 있다</u>(대판 2021.12.30. 2018다268538).

**오답해설**

① 전세권이 용익물권적 성격과 담보물권적 성격을 겸비하고 있다는 점 및 목적물의 인도는 전세권의 성립요건이 아닌 점 등에 비추어 볼 때, <u>당사자가 주로 채권담보의 목적으로 전세권을 설정하였고, 그 설정과 동시에 목적물을 인도하지 아니한 경우라 하더라도, 장차 전세권자가 목적물을 사용·수익하는 것을 완전히 배제하는 것이 아니라면, 그 전세권의 효력을 부인할 수는 없다</u>(대판 1995.2.10. 94다18508).

② <u>전세금의 지급은 전세권 성립의 요소가 되는 것이지만 그렇다고 하여 전세금의 지급이 반드시 현실적으로 수수되어야만 하는 것은 아니고 기존의 채권으로 전세금의 지급에 갈음할 수도 있다</u>(대판 1985.2.10. 94다18508).

⑤ 전세권에 대하여 저당권이 설정된 경우 그 저당권의 목적물은 물권인 전세권 자체이지 전세금반환채권은 그 목적물이 아니고, 전세권의 존속기간이 만료되면 전세권은 소멸하므로 더 이상 전세권 자체에 대하여 저당권을 실행할 수 없게 되고, 이러한 경우에는 민법 제370조, 제342조 및 민사소송법 제733조에 의하여 저당권의 목적물인 <u>전세권에 갈음하여 존속하는 것으로 볼 수 있는 전세금반환채권에 대하여 압류 및 추심명령 또는 전부명령을 받거나 제3자가 전세금반환채권에 대하여 실시한 강제집행절차에서 배당요구를 하는 등의 방법으로 자신의 권리를 행사하여 비로소 전세권설정자에 대해 전세금의 지급을 구할 수 있게 된다</u>는 점, 원래 동시이행항변권은 공평의 관념과 신의칙에 입각하여 각 당사자가 부담하는 채무가 서로 대가적 의미를 가지고 관련되어 있을 때 그 이행에 있어서 견련관계를 인정하여 당사자 일방은 상대방이 채무를 이행하거나 이행의 제공을 하지 아니한 채 당사자 일방의 채무의 이행을 청구할 때에는 자기의 채무이행을 거절할 수 있도록 하는 제도인 점, <u>전세권을 목적물로 하는 저당권의 설정은 전세권의 목적물 소유자의 의사와는 상관없이 전세권자의 동의만 있으면 가능한 것이고</u>, 원래 전세권에 있어 전세권설정자가 부담하는 전세금반환의무는 전세금반환채권에 대한 제3자의 압류 등이 없는 한 전세권자에 대해 전세금을 지급함으로써 그 의무이행을 다할 뿐이라는 점에 비추어 볼 때, <u>전세권저당권이 설정된 경우에도 전세권이 기간만료로 소멸되면 전세권설정자는 전세금반환채권에 대한 제3자의 압류 등이 없는 한 전세권자에 대하여만 전세금반환의무를 부담한다고 보아야 한다</u>(대판 1999.9.17. 98다31301).

# 20

**답** ④

**정답해설**

④ 유익비상환청구권을 피담보채권으로 하여 유치권이 성립할 수 있지만, 법원이 유익비상환청구권에 대하여 상당한 상환기간을 허락할 경우 피담보채권의 변제기가 도래하지 않은 것이 되므로 유치권은 소멸한다.

**오답해설**

① 채무자는 상당한 담보를 제공하고 유치권의 소멸을 청구할 수 있다(민법 제327조). 유치권 소멸청구는 민법 제327조에 규정된 채무자뿐만 아니라 유치물의 소유자도 할 수 있다. 민법 제327조에 따라 채무자나 소유자가 제공하는 담보가 상당한지는 담보 가치가 채권 담보로서 상당한지, 유치물에 의한 담보력을 저하시키지 않는지를 종합하여 판단해야 한다. 따라서 유치물 가액이 피담보채권액보다 많을 경우에는 피담보채권액에 해당하는 담보를 제공하면 되고, 유치물 가액이 피담보채권액보다 적을 경우에는 유치물 가액에 해당하는 담보를 제공하면 된다(대판 2021.7.29. 2019다216077).

② 점유가 제3자에 의해 불법침탈된 경우에는 유치권자가 점유물반환청구권을 행사하여 점유를 회수하게 되면 점유를 상실하지 않은 것으로 취급되어 유치권이 소멸하지 않은 것으로 본다.

③ 유치권자의 점유하에 있는 유치물의 소유자가 변동하더라도 유치권자의 점유는 유치물에 대한 보존행위로서 하는 것이므로 적법하고 그 소유자 변동 후 유치권자가 유치물에 관하여 새로이 유익비를 지급하여 그 가격의 증가가 현존하는 경우에는 이 유익비에 대하여 유치권을 행사할 수 있다(대판 1972.1.31. 71다2414).

⑤ 유치권은 타물권인 점에 비추어 볼 때 수급인의 재료와 노력으로 건축되었고 독립한 건물에 해당되는 기성부분은 수급인의 소유라 할 것이므로 수급인은 공사대금을 지급받을 때까지 이에 대하여 유치권을 가질 수 없다(대판 1993.3.26. 91다14116).

# 21

**답** ⑤

**정답해설**

ㄴ. (○) 타인에 대한 채무의 담보로 제3채무자에 대한 채권에 대하여 권리질권을 설정한 경우 질권설정자는 질권자의 동의 없이 질권의 목적된 권리를 소멸하게 하거나 질권자의 이익을 해하는 변경을 할 수 없다(민법 제352조). 이는 질권자가 질권의 목적인 채권의 교환가치에 대하여 가지는 배타적 지배권능을 보호하기 위한 것이다. 따라서 질권설정자가 제3채무자에게 질권설정의 사실을 통지하거나 제3채무자가 이를 승낙한 때에는 제3채무자가 질권자의 동의 없이 질권의 목적인 채무를 변제하더라도 이로써 질권자에게 대항할 수 없고, 질권자는 민법 제353조 제2항에 따라 여전히 제3채무자에 대하여 직접 채무의 변제를 청구할 수 있다. 제3채무자가 질권자의 동의 없이 질권설정자와 상계합의를 함으로써 질권의 목적인 채무를 소멸하게 한 경우에도 마찬가지로 질권자에게 대항할 수 없고, 질권자는 여전히 제3채무자에 대하여 직접 채무의 변제를 청구할 수 있다(대판 2018.12.27. 2016다265689).

ㄹ. (○) 대항력을 갖춘 임차인 소외인은 임대인 피고로부터 이 사건 아파트를 매수하면서 그와 동시에 임대차계약을 해지하고 매매대금채권과 보증금반환채권을 상계하기로 합의하였다고 할 것이므로 소외인이 임대인의 지위를 승계하는 것이 아니다. 나아가 피고는 질권설정의 제3채무자로서 질권설정을 승낙하였으므로 피고가 질권자인 원고의 동의 없이 질권설정자인 소외인과 상계합의를 함으로써 질권의 목적인 이 사건 아파트에 관한 임대차보증금반환채무를 소멸하게 하였더라도 이로써 원고에게 대항할 수 없고, 원고는 여전히 피고에 대하여 직접 임대차보증금의 반환을 청구할 수 있다고 보아야 한다(대판 2018.12.27. 2016다265689).

변리사

1차

2023년 제60회

> 오답해설

ㄱ. (×) 민법 제347조는 채권을 질권의 목적으로 하는 경우에 채권증서가 있는 때에는 질권의 설정은 그 증서를 질권자에게 교부함으로써 효력이 생긴다고 규정하고 있다. 여기에서 말하는 '채권증서'는 채권의 존재를 증명하기 위하여 채권자에게 제공된 문서로서 특정한 이름이나 형식을 따라야 하는 것은 아니지만, 장차 변제 등으로 채권이 소멸하는 경우에는 민법 제475조에 따라 채무자가 채권자에게 그 반환을 청구할 수 있는 것이어야 한다. 이에 비추어 임대차계약서와 같이 계약 당사자 쌍방의 권리의무관계의 내용을 정한 서면은 그 계약에 의한 권리의 존속을 표상하기 위한 것이라고 할 수는 없으므로 위 채권증서에 해당하지 않는다(대판 2013.8.22. 2013다32574).

ㄷ. (×) 민법 제348조는 저당권으로 담보한 채권을 질권의 목적으로 한 때에는 그 저당권설정등기에 질권의 부기등기를 하여야 그 효력이 저당권에 미친다고 정한다. 저당권에 의하여 담보된 채권에 질권을 설정하였을 때 저당권의 부종성으로 인하여 등기 없이 성립하는 권리질권이 당연히 저당권에도 효력이 미친다고 한다면, 공시의 원칙에 어긋나고 그 저당권에 의하여 담보된 채권을 양수하거나 압류한 사람, 저당부동산을 취득한 제3자 등에게 예측할 수 없는 질권의 부담을 줄 수 있어 거래의 안전을 해할 수 있다. 이에 따라 민법 제348조는 저당권설정등기에 질권의 부기등기를 한 때에만 질권의 효력이 저당권에 미치도록 한 것이다. 이는 민법 제186조에서 정하는 물권변동에 해당한다. 이러한 민법 제348조의 입법 취지에 비추어 보면, '담보가 없는 채권에 질권을 설정한 다음 그 채권을 담보하기 위해서 저당권을 설정한 경우'에도 '저당권으로 담보한 채권에 질권을 설정한 경우'와 달리 볼 이유가 없다(대판 2020.4.29. 2016다235411).

# 22

**답** ①

> 정답해설

① 건물의 증축부분이 기존건물에 부합하여 기존건물과 분리하여서는 별개의 독립물로서의 효용을 갖지 못하는 이상 기존건물에 대한 근저당권은 민법 제358조에 의하여 부합된 증축부분에도 효력이 미치는 것이므로 기존건물에 대한 경매절차에서 경매목적물로 평가되지 아니하였다고 할지라도 경락인은 부합된 증축부분의 소유권을 취득한다(대판 1992.12.8. 92다26772).

> 오답해설

②·③ 저당권의 효력은 저당부동산에 부합된 물건과 종물에 미친다. 그러나 법률에 특별한 규정 또는 설정행위에 다른 약정이 있으면 그러하지 아니하다(민법 제358조).

④ 건물의 소유를 목적으로 하여 토지를 임차한 사람이 그 토지 위에 소유하는 건물에 저당권을 설정한 때에는 민법 제358조 본문에 따라서 저당권의 효력이 건물뿐만 아니라 건물의 소유를 목적으로 한 토지의 임차권에도 미친다고 보아야 할 것이므로, 건물에 대한 저당권이 실행되어 경락인이 건물의 소유권을 취득한 때에는 특별한 다른 사정이 없는 한 건물의 소유를 목적으로 한 토지의 임차권도 건물의 소유권과 함께 경락인에게 이전된다(대판 1993.4.13. 92다24950).

⑤ 민법 제359조 전문은 "저당권의 효력은 저당부동산에 대한 압류가 있은 후에 저당권설정자가 그 부동산으로부터 수취한 과실 또는 수취할 수 있는 과실에 미친다."라고 규정하고 있는데, 위 규정상 '과실'에는 천연과실뿐만 아니라 법정과실도 포함되므로, 저당부동산에 대한 압류가 있으면 압류 이후의 저당권설정자의 저당부동산에 관한 차임채권 등에도 저당권의 효력이 미친다(대판 2016.7.27. 2015다230020).

## 23

**정답해설**

② 공동근저당권자가 목적 부동산 중 일부 부동산에 대하여 제3자가 신청한 경매절차에 소극적으로 참가하여 우선배당을 받은 경우, 해당 부동산에 관한 근저당권의 피담보채권은 그 근저당권이 소멸하는 시기, 즉 매수인이 매각대금을 지급한 때에 확정되지만, 나머지 목적 부동산에 관한 근저당권의 피담보채권은 기본거래가 종료하거나 채무자나 물상보증인에 대하여 파산이 선고되는 등의 다른 확정사유가 발생하지 아니하는 한 확정되지 아니한다. 공동근저당권자가 제3자가 신청한 경매절차에 소극적으로 참가하여 우선배당을 받았다는 사정만으로는 당연히 채권자와 채무자 사이의 기본거래가 종료된다고 볼 수 없고, 기본거래가 계속되는 동안에는 공동근저당권자가 나머지 목적 부동산에 관한 근저당권의 담보가치를 최대한 활용할 수 있도록 피담보채권의 증감·교체를 허용할 필요가 있으며, 위와 같이 우선배당을 받은 금액은 나머지 목적 부동산에 대한 경매절차에서 다시 공동근저당권자로서 우선변제권을 행사할 수 없어 이후에 피담보채권액이 증가하더라도 나머지 목적 부동산에 관한 공동근저당권자의 우선변제권 범위는 우선배당액을 공제한 채권최고액으로 제한되므로 후순위 근저당권자나 기타 채권자들이 예측하지 못한 손해를 입게 된다고 볼 수 없기 때문이다(대판 2017.9.21. 2015다50637).

**오답해설**

① 원래 저당권은 원본, 이자, 위약금, 채무불이행으로 인한 손해배상 및 저당권의 실행비용을 담보하는 것이며, 채권최고액의 정함이 있는 근저당권에 있어서 이러한 채권의 총액이 그 채권최고액을 초과하는 경우, 적어도 근저당권자와 채무자 겸 근저당권설정자와의 관계에 있어서는 위 채권 전액의 변제가 있을 때까지 근저당권의 효력은 채권최고액과는 관계없이 잔존채무에 여전히 미친다(대판 2001.10.12. 2000다59081).

③ 대판 2017.9.21. 2015다50637

④ 저당권의 피담보채권 범위에 관한 민법 제360조 단서는 근저당권에 적용되지 않으므로 근저당권의 피담보채권 중 지연손해금도 근저당권의 채권최고액 한도에서 전액 담보된다(대판 2021.10.14. 2021다240851).

⑤ 근저당권자의 경매신청 등의 사유로 인하여 근저당권의 피담보채권이 확정되었을 경우, 확정 이후에 새로운 거래관계에서 발생한 원본채권은 그 근저당권에 의하여 담보되지 아니하지만, 확정 전에 발생한 원본채권에 관하여 확정 후에 발생하는 이자나 지연손해금 채권은 채권최고액의 범위 내에서 근저당권에 의하여 여전히 담보되는 것이다(대판 2007.4.26. 2005다38300).

## 24

**정답해설**

② 청산금의 지급채무와 부동산의 소유권이전등기 및 인도채무(引渡債務)의 이행에 관하여는 동시이행의 항변권(抗辯權)에 관한 민법 제536조를 준용한다(가등기담보 등에 관한 법률 제4조).

**오답해설**

① 채권자가 담보계약에 따른 담보권을 실행하여 그 담보목적부동산의 소유권을 취득하기 위하여는 그 채권(債權)의 변제기(辨濟期) 후에 제4조의 청산금(淸算金)의 평가액을 채무자등에게 통지하고, 그 통지가 채무자등에게 도달한 날부터 2개월(이하 "청산기간"이라 한다)이 지나야 한다. 이 경우 청산금이 없다고 인정되는 경우에는 그 뜻을 통지하여야 한다(가등기담보 등에 관한 법률 제3조).

③ 목적부동산의 평가액이 채권액에 미달하여 청산금이 없다고 인정되는 경우에는 그 뜻을 통지하여야 한다(가등기담보 등에 관한 법률 제3조 제1항 후문).

④ 채권자는 담보목적부동산에 관하여 이미 소유권이전등기를 마친 경우에는 <u>청산기간이 지난 후 청산금을 채무자등에게 지급한 때에 담보목적부동산의 소유권을 취득한다</u>(가등기담보 등에 관한 법률 제4조 제2항 전단).

⑤ 채권자가 가등기담보 등에 관한 법률(이하 '가등기담보법'이라 한다)에 의한 가등기담보권을 실행하여 그 담보목적 부동산의 소유권을 취득하기 위하여 채무자 등에게 하는 담보권 실행의 통지에는 <u>채권자가 주관적으로 평가한 통지 당시의 목적 부동산의 가액과 피담보채권액을 명시함으로써 청산금의 평가액을 채무자 등에게 통지하면 족하며, 채권자가 이와 같이 주관적으로 평가한 청산금의 액수가 정당하게 평가된 청산금의 액수에 미치지 못한다고 하더라도 담보권 실행의 통지로서의 효력이나 청산기간의 진행에는 아무런 영향이 없고 청산기간이 경과한 후에는 그 가등기에 기한 본등기를 청구할 수 있다</u>(대판 2008.4.11. 2005다36618).

# 25

### 정답해설

① 계약당사자 일방이 자신이 부담하는 계약상 채무를 이행하는 데 장애가 될 수 있는 사유를 <u>계약을 체결할 당시에 알았거나 예견할 수 있었음에도 이를 상대방에게 고지하지 아니한 경우</u>에는, 비록 그 사유로 말미암아 후에 채무불이행이 되는 것 자체에 대하여는 그에게 어떠한 잘못이 없다고 하더라도, 상대방이 그 장애사유를 인식하고 이에 관한 위험을 인수하여 계약을 체결하였다거나 채무불이행이 상대방의 책임 있는 사유로 인한 것으로 평가되어야 하는 등의 특별한 사정이 없는 한, <u>그 채무가 불이행된 것에 대하여 귀책사유가 없다고 할 수 없다.</u> 그것이 계약의 원만한 실현과 관련하여 각각의 당사자가 부담하여야 할 위험을 적절하게 분배한다는 계약법의 기본적 요구에 부합한다(대판 2011.8.25. 2011다43778).

### 오답해설

② 민법 제391조의 이행보조자로서의 피용자라 함은 일반적으로 <u>채무자의 의사관여 아래 그 채무의 이행행위에 속하는 활동을 하는 사람이면 족하고, 반드시 채무자의 지시 또는 감독을 받는 관계에 있어야 하는 것은 아니므로</u> 채무자에 대하여 종속적인가 또는 독립적인 지위에 있는가는 문제되지 않는다(대법원 2002.7.12. 선고 2001다44338 판결 등 참조). 다만, 이행보조자의 행위가 채무자에 의하여 그에게 맡겨진 이행업무와 객관적, 외형적으로 관련을 가지는 경우에는 채무자는 그 행위에 대하여 책임을 져야 하고, <u>채무의 이행에 관련된 행위이면 가사 이행보조자의 행위가 채권자에 대한 불법행위가 된다고 하더라도 채무자가 면책될 수는 없다</u>(대판 2008.2.15. 2005다69458).

③ 손해보험은 본래 보험사고로 인하여 생길 피보험자의 재산상 손해의 보상을 목적으로 하는 것으로(상법 제665조), <u>보험자가 보상할 손해액은 당사자 간에 다른 약정이 없는 이상 손해가 발생한 때와 곳의 가액에 의하여 산정하고</u>(상법 제676조 제1항), 이 점은 손해공제의 경우도 마찬가지이므로, 매매의 목적물이 화재로 소실됨으로써 매도인이 지급받게 되는 화재보험금, 화재공제금에 대하여 <u>매수인의 대상청구권이 인정되는 이상, 매수인은 특별한 사정이 없는 한 목적물에 대하여 지급되는 화재보험금, 화재공제금 전부에 대하여 대상청구권을 행사할 수 있고,</u> 인도의무의 이행불능 당시 매수인이 지급하였거나 지급하기로 약정한 매매대금 상당액의 한도 내로 범위가 제한된다고 할 수 없다(대판 2016.10.27. 2013다7769).

④ 쌍무계약의 당사자 일방이 상대방의 급부가 이행불능이 된 사정의 결과로 상대방이 취득한 대상에 대하여 급부청구권을 행사할 수 있다고 하더라도, 그 당사자 일방이 대상청구권을 행사하려면 상대방에 대하여 반대급부를 이행할 의무가 있는바, 이 경우 당사자 일방의 반대급부도 그 전부가 이행불능이 되거나 그 일부가 이행불능이 되고 나머지 잔부의 이행만으로는 <u>상대방의 계약목적을 달성할 수 없는 등 상대방에게 아무런 이익이 되지 않는다고 인정되는 때에는, 상대방이 당사자 일방의 대상청구를 거부하는 것이 신의칙에 반한다고 볼 만한 특별한 사정이 없는 한, 당사자 일방은 상대방에 대하여 대상청구권을 행사할 수 없다</u>(대판 1996.6.25. 95다6601).

⑤ 채무에 이행기의 정함이 없는 경우에는 채무자가 이행의 청구를 받은 다음 날부터 이행지체의 책임을 지는 것이나, 한편 지명채권이 양도된 경우 채무자에 대한 대항요건이 갖추어질 때까지 채권양수인은 채무자에게 대항할 수 없으므로, 이행기의 정함이 없는 채권을 양수한 채권양수인이 채무자를 상대로 그 이행을 구하는 소를 제기하고 소송 계속 중 채무자에 대한 채권양도통지가 이루어진 경우에는 특별한 사정이 없는 한 <u>채무자는 채권양도통지가 도달된 다음 날부터 이행지체의 책임을 진다</u>(대판 2014.4.10. 2012다29557).

**정답해설**

③ 민법상 조합원은 조합의 존속기간이 정해져 있는 경우 등을 제외하고는 <u>원칙적으로 언제든지 조합에서 탈퇴할 수 있고</u>(민법 제716조 참고), 조합원이 탈퇴하면 그 당시의 조합재산상태에 따라 다른 조합원과 사이에 지분의 계산을 하여 지분환급청구권을 가지게 되는바(민법 제719조 참고), <u>조합원이 조합을 탈퇴할 권리는 그 성질상 조합계약의 해지권으로서 그의 일반재산을 구성하는 재산권의 일종이라 할 것이고 채권자대위가 허용되지 않는 일신전속적 권리라고는 할 수 없다</u>(대결 2007.11.30. 2005마1130).

**오답해설**

① <u>채권자는 그 채권의 기한이 도래하기 전에는 법원의 허가 없이 채권자대위권을 행사할 수 없으나 보존행위는 할 수 있으므로</u>(민법 제404조 제2항 참조), 채권자인 원고로서는 위와 같은 약정상의 권리를 피보전채권으로 하여 소외 3, 2를 대위하여 이 사건 계약금반환채권의 <u>소멸시효 중단을 위한 보존행위로서 피고에게 이 사건 계약금반환에 관한 최고 및 재판상 청구를 할 수 있다</u>(대판 2010.6.24. 2010다17284).

② <u>임대인의 동의없는 임차권의 양도는 당사자 사이에서는 유효하다 하더라도 다른 특약이 없는 한 임대인에게는 대항할 수 없는 것이고 임대인에 대항할 수 없는 임차권의 양수인으로서는 임대인의 권한을 대위행사할 수 없다</u>(대판 1985.2.8. 84다카188).

④ 채권자가 채무자를 대위하여 채무자의 제3채무자에 대한 권리를 행사하고 채무자에게 통지를 하거나 채무자가 채권자의 대위권 행사사실을 안 후에는 채무자는 그 권리에 대한 처분권을 상실하여 그 권리의 양도나 포기등 처분행위를 할 수 없고 채무자의 처분행위에 기하여 취득한 권리로서는 채권자에게 대항할 수 없으나, <u>채무자의 변제수령은 처분행위라 할 수 없고 같은 이치에서 채무자가 그 명의로 소유권이전등기를 경료하는 것 역시 처분행위라고 할 수 없으므로 소유권이전등기청구권의 대위행사 후에도 채무자는 그 명의로 소유권이전등기를 경료하는 데 아무런 지장이 없다</u>(대판 1991.4.12. 90다9407).

⑤ 자기의 금전채권을 보전하기 위하여 <u>채무자의 금전채권을 대위행사하는 대위채권자는 제3채무자로 하여금 직접 대위채권자 자신에게 지급의무를 이행하도록 청구할 수 있고 제3채무자로부터 변제를 수령할 수도 있으나, 이로 인하여 채무자의 제3채무자에 대한 피대위채권이 대위채권자에게 이전되거나 귀속되는 것이 아니므로, 대위채권자의 제3채무자에 대한 추심권능 내지 변제수령권능은 자체로서 독립적으로 처분하여 환가할 수 있는 것이 아니어서 압류할 수 없는 성질의 것이고,</u> 따라서 추심권능 내지 변제수령권능에 대한 압류명령 등은 무효이다. 그리고 채권자대위소송에서 제3채무자로 하여금 직접 대위채권자에게 금전의 지급을 명하는 판결이 확정되었더라도 판결에 기초하여 금전을 지급받는 것 역시 대위채권자의 제3채무자에 대한 추심권능 내지 변제수령권능에 속하므로, <u>채권자대위소송에서 확정된 판결에 따라 대위채권자가 제3채무자로부터 지급받을 채권에 대한 압류명령 등도 무효이다</u>(대판 2016.8.29. 2015다236547).

**│관련│** 채권자가 자기의 금전채권을 보전하기 위하여 <u>채무자의 금전채권을 대위행사하는 경우</u> 제3채무자로 하여금 채무자에게 지급의무를 이행하도록 청구할 수도 있지만, <u>직접 대위채권자 자신에게 이행하도록 청구할 수도 있다.</u> 그런데 채권자대위소송에서 제3채무자로 하여금 직접 대위채권자에게 금전의 지급을 명하는 판결이 확정되더라도, 대위의 목적인 권리, 즉 채무자의 제3채무자에 대한 피대위채권이 판결의 집행채권으로서 존재하고 <u>대위채권자는 채무자를 대위하여 피대위채권에 대한 변제를 수령하게 될 뿐 자신의 채권에 대한 변제로서 수령하게 되는 것이 아니므로,</u> 피대위채권이 변제 등으로 소멸하기 전이라면 <u>채무자의 다른 채권자는 이를 압류, 가압류할 수 있다</u>(대판 2016.8.29. 2015다236547). 채권자대위소송에서 제3채무자로 하여금 직접 대위채권자에게 금전의 지급을 명한 경우, 판례는 대위채권자는 자신의 채권에 대한 변제로서 수령하게 되는 것이 아니므로 피대위채권이 변제 등으로 소멸하기 전이라면 채무자의 다른 채권자는 이를 압류, 가압류할 수 있다고 판시하였다.

> **정답해설**

⑤ 사해행위취소란 채권의 보전을 위하여 일반 채권자들의 공동담보에 제공되고 있는 채무자의 재산이 그의 처분행위로 감소되는 경우, 채권자의 청구에 의해 이를 취소하고, 일탈된 재산을 채무자의 책임재산으로 환원시키는 제도로서, 사해행위의 취소와 원상회복은 모든 채권자의 이익을 위하여 효력이 있으므로(민법 제407조), 취소채권자가 자신이 회복해 온 재산에 대하여 우선권을 가지는 것은 아니라고 할 것이므로, 사해행위의 수익자 소유의 부동산에 대한 경매절차에서 취소채권자가 수익자에 대한 가액배상판결에 기하여 배당을 요구하여 배당을 받은 경우, 그 배당액은 배당요구를 한 취소채권자에게 그대로 귀속되는 것이 아니라 채무자의 책임재산으로 회복되는 것이며, 이에 대하여 채무자에 대한 채권자들은 채권만족에 관한 일반원칙에 따라 채권 내용을 실현할 수 있는 것이다(대판 2005.8.25. 2005다14595).

> **오답해설**

① 채무자가 채권자를 해함을 알고 재산권을 목적으로 한 법률행위를 한 경우, 채권자는 사해행위의 취소를 법원에 소를 제기하는 방법으로 청구할 수 있을 뿐 소송상의 공격방어방법으로 주장할 수 없다.

② 채무자가 다른 재산을 처분하는 법률행위를 하더라도, 채무자 소유의 부동산에 채권자 앞으로 근저당권이 설정되어 있고 그 부동산의 가액 및 채권최고액이 당해 채권액을 초과하여 채권자에게 채권 전액에 대한 우선변제권이 확보되어 있다면, 그와 같은 재산처분행위는 채권자를 해하지 아니하므로 채권자에 대하여 사해행위가 성립하지 않는다. 이러한 경우 주채무의 보증인이 있더라도 채무자가 보증인에 대하여 부담하는 사전구상채무를 별도로 소극재산으로 평가할 수는 없고, 보증인이 변제로 채권자를 대위할 경우 자기의 권리에 의하여 구상할 수 있는 범위에서 채권 및 그 담보에 관한 권리를 행사할 수 있으므로, 사전구상권을 피보전권리로 주장하는 보증인에 대하여도 사해행위가 성립하지 않는다(대판 2009.6.23. 2009다549).

③ 저당권이 설정된 부동산에 관하여 사해행위를 원인으로 저당권을 취득하였다가 선행 저당권의 실행으로 사해의 저당권이 말소되었으나 수익자에게 돌아갈 배당금채권이 있는 경우의 원상회복의 방법으로는, 그 배당금채권이 수익자에게 지급된 경우에는 동액 상당의 가액의 배상으로, 배당금지급금지가처분 등으로 인하여 지급되지 못한 경우에는 그 배당금채권의 양도절차의 이행으로 각 이루어져야 할 것이고, 이러한 법리는 저당권이 설정된 부동산의 소유권이 사해행위로서 양도되었다가 그 저당권의 실행으로 말미암아 양수인인 수익자에게 배당이 이루어진 경우에도 마찬가지라 할 것이다(대판 2005.5.27. 2004다67806).

④ 채무자가 사해행위 취소로 등기명의를 회복한 부동산을 제3자에게 처분하더라도 이는 무권리자의 처분에 불과하여 효력이 없으므로, 채무자로부터 제3자에게 마쳐진 소유권이전등기나 이에 기초하여 순차로 마쳐진 소유권이전등기 등은 모두 원인무효의 등기로서 말소되어야 한다. 이 경우 취소채권자나 민법 제407조에 따라 사해행위 취소와 원상회복의 효력을 받는 채권자는 채무자의 책임재산으로 취급되는 부동산에 대한 강제집행을 위하여 원인무효 등기의 명의인을 상대로 등기의 말소를 청구할 수 있다(대판 2017.3.9. 2015다217980).

> **정답해설**

④ 금전채무의 지연손해금채무는 금전채무의 이행지체로 인한 손해배상채무로서 이행기의 정함이 없는 채무에 해당하므로, 채무자는 확정된 지연손해금채무에 대하여 채권자로부터 이행청구를 받은 때부터 지체책임을 부담하게 된다. 한편 원금채권과 금전채무불이행의 경우에 발생하는 지연손해금채권은 별개의 소송물이다. 따라서 판결이 확정된 채권자가 시효중단을 위한 신소를 제기하면서 확정판결에 따른 원금과 함께 원금에 대한 확정 지연손해금 및 이에 대한 지연손해금을 청구하는 경우, 확정 지연손해금에 대한 지연손해금채권은 채권자가 신소로써 확정 지연손해금을 청구함에 따라 비로소 발생하는 채권으로서 전소의 소송물인 원금채권이나 확정 지연손해금채권과는 별개의 소송물이므로, 채무자는 확정 지연손해금에 대하여도 이행청구를 받은 다음 날부터 지연손해금을 별도로 지급하여야 하되 그 이율은 신소에 적용되는 법률이 정한 이율을 적용하여야 한다(대판 2022.4.14. 2020다268760).

① 채무자는 자기에게 과실이 없는 경우에도 그 이행지체 중에 생긴 손해를 배상하여야 한다. 그러나 채무자가 이행기에 이행하여서도 손해를 면할 수 없는 경우에는 그러하지 아니하다(민법 제392조).

② 변제기에 도달한 이자채권인 지분적 이자채권도 원본채권이 없으면 발생할 여지가 없으므로 원본채권이 시효로 소멸할 경우 지분적 이자채권도 함께 소멸한다.

③ 금전채무 불이행에 관한 특칙을 규정한 민법 제397조는 그 이행지체가 있으면 지연이자 부분만큼의 손해가 있는 것으로 의제하려는 데에 그 취지가 있는 것이므로 지연이자를 청구하는 채권자는 그만큼의 손해가 있었다는 것을 증명할 필요가 없는 것이나, 그렇다고 하더라도 채권자가 금전채무의 불이행을 원인으로 손해배상을 구할 때에 지연이자 상당의 손해가 발생하였다는 취지의 주장은 하여야 하는 것이지 주장조차 하지 아니하여 그 손해를 청구하고 있다고 볼 수 없는 경우까지 지연이자 부분만큼의 손해를 인용해 줄 수는 없는 것이다(대판 2000.2.11. 99다49644).

⑤ 무권대리인이 대리권을 증명하지 못하고 본인의 추인도 얻지 못한 경우 상대방의 계약이행청구권이나 손해배상청구권의 소멸시효는 그 선택권을 행사할 수 있을 때부터 진행한다(대판 1963.8.22. 63다323).

# 29

**답** ②

② 주채무자 또는 제3자 소유의 부동산에 대하여 채권자 앞으로 근저당권이 설정되어 있고, 그 부동산의 가액 및 채권최고액이 당해 채무액을 초과하여 채무 전액에 대하여 채권자에게 우선변제권이 확보되어 있다면, 연대보증인이 비록 유일한 재산을 처분하는 법률행위를 하더라도 채권자에 대하여 사해행위가 성립되지 않는다고 보아야 한다(대판 2000.12.8. 2000다21017).

① 채무자 소유 부동산에 담보권이 설정되어 있으면 그 피담보채권액을 공제한 나머지 부분만이 일반채권자들의 공동담보로 제공되는 책임재산이 되므로 피담보채권액이 부동산의 가액을 초과하고 있는 때에는 그와 같은 부동산의 양도나 그에 대한 새로운 담보권의 설정은 사해행위에 해당한다고 할 수 없다(대판 2007.7.26. 2007다23081). 따라서 사례에서 채무자 甲이 자신의 유일한 재산인 X부동산을 매도한 경우 甲의 일반채권자는 그 매매계약을 사해행위로 취소할 수 없다.

③ 물상보증인 丙과 연대보증인 丁은 각각 2억 5천만 원의 책임을 부담하고 변제자대위는 구상할 수 있는 범위에서만 가능하므로 丁이 2억 원을 변제한 경우라면 자신의 책임범위(2억 5천만 원)에 미달하는 금액을 변제한 것에 불과하여 구상권을 행사할 수 없으므로 물상보증인 丙에게 변제자 대위를 할 수 없다.

④ · ⑤ 민법 제481조는 "변제할 정당한 이익이 있는 자는 변제로 당연히 채권자를 대위한다."라고 규정하고, 민법 제482조 제1항은 "전2조의 규정에 의하여 채권자를 대위한 자는 자기의 권리에 의하여 구상할 수 있는 범위에서 채권 및 그 담보에 관한 권리를 행사할 수 있다."라고 규정하며, 같은 조 제2항은 "전항의 권리행사는 다음 각 호의 규정에 의하여야 한다."라고 규정하고 있으나, 그중 물상보증인과 제3취득자 사이의 변제자대위에 관하여는 명확한 규정이 없다. 그런데 보증인과 제3취득자 사이의 변제자대위에 관하여 민법 제482조 제2항 제1호는 "보증인은 미리 전세권이나 저당권의 등기에 그 대위를 부기하지 아니하면 전세물이나 저당물에 권리를 취득한 제3자에 대하여 채권자를 대위하지 못한다."라고 규정하고, 같은 항 제2호는 "제3취득자는 보증인에 대하여 채권자를 대위하지 못한다."라고 규정하고 있다. 한편 민법 제370조, 제341조에 의하면 물상보증인이 채무를 변제하거나 담보권의 실행으로 소유권을 잃을 때에는 '보증채무'에 관한 규정에 의하여 채무자에 대한 구상권을 가지고, 민법 제482조 제2항 제5호에 따르면 물상보증인과 보증인 상호 간에는 그 인원수에 비례하여 채권자를 대위하게 되어 있을 뿐 이들 사이의 우열은 인정하고 있지 아니하다. 위와 같은 규정 내용을 종합하여 보면, 물상보증인이 채무를 변제하거나 담보권의 실행으로 소유권을 잃을 때에는 보증채무를 이행한 보증인과 마찬가지로 채무자로부터 담보부동산을 취득한 제3자에 대하여 구상권의 범위 내에서 출재한 전액에 관하여 채권자를 대위할 수 있는 반면, 채무자로부터 담보부동산을 취득한 제3자는 채무를 변제하거나 담보권의 실행으로 소유권을 잃더라도 물상보증인에 대하여

채권자를 대위할 수 없다고 보아야 한다. 만일 물상보증인의 지위를 보증인과 다르게 보아서 물상보증인과 채무자로부터 담보부동산을 취득한 제3자 상호 간에는 각 부동산의 가액에 비례하여 채권자를 대위할 수 있다고 한다면, 본래 채무자에 대하여 출재한 전액에 관하여 대위할 수 있었던 물상보증인은 채무자가 담보부동산의 소유권을 제3자에게 이전하였다는 우연한 사정으로 이제는 각 부동산의 가액에 비례하여서만 대위하게 되는 반면, 당초 채무 전액에 대한 담보권의 부담을 각오하고 채무자로부터 담보부동산을 취득한 제3자는 그 범위에서 뜻하지 않은 이득을 얻게 되어 부당하다(대판[전합] 2014.12.18. 2011다50233). 따라서 B가 X부동산을 취득하여 소유권이전등기를 마친 후 乙의 저당권실행경매로 B가 X부동산의 소유권을 상실하더라도 B는 丙은 물론 丁에 대하여도 변제자대위를 하지 못한다.

# 30

**정답해설**

ㄱ. (○) 임대차계약의 당사자 사이에 '임차인은 임대인의 동의 없이는 임차권을 양도 또는 담보제공 하지 못한다.'는 약정을 하였다면, 그 약정의 취지는 임차권의 양도를 금지한 것으로 볼 것이지 임대차계약에 기한 임대보증금반환채권의 양도를 금지하는 것으로 볼 수는 없다(대판 2013.2.28. 2012다104366).

ㄴ. (○) [1] 지명채권의 양도는 양도인이 채무자에게 통지하거나 채무자가 승낙하지 않으면 채무자에게 대항하지 못한다(민법 제450조 제1항). 채무자가 채권양도 통지를 받은 경우 채무자는 그때까지 양도인에 대하여 생긴 사유로써 양수인에게 대항할 수 있고(민법 제451조 제2항), 당시 이미 상계할 수 있는 원인이 있었던 경우에는 아직 상계적상에 있지 않더라도 그 후에 상계적상에 이르면 채무자는 양수인에 대하여 상계로 대항할 수 있다. [2] 민법 제451조 제1항 본문은 "채무자가 이의를 보류하지 아니하고 전조의 승낙을 한 때에는 양도인에게 대항할 수 있는 사유로써 양수인에게 대항하지 못한다."라고 정하고 있다. 이 조항은 채무자의 이의를 보류하지 않은 승낙이라는 사실에 공신력을 주어 양수인을 보호하고 거래의 안전을 꾀하기 위한 것이다. 여기에서 양도인에게 대항할 수 있지만 양수인에게는 대항하지 못하는 사유는 협의의 항변권에 한정되지 않고 넓게 채권의 성립·존속·행사를 저지하거나 배척하는 사유를 포함한다(대판 2019.6.27. 2017다222962).

ㄹ. (○) 임대차계약에 있어 임대인의 지위의 양도는 임대인의 의무의 이전을 수반하는 것이지만 임대인의 의무는 임대인이 누구인가에 의하여 이행방법이 특별히 달라지는 것은 아니고, 목적물의 소유자의 지위에서 거의 완전히 이행할 수 있으며, 임차인의 입장에서 보아도 신 소유자에게 그 의무의 승계를 인정하는 것이 오히려 임차인에게 훨씬 유리할 수도 있으므로 임대인과 신 소유자와의 계약만으로써 그 지위의 양도를 할 수 있다 할 것이나, 이 경우에 임차인이 원하지 아니하면 임대차의 승계를 임차인에게 강요할 수는 없는 것이어서 스스로 임대차를 종료시킬 수 있어야 한다는 공평의 원칙 및 신의성실의 원칙에 따라 임차인이 곧 이의를 제기함으로써 승계되는 임대차관계의 구속을 면할 수 있고, 임대인과의 임대차관계도 해지할 수 있다고 보아야 한다(대판 1998.9.2. 98마100).

**오답해설**

ㄷ. (×) 부동산이 전전 양도된 경우에 중간생략등기의 합의가 없는 한 최종 양수인은 최초 양도인에 대하여 직접 자기 명의로의 소유권이전등기를 청구할 수 없고, 부동산의 양도계약이 순차 이루어져 최종 양수인이 중간생략등기의 합의를 이유로 최초 양도인에게 직접 소유권이전등기청구권을 행사하기 위하여는 관계 당사자 전원의 의사 합치, 즉 중간생략등기에 대한 최초 양도인과 중간자의 동의가 있는 외에 최초 양도인과 최종 양수인 사이에도 중간등기 생략의 합의가 있었음이 요구된다. 그러므로 비록 최종 양수인이 중간자로부터 소유권이전등기청구권을 양도받았다 하더라도 최초 양도인이 양도에 대하여 동의하지 않고 있다면 최종 양수인은 최초 양도인에 대하여 채권양도를 원인으로 하여 소유권이전등기절차 이행을 청구할 수 없다. 이와 같은 법리는 명의신탁자가 부동산에 관한 유효한 명의신탁약정을 해지한 후 이를 원인으로 한 소유권이전등기청구권을 양도한 경우에도 적용된다(대판 2021.6.3. 2018다280316).

# 31

**정답해설**

① 이행인수는 채무자와 인수인 사이의 계약에 따라 인수인이 채권자에 대한 채무를 변제하기로 약정하는 것을 말한다. 이 경우 인수인은 채무자의 채무를 변제하는 등으로 면책시킬 의무를 부담하지만 채권자에 대한 관계에서 직접 이행의무를 부담하게 되는 것은 아니다. 한편 소멸시효 중단사유인 채무의 승인은 시효이익을 받을 당사자나 대리인만 할 수 있으므로 이행인수인이 채권자에 대하여 채무자의 채무를 승인하더라도 다른 특별한 사정이 없는 한 시효중단 사유가 되는 채무승인의 효력은 발생하지 않는다(대판 2016.10.27. 2015다239744).

**오답해설**

② 부동산의 매수인이 매매목적물에 관한 채무를 인수하는 한편 그 채무액을 매매대금에서 공제하기로 약정한 경우, 그 인수는 특별한 사정이 없는 한 매도인을 면책시키는 채무인수가 아니라 이행인수로 보아야 하고, 매수인은 매매계약시 인수한 채무를 현실적으로 변제할 의무를 부담하는 것은 아니며, 특별한 사정이 없는 한 매수인이 매매대금에서 그 채무액을 공제한 나머지를 지급함으로써 잔금지급의 의무를 다하였다 할 것이므로, 설사 매수인이 위 채무를 현실적으로 변제하지 아니하였다 하더라도 그와 같은 사정만으로는 매도인은 매매계약을 해제할 수 없는 것이지만, 매수인이 인수채무를 이행하지 아니함으로써 매매대금의 일부를 지급하지 아니한 것과 동일하다고 평가할 수 있는 특별한 사유가 있을 때에는 계약해제권이 발생한다(대판 2007.9.21. 2006다69479).

③ 주택의 임차인이 제3자에 대한 대항력을 갖춘 후 임차주택의 소유권이 양도되어 그 양수인이 임대인의 지위를 승계하는 경우에는, 임대차보증금의 반환채무도 부동산의 소유권과 결합하여 일체로서 이전하는 것이므로 양도인의 임대인으로서의 지위나 보증금반환채무는 소멸하는 것이고, 대항력을 갖춘 임차인이 양수인이 된 경우라고 하여 달리 볼 이유가 없으므로 대항력을 갖춘 임차인이 당해 주택을 양수한 때에도 임대인의 보증금반환채무는 소멸하고 양수인인 임차인이 임대인의 자신에 대한 보증금반환채무를 인수하게 되어, 결국 임차인의 보증금반환채권은 혼동으로 인하여 소멸하게 된다(대판 1996.11.22. 96다38216).

④ 중첩적 채무인수에서 인수인이 채무자의 부탁 없이 채권자와의 계약으로 채무를 인수하는 것은 매우 드문 일이므로 채무자와 인수인은 원칙적으로 주관적 공동관계가 있는 연대채무관계에 있고, 인수인이 채무자의 부탁을 받지 아니하여 주관적 공동관계가 없는 경우에는 부진정연대관계에 있는 것으로 보아야 한다(대판 2014.8.20. 2012다97420).

⑤ 전채무자의 채무에 제3자가 제공한 담보는 제3자가 채무인수에 동의한 특별한 사정이 없는 한 채무인수로 인하여 원칙적으로 소멸한다(민법 제459조).

# 32

**정답해설**

④ 민법 제756조에 의한 사용자의 손해배상책임은 피용자의 배상책임에 대한 대체적 책임이고, 같은 조 제1항에서 사용자가 피용자의 선임 및 그 사무감독에 상당한 주의를 한 때 또는 상당한 주의를 하여도 손해가 있을 경우에는 책임을 면할 수 있도록 규정함으로써 사용자책임에서 사용자의 과실은 직접의 가해행위가 아닌 피용자의 선임·감독에 관련된 것으로 해석되는 점에 비추어 볼 때, 피용자의 고의의 불법행위로 인하여 사용자책임이 성립하는 경우에 민법 제496조의 적용을 배제하여야 할 이유가 없으므로 사용자책임이 성립하는 경우 사용자는 자신의 고의의 불법행위가 아니라는 이유로 민법 제496조의 적용을 면할 수는 없다(대판 2006.10.26. 2004다63019).

① 비용, 이자, 원본에 대한 변제충당에 있어서는 민법 제479조에 그 충당 순서가 법정되어 있고 지정 변제충당에 관한 같은 법 제476조는 준용되지 않으므로 당사자 사이에 특별한 합의가 없는 한 비용, 이자, 원본의 순서로 충당하여야 할 것이고, 채무자는 물론 채권자라고 할지라도 위 법정 순서와 다르게 일방적으로 충당의 순서를 지정할 수는 없다고 할 것이지만, 당사자의 일방적인 지정에 대하여 상대방이 지체없이 이의를 제기하지 아니함으로써 묵시적인 합의가 되었다고 보여지는 경우에는 그 법정충당의 순서와는 달리 충당의 순서를 인정할 수 있는 것이다(대판 2002.5.10. 2002다12871).

② 원금채무에 관하여는 소멸시효가 완성되지 아니하였으나 이자채무에 관하여는 소멸시효가 완성된 상태에서 채무자가 채무를 일부 변제한 때에는 액수에 관하여 다툼이 없는 한 원금채무에 관하여 묵시적으로 승인하는 한편 이자채무에 관하여 시효완성의 사실을 알고 그 이익을 포기한 것으로 추정되며, 채무자의 변제가 채무 전체를 소멸시키지 못하고 당사자가 변제에 충당할 채무를 지정하지 아니한 때에는 민법 제479조, 제477조에 따른 법정변제충당의 순서에 따라 충당되어야 한다(대판 2013.5.23. 2013다12464).

③ 상계가 금지되는 채권이라고 하더라도 압류금지채권에 해당하지 않는 한 강제집행에 의한 전부명령의 대상이 될 수 있다(대결 2017.8.21. 2017마499).

⑤ 소멸시효가 완성된 채권이라 하더라도 그 시효 완성전에 상계할 수 있었던 것이면 그 채권자는 상계할 수 있는 것이고 그 상계의 효과는 각 채무가 상계할 수 있는 때에 대등액에 관하여 소멸한 것으로 본다(대판 1987.8.18. 87다카768).

# 33

답 ③

ㄱ. (○) 부동산의 매매계약이 체결된 경우에는 매도인의 소유권이전등기의무, 인도의무와 매수인의 잔대금 지급의무는 동시이행의 관계에 있는 것이 원칙이고(대판 1991.9.10. 91다6368) 동시이행의 관계에 있는 쌍방의 채무 중 어느 한 채무가 이행불능이 됨으로 인하여 발생한 손해배상채무도 여전히 다른 채무와 동시이행의 관계에 있다(대판 2000.2.25. 97다30066).

ㄴ. (○) 매매계약에서 대가적 의미가 있는 매도인의 소유권이전의무와 매수인의 대금지급의무는 다른 약정이 없는 한 동시이행의 관계에 있다. 설령 어느 의무가 선이행의무라고 하더라도 이행기가 지난 때에는 이행기가 지난 후에도 여전히 선이행하기로 약정하는 등의 특별한 사정이 없는 한 그 의무를 포함하여 매도인과 매수인 쌍방의 의무는 동시이행관계에 놓이게 된다(대판 2021.7.29. 2017다3222).

ㄷ. (×) 근저당권 실행을 위한 경매가 무효로 되어 채권자(=근저당권자)가 채무자를 대위하여 낙찰자에 대한 소유권이전등기 말소청구권을 행사하는 경우, 낙찰자가 부담하는 소유권이전등기 말소의무는 채무자에 대한 것인 반면, 낙찰자의 배당금 반환청구권은 실제 배당금을 수령한 채권자(=근저당권자)에 대한 채권인바, 채권자(=근저당권자)가 낙찰자에 대하여 부담하는 배당금 반환채무와 낙찰자가 채무자에 대하여 부담하는 소유권이전등기 말소의무는 서로 이행의 상대방을 달리하는 것으로서, 채권자(=근저당권자)의 배당금 반환채무가 동시이행의 항변권이 부착된 채 채무자로부터 승계된 채무도 아니므로, 위 두 채무는 동시에 이행되어야 할 관계에 있지 아니하다(대판 2006.9.22. 2006다24049).

# 34

**정답해설**

③ 제3자를 위한 계약의 체결 원인이 된 요약자와 제3자(수익자) 사이의 법률관계(이른바 대가관계)의 효력은 제3자를 위한 계약 자체는 물론 그에 기한 요약자와 낙약자 사이의 법률관계(이른바 기본관계)의 성립이나 효력에 영향을 미치지 아니하므로 낙약자는 요약자와 수익자 사이의 법률관계에 기한 항변으로 수익자에게 대항하지 못하고, 요약자도 대가관계의 부존재나 효력의 상실을 이유로 자신이 기본관계에 기하여 낙약자에게 부담하는 채무의 이행을 거부할 수 없다(대판 2003.12.11. 2003다49771).

**오답해설**

① 제3자를 위한 계약에서 제3자는 채무자(낙약자)에 대하여 계약의 이익을 받을 의사를 표시한 때에 채무자에게 직접 이행을 청구할 수 있는 권리를 취득하고(민법 제539조), 요약자는 제3자를 위한 계약의 당사자로서 원칙적으로 제3자의 권리와는 별도로 낙약자에 대하여 제3자에게 급부를 이행할 것을 요구할 수 있는 권리를 가진다(대판 2022.1.27. 2018다259565).

② 제3자의 권리는 그 제3자가 채무자에 대하여 계약의 이익을 받을 의사를 표시한 때 생긴다(민법 제539조 제2항). 민법 제539조의 규정에 의하여 제3자의 권리가 생긴 후에는 당사자는 이를 변경 또는 소멸시키지 못한다(민법 제541조).

④ 채무자와 인수인의 합의에 의한 중첩적 채무인수는 일종의 제3자를 위한 계약이라고 할 것이므로, 채권자는 인수인에 대하여 채무이행을 청구하거나 기타 채권자로서의 권리를 행사하는 방법으로 수익의 의사표시를 함으로써 인수인에 대하여 직접 청구할 권리를 갖게 된다. 이러한 점에서 채무자에 대한 채권을 상실시키는 효과가 있는 면책적 채무인수의 경우 채권자의 승낙을 계약의 효력발생요건으로 보아야 하는 것과는 달리, 채무자와 인수인의 합의에 의한 중첩적 채무인수의 경우 채권자의 수익의 의사표시는 그 계약의 성립요건이나 효력발생요건이 아니라 채권자가 인수인에 대하여 채권을 취득하기 위한 요건이다(대판 2013.9.13. 2011다56033).

⑤ 제3자를 위한 계약관계에서 낙약자와 요약자 사이의 법률관계(이른바 기본관계)를 이루는 계약이 해제된 경우 그 계약관계의 청산은 계약의 당사자인 낙약자와 요약자 사이에 이루어져야 하므로, 특별한 사정이 없는 한 낙약자가 이미 제3자에게 급부한 것이 있더라도 낙약자는 계약해제에 기한 원상회복 또는 부당이득을 원인으로 제3자를 상대로 그 반환을 구할 수 없다(대판 2005.7.22. 2005다7566).

# 35

**정답해설**

② 계약을 체결할 때 예견할 수 없었던 사정이 발생함으로써 야기된 불균형을 해소하고자 신의성실 원칙의 파생원칙으로서 사정변경의 원칙을 인정하고 있다. 즉, 계약 성립의 기초가 된 사정이 현저히 변경되고 당사자가 계약의 성립 당시 이를 예견할 수 없었으며, 그로 인하여 계약을 그대로 유지하는 것이 당사자의 이해에 중대한 불균형을 초래하거나 계약을 체결한 목적을 달성할 수 없는 경우에는 계약준수 원칙의 예외로서 사정변경을 이유로 계약을 해제하거나 해지할 수 있다. 여기에서 말하는 사정이란 당사자들에게 계약 성립의 기초가 된 사정을 가리키고, 당사자들이 계약의 기초로 삼지 않은 사정이나 어느 일방당사자가 변경에 따른 불이익이나 위험을 떠안기로 한 사정은 포함되지 않는다. 사정변경에 대한 예견가능성이 있었는지는 추상적·일반적으로 판단할 것이 아니라, 구체적인 사안에서 계약의 유형과 내용, 당사자의 지위, 거래경험과 인식가능성, 사정변경의 위험이 크고 구체적인지 등 여러 사정을 종합적으로 고려하여 개별적으로 판단하여야 한다. 이때 합리적인 사람의 입장에서 볼 때 당사자들이 사정변경을 예견했다면 계약을 체결하지 않거나 다른 내용으로 체결했을 것이라고 기대되는 경우 특별한 사정이 없는 한 예견가능성이 없다고 볼 수 있다(대판 2021.6.30. 2019다276338).

① 타인의 권리의 매매의 경우에 매도인이 그 권리를 취득하여 매수인에게 이전할 수 없는 때에는 매수인은 계약을 해제할 수 있다(민법 제570조). 이러한 해제의 효과에 관하여 특별한 규정은 없지만 일반적인 해제와 달리 해석할 이유가 없다. 따라서 위 규정에 따라 매매계약이 해제되는 경우에, 매도인은 매수인에게 매매대금과 그 받은 날부터의 이자를 반환할 의무를 부담하고, 매수인 역시 특별한 사정이 없는 한 매도인에게 목적물을 반환할 의무는 물론이고 목적물을 사용하였으면 그 사용이익을 반환할 의무도 부담한다. 그리고 이러한 결론은 매도인이 목적물의 사용권한을 취득하지 못하여 매수인으로부터 반환받은 사용이익을 궁극적으로 정당한 권리자에게 반환하여야 할 입장이라 하더라도 마찬가지이다(대법원 1993.4.9. 선고 92다25946 판결 참조). 다만, 매수인이 진정한 권리자인 타인에게 직접 목적물 또는 사용이익을 반환하는 등의 특별한 사정이 있는 경우에는 매수인은 적어도 그 반환 등의 한도에서는 매도인에게 목적물 및 사용이익을 반환할 의무를 부담하지 않는다고 할 것이다(대판 2017.5.31. 2016다240).

③ 민법 제547조 제1항은 '당사자의 일방 또는 쌍방이 수인인 경우에는 계약의 해지나 해제는 그 전원으로부터 또는 전원에 대하여 하여야 한다'고 규정하고 있다. 따라서 매매계약의 일방 당사자가 사망하였고 그에게 여러 명의 상속인이 있는 경우에 그 상속인들이 위 계약을 해제하려면, 상대방과 사이에 다른 내용의 특약이 있다는 등의 특별한 사정이 없는 한, 상속인들 전원이 해제의 의사표시를 하여야 한다(대판 2013.11.28. 2013다22812).

④ 동업계약과 같은 조합계약에 있어서는 조합의 해산청구를 하거나 조합으로부터 탈퇴를 하거나 또는 다른 조합원을 제명할 수 있을 뿐이지 일반계약에 있어서처럼 조합계약을 해제하고 상대방에게 그로 인한 원상회복의 의무를 부담지울 수는 없다(대판 1994.5.13. 94다7157).

⑤ 계약이 합의에 따라 해제되거나 해지된 경우에는 상대방에게 손해배상을 하기로 특약하거나 손해배상청구를 유보하는 의사표시를 하는 등 다른 사정이 없는 한 채무불이행으로 인한 손해배상을 청구할 수 없다. 그와 같은 손해배상의 특약이 있었다거나 손해배상청구를 유보하였다는 점은 이를 주장하는 당사자가 증명할 책임이 있다(대판 2021.5.7. 2017다220416).

# 36
**답** ⑤

⑤ 목적물 인도를 받은 경우에도 대금지급기한이 따로 정해져 있는 경우라면 대금에 대한 이자지급의무는 없다. 따라서 "매수인이 매매목적물을 대금지급 전에 인도받았다면 대금지급의무와 소유권이전등기 의무가 동시이행관계에 있더라도 민법 제587조(과실의 귀속, 대금의 이자)에 의한 매매대금이자를 지급할 의무가 있다."고 말할 수는 없다(민법 제587조 참고).

① 예약완결권은 재판상이든 재판외이든 그 기간 내에 행사하면 되는 것으로서, 예약완결권자가 예약완결권 행사의 의사표시를 담은 소장 부본을 상대방에게 송달함으로써 재판상 행사하는 경우에는 그 소장 부본이 상대방에게 도달한 때에 비로소 예약완결권 행사의 효력이 발생하여 예약완결권자와 상대방 사이에 매매의 효력이 생기므로, 예약완결권 행사의 의사표시가 담긴 소장 부본이 제척기간 내에 상대방에게 송달되어야만 예약완결권자가 제척기간 내에 적법하게 예약완결권을 행사하였다고 볼 수 있다(대판 2019.7.25. 2019다227818).

② 민법 제564조가 정하고 있는 매매의 일방예약에서 예약자의 상대방이 매매예약 완결의 의사표시를 하여 매매의 효력을 생기게 하는 권리, 즉 매매예약의 완결권은 일종의 형성권으로서 당사자 사이에 행사기간을 약정한 때에는 그 기간 내에, 약정이 없는 때에는 예약이 성립한 때로부터 10년 내에 이를 행사하여야 하고, 그 기간을 지난 때에는 예약완결권은 제척기간의 경과로 인하여 소멸한다. 한편 당사자 사이에 약정하는 예약완결권의 행사기간에 특별한 제한은 없다(대판 2017.1.25. 2016다42077).

③ 매매예약이 성립한 이후 상대방의 매매예약 완결의 의사표시 전에 목적물이 멸실 기타의 사유로 이전할 수 없게 되어 예약완결권의 행사가 이행불능이 된 경우에는 예약완결권을 행사할 수 없고, 이행불능 이후에 상대방이 매매예약 완결의 의사표시를 하여도 매매의 효력이 생기지 아니한다. 그리고 채무의 이행이 불능이라는 것은 단순히 절대적·물리적으로 불능인 경우가 아니라 사회생활의 경험법칙 또는 거래상의 관념에 비추어 볼 때 채권자가 채무자의 이행의 실현을 기대할 수 없는 경우를 말한다(대판 1992.7.28. 91다33612).

④ 매수인이 계약의 이행에 착수하기 전에는 매도인이 계약금의 배액을 상환하고 계약을 해제할 수 있으나, 이 해제는 통고로써 즉시 효력을 발생하고 나중에 계약금 배액의 상환의무만 지는 것이 아니라 매도인이 수령한 계약금의 배액을 매수인에게 상환하거나 적어도 그 이행제공을 하지 않으면 계약을 해제할 수 없다(대판 1992.7.28. 91다33612).

# 37

 답 ④

정답해설

ㄱ. (○) 임대차는 당사자 일방이 상대방에게 목적물을 사용·수익하게 할 것을 약정하고 상대방이 이에 대하여 차임을 지급할 것을 약정하면 되는 것으로서 나아가 임대인이 그 목적물에 대한 소유권 기타 이를 임대할 권한이 있을 것을 성립요건으로 하고 있지 아니하므로, 임대차가 종료된 경우 임대목적물이 타인 소유라고 하더라도 그 타인이 목적물의 반환청구나 차임 내지 그 해당액의 지급을 요구하는 등 특별한 사정이 없는 한 임차인은 임대인에게 그 부동산을 명도하고 임대차 종료일까지의 연체 차임을 지급할 의무가 있음은 물론, 임대차 종료일 이후부터 부동산 명도 완료일까지 그 부동산을 점유·사용함에 따른 차임 상당의 부당이득금을 반환할 의무도 있다. 이와 같은 법리는 임차인이 임차물을 전대하였다가 임대차 및 전대차가 모두 종료된 경우의 전차인에 대하여도 특별한 사정이 없는 한 그대로 적용된다(대판 2019.5.30. 2019다202573).

ㄴ. (○) 임차인이 임차물의 보존에 관한 필요비를 지출한 때에는 임대인에게 상환을 청구할 수 있다(민법 제626조 제1항). 여기에서 '필요비'란 임차인이 임차물의 보존을 위하여 지출한 비용을 말한다. 임대차계약에서 임대인은 목적물을 계약존속 중 사용·수익에 필요한 상태를 유지하게 할 의무를 부담하고, 이러한 의무와 관련한 임차물의 보존을 위한 비용도 임대인이 부담해야 하므로, 임차인이 필요비를 지출하면, 임대인은 이를 상환할 의무가 있다. 임대인의 필요비상환의무는 특별한 사정이 없는 한 임차인의 차임지급의무와 서로 대응하는 관계에 있으므로, 임차인은 지출한 필요비 금액의 한도에서 차임의 지급을 거절할 수 있다(대판 2019.11.14. 2016다227694).

ㄹ. (○) 전대인과 전차인은 계약자유의 원칙에 따라 전대차계약의 내용을 변경할 수 있다. 그로 인하여 민법 제630조 제1항에 따라 전차인이 임대인에 대하여 직접 부담하는 의무의 범위가 변경되더라도, 전대차계약의 내용 변경이 전대차에 동의한 임대인 보호를 목적으로 한 민법 제630조 제1항의 취지에 반하여 이루어진 것이라고 볼 특별한 사정이 없는 한 전차인은 변경된 전대차계약의 내용을 임대인에게 주장할 수 있다. 전대인과 전차인이 전대차계약상의 차임을 감액한 경우도 마찬가지이다(대판 2018.7.11. 2018다200518).

오답해설

ㄷ. (×) 임차인이 임대인의 동의를 받지 않고 제3자에게 임차권을 양도하거나 전대하는 등의 방법으로 임차물을 사용·수익하게 하더라도, 임대인이 이를 이유로 임대차계약을 해지하거나 그 밖의 다른 사유로 임대차계약이 적법하게 종료되지 않는 한 임대인은 임차인에 대하여 여전히 차임청구권을 가지므로, 임대차계약이 존속하는 한도 내에서는 제3자에게 불법점유를 이유로 한 차임상당 손해배상청구나 부당이득반환청구를 할 수 없다(대판 2018.7.11. 2018다200518).

# 38

**답 ⑤**

**정답해설**

⑤ 조합원은 다른 조합원 전원의 동의가 있으면 그 지분을 처분할 수 있으나, 조합의 목적과 단체성에 비추어 조합원으로서의 자격과 분리하여 그 지분권만을 처분할 수는 없으므로, 조합원이 지분을 양도하면 그로써 조합원의 지위를 상실하게 된다. 그리고 이와 같은 조합원 지위의 변동은 조합지분의 양도양수에 관한 약정으로써 바로 효력이 생긴다(대판 2013.10.24. 2012다47524).

**오답해설**

① 민법 제714조는 "조합원의 지분에 대한 압류는 그 조합원의 장래의 이익배당 및 지분의 반환을 받을 권리에 대하여 효력이 있다."고 규정하여 조합원의 지분에 대한 압류를 허용하고 있으나, 여기에서의 조합원의 지분이란 전체로서의 조합재산에 대한 조합원 지분을 의미하는 것이고, 이와 달리 조합재산을 구성하는 개개의 재산에 대한 합유지분에 대하여는 압류 기타 강제집행의 대상으로 삼을 수 없다 할 것이다(대결 2007.11.30. 2005마1130).

②·③ 조합의 탈퇴란 특정 조합원이 장래에 향하여 조합원으로서의 지위를 벗어나는 것으로서, 이 경우 조합 자체는 나머지 조합원에 의해 동일성을 유지하며 존속하는 것이므로 결국 탈퇴는 잔존 조합원이 동업사업을 계속 유지·존속함을 전제로 한다. 2인으로 구성된 조합에서 한 사람이 탈퇴하면 조합관계는 종료되나 특별한 사정이 없는 한 조합은 해산이나 청산이 되지 않고, 다만 조합원의 합유에 속한 조합재산은 남은 조합원의 단독소유에 속하여 탈퇴 조합원과 남은 조합원 사이에는 탈퇴로 인한 계산을 해야 한다. 이러한 법리는 부동산 사용권을 출자한 경우에도 적용된다. 조합원이 부동산 사용권을 존속기한을 정하지 않고 출자하였다가 탈퇴한 경우 특별한 사정이 없는 한 탈퇴 시 조합재산인 부동산 사용권이 소멸한다고 볼 수는 없고, 그러한 사용권은 공동사업을 유지할 수 있도록 일정한 기간 동안 존속한다고 보아야 한다. 이때 탈퇴 조합원이 남은 조합원으로 하여금 부동산을 사용·수익할 수 있도록 할 의무를 이행하지 않음으로써 남은 조합원에게 손해가 발생하였다면 탈퇴 조합원은 그 손해를 배상할 책임이 있다(대판 2018.12.13. 2015다72385).

④ 당사자들이 공동이행방식의 공동수급체를 구성하여 도급인으로부터 공사를 수급받는 경우 공동수급체는 원칙적으로 민법상 조합에 해당한다. 건설공동수급체 구성원은 공동수급체에 출자의무를 지는 반면 공동수급체에 대한 이익분배청구권을 가지는데, 이익분배청구권과 출자의무는 별개의 권리·의무이다. 따라서 공동수급체의 구성원이 출자의무를 이행하지 않더라도, 공동수급체가 출자의무의 불이행을 이유로 이익분배 자체를 거부할 수도 없고, 그 구성원에게 지급할 이익분배금에서 출자금이나 그 연체이자를 당연히 공제할 수도 없다. 다만 구성원에 대한 공동수급체의 출자금 채권과 공동수급체에 대한 구성원의 이익분배청구권이 상계적상에 있으면 상계에 관한 민법 규정에 따라 두 채권을 대등액에서 상계할 수 있을 따름이다(대판 2018.1.24. 2015다69990).

# 39

정답 ③

정답해설

③ 과세관청이 3자간 등기명의신탁에 따라 해당 부동산의 공부상 소유자가 된 명의수탁자에게 재산세 부과처분을 하고 이에 따라 명의수탁자가 재산세를 납부하였더라도 <u>명의수탁자가 명의신탁자 또는 그 상속인을 상대로 재산세 상당의 금액에 대한 부당이득반환청구권을 가진다고 보기는 어렵다</u>(대판 2020.9.3. 2018다283773).

오답해설

① 민법 제537조는 채무자위험부담주의를 채택하고 있는바, 쌍무계약에서 당사자 쌍방의 귀책사유 없이 채무가 이행불능된 경우 채무자는 급부의무를 면함과 더불어 반대급부도 청구하지 못하므로, <u>쌍방 급부가 없었던 경우에는 계약관계는 소멸하고 이미 이행한 급부는 법률상 원인 없는 급부가 되어 부당이득의 법리에 따라 반환청구할 수 있다</u>(대판 2009.5.28. 2008다98655).

② 배당받을 권리 있는 채권자가 자신이 배당받을 몫을 받지 못하고 그로 말미암아 권리 없는 다른 채권자가 그 몫을 배당받은 경우에는 배당이의 여부 또는 배당표의 확정 여부와 관계없이 배당받을 수 있었던 채권자가 배당금을 수령한 다른 채권자를 상대로 부당이득반환청구를 할 수 있다. 다만 <u>집행력 있는 정본을 가진 채권자 등은 배당요구의 종기까지 배당요구를 한 경우에 한하여 비로소 배당을 받을 수 있고, 적법한 배당요구를 하지 않은 경우에는 매각대금으로부터 배당을 받을 수는 없다</u>. 이러한 채권자가 적법한 배당요구를 하지 않아 배당에서 제외되는 것으로 배당표가 작성되어 배당이 실시되었다면, 그가 적법한 배당요구를 한 경우에 배당받을 수 있었던 금액에 해당하는 돈이 다른 채권자에게 배당되었다고 해서 법률상 원인이 없는 것이라고 할 수 없다(대판 2020.10.15. 2017다216523).

④ 법률상의 원인 없이 이득하였음을 이유로 한 부당이득의 반환에 있어 이득이라 함은 <u>실질적인 이익을 의미하므로</u>, 임차인이 임대차계약관계가 소멸된 이후에 임차건물 부분을 계속 점유하기는 하였으나 <u>이를 본래의 임대차계약상의 목적에 따라 사용·수익하지 아니하여 실질적인 이득을 얻은 바 없는 경우에는</u>, 그로 인하여 <u>임대인에게 손해가 발생하였다고 하더라도 임차인의 부당이득반환의무는 성립하지 아니하는 것이고, 이는 임차인의 사정으로 인하여 임차건물 부분을 사용·수익을 하지 못하였거나 임차인이 자신의 시설물을 반출하지 아니하였다고 하더라도 마찬가지이다</u>(대판 1998.7.10. 98다8554).

⑤ 계좌이체는 은행 간 및 은행점포 간의 송금절차를 통하여 저렴한 비용으로 안전하고 신속하게 자금을 이동시키는 수단이고, 다수인 사이에 다액의 자금이동을 원활하게 처리하기 위하여, 그 중개 역할을 하는 은행이 각 자금이동의 원인인 법률관계의 존부, 내용 등에 관여함이 없이 이를 수행하는 체제로 되어 있다. 따라서 현금으로 계좌송금 또는 계좌이체가 된 경우에는 예금원장에 입금의 기록이 된 때에 예금이 된다고 예금거래기본약관에 정하여져 있을 뿐이고, 수취인과 은행 사이의 예금계약의 성립 여부를 송금의뢰인과 수취인 사이에 계좌이체의 원인인 법률관계가 존재하는지 여부에 의하여 좌우되도록 한다고 별도로 약정하였다는 등의 특별한 사정이 없는 경우에는, <u>송금의뢰인이 수취인의 예금구좌에 계좌이체를 한 때에는, 송금의뢰인과 수취인 사이에 계좌이체의 원인인 법률관계가 존재하는지 여부에 관계없이 수취인과 수취은행 사이에는 계좌이체금액 상당의 예금계약이 성립하고, 수취인이 수취은행에 대하여 위 금액 상당의 예금채권을 취득한다</u>. 이때, 송금의뢰인과 수취인 사이에 계좌이체의 원인이 되는 법률관계가 존재하지 않음에도 불구하고, 계좌이체에 의하여 수취인이 계좌이체금액 상당의 예금채권을 취득한 경우에는, <u>송금의뢰인은 수취인에 대하여 위 금액 상당의 부당이득반환청구권을 가지게 되지만, 수취은행은 이익을 얻은 것이 없으므로 수취은행에 대하여는 부당이득반환청구권을 취득하지 아니한다</u>(대판 2007.11.29. 2007다51239).

변리사 1차 2023년 제60회

2023년 제60회 | 민법개론 **359**

**정답해설**

① 피해자의 부주의를 이용하여 고의로 불법행위를 저지른 자가 바로 그 피해자의 부주의를 이유로 자신의 책임을 감하여 달라고 주장하는 것은 허용될 수 없으나, 이는 그러한 사유가 있는 자에게 과실상계의 주장을 허용하는 것이 신의칙에 반하기 때문이므로, 불법행위자 중 일부에게 그러한 사유가 있다고 하여 그러한 사유가 없는 다른 불법행위자까지도 과실상계의 주장을 할 수 없다고 해석할 것은 아니다(대판 2016.4.12. 2013다31137).

**오답해설**

② 불법행위로 인한 손해배상책임은 원칙적으로 위법행위 시에 성립하지만, 위법행위 시점과 손해발생 시점 사이에 시간적 간격이 있는 경우에는 손해가 발생한 때에 성립한다. 손해란 위법한 가해행위로 인하여 발생한 재산상의 불이익, 즉 그 위법행위가 없었더라면 존재하였을 재산상태와 그 위법행위가 있은 후의 재산상태의 차이를 말한다. 또한 손해의 발생 시점이란 이러한 손해가 현실적으로 발생한 시점을 의미하는데, 현실적으로 손해가 발생하였는지 여부는 사회통념에 비추어 객관적이고 합리적으로 판단하여야 한다(대판 2021.1.14. 2017다6115).

③ 금전을 대여한 채권자가 고의 또는 과실로 이자제한법을 위반하여 최고이자율을 초과하는 이자를 받아 채무자에게 손해를 입힌 경우에는 특별한 사정이 없는 한 민법 제750조에 따라 불법행위가 성립한다고 보아야 한다. 최고이자율을 초과하여 지급된 이자는 이자제한법 제2조 제4항에 따라 원본에 충당되므로, 이와 같이 충당하여 원본이 소멸하고도 남아 있는 초과 지급액은 이자제한법 위반 행위로 인한 손해라고 볼 수 있다. 부당이득반환청구권과 불법행위로 인한 손해배상청구권은 서로 별개의 청구권으로서, 제한 초과이자에 대하여 부당이득반환청구권이 있다고 해서 그것만으로 불법행위의 성립이 방해되지 않는다(대판 2021.2.25. 2020다230239).

④ 민법 제756조의 사용자관계는 어떤 사람이 다른 사람을 위하여 그 지휘·감독 아래 그 의사에 따라 사무를 집행하는 관계로서, 고용관계에 의하는 것이 보통이겠지만 위임·조합·도급 기타 어떠한 관계라도 실질적인 지휘·감독관계가 있으면 충분하고, 이러한 지휘·감독관계는 실제로 지휘·감독하고 있었느냐의 여부에 의하여 결정되는 것이 아니라 객관적으로 지휘·감독을 하여야 할 관계에 있었느냐의 여부에 따라 결정된다(대판 2016.7.14. 2013다69286).

⑤ 불법행위로 인한 손해배상채무는 특별한 사정이 없는 한 채무 성립과 동시에 지연손해금이 발생한다(대판 2020.1.30. 2018다204787).

| 01 | 02 | 03 | 04 | 05 | 06 | 07 | 08 | 09 | 10 | 11 | 12 | 13 | 14 | 15 | 16 | 17 | 18 | 19 | 20 |
|----|----|----|----|----|----|----|----|----|----|----|----|----|----|----|----|----|----|----|----|
| ⑤ | ④ | ③ | ② | ① | ⑤ | ④ | ③ | ② | ③ | ② | ④ | ⑤ | ⑤ | ④ | 전항<br>정답 | ⑤ | ② | ① | ④ |
| 21 | 22 | 23 | 24 | 25 | 26 | 27 | 28 | 29 | 30 | 31 | 32 | 33 | 34 | 35 | 36 | 37 | 38 | 39 | 40 |
| ① | ④ | ③ | ④ | ⑤ | ① | ② | ⑤ | ② | ② | ④ | ④ | ⑤ | ② | ② | ③ | ③ | ① | ④ | ③ |

## 01

답 ⑤

**정답해설**

⑤ 충돌 전 A의 속력 $v_0$는 운동량 보존에 의해 $mv_0 = 4mv$에서 $v_0 = 4v$이다. 실이 끊어지기 전 물체에 작용하는 힘 중에 장력의 원의 중심 방향 성분이 구심력의 역할을 하므로 구심력에 대한 운동방정식은 $T\cos 60° = \dfrac{m(4v)^2}{\dfrac{l}{2}}$에서 $T = \dfrac{64mv^2}{l}$

이다. A에 작용하는 $y$축성분의 힘의 합은 0이므로 $N + T\sin 60° = mg$에서 $N = mg - 32\sqrt{3}\,\dfrac{mv^2}{l}$ 이다.

## 02

답 ④

**정답해설**

④ 막대의 질량중심을 회전축으로 잡으면 $LF_1 = 2LF_2 \times \dfrac{1}{\sqrt{2}}$ 에서 $\dfrac{F_1}{F_2} = \sqrt{2}$ 이다.

## 03

답 ③

**정답해설**

③ 짐을 던지기 전 얼음과 사람과 짐의 중력에 부력과 힘의 평형상태이므로 얼음의 부피를 $V$로, 짐의 질량을 $m$으로 설정하면 $\dfrac{11}{12}\rho_W Vg + (72 + m)g = \rho_W g V$이다. 짐을 던진 후에는 얼음과 사람의 중력의 새로운 부력과 힘의 평형을 이루므로 $\dfrac{11}{12}\rho_W Vg + 72g = \rho_W g \dfrac{47}{48} V$이므로 두 식을 정리하면 $m = 24kg$이다.

## 04

**정답해설**

② 열기관1 : $e = 0.4 = \dfrac{W_1}{Q_h} = 1 - \dfrac{Q_m}{Q_h}$ 에서 $Q_m = 0.6Q_h$ 이다.

열기관2 : $e = 0.3 = \dfrac{W_2}{Q_m} = 1 - \dfrac{Q_c}{Q_m}$

전체 열효율은 $\dfrac{(W_1 + W_2)}{Q_h} = \dfrac{W_1}{Q_h} + \dfrac{W_2}{Q_h} = 0.4 + \dfrac{W_2}{Q_m} \times 0.6 = 0.58$ 이다.

**정답해설**

① 일단 $C_A$와 $C_B$가 반대 부호의 극판이 연결되었기 때문에 총 전하량은 $Q_{B0} - Q_{A0}$ 가 되고 이 총전하량을 전기용량의 비율대로 나누어 갖는다. 그러므로 $C_A$ 에 저장되는 전하량은 $(Q_{B0} - Q_{A0}) \times \dfrac{C_A}{C_A + C_B}$ 이고, 전원장치 $\varepsilon$에 연결하면 두 축전기가 직렬이므로 공급되는 전하량은 동일하다. 합성전기용량이 $\dfrac{C_A C_B}{C_A + C_B}$ 이므로 $Q = \dfrac{C_A C_B}{C_A + C_B} \varepsilon$ 이다. 그러므로 $C_A$ 에 저장되는 최종 총 전하량은

$Q_\text{총} = \dfrac{C_A C_B}{C_A + C_B} \varepsilon + (Q_{B0} - Q_{A0}) \times \dfrac{C_A}{C_A + C_B}$ 이다. $-$부호를 밖으로 꺼내면 $Q_\text{총} = \dfrac{C_A C_B}{C_A + C_B} \varepsilon + (Q_{A0} - Q_{B0}) \times \dfrac{C_A}{C_A + C_B}$ 가

된다.

**정답해설**

⑤ 평행판 사이에서 전위차에 의해 가속되므로 $q\Delta V = \dfrac{1}{2}mv^2$ 이고 자기장내에서 로렌츠힘이 구심력의 역할을 하므로

$qvB = \dfrac{mv^2}{r}$ 이 되므로 $\Delta V = 48\,V$ 이다.

## 07

④ 유도전류는 자기장의 변화 $\Delta B = 2B$이므로 $I = \dfrac{2BLv}{R}$ 이고, 금속고리 내 자속이 변화될 때만 유도전류가 생기므로 $v = \dfrac{L}{\Delta t}$ 이다. 그러므로 $R = \dfrac{2BL^2}{I \Delta t}$ 이다.

## 08

답 ③

정답해설

③ 결상방정식 $\dfrac{n_1}{p} + \dfrac{n_2}{i} = \dfrac{n_2 - n_1}{r}$ 을 사용하는 문제이다. 경계면이 평면이면 $r = \infty$ 이고, 상까지의 거리 $i$는 (+)부호이면 물체와 반대편에, (−)부호이면 물체가 있는 쪽에 상이 생긴다. 물체로부터 첫 번째 면에 대한 식은 $\dfrac{1}{10} + \dfrac{1.5}{i_1} = 0$에서 $i_1 = -15cm$이므로 첫 번째 면에 대해 왼쪽으로 15cm인 곳에 상이 생기고, 이 상은 두 번째 면으로부터 18cm 떨어진 곳이다. 두 번째 면에 대한 식은 $\dfrac{1.5}{18} + \dfrac{1}{i_2} = 0$에서 $i_2 = -12cm$이다. 최종상은 두 번째 면으로부터 왼쪽으로 12cm인 곳에 생긴다. 그러므로 $O$에서 평면유리 쪽으로 1cm인 곳에 최종상이 생긴다.

## 09

답 ②

정답해설

② $t = \gamma t_0$에서 $B$가 고유시간이므로 $A$의 시간이 빠르게 간다. $\dfrac{13}{5}\tau$이다.

오답해설

① 광속 불변의 원리(관성계에 따라 빛의 속력이 다르지 않다.)
③ 길이수축
④ 속도의 한계는 광속이다.
⑤ 상대성의 원리이다.

2023년 제60회 | 자연과학개론 **363**

# 10

**정답해설**

③ 운동량이 $x$, $y$축에 대해 보존되므로 전자의 운동방향과 $x$축과 이루는 각을 $\theta$라 놓으면

$x$성분 운동량 보존 : $\dfrac{h}{\lambda} = \dfrac{h}{\lambda'}cos\phi + pcos\theta$에서 $\dfrac{h}{\lambda} - \dfrac{h}{\lambda'}cos\phi = pcos\theta$이고

$y$성분 운동량 보존 : $\dfrac{h}{\lambda'}sin\phi = psin\theta$이다.

양변을 제곱해서 더하면 $p^2 = \dfrac{h^2}{\lambda^2} - \dfrac{2h^2}{\lambda\lambda'}cos\phi + \dfrac{h^2}{\lambda'^2}$이고, 문제에서 $\lambda' - \lambda = \lambda_C(1 - cos\varnothing)$에서 $cos\phi = \dfrac{\lambda_C - \lambda + \lambda}{\lambda_C}$를 대입

해서 정리하면 $p^2 = h^2\left(\dfrac{1}{\lambda} - \dfrac{1}{\lambda'}\right)\left(\dfrac{1}{\lambda} - \dfrac{1}{\lambda'} + \dfrac{2}{\lambda_C}\right)$가 되고, 곱셈공식 합차공식을 적용하면 $(\dfrac{h}{\lambda} - \dfrac{h}{\lambda'} + \dfrac{h}{\lambda_C})^2 - (\dfrac{h}{\lambda_C})^2$이 된다.

# 11

답 ②

**정답해설**

② 온도가 변하면 몰농도는 변하지만 %농도는 변하지 않음을 기억한다.

|  | 25℃ | 20℃ |
|---|---|---|
| 수용액 부피 | 0.1L | $d_2 = \dfrac{0.1d_1}{V}$ $\quad v = \dfrac{0.1d_1}{d_2}$ |
| 수용액 질량 | $0.1d_1$(kg) | $0.1d_1$(kg) |
| 용질의 몰 수 | 0.1a mol | 0.1a mol |
| 용질의 질량 | $0.1a \times 100 = 10a$(g) | $0.1a \times 100 = 10a$(g) |
| 몰농도 | aM | $\dfrac{0.1a(mol)}{\dfrac{0.1d_1}{d_2}} = \dfrac{ad_2}{d_1}$ |
| %농도 | $\dfrac{0.01a}{0.1d_1} \times 100 = \dfrac{10a}{d_1}$ | $\dfrac{0.01a}{0.1d_1} \times 100 = \dfrac{10a}{d_1}$ |
|  |  | $\dfrac{x}{y} = \dfrac{\dfrac{ad_2}{d_1}}{\dfrac{10a}{d_1}} = \dfrac{d_2}{10}$ |

# 12

**정답해설**

(가)에서 $K_c = 100 = \dfrac{(0.2)^c}{(0.1)^a(0.4)}$ 이므로 $a = 3$, $c = 2$이다. $3A(g) + B(g) \rightleftarrows 2C(g)$

ㄱ. (×) (나)에서 $K_p = 0.0016$가 주어졌지만 (다)와 온도가 같으므로 $K_c = 4$임을 알 수 있다. 따라서 (나)의 [C]를 구하면 0.2M임을 알 수 있다.

$K_c = 4 = \dfrac{(x)^2}{(1)^3(0.01)}$

| $T_1$ | $RT_1 = 25L \cdot atm/mol$ | $K_c = 100$ |
|---|---|---|
| $T_2$ | $RT_2 = 50L \cdot atm/mol$ | $K_c = 4$ |

ㄴ. (○) $T_1$에서 $T_2$가 될 때 온도가 올라가고, 그때 $K_c$ 값이 감소하므로 정반응은 발열반응이다.

ㄷ. (○) $K_p = K_c(RT_1)^{-2} = 100(25)^{-2}$이고, $K_p = 0.160$이다.

# 13

**정답해설**

ㄱ. (○) $x$축이 $t$이고, $y$축이 $\dfrac{1}{[A]}$ 인 그래프가 직선형이므로 2차속도식이다.

| | (가) | (나) |
|---|---|---|
| k(k는 그래프의 기울기이다) | $\dfrac{4a}{10}$ | $\dfrac{a}{10}$ |
| 온도(k값이 클수록 온도는 높다) | 1.2TK | TK |

ㄴ. (○)

아레니우스 식에 의하여 계산하여 활성화 에너지를 구한다.

$\ln k_1 - \ln k_2 = \dfrac{Ea}{R}\left(\dfrac{1}{T_2} - \dfrac{1}{T_1}\right)$

$\ln\dfrac{a}{10} - \ln\dfrac{4a}{10} = \dfrac{Ea}{R}\left(\dfrac{1}{1.2T} - \dfrac{1}{T}\right)$

$Ea = 6RT\ln4$

문제에서 $R = b$로 주어졌으므로 이 반응의 활성화 에너지는 $6bT\ln4J/mol$이다.

ㄷ. (○)

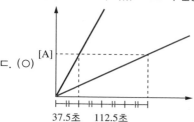

그래프의 기울기인 $k$ 값이 $a$와 $b$가 각각 $\dfrac{4a}{10}$, $\dfrac{a}{10}$ 이므로 같은 농도인 [A]까지 도달하는데 걸리는 시간의 비는 1 : 4이다.

따라서 같은 농도인 [A]까지 도달하는데 걸리는 시간은 $t_a = 37.5$초, $t_b = 150$초이다.

$\dfrac{1}{[A]} = kt + \dfrac{1}{[A]_0} = \dfrac{4a}{10} \times 37.5 + a = 16a$이다.

(가)와 (나)의 반감기$\left(t_{1/2} = \dfrac{1}{k[A]}\right)$를 각각 구하면 (가)는 40s, (나)는 160초이다.

## 14

**답** ⑤

**정답해설**

ㄱ. (O) 삼중 결합이므로 분자의 C원자 간에는 2개의 π 결합이 존재한다.

ㄴ. (O) π-콘쥬게이션(conjugation)된 trans-폴리아세틸렌은 전자들의 이동이 가능하므로 전도성 고분자이다.

ㄷ. (O) 산촉매에서 물의 첨가 반응을 하면 에놀형이 만들어지고 이때 자리옮김(케토 에놀 토토메리)에 의하여 케토형인 아세트알데히드가 만들어진다. 이때 카보닐기의 IR 스펙트럼은 1,730cm$^{-1}$ 부근에서 강한 피크를 나타낸다.

## 15

**답** ④

**정답해설**

④ 불포화도는 1인 화합물이다(불포화도 계산에서 O는 제외한다). 따라서 이중 경합이 1개 있거나 고리가 1개인 형태이다. 문제에서 고리형이라고 주어졌으므로 가능한 구조 이성질체는 다음과 같다.

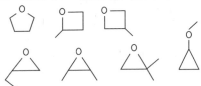

## 16

**답** 전항정답

**정답해설**

이 문제는 시행처에서 전항정답으로 발표했습니다. 그에 따라 해설은 수록하지 않습니다.

A : Ne, B : Na, C : Cl, D : Ar이다.

# 17

**정답해설**

⑤ 결정장 안정화 에너지는 0이다.

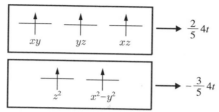

결정장 안정화 에너지는 $(\frac{2}{5}\triangle_t)\times 3 + (-\frac{3}{5}\triangle_t)\times 2 = 0$이다.

**오답해설**

① $M^{+2} \Rightarrow Mn^{2+}$ : $[Ar]3d^5$ 이므로 중심 이온의 산화수는 +2이다.

② 정사면체 착화합물이므로 중심 이온의 $3d_{xy}$ 오비탈의 에너지가 $3d_{z^2}$ 오비탈 에너지보다 높다.

③ 가상적인 정육면체를 생각하면 중심 이온의 $3d$ 오비탈 중 $3d_{z^2}$과 $3d_{x^2-y^2}$ 오비탈은 가상 정육면체의 면의 중심을 향하고 있다.

④ 고스핀이므로 중심 이온의 홀전자 수는 5이다.

# 18

**정답해설**

② 상자기성 분자는 2개($B_2$, $O_2$)이다.

**오답해설**

①

| | | $B_2$ | $C_2$ | $N_2$ | $O_2$ | $F_2$ |
|---|---|---|---|---|---|---|
| 자기성 | | 상자기성 | 반자기성 | 반자기성 | 상자기성 | 반자기성 |
| 결합 차수 | | 1 | 2 | 3 | 2 | 1 |

③ 결합성 $\pi_{2p}$ MO 에너지 준위에 비해 결합성 $\sigma_{2p}$ MO 에너지 준위가 낮은 분자는 2개($O_2$,$F_2$)이다.

④ 결합 에너지가 가장 큰 분자는 $N_2$이다.

⑤ 모든 분자들의 홀전자 수 총합은 4($B_2$ 2개 + $O_2$ 2개)이다.

## 19

정답해설

산화 : $A(s) \rightarrow A^{2+}(0.001M) + 2e \qquad E_0 = x$

환원 : $2H^+(0.1M) + 2e \rightarrow H_2(0.1atm) \qquad E_0 = 0$

---

$A_{(s)} + 2H^+(0.1M) \rightarrow A^{2+}(0.001M) + H_2(0.1atm)$

ㄱ. (○) $H^+$는 자기 자신은 환원되는 산화제이다.

오답해설

ㄴ. (×) $A^{2+}(aq) + 2e^- \rightarrow A(s)$의 표준 환원 전위($E^\circ$)를 구하기 위해 표준 산화 전위를 구한다.

$E = E^0 - \dfrac{0.06}{n} log \dfrac{[A^{2+}]P_{H_2}}{[H^+]^2}$

$0.82 = E_0 - \dfrac{0.06}{2} log \dfrac{0.001 \times 0.1}{(0.1)^2}$

$E_0 = 0.76$

따라서 표준 환원 전위는 −0.76V이다.

ㄷ. (×) 용액의 pH가 3이 되면 $[H^+] = 0.001$이다.

$E = E^0 - \dfrac{0.06}{n} log \dfrac{[A^{2+}]P_{H_2}}{[H^+]^2}$

$E = 0.76 - \dfrac{0.06}{2} log \dfrac{0.001 \times 0.1}{(0.001)^2}$

$E = 0.70 \, V$이다.

## 20

정답해설

④ $pH = pKa + log \dfrac{[A^-]}{[HA]}$

$6 = 5 + log \dfrac{[A^-]}{[HA]}$ 이므로 $log \dfrac{[A^-]}{[HA]} = 1$이고 $\dfrac{[A^-]}{[HA]} = 10$이다.

따라서 $[A^-] : [HA] = 10 : 1$이므로 HA 중 $\dfrac{10}{11}$가 해리된 용액인 91% 해리된 용액이 pH 6에 가장 가깝다.

## 21

> 오답해설

② 리소좀 내부는 산성(pH 5 이하)으로 유지되며, 리소좀의 효소들은 산성 환경에서 최대 활성을 나타낸다.
③ 소포체로부터 오는 소낭을 받아들이는 쪽은 골지체의 시스(cis)면이다.
④ 글리옥시좀은 퍼옥시좀의 변형체로써 식물의 종자에서 발견된다.
⑤ 활면소포체에선 칼슘이온($Ca^{2+}$)을 저장한다.

## 22

답 ④

> 오답해설

ㄷ. (×) 캘빈회로의 생성물은 3탄소화합물인 G3P(PGAL : 글리세르알데히드-3인산)이며, 식물은 이를 이용해 포도당, 아미노산 등의 유기물을 만든다.

## 23

답 ③

> 오답해설

① 신호물질이 국소적으로 확산되어 분비한 분자가 세포자체에서 반응을 유도하는 것은 자가분비 신호전달(autocrine signaling)이다.
② 신경전달물질은 혈류로 유입되지 않으며, 신경세포의 말단에서 분비되어 시냅스 틈으로 확산되어 시냅스후 세포에서 반응을 유발한다.
④ 에피네프린 같은 아민계열의 친수성 신호물질은 세포표면의 막 수용체와 결합하며 세포질로 유입되지 않는다.
⑤ 내분비 신호전달에선 호르몬이 혈류로 유입되어 먼 거리의 표적세포에게까지 신호를 전달한다.

## 24

답 ④

> 오답해설

ㄱ. (×) 전문 항원제시세포는 Ⅰ형 및 Ⅱ형 MHC 분자를 모두 표면에 지닌다.
ㄷ. (×) T세포는 골수에서 생성되어 흉선에서 성숙한다.

## 25

답 ⑤

> 오답해설

ㄱ. (×) 난자 내에서 난황이 집중되어 있는 쪽은 식물극이다.

# 26

> 오답해설

양성잡종 교배에서 2 : 1 : 1 : 0에 가까운 비율이 나온 것으로 보아 R과 I 대립인자가 동일한 염색체에, 그리고 r과 L 대립인자가 같은 염색체에 연관(상반)되어 있다.

ㄴ. (×) 재조합이 일어나지 않은 RI 배우자와 rL 배우자의 수정으로도 빨간색 큰 꽃이 형성될 수 있다.
ㄷ. (×) R과 I 대립인자가 동일 염색체에 함께 위치한다.

# 27

답 ②

> 오답해설

① 트립토판 오페론은 억제인자를 사용하는 음성 조절과 감쇠 조절만 일어난다.
③ 오페론의 전사 감쇠 조절 방식은 원핵세포에서만 일어난다.
④ 젖당 오페론의 음성 조절에서 유도자가 결합한 억제인자는 불활성화되어 작동자에 결합하지 못한다.
⑤ 트립토판 오페론에서는 공동억제자인 트립토판이 억제인자에 결합해야 활성형이 되어 전사가 억제된다.

# 28

답 ⑤

> 오답해설

① 염색질 변형은 가역적으로 일어나므로 복원된다.
② 아세틸화가 일어나 염색질 구조를 느슨하게 하는 부위는 히스톤의 N-말단 꼬리부위이다.
③ DNA의 메틸화는 주로 전사 억제를 유발한다.
④ 뉴클레오솜의 직경은 약 10nm이다.

# 29

답 ②

> 정답해설

② Cas9 내부핵산가수분해효소(endonuclease)는 guide RNA와 결합된 상태로 guide RNA가 상보적으로 결합하는 특정 DNA 서열만 자른다.

# 30

〔 정답해설 〕

② 후구동물은 원구에서 항문이 발달된다.


# 31

〔 정답해설 〕.

ㄱ. (○) 지진파의 속도는 매질의 상태는 밀도에 따라 달라진다.

ㄷ. (○) P파 암영대는 각거리 103°～143°이며, S파 암영대는 각거리 103°～180°이고, P파 암영대는 S파 암영대보다 좁다.

〔 오답해설 〕

ㄴ. (×) 외핵은 액체 상태이기 때문에 S파가 전달되지 않는다.


# 32

〔 정답해설 〕

ㄱ, ㄷ. (○) 베게너가 제시한 대륙 이동설의 증거는 다음과 같다.
• 남아메리카 동쪽 해안선과 아프리카 서쪽 해안선의 유사성
• 남극, 호주, 남아메리카, 아프리카, 인도 대륙에서의 빙하의 연속성
• 북아메리카와 유럽 산맥의 지질구조 연속성
• 고생물 화석 분포의 연속성

〔 오답해설 〕

ㄴ. (×) 남극 대륙의 빙하 흔적은 북극의 빙하가 아닌 호주, 남아메리카, 아프리카, 인도 대륙의 빙하 흔적과 연결된다.


# 33

〔 정답해설 〕

⑤ 판의 경계에서는 해령이나 열곡대가 발달한다.

〔 오답해설 〕

①·③·④ 해구와 습곡 산맥은 수렴형 경계에 발달하는 지형이다.
② 산안드레아스 단층과 같은 변환 단층은 보존형 경계에 발달하는 지형이다.

## 34

**정답해설**

② 생물이 살았던 환경을 추정하는데 이용되는 화석은 시상화석이다.
표준화석은 지질 시대 중 특정 시기에만 번성했다가 멸종한 생물의 화석으로, 생존기간이 짧아야 하며, 분포면적이 넓고, 개체수가 많아야 한다. 표준화석은 지층의 생성시기를 지시하며, 지질시대를 구분하는 기준이 된다.

## 35

**정답해설**

② 아열대 순환은 북반구에서는 시계 방향, 남반구에서는 시계 반대 방향으로 순환한다. 멕시코 만류와 쿠로시오 해류, 캘리포니아 해류, 카나리아 해류는 모두 북반구에서 아열대 순환을 이루는 환류이고, 페루 해류는 남반구에서 아열대 순환을 이루는 해류이다.

## 36

**정답해설**

③ 지균풍은 기압경도력과 전향력이 평형을 이루며 부는 바람으로, 풍속은 기압경도력이 클수록, 저위도일수록 빠르다. 북반구에서 전향력은 물체의 진행 방향에 대해 오른쪽으로 작용하므로 전향력의 방향은 풍향의 오른쪽 직각 방향이다. 따라서 A는 기압경도력, B는 전향력이며, 기압경도력의 크기는 등압선의 간격이 좁을수록 크며, 전향력의 크기는 풍속이 클수록, 위도가 높을수록 크고, 적도에서는 작용하지 않는다. 마찰력은 운동을 방해하는 힘이기 때문에 지표에서 마찰이 발생한다면 풍속이 감소해 전향력의 크기가 기압경도력의 크기보다 작아진다.

## 37

**정답해설**

③ 이슬점은 공기가 포화되어 수증기가 응결되기 시작하는 온도를 의미한다. 현재 B의 수증기량은 $9.4g/m^3$이므로 포화 수증기량이 $9.4g/m^3$인 온도는 10℃이다. 따라서 B의 이슬점은 10℃이다.

**오답해설**

① A는 포화수증기량과 현재 포함하고 있는 수증기량이 같으므로 포화상태이다.
② B는 포화수증기량이 현재 포함하고 있는 수증기량보다 많으므로 불포화상태이다.
④ C는 포화수증기량과 현재 포함하고 있는 수증기량이 같은 포화상태이므로 상대습도는 100%이다.
⑤ D는 현재 포함하고 있는 수증기량이 포화수증기량보다 많으므로 과포화상태이므로 응결이 일어난다.

# 38

> 정답해설

ㄴ. (○) 달은 지구를 기준으로 태양에서 시계 반대 방향으로 90°만큼 떨어져 있으므로 달의 오른쪽 절반이 밝게 보이는 상현달로 관측되며 초저녁부터 달이 질 때까지 관측가능하다.

> 오답해설

ㄱ, ㄷ. (×) 지구를 기준으로 금성은 태양보다 서쪽에 위치하므로 태양보다 먼저 뜨고 먼저 진다. 따라서 금성은 초저녁에 관측되는 것이 아닌 해 뜨기 전 새벽에 동쪽하늘에서 관측된다. 또한 금성을 자정에 관측하기 위해선 지구를 기준으로 금성과 태양이 이루는 각도가 90° 이상 커져야 한다. 하지만 금성은 내행성이기 때문에 금성과 태양이 이루는 각도가 90° 이상 커질 수 없다. 그러므로 금성은 자정에 관측될 수 없다.

# 39

답 ④

> 정답해설

ㄱ. (○) 연주시차는 $d[pc] = \dfrac{1}{p['']}$ 공식을 만족한다. 따라서 연주시차는 별까지의 거리에 반비례한다. 따라서 A~C 중 가장 가까운 별은 연주시차가 가장 큰 A이다. 값을 대입하면 A까지의 거리는 1pc, B까지의 거리는 2pc, C까지의 거리는 10pc이다.

ㄴ. (×), ㄷ. (○) 각 별까지의 거리와 겉보기 등급을 알기 때문에 거리지수 공식 $m - M = 5\log r - 5$에 대입하면 각 별의 절대 등급을 구할 수 있다. 이렇게 구한 별의 절대 등급은 A는 5등급, C는 2등급이다.

# 40

답 ③

> 오답해설

① 우리은하는 막대 나선 은하이다.
② 은하핵이 존재하는 중앙 팽대부, 나선 팔이 존재하는 은하 원반, 헤일로로 이루어져 있다.
④ 헤일로에는 주로 나이가 많은 별들로 구성된 구상성단이 분포하고 있다.
⑤ 나선 팔에는 주로 젊은 별이 분포한다.

자신의 능력을 믿어야 한다.
그리고 끝까지 굳게 밀고 나가라.

- 로잘린 카터 -

# 2022년 제59회 정답 및 해설

| 01 | 02 | 03 | 04 | 05 | 06 | 07 | 08 | 09 | 10 | 11 | 12 | 13 | 14 | 15 | 16 | 17 | 18 | 19 | 20 |
|---|---|---|---|---|---|---|---|---|---|---|---|---|---|---|---|---|---|---|---|
| ⑤ | ② | ④ | ③ | ① | ③ | ⑤ | ② | ④ | ① | ① | ④ | ⑤ | ③ | ① | ② | ⑤ | ⑤ | ④ | ③ |
| 21 | 22 | 23 | 24 | 25 | 26 | 27 | 28 | 29 | 30 | 31 | 32 | 33 | 34 | 35 | 36 | 37 | 38 | 39 | 40 |
| ③ | ④ | ⑤ | ① | ④ | ① | ② | ② | ④ | ③ | ② | ③ | ① | ⑤ | ② | ③ | ③ | ① | ⑤ | ④ |

## 01

답 ⑤

**정답해설**

⑤ 특허권 및 특허에 관한 권리의 등록신청서류와 「특허협력조약」 제2조(vii)에 따른 국제출원(이하 "국제출원"이라 한다)에 관한 서류를 우편으로 제출하는 경우에는 그 서류가 특허청장 또는 특허심판원장에게 도달한 날부터 효력이 발생한다(특허법 제28조 제2항 단서).

**오답해설**

① 특허법은 수출을 실시행위로 규정하고 있지 않다(특허법 제2조 제3호).

**특허법 제2조(정의)**
3. "실시"란 다음 각 목의 구분에 따른 행위를 말한다.
    가. 물건의 발명인 경우 : 그 물건을 생산·사용·양도·대여 또는 수입하거나 그 물건의 양도 또는 대여의 청약(양도 또는 대여를 위한 전시를 포함한다. 이하 같다)을 하는 행위
    나. 방법의 발명인 경우 : 그 방법을 사용하는 행위 또는 그 방법의 사용을 청약하는 행위
    다. 물건을 생산하는 방법의 발명인 경우 : 나목의 행위 외에 그 방법에 의하여 생산한 물건을 사용·양도·대여 또는 수입하거나 그 물건의 양도 또는 대여의 청약을 하는 행위

② 법인이 아닌 사단 또는 재단으로서 대표자나 관리인이 정하여져 있는 경우에는 그 사단 또는 재단의 이름으로 출원심사의 청구인, 특허취소신청인, 심판의 청구인·피청구인 또는 재심의 청구인·피청구인이 될 수 있다(특허법 제4조).
③ 특허법 제5조 제1항
④ 특허청장·특허심판원장·심판장 또는 제57조 제1항에 따른 심사관(이하 "심사관"이라 한다)은 이 법에 따라 특허에 관한 절차를 밟을 기간을 정한 경우에는 청구에 따라 그 기간을 단축 또는 연장하거나 직권으로 그 기간을 연장할 수 있다. 이 경우 특허청장 등은 그 절차의 이해관계인의 이익이 부당하게 침해되지 아니하도록 단축 또는 연장 여부를 결정하여야 한다(특허법 제15조 제2항).

# 02

**정답해설**

② 특허출원 전에 이루어진 특허를 받을 수 있는 권리의 승계는 그 승계인이 특허출원을 하여야 제3자에게 대항할 수 있다(특허법 제38조 제1항). 특허출원 전에 이루어진 특허를 받을 수 있는 권리의 승계는 특허를 받을 수 있는 권리를 가진 자로부터 승계한 때 승계의 효력이 발생하며, 승계인의 특허출원은 제3자 대항요건이다.

**오답해설**

① 특허법 제38조 제4항
③ 특허를 받을 수 있는 권리는 발명의 완성과 동시에 발명자에게 원시적으로 귀속되지만, 이는 재산권으로 양도성을 가지므로 계약 또는 상속 등을 통하여 전부 또는 일부 지분을 이전할 수 있고(특허법 제37조 제1항), 그 권리를 이전하기로 하는 계약은 명시적으로는 물론 묵시적으로도 이루어질 수 있고, 그러한 계약에 따라 특허등록을 공동출원한 경우에는 출원인이 발명자가 아니라도 등록된 특허권의 공유지분을 가진다(判例 2011다67705).
④ 특허법 제41조 제2항·제4항
⑤ 특허법 제38조 제6항

# 03

**정답해설**

④ 제3자의 출원은 무권리자 출원과 신규성 요건을 충족하지 않으므로 선출원의 지위를 갖지 않으며, 이러한 제3자의 출원에 의해 선출원주의 위반에 해당하지 않는다.

**오답해설**

① 발명의 신규성 또는 진보성 판단에 제공되는 대비발명은 그 기술적 구성 전체가 명확하게 표현된 것뿐만 아니라, 미완성 발명 또는 자료의 부족으로 표현이 불충분하거나 일부 내용에 오류가 있다고 하더라도 그 기술분야에서 통상의 지식을 가진 자가 발명의 출원 당시 기술상식을 참작하여 기술내용을 용이하게 파악할 수 있다면 선행기술이 될 수 있다(判例 2006후1957).
② 선행 또는 공지의 발명에 구성요건이 상위개념으로 기재되어 있고 위 상위개념에 포함되는 하위개념만을 구성요건 중의 전부 또는 일부로 하는 이른바 선택발명의 신규성을 부정하기 위해서는 선행발명이 선택발명을 구성하는 하위개념을 구체적으로 개시하고 있어야 하고, 이에는 선행발명을 기재한 선행문헌에 선택발명에 대한 문언적인 기재가 존재하는 경우 외에도 그 발명이 속하는 기술분야에서 통상의 지식을 가진 자가 선행문헌의 기재 내용과 출원시의 기술 상식에 기초하여 선행문헌으로부터 직접적으로 선택발명의 존재를 인식할 수 있는 경우도 포함된다(判例 2008후3520).
③ 구성요소의 범위를 수치로써 한정하여 표현한 발명이 그 출원 전에 공지된 발명과 사이에 수치한정의 유무 또는 범위에서만 차이가 있는 경우에는, 그 한정된 수치범위가 공지된 발명에 구체적으로 개시되어 있거나, 그렇지 않더라도 그러한 수치한정이 그 발명이 속하는 기술분야에서 통상의 지식을 가진 자(이하 '통상의 기술자'라고 한다)가 적절히 선택할 수 있는 주지·관용의 수단에 불과하고 이에 따른 새로운 효과도 발생하지 않는다면 그 신규성이 부정된다(判例 2011후2015).

⑤ 특허법 제2조 제3호는 발명을 '물건의 발명', '방법의 발명', '물건을 생산하는 방법의 발명'으로 구분하고 있는바, 특허청구범위가 전체적으로 물건으로 기재되어 있으면서 그 제조방법의 기재를 포함하고 있는 발명(이하 '제조방법이 기재된 물건발명'이라고 한다)의 경우 제조방법이 기재되어 있다고 하더라도 발명의 대상은 그 제조방법이 아니라 최종적으로 얻어지는 물건 자체이므로 위와 같은 발명의 유형 중 '물건의 발명'에 해당한다. 물건의 발명에 관한 특허청구범위는 발명의 대상인 물건의 구성을 특정하는 방식으로 기재되어야 하는 것이므로, 물건의 발명의 특허청구범위에 기재된 제조방법은 최종 생산물인 물건의 구조나 성질 등을 특정하는 하나의 수단으로서 그 의미를 가질 뿐이다. 따라서 제조방법이 기재된 물건발명의 특허요건을 판단함에 있어서 그 기술적 구성을 제조방법 자체로 한정하여 파악할 것이 아니라 제조방법의 기재를 포함하여 특허청구범위의 모든 기재에 의하여 특정되는 구조나 성질 등을 가지는 물건으로 파악하여 출원 전에 공지된 선행기술과 비교하여 신규성, 진보성 등이 있는지 여부를 살펴야 한다(判例 2011후927).

## 04

답 ③

**정답해설**

③ 특허법 제52조 제2항 제2호

**오답해설**

① 특허출원인은 그 특허출원의 출원서에 최초로 첨부된 명세서 또는 도면에 기재된 사항의 범위에서 그 일부를 하나 이상의 특허출원으로 분할할 수 있다. 다만, 그 특허출원이 외국어특허출원인 경우에는 그 특허출원에 대한 국어번역문이 제출된 경우에만 분할할 수 있다(특허법 제52조 제1항).
② 분할출원은 원출원이 출원된 때에 출원한 것으로 보므로, 동일한 발명에 대해 같은 날 2 이상의 출원이 있는 것으로 보아 특허법 제36조 제2항 위반 거절이유가 발생한다.
④ 분할출원은 원출원의 출원서에 최초로 첨부된 명세서 또는 도면에 기재된 사항의 범위에서 할 수 있다. 또한, 분할출원의 경우에도 청구범위제출유예제도가 적용된다.
⑤ 분할출원은 특허결정등본을 송달받은 날부터 3개월 이내의 기간에 가능하며, 설정등록을 받으려는 날이 3개월보다 짧은 경우에는 그날까지의 기간에 분할출원이 가능하다(특허법 제52조 제1항 제3호 단서).

## 05

답 ①

**정답해설**

① 특허출원인의 의사에 반한 공지가 있는 경우, 발명이 공지된 날로부터 12개월 이내에 출원해야 하며(특허법 제30조 제1항 제2호), 공지에 의한 거절이유통지가 있을 때 의견서제출기회를 통해 발명이 공지된 과정이 자신의 의사에 반한 것이었다는 사실의 입증을 할 수 있다.

**오답해설**

② 특허법 제59조 제3항
③ 특허법 제52조 제6항
④ 특허법 제63조 제1항 단서
⑤ 특허법 제53조 제8항

# 06

**답 ③**

③ 명세서 또는 도면의 보정은 특허출원서에 최초로 첨부한 명세서 또는 도면에 기재된 사항의 범위에서 하여야 한다(특허법 제47조 제2항). 요약서는 명세서 또는 도면에 해당하지 않으므로 신규사항 추가 여부를 판단하는 기준이 되는 최초 명세서 등에 포함되지 아니한다(특허·실용신안 심사기준).

② 특허청장 또는 특허심판원장은 제46조에 따른 보정명령을 받은 자가 지정된 기간에 그 보정을 하지 아니하면 특허에 관한 절차를 무효로 할 수 있다. 다만, 제82조 제2항에 따른 심사청구료를 내지 아니하여 보정명령을 받은 자가 지정된 기간에 그 심사청구료를 내지 아니하면 특허출원서에 첨부한 명세서에 관한 보정을 무효로 할 수 있다(특허법 제16조 제1항).

④ 특허출원인은 제1항 후단에 따라 특허출원서에 최초 첨부한 명세서에 청구범위를 적지 아니한 경우에는 제64조 제1항 각 호의 구분에 따른 날부터 1년 2개월이 되는 날까지 명세서에 청구범위를 적는 보정을 하여야 한다. 다만, 본문에 따른 기한 이전에 제60조 제3항에 따른 출원심사 청구의 취지를 통지받은 경우에는 그 통지를 받은 날부터 3개월이 되는 날 또는 제64조 제1항 각 호의 구분에 따른 날부터 1년 2개월이 되는 날 중 빠른 날까지 보정을 하여야 한다(특허법 제42조의2 제2항).

⑤ 특허법 제42조 제4항 제1호는 특허청구범위에 보호받고자 하는 사항을 기재한 청구항이 발명의 상세한 설명에 의하여 뒷받침될 것을 규정하고 있는데, 이는 특허출원서에 첨부된 명세서의 발명의 상세한 설명에 기재되지 아니한 사항이 청구항에 기재됨으로써 출원자가 공개하지 아니한 발명에 대하여 특허권이 부여되는 부당한 결과를 막으려는 데에 취지가 있다. 따라서 특허법 제42조 제4항 제1호가 정한 위와 같은 명세서 기재요건을 충족하는지는 위 규정 취지에 맞게 특허출원 당시의 기술수준을 기준으로 하여 통상의 기술자의 입장에서 특허청구범위에 기재된 발명과 대응되는 사항이 발명의 상세한 설명에 기재되어 있는지에 의하여 판단하여야 하므로, 특허출원 당시의 기술수준에 비추어 발명의 상세한 설명에 개시된 내용을 특허청구범위에 기재된 발명의 범위까지 확장 또는 일반화할 수 있다면 그 특허청구범위는 발명의 상세한 설명에 의하여 뒷받침된다고 볼 수 있다(判例 2014후2061).

# 07

**답 ⑤**

ㄴ. (○) 특허발명의 진보성을 판단할 때에는 청구항에 기재된 복수의 구성을 분해한 후 각각 분해된 개별 구성요소들이 공지된 것인지 여부만을 따져서는 아니 되고, 특유의 과제 해결원리에 기초하여 유기적으로 결합된 전체로서의 구성의 곤란성을 따져 보아야 하며, 이때 결합된 전체 구성으로서의 발명이 갖는 특유한 효과도 함께 고려하여야 한다(判例 2019후10609).

ㄷ. (○) 효과의 현저성은 특허발명의 명세서에 기재되어 통상의 기술자가 인식하거나 추론할 수 있는 효과를 중심으로 판단하여야 하고, 만일 그 효과가 의심스러울 때에는 그 기재 내용의 범위를 넘지 않는 한도에서 출원일 이후에 추가적인 실험 자료를 제출하는 등의 방법으로 그 효과를 구체적으로 주장·증명하는 것이 허용된다(判例 2019후10609).

ㄹ. (○) 의약용도발명에서는 통상의 지식을 가진 사람이 선행발명들로부터 특정 물질의 특정 질병에 대한 치료효과를 쉽게 예측할 수 있는 정도에 불과하다면 진보성이 부정되고, 이러한 경우 선행발명들에서 임상시험 등에 의한 치료효과가 확인될 것까지 요구된다고 볼 수 없다(判例 2016후502).

ㄱ. (×) 구성의 곤란성 여부의 판단이 불분명한 경우라고 하더라도, 특허발명이 선행발명에 비하여 이질적이거나 양적으로 현저한 효과를 가지고 있다면 진보성이 부정되지 않는다(判例 2019후10609).

**정답해설**

② 특허법 제66조의3

> **특허법 제66조의3(특허결정 이후 직권 재심사)**
> ① 심사관은 특허결정된 특허출원에 관하여 명백한 거절이유를 발견한 경우에는 직권으로 특허결정을 취소하고, 그 특허출원을 다시 심사(이하 "직권 재심사"라 한다)할 수 있다. 다만, 다음 각 호의 어느 하나에 해당하는 경우에는 그러하지 아니하다.
> 1. 거절이유가 제42조 제3항 제2호, 같은 조 제8항 및 제45조에 따른 요건에 관한 것인 경우
> 2. <u>그 특허결정에 따라 특허권이 설정등록된 경우</u>
> 3. 그 특허출원이 취하되거나 포기된 경우
> ② 제1항에 따라 심사관이 직권 재심사를 하려면 특허결정을 취소한다는 사실을 특허출원인에게 통지하여야 한다.
> ③ <u>특허출원인이 제2항에 따른 통지를 받기 전에 그 특허출원이 제1항 제2호 또는 제3호에 해당하게 된 경우에는 특허결정의 취소는 처음부터 없었던 것으로 본다.</u>

**오답해설**

① 심사관의 직권재심사는 특허결정에 따라 특허권이 설정등록된 경우에는 할 수 없다(특허법 제66조의3 제1항 제2호).
③ 심사관의 직권보정 사항에 대해 특허출원인이 의견서를 제출한 경우 해당 직권보정 사항의 전부 또는 일부는 처음부터 없었던 것으로 본다. 이 경우 그 특허결정도 함께 취소된 것으로 본다(특허법 제66조의2 제4항).
④ 재심사 청구는 취하할 수 없다(특허법 제67조의2 제4항). 재심사가 청구된 경우 거절결정은 취소된 것으로 보므로 거절결정 등본을 송달받은 날로부터 30일 이내에 할 수 있는 행위(거절결정 불복심판 및 분할출원)를 할 수 없다.
⑤ 출원공개 후 특허를 무효로 한다는 심결(후발적 무효사유에 따른 무효 심결은 제외)이 확정된 경우에는 보상금 청구권은 처음부터 발생하지 아니한 것으로 본다(특허법 제65조 제6항 제4호).

## 09

**정답해설**

④ 특허법 제84조 제3항

> **특허법 제84조(특허료 등의 반환)**
> ① 납부된 특허료 및 수수료는 다음 각 호의 어느 하나에 해당하는 경우에만 납부한 자의 청구에 의하여 반환한다.
> 1. 잘못 납부된 특허료 및 수수료
> ② 특허청장 또는 특허심판원장은 납부된 특허료 및 수수료가 제1항 각 호의 어느 하나에 해당하는 경우에는 그 사실을 납부한 자에게 통지하여야 한다.
> ③ 제1항에 따른 특허료 및 수수료의 반환청구는 제2항에 따른 통지를 받은 날부터 5년이 지나면 할 수 없다.

① 추가납부기간에 특허료를 내지 아니한 경우(추가납부기간이 끝나더라도 제81조의2 제2항에 따른 보전기간이 끝나지 아니한 경우에는 그 보전기간에 보전하지 아니한 경우를 말한다)에는 특허권의 설정등록을 받으려는 자의 특허출원은 "포기"한 것으로 본다(특허법 제81조 제3항).

② 특허권의 설정등록을 받으려는 자 또는 특허권자가 "정당한 사유"로 추가납부기간에 특허료를 내지 아니하였거나 보전기간에 보전하지 아니한 경우에는 그 사유가 소멸한 날부터 "2개월" 이내에 그 특허료를 내거나 보전할 수 있다(특허법 제81조의3 제1항).

③ 특허권의 존속기간의 연장등록을 무효로 한다는 심결이 확정된 경우 특허권의 존속기간의 연장등록을 무효로 한다는 심결이 확정된 해의 "다음 해부터의" 특허료 해당분은 납부한 자의 청구에 의하여 반환한다(특허법 제84조 제1항 제3호).

⑤ 특허청장은 제2항에 따른 특허료 및 수수료 감면을 거짓이나 그 밖의 부정한 방법으로 받은 자에 대하여는 산업통상자원부령으로 정하는 바에 따라 감면받은 특허료 및 수수료의 2배액을 징수할 수 있다(특허법 제83조 제4항).

## 10

### 정답해설

① 특허를 받을 수 있는 권리가 공유인 경우에는 공유자 모두가 공동으로 특허출원을 하여야 한다(특허법 제44조). 이를 위반시 거절이유에 해당한다.

### 오답해설

② 특허권이 공유인 경우에는 각 공유자는 다른 공유자 모두의 동의를 받아야만 그 지분을 양도하거나 그 지분을 목적으로 하는 질권을 설정할 수 있다(특허법 제99조 제2항).

③ 특허권의 공유자 상호 간에 이해관계가 대립되는 경우 등에 그 공유관계를 해소하기 위한 수단으로서 각 공유자에게 민법상의 공유물분할청구권을 인정하더라도 공유자 이외의 제3자에 의하여 다른 공유자 지분의 경제적 가치에 위와 같은 변동이 발생한다고 보기 어려워서 위 특허법 제99조 제2항 및 제4항에 반하지 아니하고, 달리 분할청구를 금지하는 특허법 규정도 없으므로, 특허권의 공유관계에 민법상 공유물분할청구에 관한 규정이 적용될 수 있다(判例 2013다41578).

④ 특허권은 발명실시에 대한 독점권으로서 그 대상은 형체가 없을 뿐만 아니라 각 공유자에게 특허권을 부여하는 방식의 현물분할을 인정하면 하나의 특허권이 사실상 내용이 동일한 복수의 특허권으로 증가하는 부당한 결과를 초래하게 되므로, 특허권의 성질상 그러한 현물분할은 허용되지 아니한다. 그리고 위와 같은 법리는 디자인권의 경우에도 마찬가지로 적용된다(判例 2013다41578).

⑤ 특허법 제140조 제2항 제1호

---

**특허법 제140조(심판청구방식)**
① 심판을 청구하려는 자는 다음 각 호의 사항을 적은 심판청구서를 특허심판원장에게 제출하여야 한다.
　1. 당사자의 성명 및 주소(법인인 경우에는 그 명칭 및 영업소의 소재지)
② 제1항에 따라 제출된 심판청구서의 보정은 그 요지를 변경할 수 없다. 다만, 다음 각 호의 어느 하나에 해당하는 경우에는 그러하지 아니하다.
　1. 제1항 제1호에 따른 당사자 중 특허권자의 기재를 바로잡기 위하여 보정(특허권자를 추가하는 것을 포함하되, 청구인이 특허권자인 경우에는 추가되는 특허권자의 동의가 있는 경우로 한정한다)하는 경우

---

# 11

**정답해설**

① 반도체 기술에 대해서는 제1항 제3호(공공의 이익을 위하여 비상업적으로 실시하는 경우만 해당한다) 또는 "제4호의 경우"에만 재정을 청구할 수 있다(특허법 제107조 제6항).

**오답해설**

② 특허법 제87조 제4항
③ 특허법 제94조 제2항
④ 특허법 제106조의2 제1항
⑤ 특허법 제124조 제2항


# 12

**정답해설**

④ 判例 2004후3553

**오답해설**

① 행정소송인 심결취소소송에서도 원칙적으로 변론주의가 적용되고, 따라서 자백 또는 의제자백도 인정된다 함은 상고이유에서 지적하는 바와 같으나, 자백의 대상은 사실이고, 이러한 사실에 대한 법적 판단 내지 평가는 자백의 대상이 되지 아니하는 것이다(判例 2000후1542). 특허발명의 진보성 판단에 제공되는 선행발명이 어떤 구성요소를 가지고 있는지는 주요사실로서 당사자의 자백의 대상이 된다고 할 것이다(判例 2004후905).
② 특허발명의 보호범위는 특허청구범위에 기재된 사항에 의하여 정하여지는 것이 원칙이므로, 특허청구범위의 기재만으로 기술적 범위가 명백한 경우에는 명세서의 다른 기재에 의하여 특허청구범위의 기재를 제한해석할 수 없다. 다만 그 기재만으로 특허발명의 기술적 구성을 알 수 없거나 기술적 범위를 확정할 수 없는 경우에는 명세서의 다른 기재에 의해 보충할 수 있으나, 그러한 경우에도 명세서의 다른 기재에 의하여 특허청구범위를 확장해석하는 것은 허용되지 않는다(判例 2010후2605).
③ 선 특허발명과 후 발명이 이용관계에 있는 경우에는 후 발명은 선 특허발명의 권리범위에 속하게 되고, 이러한 이용관계는 후 발명이 선 특허발명의 기술적 구성에 새로운 기술적 요소를 부가하는 것으로서 후 발명이 선 특허발명의 요지를 전부 포함하고 이를 그대로 이용하되, 후 발명 내에 선 특허발명이 발명으로서의 일체성을 유지하는 경우에 성립하는 것이며, 이는 선 특허발명과 동일한 발명뿐만 아니라 균등한 발명을 이용하는 경우도 마찬가지이다(判例 98후522).
⑤ 특허권침해소송의 상대방이 제조 등을 하는 제품 또는 사용하는 방법(이하 '침해대상제품 등'이라 한다)이 특허발명의 특허권을 침해한다고 할 수 있기 위해서는 특허발명의 특허청구범위에 기재된 각 구성요소와 그 구성요소 간의 유기적 결합관계가 침해대상제품 등에 그대로 포함되어 있어야 한다(判例 2010다65818).

# 13

**정답해설**

⑤ 일사부재리 원칙에 관한 특허법 제163조는 "이 법에 따른 심판의 심결이 확정되었을 때에는 그 사건에 대해서는 누구든지 동일 사실 및 동일 증거에 의하여 다시 심판을 청구할 수 없다. 다만 확정된 심결이 각하심결인 경우에는 그러하지 아니하다."라고 규정하고 있다. 따라서 확정된 심결이 심판청구의 적법요건을 갖추지 못하여 각하된 심결인 경우에는 특허법 제163조 단서에 따라 일사부재리의 효력이 없다. 다음과 같은 점을 고려하면, 위 단서 규정은 새로 제출된 증거가 선행 확정 심결을 번복할 수 있을 만큼 유력한 증거인지에 관한 심리·판단이 이루어진 후 선행확정 심결과 동일 증거에 의한 심판청구라는 이유로 각하된 심결인 경우에도 동일하게 적용된다고 보아야 한다(判例 2021후10077).

**오답해설**

① 확인대상발명의 일부 구성이 불명확하여 다른 것과 구별될 수 있는 정도로 구체적으로 특정되어 있지 않다면, 특허심판원은 요지변경이 되지 아니하는 범위 내에서 확인대상발명의 설명서 및 도면에 대한 보정을 명하는 등 조치를 취해야 하며, 그럼에도 그와 같은 특정에 미흡함이 있다면 심판의 심결이 확정되더라도 일사부재리의 효력이 미치는 범위가 명확하다고 할 수 없으므로, 나머지 구성만으로 확인대상발명이 특허발명의 권리범위에 속하는지를 판단할 수 있는 경우라 하더라도 심판청구를 각하하여야 한다(判例 2010후3356).
② 判例 2013후37
③ 判例 2003후427
④ 判例 2007허1787

# 14

**정답해설**

ㄱ. (○) 특허권자 또는 전용실시권자는 자신의 특허발명의 보호범위를 확인하기 위하여 특허권의 권리범위 확인심판을 청구할 수 있다(특허법 제135조 제1항).
ㄷ. (○) 특허권자, 전용실시권자 또는 통상실시권자는 해당 특허발명이 제98조에 해당하여 실시의 허락을 받으려는 경우에 그 타인이 정당한 이유 없이 허락하지 아니하거나 그 타인의 허락을 받을 수 없을 때에는 자기의 특허발명의 실시에 필요한 범위에서 통상실시권 허락의 심판을 청구할 수 있다(특허법 제138조 제1항).
ㄹ. (○) 특허법 제156조

> **특허법 제156조(참가의 신청 및 결정)**
> ① 심판에 참가하려는 자는 참가신청서를 심판장에게 제출하여야 한다.
> ② 심판장은 참가신청이 있는 경우에는 참가신청서 부본을 당사자 및 다른 참가인에게 송달하고, 기간을 정하여 의견서를 제출할 수 있는 기회를 주어야 한다.
> ③ 참가신청이 있는 경우에는 심판으로 그 참가 여부를 결정하여야 한다.
> ④ 제3항에 따른 결정은 서면으로 하여야 하며, 그 이유를 붙여야 한다.
> ⑤ 제3항에 따른 결정에 대해서는 불복할 수 없다.

## 15

**답** ①

> 정답해설

① 당사자는 특허취소결정 또는 심결 확정 후 재심사유를 안 날부터 30일 이내에 재심을 청구하여야 한다(특허법 제180조 제1항). 대리권의 흠을 이유로 재심을 청구하는 경우에 제1항의 기간은 청구인 또는 법정대리인이 특허취소결정등본 또는 <u>심결등본의 송달에 의하여 특허취소결정 또는 심결이 있는 것을 안 날의 다음 날부터 기산한다</u>(특허법 제180조 제2항).

> 오답해설

② 특허법 제180조 제3항·제4항

③ 특허법 제179조

④ 특허법 제181조 제1항 제4호

⑤ 특허법 제182조

## 16

**답** ②

> 정답해설

② 동일한 특허발명에 대하여 정정심판 사건이 특허심판원에 계속 중에 있다는 이유로 상고심에 계속 중인 그 특허발명에 관한 특허무효심결에 대한 취소소송의 심리를 중단하여야 하는 것은 아니다(判例 2018후11353).

> 오답해설

① 권리범위확인심판 제도의 성질과 기능, 특허법의 규정 내용과 취지 등에 비추어 보면, 침해소송이 계속 중이어서 그 소송에서 특허권의 효력이 미치는 범위를 확정할 수 있더라도 이를 이유로 침해소송과 별개로 청구된 권리범위확인심판의 심판청구의 이익이 부정된다고 볼 수는 없다(判例 2016후328).

③ 특허권자가 정정심판을 청구하여 특허무효심판에 대한 심결취소소송의 사실심 변론종결 이후에 특허발명의 명세서 또는 도면에 대하여 정정을 한다는 심결이 확정되더라도 정정 전 명세서 등으로 판단한 원심판결에 재심사유가 있다고 볼 수 없다(判例 2016후2522).

④ 이른바 고유필수적 공동소송이 아닌 사건에서 소송 도중에 당사자를 추가하는 것은 허용될 수 없고, 동일한 특허권에 관하여 2인 이상의 자가 공동으로 특허의 무효심판을 청구하여 승소한 경우에 그 특허권자가 제기할 심결취소소송은 심판청구인 전원을 상대로 제기하여야만 하는 고유필수적 공동소송이라고 할 수 없으므로, 위 소송에서 당사자의 변경을 가져오는 당사자추가신청은 명목이 어떻든 간에 부적법하여 허용될 수 없다(判例 2007후1510).

⑤ 법원은 제186조 제1항에 따른 소 또는 같은 조 제8항에 따른 상고가 제기되었을 때에는 지체 없이 그 취지를 특허심판원장에게 통지하여야 한다(특허법 제188조 제1항).

## 17

답 ⑤

> **오답해설**

① 특허청장은 국제출원이 특허청에 도달한 날을 「특허협력조약」 제11조의 국제출원일(이하 "국제출원일"이라 한다)로 인정하여야 한다. 다만, 제193조 제1항에 따른 발명의 설명 또는 청구범위가 제출되지 아니한 경우에는 그러하지 아니하다(특허법 제194조 제1항 제3호).

② 법령의 규정에 의하여 특허청장에게 제출하는 국제출원에 관한 서류로서 제출기간이 정하여져 있는 것을 등기우편에 의하여 제출하는 경우 우편의 지연으로 인하여 당해서류가 제출기간내에 도달되지 아니하는 때에는 출원인은 당해서류를 제출기간의 만료일 5일 이전에 우편으로 발송하였다는 사실을 증명하는 증거를 특허청장에게 제출할 수 있다. 다만, 당해서류를 항공우편으로 발송할 수 있고 또한 항공우편 외의 방법으로는 도달에 통상 3일 이상 소요되는 것이 명백한 경우 당해서류를 항공우편으로 발송하지 아니한 때에는 그러하지 아니하다(특허법 시행규칙 제86조 제1항). 제1항의 규정에 의하여 제출된 증거에 의하여 당해서류가 제출기간내에 도달되지 아니한 원인이 우편의 지연으로 인한 것이라고 인정되는 경우에는 당해서류는 제출기간내에 제출된 것으로 "본다"(특허법 시행규칙 제86조 제3항).

③ 출원인이 우선권주장을 보정 또는 추가하고자 하는 경우에는 우선일부터 1년 4월(우선권주장의 보정 또는 추가로 인하여 우선일이 변경된 경우에는 변경된 우선일부터 1년 4월과 우선일부터 1년 4월 중 먼저 만료되는 날)과 국제출원일부터 4월 중 늦게 만료되는 날 이내에 보정 또는 추가하여야 한다(특허법 시행규칙 제102조 제1항).

④ 특허청장은 우선권주장의 기초가 되는 선출원이 국어 또는 영어 외의 언어로 기재되어 있는 경우에는 기간을 정하여 국어번역문을 제출할 것을 출원인에게 명할 수 있다(특허법 시행규칙 제106조의11 제2항).

## 18

답 ⑤

> **정답해설**

⑤ 법인의 대표자나 법인 또는 개인의 대리인, 사용인, 그 밖의 종업원이 그 법인 또는 개인의 업무에 관하여 <u>침해죄, 허위표시의 죄 또는 거짓행위의 죄의 어느 하나에 해당하는 위반행위</u>를 하면 그 행위자를 벌하는 외에 그 법인에는 6천만 원 이하의 벌금형을, 그 개인에게는 해당 조문의 벌금형을 과한다. 다만, 법인 또는 개인이 그 위반행위를 방지하기 위하여 해당 업무에 관하여 상당한 주의와 감독을 게을리하지 아니한 경우에는 그러하지 아니하다(특허법 제230조).

> **오답해설**

① 침해죄는 피해자의 명시적인 의사에 반하여 공소(公訴)를 제기할 수 없다(특허법 제225조 제2항). 비밀유지명령 위반죄는 비밀유지명령을 신청한 자의 고소가 없으면 공소를 제기할 수 없다(특허법 제229조의2 제2항).

② 위증죄를 범한 자가 그 사건의 특허취소신청에 대한 결정 또는 심결이 확정되기 전에 자수한 경우에는 그 형을 감경 또는 면제할 수 있다(특허법 제227조 제2항).

③ 특허심판원으로부터 증인·감정인 또는 통역인으로 소환된 자로서 정당한 이유 없이 소환에 따르지 아니하거나 선서·진술·증언·감정 또는 통역을 거부한 자에게는 50만 원 이하의 과태료를 부과한다(특허법 제232조 제1항 제3호).

④ 특허법 제231조 제2항

# 19

ㄱ. (×) '국내출원 B'가 등록되면 '국내출원 B'의 출원일부터 20년이 되는 날까지 존속한다. 공지예외의 적용 및 우선권주장출원 시 출원일이 소급하지 않는다.

ㄴ. (×) '국내출원 B'의 공지예외의 적용을 받기 위한 증명서류의 제출은 '국내출원 B'의 출원일로부터 30일 이내에 하여야 한다.

ㄹ. (×) 조약우선권주장출원의 경우 국내우선권주장출원과 달리 선출원이 취하간주 되지 않는다.

# 20

답 ③

정답해설

③ 어느 고안이 실용신안 등록고안의 권리범위에 속하는지를 판단함에 있어서 등록고안과 대비되는 고안이 공지의 기술만으로 이루어지거나 그 기술분야에서 통상의 지식을 가진 자가 공지기술로부터 극히 용이하게 고안해 낼 수 있는 경우에는 등록고안과 대비할 필요 없이 등록고안의 권리범위에 속하지 않게 되고, 그와 같은 경우에는 그 등록내용과 동일·유사한 물품을 제작·판매하였다고 하여 실용신안권침해죄를 구성할 수 없다(判例 2005도4341).

오답해설

① 등록고안의 청구범위에 기재된 구성요소는 모두 그 등록고안의 구성에 없어서는 안 되는 필수적 구성요소로 보아야 하므로, 구성요소 중 일부를 권리행사의 단계에서 등록고안에서 비교적 중요하지 않은 사항이라고 하여 무시하는 것은 사실상 청구범위의 확장적 변경을 사후에 인정하는 것이 되어 허용될 수 없다(判例 2019도9547).

② 判例 2006도1819

④ 判例 2004후3096

⑤ 실용신안법 제45조

---

**실용신안법 제45조(침해죄)**

① 실용신안권 또는 전용실시권을 침해한 자는 7년 이하의 징역 또는 1억 원 이하의 벌금에 처한다.

② 제1항의 죄는 피해자가 명시한 의사에 반하여 공소를 제기할 수 없다.

〈개정 2022.6.10.〉

---

**386** 변리사 1차 전과목 기출문제집(해설편)

# 21

변리사 1차 2022년 제59회

**정답해설**

③ 상표법 제34조 제1항 제7호 해당여부는 등록여부결정시를 기준으로 판단한다.

**오답해설**

① 상표법 제34조 제1항 제15호

> **상표법 제34조(상표등록을 받을 수 없는 상표)**
> ① 제33조에도 불구하고 다음 각 호의 어느 하나에 해당하는 상표에 대해서는 상표등록을 받을 수 없다.
>    15. 상표등록을 받으려는 상품 또는 그 상품의 포장의 기능을 확보하는 데 꼭 필요한(서비스의 경우에는 그 이용과 목적에 꼭 필요한 경우를 말한다) 입체적 형상, 색채, 색채의 조합, 소리 또는 냄새만으로 된 상표

② 제33조 제1항 제3호부터 제7호까지에 해당하는 상표라도 상표등록출원 전부터 그 상표를 사용한 결과 수요자간에 특정인의 상품에 관한 출처를 표시하는 것으로 식별할 수 있게 된 경우에는 그 상표를 사용한 상품에 한정하여 상표등록을 받을 수 있다(상표법 제33조 제2항). 〈2023.10.31. 개정〉

④ 判例 96다56382

# 22

**정답해설**

④ 여기서 선사용상표가 특정인의 상품을 표시하는 것이라고 인식되어 있다는 것은 일반 수요자를 표준으로 하여 거래의 실정에 따라 인정되는 객관적인 상태를 말하는 것이다. 이때 선사용상표에 관한 권리자의 명칭이 구체적으로 알려지는 것까지 필요한 것은 아니고, 권리자가 누구인지 알 수 없더라도 동일하고 일관된 출처로 인식될 수 있으면 충분하다. 따라서 선사용상표의 사용기간 중에 상표에 관한 권리의 귀속 주체가 변경되었다고 하여 곧바로 위 규정의 적용이 배제되어야 한다거나 변경 전의 사용실적이 고려될 수 없는 것은 아니다. <u>이와 같은 변경에도 불구하고 선사용상표가 수요자들에게 여전히 동일하고 일관된 출처로서 인식되어 있거나 변경 전의 사용만으로도 특정인의 상품을 표시하는 것이라고 인식되어 있는 등의 경우에는 그 변경 전의 사용실적을 고려하여 위 규정이 적용될 수 있다</u>(判例 2020후11431).

**오답해설**

① 상표법 제34조 제2항에 의해 출원시를 기준으로 결정한다.

> **상표법 제34조(상표등록을 받을 수 없는 상표)**
> ① 제33조에도 불구하고 다음 각 호의 어느 하나에 해당하는 상표에 대해서는 상표등록을 받을 수 없다.
>    13. 국내 또는 외국의 수요자들에게 특정인의 상품을 표시하는 것이라고 인식되어 있는 상표(지리적 표시는 제외한다)와 동일·유사한 상표로서 부당한 이익을 얻으려 하거나 그 특정인에게 손해를 입히려고 하는 등 부정한 목적으로 사용하는 상표
> ② 제1항은 다음 각 호의 어느 하나에 해당하는 결정(이하 "상표등록여부결정"이라 한다)을 할 때를 기준으로 하여 결정한다. 다만, 제1항 제11호·제13호·제14호·제20호 및 제21호의 경우는 상표등록출원을 한 때를 기준으로 하여 결정하되, 상표등록출원인(이하 "출원인"이라 한다)이 제1항의 타인에 해당하는지는 상표등록여부결정을 할 때를 기준으로 하여 결정한다.

# 23

⑤ 존속기간갱신등록신청 절차의 보정에 관하여는 제39조를 준용한다(상표법 제88조 제1항).

① 상표권의 존속기간은 설정등록이 있는 날부터 10년으로 하고, 존속기간갱신등록신청에 의하여 10년씩 갱신할 수 있다(상표법 제83조 제1항·제2항).
② 상표법 제84조 제2항
③ 구 상표법 제84조 제3항에서 '상표권이 공유인 경우에는 공유자 모두가 공동으로 존속기간갱신등록신청을 하여야 한다.'고 명시되었으나, 2019.4.23. 삭제되어 공유자 단독으로 존속기간갱신등록신청이 가능하다.
④ 상표법 제85조 제1항

# 24

① 어떤 상표가 정당하게 출원·등록된 이후에 그 등록상표와 동일·유사한 상표를 그 지정상품과 동일·유사한 상품에 정당한 이유 없이 사용한 결과 그 사용상표가 국내의 일반 수요자들에게 알려지게 되었다고 하더라도, 그 사용상표와 관련하여 얻은 신용과 고객흡인력은 등록상표의 상표권을 침해하는 행위에 의한 것으로서 보호받을 만한 가치가 없고 그러한 상표의 사용을 용인한다면 우리 상표법이 취하고 있는 등록주의 원칙의 근간을 훼손하게 되므로, 위와 같은 상표 사용으로 인하여 시장에서 형성된 일반 수요자들의 인식만을 근거로 하여 그 상표 사용자를 상대로 한 등록상표의 상표권에 기초한 침해금지 또는 손해배상 등의 청구가 권리남용에 해당한다고 볼 수는 없다(判例 2012다6035).

② 등록상표에 대한 등록무효심결이 확정되기 전이라고 하더라도 상표등록이 무효심판에 의하여 무효로 될 것임이 명백한 경우에는 상표권에 기초한 침해금지 또는 손해배상 등의 청구는 특별한 사정이 없는 한 권리남용에 해당하여 허용되지 아니한다고 보아야 하고, 상표권침해소송을 담당하는 법원으로서도 상표권자의 그러한 청구가 권리남용에 해당한다는 항변이 있는 경우 그 당부를 살피기 위한 전제로서 상표등록의 무효 여부에 대하여 심리·판단할 수 있다(判例 2010다103000).
③ 상표권의 권리범위확인청구는 단순히 그 상표자체의 기술적 범위를 확인하는 사실확정을 목적으로 한 것이 아니라 그 기술적 범위를 기초로 하여 구체적으로 문제가 된 상대방의 사용상표와의 관계에 있어서 그 상표에 대하여 등록상표권의 효력이 미치는 여부를 확인하는 권리확정을 목적으로 한 것이므로, 상대방의 사용상표가 상표법 제90조 각 호에 규정된 상표권의 효력이 미치지 아니하는 상표에 해당하는 경우에는 이는 등록상표의 권리범위에 속하지 아니한다(判例 84후49).
④ 단순한 가공이나 수리의 범위를 넘어 상품의 동일성을 해할 정도로 본래의 품질이나 형상에 변경을 가한 경우에 해당된다 할 것이고 이는 실질적으로 새로운 생산행위에 해당한다고 할 것이므로, 이 사건 등록상표의 상표권자인 후지필름은 여전히 상표권을 행사할 수 있다고 보아야 할 것이다(判例 2002도3445).

# 25

> **정답해설**

④ 지리적 표시 단체표장권자나 그 소속 단체원이 제223조를 위반하여 단체표장을 사용함으로써 수요자에게 상품의 품질을 오인하게 하거나 지리적 출처에 대한 혼동을 불러일으키게 한 경우 그 상표등록의 취소심판을 청구할 수 있다(상표법 제119조 제1항 제8호 나목).

> **오답해설**

① 상표법 제98조 제4호
② 상표법 제99조 제3호
③ 상표법 제223조
⑤ 등록을 하지 아니한 상표 또는 상표등록출원을 하지 아니한 상표를 등록상표 또는 등록출원상표인 것같이 상품에 표시하는 행위를 해서는 아니 된다(상표법 제224조 제1항 제1호). 이를 위반한 자는 3년 이하의 징역 또는 3천만 원 이하의 벌금에 처한다(상표법 제233조).

# 26

> **정답해설**

① 상표법 제119조 제1항 제1호에 정한 실사용 상표와 타인의 상표 사이의 혼동 유무는 당해 실사용 상표의 사용으로 인하여 수요자로 하여금 그 타인의 상표의 상품과의 사이에 상품 출처의 혼동을 생기게 할 우려가 객관적으로 존재하는가의 여부에 따라 결정하면 충분하므로, 그 타인의 상표가 당해 등록상표의 권리범위에 속하거나 상표법상의 등록상표가 아니라고 하더라도 그 혼동의 대상이 되는 상표로 삼을 수 있다(判例 2002후1225).

---

**상표법 제119조(상표등록의 취소심판)**
① 등록상표가 다음 각 호의 어느 하나에 해당하는 경우에는 그 상표등록의 취소심판을 청구할 수 있다.
　　1. 상표권자가 고의로 지정상품에 등록상표와 유사한 상표를 사용하거나 지정상품과 유사한 상품에 등록상표 또는 이와 유사한 상표를 사용함으로써 수요자에게 상품의 품질을 오인하게 하거나 타인의 업무와 관련된 상품과 혼동을 불러일으키게 한 경우

---

> **오답해설**

② 상표권의 이전이 있는 경우 이전 전 양도인의 부정사용의 책임은 이전 후 양수인에게 그대로 승계되므로 비록 양수인 스스로 부정사용을 하지 않았다 하여도 해당 상표권이 취소될 수 있다(判例 2001허1556).
③ 대상상표가 자타상품식별력이 없는 기술적 표장에 불과한 경우 실사용상표와 대상상표가 유사하다고 하더라도 상품의 출처혼동이나 품질의 오인을 일으키게 할 염려가 있다고 보기 어렵다(判例 88후1328).
④ 상표법 제119조 제1항 제1호에 정한 실사용 상표와 타인의 상표 사이의 혼동 유무는 당해 실사용 상표의 사용으로 인하여 수요자로 하여금 그 타인의 상표의 상품과의 사이에 상품 출처의 혼동을 생기게 할 우려가 객관적으로 존재하는가의 여부에 따라 결정하면 충분하므로, 그 타인의 상표가 당해 등록상표의 권리범위에 속하거나 상표법상의 등록상표가 아니라고 하더라도 그 혼동의 대상이 되는 상표로 삼을 수 있다(判例 2002후1225).
⑤ 상표권자가 오인·혼동을 일으킬 만한 대상상표의 존재를 알면서 그 대상상표와 동일·유사한 실사용상표를 사용하면 상표 부정사용의 고의가 있다 할 것이고, 특히 그 대상상표가 주지·저명 상표인 경우에는 그 대상상표나 그 표장상품의 존재를 인식하지 못하였다는 등의 특별한 사정이 없는 한 고의의 존재를 추정할 수 있다(判例 2012후2227).

ㄱ. (×) 상표권의 권리범위확인은 등록된 상표를 중심으로 어떠한 미등록상표가 적극적으로 등록상표의 권리범위에 속한다거나 소극적으로 이에 속하지 아니함을 확인하는 것이므로 상대방의 상표가 등록상표인 경우에는 설사 그것이 청구인의 선등록상표와 동일 또는 유사한 것이라 하더라도 상대방의 상표 내용이 자기의 등록상표의 권리범위에 속한다는 확인을 구하는 것은 상대방의 등록이 상표법 소정의 절차에 따라 무효심결이 확정되기까지는 그 무효를 주장할 수 없는 것임에도 그에 의하지 아니하고 곧 상대방의 등록상표의 효력을 부인하는 결과가 되므로 상대방의 등록상표가 자신의 등록상표의 권리범위에 속한다는 확인을 구하는 심판청구는 부적법하다(判例 92후605).

ㄴ. (×) 상표법 제98조는 상표등록출원일 전에 발생한 특허권, 실용신안권, 또는 디자인권과 상표권이 저촉되는 경우 특허권 등의 존속기간 만료 후 상표를 사용하는 권리를 규정하고 있다.

ㅁ. (×) 상표법은 저촉되는 지식재산권 상호 간에 선출원 또는 선발생 권리가 우선함을 기본원리로 하고 있음을 알 수 있고, 이는 상표권 사이의 저촉관계에도 그대로 적용된다고 봄이 타당하다. 따라서 상표권자가 상표등록출원일 전에 출원·등록된 타인의 선출원 등록상표와 동일·유사한 상표를 등록받아(이하 '후출원 등록상표'라고 한다) 선출원등록상표권자의 동의 없이 이를 선출원 등록상표의 지정상품과 동일·유사한 상품에 사용하였다면 후출원 등록상표의 적극적 효력이 제한되어 후출원 등록상표에 대한 등록무효 심결의 확정 여부와 상관없이 선출원 등록상표권에 대한 침해가 성립한다(判例 2018다253444).

ㄷ. (○) 상표법은 저촉되는 지식재산권 상호 간에 선출원 또는 선발생 권리가 우선함을 기본원리로 하고 있음을 알 수 있고, 이는 상표권 사이의 저촉관계에도 그대로 적용된다고 봄이 타당하다(判例 2018다253444).

ㄹ. (○) 상표법은 출원일을 기준으로 저촉되는 상표 사이의 우선순위가 결정됨을 명확히 하고 있고, 이에 위반하여 등록된 상표는 등록무효 심판의 대상이 된다(상표법 제117조 제1항 제1호)(判例 2018다253444).

① 국제상표등록출원에 대해서는 업무표장에 관한 규정을 적용하지 아니한다(상표법 제181조).

③ 국제상표등록출원에 대해서는 제44조 제1항부터 제7항까지의 규정(출원의 변경)을 적용하지 아니한다(상표법 제186조).

④ 제187조 개정으로 인해 국제상표등록출원의 분할이 허용되게 되었다.

---

**상표법 제187조(출원 분할의 특례)**
국제상표등록출원에 대해서는 제45조 제4항을 적용하지 아니한다. 〈개정 2023.10.31.〉
[시행일 : 2024.5.1.]

---

⑤ 국제상표등록출원을 하려는 자가 파리협약에 따른 우선권주장을 하는 경우에는 제46조 제4항(우선권 증명서류 제출에 관한 규정) 및 제5항(우선권 증명서류 미제출시의 효과)을 적용하지 아니한다(상표법 제188조). 즉, 국제상표등록출원에도 우선권은 인정되나, 우선권주장 증명서류 제출이 필요 없다.

## 29
답 ④

④ 타인의 등록상표 또는 이와 "유사"한 상표가 표시된 지정상품과 동일·유사한 상품을 양도 또는 인도하기 위하여 소지하는 행위는 상표권 또는 전용사용권을 침해한 것으로 본다(상표법 제108조 제1항 제4호).

## 30
답 ③

③ 상표법 제106조 제1항

① 상표등록을 받을 수 있는 자가 정부가 개최하는 박람회에 출품한 상품에 사용한 상표를 그 출품일부터 "6개월" 이내에 그 상품을 지정상품으로 하여 상표등록출원을 한 경우에는 그 상표등록출원은 그 출품을 한 때에 출원한 것으로 본다(상표법 제47조 제1항).
② 출원공고가 있는 경우에는 누구든지 출원공고일부터 "2개월" 내에 거절이유 등에 해당한다는 것을 이유로 특허청장에게 이의신청을 할 수 있다(상표법 제60조 제1항).
④ 상표법 제35조에 해당하는 것을 사유로 하는 상표등록의 무효심판은 상표등록일부터 5년이 지난 후에는 청구할 수 없다(상표법 제122조 제1항).
⑤ 제척 또는 기피의 원인은 신청한 날부터 3일 이내에 소명(疎明)하여야 한다(상표법 제137조 제2항).

## 31
답 ②

ㄴ. (○) 디자인보호법 제18조 제1항
ㄷ. (○) 디자인보호법 제23조 제1호

ㄱ. (×) 특허청장은 청구에 따라 또는 직권으로 제69조에 따른 디자인일부심사등록 이의신청 이유 등의 보정기간을 30일 이내에서 한 차례만 연장할 수 있다. 다만, 교통이 불편한 지역에 있는 자의 경우에는 산업통상자원부령으로 정하는 바에 따라 그 횟수 및 기간을 추가로 연장할 수 있다(디자인보호법 제17조 제1항).
ㄹ. (×) 당사자에게 특허청 또는 특허심판원에 계속 중인 절차를 속행할 수 없는 장애사유가 생긴 경우에는 특허청장 또는 심판관은 결정으로 장애사유가 해소될 때까지 그 절차의 중지를 명할 수 있다(디자인보호법 제25조 제2항). 특허청장 또는 심판관은 제2항에 따른 결정을 취소할 수 있다(디자인보호법 제25조 제3항).

# 32

**답** ③

③ 2021.4.20. 개정법에 따라 한 벌의 물품에 관한 부분디자인이 인정된다. 부분디자인에서 한 벌의 물품의 부분은 한 벌의 물품의 디자인으로서 인정되는 한 벌의 물품의 부분을 말하는 것인바, 부분디자인이 다른 디자인과 대비의 대상이 될 수 있는 부분으로서 하나의 창작단위로 인정되는 부분일 것을 구비하지 못한 경우에는 법 제2조(정의) 제1호에 따른 디자인의 정의에 합치되지 않는 것으로 본다(디자인 심사기준).

# 33

**답** ①

① 디자인보호법 시행규칙 소정의 물품 구분표는 디자인등록 사무의 편의를 위한 것으로서 동종의 물품을 법정한 것은 아니므로 용도와 기능이 상이하더라도 양 물품의 형상, 모양, 색채 또는 그 결합이 유사하고 서로 섞어서 사용할 수 있는 것은 유사물품으로 보아야 한다(判例 2002후2570).

# 34

**답** ⑤

⑤ 구성물품 외의 물품이 포함된 경우에는 한 벌의 물품으로 정해진 물품과 동시에 사용되는 것이 상거래 관행상 해당 업계에서 인정될 수 있는 경우에는 정당한 한 벌의 물품으로 본다. 다만, "한 벌의 태권도복 세트"와 같은 전문 운동복 세트의 구성물품에는 모자, 양말, 신발, 보호장구 등은 포함하지 아니한다. 또한 동시에 사용될 가능성이 없는 물품끼리 된 경우(예 태권도복 상의와 등산복 하의를 출원한 경우)에는 한 벌의 물품으로 동시에 사용되지 않는 것으로 본다(디자인 심사기준 2.1.4(3)).

# 35

**답** ②

② 디자인보호법 제33조 제2항은 그 디자인이 속하는 분야에서 통상의 지식을 가진 자가 제1항 제1호 또는 제2호에 해당하는 디자인의 결합에 의하여 용이하게 창작할 수 있는 것은 디자인등록을 받을 수 없도록 규정하고 있는데, 여기에는 위 각 호에 해당하는 디자인의 결합뿐만 아니라 위 디자인 각각에 의하여 용이하게 창작할 수 있는 디자인도 포함된다고 봄이 타당하다(判例 2008후2800).

## 36

**정답해설**

③ 디자인일부심사등록 이의신청은 제71조 제1항 후단에 따른 의견진술의 통지 또는 제74조 제2항에 따른 결정등본이 송달된 후에는 취하할 수 없다(디자인보호법 제75조 제1항).

**오답해설**

① 디자인보호법 제71조 제2항
② 디자인보호법 제68조 제3항
④ 디자인보호법 제69조
⑤ 디자인보호법 제73조 제5항·제6항

## 37

**정답해설**

③ 디자인권이 공유인 경우에는 각 공유자는 계약으로 특별히 약정한 경우를 제외하고는 다른 공유자의 동의를 받지 아니하고 그 등록디자인 또는 이와 유사한 디자인을 단독으로 실시할 수 있다(디자인보호법 제96조 제3항).

**오답해설**

① 디자인보호법 제97조 제3항
② 디자인보호법 제97조 제6항
④ 디자인보호법 제104조 제1항
⑤ 디자인보호법 제104조 제2항

## 38

**오답해설**

② 디자인권 또는 디자인등록을 받을 수 있는 권리의 공유자가 그 공유인 권리에 관하여 심판을 청구할 때에는 공유자 모두가 공동으로 청구하여야 한다(디자인보호법 제125조 제1항).
③ 1디자인 1출원(디자인보호법 제40조) 위반은 절차적 요건 또는 출원 형식의 하자에 불과하기 때문에 무효사유에 해당하지 않는다(디자인보호법 제121조 제1항).
④ 심판장은 필요하다고 인정하면 제3항에 따라 심리종결을 통지한 후에도 당사자 또는 참가인의 신청에 의하여 또는 직권으로 심리를 재개할 수 있다(디자인보호법 제150조 제4항).
⑤ 디자인권의 권리범위확인심판의 청구는 현존하는 디자인권의 범위를 확정하려는 데 그 목적이 있으므로, 일단 적법하게 발생한 디자인권이라 할지라도 그 권리가 소멸된 이후에는 그에 대한 권리범위확인을 구할 이익이 없어진다(判例 2019후 10746).

# 39

### 정답해설

⑤ 특허청장은 보완명령을 받은 자가 지정기간 내에 디자인등록출원을 보완한 경우에는 그 절차보완서가 특허청장에게 도달한 날을 출원일로 본다. 다만, 제41조에 따라 복수디자인등록출원된 디자인 중 일부 디자인에만 보완이 필요한 경우에는 그 일부 디자인에 대한 절차보완서가 특허청장에게 도달한 날을 복수디자인 전체의 출원일로 본다(디자인보호법 제38조 제4항).

### 오답해설

① 디자인보호법 제50조 제1항 제2호
② 심사관은 디자인등록출원에 대하여 거절이유를 발견할 수 없을 때에는 디자인등록결정을 하여야 한다. 이 경우 복수디자인등록출원된 디자인 중 일부 디자인에 대하여 거절이유를 발견할 수 없을 때에는 그 일부 디자인에 대하여 디자인등록결정을 하여야 한다(디자인보호법 제65조).
③ 디자인보호법 제68조 제1항
④ 디자인보호법 제121조 제1항

# 40

### 정답해설

④ 심사관은 디자인등록결정을 할 때에 디자인등록출원서 또는 도면에 적힌 사항이 명백히 잘못된 경우에는 직권으로 보정(이하 "직권보정"이라 한다)을 "할 수 있다"(디자인보호법 제66조 제1항). 제1항에 따라 심사관이 직권보정을 한 경우에는 디자인등록결정 등본의 송달과 함께 그 직권보정 사항을 디자인등록출원인에게 알려야 한다(디자인보호법 제66조 제2항).

### 오답해설

① 디자인보호법 제48조 제1항
② 디자인보호법 제93조
③ 디자인보호법 제175조 제3항
⑤ 디자인보호법 제126조 제3항

| 01 | 02 | 03 | 04 | 05 | 06 | 07 | 08 | 09 | 10 | 11 | 12 | 13 | 14 | 15 | 16 | 17 | 18 | 19 | 20 |
|----|----|----|----|----|----|----|----|----|----|----|----|----|----|----|----|----|----|----|----|
| ④ | ④ | ⑤ | ⑤ | ④ | ④ | ④ | ① | ① | ③ | ① | ③, ⑤ | ④ | ① | ② | ② | ② | ① | ③ | ④ |
| 21 | 22 | 23 | 24 | 25 | 26 | 27 | 28 | 29 | 30 | 31 | 32 | 33 | 34 | 35 | 36 | 37 | 38 | 39 | 40 |
| ⑤ | ⑤ | ① | ② | ⑤ | ② | ③ | ③ | ② | ② | ① | ② | ③ | ④ | ⑤ | ③ | ③ | ① | ③ | ③ |

## 01

답 ④

**정답해설**

④ 민법상 신의성실의 원칙은 법률관계의 당사자는 상대방의 이익을 배려하여 형평에 어긋나거나, 신뢰를 저버리는 내용 또는 방법으로 권리를 행사하거나 의무를 이행하여서는 아니 된다는 추상적 규범으로서, 신의성실의 원칙에 위배된다는 이유로 그 권리의 행사를 부정하기 위하여는 상대방에게 신의를 공여하였다거나, 객관적으로 보아 상대방이 신의를 가짐이 정당한 상태에 있어야 하고, 이러한 상대방의 신의에 반하여 권리를 행사하는 것이 정의관념에 비추어 용인될 수 없는 정도의 상태에 이르러야 하며, 또한 특별한 사정이 없는한, 법령에 위반되어 무효임을 알고서도 그 법률행위를 한 자가 강행법규 위반을 이유로 무효를 주장한다 하여 신의칙 또는 금반언의 원칙에 반하거나 권리남용에 해당한다고 볼 수는 없다(대판 2001.5.15. 99다53490).

**오답해설**

① 유효하게 성립한 계약상의 책임을 공평의 이념 또는 신의칙과 같은 일반원칙에 의하여 제한하는 것은 사적 자치의 원칙이나 법적 안정성에 대한 중대한 위협이 될 수 있으므로 채권자가 유효하게 성립한 계약에 따른 급부의 이행을 청구하는 때에 법원이 급부의 일부를 감축하는 것은 원칙적으로 허용되지 않는다(대판 2016.12.1. 2016다2405431).

② 우리 사회의 통념상으로는 공동묘지가 주거환경과 친한 시설이 아니어서 분양계약의 체결 여부 및 가격에 상당한 영향을 미치는 요인일 뿐만 아니라 대규모 공동묘지를 가까이에서 조망할 수 있는 곳에 아파트 단지가 들어선다는 것은 통상 예상하기 어렵다는 점 등을 감안할 때 아파트 분양자는 아파트단지 인근에 공동묘지가 조성되어 있는 사실을 수분양자에게 고지할 신의칙상의 의무를 부담한다(대판 2007.6.1. 2005다5812).

③ 계약 성립의 기초가 된 사정이 현저히 변경되고 당사자가 계약의 성립 당시 이를 예견할 수 없었으며 그로 인하여 계약을 그대로 유지하는 것이 당사자의 이해에 중대한 불균형을 초래하거나 계약을 체결한 목적을 달성할 수 없는 경우에는 계약준수 원칙의 예외로서 사정변경을 이유로 계약을 해제하거나 해지할 수 있다. 경제상황 등의 변동으로 당사자에게 손해가 생기더라도 합리적인 사람의 입장에서 사정변경을 예견할 수 있었다면 사정변경을 이유로 계약을 해제할 수 없다(대판 2017.6.8. 2016다249557).

⑤ 취득시효완성 후에 그 사실을 모르고 당해 토지에 관하여 어떠한 권리도 주장하지 않기로 하였다 하더라도 이에 반하여 시효주장을 하는 것은 특별한 사정이 없는 한 신의칙상 허용되지 않는다(대판 1998.5.22. 96다24101).

## 02

**정답해설**

④ 가정법원은 성년후견개시의 심판을 할 때 취소할 수 없는 <u>피성년후견인의 법률행위의 범위를 정할 수 있다</u>(민법 제10조 제2항).

**오답해설**

① 성년인 甲은 <u>스스로 가정법원에 한정후견개시의 심판을 청구할 수 있다</u>(민법 제12조 제1항).
② 가정법원은 한정후견개시의 심판을 할 때 <u>본인의 의사를 고려하여야 한다</u>(민법 제12조 제2항).
③ <u>성년후견이나 한정후견에 관한 심판 절차는 가사소송법 제2조 제1항 제2호 (가)목에서 정한 가사비송사건으로서, 가정법원이 당사자의 주장에 구애받지 않고 후견적 입장에서 합목적적으로 결정할 수 있다. 이때 성년후견이든 한정후견이든 본인의 의사를 고려하여 개시 여부를 결정한다는 점은 마찬가지이다</u>(제9조 제2항, 제12조 제2항). 위와 같은 규정 내용이나 입법 목적 등을 종합하면, 성년후견이나 한정후견개시의 청구가 있는 경우 가정법원은 청구 취지와 원인, 본인의 의사, 성년후견 제도와 한정후견 제도의 목적 등을 고려하여 어느 쪽의 보호를 주는 것이 적절한지를 결정하고, 그에 따라 필요하다고 판단하는 절차를 결정해야 한다. 따라서 <u>한정후견의 개시를 청구한 사건에서 의사의 감정 결과 등에 비추어 성년후견개시의 요건을 충족하고 본인도 성년후견의 개시를 희망한다면 법원이 성년후견을 개시할 수 있고, 성년후견개시를 청구하고 있더라도 필요하다면 한정후견을 개시할 수 있다고 보아야 한다</u>(대결 2021.6.10. 2020스596).
⑤ 성년인 甲은 한정후견개시의 원인이 소멸된 경우에는 가정법원에 <u>한정후견종료의 심판을 청구할 수 있다</u>(민법 제14조).

## 03

**정답해설**

⑤ 법인은 <u>정관 또는 총회의 결의로 감사를 둘 수 있다</u>(민법 제166조).

**오답해설**

① <u>이사</u>는 집행기관으로서 재단법인·사단법인을 불문하고 <u>필수적 상설기관이다</u>(민법 제57조).
② 민법 제58조 제1항은 민법상 <u>법인의 사무집행은 이사</u>가 하도록 규정하고 있고, 같은 조 제2항은 이사가 수인인 경우에는 이사의 과반수로써 결정하되 정관에 다른 규정이 있으면 이에 따르도록 규정하고 있다. 그러므로 이사가 수인인 민법상 <u>법인의 정관에 대표권 있는 이사만 이사회를 소집할 수 있다고 규정하고 있다고 하더라도 이는 과반수의 이사가 본래 할 수 있는 이사회 소집에 관한 행위를 대표권 있는 이사로 하여금 하게 한 것에 불과하다. 따라서 정관에 다른 이사가 요건을 갖추어 이사회 소집을 요구하면 대표권 있는 이사가 이에 응하도록 규정하고 있는데도 대표권 있는 이사가 다른 이사의 정당한 이사회 소집을 거절하였다면, 대표권 있는 이사만 이사회를 소집할 수 있는 규정은 적용될 수 없다.</u> 이경우 이사는 정관의 이사회 소집권한에 관한 규정 또는 민법에 기초하여 법인의 사무를 집행할 권한에 의하여 이사회를 소집할 수 있다(대결 2017.12.1. 2017그661).
③ 이사가 수인인 경우에는 정관에 다른 규정이 없으면 이사의 과반수로써 법인의 사무집행을 결정하나(민법 제58조 제2항), 이사는 법인의 사무에 관하여 각자 법인을 대표한다(민법 제59조 제1항).
④ 법인과 이사의 법률관계는 신뢰를 기초로 한 위임 유사의 관계로 볼 수 있는데, 민법 제689조 제1항에서는 위임계약은 각 당사자가 언제든지 해지할 수 있다고 규정하고 있으므로, 법인은 원칙적으로 이사의 임기 만료 전에도 이사를 해임할 수 있지만, 이러한 민법의 규정은 임의규정에 불과하므로 법인이 자치법규인 정관으로 이사의 해임사유 및 절차 등에 관하여 별도의 규정을 두는 것도 가능하다(대판 2013.11.28. 2011다41741).

# 04

**정답해설**

⑤ 법인의 대표자의 행위가 직무에 관한 행위에 해당하지 아니함을 피해자 자신이 알았거나 또는 중대한 과실로 인하여 알지 못한 경우에는 법인에게 손해배상책임을 물을 수 없다(대판 2004.3.26. 2003다34045).

**오답해설**

① 민법 제35조에서 말하는 '이사 기타 대표자'는 법인의 대표기관을 의미하는 것이고 대표권이 없는 이사는 법인의 기관이기는 하지만 대표기관은 아니기 때문에 그들의 행위로 인하여 법인의 불법행위가 성립하지 않는다(대판 2005.12.23. 2003다 30159).

② 법인의 능력에 관한 규정은 강행규정이므로 사단법인·재단법인 모두에 적용된다.

③ 주택조합과 같은 비법인사단의 대표자가 직무에 관하여 타인에게 손해를 가한 경우 그 사단은 민법 제35조 제1항의 유추적용에 의하여 그 손해를 배상할 책임이 있다(대판 2003.7.25. 2002다27088).

④ 행위의 외형상 법인의 대표자의 직무행위라고 인정할 수 있는 것이라면 설사 그것이 대표자 개인의 사리를 도모하기 위한 것이었거나 혹은 법령의 규정에 위배된 것이었다 하더라도 위의 직무에 관한 행위에 해당한다(대판 1969.8.26. 68다2320).

# 05

**정답해설**

④ 정지조건부 법률행위에 있어서 조건이 성취되었다는 사실은 권리를 취득하고자 하는 측에서 그 입증책임이 있으므로, 정지조건부 채권양도에 있어서 정지조건이 성취되었다는 사실은 채권양도의 효력을 주장하는 자에게 그 입증책임이 있다(대판 1983.4.12. 81다카692).

**오답해설**

① 조건이 선량한 풍속 기타 사회질서에 위반한 것인 때에는 그 법률행위는 무효로 한다(민법 제151조 제1항).

② 조건의 성취가 미정한 권리의무는 일반규정에 의하여 처분, 상속, 보존 또는 담보로 할 수 있다(민법 제149조).

③ 조건부 법률행위에 있어 조건의 내용 자체가 불법적인 것이어서 무효일 경우 또는 조건을 붙이는 것이 허용되지 아니하는 법률행위에 조건을 붙인 경우 그 조건만을 분리하여 무효로 할 수는 없고 그 법률행위 전부가 무효로 된다(대결 2005.11.8. 2005마541).

⑤ 주택건설을 위한 원·피고 간의 토지매매계약에 앞서 양자 간의 협의에 의하여 건축허가를 필할 때 매매계약이 성립하고 건축허가 신청이 불허되었을 때에는 이를 무효로 한다는 약정 아래 이루어진 본건 계약은 해제조건부계약이다(대판 1983.8.23. 83다카552).

**정답해설**

④ 채권자와 주채무자 사이의 판결 등에 의해 채권이 확정되어 그 소멸시효가 10년으로 되었다 할지라도 위 당사자 이외의 채권자와 연대보증인 사이에 있어서는 위 확정판결 등은 그 시효기간에 대하여는 아무런 영향도 없고 채권자의 연대보증인의 연대보증채권의 소멸시효 기간은 여전히 종전의 소멸시효기간에 따른다(대판 1986.11.25. 86다카1569).

**오답해설**

① 시효제도의 존재이유에 비추어 보아 부동산 매수인이 그 목적물을 인도받아서 이를 사용수익하고 있는 경우에는 그 매수인을 권리 위에 잠자는 것으로 볼 수도 없고 또 매도인 명의로 등기가 남아 있는 상태와 매수인이 인도받아 이를 사용수익하고 있는 상태를 비교하면 매도인 명의로 잔존하고 있는 등기를 보호하기 보다는 매수인의 사용수익상태를 더욱 보호하여야 할 것이므로 그 매수인의 등기청구권은 다른 채권과는 달리 소멸시효에 걸리지 않는다고 해석함이 타당하다(대판[전합] 1976.11.6. 76다148).

② 소멸시효는 객관적으로 권리가 발생하여 그 권리를 행사할 수 있는 때로부터 진행하고 그 권리를 행사할 수 없는 동안만은 진행하지 않는바, '권리를 행사할 수 없는' 경우란, 권리자가 권리의 존재나 권리행사가능성을 알지 못하였다는 등의 사실상 장애사유가 있는 경우가 아니라, 법률상의 장애사유, 예컨대 기간의 미도래나 조건불성취 등이 있는 경우를 말하는데, 건물에 관한 소유권이전등기청구권에 있어서 그 목적물인 건물이 완공되지 아니하여 이를 행사할 수 없었다는 사유는 법률상의 장애사유에 해당한다(대판 2007.8.23. 2007다28024 · 28031).

③ 민법 제166조 제2항

⑤ 소멸시효 중단사유인 승인은 시효이익을 받을 당사자인 채무자가 소멸시효의 완성으로 권리를 상실하게 될 자 또는 그 대리인에게 권리가 존재함을 인식하고 있다는 뜻을 표시함으로써 성립한다. 표시의 방법은 아무런 형식을 요구하지 않고, 명시적이든 묵시적이든 상관없다. 묵시적인 승인의 표시는 채무자가 채무의 존재와 액수를 인식하고 있음을 전제로 상대방으로 하여금 채무자가 채무를 인식하고 있음을 표시를 통해 추단하게 할 수 있는 방법으로 하면 충분하다(대판 2018.4.24. 2017다205127).

**정답해설**

④ 주물의 상용에 이바지한다 함은 주물 그 자체의 경제적 효용을 다하게 하는 것을 말하는 것으로서 주물의 소유자나 이용자의 상용에 공여되고 있더라도 주물 그 자체의 효용과 직접 관계가 없는 물건은 종물이 아니다(대판 1997.10.10. 97다3750).

**오답해설**

① 민법 제99조

② 일정한 토지가 지적공부에 1필의 토지로 등록된 경우 그 토지의 소재 지번 지목, 지적 및 경계는 일응 그 등록으로써 특정되고 그 토지의 소유권의 범위는 지적공부상의 경계에 의하여 확정되어져야 한다(대판 1982.6.8. 81다611).

③ 건물은 일정한 면적 공간의 이용을 위하여 지상 지하에 건설된 구조물을 말하는 것으로서 건물의 개수는 토지와 달리 공부상의 등록에 의하여 결정되는 것이 아니라 사회통념 또는 거래관념에 따라 물리적 구조, 거래 또는 이용의 목적물로서 관찰한 건물의 상태 등 객관적 사정과 건축한 자 또는 소유자의 의사 등 주관적 사정을 참작하여 결정되는 것이고, 그 경계 또한 사회통념상 독립한 건물로 인정되는 건물 사이의 현실의 경계에 의하여 특정되는 것이므로 이러한 의미에서 건물의 경계는 공적으로 설정 인증된 것이 아니고 단순히 사적관계에 있어서의 소유권의 한계선에 불과함을 알 수 있고, 따라서 사적자치의 영역에 속하는 건물 소유권의 범위를 확정하기 위하여는 소유권확인소송에 의하여야 할 것이고, 공법상 경계를 확정하는 경계확정 소송에 의할 수는 없다(대판 1997.7.8. 96다36517).

⑤ 민법 제102조 제2항

## 08

**정답해설**

ㄱ. (×) 강제집행을 면할 목적으로 부동산에 허위의 근저당권설정등기를 경료하는 행위는 민법 제103조의 선량한 풍속 기타 사회질서에 위반한 사항을 내용으로 하는 법률행위로 볼 수 없다(대판 2004.5.28. 2003다70411).

**오답해설**

ㄴ. (○) 당초부터 오로지 보험사고를 가장하여 보험금을 취득할 목적으로 생명보험계약을 체결한 경우에는 사람의 생명을 수단으로 이득을 취하고자 하는 불법적인 행위를 유발할 위험성이 크고, 이러한 목적으로 체결된 생명보험계약에 의하여 보험금을 지급하게 하는 것은 보험계약을 악용하여 부정한 이득을 얻고자 하는 사행심을 조장함으로써 사회적 상당성을 일탈하게 되므로, 이와 같은 생명보험계약은 사회질서에 위배되는 법률행위로서 무효이다(대판 2000.2.11. 99다49064).

ㄷ. (○) 부동산의 이중매매가 그 매수인이 매도인의 배임행위에 적극가담함으로써 이루어진 때는 반사회적 법률행위로서 무효이다(대판 1970.10.23. 70다2038).

ㄹ. (○) 도박자금에 제공할 목적으로 금전의 대차를 한 때에는 그 대차계약은 민법 제103조의 반사회질서의 법률행위로 무효이다(대판 1973.5.22. 72다2249).

**정답해설**

① 파산자가 상대방과 통정한 허위의 의사표시를 통하여 가장채권을 보유하고 있다가 파산이 선고된 경우 그 가장채권도 일단 파산재단에 속하게 되고, 파산선고에 따라 파산자와는 독립한 지위에서 파산채권자 전체의 공동의 이익을 위하여 직무를 행하게 된 파산관재인은 그 허위표시에 따라 외형상 형성된 법률관계를 토대로 실질적으로 새로운 법률상 이해관계를 가지게 된 민법 제108조 제2항의 제3자에 해당하고, 그 선의·악의도 파산관재인 개인의 선의·악의를 기준으로 할 수는 없고, 총파산채권자를 기준으로 하여 파산채권자 모두가 악의로 되지 않는 한 파산관재인은 선의의 제3자라고 할 수밖에 없다(대판 2010.4.29. 2009다96083).

**오답해설**

②·⑤ 통정한 허위표시에 의하여 외형상 형성된 법률관계로 생긴 채권을 가압류한 경우, 그 가압류권자는 허위표시에 기초하여 새로운 법률상 이해관계를 가지게 되므로 민법 제108조 제2항의 제3자에 해당한다고 봄이 상당하고, 또한 민법 제108조 제2항의 제3자는 선의이면 족하고 무과실은 요건이 아니다(대판 2004.5.28. 2003다70041).

③ 민법 제108조 제2항의 제3자는 허위표시의 당사자 및 포괄승계인 이외의 자로서 허위표시에 의하여 형성된 법률관계를 토대로 실질적으로 이해관계를 갖는 자를 말하므로, 가장소비대차의 계약상 지위를 선의로 이전받은 자는 민법 제108조 제2항의 제3자에 해당하지 않는다(대판 2004.1.15. 2002다31537 참고).

④ 甲이 乙의 임차보증금반환채권을 담보하기 위하여 통정허위표시로 乙에게 전세권설정등기를 마친 후 丙이 이러한 사정을 알면서도 乙에 대한 채권을 담보하기 위하여 위 전세권에 대하여 전세권근저당권설정등기를 마쳤는데, 그 후 丁이 丙의 전세권근저당권부 채권을 가압류하였다가 이를 본압류로 이전하는 압류명령을 받은 사안에서, 丙의 전세권근저당권부 채권은 통정허위표시에 의하여 외형상 형성된 전세권을 목적물로 하는 전세권근저당권의 피담보채권이고, 丁은 이러한 丙의 전세권근저당권부 채권을 가압류하고 압류명령을 얻음으로써 그 채권에 관한 담보권인 전세권근저당권의 목적물에 해당하는 전세권에 대하여 새로이 법률상 이해관계를 가지게 되었으므로, 丁이 통정허위표시에 관하여 선의라면 비록 丙이 악의라 하더라도 허위표시자는 그에 대하여 전세권이 통정허위표시에 의한 것이라는 이유로 대항할 수 없다(대판 2013.2.15. 2012다49292).

정답해설

③ 국가기관이 헌법상 보장된 국민의 기본권을 침해하는 위헌적인 공권력을 행사한 결과 국민이 그 공권력의 행사에 외포되어 자유롭지 못한 의사표시를 하였다고 하더라도 그 의사표시의 효력은 <u>의사표시의 하자에 관한 민법의 일반원리에 의하여 판단되어야 할 것이고, 그 강박행위의 주체가 국가 공권력이고 그 공권력 행사의 내용이 기본권을 침해하는 것이라고 하여 그 강박에 의한 의사표시가 항상 반사회성을 띠게 되어 당연히 무효로 된다고는 볼 수 없다</u>(대판 2002.12.10. 2002다 56031).

오답해설

① [1] 이 사건 쓰레기 매립장이 분양계약을 체결할 당시에는 폐기물처리시설 설치승인처분을 받은 단계에 있었다고 할지라도 그러한 사실이 이 사건 분양계약의 체결에 영향을 미칠 수 있는 사실임을 인정할 수 있는 이상 이를 <u>고지의무의 대상이 된다</u>고 본 원심의 판단도 정당하므로, 거기에 상고이유에서 주장하는 바와 같은 법리오해의 위법이 없다. [2] <u>고지의무 위반은 부작위에 의한 기망행위에 해당</u>하므로 원고들로서는 기망을 이유로 분양계약을 취소하고 분양대금의 반환을 구할 수도 있고 분양계약의 취소를 원하지 않을 경우 그로 인한 손해배상만을 청구할 수도 있다(대판 2006.10.12. 2004다48515).
② 종전에 출하한 일이 없던 신상품에 대하여 <u>첫 출하 시부터 종전가격 및 할인가격을 비교표시하여 막바로 세일에 들어가는 이른바 변칙세일</u>은 진실규명이 가능한 구체적 사실인 가격조건에 관하여 기망이 이루어진 경우로서 그 사술의 정도가 사회적으로 용인될 수 있는 상술의 정도를 넘은 것이어서 <u>사기죄의 기망행위를 구성한다</u>(대판 1992.9.14. 91도2994).
④ 일반적으로 <u>부정행위에 대한 고소, 고발</u>은 그것이 부정한 이익을 목적으로 하는 것이 아닌 때에는 정당한 권리행사가 되어 위법하다고 할 수 없으나, 부정한 이익의 취득을 목적으로 하는 경우에는 <u>위법한 강박행위가 되는 경우가 있고 목적이 정당하다 하더라도 행위나 수단 등이 부당한 때에는 위법성이 있는 경우가 있을 수 있다</u>(대판 1992.12.24. 92다25120).
⑤ 제3자의 사기행위로 인하여 피해자가 주택건설사와 사이에 주택에 관한 분양계약을 체결하였다고 하더라도 <u>제3자의 사기행위 자체가 불법행위를 구성하는 이상, 제3자로서는 그 불법행위로 인하여 피해자가 입은 손해를 배상할 책임을 부담하는 것이므로, 피해자가 제3자를 상대로 손해배상청구를 하기 위하여 반드시 그 분양계약을 취소할 필요는 없다</u>(대판 1998.3.10. 97다55829).

정답해설

① 무효인 법률행위는 당사자가 무효임을 알고 추인할 경우 새로운 법률행위를 한 것으로 간주할 뿐이고 <u>소급효가 없는 것이므</u>로 무효인 가등기를 유효한 등기로 전용키로 한 약정은 그때부터 유효하고 <u>이로써 위 가등기가 소급하여 유효한 등기로 전환될 수 없다</u>(대판 1992.5.12. 91다26546).

오답해설

② 불공정한 법률행위에 해당하여 무효인 경우에는 원칙적으로 추인에 의하여 무효인 법률행위가 유효로 될 수 없으나(대판 1994.6.24. 94다10900), 무효행위의 전환에 관한 민법 제138조는 적용될 수 있다(대판 2010.7.15. 2009다50308).
│ 관련 │ 매매계약이 약정된 매매대금의 과다로 말미암아 민법 제104조에서 정하는 '불공정한 법률행위'에 해당하여 무효인 경우에도 <u>무효행위의 전환에 관한 민법 제138조가 적용될 수 있다. 따라서 당사자 쌍방이 위와 같은 무효를 알았더라면 대금을 다른 액으로 정하여 매매계약에 합의하였을 것이라고 예외적으로 인정되는 경우에는, 그 대금액을 내용으로 하는 매매계약이 유효하게 성립한다. 이때 당사자의 의사는 매매계약이 무효임을 계약 당시에 알았다면 의욕하였을 가정적(假定 的) 효과의사로서,</u> 당사자 본인이 계약 체결시와 같은 구체적 사정 아래 있다고 상정하는 경우에 거래관행을 고려하여

신의성실의 원칙에 비추어 결단하였을 바를 의미한다. 이와 같이 여기서는 어디까지나 당해 사건의 제반 사정 아래서 각각의 당사자가 결단하였을 바가 탐구되어야 하는 것이므로, 계약당시의 시가와 같은 객관적 지표는 그러한 가정적 의사의 인정에 있어서 하나의 참고자료로 삼을 수는 있을지언정 그것이 일응의 기준이 된다고도 쉽사리 말할 수 없다. 이와 같이 가정적 의사에 기한 계약의 성립 여부 및 그 내용을 발굴, 구성하여 제시하게 되는 법원으로서는 그 '가정적 의사'를 함부로 추단하여 당사자가 의욕하지 아니하는 법률효과를 그에게 또는 그들에게 계약의 이름으로 불합리하게 강요하는 것이 되지 아니하도록 신중을 기하여야 한다(대판 2010.7.15. 2009다50308). 따라서 판례는 매매계약이 약정된 매매대금의 과다로 말미암아 제104조 위반으로 무효인 경우에도, 당사자 쌍방이 무효를 알았더라면 대금을 다른 액으로 정하여 매매계약에 합의하였을 것이라는 '가정적 의사'가 예외적으로 인정되는 경우에는, 그 대금액을 내용으로 하는 매매계약이 유효하게 성립한다고 본다.

③ 민법 제137조 단서
④ 민법 제142조
⑤ 민법 제146조

# 12

 답 ③, ⑤

**정답해설**

ㄱ. (○) 성년후견인은 피후견인의 법정대리인이 된다(민법 제938조 제1항).

ㄴ. (○) 법원이 선임한 부재자재산관리인은 부재자 본인의 의사에 의하는 것이 아니라 법률에 규정된 자의 청구로 법원에 의하여 선임되는 일종의 법정대리인으로서 법정위임 관계가 있다(대결 1976.12.21. 75마551).

ㄷ. (○) 친권자는 미성년자인 자녀의 법정대리인이 된다(민법 제911조).

ㄹ. 부부는 일상의 가사에 관하여 서로 대리권이 있는데(제827조 제1항) '일상의 가사'에 대하여 배우자 일방은 상대방의 법정대리인이 된다고 보는 것이 통설과 판례이다.

※ '일상의 가사' 이외에는 대리권이 인정되지 않기 때문에(대판 2000.12.8. 99다37856 참고) 처음에는 ⑤번이 정답으로 발표되었으나, 그 후에 ③번 ⑤번 모두 복수 정답으로 인정되었습니다.

# 13

 답 ④

**정답해설**

④ 전세권이 성립한 후 전세목적물의 소유권이 이전된 경우 민법이 전세권 관계로부터 생기는 상환청구, 소멸청구, 갱신청구, 전세금증감청구, 원상회복, 매수청구 등의 법률관계의 당사자로 규정하고 있는 전세권 설정자 또는 소유자는 모두 목적물의 소유권을 취득한 신 소유자로 새길 수밖에 없다고 할 것이므로, 전세권은 전세권자와 목적물의 소유권을 취득한 신 소유자 사이에서 계속 동일한 내용으로 존속하게 된다고 보아야 할 것이고, 따라서 목적물의 신 소유자는 구 소유자와 전세권자 사이에 성립한 전세권의 내용에 따른 권리의무의 직접적인 당사자가 되어 전세권이 소멸하는 때에 전세권자에 대하여 전세권설정자의 지위에서 전세금 반환의무를 부담하게 되므로(대판 2006.5.11. 2006다6072) 甲이 전세권 존속 중 X건물의 소유권을 丁에게 양도한 경우, 특별한 사정이 없는 한 乙에 대한 전세금반환의무는 丁이 부담한다.

① 타인의 토지에 있는 건물에 전세권을 설정한 때에는 전세권의 효력은 그 건물의 소유를 목적으로한 지상권 또는 임차권에 미친다(민법 제304조 제1항).

② 대지와 건물이 동일한 소유자에 속한 경우에 건물에 전세권을 설정한 때에는 그 대지소유권의 특별승계인은 전세권설정자에 대하여 지상권을 설정한 것으로 본다(민법 제305조 제1항). 따라서 丙은 전세권설정자인 甲에 대해 전세권을 설정한 것으로 본다.

③ 전세권자는 전세권을 타인에게 양도 또는 담보로 제공할 수 있고 그 존속기간 내에서 그 목적물을 타인에게 전전세 또는 임대할 수 있다. 그러나 설정행위로 이를 금지한 때에는 그러하지 아니하다(민법 제306조).

⑤ 민법 제304조는 전세권을 설정하는 건물소유자가 건물의 존립에 필요한 지상권 또는 임차권과 같은 토지사용권을 가지고 있는 경우에 관한 것으로서, 그 경우에 건물전세권자로 하여금 토지소유자에 대하여 건물소유자, 즉 전세권설정자의 그러한 토지사용권을 원용할 수 있도록 함으로써 토지소유자 기타 토지에 대하여 권리를 가지는 사람에 대한 관계에서 건물전세권자를 보다 안전한 지위에 놓으려는 취지의 규정이다. 따라서 전세권설정자가 건물의 존립을 위한 토지사용권을 가지지 못하여 그가 토지소유자의 건물철거 등 청구에 대항할 수 없는 경우에 민법 제304조 등을 들어 전세권자 또는 대항력 있는 임차권자가 토지소유자의 권리행사에 대항할 수 없음은 물론이다(대판 2010.8.19. 2010다43801).

## 14

**답** ①

**정답해설**

① 유치권의 성립요건이자 존속요건인 유치권자의 점유는 직접점유이든 간접점유이든 관계가 없으나, 다만 유치권은 목적물을 유치함으로써 채무자의 변제를 간접적으로 강제하는 것을 본체적 효력으로 하는 권리인 점 등에 비추어 그 직접점유자가 채무자인 경우에는 유치권의 요건으로서의 점유에 해당하지 않는다(대판 2008.4.11. 2007다27236).

**오답해설**

② 부동산 매도인이 매매대금을 다 지급받지 아니한 상태에서 매수인에게 소유권이전등기를 마쳐주어 목적물의 소유권을 매수인에게 이전한 경우에는, 매도인의 목적물인도의무에 관하여 동시이행의 항변권 외에 물권적 권리인 유치권까지 인정할 것은 아니다. 왜냐하면 법률행위로 한 부동산물권변동의 요건으로 등기를 요구함으로써 물권관계의 명확화 및 거래의 안전·원활을 꾀하는 우리 민법의 기본정신에 비추어 볼 때, 만일 이를 인정한다면 매도인은 등기에 의하여 매수인에게 소유권을 이전하였음에도 매수인 또는 그의 처분에 기하여 소유권을 취득한 제3자에 대하여 소유권에 속하는 대세적인 점유의 권능을 여전히 보유하게 되는 결과가 되어 부당하기 때문이다. 또한 매도인으로서는 자신이 원래 가지는 동시이행의 항변권을 행사하지 아니하고 자신의 소유권이전의무를 선이행함으로써 매수인에게 소유권을 넘겨 준 것이므로 그에 필연적으로 부수하는 위험은 스스로 감수하여야 한다. 따라서 매도인이 부동산을 점유하고 있고 소유권을 이전받은 매수인에게서 매매대금 일부를 지급받지 못하고 있다고 하여 매매대금채권을 피담보채권으로 매수인이나 그에게서 부동산 소유권을 취득한 제3자를 상대로 유치권을 주장할 수 없다(대결 2012.1.12. 2011마2380).

③ 민법 제320조 제1항에 '그 물건에 관하여 생긴 채권'은 유치권 제도 본래의 취지인 공평의 원칙에 특별히 반하지 않는 한 채권이 목적물 자체로부터 발생한 경우는 물론이고 채권이 목적물의 반환청구권과 동일한 법률관계나 사실관계로부터 발생한 경우도 포함하고, 한편 민법 제321조는 "유치권자는 채권 전부의 변제를 받을 때까지 유치물 전부에 대하여 그 권리를 행사할 수 있다"고 규정하고 있으므로, 유치물은 그 각 부분으로써 피담보채권의 전부를 담보하며, 이와 같은 유치권의 불가분성은 그 목적물이 분할 가능하거나 수개의 물건인 경우에도 적용된다(대판 2007.9.7. 2005다16942).

④ 임대인과 임차인 사이에 건물명도시 권리금을 반환하기로 하는 약정이 있었다 하더라도 그와 같은 권리금반환청구권은 건물에 관하여 생긴 채권이라 할 수 없으므로 그와 같은 채권을 가지고 건물에 대한 유치권을 행사할 수 없다(대판 1994.10.14. 93다62119).

⑤ 유치권은 채권자의 이익을 보호하기 위한 법정담보물권으로서 당사자는 미리 유치권의 발생을 막는 특약을 할 수 있고 이러한 특약은 유효하다. 유치권 배제 특약이 있는 경우 다른 법정요건이 모두 충족되더라도 유치권은 발생하지 않는데 특약에 따른 효력은 특약의 상대방뿐 아니라 그 밖의 사람도 주장할 수 있다(대판 2018.1.24. 2016다234043).

## 15

답 ②

**정답해설**

ㄴ. (○) 채무자 소유의 건물 등 부동산에 강제경매개시결정의 기입등기가 경료되어 압류의 효력이 발생한 이후에 채무자가 위 부동산에 관한 공사대금 채권자에게 그 점유를 이전함으로써 그로 하여금 유치권을 취득하게 한 경우, 그와 같은 점유의 이전은 목적물의 교환가치를 감소시킬 우려가 있는 처분행위에 해당하여 민사집행법 제92조 제1항, 제83조 제4항에 따른 압류의 처분금지효에 저촉되므로 점유자로서는 위 유치권을 내세워 그 부동산에 관한 경매절차의 매수인에게 대항할 수 없다(대판 2005.8.19. 2005다22688). 따라서 X주택에 경매개시결정의 기입등기가 경료되어 압류의 효력이 발생한 후 甲이 X주택의 점유를 乙로부터 이전받은 경우, 甲은 그 경매절차의 매수인에게 유치권을 주장할 수 없다.

ㄷ. (○) 유치권의 행사는 채권의 소멸시효의 진행에 영향을 미치지 아니한다(민법 제326조).

**오답해설**

ㄱ. (×) 건물점유자가 건물의 원시취득자에게 그 건물에 관한 유치권이 있다고 하더라도 그 건물의 존재와 점유가 토지소유자에게 불법행위가 되고 있다면 그 유치권으로 토지소유자에게 대항할 수 없다(대판 1989.2.14. 87다카3073).

ㄹ. (×) 유치권자가 유치물에 관하여 제3자와의 사이에 전세계약을 체결하여 전세금을 수령하였다면 전세금이 종국에는 전세입자에게 반환되어야 할 것임에 비추어 다른 특별한 사정이 없는 한 그가 얻은 구체적 이익은 그가 전세금으로 수령한 금전의 이용가능성이고, 그가 이와 같이 구체적으로 얻은 이익과 관계없이 추상적으로 산정된 차임 상당액을 부당이득으로 반환하여야 한다고 할 수 없다. 그리고 이러한 이용가능성은 그 자체 현물로 반환될 수 없는 성질의 것이므로 그 '가액'을 산정하여 반환을 명하여야 하는바, 그 가액은 결국 전세금에 대한 법정이자 상당액이다(대판 2009.12.24. 2009다32324).

## 16

답 ②

**정답해설**

② 질권은 원본, 이자, 위약금, 질권실행의 비용, 질물보존의 비용 및 채무불이행 또는 질물의 하자로 인한 손해배상의 채권을 담보한다. 그러나 다른 약정이 있는 때에는 그 약정에 의한다(민법 제334조).

**오답해설**

① 질권자는 설정자로 하여금 질물의 점유를 하게 하지 못한다(민법 제332조). 따라서 점유개정의 방식으로는 질권을 설정할 수 없다.

③ 담보가 없는 채권에 질권을 설정한 다음 그 채권을 담보하기 위해 저당권이 설정되었더라도 민법 제348조가 유추적용되어 저당권설정등기에 질권의 부기등기를 하지 않으면 질권의 효력이 저당권에 미친다고 볼 수 없다(대판 2020.4.29. 2016다235411).

④ 질권설정자가 제3채무자에게 질권설정의 사실을 통지하거나 제3채무자가 이를 승낙한 때에는 제3채무자가 질권자의 동의 없이 질권의 목적인 채무를 변제하더라도 이로써 질권자에게 대항할 수 없고, 질권자는 민법 제353조 제2항에 따라 여전히 제3채무자에 대하여 직접 채무의 변제를 청구할 수 있다. 제3채무자가 질권자의 동의 없이 질권설정자와 상계합의를 함으로써 질권의 목적인 채무를 소멸하게 한 경우에도 마찬가지로 질권자에게 대항할 수 없고, 질권자는 여전히 제3채무자에 대하여 직접 채무의 변제를 청구할 수 있다(대판 2018.12.27. 2016다265689).

⑤ 질권의 목적인 채권의 양도행위는 민법 제352조 소정의 질권자의 이익을 해하는 변경에 해당되지 않으므로 질권자의 동의를 요하지 아니한다(대판 2005.12.22. 2003다55059).

# 17

**정답해설**

② 전세권자는 전세금을 지급하고 타인의 부동산을 점유하여 그 부동산의 용도에 좇아 사용·수익하며, 그 부동산 전부에 대하여 후순위권리자 기타 채권자보다 전세금의 우선변제를 받을 권리가 있다(민법 제303조 제1항). 이처럼 전세권이 용익물권적인 성격과 담보물권적인 성격을 모두 갖추고 있는 점에 비추어 전세권 존속기간이 시작되기 전에 마친 전세권설정 등기도 특별한 사정이 없는 한 유효한 것으로 추정된다(대결 2018.1.25. 2017마1093).

**오답해설**

① 전세권의 목적은 1필의 토지 전부라야 할 필요는 없고 그 일부라도 무방하다(부동산등기법 제72조 참고).
③ 전세금의 지급은 전세권 성립의 요소가 되는 것이지만 그렇다고 하여 전세금의 지급이 반드시 현실적으로 수수되어야만 하는 것은 아니고 기존의 채권으로 전세금의 지급에 갈음할 수도 있다(대판 1995.2.10. 94다18508).
④ 전세권의 설정은 이를 갱신할 수 있다. 그 기간은 갱신한 날로부터 10년을 넘지 못한다(민법 제312조 제3항).
⑤ 전세권의 존속기간을 약정하지 아니한 때에는 각 당사자는 언제든지 상대방에 대하여 전세권의 소멸을 통고할 수 있고 상대방이 이 통고를 받은 날로부터 6월이 경과하면 전세권은 소멸한다(민법 제313조).

# 18

**정답해설**

① 근저당권의 물상보증인은 민법 제357조에서 말하는 채권의 최고액만을 변제하면 근저당권설정등기의 말소청구를 할 수 있고 채권최고액을 초과하는 부분의 채권액까지 변제할 의무가 있는 것이 아니다(대판 1974.12.10. 74다998).

**오답해설**

② 존속기간이나 결산기의 정함이 없는 때에는 근저당권설정자가 근저당권자를 상대로 언제든지 해지의 의사표시를 함으로써 피담보채무를 확정시킬 수 있다(대판 2001.11.9. 2001다47528).
③ 후순위 근저당권자가 경매를 신청한 경우 선순위 근저당권의 피담보채권은 그 근저당권이 소멸하는 시기 즉 경락인이 경락대금을 완납한 때에 확정된다고 보아야 한다(대판 1999.9.21. 99다26085).
④ 근저당권의 피담보채권이 확정되었을 경우 확정 이후에 새로운 거래관계에서 발생한 원본채권은 그 근저당권에 의하여 담보되지 아니하지만 확정 전에 발생한 원본채권에 관하여 확정 후에 발생하는 이자나 지연손해금 채권은 채권최고액의 범위 내에서 근저당권에 의하여 여전히 담보되는 것이다(대판 2007.4.26. 2005다38300).
⑤ 근저당권이라고 함은 계속적인 거래관계로부터 발생하고 소멸하는 불특정다수의 장래채권을 결산기에 계산하여 잔존하는 채무를 일정한 한도액의 범위 내에서 담보하는 저당권이어서, 거래가 종료하기까지 채권은 계속적으로 증감변동하는 것이므로, 근저당 거래관계가 계속 중인 경우 즉, 근저당권의 피담보채권이 확정되기 전에 그 채권의 일부를 양도하거나 대위변제한 경우 근저당권이 양수인이나 대위변제자에게 이전할 여지는 없다 할 것이나, 그 근저당권에 의하여 담보되는 피담보채권이 확정되게 되면, 그 피담보채권액이 그 근저당권의 채권최고액을 초과하지 않는 한 그 근저당권 내지 그 실행으로 인한 경락대금에 대한 권리 중 그 피담보채권액을 담보하고 남는 부분은 저당권의 일부이전의 부기등기의 경료 여부와 관계없이 대위변제자에게 법률상 당연히 이전된다(대판 2002.7.26. 2001다53929).

# 19

**정답해설**

ㄱ. (○) 중간생략등기의 합의란 부동산이 전전 매도된 경우 각 매매계약이 유효하게 성립함을 전제로 그 이행의 편의상 최초의 매도인으로부터 최종의 매수인 앞으로 소유권이전등기를 경료하기로 한다는 당사자 사이의 합의에 불과할 뿐이므로, 이러한 합의가 있다고 하여 최초의 매도인이 자신이 당사자가 된 매매계약상의 매수인인 중간자에 대하여 갖고 있는 매매대금청구권의 행사가 제한되는 것은 아니다(대판 2005.4.29. 2003다66431).

ㄴ. (○) 중간생략등기의 합의가 있은 후에 최초 매도인과 중간 매수인 간에 매매대금을 인상하는 약정이 체결된 경우, 최초 매도인은 인상된 매매대금이 지급되지 않았음을 이유로 최종 매수인 명의로의 소유권이전등기의무의 이행을 거절할 수 있다(대판 2005.4.29. 2003다66431).

**오답해설**

ㄷ. (×) 토지거래허가구역 내의 토지가 관할 관청의 허가 없이 전전매매되고 그 당사자들 사이에 최초의 매도인으로부터 최종 매수인 앞으로 직접 소유권이전등기를 경료하기로 하는 중간생략등기의 합의가 있는 경우, 이러한 중간생략등기의 합의란 부동산이 전전매도된 경우 각 매매계약이 유효하게 성립함을 전제로 그 이행의 편의상 최초의 매도인으로부터 최종의 매수인 앞으로 소유권이전등기를 경료하기로 한다는 당사자 사이의 합의에 불과할 뿐 그러한 합의가 있다고 하여 최초의 매도인과 최종의 매수인 사이에 매매계약이 체결되었다는 것을 의미하는 것은 아니고, 따라서 최종 매수인은 최초 매도인에 대하여 직접 그 토지에 관한 토지거래허가 신청절차의 협력의무 이행청구권을 가지고 있다고 할 수 없다(대판 1996.6.28. 96다3982).

# 20

**정답해설**

④ 소유자는 제3자에게 그 물건을 제3자의 소유물로 처분할 수 있는 권한을 유효하게 수여할 수 있다고 할 것인데 그와 같은 이른바 '처분수권'의 경우에도 그 수권에 기하여 행하여진 제3자의 처분행위가 대세적으로 효력을 가지게 되고 그로 말미암아 소유자가 소유권을 상실하거나 제한받게 될 수는 있다고 하더라도, 그러한 제3자의 처분이 실제로 유효하게 행하여지지 아니하고 있는 동안에는 소유자는 처분수권이 제3자에게 행하여졌다는 것만으로 그가 원래 가지는 처분권능에 제한을 받지 아니한다(대판 2014.3.13. 2009다105215).

**오답해설**

① 미등기 무허가건물의 양수인이라도 소유권이전등기를 마치지 않는 한 건물의 소유권을 취득할 수 없고 소유권에 준하는 관습상의 물권이 있다고도 할 수 없으므로 미등기 무허가건물의 양수인은 소유권에 기한 방해제거청구를 할 수 없다(대판 2016.7.29. 2016다214483).

② 소유자는 그 소유에 속한 물건을 점유한 자에 대하여 반환을 청구할 수 있다. 그러나 점유자가 그 물건을 점유할 권리가 있는 때에는 반환을 거부할 수 있다(민법 제213조). 여기서 반환을 거부할 수 있는 권리에는 임차권, 임치, 도급 등과 같이 점유를 수반하는 채권도 포함되고, 소유자에 대하여 이러한 채권을 갖는 자가 소유자의 승낙이나 소유자와의 약정 등에 기초하여 제3자에게 점유할 권리를 수여할 수 있는 경우에는 그로부터 점유 내지 보관을 위탁받거나 그 밖에 점유할 권리를 취득한 제3자는 특별한 사정이 없는 한 자신에게도 점유할 권리가 있음을 들어 소유자의 소유물반환청구를 거부할 수 있다(대판 2020.5.28. 2020다211085).

③ 매매계약이 합의해제된 경우에도 매수인에게 이전되었던 소유권은 당연히 매도인에게 복귀하는 것이므로 합의해제에 따른 매도인의 원상회복청구권은 소유권에 기한 물권적 청구권이라고 할 것이고 이는 소멸시효의 대상이 되지 아니한다(대판 1982.7.27. 80다2968).

⑤ 공유자는 자신의 지분권 행사를 방해하는 행위에 대해서 민법 제214조에 따른 방해배제청구권을 행사할 수 있고, 공유물에 대한 지분권은 공유자 개개인에게 귀속되는 것이므로 공유자 각자가 행사할 수 있다(대판[전합] 2020.5.21. 2018다287522).

# 21

답 ⑤

**정답해설**

ㄱ. (○) 분묘기지권을 시효로 취득하였더라도, 분묘기지권자는 토지소유자가 분묘기지에 관한 지료를 청구하면 그 청구한 날부터의 지료를 지급할 의무가 있다고 보아야 한다(대판[전합] 2021.4.29. 2017다228007).

ㄴ. (○) 자기 소유 토지에 분묘를 설치한 사람이 그 토지를 양도하면서 분묘를 이장하겠다는 특약을 하지 않음으로써 분묘기지권을 취득한 경우 특별한 사정이 없는 한 분묘기지권자는 분묘기지권이 성립한 때부터 토지 소유자에게 그 분묘의 기지에 대한 토지사용의 대가로서 지료를 지급할 의무가 있다(대판 2021.5.27. 2020다295892, 2021.9.16. 2017다271834).

ㄷ. (○) 자기 소유의 토지 위에 분묘를 설치한 후 토지의 소유권이 경매 등으로 타인에게 이전되면서 분묘기지권을 취득한 자가, 판결에 따라 분묘기지권에 관한 지료의 액수가 정해졌음에도 판결확정 후 책임 있는 사유로 상당한 기간 동안 지료의 지급을 지체하여 지체된 지료가 판결확정 전후에 걸쳐 2년분 이상이 되는 경우에는 민법 제287조를 유추적용하여 새로운 토지소유자는 분묘기지권자에 대하여 분묘기지권의 소멸을 청구할 수 있다(대판 2015.7.23. 2015다206850).

# 22

답 ⑤

**정답해설**

③·④ (○), ⑤ (×) [1] 공유자 사이에 공유물을 사용·수익할 구체적인 방법을 정하는 것은 공유물의 관리에 관한 사항으로서 공유자의 지분의 과반수로써 결정하여야 할 것이고, 과반수 지분의 공유자는 다른 공유자와 사이에 미리 공유물의 관리방법에 관한 협의가 없었다 하더라도 공유물의 관리에 관한 사항을 단독으로 결정할 수 있으므로, 과반수 지분의 공유자가 그 공유물의 특정 부분을 배타적으로 사용·수익하기로 정하는 것은 공유물의 관리방법으로서 적법하다고 할 것이므로, 과반수 지분의 공유자로부터 사용·수익을 허락받은 점유자에 대하여 소수 지분의 공유자는 그 점유자가 사용·수익하는 건물의 철거나 퇴거 등 점유배제를 구할 수 없다. [2] 과반수 지분의 공유자는 공유자와 사이에 미리 공유물의 관리방법에 관하여 협의가 없었다 하더라도 공유물의 관리에 관한 사항을 단독으로 결정할 수 있으므로 과반수 지분의 공유자는 그 공유물의 관리방법으로서 그 공유토지의 특정된 한 부분을 배타적으로 사용·수익할 수 있으나, 그로 말미암아 지분은 있으되 그 특정 부분의 사용·수익을 전혀 하지 못하여 손해를 입고 있는 소수지분권자에 대하여 그 지분에 상응하는 임료 상당의 부당이득을 하고 있다 할 것이므로 이를 반환할 의무가 있다 할 것이나, 그 과반수 지분의 공유자로부터 다시 그 특정 부분의 사용·수익을 허락받은 제3자의 점유는 다수지분권자의 공유물관리권에 터잡은 적법한 점유이므로 그 제3자는 소수지분권자에 대하여도 그 점유로 인하여 법률상 원인 없이 이득을 얻고 있다고는 볼 수 없다(대판 2002.5.14. 2002다9738).

**오답해설**

① 채권자는 자기의 채권을 보전하기 위하여, 일신에 전속한 권리가 아닌 한 채무자의 권리를 행사할 수 있다(민법 제404조 제1항). 공유물분할청구권은 공유관계에서 수반되는 형성권으로서 공유자의 일반재산을 구성하는 재산권의 일종이다. 공유물분할청구권의 행사가 오로지 공유자의 자유로운 의사에 맡겨져 있어 공유자 본인만 행사할 수 있는 권리라고 볼 수는 없다. 따라서 공유물분할청구권도 채권자대위권의 목적이 될 수 있다(대판[전합] 2020.5.21. 2018다879).

② 공유물의 소수지분권자가 다른 공유자와 협의하지 않고 공유물의 전부 또는 일부를 독점적으로 점유하는 경우 다른 소수지분권자가 공유물의 보존행위로서 공유물의 인도를 청구할 수는 없다(대판[전합] 2020.5.21. 2018다287522).

┃**비교**┃ 공유물에 대한 과반수지분권자는 공유물의 관리방법으로 이를 점유하고 있는 다른 공유자 또는 제3자에 대하여 그 공유물 전부의 인도를 청구할 수 있다(대판 1968.11.26. 68다1675).

┃**비교**┃ 제3자가 공유물의 전부 또는 일부를 불법으로 점유하는 경우에는, 과반수 지분권자, 소수 지분권자를 불문하고 각 공유자는 '지분권에 기한 물권적 청구권'으로써 제3자에 대하여 '단독'으로 '전부'의 반환을 청구할 수 있다. 판례는 민법 제265조 단서의 보존행위를 그 근거로 한다.

# 23

**정답해설**

ㄱ, ㄴ. (×) 자기의 비용과 노력으로 건물을 신축한 자는 그 건축허가가 타인의 명의로 된 여부에 관계없이 그 소유권을 원시취득하게 되는바, 따라서 건축주의 사정으로 건축공사가 중단된 미완성의 건물을 인도받아 나머지 공사를 하게 된 경우에는 그 공사의 중단 시점에 이미 사회통념상 독립한 건물이라고 볼 수 있는 정도의 형태와 구조를 갖춘 경우가 아닌 한 이를 인도받아 자기의 비용과 노력으로 완공한 자가 그 건물의 원시취득자가 된다(대판 2006.5.12. 2005다68783).

**오답해설**

ㄷ. (○) 일반적으로 자기의 노력과 재료를 들여 건물을 건축한 사람은 그 건물의 소유권을 원시취득하는 것이고, 다만 도급계약에 있어서 수급인이 자기의 노력과 재료를 들여 건물을 완성하더라도 도급인과 수급인 사이에 도급인 명의로 건축허가를 받아 소유권보존등기를 하기로 하는 등 완성된 건물의 소유권을 도급인에게 귀속시키기로 합의한 것으로 보여질 경우에는 그 건물의 소유권은 도급인에게 원시적으로 귀속된다(대판 1992.8.18. 91다25505).

ㄹ. (○) 미등기건물을 등기할 때에는 소유권을 원시취득한 자 앞으로 소유권보존등기를 한 다음 이를 양수한 자 앞으로 이전등기를 함이 원칙이라 할 것이나 원시취득자와 승계취득자 사이의 합치된 의사에 따라 그 주차장에 관하여 승계취득자 앞으로 직접 소유권보존등기를 경료하게 되었다면 그 소유권보존등기는 실체적 권리관계에 부합되어 적법한 등기로서의 효력을 가진다(대판 1995.12.26. 94다44675).

# 24

**정답해설**

② 민법 제249조가 규정하는 선의 무과실의 기준시점은 물권행위가 완성되는 때인 것이므로 물권적 합의가 동산의 인도보다 먼저 행하여 지면 인도된 때를 인도가 물권적 합의보다 먼저 행하여지면 물권적 합의가 이루어진 때를 기준으로 해야 한다(대판 1991.3.22. 91다70).

**오답해설**

① 민법 제249조의 동산 선의취득제도는 동산을 점유하는 자의 권리외관을 중시하여 이를 신뢰한 자의 소유권 취득을 인정하고 진정한 소유자의 추급을 방지함으로써 거래의 안전을 확보하기 위하여 법이 마련한 제도이므로 위 법조 소정의 요건이 구비되어 동산을 선의취득한 자는 권리를 취득하는 반면, 종전 소유자는 소유권을 상실하게 되는 법률효과가 법률의 규정에 의하여 발생되므로, 취득자가 임의로 이와 같은 선의취득 효과를 거부하고 종전 소유자에게 동산을 반환받아 갈 것을 요구할 수 없다(대판 1998.6.12. 98다6800).

③ 민법 제250조, 제251조 소정의 도품, 유실물이란 원권리자로부터 점유를 수탁한 사람이 적극적으로 제3자에게 부정 처분한 경우와 같은 위탁물 횡령의 경우는 포함되지 아니하고 또한 점유보조자 내지 소지기관의 횡령처럼 형사법상 절도죄가 되는 경우도 형사법과 민사법의 경우를 동일시 해야 하는 것은 아닐 뿐만 아니라 진정한 권리자와 선의의 거래 상대방 간의 이익형량의 필요성에 있어서 위탁물 횡령의 경우와 다를 바 없으므로 이 역시 민법 제250조의 도품·유실물에 해당되지 않는다(대판 1991.3.22. 91다70).

④ 민법 제741조. 판례는 「채무자 이외의 자의 소유에 속하는 동산을 경매한 경매절차에서 그 동산을 경락받아 경락대금을 납부하고 이를 인도받은 경락인이 동산의 소유권을 선의취득한 사안에서 그 동산의 매득금은 채무자의 것이 아니어서 채권자가 이를 배당을 받았다고 하더라도 채권은 소멸하지 않고 계속 존속하므로, 배당을 받은 채권자는 이로 인하여 법률상 원인 없는 이득을 얻고 소유자는 경매에 의하여 소유권을 상실하는 손해를 입게 되었다고 할 것이니 그 동산의 소유자는 배당을 받은 채권자에 대하여 부당이득으로서 배당받은 금원의 반환을 청구할 수 있다」(대판 1998.6.12. 98다6800)고 하였다.

⑤ 대판 1999.1.26. 97다48906

# 25

**정답해설**

⑤ 종류채권이 특정되면 그때부터 특정물채권으로 전환되어(민법 제375조 제2항), 채무자는 그 물건을 인도할 때까지 선관주의로 보존하여야 한다(민법 제374조).

**오답해설**

① 보증채무는 채권자와 보증인 간의 보증계약에 의하여 성립하고, 주채무와는 별개 독립의 채무이지만 주채무와 동일한 내용의 급부를 목적으로 함이 원칙이라고 할 것이나 채권자와 보증인은 보증채무의 내용, 이행의 시기, 방법 등에 관하여 특약을 할 수 있고, 그 특약에 따른 보증인의 부담이 주채무의 목적이나 형태보다 중하지 않는 한 그러한 특약이 무효라고 할 수도 없으므로(민법 제430조 참조), 주채무가 외화채무인 경우에도 채권자와 보증인 사이에 미리 약정한 환율로 환산한 원화로 보증채무를 이행하기로 약정하는 것도 허용된다(대판 2002.8.27. 2000다9734).

② 채무의 성질 또는 당사자의 의사표시로 변제장소를 정하지 아니한 때에는 특정물의 인도는 채권성립 당시에 그 물건이 있던 장소에서 하여야 한다(민법 제467조 제1항).

③ 선택채권의 경우, 선택권 없는 당사자의 과실로 인하여 수개의 급부 중 일부가 이행불능이 된 때에는 선택채권의 존속에 영향이 없다. 즉, 선택권자는 불능이 된 급부를 선택할 수 있고, 이때 선택한 급부 자체의 이행이 불가능하므로 제1차적 급부의무는 소멸하고 그 대신 전보배상이 문제될 뿐이다(민법 제385조 제2항 참고).

④ 금전채무의 이행지체로 인하여 발생하는 지연손해금은 그 성질이 손해배상금이지 이자가 아니며 민법 제163조 제1호의 1년 이내의 기간으로 정한 채권도 아니므로 3년간의 단기소멸시효의 대상이 되지 아니한다(대판 1995.10.13. 94다57800).

# 26

**정답해설**

② 임대인이 임차인과의 임대차계약상의 약정에 따라 제3자에게 도급을 주어 임대차목적물에 시설물을 설치하던 중 원인불명의 화재가 발생하였는데 공사수급인에게 화재발생에 대한 과실이 인정되는 경우. 공사수급인은 임대차계약에 따른 임대인의 이행보조자라 할 것이어서 임대인은 민법 제391조에 따라 위 화재발생에 귀책사유가 있으므로 임차인에 대한 채무불이행상의 손해배상책임이 있다(대판 1999.4.13. 98다51077).

**오답해설**

① · ③ 이행보조자는 채무자의 의사 관여 아래 채무의 이행행위에 속하는 활동을 하는 사람이면 충분하고 반드시 채무자의 지시 또는 감독을 받는 관계에 있어야 하는 것은 아니므로, 그가 채무자에 대하여 종속적인 지위에 있는지 독립적인 지위에 있는지는 상관없다. 이행보조자가 채무의 이행을 위하여 제3자를 복이행보조자로 사용하는 경우에도 채무자가 이를 승낙하였거나 적어도 묵시적으로 동의한 경우 채무자는 복이행보조자의 고의·과실에 관하여 민법 제391조에 따라 책임을 부담한다고 보아야 한다(대판 2020.6.11. 2020다201156).

④ 이행보조자의 행위가 채무자에 의하여 그에게 맡겨진 이행업무와 객관적·외형적으로 관련을 가지는 경우에는 채무자는 그 행위에 대하여 책임을 져야 하고 채무의 이행에 관련된 행위이면 가사 이행보조자의 행위가 채권자에 대한 불법행위가 된다고 하더라도 채무자가 면책될 수는 없다(대판 2008.2.15. 2005다69458).

⑤ 임대인인 피고 甲은 이행보조자인 피고 乙이 임차물인 점포의 출입을 봉쇄하고 내부시설공사를 중단시켜 임차인인 원고로 하여금 그 사용·수익을 하지 못하게 한 행위에 대하여 임대인으로서의 채무불이행으로 인한 손해를 배상할 의무가 있고, 또한 피고 乙이 원고가 임차인이라는 사정을 알면서도 위와 같은 방법으로 원고로 하여금 점포를 사용·수익하지 못하게 한 것은 원고의 임차권을 침해하는 불법행위를 이룬다고 할 것이므로 피고 乙은 원고에게 불법행위로 인한 손해배상의무가 있다고 할 경우, 피고 甲의 채무불이행책임과 피고 乙의 불법행위책임은 동일한 사실관계에 기한 것으로 부진정연대채무관계에 있다(대판 1994.11.11. 94다22446).

# 27

**답** ③

변리사 1차 2022년 제59회

## 정답해설

ㄴ. (○) 매수인에게 부동산의 소유권이전등기를 해줄 의무를 지는 매도인이 그 부동산에 관하여 <u>다른 사람에게 이전등기를 마쳐 준 때에는 매도인이 그 부동산의 소유권에 관한 등기를 회복하여 매수인에게 이전등기해 줄 수 있는 특별한 사정이</u> 없어야 비로소 매수인에 대한 소유권이전등기의무가 <u>이행불능의 상태</u>에 이르렀다(대판 2010.4.29. 2009다99129). 따라서 丙 명의로 X 토지의 소유권이전등기가 마쳐지면 甲의 乙에 대한 소유권이전등기의무가 이행불능이 되므로 더 이상 乙은 甲을 상대로 X토지의 인도 및 소유권이전등기의 청구를 할 수 없다.

ㄹ. (○) 부동산소유권이전등기 의무자가 <u>그 부동산상에 가등기를 경료</u>한 경우 가등기는 본등기의 순위보전의 효력을 가지는 것에 불과하고 또한 그 소유권이전등기 의무자의 처분권한이 상실되지도 아니하므로 <u>그 가등기만으로는 소유권이전등기의무가 이행불능이 된다고 할 수 없다</u>(대판 1991.7.26. 91다8104).

## 오답해설

ㄱ. (×) 매매목적물에 관하여 <u>이중으로 제3자와 매매계약을 체결하였다는 사실</u>만 가지고는 매매계약이 법률상 이행불능이라고 할 수 없다(대판 1996.7.26. 96다14616). 매수인에게 부동산의 소유권이전등기를 해줄 의무를 지는 매도인이 그 부동산에 관하여 <u>다른 사람에게 이전등기를 마쳐 준 때에는 매도인이 그 부동산의 소유권에 관한 등기를 회복하여 매수인에게 이전등기해 줄 수 있는 특별한 사정이</u> 없어야 비로소 매수인에 대한 소유권이전등기의무가 <u>이행불능의 상태</u>에 이르렀다(대판 2010.4.29. 2009다99129).

ㄷ. (×) 부동산 매매계약에서 <u>계약금만 지급된 단계에서는</u> 어느 당사자나 계약금을 포기하거나 그 배액을 상환함으로써 <u>자유롭게 계약의 구속력에서 벗어날 수 있다</u>. 그러나 <u>중도금이 지급되는 등</u> 계약이 본격적으로 이행되는 단계에 이른 때에는 계약이 취소되거나 해제되지 않는 한 매도인은 매수인에게 <u>부동산의 소유권을 이전해 줄 의무에서 벗어날 수 없다</u>(대판[전합] 2018.5.17. 2017도4027). 따라서 사례에서 甲은 乙에게 이행불능에 따른 책임을 부담한다.

# 28

**답** ③

## 정답해설

③ 연대채무자 사이의 구상권행사에 있어서 '부담부분'이란 연대채무자가 그 내부관계에서 출재를 분담하기로 한 비율을 말한다고 봄이 타당하다. 그 결과 변제 기타 자기의 출재로 일부 공동면책되게 한 연대채무자는 역시 변제 기타 자기의 출재로 일부 공동면책되게 한 다른 연대채무자를 상대로 하여서도 <u>자신의 공동면책액 중 다른 연대채무자의 분담비율에 해당하는 금액이 다른 연대채무자의 공동면책액 중 자신의 분담비율에 해당하는 금액을 초과한다면 그 범위에서 여전히 구상권을 행사할 수 있다</u>(대판 2013.11.14. 2013다46023). 따라서 연대채무자 甲, 乙, 丙이 균등한 부담으로 丁에 대하여 3억 원의 연대채무를 부담하고 있는 경우, <u>甲이 丁에게 9천만 원을 변제하였다면 출재를 분담하기로 한 비율(1/3) 만큼 甲은 다른 연대채무자 乙과 丙에게 각 3천만 원씩 구상할 수 있다.</u>

① 건물의 공유자가 공동으로 건물을 임대하고 보증금을 수령한 경우, 그 임대는 각자 공유지분을 임대한 것이 아니고 임대목적물을 다수의 당사자로서 공동으로 임대한 것이고 그 보증금 반환채무는 성질상 불가분채무에 해당된다(대판 1998.12.8. 98다43137). 특별한 사정이 없는 한 임대차 종료 시 건물의 공유자 甲과 乙은 임차인 丙에게 불가분의 임차보증금 반환채무를 부담한다.

② 주채무가 시효로 소멸한 때에는 보증인도 그 시효소멸을 원용할 수 있으며, 주채무자가 시효의 이익을 포기하더라도 보증인에게는 그 효력이 없으므로(대판 1991.1.29. 89다카1114) 주채무자 甲이 시효이익을 포기한 경우에도 보증인 丙에게는 그 효력이 없다(제433조 제2항).

④ 어느 연대채무자가 채권자에 대하여 채권이 있는 경우에 그 채무자가 상계한 때에는 채권은 모든 연대채무자의 이익을 위하여 소멸한다(민법 제118조 제1항). 따라서 연대채무자 甲이 丁에 대하여 가지고 있는 4천만 원의 반대채권으로 상계한 경우 일체형 절대효가 발생하여 6천만 원 중 4천만 원의 연대채무는 소멸하고(민법 제418조 제1항), 甲, 乙, 丙은 2천만 원의 연대채무를 부담하게 된다.

⑤ 연대보증의 경우 최고·검색의 항변권이 인정되지 않는다(민법 제437조 단서). 따라서 丙은 최고·검색의 항변권을 행사할 수 없다.

# 29

답 ②

② 전세금은 전세권의 요소이므로 전세권이 존속하는 동안은 전세권을 존속시키기로 하면서 전세금반환채권만을 전세권과 분리하여 확정적으로 양도하는 것은 허용되지 않는다(대판 2002.8.23. 2001다69122).

① 대판 1996.7.30. 95다7932

③ 임차권의 양도가 금지된다 하더라도 임차보증금반환채권의 양도마저 금지되는 것은 아니다(대판 1993.6.25. 93다1313). 따라서 특별한 사정이 없는 한 임차인은 임차권과 분리하여 임차보증금반환채권만을 제3자에게 양도할 수 있다.

④ 매매로 인한 소유권이전등기청구권의 양도는 특별한 사정이 없는 이상 양도가 제한되고 양도에 채무자의 승낙이나 동의를 요한다고 할 것이므로 통상의 채권양도와 달리 양도인의 채무자에 대한 통지만으로는 채무자에 대한 대항력이 생기지 않으며 반드시 채무자의 동의나 승낙을 받아야 대항력이 생긴다(대판 2018.7.12. 2015다36167).

⑤ 주채권과 보증인에 대한 채권의 귀속주체를 달리하는 것은 주채무자의 항변권으로 채권자에게 대항할 수 있는 보증인의 권리가 침해되는 등 보증채무의 부종성에 반하고 주채권을 가지지 않는 자에게 보증채권만을 인정할 실익도 없기 때문에 주채권과 분리하여 보증채권만을 양도하기로 하는 약정은 그 효력이 없다(대판 2002.9.10. 2002다21509).

# 30

**정답해설**

② 당사자 간에 변제충당에 대한 특별한 합의나 지정이 없었던 경우라면 법정변제충당에 의한다. 2021.5.7. 1억 원의 변제금은 A, B 채무의 변제기가 모두 도래한 경우로 설문의 경우는 A, B채무 모두 무이자 채무로 변제이익에 차이가 없으므로 결국 이행기가 먼저 도래한 A채무의 변제에 충당된다(민법 제477조 제2호·제3호).

**오답해설**

① 당사자 간에 변제충당에 대한 특별한 합의나 지정이 없었던 경우, 법정변제충당에 따라 채무 중에 이행기가 도래한 것과 도래하지 아니한 것이 있으면 이행기가 도래한 채무의 변제에 충당되므로(민법 제477조 제1호) 2021.4.3. 1억 원의 변제금은 이행기가 도래한 A채무의 변제에 충당된다.

③·④ 당사자 간에 변제충당에 대한 특별한 합의나 지정이 없었던 경우, 법정변제충당에 따른다. 판례는 변제자가 주채무자인 경우 보증인이 있는 채무와 보증인이 없는 채무 사이에 전자가 후자에 비하여 변제이익이 더 많다고 볼 근거는 전혀 없으므로 양자는 변제이익의 점에서 차이가 없다고 보아야 한다. 마찬가지로 변제자가 채무자인 경우 물상보증인이 제공한 물적 담보가 있는 채무와 그러한 담보가 없는 채무 사이에도 변제이익의 점에서 차이가 없다(대판 2014.4.30. 2013다8250)고 본다. 따라서 1억 원의 변제금은 이행기가 먼저 도래한 A채무의 변제에 충당된다.

⑤ 당사자 간에 변제충당에 대한 특별한 합의나 지정이 없었던 경우, 법정변제충당에 따른다. 판례는 「변제자가 주채무자인 경우에 보증인이 있는 채무와 보증인이 없는 채무사이에 있어서 전자가 후자에 비하여 변제이익이 더 많다고 볼 근거는 전혀 없는 것이고 양자는 변제의 이익의 점에 있어 차이가 없다고 봄이 상당하다고 할 것이며 이와 같이 변제의 이익이 같을 경우에는 변제금은 이행기가 먼저 도래한 채무나 먼저 도래할 채무의 변제에 충당하여야 한다」(대판 1985.3.12. 84다카2093)고 본다. 따라서 2021.5.7. 1억 원의 변제금은 이행기가 먼저 도래한 A채무의 변제에 충당된다.

# 31

**정답해설**

① 채무인수계약은 구 채무자의 채무의 동일성을 유지하면서 신 채무자가 이를 부담하는 것이므로 특별한 의사표시가 없으면 채무인수자의 구 채무자에 대한 항변사유로서는 채권자에게 대항할 수는 없다고 해석된다(대판 1966.11.29. 66다1861). 반면에 면책적 채무인수인은 전채무자의 채권자에 대한 항변사유를 채권자에게 대항할 수 있다(민법 제458조).

**오답해설**

② 민법 제453조 제2항
③ 민법 제457조 본문
④ 민법 제456조
⑤ 민법 제459조 본문

**정답해설**

ㄱ. (○) 채권자취소권은 채권자의 공동담보인 채무자의 책임재산의 감소를 방지하기 위한 것이므로 특정물에 대한 소유권이전 등기청구권을 보전하기 위하여는 채권자취소권을 행사할 수 없다(대판 1988.2.23. 87다카1586).

ㄴ. (○) 판례는 「채무자의 재산이 채무의 전부를 변제하기에 부족한 경우에 채무자가 그의 유일한 재산을 어느특정 채권자에게 대물변제로 제공하는 행위는 다른 특별한 사정이 없는 한 다른 채권자들에 대한 관계에서 사해행위가 되지만, 채권자들의 공동담보가 되는 채무자의 총재산에 대하여 다른 채권자에 우선하여 변제를 받을 수 있는 권리를 가지는 채권자는 처음부터 채무자의 재산에 대한 환가절차에서 다른 채권자에 우선하여 배당을 받을 수 있는 지위에 있으므로, 그와 같은 우선변제권 있는 채권자에 대한 대물변제의 제공행위는 특별한 사정이 없는 한 다른 채권자들의 이익을 해한다고 볼 수 없어 사해행위가 되지 않는다」(대판 2008.2.14. 2006다33357)고 하였다. 따라서 사례에서 丙이 우선변제권 있는 채권자에 해당한다는 특별한 사정이 없는 한 乙이 丙에게 한 대물변제는 사해행위에 해당한다.

**오답해설**

ㄷ. (×) 어느 부동산의 매매계약이 사해행위에 해당하는 경우에는 원칙적으로 그 매매계약을 취소하고 그 소유권이전등기의 말소 등 부동산 자체의 회복을 명하여야 하지만, 그 사해행위가 저당권이 설정되어 있는 부동산에 관하여 당해 저당권자 이외의 자와의 사이에 이루어지고 그 후 변제 등에 의하여 저당권설정 등기가 말소된 때에는, 매매계약 전부를 취소하여 그 부동산 자체의 회복을 명하는 것은 당초 담보로 되어있지 아니하던 부분까지 회복시키는 것이 되어 공평에 반하는 결과가 되므로, 그 부동산의 가액에서 저당권의 피담보채권액을 공제한 잔액의 한도에서 그 매매계약의 일부 취소와 그 가액의 배상을 구할 수 있을 뿐 부동산 자체의 회복을 구할 수는 없다(대판 1996.10.29. 96다23207). 따라서 乙의 금전채권자 甲은 乙이 丁에게 X토지를 매도한 행위를 사해행위로 취소하고 원상회복으로 X토지의 명의를 乙에게 회복시킬 수는 없다.

ㄹ. (×) 채무자의 수익자에 대한 채권양도가 사해행위로 취소되고, 그에 따른 원상회복으로서 제3채무자에게 채권양도가 취소되었다는 취지의 통지가 이루어지더라도 채권자와 수익자의 관계에서 채권이 채무자의 책임재산으로 취급될 뿐 채무자가 직접 채권을 취득하여 권리자로 되는 것은 아니므로, 채권자는 채무자를 대위하여 제3채무자에게 채권에 관한 지급을 청구할 수 없다(대판 2015.11.17. 2012다2743).

# 33

**정답해설**

③ 국토의 계획 및 이용에 관한 법률에 정한 토지거래계약에 관한 허가구역으로 지정된 구역 안의 토지에 관하여 매매계약이 체결된 후 계약금만 수수한 상태에서 당사자가 토지거래허가신청을 하고 이에 따라 관할관청으로부터 그 허가를 받았다 하더라도, 그러한 사정만으로는 아직 이행의 착수가 있다고 볼 수 없어 매도인으로서는 민법 제565조에 의하여 계약금의 배액을 상환하여 매매계약을 해제할 수 있다(대판 2009.4.23. 2008다62427).

**오답해설**

① 매도인이 계약금의 배액을 상환하고 계약을 해제하려면 계약해제의 의사표시 외에 계약금 배액의 이행의 제공이 있으면 족하고, 상대방이 이를 수령하지 아니한다 하여 이를 공탁할 필요는 없다(대판 1981.10.27. 80다2784).

② 매수인은 민법 제565조 제1항에 따라 본인 또는 매도인이 이행에 착수할 때까지는 계약금을 포기하고 계약을 해제할 수 있는바, 여기에서 이행에 착수한다는 것은 객관적으로 외부에서 인식할 수 있는 정도로 채무의 이행행위의 일부를 하거나 또는 이행을 하기 위하여 필요한 전제행위를 하는 경우를 말하는 것으로서 단순히 이행의 준비를 하는 것만으로는 부족하고, 그렇다고 반드시 계약내용에 들어맞는 이행제공의 정도에까지 이르러야 하는 것은 아니지만, 매도인이 매수인에 대하여 매매계약의 이행을 최고하고 매매잔대금의 지급을 구하는 소송을 제기한 것만으로는 이행에 착수하였다고 볼 수 없다(대판 2008.10.23. 2007다72274 · 72281).

④ 유상계약을 체결함에 있어서 계약금이 수수된 경우 계약금은 해약금의 성질을 가지고 있어서 이를 위약금으로 하기로 하는 특약이 없는 이상 계약이 당사자 일방의 귀책사유로 인하여 해제되었다 하더라도 상대방은 계약불이행으로 입은 실제 손해만을 배상받을 수 있을 뿐 계약금이 위약금으로서 상대방에게 당연히 귀속되는 것은 아니다(대판 1996.6.14. 95다54693).

⑤ 민법 제565조의 해약권은 당사자 간에 다른 약정이 없는 경우에 한하여 인정되는 것이고, 만일 당사자가 위 조항의 해약권을 배제하기로 하는 약정을 하였다면 더 이상 그 해제권을 행사할 수 없다(대판 2009.4.23. 2008다50615).

# 34

**정답해설**

④ 민법 제536조 제2항의 이른바 불안의 항변권을 발생시키는 사유에 관하여 신용불안이나 재산상태 악화와 같이 채권자 측에 발생한 객관적 · 일반적 사정만이 이에 해당한다고 제한적으로 해석할 이유는 없다. 특히 상당한 기간에 걸쳐 공사를 수행하는 도급계약에서 일정 기간마다 이미 행하여진 공사부분에 대하여 기성공사금 등의 이름으로 그 대가를 지급하기로 약정되어 있는 경우에는 도급인이 약정을 위반하여 정당한 이유 없이 기성공사금을 지급하지 아니하므로 수급인으로 하여금 당초의 계약내용에 따른 선이행의무의 이행을 요구하는 것이 공평에 반하게 되었다면 비록 도급인에게 신용불안 등과 같은 사정이 없다고 하여도 수급인은 민법 제536조 제2항에 의하여 계속공사의무의 이행을 거절할 수 있다(대판 2012.3.29. 2011다93025).

① 특별한 사정이 없는 한 주된 급부의무만이 동시이행의 관계에 있다. 견련성은 주된 급부의무 사이에서 문제되고, 부수의무 상호 간 또는 그와 주된 급부의무 사이에서는 원칙적으로 동시이행관계가 인정되지 않는다.

② 당사자 쌍방이 각각 별개의 약정으로 채무를 부담하게 된 경우에는 당사자 간의 특약으로 그 채무이행과 상대방의 어떤 채무이행과를 견련시켜 동시이행을 하기로 특약한 사실이 없는 한 상대방이 자기에게 이행할 채무가 있다 하더라도 동시이행의 항변권이 생긴다고 할 수는 없다(대판 1990.4.13. 89다카23794).

③ 쌍무계약인 매매계약에서 매수인이 선이행의무인 잔금지급의무를 이행하지 않던 중 매도인도 소유권 이전등기의무의 이행을 제공하지 아니한 채 소유권이전등기의무의 이행기를 도과한 경우, 여전히 선이행의무로 하기로 약정하는 등 특별한 사정이 없는 한 매도인과 매수인 쌍방의 의무는 동시이행 관계에 놓이게 된다(대판 1999.7.9. 98다13754・13761).

⑤ 쌍무계약상의 동시이행항변권에 의하여 대가적 채무 간에 이행거절의 권능을 가지는 경우에는 비록 이행거절 의사를 구체적으로 밝히지 아니하였다고 할지라도 이행거절 권능의 존재 자체로 이행지체책임은 발생하지 않는다(대판 1999.7.9. 98다13754).

# 35

⑤ 매매계약을 합의해제한 후 그 합의해제를 무효화시키고, 해제된 매매계약을 부활시키는 약정은 계약 자유의 원칙상 적어도 당사자 사이에서는 가능하다(대판 2006.4.13. 2003다45700).

① 해제는 상대방 있는 단독행위이나, 합의해제는 기존계약을 해소하기로 하는 계약당사자 간의 합의(계약)이다.

② 계약이 합의에 따라 해제되거나 해지된 경우에는 특별한 사정이 없는 한 채무불이행으로 인한 손해배상을 청구할 수 없다(대판 2021.3.25. 2020다285048).

③ 계약의 합의해제는 명시적으로뿐만 아니라 당사자 쌍방의 묵시적인 합의에 의하여도 할 수 있으나, 묵시적인 합의해제를 한 것으로 인정되려면 계약이 체결되어 그 일부가 이행된 상태에서 당사자 쌍방이 장기간에 걸쳐 나머지 의무를 이행하지 아니함으로써 이를 방치한 것만으로는 부족하고, 당사자 쌍방에게 계약을 실현할 의사가 없거나 계약을 포기할 의사가 있다고 볼 수 있을 정도에 이르러야 한다. 이 경우에 당사자 쌍방이 계약을 실현할 의사가 없거나 포기할 의사가 있었는지 여부는 계약이 체결된 후의 여러가지 사정을 종합적으로 고려하여 판단하여야 한다(대판 2011.2.10. 2010다77385).

④ 계약을 합의해제할 때에 원상회복에 관하여 반드시 약정을 하여야 하는 것은 아니지만 매매계약을 합의해제하는 경우에 이미 지급된 계약금, 중도금의 반환 및 손해배상금에 관하여는 아무런 약정도 하지 아니한 채 매매계약을 해제하기만 하는 것은 경험칙에 비추어 이례에 속하는 일이다(대판 1994.9.13. 94다17093).

# 36

답 ③

**정답해설**

③ 매매의 목적물에 하자가 있는 경우 매도인의 하자담보책임과 채무불이행책임은 별개의 권원에 의하여 경합적으로 인정된다. 이 경우 특별한 사정이 없는 한 하자를 보수하기 위한 비용은 매도인의 하자담보책임과 채무불이행책임에서 말하는 손해에 해당한다. 따라서 매매 목적물인 토지에 폐기물이 매립되어 있고 매수인이 폐기물을 처리하기 위해 비용이 발생한다면 매수인은 그 비용을 민법 제390조에 따라 채무불이행으로 인한 손해배상으로 청구할 수도 있고, 민법 제580조 제1항에 따라 하자담보책임으로 인한 손해배상으로 청구할 수도 있다(대판 2021.4.8. 2017다202050).

**오답해설**

① 대판 2021.4.8. 2017다202050

② 하자담보책임으로 인한 손해배상청구권은 매수인이 매매 목적물을 인도받은 때 발생한다(대판 2021.4.8. 2017다202050).

④ 원고가 폐기물 처리비용 상당의 손해배상을 구하는 이 사건에서 원고에게 피고가 스스로 폐기물을 처리할 것만을 청구하거나 손해배상청구에 앞서 이러한 청구를 먼저 행사하여야 할 의무는 없는 것이고, 나아가 폐기물처리비용이 매매대금을 초과한다는 사정은 원고의 손해배상청구권 행사에 아무런 장애가 되지 않는다(대판 2004.7.22. 2002다51586).

⑤ 토지의 소유자라 하더라도 토양오염물질을 토양에 누출·유출하거나 투기·방치함으로써 토양오염을 유발하였음에도 오염토양을 정화하지 않은 상태에서 오염토양이 포함된 토지를 거래에 제공함으로써 유통되게 하거나 토지에 폐기물을 불법으로 매립하였음에도 처리하지 않은 상태에서 토지를 거래에 제공하는 등으로 유통되게 하였다면 다른 특별한 사정이 없는 한 이는 거래의 상대방 및 토지를 전전 취득한 현재의 토지소유자에 대한 위법행위로서 불법행위가 성립할 수 있다(대판[전합] 2016.5.19. 2009다66549).

# 37

답 ③

**정답해설**

ㄷ. (○) 이자부 소비대차에서 목적물의 하자가 중대하여 계약의 목적을 달성할 수 없는 경우, 특별한 사정이 없는 한 선의·무과실의 차주는 계약을 해제할 수 있다(민법 제602조 제1항, 제580조 제1항, 제575조 제1항 전문).

**오답해설**

ㄱ. (×) 민법상 소비대차는 당사자 일방이 금전 기타 대체물의 소유권을 상대방에게 이전할 것을 약정하고 상대방은 그와 같은 종류, 품질 및 수량으로 반환할 것을 약정함으로써 그 효력이 생기는 이른바 낙성계약이므로, 차주가 현실로 금전 등을 수수하거나 현실의 수수가 있는 것과 같은 경제적 이익을 취득하여야만 소비대차가 성립하는 것은 아니다(대판 1991.4.9. 90다14652).

ㄴ. (×) 금전대차의 경우에 차주가 금전에 갈음하여 유가증권 기타 물건의 인도를 받은 때에는 그 인도시의 가액으로써 차용액으로 한다(민법 제606조).

# 38

**정답해설**

① 2인으로 구성된 조합에서 한 사람이 탈퇴하면 조합관계는 종료되나 특별한 사정이 없는 한 조합은 해산이나 청산이 되지 않고, 다만 조합원의 합유에 속한 조합재산은 남은 조합원의 단독소유에 속하여 탈퇴조합원과 남은 조합원 사이에는 탈퇴로 인한 계산을 해야 한다(대판 2018.12.13. 2015다72385).

**오답해설**

② 2인 이상이 상호 출자하여 공동사업을 경영할 것을 약정함에 따라 성립한 민법상 조합에서 조합원 지분의 양도는 원칙적으로 다른 조합원 전원의 동의가 있어야 하지만, 다른 조합원의 동의 없이 각자 지분을 자유로이 양도할 수 있도록 조합원 상호 간에 약정하거나 사후적으로 지분 양도를 인정하는 합의를 하는 것은 유효하다(대판 2016.8.30. 2014다19790).

③ 토석채취권을 매수한 자가 그 권리를 조합에 출자하고 별도의 권리이전절차를 밟지 않은 경우, 다른 조합원이나 매도인이 그 권리가 조합재산임을 주장할 수 없다(대판 1996.2.27. 94다27083).

④ 조합재산의 처분·변경에 관한 행위는 조합의 특별사무에 해당하는 업무집행으로서 이에 대하여는 특별한 사정이 없는 한 민법 제706조 제2항이 민법 제272조에 우선하여 적용되므로, 조합재산의 처분·변경은 업무집행자가 없는 경우에는 조합원의 과반수로 결정하고 업무집행자가 수인 있는 경우에는 그 업무집행자의 과반수로써 결정하며, 업무집행자가 1인만 있는 경우에는 그 업무집행자가 단독으로 결정한다(대판 2010.4.29. 2007다18911).

⑤ 민법 제714조

# 39

답 ③

**정답해설**

ㄱ. (○), ㄴ. (○), ㄷ. (×), ㄹ. (○) [1] 어떠한 동산이 민법 제256조에 의하여 부동산에 부합된 것으로 인정되기 위해서는 그 동산을 훼손하거나 과다한 비용을 지출하지 않고서는 분리할 수 없을 정도로 부착·합체되었는지 여부 및 그 물리적 구조, 용도와 기능면에서 기존 부동산과는 독립한 경제적 효용을 가지고 거래상 별개의 소유권의 객체가 될 수 있는지 여부 등을 종합하여 판단하여야 하고, 이러한 부동산에의 부합에 관한 법리는 건물의 증축의 경우는 물론 건물의 신축의 경우에도 그대로 적용될 수 있다(대판 2009.9.24. 2009다15602). [2] 민법 제261조의 보상청구가 인정되기 위해서는 민법 제261조 자체의 요건만이 아니라 부당이득 법리에 따른 판단에 의하여 부당이득의 요건이 모두 충족되었음이 인정되어야 한다. 매도인에게 소유권이 유보된 자재가 제3자와 매수인 사이에 이루어진 도급계약의 이행으로 제3자 소유 건물의 건축에 사용되어 부합된 경우 보상청구를 거부할 법률상 원인이 있다고 할 수 없지만 제3자가 도급계약에 의하여 제공된 자재의 소유권이 유보된 사실에 관하여 과실 없이 알지 못한 경우라면 선의취득의 경우와 마찬가지로 제3자가 그 자재의 귀속으로 인한 이익을 보유할 수 있는 법률상 원인이 있다고 봄이 상당하므로, 매도인으로서는 그에 관한 보상청구를 할 수 없다(대판 2009.9.24. 2009다15602).

# 40

**정답해설**

③ 부동산실명법 규정의 문언, 내용, 체계와 입법 목적 등을 종합하면, 부동산실명법을 위반하여 무효인 명의신탁약정에 따라 명의수탁자 명의로 등기를 하였다는 이유만으로 그것이 당연히 불법원인급여에 해당한다고 단정할 수는 없다. 이는 농지법에 따른 제한을 회피하고자 명의신탁을 한 경우에도 마찬가지이다(대판[전합] 2019.6.20. 2013다218156).

**오답해설**

① 이미 자기 앞으로 소유권을 표상하는 등기가 되어 있었거나 법률에 의하여 소유권을 취득한 자가 진정한 등기명의를 회복하기 위한 방법으로는 현재의 등기명의인을 상대로 그 등기의 말소를 구하는 외에 "진정한 등기명의의 회복"을 원인으로 한 소유권이전등기절차의 이행을 직접 구하는 것도 허용된다(대판[전합] 1990.11.27. 89다카2398).

② 부동산 실권리자명의 등기에 관한 법률 제11조, 제12조 제1항과 제4조의 규정에 의하면, 같은 법 시행 전에 명의신탁약정에 의하여 부동산에 관한 물권을 명의수탁자의 명의로 등기하도록 한 명의신탁자는 같은 법 제11조에서 정한 유예기간 이내에 실명등기 등을 하여야 하고, 유예기간이 경과한 날 이후부터 명의신탁약정과 그에 따라 행하여진 등기에 의한 부동산에 관한 물권변동이 무효가 되므로 명의신탁자는 더 이상 명의신탁해지를 원인으로 하는 소유권이전등기를 청구할 수 없다(대판 1999.1.26. 98다1027).

④ 양자 간 등기명의신탁에서 명의수탁자가 신탁부동산을 처분하여 제3취득자가 유효하게 소유권을 취득하고 이로써 명의신탁자가 신탁부동산에 대한 소유권을 상실하였다면, 명의신탁자의 소유권에 기한 물권적 청구권, 즉 말소등기청구권이나 진정명의회복을 원인으로 한 이전등기청구권도 더 이상 그 존재 자체가 인정되지 않는다(대판 2013.2.28. 2010다89814).

⑤ 명의수탁자가 양자 간 명의신탁에 따라 명의신탁자로부터 소유권이전등기를 넘겨받은 부동산을 임의로 처분한 행위가 형사상 횡령죄로 처벌되지 않더라도, 위 행위는 명의신탁자의 소유권을 침해하는 행위로서 형사상 횡령죄의 성립 여부와 관계없이 민법상 불법행위에 해당하여 명의수탁자는 명의신탁자에게 손해배상책임을 부담한다(대판 2021.6.3. 2016다34007).

| 01 | 02 | 03 | 04 | 05 | 06 | 07 | 08 | 09 | 10 | 11 | 12 | 13 | 14 | 15 | 16 | 17 | 18 | 19 | 20 |
|----|----|----|----|----|----|----|----|----|----|----|----|----|----|----|----|----|----|----|----|
| ④ | ④ | ② | ② | ⑤ | ③ | ④ | ⑤ | ① | ③ | ① | ① | ② | ④ | ③ | ③ | ⑤ | ⑤ | ④ | ① |
| 21 | 22 | 23 | 24 | 25 | 26 | 27 | 28 | 29 | 30 | 31 | 32 | 33 | 34 | 35 | 36 | 37 | 38 | 39 | 40 |
| ③ | ⑤ | ② | ① | ① | ④ | ① | ③ | ④ | ⑤ | ② | ④ | ② | ③ | ① | ④ | ① | ③ | ⑤ | ⑤ |

## 01

답 ④

**정답해설**

④ 문제의 조건에서 $B$에서 수직항력이 $N$이면 $A$에서 수직항력은 $2N$이다. 구심력에 대한 운동방정식은 A : $2N = \dfrac{mv_A^2}{R}$,

B : $N + mg = \dfrac{mv_B^2}{R}$ 이고, 에너지 보존에 의해 각 지점에서의 속력은 $mg(h-R) = \dfrac{1}{2}mv_A^2$, $mg(h-2R) = \dfrac{1}{2}mv_B^2$ 가 되어서 식을 정리하면 $h = 4R$이 된다.

## 02

답 ④

**정답해설**

④ $H$지점에서 자유낙하했을 때 운동 에너지가 중력 퍼텐셜 에너지의 2배인 곳은 지면으로부터 $\dfrac{H}{3}$인 곳이다. 처음 위치에서

$H$만큼 자유낙하하는데 걸리는 시간이 $t_0$ 이므로 $\dfrac{2}{3}H$만큼 낙하하는데 걸리는 시간은 $t = \sqrt{\dfrac{2h}{g}}$ 로 부터 $t_0 = \sqrt{\dfrac{2H}{g}}$ 이므로

$t = \sqrt{\dfrac{2\frac{2}{3}H}{g}} = \sqrt{\dfrac{2}{3}}\,t_0$ 이다.

## 03

답 ②

**정답해설**

② 힘-시간 그래프에서 면적은 충격량이므로 0~8초까지의 면적이 60이므로, $F\Delta t = mv - mv_0$ 에서 $v_0 = 0$ 이고 $60 = 2v$ 에서 $v = 30\text{m/s}$ 이다.

# 04

**정답해설**

② A에서 직접 B에 도달하는 진동수를 $f_1$이라 하면 음원이 멀어지므로 도플러 효과에 의해 $f_1 = f_0 \dfrac{v_0}{v_0 + \dfrac{1}{5}v_0} = \dfrac{5}{6}f_0$이고,

벽에 반사되어 측정되는 소리를 $f_2$라 하면 반사될 때는 진동수의 변화가 없으므로 음파의 파장이 짧아져서

$f_2 = f_0 \dfrac{v_0}{v_0 - \dfrac{1}{5}v_0} = \dfrac{5}{4}f_0$가 된다. 맥놀이 진동수는 $f_b = |f_1 - f_2| = \dfrac{5}{12}f_0$가 된다.

# 05

**정답해설**

ㄱ. (○) 직선 도선에 의한 자기장의 방향은 앙페르의 오른 나사법칙에 의해 면에 들어가는 방향이다.

ㄴ. (○) $+x$방향으로 이동시키면 회로 내부의 자기장의 세기가 약해지므로 다시 들어가는 방향으로 자기장이 형성되어 시계 방향으로 유도 전류가 생긴다.

ㄷ. (○) 유도 전류에 의한 자기력의 방향은 항상 운동 방향의 반대 방향이다. 오른쪽으로 움직이면 왼쪽 방향으로 자기력이 작용하므로 인력이다.

# 06

**정답해설**

③ 휘트스톤 브릿지에서 대각선의 저항이 동일하면 마름모 위쪽과 아래쪽의 전위가 같아져서 중간회로에는 전류가 흐르지 않는다. 그러므로 $2R$의 병렬과 동일하다. 합성저항은 $R$이다.

# 07

**정답해설**

④ $V = 100$이고 $V_R = 80$, $V_L = 60$이므로 $V = \sqrt{V_R^2 + (V_L - V_C)^2}$에서 $V_C = 120$이다. $R = 40$이므로 전류는 $I = 2A$이다.

$X_L = 2\pi f_0 L = 30\Omega$이고 $X_C = \dfrac{1}{2\pi f_0 C} = 60\Omega$이어서 두 식으로부터 공명 진동수는 $\dfrac{1}{2\pi\sqrt{LC}} = \sqrt{2}f_0$이다.

## 08

**정답해설**

⑤ 단원자 분자가 등압팽창할 때 흡수한 열량은 $Q = \Delta U + W = \dfrac{3}{2}nR\Delta T + nR\Delta T = \dfrac{5}{2}RT_0$ 가 된다.

## 09

**정답해설**

① 문제의 조건으로부터 $X$금속판에서 방출된 광전자의 최대 운동 에너지를 $E_0$라고 설정하면 A금속판으로부터 방출된 광전자의 최대 운동 에너지는 $\dfrac{3}{2}E_0$ 이다. 광전효과의 에너지 방정식을 세우면 A: $h3f_0 = hf_0 + \dfrac{3}{2}E_0$ 이고, B: $h3f_0 = hf_X + E_0$ 이므로 두 식에서 $E_0$를 소거하면 $f_X = \dfrac{5}{3}f_0$ 가 된다.

## 10

**정답해설**

③ $n = 2$인 상태의 확률밀도함수 $|\psi|^2$의 개형은 다음과 같다.

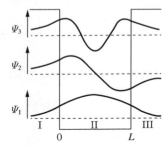 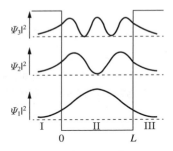

그러므로 입자가 $n = 2$인 상태에 있을 때, 입자를 발견한 확률은 $0 < x < \dfrac{L}{2}$ 에서와 $\dfrac{L}{2} < x < L$에서 동일하다.

# 11

**정답해설**

① 주어진 표의 값을 이용하여 구할 수 있다.

$-\ln P = \dfrac{\Delta H^\circ_{증발}}{R}\left(\dfrac{1}{T}\right) - \dfrac{\Delta S^\circ_{증발}}{R}$ 이므로 $-\ln P$와 $\dfrac{1}{T}$ 축으로 그래프를 그렸을 때 $-\dfrac{\Delta S^\circ_{증발}}{R}$ 은 Y축($-\ln P$축)의 절편이다. 따라서 표를 이용해서 그 값의 비율을 알 수 있다.

| $\dfrac{1}{T}$ | $-\ln P$ | |
|---|---|---|
| | X(l) | Y(l) |
| 0 | $-10b$ | $-8b$ |
| 1a | $-8b$ | $-7b$ |
| ; ; | ; ; | ; ; |
| 4a | $-2b$ | $-4b$ |
| 5a | 0 | $-3b$ |

$\dfrac{1}{T} = 0$인 $-\ln P$의 값을 이용하면 $\dfrac{-10b}{-8b} = \dfrac{5}{4}$ 이다.

# 12

**정답해설**

① $T_1$의 온도에서 B의 반감기는 2초, 4초이고, $T_2$에서는 1초, 2초 이렇게 2배로 증가하므로 반응 차수는 2차이다.

$k = \dfrac{1}{2t_{\text{B의 반감기}}[\text{A}]_0[\text{B}]_0}$ 이므로 $T_1$에서 A의 초기 농도 20M, B의 초기 농도 20M, B의 반감기 2분과 $T_2$의 A의 초기농도 10M, B의 초기농도 10M, B의 반감기 1분을 이용하면 $\dfrac{k_2}{k_1} = 8$이다.

$\dfrac{T_1\text{에서 2분일 때 C의 생성속도}}{T_2\text{에서 4분일 때 D의 생성속도}} = \dfrac{T_1\text{에서 2분일 때 B의 소멸속도} \times \dfrac{1}{2}}{T_2\text{에서 4분일 때 B의 생성속도}}$ 이므로

$\dfrac{\dfrac{1}{2\times20\times10^{-3}}\times(10\times10^{-3})^2\times\dfrac{1}{2}}{\dfrac{1}{1\times10\times10^{-3}}\times(2\times10^{-3})^2} = \dfrac{25}{8}$ 이다.

# 13

**정답해설**

② 평형 상태 Ⅰ에서 전체 몰수를 계산하면 4/3mol이다(A : 1/3mol, B : 2/3mol, C : 1/3mol)

$$\rightarrow K_p = \frac{(\frac{1}{4})^2}{(\frac{1}{4})(\frac{2}{4})^2} = 1$$

평형 상태 Ⅰ에서 Ⅱ가 될 때 전체 부피는 3/4배, 온도는 4/5배가 되므로 전체 몰수는 15/16배가 된다. 따라서 평형 상태 Ⅱ의 전체 몰수는 5/4mol임을 알 수 있다. 평형 상태 Ⅱ일 때 몰분율은 각각 A : 1/5, B : 2/5, C : 2/5로 구할 수 있으므로 $a$의 값을 계산하면 5이다.

# 14

**정답해설**

④ 다음과 같이 5개의 고리형 탄화수소를 만들 수 있다.

# 15

**정답해설**

③ (가)는 비공유 전자쌍을 1개 가지고 있는 삼각 피라미드 모양이다. 평면의 구조는 선형의 (나), 평면 삼각형의 (다)이다.

**오답해설**

① $\dfrac{공유\ 전자쌍수}{비공유\ 전자쌍수}$ 는 (가)는 3, (나)는 1이다.

② 쌍극자 모멘트는 극성 분자인 (가)가 더 크다. (나)는 대칭의 구조를 가지고 있다.

④ (다)에 이중결합이 있다.

⑤ (나)의 결합각은 180°, (라)의 결합각은 109.5°이다.

## 16

**정답해설**

③ 제1 이온화 에너지에 따라서 W–Na, X–C, Y–N, Z–F 이다. 반지름은 주기가 큰 Na가 가장 크고, 같은 주기에서 2p 전자의 유효핵전하는 원자번호가 클수록 증가하므로 N보다 F가 크다. 제2 이온화 에너지는 1족인 Na가 F보다 크다.

## 17

**정답해설**

X와 Y는 N과 O 중 하나이다. 주어진 표에서 $Y_2$이 상자성이므로 Y는 O임을 알 수 있다. 따라서 X는 N이다.

⑤ $NO^-$의 홀전자 수는 2개이다.

**오답해설**

① $O_2^+$의 결합차수는 2.5, $O_2$의 결합차수는 2이다.
② $NO^+$로 반자기성이다.
③ $N_2$와 $NO^+$는 총 전자의 수가 14개로 등전자에 해당한다.
④ $O_2^-$는 총 17개로 $\dfrac{\pi_{2p}^* \text{에 채워진 홀전자 수}}{\pi_{2p} \text{에 채워진 전자 수}} = \dfrac{1}{4}$ 이다.

## 18

**정답해설**

⑤ (가)는 d6이면서 배위수 6이므로 정팔면체, (나)는 d7이면서 홀전자 수가 3개이므로 정사면체, (다)는 d8이면서 홀전자 수가 없으므로 평면사각형의 구조이다. 다음과 같은 전자 배치를 하게 된다.

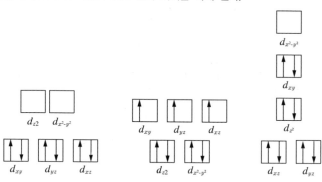

## 19

**정답해설**

④ pH가 10인 염기 완충 수용액에서 반응을 시킬 경우 1번째 반응식은 s의 값이 굉장히 작기 때문에 2번째 반응이 진행될 것을 예상할 수 있다.

2번째 반응을 이용하면 $K = x = \dfrac{[M(OH)_4^-]}{[OH^-]} = \dfrac{4.0 \times 10^{-3}}{10^{-4}} = 40$ 이다.

## 20

**정답해설**

① 화학반응식을 완성하면

$2Fe^{2+}(aq) + H_2O_2(aq) + 2H^+(aq) \rightarrow 2Fe^{3+}(aq) + 2H_2O(l)$ 이다.

O의 산화수는 −1에서 −2로 감소하며 $Fe^{2+}$ 1mol이 반응하면 전자 1mol을 잃는다.

## 21

**오답해설**

① · ④ 불포화지방 설명이다.
② 트랜스지방은 트랜스 이중결합을 지니는 불포화지방이다.
⑤ 포화지방산은 글리세롤에 에스터(ester) 결합으로 연결된다.

## 22

**정답해설**

ㄱ. (○) $C_4$ 식물에는 옥수수, 사탕수수 등이 있다.
ㄴ, ㄷ. (○) $C_4$ 광합성에서 $CO_2$는 엽육세포에서 PEP 카르복시화 효소에 의해 $C_4$ 유기산 형태로 최초 고정되며, $C_4$ 유기산이 유관속초세포로 전달된 후 캘빈회로에 $CO_2$를 공급하여 당합성이 일어난다.

## 23

답 ②

② 미토콘드리아의 산화적 인산화 과정에서 전자전달 사슬의 최종 전자수용체는 (가) 산소($O_2$)이고, 광합성의 명반응에서 전자전달 사슬의 최종 전자수용체는 (나) $NADP^+$이다.

## 24

답 ①

오답해설

ㄴ. (×) 점막의 점액 등 외분비액에 존재하며 국소방어에 기여하는 것은 IgA이다.
ㄷ. (×) 알레르기 반응에 관여하는 것은 IgE이다.

## 25

답 ①

정답해설

① 대장균은 한 종류의 RNA 중합효소만 사용한다.

## 26

답 ④

정답해설

④ 분자 이동의 주된 선택적 장벽은 '세포막'이다.

오답해설

① 그람음성균의 지질다당체(LPS)는 동물에 설사, 복통, 구토 등을 유발한다.
② 페니실린은 펩티도글리칸 사슬 사이의 펩티드 교차결합을 저해하는 항생제이다.
③ 곰팡이의 세포벽은 키틴 성분으로 이루어졌다.
⑤ 세포벽은 세균 세포의 형태를 유지시키고, 삼투압에 의한 용해로부터 보호한다.

## 27

**정답해설**

① 증폭할 DNA 이중가닥의 양 말단(3')에 상보적인 두 서열을 양방향 프라이머로 제작한다.

## 28

답 ③

**정답해설**

ㄱ, ㄴ. (○) 노던 블로팅은 전기영동, 블로팅, 혼성화 기법을 순차적으로 수행하는 분석기법으로, 시료 내의 특정 RNA 서열 존재 유무, RNA 분자들의 길이에 대한 정보, mRNA의 band 굵기 비교를 통해 발현량 증감도 알 수 있다.

**오답해설**

ㄷ. (×) 노던블롯으로 단백질의 구조는 확인할 수 없다.

## 29

답 ④

**정답해설**

ㄴ. (○) 세대 교번은 모든 육상식물에서 일어난다.
ㄷ. (○) 중복 수정은 속씨식물에서만 일어난다.

**오답해설**

ㄱ. (×) (가)는 '종자'이다.

## 30

답 ⑤

**정답해설**

⑤ 유전적 부동은 우연한 사건에 의해 집단의 대립유전자 빈도가 임의로 변화되는 현상으로서, 병목 효과와 창시자 효과의 두 가지 유형이 있으며 크기가 작은 집단에서 그 효과가 크게 나타난다.

# 31

**정답해설**

ㄴ. (○) 산안드레아스 단층은 보존경계로 천발지진이 일어나며 중발지진이나 심발지진 또는 화산활동은 일어나지 않는다.

**오답해설**

ㄱ. (×) 동아프리카 열곡대는 맨틀의 상승부에 해당하는 발산경계이다.

ㄷ. (×) 히말라야 산맥은 대륙판인 인도판과 대륙판인 유라시아 판의 수렴경계로 화산활동이 일어나지 않으며 마그마의 관입이 일어날 수 있다.

# 32

**정답해설**

④ P파와 S파는 모두 지구 내부를 통과하는 실체파이며, P파의 속도가 S파보다 빨라 관측 지점에 더 먼저 도착한다. P파는 파의 진행 방향이 매질 입자의 진동 방향과 평행한 종파이기 때문에 고체, 기체, 액체인 매질을 모두 통과할 수 있으나 S파는 파의 진행 방향과 매질 입자의 진동 방향이 수직인 횡파이기 때문에 고체인 매질만 통과할 수 있다.

# 33

**정답해설**

ㄷ. (○) (가)에서 암석의 생성순서는 C − B − D − A이다. C는 화강암 B가 관입한 뒤 부정합이 일어났고 그 뒤에 D가 퇴적되었다. 후에 A가 관입하였으며 다시 부정합이 일어났다.

**오답해설**

ㄱ. (×) (나)에서 X의 함량이 50%가 되는 데 걸리는 시간이 1억 년이므로 방사성 원소 X의 반감기는 1억 년이다. A는 반감기가 1회 지났으므로 A의 절대연령은 1억 년이고, B는 반감기가 2회 지났으므로 B의 절대연령은 2억 년이다.

ㄴ. (×) D는 B 이후에 생성되었으며 A 이전에 생성되었다. 따라서 D의 절대 연령은 1억 년~2억 년이다. 1억 년 전~2억 년 전은 중생대에 해당하므로 D는 신생대 제4기의 지층이 아니며 신생대 표준화석인 화폐석이 산출될 수 없다.

# 34

**정답해설**

ㄱ. (○) 경상누층군은 대보 조산 운동 이후에, 불국사 운동 이전에 퇴적되었다.
ㄴ. (○) 경상누층군은 육성층이므로 공룡 발자국 화석이 발견된다.

**오답해설**

ㄷ. (×) 평안누층군은 고생대 후기에 퇴적되었다. 우리나라는 중생대에 대보 화강암, 불국사 화강암 등이 관입되었으므로 평안누층군 이후에 화강암류의 관입이 일어났다.

# 35

**정답해설**

① 절대 등급이란 별까지의 거리를 10pc로 가정하였을 때의 겉보기 등급이며, 별의 겉보기 밝기는 거리의 제곱에 반비례한다. 현재 지구와의 거리가 100pc인 별의 거리를 10pc로 가정하면 거리가 1/10이 된다. 따라서 겉보기 밝기는 100배 밝아진다. 별은 100배 밝아질 때마다 등급이 5등급 낮아지므로 별 A의 절대 등급은 3 − 5 = −2등급이다.

# 36

**정답해설**

④ A는 대류권, B는 성층권이며, 대류권계면은 대류권과 성층권의 경계면이다. 대류권계면의 높이는 대류권의 평균 기온이 높을수록 높으므로 적도에서 높고 극에서 낮다. 대류권에서는 대류현상과 기상현상이 일어나며 성층권은 오존층을 포함하고 있어 자외선을 흡수하기 때문에 상층으로 갈수록 온도가 높아진다.

# 37

**정답해설**

① 원추형은 대기가 중립 상태일 때 발생한다. 중립 상태의 대기에서는 기온 감률과 건조 단열 감률이 같다.

## 38

> 정답해설

③ 내핵은 온도가 매우 높고 압력 또한 매우 높아 고체 상태로 존재한다.

> 오답해설

①·② 모호면은 지각과 맨틀의 경계이며 맨틀은 지구 내부에서 가장 큰 부피를 차지한다.
④ 외핵은 액체 상태로 존재하며 상부맨틀에는 맨틀의 온도가 거의 용융점에 도달해 부분 용융이 일어나는 연약권이 존재한다.
⑤ 연약권은 지진파의 속도가 느려지는 저속도층이다.

## 39

> 정답해설

⑤ 여름에는 태양의 적위가 + 값을 갖는다. 태양의 남중고도($h$)는 $h = 90° - \phi + \delta$ 이므로 이 지역에서 여름철 태양의 남중고도는 52.5°보다 높다.

> 오답해설

① 북극성의 고도는 그 지역의 위도와 같기 때문에 이 지역의 북극성 고도는 37.5°이다.
③ 태양이 춘·추분점에 있을 때 태양의 적위는 0°이므로 태양은 정동쪽에서 떠서 정서쪽으로 진다.
④ 겨울에는 태양의 적위가 −값을 가지므로 남동쪽에서 떠서 남서쪽으로 진다. 그러므로 낮의 길이는 밤의 길이에 비해 더 짧다.

## 40

답 ⑤

> 정답해설

⑤ 그믐달은 달의 왼쪽 면이 둥근 눈썹 모양의 달이다. 따라서 그믐달이 관측될 때 달의 위치는 E이다. 또한 그믐달은 달이 뜬 뒤부터 해가 뜨기 직전까지 남동쪽 하늘에서 관측된다.

무언가를 시작하는 방법은
말하는 것을 멈추고, 행동을 하는 것이다.

- 월트 디즈니 -

# 2021년 제58회 정답 및 해설

| 01 | 02 | 03 | 04 | 05 | 06 | 07 | 08 | 09 | 10 | 11 | 12 | 13 | 14 | 15 | 16 | 17 | 18 | 19 | 20 |
|----|----|----|----|----|----|----|----|----|----|----|----|----|----|----|----|----|----|----|----|
| ③ | ① | ⑤ | ② | ③ | ②, ④ | ④ | ③ | ② | ④ | ⑤ | ④ | ② | ① | 전항<br>정답 | ① | ⑤ | ④ | ② | ⑤ |
| 21 | 22 | 23 | 24 | 25 | 26 | 27 | 28 | 29 | 30 | 31 | 32 | 33 | 34 | 35 | 36 | 37 | 38 | 39 | 40 |
| ③ | ③ | ② | ② | ⑤ | ④ | ③ | ① | ④ | ①, ⑤ | ④ | ② | ③ | ④ | ② | ④, ⑤ | ⑤ | ① | ⑤ | ① |

## 01

답 ③

◀ 정답해설

③ 투여용법과 투여용량은 의료행위 자체가 아니라 의약이라는 물건이 효능을 온전하게 발휘하도록 하는 속성을 표현함으로써 의약이라는 물건에 새로운 의미를 부여하는 구성요소가 될 수 있고, 투여용법과 투여용량이라는 새로운 의약 용도가 부가되어 신규성과 진보성 등의 특허요건을 갖춘 의약에 대해서는 새롭게 특허권이 부여될 수 있다(判例 2014후768).

◀ 오답해설

① 특허를 받을 수 있는 발명은 완성된 것이어야 하고 완성된 발명이란 그 발명이 속하는 분야에서 통상의 지식을 가진 자가 반복실시하여 목적하는 기술적 효과를 얻을 수 있을 정도까지 구체적, 객관적으로 구성되어 있는 발명으로 그 판단은 특허출원의 명세서에 기재된 발명의 목적, 구성 및 작용효과 등을 전체적으로 고려하여 출원 당시의 기술수준에 입각해서 신중히 하여야 하고 반드시 발명의 상세한 설명 중의 구체적 실시예에 한정되어 인정되는 것은 아니다(判例 92후1806).
② 의약의 용도발명에서는 특정 물질이 가지고 있는 의약의 용도가 발명의 구성요건에 해당하므로, 발명의 특허청구범위에는 특정 물질의 의약용도를 대상 질병 또는 약효로 명확히 기재하는 것이 원칙이나, 특정 물질의 의약용도가 약리기전만으로 기재되어 있다 하더라도 발명의 상세한 설명 등 명세서의 다른 기재나 기술상식에 의하여 의약으로서의 구체적인 용도를 명확하게 파악할 수 있는 경우에는 특허법 제42조 제4항 제2호에 정해진 청구항의 명확성 요건을 충족하는 것으로 볼 수 있다(判例 2006후3564).
④ 이때에 그 미생물이 반드시 국내에 현존하는 것이어야 할 필요는 없고 국외에 현존하는 것이라 하더라도 국내의 당업자가 이를 용이하게 입수할 수 있다고 인정될 때에는 이를 기탁하지 아니할 수 있다고 보아야 한다(判例 90후1260).
⑤ 출원발명의 명세서에는 그 기술분야의 평균적 기술자가 출원발명의 결과물을 재현할 수 있도록 그 과정이 기재되어 있어야 하는 것이고, 식물발명이라 하여 그 결과물인 식물 또는 식물소재를 기탁함으로써 명세서의 기재를 보충하거나 그것에 대체할 수 없다(判例 96후2531).

## 02

답 ①

◀ 정답해설

ㄱ. (×) 인간을 수술, 치료 또는 진단하는 방법은 산업상 이용가능성이 인정되지 않는다.
ㄴ. (×) 인체를 처치하는 방법이 치료효과와 비치료효과(예 미용효과)를 동시에 가지는 경우, 치료효과와 비치료효과를 구별 및 분리할 수 없는 방법은 치료방법으로 간주되어 산업상 이용가능성이 인정되지 않는다.

ㄷ. (○) 피부미용법은 미용효과를 가지는 비치료방법에 해당하여 산업상 이용가능성이 인정된다.

ㄹ. (○) 수술, 치료 또는 진단방법 발명이 동물에만 한정한다는 사실이 청구항에 명시되어 있으면 산업상 이용할 수 있는 발명으로 인정된다.

# 03

답 ⑤

**정답해설**

ㄱ. 위증죄 : 5천만 원 이하의 벌금(특허법 제227조)

ㄴ. 침해죄 : 1억 원 이하의 벌금(특허법 제225조)

ㄷ. 양벌규정 – 허위표시의 죄 : 6천만 원 이하의 벌금(특허법 제230조 제2호)

ㄹ. 양벌규정 – 침해죄 : 3억 원 이하의 벌금(특허법 제230조 제1호)

ㅁ. 거짓행위의 죄 : 3천만 원 이하의 벌금(특허법 제229조)

# 04

답 ②

**정답해설**

② 특허발명 실시계약에 의하여 특허권자는 실시권자의 특허발명 실시에 대하여 특허권 침해로 인한 손해배상이나 금지 등을 청구할 수 없게 될 뿐만 아니라 특허가 무효로 확정되기 이전에 존재하는 특허권의 독점적·배타적 효력에 의하여 제3자의 특허발명 실시가 금지되는 점에 비추어 보면, 특허발명 실시계약의 목적이 된 특허발명의 실시가 불가능한 경우가 아닌 한 특허무효의 소급효에도 불구하고 그와 같은 특허를 대상으로 하여 체결된 특허발명 실시계약이 계약 체결 당시부터 원시적으로 이행불능 상태에 있었다고 볼 수는 없고, 다만 특허무효가 확정되면 그때부터 특허발명 실시계약은 이행불능 상태에 빠지게 된다고 보아야 한다(判例 2012다42666).

**오답해설**

① 특허발명 실시계약 체결 이후에 특허가 무효로 확정되었더라도 특허발명 실시계약이 원시적으로 이행불능 상태에 있었다거나 그 밖에 특허발명 실시계약 자체에 별도의 무효사유가 없는 한, 특허권자는 원칙적으로 특허발명 실시계약이 유효하게 존재하는 기간 동안 실시료의 지급을 청구할 수 있다(判例 2018다287362). 즉, 실시계약이 원시적으로 이행불능 상태라면 실시료의 지급을 청구할 수 없다.

③ 권리범위확인심판에서는 특허발명의 진보성이 부정된다는 이유로 그 권리범위를 부정하여서는 안 된다(判例 2012후4162).

④ 특허발명에 대하여 특허권자가 제3자와 사이에 특허권 실시계약을 맺고 실시료를 받은 바 있다면 그 계약 내용을 침해자에게도 유추적용하는 것이 현저하게 불합리하다는 특별한 사정이 없는 한 그 실시계약에서 정한 실시료를 참작하여 위 금액을 산정하여야 하며, 그 유추적용이 현저하게 불합리하다는 사정에 대한 입증책임은 그러한 사정을 주장하는 자에게 있다(判例 2003다15006).

⑤ 설정계약으로 전용실시권의 범위에 관하여 특별한 제한을 두고도 이를 등록하지 않으면 그 효력이 발생하지 않는 것이므로, 전용실시권자가 등록되어 있지 않은 제한을 넘어 특허발명을 실시하더라도, 특허권자에 대하여 채무불이행 책임을 지게 됨은 별론으로 하고 특허권 침해가 성립하는 것은 아니다(判例 2011도4645).

# 05

**정답해설**

③ 하자가 치유된다.

**오답해설**

② 특허법 제25조 제2항
④ 특허를 받을 수 있는 권리는 발명의 완성과 동시에 발명자에게 원시적으로 귀속되지만, 이는 재산권으로 양도성을 가지므로 계약 또는 상속 등을 통하여 전부 또는 일부 지분을 이전할 수 있고(특허법 제37조 제1항), 그 권리를 이전하기로 하는 계약은 명시적으로는 물론 묵시적으로도 이루어질 수 있고, 그러한 계약에 따라 특허등록을 공동출원한 경우에는 출원인이 발명자가 아니라도 등록된 특허권의 공유지분을 가진다(判例 2011다67705, 67712).
⑤ 특허법 제34조

# 06

답 ②, ④

**정답해설**

② 2019.9.1. 판매한 A제품의 공지에 의하여 제1항은 신규성이 없으므로 특허를 받을 수 없다.
④ 甲의 출원이 丙의 출원보다 출원일이 늦지만, 2020.5.1. 甲의 신제품(A+B) 판매가 B의 공지행위가 맞다고 본다면, 丙은 타인인 甲의 발명에 대해서 신규성 위반으로 거절될 것이며, 丙의 출원이 만약 출원공개 전 거절결정이 확정되어 출원공개되지 않는다면, 丙의 출원에 대해서는 선원지위·확대된 선원지위가 발생하지 않을 것이므로, 甲의 출원은 丙의 출원에 의해 거절되지 않을 수 있다.

**오답해설**

① 특허법 제30조
⑤ 丁의 특허출원 제1항, 제2항은 신규성 위반으로 특허를 받을 수 없다.

# 07

답 ④

**정답해설**

④ 발명의 명세서에 개시되어 있는 기술을 알고 있음을 전제로 하여 사후적으로 통상의 기술자가 그 발명을 용이하게 발명할 수 있는지를 판단해서는 안 된다(사후적 고찰 금지). 따라서 명세서의 실시예에 기재된 구성요소 B를 전제로 결합하여 진보성을 판단하여서는 안 된다.

## 08

**정답해설**

③ 출원인이 외국어특허출원을 한 경우 출원일로부터 1년 2개월 또는 제3자의 심사청구가 있어 그 취지를 통지받은 경우 그 통지를 받은 날로부터 3개월이 되는 날 중 빠른 날까지 명세서 및 도면의 국어번역문을 제출하여야 한다(특허법 제42조의3 제2항). 따라서 영문저널에 게재된 날이 아닌 출원일로부터 1년 2개월이 되는 날까지 국어번역문을 제출하여야 한다.

**오답해설**

② 특허법 제30조 제1항
④ 특허법 제42조의3 제4항
⑤ 특허법 제42조의3 제6항

## 09

**정답해설**

② 특허법 제194조 제4항

**오답해설**

① 특허청장은 국제특허출원에서 청구범위가 기재되어 있지 않은 경우, 기간을 정하여 서면으로 절차를 보완할 것을 명하여야 한다(특허법 제194조 제2항).
③ 통지를 받은 자가 산업통상자원부령으로 정하는 기간에 도면을 제출하지 아니한 경우에는 그 도면에 관한 기재는 없는 것으로 본다(특허법 제194조 제4항).
④ 제195조에 따른 보정명령을 받은 자가 지정된 기간에 보정을 하지 아니한 경우 국제출원은 취하된 것으로 본다(특허법 제196조 제1항).
⑤ 2인 이상이 공동으로 국제출원을 하는 경우 제198조(수수료)에 따른 절차는 출원인의 대표자가 밟을 수 있으며(특허법 제197조 제1항), 제1항의 절차를 대리인에 의하여 밟으려는 자는 제3조에 따른 법정대리인을 제외하고는 변리사를 대리인으로 하여야 한다(특허법 제197조 제3항).

## 10

**정답해설**

④ 구법상(특허법 제128조 제3항)의 내용으로, 2020.6.9.에 삭제되었다.

**오답해설**

① 특허법 제128조 제7항
② 특허법 제128조 제1항·제4항
③ 특허법 제128조 제5항·제6항
⑤ 특허법 제128조 제8항

# 11

⑤ 프로그램 그 자체는 물건으로 인정받지 못하므로, 특허법 제127조 제2호(간접침해) 규정에 해당하지 않는다.

③ 특허법 제127조 제1호

> **특허법 제127조(침해로 보는 행위)**
> 다음 각 호의 구분에 따른 행위를 업으로서 하는 경우에는 특허권 또는 전용실시권을 침해한 것으로 본다.
>   1. 특허가 물건의 발명인 경우 : 그 물건의 생산에만 사용하는 물건을 생산·양도·대여 또는 수입하거나 그 물건의 양도 또는 대여의 청약을 하는 행위
>   2. 특허가 방법의 발명인 경우 : 그 방법의 실시에만 사용하는 물건을 생산·양도·대여 또는 수입하거나 그 물건의 양도 또는 대여의 청약을 하는 행위

# 12

답 ④

④ 특허법 제47조 제1항 제3호, 제51조

① 최초로 첨부한 명세서 또는 도면에 기재된 사항 범위 내에서 하여야 한다(특허법 제47조 제2항).
② 신규사항추가금지의 범위 내에서 보정이 가능하므로, 거절이유에 기재되지 않은 사항에 대하여도 보정이 가능하다.
③ 최후거절이유통지에 대한 보정이므로 제47조 제3항 각 호의 범위 내에서 보정해야 하며 a+b를 a와 b 각각 청구항으로 작성하는 것은 청구범위 감축이 아니므로 부적법한 보정이다.
⑤ 도면뿐만 아니라 명세서도 보정이 가능하다.

# 13

**정답해설**

② 잘못된 기재를 정정하는 경우란 정정 전의 기재내용과 정정 후의 기재내용이 동일함을 객관적으로 인정할 수 있는 경우로서, 청구범위의 기재가 오기인 것이 명세서 기재 내용으로 보아 자명한 것으로 인정되거나, 주지의 사항 또는 경험칙으로 보아 명확한 경우 그 오기를 정확한 내용으로 고치는 것을 말한다(判例 2006후2301). 따라서 잘못된 기재의 정정으로 볼 수 없으며, 명세서에 기재된 범위를 넘어 신규사항추가에 해당한다.

**오답해설**

③ 특허취소신청이 특허심판원에 계속 중인 때부터 그 결정이 확정될 때까지의 기간에는 정정심판을 청구할 수 없다(특허법 제136조 제2항 제1호).

④ 특허무효심판의 심결 또는 정정의 무효심판의 심결에 대한 소가 특허법원에 계속 중인 경우에는 특허법원에서 변론이 종결(변론 없이 한 판결의 경우에는 판결의 선고를 말한다)된 날까지 정정심판을 청구할 수 있다(특허법 제136조 제2항 제1호).

⑤ 특허법 제136조 제3항


# 14

**정답해설**

① 특허법 제91조 제1항 제2호

**오답해설**

② 허가 등을 받는 자의 책임있는 사유로 발생한 보완기간은 연장받을 수 있는 기간에서 제외한다(判例 2017후882). 따라서 존속기간연장 기간은 6개월을 제외한 3년이다.

③ 허가 등을 받은 날로부터 3개월 이내에 출원하여야 한다(특허법 제90조 제2항).

④ 하나의 특허에 포함된 복수의 유효성분에 대하여 복수의 허가가 있는 경우 복수의 허가 중에서 하나를 선택하여 1회에 한해 존속기간 연장이 가능하다.

⑤ 최대 5년의 기간까지 연장할 수 있다(특허법 제89조 제1호).


# 15

**정답해설**

① 이용관계에 대해서는 적극적, 소극적 모두 청구할 수 있고, 저촉관계에 대해서만 적극적 권리범위확인심판 청구가 제한된다.

② 선 특허발명과 후 발명이 이용관계에 있는 경우에는 후 발명은 선 특허발명의 권리범위에 속하게 된다. 여기서 두 발명이 이용관계에 있는 경우라고 함은 후 발명이 선 특허발명의 기술적 구성에 새로운 기술적 요소를 부가하는 것으로서, 후 발명이 선 특허발명의 요지를 전부 포함하고 이를 그대로 이용하되, 후 발명 내에서 선 특허발명이 발명으로서의 일체성을 유지하는 경우를 말한다(判例 2015후161).

③ 특허법 제138조 제1항

④ 특허법 제138조 제2항

⑤ 특허법 제98조

# 16

**정답해설**

① 국제특허출원된 발명에 대하여 공지예외적용을 받으려는 자는 취지를 적은 서면 및 증명서류를 기준일이 지난 후 30일에 특허청장에게 제출할 수 있다(특허법 제200조).

**오답해설**

② 특허법 제201조 제1항
③ 특허법 제201조 제3항
④ 특허법 제199조
⑤ 특허법 제204조 제2항


# 17

**정답해설**

⑤ '특허출원 전'의 개념은 출원의 시, 분, 초까지 고려한 자연시 개념이다.

**오답해설**

① '공지되었다'고 함은 반드시 불특정다수인에게 인식되었을 필요는 없다 하더라도 적어도 불특정다수인이 인식할 수 있는 상태에 놓인 것을 의미하고(判例 2000후1238), '공연히 실시되었다'고 함은 발명의 내용이 비밀유지약정 등의 제한이 없는 상태에서 양도 등의 방법으로 사용되어 불특정다수인이 인식할 수 있는 상태에 놓인 것을 의미한다(判例 2003후2218, 2011후4011).
② 카탈로그는 제작되었으면 배부, 반포되는 것이 사회통념이라 하겠으며 제작한 카탈로그를 배부, 반포하지 아니하고 사장하고 있다는 것은 경험칙상 수긍할 수 없는 것이어서 카탈로그의 배부범위, 비치장소 등에 관하여 구체적인 증거가 없다고 하더라도 그 카탈로그의 반포, 배부되었음을 부인할 수는 없다(判例 85후47).
③ 일반적으로는 논문이 일단 논문심사에 통과된 이후에 인쇄 등의 방법으로 복제된 다음 공공도서관 또는 대학도서관 등에 입고되거나 주위의 불특정 다수인에게 배포됨으로써 비로소 일반 공중이 그 기재내용을 인식할 수 있는 반포된 상태에 놓이게 되거나 그 내용이 공지되는 것이라고 봄이 경험칙에 비추어 상당하다(判例 95후19).
④ 구 특허법(2001.2.3. 법률 제6411호로 개정되기 전의 것) 제29조 제1항 제1호 소정의 '특허출원 전에 국내에서 공지되었거나 공연히 실시된 발명'에서 '특허출원 전'의 의미는 발명의 공지 또는 공연 실시된 시점이 특허출원 전이라는 의미이지 그 공지 또는 공연 실시된 사실을 인정하기 위한 증거가 특허출원 전에 작성된 것을 의미하는 것은 아니므로, 법원은 특허출원 후에 작성된 문건들에 기초하여 어떤 발명 또는 기술이 특허출원 전에 공지 또는 공연 실시된 것인지 여부를 인정할 수 있다(判例 2006후2660).

# 18

④ 근로자의 날은 공휴일에 해당하므로 기간은 그 다음 날로 만료한다. 따라서 2019.5.2. 제출된 의견서는 적법한 서류이다.

**오답해설**

① 병 회사의 프로브 교체행위는 용접기의 사용의 일환으로서 허용되는 수리의 범주에 해당하여 여전히 특허권 소진의 효력이 미치므로, 병 회사가 갑 회사의 특허권을 침해하였다고 볼 수 없다고 한 사례(判例 2017나1001).

② 방법의 발명에 대한 특허권자가 우리나라에서 그 방법의 실시에만 사용하는 물건을 양도한 경우에도 양수인 또는 전득자가 그 물건을 이용하여 해당 방법발명을 실시하는 것과 관련하여서는 특허권이 소진되며, 위에서 본 특허권 소진의 근거에 비추어 볼 때 물건의 양도가 계약에 의한 경우뿐만 아니라 경매절차에 의한 경우에도 특별한 사정이 없는 한 특허권 소진의 법리는 적용된다(判例 2008허13299).

③ 특허법 제130조는 타인의 특허권 또는 전용실시권을 침해한 자는 그 침해행위에 대하여 과실이 있는 것으로 추정한다고 정하고 있다. 그 취지는 특허발명의 내용은 특허공보 또는 특허등록원부 등에 의해 공시되어 일반 공중에게 널리 알려져 있을 수 있고, 또 업으로서 기술을 실시하는 사업자에게 당해 기술분야에서 특허권의 침해에 대한 주의의무를 부과하는 것이 정당하다는 데 있다. 위 규정에도 불구하고 타인의 특허발명을 허락 없이 실시한 자에게 과실이 없다고 하기 위해서는 특허권의 존재를 알지 못하였다는 점을 정당화할 수 있는 사정이 있다거나 자신이 실시하는 기술이 특허발명의 권리범위에 속하지 않는다고 믿은 점을 정당화할 수 있는 사정이 있다는 것을 주장·증명하여야 한다(判例 2019다222782, 222799).

⑤ 특허는 성질상 특허등록 이후에 무효로 될 가능성이 내재되어 있는 점을 감안하면, 특허발명 실시계약 체결 이후에 계약 대상인 특허의 무효가 확정되었더라도 특허의 유효성이 계약 체결의 동기로서 표시되었고 그것이 법률행위의 내용의 중요부분에 해당하는 등의 사정이 없는 한, 착오를 이유로 특허발명 실시계약을 취소할 수는 없다(判例 2012다42666).

# 19

**정답해설**

② 동일한 특허발명에 대하여 특허무효심판과 정정심판이 특허심판원에 동시에 계속 중에 있는 경우에는 정정심판제도의 취지상 정정심판을 특허무효심판에 우선하여 심리·판단하는 것이 바람직하나, 그렇다고 하여 반드시 정정심판을 먼저 심리·판단하여야 하는 것은 아니다(判例 2001후713).

**오답해설**

① 실용신안법 제11조, 특허법 제133조 제1항

> **특허법 제133조(특허의 무효심판)**
> ① 이해관계인(제2호 본문의 경우에는 특허를 받을 수 있는 권리를 가진 자만 해당한다) 또는 심사관은 특허가 다음 각 호의 어느 하나에 해당하는 경우에는 무효심판을 청구할 수 있다. 이 경우 청구범위의 청구항이 둘 이상인 경우에는 청구항마다 청구할 수 있다. 2. 제33조 제1항 본문에 따른 특허를 받을 수 있는 권리를 가지지 아니하거나 제44조를 위반한 경우. 다만, 제99조의2 제2항에 따라 이전등록된 경우에는 제외한다.

③ 실용신안법 제25조 제2항이 심사관으로 하여금 실용신안등록의 무효심판을 청구할 수 있도록 규정한 것은 심사관 개인을 이해관계인으로 보아서가 아니라 실용신안제도의 원활한 목적달성을 위한 공익적 견지에서 나온 것이므로 그 심사관은 심판제기 당시 실용신안의 등록출원에 대한 심사를 담당하고 있는 자이면 되고 반드시 당해 실용신안등록을 심사하여 등록사정한 심사관에 한하거나 심결당시에 그 심사관의 지위에 있어야만 하는 것은 아니다(判例 86후171).

2021년 제58회 | 산업재산권법 **439**

④ 특허를 무효로 한다는 심결이 확정된 때에는 당해 특허는 제3자와의 관계에서도 무효로 되므로, 동일한 특허권에 관하여 2인 이상의 자가 공동으로 특허의 무효심판을 청구하는 경우 그 심판은 심판청구인들 사이에 합일확정을 필요로 하는 이른바 유사필수적 공동심판에 해당한다(判例 2007후1510).

⑤ 권리범위확인심판청구가 (가)호 표장이 등록상표의 권리범위에 속하지 아니한다는 소극적 확인심판청구인 경우에 있어, (가)호 표장이 등록상표의 권리범위에 속한다고 인정되면 심판청구를 기각하면 되는 것이지 (가)호 표장이 등록상표의 권리범위에 속한다는 심결은 할 수 없다(判例 92후148).

## 20

**정답해설**

ㄱ. (○) 특허법 제42조의3 제7항
ㄴ. (○) 실용신안법 제9조 제1항
ㄷ. (○) 특허법 제226조 제1항
ㄹ. (○) 실용신안법 제12조

## 21

답 ③

**정답해설**

③ '상품'은 그 자체가 교환가치를 가지고 독립된 상거래의 목적물이 되는 물품을 의미한다. 다른 상품의 판매촉진이나 광고를 하기 위하여 무상으로 제공되는 볼펜, 마약 등 거래가 금지되는 물품, 대리점에서 판매되는 즉석건강식품의 원재료를 보여주기 위해서 곡물마다 별도로 유리용기에 담은 상품의 견본, 종전부터 발행하여 오던, 월간잡지의 독자들에게 보답하기 위하여 사은품으로 제공한 외국의 영화배우들 사진을 모은 책자들은 상품이 아니다.

## 22

답 ③

**정답해설**

③ 상표등록출원이 포기·취하·무효가 되거나 상표등록거절결정이 확정된 경우, 손실보상청구권은 처음부터 발생하지 않은 것으로 본다(상표법 제58조 제6호).

**오답해설**

① 출원인은 출원공고 후 해당 상표등록출원에 관한 지정상품과 동일·유사한 상품에 대하여 해당 상표등록출원에 관한 상표와 동일·유사한 상표를 사용하는 자에게 서면으로 경고할 수 있고, 출원인이 해당 상표등록출원의 사본을 제시하는 경우에는 출원공고 전이라도 서면으로 경고할 수 있다(상표법 제58조 제1항).

② 상표법 제58조(손실보상청구권) 제1항에 따라 경고를 한 출원인은 경고 후 상표권을 설정등록할 때까지의 기간에 발생한 해당 상표의 사용에 관한 업무상 손실에 상당하는 보상금의 지급을 청구할 수 있다(상표법 제58조 제2항).

④ 손실보상청구권은 해당 상표등록출원에 대한 상표권의 설정등록 전까지는 행사할 수 없다(상표법 제58조 제3항).

⑤ 손실보상청구권을 행사할 때 상표법 제110조(손해액의 추정 등)가 준용되지 않기 때문에 업무상 손실에 관한 사항은 청구권자가 입증하여야 한다(상표법 제58조 제5항).

답 ②

**정답해설**

② 상표법에 따라 선서한 증인으로서 특허심판원에 대하여 거짓의 진술·감정을 하여 위증죄를 범한 자가 그 사건의 상표등록 여부결정 또는 심결의 확정 전에 자수하였을 경우에는 필요적으로 그 형을 감경하거나 면제할 수 있다(상표법 제232조 제2항).

**오답해설**

① 상표권 침해행위는 권리자에게 피해를 주는 것 이외에 상품 출처의 오인·혼동을 발생시킴으로써 거래질서를 혼란하게 할 우려도 있으므로, 상표권 침해죄는 특허권 침해죄와는 달리 비친고죄이다.

③ 상표법상 비밀유지명령위반죄는 비밀유지명령을 신청한 자의 고소가 있어야 공소를 제기할 수 있는 친고죄이다(상표법 제231조 제2항).

④ 거짓이나 그 밖의 부정한 행위를 하여 상표등록, 지정상품의 추가등록, 존속기간갱신등록, 상품분류전환등록 또는 심결을 받은 자는 거짓행위의 죄에 해당되는데 이 죄는 비친고죄이다.

⑤ 상표권 침해행위에 제공되거나 그 침해행위로 인하여 생긴 침해물과 그 침해물 제작에 주로 사용하기 위하여 제공된 제작용구 또는 재료는 필요적 몰수의 대상이지만, 상품이 그 기능 및 외관을 해치지 아니하고 상표 또는 포장과 쉽게 분리될 수 있는 경우에는 그 상품은 몰수하지 아니할 수 있다(상표법 제236조).

## 24

답 ②

**정답해설**

ㄴ. (○) 본원상표는 단순히 고인의 성명 그 자체를 상표로 사용한 것에 지나지 아니할 뿐 동인과의 관련성에 관한 아무런 표시가 없어 이를 가리켜 상표법 제7조 제1항 제2호 소정의 고인과의 관계를 허위로 표시한 상표에 해당한다고 볼 수 없고, 또한 본원상표 자체의 의미에서 선량한 도덕관념이나 국제신의에 반하는 내용이 도출될 수는 없으며, 본원상표와 같은 표장을 사용한 상품이 국내에서 유통됨으로써 국내의 일반 수요자들에게 어느 정도라도 인식되었음을 인정할 자료가 없는 이상 국내의 일반거래에 있어서 수요자나 거래자들이 본원상표를 타인의 상품 표장으로서 인식할 가능성은 없으므로, 본원상표를 상표법 제7조 제1항 제4호 소정의 공공의 질서 또는 선량한 풍속을 문란하게 할 염려가 있는 상표라거나 상표법 제7조 제1항 제11호 소정의 수요자를 기만할 염려가 있는 상표라고도 볼 수 없다(判例 96후2173).

ㄷ. (○) 원심은 1991.1.28. 상표권존속기간갱신등록이 출원된 본원상표 'KSB'가 한국방송공사의 저명한 업무표장인 'KBS'관념은 상이하나 외관에 있어서 외국문자에 익숙치 않은 우리나라 일반거래자의 수준에 비추어 볼 때 그 직관적 시감이 유사하고 칭호에 있어서도 양 상표는 각각 '케이 에스 비' 및 '케이 비 에스'로 호칭될 것이어서 칭호에서 중요시되는 앞부분이 동일하여 그 전체적 청감이 유사하므로 상표법 제45조 제1항 제7호를 적용하여 상표권존속기간 갱신등록을 거절한 원사정은 정당하다고 판단하였다. 그러나 두 상표의 유사 여부는 그 지정상품의 거래에서 일반적인 수요자나 거래자가 상표에 대하여 느끼는 직관적 인식을 기준으로 상품의 출처에 대하여 오인 혼동의 우려가 있는지의 여부에 따라 판단하여야 하고 두 상표의 외관, 칭호, 관념 중 어느 하나가 유사하다 하더라도 다른 점도 고려할 때 전체로서는 명확히 출처의 혼동을 피할 수 있는 경우에는 유사상표라고 할 수 없다고 할 것이다(判例 93후2011).

ㄱ, ㄹ, ㅁ, ㅂ은 아래의 각 조항에 해당하여 상표등록을 받을 수 없다.

ㄱ. (×) 상표법 제34조 제1항 제1호

ㄹ. (×) 상표법 제34조 제1항 제6호, 判例 2012후1033

---

**상표법 제34조(상표등록을 받을 수 없는 상표)**

① 제33조에도 불구하고 다음 각 호의 어느 하나에 해당하는 상표에 대해서는 상표등록을 받을 수 없다.

1. 국가의 국기(國旗) 및 국제기구의 기장(記章) 등으로서 다음 각 목의 어느 하나에 해당하는 상표

  가. 대한민국의 국기, 국장(國章), 군기(軍旗), 훈장, 포장(褒章), 기장, 대한민국이나 공공기관의 감독용 또는 증명용 인장(印章)·기호와 동일·유사한 상표

6. 저명한 타인의 성명·명칭 또는 상호·초상·서명·인장·아호(雅號)·예명(藝名)·필명(筆名) 또는 이들의 약칭을 포함하는 상표. 다만, 그 타인의 승낙을 받은 경우에는 상표등록을 받을 수 있다.

---

ㅁ. (×) 상표법 제33조 제1항 제7호

ㅂ. (×) 상표법 제33조 제1항 제3호

---

**상표법 제33조(상표등록의 요건)**

① 다음 각 호의 어느 하나에 해당하는 상표를 제외하고는 상표등록을 받을 수 있다.

3. 그 상품의 산지(産地)·품질·원재료·효능·용도·수량·형상·가격·생산방법·가공방법·사용방법 또는 시기를 보통으로 사용하는 방법으로 표시한 표장만으로 된 상표

7. 제1호부터 제6호까지에 해당하는 상표 외에 수요자가 누구의 업무에 관련된 상품을 표시하는 것인가를 식별할 수 없는 상표

---

## 25

답 ⑤

**정답해설**

⑤ 수요자를 기만할 염려가 있는 상표가 특정인의 상표나 상품이라고 인식되었다고 인정되려면 선사용상표가 국내 상당한 지역 내에 걸쳐 수요자와 거래자에게 알려지면 충분하고, 특정인의 상표 등으로 인식되었는지 여부는 구체적인 사안에서 개별적으로 새로운 관념이나 식별력이 생겼는지를 판단하여야 한다.

**오답해설**

① 사회통념상 자타상품의 식별력을 인정하기 곤란하거나 공익상 특정인에게 상표를 독점시키는 것이 적당하지 않다고 인정되는 경우에 그 상표는 식별력이 없다(상표법 제33조 제1항 제7호).

② 둘 이상의 문자 또는 도형의 조합으로 이루어진 결합상표는 구성 부분 전체의 외관, 호칭, 관념을 기준으로 상표의 유사 여부를 판단하는 것이 원칙이나, 상표 중에서 일반 수요자에게 그 상표에 관한 인상을 심어주거나 기억·연상을 하게 함으로써 그 부분만으로 독립하여 상품의 출처표시기능을 수행하는 부분, 즉 요부가 있는 경우 적절한 전체관찰의 결론을 유도하기 위해서는 요부를 가지고 상표의 유사 여부를 대비·판단하는 것이 필요하다(判例 2015후1690).

③ 결합상표의 구성 부분 전부가 식별력이 없거나 미약한 경우에는 그중 일부만이 요부가 된다고 할 수 없으므로 상표 전체를 기준으로 유사 여부를 판단하여야 한다(判例 2017후2208).

④ 현저한 지리적 명칭과 대학교라는 단어의 결합으로 본래의 현저한 지리적 명칭을 떠나 새로운 관념을 낳거나 새로운 식별력을 형성한 경우에는 상표등록을 할 수 있고, 이 경우에 현저한 지리적 명칭과 대학교라는 단어의 결합만으로 새로운 관념이나 식별력이 생긴다고 볼 수는 없다(判例 2015후1454).

# 26

### 정답해설

④ 도형상표들에서 상표의 유사 여부 판단은 두 개의 상표 자체를 나란히 놓고 대비하는 것이 아니라 때와 장소를 달리 하여 두 개의 상표를 대하는 일반 수요자에게 상품 출처에 관하여 오인·혼동을 일으킬 우려가 있는지의 관점에서 이루어져야 한다(判例 2015후1348).

### 오답해설

① 도형상표에 있어서는 그 외관이 지배적인 인상을 남긴다 할 것이므로 외관이 동일·유사하여 양 상표를 다 같이 동종 상품에 사용하는 경우 일반 수요자로 하여금 상품의 출처에 관하여 오인·혼동을 일으킬 염려가 있다면 양 상표는 유사하다고 보아야 한다(判例 2011후1548).

② 상표의 유사 여부 판단에서 상품 출처의 오인·혼동을 일으킬 우려가 있는지 여부는 보통의 주의력을 가진 우리나라의 일반 수요자나 거래자를 기준으로 판단하여야 한다(判例 2015후1690).

③ 대비되는 상표 사이에 유사한 부분이 있다고 하더라도 그 부분만으로 분리인식될 가능성이 희박하거나 전체적으로 관찰할 때 명확히 출처의 혼동을 피할 수 있는 경우에는 유사상표라고 할 수 없다(判例 2014후2399).

⑤ 유사상표의 사용행위에 해당하는지에 대한 판단은 두 상표가 해당 상품에 관한 거래실정을 바탕으로 외관, 호칭, 관념 등에 의하여 일반 수요자에게 주는 인상, 기억, 연상 등을 전체적으로 종합할 때, 두 상표를 때와 장소를 달리하여 대하는 일반 수요자가 상품 출처에 관하여 오인·혼동할 우려가 있는지의 관점에서 이루어져야 한다(判例 2006후1964).

# 27

### 정답해설

③ 업무표장권은 이전할 수 없다. 다만, 그 업무와 함께 이전할 경우에는 이전할 수 있다(상표법 제93조 제4항).

### 오답해설

① 단체표장권은 이전할 수 없다. 다만, 법인의 합병의 경우에는 특허청장의 허가를 받아 이전할 수 있다(상표법 제93조 제6항).

② 단체표장권, 업무표장권 또는 증명표장권에 관하여는 전용사용권을 설정할 수 없다(상표법 제95조 제2항).

④ 상표권은 그 지정상품마다 분할하여 이전할 수 있다. 이 경우 유사한 지정상품은 함께 이전하여야 한다(상표법 제93조 제1항).

⑤ 상표권의 이전(상속이나 그 밖의 일반승계에 의한 경우는 제외한다)·변경·포기에 의한 소멸, 존속기간의 갱신, 상품분류전환, 지정상품의 추가 또는 처분의 제한에 해당하는 사항은 등록하지 아니하면 그 효력이 발생하지 아니한다(상표법 제96조 제1항 제1호).

# 28

답 ①

**정답해설**

① 상표권자에 대하여 상표권에 관한 이전약정에 기하여 이전등록절차의 이행을 청구할 권리를 가지는 사람이 이미 그 상표를 실제로 사용하고 있더라도 상표권에 관한 이전등록절차 이행청구권의 소멸시효는 진행된다(判例 2001후1259).

**오답해설**

② 타인의 상표권을 침해한 자는 그 침해행위에 대하여 과실이 있는 것으로 추정되고, 타인의 상표권을 침해한 자에게 과실이 없다고 하기 위하여는 상표권의 존재를 알지 못하였다는 점을 정당화할 수 있는 사정이 있다거나 자신이 사용하는 상표가 등록상표의 권리범위에 속하지 아니한다고 믿은 점을 정당화할 수 있는 사정이 있다는 것을 주장·증명하여야 한다(判例 2013다21666).

③ 상표법 제109조(손해배상의 청구)에 따른 손해배상을 청구하는 경우 그 등록상표의 사용에 대하여 합리적으로 받을 수 있는 금액에 상당하는 금액을 상표권자 또는 전용사용권자가 받은 손해액으로 하여 그 손해배상을 청구할 수 있다(상표법 제110조 제4항).

④ 상표권은 등록되어 있는 상표를 타인이 사용하였다는 것만으로 당연히 통상 받을 수 있는 상표권 사용료 상당액이 손해로 인정되는 것은 아니고, 상표권자가 그 상표를 영업 등에 실제 사용하고 있었음에도 불구하고 상표권 침해행위가 있었다는 등 구체적 피해 발생이 전제되어야 인정될 수 있다(判例 2014다59712).

⑤ 상표권의 행사가 상표제도의 목적이나 기능을 일탈하여 공정한 경쟁질서와 상거래 질서를 어지럽히고 수요자 사이에 혼동을 초래하거나 상대방에 대한 관계에서 신의성실의 원칙에 위배되는 등 법적으로 보호받을 만한 가치가 없다고 인정되는 경우에는 그 상표권의 행사는 권리행사의 외형을 갖추었다 하더라도 등록상표에 관한 권리를 남용하는 것으로서 허용될 수 없다(判例 2005다67223).

# 29

답 ④

**정답해설**

④ 상표법 제120조(전용사용권 또는 통상사용권 등록의 취소심판) 제1항에 따라 전용사용권 또는 통상사용권 등록의 취소심판을 청구한 후 그 심판청구사유에 해당하는 사실이 없어진 경우에 취소 사유에 영향을 미치지 아니한다(상표법 제120조 제1항·제2항).

**오답해설**

① 지정상품추가등록출원의 기초가 된 등록상표에 대하여 무효심판 또는 취소심판이 청구되거나 그 등록상표가 무효심판 또는 취소심판 등으로 소멸된 경우에 지정상품추가등록출원을 한 출원인은 상표등록출원으로 변경할 수 없다(상표법 제44조 제2항).

② 전용사용권자 또는 통상사용권자가 지정상품 또는 이와 유사한 상품에 등록상표 또는 이와 유사한 상표를 사용함으로써 수요자에게 상품의 품질을 오인하게 하거나 타인의 업무와 관련된 상품과의 혼동을 불러일으키게 한 경우에는 상표권자가 상당한 주의를 한 경우에는 그 상표등록의 취소심판을 청구할 수 없다(상표법 제119조 제1항 제2호 단서).

③ 상표권의 이전으로 유사한 등록상표가 각각 다른 상표권자에게 속하게 되고 그중 1인이 자기의 등록상표의 지정상품과 동일·유사한 상품에 부정경쟁을 목적으로 자기의 등록상표를 사용함으로써 수요자에게 상품의 품질을 오인하게 하거나 타인의 업무와 관련된 상품과 혼동을 불러일으키게 한 경우를 사유로 하는 취소심판은 누구든지 청구할 수 있다(상표법 제119조 제5항).

⑤ 상표권자·전용사용권자 또는 통상사용권자 중 어느 누구도 정당한 이유 없이 등록상표를 그 지정상품에 대하여 취소심판청구일 전 계속하여 3년 이상 국내에서 사용하고 있지 아니하였음을 이유로 상표등록을 취소한다는 심결이 확정되었을 경우에는 그 상표권은 심판청구일부터 소멸된다(상표법 제119조 제6항).

# 30

**정답해설**

① 상표법에 따른 심판의 심결이 확정되었을 경우에 그 사건에 대해서 누구든지 같은 사실 및 같은 증거에 의하여 다시 심판을 청구할 수 없다. 다만, 확정된 심결이 각하심결인 경우에는 다시 심판을 청구할 수 있다(상표법 제150조).

⑤ 심판청구인은 심판청구서를 제출한 후 요지를 변경할 수 없으나 청구의 이유를 보정하는 것은 허용된다(특허법 제140조 제2항 참조). 따라서 특허심판원은 심판청구 후 심결 시까지 보정된 사실과 이에 대한 증거를 모두 고려하여 <u>심결 시를 기준으로 심판청구가 선행 확정 심결과 동일한 사실·증거에 기초한 것이라서 일사부재리 원칙에 위반되는지 여부를 판단하여야 한다.</u> 대법원 2012.1.19. 선고 2009후2234 전원합의체 판결은 '일사부재리의 원칙에 따라 심판청구가 부적법하게 되는지를 판단하는 기준 시점은 심판청구를 제기하던 당시로 보아야 한다.'고 하였는데, 이는 선행 심결의 확정을 판단하는 기준 시점이 쟁점이 된 사안에서 특허법상 일사부재리 원칙의 대세효로 제3자의 권리 제한을 최소화하기 위하여 부득이하게 선행 심결의 확정과 관련해서만 기준 시점을 심결 시에서 심판청구 시로 변경한 것이다(判例 2018후11360).

**오답해설**

② 확정심결에 일사부재리의 효력을 인정하는 이유는 서로 모순·저촉되는 심결방지와 확정심결의 신뢰성확보·권위 유지, 심판청구의 남발 방지, 확정심결에 대한 법적 안정성에 있다(判例 2009후2234).

③ 확정심결의 일사부재리는 심결당사자, 그 승계인뿐만 아니라 제3자에 대하여도 대세적 효력이 있다(判例 2009후2234).

④ 대법원은 동일 증거에는 전에 확정된 심결의 증거와 동일한 증거만이 아니라 그 심결을 번복할 수 있을 정도로 유력하지 아니한 증거가 부가되는 것도 포함하는 것이므로, 확정된 심결의 결론을 번복할 만한 유력한 증거가 새로 제출된 경우에는 일사부재리의 원칙에 반하지 않는다고 판시하였다(判例 2020후10810).

# 31

**정답해설**

④ 디자인보호법 제24조 제4항·제5항

**오답해설**

① 특허청장 또는 특허심판원장은 청구에 따라 또는 직권으로 디자인보호법 제119조(보정각하결정에 대한 심판)에 따른 심판의 청구기간을 30일 이내에서 한 차례만 연장할 수 있다. 다만, 교통이 불편한 지역에 있는 자의 경우에는 산업통상자원부령으로 정하는 바에 따라 그 횟수 및 기간을 추가로 연장할 수 있다(디자인보호법 제17조 제1항).

② 특허청장 또는 특허심판원장은 제47조(절차의 보정)에 따른 보정명령을 받은 자가 지정된 기간 내에 그 보정을 하지 않아 디자인에 관한 절차가 무효로 된 경우에 지정된 기간을 지키지 못한 것이 보정명령을 받은 자가 책임질 수 없는 사유에 의한 것으로 인정하면 그 사유가 소멸한 날부터 2개월 이내에 보정명령을 받은 자의 청구에 따라 그 무효처분을 취소할 수 있다(디자인보호법 제18조 제1항·제2항).

③ 특허청장 또는 심판관은 제22조(절차의 중단)에 따라 중단된 절차에 관한 수계신청에 대하여 직권으로 조사하여 이유 없다고 인정하면 결정으로 기각하여야 한다(디자인보호법 제24조 제3항).

⑤ 특허청장 또는 심판관이 천재지변이나 그 밖의 불가피한 사유로 그 직무를 수행할 수 없을 때에는 특허청 또는 특허심판원에 계속 중인 절차는 그 사유가 없어질 때까지 중지된다(디자인보호법 제25조 제1항).

## 32

 답 ②

**정답해설**

② 디자인등록출원인은 디자인등록출원을 한 날부터 최초의 디자인등록료를 내는 날까지 그 디자인을 비밀로 할 것을 청구할 수 있으며, 디자인보호법 제86조(등록료 및 수수료의 감면)에 따라 그 등록료가 면제된 경우에는 특허청장이 디자인권을 설정등록할 때까지 그 디자인을 비밀로 할 것을 청구할 수 있다(디자인보호법 제43조 제2항).

**오답해설**

① 디자인등록출원인은 디자인권의 설정등록일부터 3년 이내의 기간을 정하여 그 디자인을 비밀로 할 것을 청구할 수 있다. 이 경우 복수디자인등록출원된 디자인에 대하여는 출원된 디자인의 전부 또는 일부에 대하여 청구할 수 있다(디자인보호법 제43조 제1항).

③ 디자인등록출원인이 비밀디자인으로 청구된 디자인등록출원에 대하여 출원공개신청을 한 경우에는 그 디자인에 대한 비밀청구는 철회된 것으로 본다(디자인보호법 제43조 제6항).

④ 디자인권자의 동의를 받은 자가 비밀디자인을 열람청구하여 해당 비밀디자인을 열람하게 된 경우에 그 열람한 내용을 무단으로 촬영·복사 등의 방법으로 취득하거나 알게 된 내용을 누설하여서는 아니 되며, 누설하는 경우에는 2년 이하의 징역 또는 2천만 원 이하의 벌금에 처한다(디자인보호법 제225조 제3항).

⑤ 비밀디자인으로 청구한 디자인의 디자인권자 및 전용실시권자는 그 디자인에 관한 특허청장으로부터 증명을 받은 서면을 제시하여 경고한 후가 아니면 권리침해자에 대하여 침해금지 또는 예방청구를 할 수 없다(디자인보호법 제113조 제2항).

## 33

답 ③

**정답해설**

ㄴ. (×) 디자인권자는 디자인권을 포기할 수 있고, 복수디자인등록된 디자인권은 각 디자인권마다 분리하여 포기할 수 있다(디자인보호법 제105조).

ㄷ. (×) 기본디자인의 디자인권이 취소, 포기 또는 무효심결 등으로 소멸한 경우 그 기본디자인에 관한 2 이상의 관련디자인의 전용실시권을 설정하려면 같은 자에게 함께 설정하여야 한다(디자인보호법 제97조 제6항).

ㄹ. (×) 정당한 권리자의 디자인등록출원이 디자인보호법 제44조 및 제45조에 따라 디자인권이 설정등록된 경우에는 디자인권의 존속기간의 무권리자의 디자인등록출원일 다음 날부터 기산한다(디자인보호법 제91조 제2항).

**오답해설**

ㄱ. (○) 글자체가 디자인권으로 설정등록된 경우 그 디자인권의 효력은 타자·조판 또는 인쇄 등의 통상적인 과정에서 글자체의 사용으로 생산된 결과물인 경우에는 미치지 아니한다(디자인보호법 제94조 제2항 제2호).

ㅁ. (○) 디자인보호법에 따라 특허청장이 정한 대가와 보상금액에 관하여 확정된 결정은 집행력 있는 집행권원과 같은 효력을 가지며, 이 경우 집행력 있는 정본은 특허청 소속 공무원이 부여한다(디자인보호법 제112조).

## 34

**정답해설**

④ 심사관은 디자인등록출원의 심사에 필요한 경우에는 심결이 확정될 때까지 또는 소송절차가 완결될 때까지 그 절차를 중지할 수 있으며, 그 중지에 대하여는 불복할 수 없다(디자인보호법 제77조 제1항·제3항).

**오답해설**

① 디자인일부심사등록 이의신청이 이유 있다고 인정될 때에는 그 등록디자인을 취소한다는 취지의 결정을 하여야 하며, 그 결정에는 불복할 수 있다(디자인보호법 제73조 제3항·제6항의 반대해석).
② 심판의 참가신청이 있는 경우에는 심판으로 그 참가 여부를 결정하여야 하며, 그 결정에는 불복할 수 없다(디자인보호법 제144조 제3항·제5항).
③ 법원은 필요한 경우에는 디자인등록출원에 대한 결정이 확정될 때까지 그 소송절차를 중지할 수 있으며, 그 중지에 대하여는 불복할 수 없다(디자인보호법 제77조 제2항·제3항).
⑤ 심판관의 제척 또는 기피 신청이 있으면 심판으로 결정하여야 하며, 그 결정에는 불복할 수 없다(디자인보호법 제139조 제1항·제4항).

## 35

**정답해설**

② 일부심사등록출원의 거절이유는 디자인보호법 제68조 제2항에 나열된 것과 같이, 제3조 제1항 본문에 따른 디자인등록을 받을 수 있는 권리를 가지지 아니하거나 같은 항 단서에 따라 디자인등록을 받을 수 없는 경우, 제27조, 제33조(제1항 각 호 외의 부분 및 제2항 제2호만 해당한다), 제34조, 제37조 제4항 및 제39조부터 제42조까지의 규정에 따라 디자인등록을 받을 수 없는 경우, 조약에 위반된 경우 중 어느 하나에 해당하는 경우에는 심사관은 디자인등록거절결정을 하여야 한다. 따라서, 나열된 거절이유 중, ㄱ, ㄷ, ㅁ만 해당한다.

## 36

**정답해설**

④ 디자인보호법 제160조 제2항

> **디자인보호법 제160조(재심청구의 기간)**
> ① 당사자는 심결 확정 후 재심사유를 안 날부터 30일 이내에 재심을 청구하여야 한다.
> ② 대리권의 흠을 이유로 재심을 청구하는 경우에 제1항의 기간은 청구인 또는 법정대리인이 심결등본의 송달에 의하여 심결이 있은 것을 안 날의 다음 날부터 기산한다.

⑤ 심결에 대한 소는 당사자, 참가인 또는 해당 심판이나 재심에 참가신청을 하였으나 그 신청이 거부된 자만 제기할 수 있다(디자인보호법 제166조 제2항).

① 제42조(한 벌의 물품의 디자인)는 디자인등록무효사유에서 제외되어 있다.

② 디자인권이 공유인 경우에 같은 디자인권에 관하여 디자인등록무효심판을 청구하는 자가 2인 이상이면 각자 또는 모두가 공동으로 심판을 청구할 수 있다(디자인보호법 제125조 제2항).

③ 특허심판원장은 디자인보호법 제119조(보정각하결정)에 따른 심판이 청구된 경우에 그 청구가 이유있다고 인정될 때에는 심결만 할 수 있을 뿐, 보정각하결정을 취소할 수 없다.

## 37

⑤ 심사관은 디자인일부심사등록출원으로서 관련디자인등록출원이 기본디자인과 유사하지 아니한 경우에는 디자인등록거절 결정을 하여야 한다(디자인보호법 제62조 제3항).

① 관련디자인으로 등록되기 위해서는 그 디자인의 대상이 되는 물품이 기본디자인의 물품과 동일하거나 유사한 물품이어야 한다.

② 관련디자인의 출원인은 디자인등록출원서에 관련디자인의 디자인등록출원 여부를 적어 특허청장에게 제출하여야 한다(디자인보호법 제37조 제1항).

③ 관련디자인은 기본디자인과의 관계에서 신규성이나 선출원에 대한 예외를 인정할 뿐이고, 이를 제외한 나머지 등록요건을 만족하여야 관련디자인으로 등록될 수 있다(디자인보호법 제35조 제1항).

④ 무효심판 계류 중인 등록디자인을 기본디자인으로 한 관련디자인등록출원이 관련디자인으로 인정될 경우에는 그 심사를 보류한다(디자인보호법 제77조 제1항).

## 38

① 디자인등록출원의 보정은 디자인등록여부결정의 통지서가 발송되기 전까지 할 수 있다(디자인보호법 제48조 제4항 제1호).

② 복수디자인등록출원을 한 자는 디자인등록출원의 일부를 1 이상의 새로운 디자인등록출원으로 분할하여 디자인등록출원을 할 수 있다(디자인보호법 제50조 제1항 제2호).

③ 디자인등록출원인은 디자인일부심사등록출원을 디자인심사등록출원으로, 디자인심사등록출원을 디자인일부심사등록출원으로 변경하는 보정을 할 수 있다(디자인보호법 제48조 제3항).

④ 국제디자인등록출원에 대하여는 디자인일부심사등록출원을 디자인심사등록출원으로, 디자인심사등록출원을 디자인일부심사등록출원으로 변경하는 보정을 할 수 없다(디자인보호법 제186조 제2항).

⑤ 한 벌 물품의 디자인 성립요건을 충족하지 못한 경우는 제40조 위반에 해당되어 각 구성 물품을 분할하여 디자인등록출원할 수 있다(디자인보호법 제50조 제1항 제1호).

## 39

**정답해설**

⑤ 디자인보호법 제2조(정의)에서 말하는 '물품'이 디자인등록의 대상이 되기 위해서는 통상의 상태에서 독립된 거래의 대상이 되어야 하고, 그것이 부품인 경우에는 다시 호환성을 가져야 하나, 이는 반드시 실제 거래사회에서 현실적으로 거래되고 다른 물품과 호환될 것을 요하는 것은 아니고, 그러한 독립된 거래의 대상 및 호환의 가능성만 있으면 디자인등록의 대상이 되는 것이다(判例 2003후274).

**오답해설**

① 디자인의 유사 여부는, 디자인을 구성하는 요소들을 각 부분으로 분리하여 대비할 것이 아니라 전체와 전체를 대비·관찰하여, 보는 사람의 마음에 환기될 미적 느낌과 상이 유사한지 여부에 따라 판단하되, 그 물품의 성질, 용도, 사용형태 등에 비추어 보는 사람의 시선과 주의를 가장 끌기 쉬운 부분을 중심으로 대비·관찰하여 일반 수요자(보는 사람)의 심미감에 차이가 생기게 하는지 여부의 관점에서 판단하여야 한다(判例 2016후1710).

② 등록디자인에 대한 등록무효심결이 확정되기 전이라도 그 디자인등록이 무효심판에 의하여 무효로 될 것임이 명백한 경우에는 그 디자인권에 기초한 침해금지 또는 손해배상 등의 청구는 특별한 사정이 없는 한 권리남용에 해당하여 허용되지 아니한다고 보아야 하며, 디자인권침해소송을 담당하는 법원은 디자인권자의 그러한 청구가 권리남용에 해당한다는 항변이 있는 경우에 그 당부를 살피기 위한 전제로서 디자인등록의 무효 여부에 대하여 심리·판단할 수 있다(判例 2016다219150).

③ 디자인보호법 제33조(디자인등록의 요건)에 따라 창작수준을 판단할 때는 공지디자인의 대상 물품이나 주지형태의 알려진 분야, 공지디자인이나 주지형태의 외관적 특징들의 관련성, 해당 디자인 분야의 일반적 경향 등에 비추어 통상의 디자이너가 용이하게 그와 같은 결합에 이를 수 있는지를 함께 살펴보아야 한다(判例 2013후2613).

④ 등록디자인의 보호범위는 디자인등록출원서의 기재사항 및 그 출원서에 첨부한 도면과 도면의 기재사항·사진·모형 또는 견본에 표현된 디자인에 의하여 정하여지므로, 등록디자인은 통상의 지식을 가진 자가 그 보호범위를 명확하게 파악하여 동일한 형태와 모양의 물품을 반복 생산할 수 있을 정도로 구체성을 갖춰야 한다(判例 2014후614).

## 40

**정답해설**

① 특허청장은 국제출원서의 기재사항이 영어로 기재되어 있지 않은 경우에 국제출원인에게 상당한 기간을 정하여 보완에 필요한 대체서류의 제출을 명하여야 하며, 이때 제출명령을 받은 자가 지정기간 이후에 대체서류를 제출한 경우에는 이를 출원인 또는 제출인에게 반려하여야 한다(디자인보호법 제177조 제2항).

**오답해설**

② 특허청을 통한 국제출원을 하려는 자는 국제출원서 및 그 출원에 필요한 서류를 특허청장에게 제출해야 하는데, 이때 국제출원서에는 사진을 포함하여 도면을 첨부하여야 하지만, 헤이그협정 제5조(국제출원의 내용)에 따른 수수료의 납부방법까지 적어야 한다(디자인보호법 제175조 제2항 제7호).

③ 특허청을 통한 국제출원을 하려는 자가 헤이그협정 제5조(국제출원의 내용)에 따른 공개연기신청을 하려는 경우에는 국제출원서에 도면을 대신하여 산업통상자원부령으로 정하는 바에 따른 견본을 첨부할 수 있다(디자인보호법 제175조 제3항).

④ 특허청장은 국제출원서가 도달한 날을 국제출원서에 적어 관계 서류와 함께 헤이그협정 제1조(약어적 표현)에 따른 국제사무국에 보내고, 그 국제출원서의 사본을 특허청을 통한 국제출원을 한 자에게 보내야 한다(디자인보호법 제177조 제1항).

⑤ 특허청장은 특허청을 통한 국제출원을 하려는 자가 송달료를 내지 아니한 경우에는 상당한 기간을 정하여 보정을 명하여야 하고, 보정명령을 받은 자가 지정된 기간에 송달료를 내지 아니한 경우에는 해당 절차를 무효로 할 수 있다(디자인보호법 제178조 제3항·제4항).

| 01 | 02 | 03 | 04 | 05 | 06 | 07 | 08 | 09 | 10 | 11 | 12 | 13 | 14 | 15 | 16 | 17 | 18 | 19 | 20 |
|----|----|----|----|----|----|----|----|----|----|----|----|----|----|----|----|----|----|----|----|
| ④ | ① | ② | ③ | ① | ⑤ | ① | ④ | ③ | ① | ⑤ | ② | ⑤ | ② | ② | ④ | ⑤ | ③ | ③ | ④ |
| 21 | 22 | 23 | 24 | 25 | 26 | 27 | 28 | 29 | 30 | 31 | 32 | 33 | 34 | 35 | 36 | 37 | 38 | 39 | 40 |
| ① | ①, ③ | ⑤ | ⑤ | ⑤ | ④ | ③ | ④ | ① | ④ | ③ | ⑤ | ② | ③ | ④ | ① | ⑤ | ② | ② | ① |

## 01

답 ④

> **정답해설**

ㄱ. (○) 채무자의 소멸시효에 기한 항변권의 행사도 우리 민법의 대원칙인 신의성실의 원칙과 권리남용금지의 원칙의 지배를 받는 것이어서 채무자가 시효완성 전에 채권자의 권리행사나 시효중단을 불가능 또는 현저히 곤란하게 하였거나 그러한 조치가 불필요하다고 믿게 하는 행동을 하였거나, 객관적으로 채권자가 권리를 행사할 수 없는 장애사유가 있었거나, 또는 일단 시효완성 후에 채무자가 시효를 원용하지 아니할 것 같은 태도를 보여 권리자로 하여금 그와 같이 신뢰하게 하였거나 채권자보호의 필요성이 크고 같은 조건의 다른 채권자가 채무의 변제를 수령하는 등의 사정이 있어 채무이행의 거절을 인정함이 현저히 부당하거나 불공평하게 되는 등의 특별한 사정이 있는 경우에는 채무자가 소멸시효의 완성을 주장하는 것이 신의성실의 원칙에 반하여 권리남용으로서 허용될 수 없다(대판 2005.5.13. 2004다1881).

ㄴ. (○) 신의성실의 원칙에 반하는 것 또는 권리남용은 강행규정에 위배되는 것이므로 당사자의 주장이 없더라도 법원은 직권으로 판단할 수 있다(대판 1995.12.22. 94다42129).

ㄷ. (○) [1] 유치권제도와 관련하여서는 거래당사자가 유치권을 자신의 이익을 위하여 고의적으로 작출함으로써 앞서 본 유치권의 최우선순위담보권으로서의 지위를 부당하게 이용하고 전체 담보권질서에 관한 법의 구상을 왜곡할 위험이 내재한 다. 이러한 위험에 대처하여 개별 사안의 구체적인 사정을 종합적으로 고려할 때 신의성실의 원칙에 반한다고 평가되는 유치권제도 남용의 유치권 행사는 이를 허용하여서는 안 될 것이다. [2] 채무자가 채무초과의 상태에 이미 빠졌거나 그러한 상태가 임박함으로써 채권자가 원래라면 자기 채권의 충분한 만족을 얻을 가능성이 현저히 낮아진 상태에서 이미 채무자 소유의 목적물에 저당권 기타 담보물권이 설정되어 있어서 유치권의 성립에 의하여 저당권자 등이 그 채권 만족상의 불이익을 얻을 것을 잘 알면서 자기 채권의 우선적 만족을 위하여 위와 같이 취약한 재정적 지위에 있는 채무자와의 사이에 의도적으로 유치권의 성립요건을 충족하는 내용의 거래를 일으키고 그에 기하여 목적물을 점유하게 됨으로써 유치권이 성립하였다면 유치권자가 그 유치권을 저당권자 등에 대하여 주장하는 것은 다른 특별한 사정이 없는 한 신의칙에 반하는 권리행사 또는 권리남용으로서 허용되지 아니한다(대판 2011.12.22. 2011다84298).

> **오답해설**

ㄹ. (×) 권리남용이 인정되더라도 원칙적으로 권리자의 권리가 실현되지 않는 것에 불과하며, 권리 자체가 박탈·소멸되는 것은 아니다. 다만, 친권이 남용된 경우 가정법원은 일정한 자의 청구에 의하여 친권의 상실 또는 일시 정지를 선고할 수 있다(민법 제924조 제1항 참고).

# 02

**정답해설**

ㄱ. (○) 법인과 이사의 법률관계는 신뢰를 기초로 한 위임 유사의 관계로 볼 수 있는데 민법 제689조 제1항에서는 위임계약은 각 당사자가 언제든지 해지할 수 있다고 규정하고 있으므로 법인은 원칙적으로 이사의 임기 만료 전에도 이사를 해임할 수 있지만 이러한 민법의 규정은 임의규정에 불과하므로 법인이 자치규인 정관으로 이사의 해임사유 및 절차 등에 관하여 별도의 규정을 두는 것도 가능하다. 그리고 이와 같이 법인이 정관에 이사의 해임사유 및 절차 등을 따로 정한 경우 그 규정은 법인과 이사와의 관계를 명확히 함은 물론 이사의 신분을 보장하는 의미도 아울러 가지고 있어 이를 단순히 주의적 규정으로 볼 수는 없다. 따라서 법인의 정관에 이사의 해임사유에 관한 규정이 있는 경우 법인으로서는 이사의 중대한 의무위반 또는 정상적인 사무집행 불능 등의 특별한 사정이 없는 이상, 정관에서 정하지 아니한 사유로 이사를 해임할 수 없다(대파 2013.11.28. 2011다41741).

ㄷ. (○) 법인과 이사의 이익이 상반하는 사항에 관해서는 이사의 대표권은 없다. 이 경우 법원은 이해관계인이나 검사의 청구에 의하여 특별대리인을 선임하여야 한다(민법 제64조 참고).

**오답해설**

ㄴ. (×) 이사의 성명과 주소가 법인 설립등기 시 등기사항에 해당한다(민법 제49조 제1항·제2항). 감사의 성명 주소는 등기사항이 아니다(민법 제49조 참고).

ㄹ. (×) 법인의 정관에 법인 대표권의 제한에 관한 규정이 있으나 그와 같은 취지가 등기되어 있지 않다면 법인은 그와 같은 정관의 규정에 대하여 선의냐 악의냐에 관계없이 제3자에 대하여 대항할 수 없다(대판 1992.2.14. 91다24564).

# 03

**정답해설**

② 비법인사단에 대하여는 사단법인에 관한 민법규정 중 법인격을 전제로 하는 것을 제외한 규정 등을 유추적용하여야 할 것이므로 비법인사단인 교회의 교인이 존재하지 않게 된 경우 그 교회는 해산하여 청산절차에 들어가서 청산의 목적범위 내에서 권리·의무의 주체가 되며 이 경우 해산 당시 그 비법인사단의 총회에서 향후 업무를 수행할 자를 선정하였다면 민법 제62조 제항을 유추하여 그 선임된 자가 청산인으로서 청산 중의 비법인사단을 대표하여 청산업무를 수행하게 된다(대판 2003.11.14. 2001다32687).

**오답해설**

① 비법인사단은 부동산소유권에 관하여 등기권리자 또는 등기의무자가 될 수 있다(부동산등기법 제26조 제1항).

③ 비법인사단에 대하여는 사단법인에 관한 민법 규정 가운데서 법인격을 전제로 하는 것을 제외하고는 이를 유추적용하여야 할 것인바, 민법 제62조의 규정에 비추어 보면 비법인사단의 대표자는 정관 또는 총회의 결의로 금지하지 아니한 사항에 한하여 타인으로 하여금 특정한 행위를 대리하게 할 수 있을 뿐 비법인사단의 제반 업무처리를 포괄적으로 위임할 수는 없다 할 것이므로, 비법인사단 대표자가 행한 타인에 대한 업무의 포괄적 위임과 그에 따른 포괄적 수임인의 대행행위는 민법 제62조의 규정에 위반된 것이어서 비법인사단에 대하여는 그 효력이 미치지 아니한다(대판 1996.9.6. 94다18522).

④ 비법인사단의 채무는 사원들의 준총유 형태로 귀속되며(민법 제278조), 비법인사단의 재산으로 책임을 진다.

⑤ 이해관계인은 이사의 결원으로 인하여 손해가 생길 염려가 있는 때에는 법원에 임시이사의 선임을 청구할 수 있다(민법 제63조 참고).

# 04

**정답해설**

③ 무상임치의 경우에는 채권자(임치인)만이 기한의 이익을 가지고(민법 제698조 참고), 무이자부 소비대차의 경우에는 차주(채무자)가 기한의 이익을 갖는다.

**오답해설**

① 상계의 의사표시에는 <u>조건 또는 기한을 붙이지 못한다</u>(민법 제493조 제1항 참고).
② 민법 제675조에 정하는 현상광고라 함은 광고자가 어느 행위를 한 자에게 일정한 보수를 지급할 의사를 표시하고 이에 응한 자가 그 광고에 정한 행위를 완료함으로써 그 효력이 생기는 것으로서 그 <u>광고에 정한 행위의 완료에 조건이나 기한을 붙일 수 있다</u>(대판 2000.8.22. 2000다3675).
④ 민법 제150조 제2항
⑤ 법률행위에 붙은 부관이 조건인지 기한인지가 <u>명확하지 않은 경우 법률행위의 해석을 통해서 이를 결정해야 한다</u>. 부관에 표시된 사실이 발생하지 않으면 채무를 이행하지 않아도 된다고 보는 것이 합리적인 경우에는 조건으로 보아야 한다. 그러나 <u>부관에 표시된 사실이 발생한 때에는 물론이고 반대로 발생하지 않는 것이 확정된 때에도 채무를 이행하여야 한다고 보는 것이 합리적인 경우에는 표시된 사실의 발생 여부가 확정되는 것을 불확정기한으로 정한 것으로 보아야 한다</u>(대판 2018.6.28. 2018다201702).

# 05

**정답해설**

① 부합물에 관한 소유권귀속의 예외를 규정한 민법 제256조 단서의 규정은 타인이 그 권원에 의하여 부속시킨 물건이라 할지라도 <u>그 부속된 물건이 분리하여 경제적 가치가 있는 경우에 한하여 부속시킨 타인의 권리에 영향이 없다는 취지이지 분리하여도 경제적 가치가 없는 경우에는 원래의 부동산소유자의 소유에 귀속되는 것이고</u> 경제적 가치의 판단은 부속시킨 물건에 대한 일반 사회통념상의 경제적 효용의 독립성 유무를 그 기준으로 하여야 한다(대판 1975.4.8. 74다1743).

**오답해설**

② 재고상품, 제품, 원자재 등과 같은 집합물을 하나의 물건으로 보아 일정 기간 계속하여 채권담보의 목적으로 삼으려는 이른바 집합물에 대한 양도담보권설정계약에서는 담보목적인 집합물을 종류, 장소 또는 수량지정 등의 방법에 의하여 특정할 수 있으면 집합물 전체를 하나의 재산권 객체로 하는 담보권의 설정이 가능하므로, 그에 대한 <u>양도담보권설정계약이 이루어지면 집합물을 구성하는 개개의 물건이 변동되거나 변형되더라도 한 개의 물건으로서의 동일성을 잃지 아니한 채 양도담보권의 효력은 항상 현재의 집합물 위에 미치고</u>, 따라서 그러한 경우에 양도담보권자가 점유개정의 방법으로 양도담보권설정계약 당시 존재하는 집합물의 점유를 취득하면 그 후 <u>양도담보권설정자가 집합물을 이루는 개개의 물건을 반입하였더라도 별도의 양도담보권설정계약을 맺거나 점유개정의 표시를 하지 않더라도 양도담보권의 효력이 나중에 반입된 물건에도 미친다</u>. 다만 양도담보권설정자가 양도담보권설정계약에서 정한 종류·수량에 포함되는 물건을 계약에서 정한 장소에 반입하였더라도 그 물건이 제3자의 소유라면 담보목적인 집합물의 구성부분이 될 수 없고 따라서 그 물건에는 양도담보권의 효력이 미치지 않는다(대판 2016.4.28. 2012다19659).
③ 적법한 경작권 없이 타인의 토지를 경작하였더라도 그 경작한 <u>입도가 성숙하여 독립한 물건으로서의 존재를 갖추었으면 입도의 소유권은 경작자에게 귀속한다</u>(대판 1979.8.28. 79다784).
④ 종물은 주물의 처분에 수반된다는 민법 제100조 제2항은 <u>임의규정</u>이므로, 당사자는 주물을 처분할 때에 특약으로 <u>종물을 제외할 수 있고 종물만을 별도로 처분할 수도 있다</u>(대판 2012.1.26. 2009다76546).
⑤ 입목(토지에 부착된 수목의 집단으로서 그 소유자가 입목에 관한 법률에 따라 소유권보존의 등기를 받은 것)의 소유자는 <u>토지와 분리하여 입목을 양도하거나 저당권의 목적으로 할 수 있다</u>(입목에 관한 법률 제3조 제2항).

**정답해설**

⑤ 원인채권의 지급을 확보하기 위하여 <u>어음이 수수된</u> 당사자 사이에서 채권자가 <u>어음채권을 피보전권리로 하여</u> 채무자의 재산을 가압류함으로써 그 권리를 <u>행사한 경우에는 그 원인채권의 소멸시효를 중단시키는</u> 효력이 있고, 이러한 법리는 채권자가 어음채권을 청구채권으로 하여 채무자의 재산을 압류함으로써 그 권리를 행사한 경우에도 마찬가지이며 한편 집행력 있는 채무명의 정본을 가진 채권자는 이에 기하여 강제경매를 신청할 수 있으며 다른 채권자의 신청에 의하여 개시된 경매절차를 이용하여 배당요구를 신청하는 행위도 채무명의에 기하여 능동적으로 그 권리를 실현하려고 하는 점에서는 강제경매의 신청과 동일하다고 할 수 있으므로 부동산경매절차에서 집행력 있는 채무명의 정본을 가진 채권자가 하는 배당요구는 민법 제168조 제2호의 압류에 준하는 것으로서 배당요구에 관련된 채권에 관하여 소멸시효를 중단하는 효력이 생긴다고 할 것이고 따라서 원인채권의 지급을 확보하기 위하여 어음이 수수된 당사자 사이에 채권자가 어음채권에 관한 집행력 있는 채무명의 정본에 기하여 한 배당요구는 그 원인채권의 소멸시효를 중단시키는 효력이 있다(대판 2002.2.26. 2000다25484).

**오답해설**

① <u>시효에 관한 규정은 원칙적으로 편면적 강행규정에 해당하므로,</u> <u>소멸시효를 법률행위에 의하여 배제, 연장 또는 가중할 수는 없으나, 단축 또는 경감할 수는 있다</u>(민법 제184조 제2항).

② <u>공유물분할청구권은 공유관계에서 수반되는 형성권이므로</u> 공유관계가 존속하는 한 그 분할청구권만이 독립하여 시효소멸 될 수 없다(대판 1981.3.24. 80다1888 · 1889).

③ 소멸시효의 진행은 당해 청구권이 성립한 때로부터 발생하고 원칙적으로 권리의 존재나 발생을 알지 못하였다고 하더라도 소멸시효의 진행에 장애가 되지 않는다고 할 것이지만, 법인의 이사회결의가 부존재함에 따라 발생하는 <u>제3자의 부당이득반환청구권처럼</u> 법인이나 회사의 <u>내부적인 법률관계가 개입되어 있어</u> 청구권자가 권리의 발생 여부를 객관적으로 알기 어려운 상황에 있고 청구권자가 과실 없이 이를 알지못한 경우에도 청구권이 성립한 때부터 바로 소멸시효가 진행한다고 보는 것은 정의와 형평에 맞지 않을뿐만 아니라 소멸시효제도의 존재이유에도 부합한다고 볼 수 없으므로, 이러한 경우에는 이사회결의부존재 확인판결의 확정과 같이 객관적으로 청구권의 발생을 알 수 있게 된 때로부터 소멸시효가 진행된다고 보는 것이 타당하다(대판 2003.4.8. 2002다64957 · 64964).

④ <u>부동산의 매수인이 그 부동산을 인도받은 이상 이를 사용 · 수익하다가 그 부동산에 대한 보다 적극적인 권리 행사의 일환으로</u> 다른 사람에게 그 부동산을 처분하고 그 점유를 승계하여 준 경우에도 그 이전등기청구권의 행사 여부에 관하여 그가 그 부동산을 스스로 계속 사용 · 수익만 하고 있는 경우와 특별히 다를바 없으므로 위 두 어느 경우에나 <u>이전등기청구권의 소멸시효는 진행되지 않는다고 보아야 한다</u>(대판[전합] 1993.3.18. 98다32175).

# 07

**정답해설**

① 매매계약이 약정된 매매대금의 과다로 말미암아 민법 제104조에서 정하는 '불공정한 법률행위'에 해당하여 무효인 경우에도 무효행위의 전환에 관한 민법 제138조가 적용될 수 있다. 따라서 당사자 쌍방이 위와같은 무효를 알았더라면 대금을 다른 액으로 정하여 매매계약에 합의하였을 것이라고 예외적으로 인정되는 경우에는. 그 대금액을 내용으로 하는 매매계약이 유효하게 성립한다(대판 2010.7.15. 2009다50308).

**오답해설**

② 불공정한 법률행위로서 무효인 경우에는 추인에 의하여 무효인 법률행위가 유효로 될 수 없다(대판 1994.6.24. 94다10900).

③ 민법 제104조가 규정하는 현저히 공정을 잃은 법률행위라 함은 자기의 급부에 비하여 현저하게 균형을 잃은 반대급부를 하게 하여 부당한 재산적 이익을 얻는 행위를 의미하는 것이므로, 증여계약과 같이 아무런 대가 관계없이 당사자 일방이 상대방에게 일방적인 급부를 하는 법률행위는 그 공정성 여부를 논의할 수 있는 성질의 법률행위가 아니다(대판 2000.2.11. 99다56833).

④ 경매에 있어서는 불공정한 법률행위 또는 채무자에게 불리한 약정에 관한 것으로서 효력이 없다는 민법 제104조, 제608조는 적용될 여지가 없다(대결 1980.3.21. 80마77).

⑤ 법률행위가 현저하게 공정을 잃었다고 하여 곧 그것이 궁박, 경솔하게 이루어진 것으로 추정되지 아니하므로 본조의 불공정한 법률행위의 법리가 적용되려면 그 주장하는 측에서 궁박, 경솔 또는 무경험으로 인하였음을 증명하여야 한다(대판 1969.12.30. 69다1873).

# 08

**정답해설**

④ 민법 제109조 제1항 단서는 의사표시의 착오가 표의자의 중대한 과실로 인한 때에는 그 의사표시를 취소하지 못한다고 규정하고 있는데 위 단서 규정은 표의자의 상대방의 이익을 보호하기 위한 것이므로, 상대방이 표의자의 착오를 알고 이를 이용한 경우에는 착오가 표의자의 중대한 과실로 인한 것이라고 하더라도 표의자는 의사표시를 취소할 수 있다(대판 2014.11.27. 2013다49794).

**오답해설**

① 의사표시는 법률행위의 내용의 중요부분에 착오가 있는 때에는 취소할 수 있다. 그러나 그 착오가 표의자의 중대한 과실로 인한 때에는 취소하지 못한다(민법 제109조 제1항).

② 민법 제109조의 법리는 적용을 배제하는 취지의 별도 규정이 있거나 당사자의 합의로 적용을 배제하는 등의 특별한 사정이 없는 한 원칙적으로 모든 사법(私法)상 의사표시에 적용된다(대판 2014.11.27. 2013다49794 참고).

③ 민법 제109조 제1항 단서에서 규정하는 착오한 표의자의 중대한 과실 유무에 관한 주장과 입증책임은 착오자가 아니라 의사표시를 취소하게 하지 않으려는 상대방에게 있다(대판 2005.5.12. 2005다6228).

⑤ 불법행위로 인한 손해배상책임이 성립하기 위하여는 가해자의 고의 또는 과실 이외에 행위의 위법성이 요구되므로, 전문건설공제조합이 계약보증서를 발급하면서 조합원이 수급할 공사의 실제 도급금액을 확인하지 아니한 과실이 있다고 하더라도 민법 제109조에서 중과실이 없는 착오자의 착오를 이유로 한 의사표시의 취소를 허용하고 있는 이상, 전문건설공제조합이 과실로 인하여 착오에 빠져 계약보증서를 발급한 것이나 그 착오를 이유로 보증계약을 취소한 것이 위법하다고 할 수는 없다(대판 1997.8.22. 97다13023). 따라서 불법행위로 인한 손해배상을 청구할 수 없다.

# 09

**답 ③**

**정답해설**

③ 매도인의 대리인이 매매한 경우에 있어서 그 매매가 불공정한 법률행위인가를 판단함에는 <u>매도인의 경솔, 무경험은 그 대리인을 기준으로 하여 판단하여야</u> 하고 <u>궁박 상태에 있었는지의 여부는 매도인 본인의 입장에서 판단되어야 한다</u>(대판 1972.4.25. 71다2255).

**오답해설**

① 어떠한 계약의 체결에 관한 대리권을 수여받은 <u>대리인이 수권된 법률행위를 하게 되면 그것으로 대리권의 원인된 법률관계는 원칙적으로 목적을 달성하여 종료하는 것</u>이고, 법률행위에 의하여 수여된 대리권은 그 원인된 법률관계의 종료에 의하여 소멸하는 것이므로(민법 제128조), <u>그 계약을 대리하여 체결하였던 대리인이 체결된 계약의 해제 등 일체의 처분권과 상대방의 의사를 수령할 권한까지 가지고 있다고 볼 수는 없다</u>(대판 2008.6.12. 2008다11276).

② <u>대리인은 행위능력자임을 요하지 아니한다</u>(민법 제117조). 따라서 본인 甲은 미성년자인 대리인 乙의 제한능력을 이유로 X토지에 대한 매매계약을 취소할 수 없다.

④ 대리인이 그 권한 내에서 본인을 위한 것임을 표시한 의사표시는 직접 본인에게 대하여 효력이 생기므로(민법 제114조 제1항), 대리인 乙이 계약상대방 丙으로부터 매매대금을 수령한 후 아직 본인 甲에게 전달하지 않았더라도 <u>특별한 사정이 없는 한 계약상대방 丙의 대금지급의무는 변제로 소멸한다.</u>

⑤ 부동산의 소유자로부터 <u>매매계약을 체결할 대리권을 수여받은 대리인</u>은 특별한 다른 사정이 없는 한 그 매매계약에서 약정한 바에 따라 <u>중도금이나 잔금을 수령할 수도 있다</u>고 보아야 하고, 매매계약의 체결과 이행에 관하여 포괄적으로 대리권을 수여받은 대리인은 특별한 다른 사정이 없는 한 상대방에 대하여 <u>약정된 매매대금 지급기일을 연기하여 줄 권한도 가진다</u>고 보아야 할 것이다(대판 1992.4.14. 91다43107).

# 10

**답 ①**

**정답해설**

① 추인은 취소의 원인이 소멸된 후에 하여야만 효력이 있으나, <u>법정대리인의 경우에는 취소의 원인이 소멸된지 여부에 상관없이 추인할 수 있다</u>(민법 제144조 참고).

**오답해설**

② 법정추인 사유인 민법 제145조 제5호의 '취소할 수 있는 행위로 취득한 권리의 전부나 일부의 양도'의 경우는 <u>취소권자가 양도한 때에 한하며</u>, 취소권자의 상대방이 제3자에게 양도한 경우는 이에 해당하지 않는다.

③ 법률행위의 취소는 상대방에 대한 의사표시로 하여야 하나 그 취소의 의사표시는 특별히 재판상 행하여짐이 요구되는 경우 이외에는 특정한 방식이 요구되는 것이 아니고, <u>취소의 의사가 상대방에 의하여 인식될 수 있다면 어떠한 방법에 의하더라도 무방하다</u>고 할 것이고, 법률행위의 취소를 당연한 전제로 한 소송상의 이행청구나 이를 전제로 한 이행거절 가운데는 취소의 의사표시가 포함되어 있다고 볼 수 있다(대판 1993.9.14. 93다13162).

④ 민법 제145조 제2호

⑤ 민법 제143조 제1항

# 11

**정답해설**

⑤ 토지거래허가구역 내의 토지가 관할 관청의 허가 없이 전전매매되고 그 당사자들 사이에 최초의 매도인으로부터 최종 매수인 앞으로 직접 소유권이전등기를 경료하기로 하는 중간생략등기의 합의가 있는 경우, 이러한 중간생략등기의 합의란 부동산이 전전매도된 경우 각 매매계약이 유효하게 성립함을 전제로 그 이행의 편의상 최초의 매도인으로부터 최종의 매수인 앞으로 소유권이전등기를 경료하기로 한다는 당사자 사이의 합의에 불과할 뿐 그러한 합의가 있다고 하여 최초의 매도인과 최종의 매수인 사이에 매매계약이 체결되었다는 것을 의미하는 것은 아니고, 따라서 최종 매수인은 최초 매도인에 대하여 직접 그 토지에 관한 토지거래허가 신청절차의 협력의무 이행청구권을 가지고 있다고 할 수 없으며 설사 최종 매수인이 자신과 최초 매도인을 매매 당사자로 하는 토지거래허가를 받아 최종 매수인 앞으로 소유권이전등기를 경료하더라도 그러한 소유권이전등기는 적법한 토지거래허가 없이 경료된 등기로서 무효이다(대파 1996.6.28. 96다3982).

**오답해설**

① 허가를 받을 것을 전제로 한 규제지역 내의 거래계약은 허가를 받을 때까지는 법률상 미완성의 법률행위로서 소유권 등 권리의 이전 또는 설정에 관한 거래의 효력이 전혀 발생하지 않음은 확정적 무효의 경우와 다를 바 없지만 일단 허가를 받으면 그 계약은 소급하여 유효한 계약이 되고, 이와 달리 불허가 된 때에는 무효로 확정되므로 허가를 받기까지는 유동적 무효의 상태에 있다고 보는 것이 타당하고, 이러한 계약을 체결한 당사자 사이에 있어서는 그 계약이 효력있는 것으로 완성될 수 있도록 서로 협력할 의무가 있음이 당연하므로, 규제지역 내의 토지에 관하여 거래계약이 체결된 경우에 계약의 쌍방 당사자는 공동으로 관할 관청의 허가를 받는 신청절차에 협력하지 않는 상대방에 대하여 협력의무의 이행을 소송으로서 구할 이익이 있다(대판 1995.1.24. 93다25875).

② 유동적 무효의 상태에 있는 거래계약의 당사자는 상대방이 그 거래계약의 효력이 완성되도록 협력할 의무를 이행하지 아니하였음을 들어 일방적으로 유동적 무효의 상태에 있는 거래계약 자체를 해제할 수 없다(대판[전합] 1999.6.17. 98다40459).

③ 국토이용관리법상 규제구역 내에 속하는 토지거래에 관하여 관할 도지사로부터 거래허가를 받지 아니한 거래계약은 처음부터 허가를 배제하거나 잠탈하는 내용의 계약이 아닌 한 허가를 받기까지는 유동적 무효의 상태에 있고 거래당사자는 거래허가를 받기 위하여 서로 협력할 의무가 있으므로, 그 유동적 무효 상태의 계약에 기하여 임의로 지급한 계약금 등은 유동적 무효 상태가 확정적으로 무효가 되었을 때 비로소 부당이득으로 그 반환을 구할 수 있고, 유동적 무효 상태의 계약이 확정적으로 무효로 되는 경우로서는 관할 도지사에 의한 불허가 처분이 있을 때나 당사자 쌍방이 허가신청협력의무의 이행거절 의사를 명백히 표시한 경우 등이 있다(대판 1996.11.8. 96다35309).

④ 토지거래가 계약 당사자의 표시와 불일치한 의사(비진의표시, 허위표시 또는 착오) 또는 사기, 강박과 같은 하자 있는 의사에 의하여 이루어진 경우에는, 이들 사유에 의하여 그 거래의 무효 또는 취소를 주장할 수 있는 당사자는 그러한 거래허가를 신청하기 전 단계에서 이러한 사유를 주장하여 거래허가신청 협력에 대한 거절의사를 일방적으로 명백히 함으로써 그 계약을 확정적으로 무효화시키고 자신의 거래허가절차에 협력할 의무를 면할 수 있다(대판 1997.11.14. 97다36118).

# 12

**정답해설**

② 최고권은 계약체결 당시 무권대리임을 알았는지 몰랐는지 불문하고 행사할 수 있다(민법 제131조 참고).

**오답해설**

① 유권대리에 있어서는 본인이 대리인에게 수여한 대리권의 효력에 의하여 법률효과가 발생하는 반면 표현대리에 있어서는 대리권이 없음에도 불구하고 법률이 특히 거래상대방 보호와 거래안전유지를 위하여 본래 무효인 무권대리행위의 효과를 본인에게 미치게 한 것으로서 표현대리가 성립된다고 하여 무권대리의 성질이 유권대리로 전환되는 것은 아니므로, 양자의 구성요건 해당사실, 즉 주요사실은 다르다고 볼 수밖에 없으니 유권대리에 관한 주장 속에 무권대리에 속하는 표현대리의 주장이 포함되어 있다고 볼 수 없다(대판[전합] 1983.12.13. 83다카1489).

③ 철회권은 <u>선의의 상대방에게만</u> 인정된다(민법 제134조 참고).

> **민법 제134조(상대방의 철회권)**
> 대리권없는 자가 한 계약은 본인의 추인이 있을 때까지 상대방은 본인이나 그 대리인에 대하여 이를 철회할 수 있다.
> 그러나 계약당시에 상대방이 대리권 없음을 안 때에는 그러하지 아니하다.

④ 표현대리행위가 성립하는 경우에 본인은 표현대리행위에 기하여 전적인 책임을 져야 하는 것이고 <u>상대방에게 과실이 있다고 하더라도 과실상계의 법리를 유추적용하여 본인의 책임을 감경할 수 없는 것이다</u>(대판 1994.12.22. 94다24985).
⑤ 권한을 넘은 표현대리에 있어서 무권대리인에게 그 권한이 있다고 믿을 만한 정당한 이유가 있는가의 여부는 <u>대리행위(매매계약) 당시를 기준으로 결정하여야 하고, 매매계약성립 이후의 사정은 고려할 것이 아니다</u>(대판 1981.12.8. 81다322).

# 13

 ⑤

> **정답해설**

⑤ <u>민법 제250조, 제251조 소정의 도품, 유실물이란 원권리자로부터 점유를 수탁한 사람이 적극적으로 제3자에게 부정 처분한 경우와 같은 위탁물 횡령의 경우는 포함되지 아니하고</u> 또한 <u>점유보조자 내지 소지기관의 횡령처럼 형사법상 절도죄가 되는 경우도</u> 형사법과 민사법의 경우를 동일시 해야 하는 것은 아닐 뿐만 아니라 진정한 권리자와 선의의 거래 상대방 간의 이익형량의 필요성에 있어서 위탁물 횡령의 경우와 다를 바 없으므로 이 역시 <u>민법 제250조의 도품·유실물에 해당되지 않는다</u>(대판 1991.3.22. 91다70).

> **오답해설**

① 양도인은 무권리자이어야 하므로 <u>대리인이 본인 소유가 아닌 물건을 처분하고 상대방이 본인 소유라고 오신한 경우에도 선의취득이 인정될 수 있다.</u> 그러나 무권대리인이 타인의 물건을 처분하는 <u>무권대리의 경우에는 거래행위 자체가 무효이므로 선의취득은 적용되지 않고 표현대리에 의해 보호될 수 있을 뿐이다.</u>
② <u>자동차관리법이 적용되는 자동차에 해당하더라도</u> 구조와 장치가 제작 당시부터 자동차관리법령이 정한 자동차안전기준에 적합하지 아니하여 행정상 특례조치에 의하지 아니하고는 <u>적법하게 등록할 수 없어서</u> 등록하지 아니한 상태에 있고 통상적인 용도가 도로 외의 장소에서만 사용하는 것이라는 등의 특별한 사정이 있다면 그러한 자동차에 대하여 자동차관리법이 정한 공시방법인 '등록'에 의하여만 소유권 변동을 공시할 것을 기대하기는 어려우므로, 소유권을 취득함에는 민법상 공시방법인 '인도'에 의할 수도 있다. 그리고 이때는 <u>민법 제249조의 선의취득 규정이 적용될 수 있다</u>(대판 2016.12.15. 2016다205373).
③ 채무자 이외의 자의 소유에 속하는 동산을 경매한 경매절차에서 그 동산을 경락받아 경락대금을 납부하고 이를 인도받은 <u>경락인이 동산의 소유권을 선의취득한 경우</u> 그 동산의 매득금은 채무자의 것이 아니어서 채권자가 이를 배당을 받았다고 하더라도 채권은 소멸하지 않고 계속 존속하므로, 배당을 받은 채권자는 이로 인하여 법률상 원인 없는 이득을 얻고 소유자는 경매에 의하여 소유권을 상실하는 손해를 입게 되었다고 할 것이니 <u>그 동산의 소유자는 배당을 받은 채권자에 대하여 부당이득으로서 배당받은 금원의 반환을 청구할 수 있다</u>(대판 1998.6.12. 98다6800 참고).
④ 동산의 선의취득에 필요한 <u>점유의 취득은 현실적 인도가 있어야 하고 점유개정에 의한 점유취득만으로서는 그 요건을 충족할 수 없다</u>(대판 1978.1.17. 77다1872).

# 14

**정답해설**

② 타인 소유물을 권원 없이 점유함으로써 얻은 사용이익을 반환하는 경우 민법은 선의 점유자를 보호하기 위하여 제201조 제1항을 두어 선의 점유자에게 과실수취권을 인정함에 대하여 이러한 보호의 필요성이 없는 악의 점유자에 관하여는 민법 제201조 제2항을 두어 과실수취권이 인정되지 않는다는 취지를 규정하는 것으로 해석되는바 따라서 악의의 수익자가 반환하여야 할 범위는 민법 제748조 제2항에 따라 정하여지는 결과 그는 받은 이익에 이자를 붙여 반환하여야 하며, 위 이자의 이행지체로 인한 지연손해금도 지급하여야 한다(대판 2003.11.14. 2001다61869).

**오답해설**

① 수익자가 그 법률상 원인 없는 이득을 얻기 위하여 지출한 비용은 수익자가 반환하여야 할 이득의 범위에서 공제되어야 하고, 수익자가 자신의 노력 등으로 부당이득한 재산을 이용하여 남긴 이른바 운용이익도 그것이 사회통념상 수익자의 행위가 개입되지 아니하였더라도 부당이득된 재산으로부터 손실자가 당연히 취득하였으리라고 생각되는 범위 내의 것이 아닌 한 수익자가 반환하여야 할 이득의 범위에서 공제되어야 한다(대판 1995.5.12. 94다25551).
③ 악의의 점유자는 수취한 과실(果實)을 반환하여야 하며 소비하였거나 과실(過失)로 인하여 훼손 또는 수취하지 못한 경우에는 그 과실(果實)의 대가를 보상하여야 한다(민법 제201조 제2항). 따라서 동조항의 반대해석상 악의의 점유자라도 과실(果實)을 과실(過失)없이 수취하지 못한 경우라면 그 과실(果實)의 대가를 보상할 필요가 없다.
④ 민법 제203조 제1항 제2항에 의한 점유자의 필요비 또는 유익비 상환청구권은 점유자가 회복자로부터 점유물의 반환을 청구받거나 회복자에게 점유물을 반환한 때에 비로소 회복자에 대하여 행사할 수 있다(대판 1994.9.9. 94다4592).
⑤ 점유물이 점유자의 책임 있는 사유로 인하여 멸실 또는 훼손한 때에는 악의의 점유자는 그 손해의 전부를 배상하여야 하며 선의의 점유자는 이익이 현존하는 한도에서 배상하여야 한다. 소유의 의사가 없는 점유자(타주점유자)는 선의인 경우에도 손해의 전부를 배상하여야 한다(민법 제202조).

# 15

**정답해설**

② 등기는 물권의 효력 발생 요건이고 존속 요건은 아니어서 등기가 원인 없이 말소된 경우에는 그 물권의 효력에 아무런 영향이 없고, 그 회복등기가 마쳐지기 전이라도 말소된 등기의 등기명의인은 적법한 권리자로 추정되므로 원인 없이 말소된 등기의 효력을 다투는 쪽에서 그 무효 사유를 주장·입증하여야 한다(대판 1997.9.30. 95다39526).

**오답해설**

① 가등기는 그 성질상 본등기의 순위보전의 효력만이 있어 후일 본등기가 경료된 때에는 본등기의 순위가 가등기한 때로 소급하는 것뿐이지 본등기에 의한 물권변동의 효력이 가등기한 때로 소급하여 발생하는 것은 아니다(대판 1992.9.25. 92다21258).
③ 합유지분 포기가 적법하다면 그 포기된 합유지분은 나머지 잔존 합유지분권자들에게 균분으로 귀속하게 되지만 그와 같은 물권변동은 합유지분권의 포기라고 하는 법률행위에 의한 것이므로 등기하여야 효력이 있고 지분을 포기한 합유지분권자로부터 잔존 합유지분권자들에게 합유지분권 이전등기가 이루어지지 아니하는 한 지분을 포기한 지분권자는 제3자에 대하여 여전히 합유지분권자로서의 지위를 가지고 있다(대판 1997.9.9. 96다16896).
④ 부동산 등기는 현실의 권리관계에 부합하는 한 그 권리취득의 경위나 방법 등이 사실과 다르다고 하더라도 그 등기의 효력에는 아무런 영향이 없는 것이므로 증여에 의하여 부동산을 취득하였지만 등기원인을 매매로 기재하였다고 하더라도 그 등기의 효력에는 아무런 하자가 없다(대판 1980.7.22. 80다791 참고).
⑤ 사망자 명의로 신청하여 이루어진 이전등기는 일단 원인무효의 등기라고 볼 것이어서 등기의 추정력을 인정할 여지가 없으므로, 등기의 유효를 주장하는 자가 현재의 실체관계와 부합함을 증명할 책임이 있다(대판 2018.11.29. 2018다200730).

# 16

**정답해설**

④ 적법하게 성립한 임대차 계약에서 <u>토지 임대인은 간접점유자에 해당한다</u>(민법 제194조). 간접점유자에게는 <u>점유권에 관한 규정이 적용</u>되므로 토지소유자 甲은 토지의 불법점유자 丙에게 <u>점유권에 기한 방해배제청구권을 행사할 수 있다</u>(민법 제207조 제1항).

**오답해설**

① 민법 제214조 참고
②·③ 민법 제404조 제1항, 제205조 제1항
⑤ <u>소유권에 기한 반환청구권(물권적 청구권)과 임대차 계약상의 반환청구권(채권적 청구권)은 그 발생 원인이 다르며 독립하여 존재하므로 각각 따로 행사할 수 있다.</u> 단, 어느 하나의 권리를 행사하여 만족을 얻은 경우에는 다른 권리는 소멸한다.

# 17

**정답해설**

⑤ 취득시효를 주장하는 자는 <u>점유기간 중에 소유자의 변동이 없는 토지에 관하여는 취득시효의 기산점을 임의로 선택할 수 있고</u>, 취득시효를 주장하는 날로부터 <u>역산하여 20년 이상의 점유 사실이 인정되고 그것이 자주점유가 아닌 것으로 밝혀지지 않는 한 취득시효를 인정할 수 있는 것이고</u>, 이는 <u>취득시효완성 후 토지소유자에 변동이 있어도 당초의 점유자가 계속 점유하고 있고 소유자가 변동된 시점을 새로운 기산점으로 삼아도 다시 취득시효의 점유기간이 완성되는 경우에도 역시 타당하므로</u> <u>시효취득을 주장하는 점유자로서는 소유권 변동시를 새로운 취득시효의 기산점으로 삼아 취득시효의 완성을 주장할 수 있다</u>(대판[전합] 1994.3.22. 93다46360).

**오답해설**

① 부동산에 대한 점유취득시효기간이 완성된 경우에 그 부동산의 원소유자는 권리변동의 당사자이므로 <u>점유자는 원소유자에 대하여 등기 없이도 그 부동산의 시효취득을 주장하여 대항할 수 있는 반면</u>에 원소유자는 점유자에 대한 이전등기의무자로서 소유권에 기한 권능을 행사할 수 없다(대판 1977.3.22. 76다242, 대판 1993.5.25. 92다51280 등 참고).
② 점유취득시효기간이 완성되기 전, <u>그 진행 중에 등기부상의 소유자가 변경된 경우에 있어서는, 이는 점유자의 종래의 사실상 태의 계속을 파괴한 것으로 볼 수 없어 시효중단사유가 될 수 없고 따라서 점유취득 시효완성 당시의 등기부상의 소유자가 권리변동의 당사자가 되는 것이므로 점유자는 그 자에 대하여 등기 없이도 취득시효완성의 효과를 주장할 수 있다</u>(대판 1989.4.11. 88다카5843·5850 등 참고).
③ 부동산에 대한 점유취득시효가 완성되었다고 하더라도 이를 등기하지 아니하고 있는 사이에 그 부동산에 관하여 제3자에게 소유권이전등기가 마쳐지면 <u>점유자는 그 제3자에게 대항할 수 없는 것이고</u>, 이 경우 제3자의 이전등기 원인이 점유자의 취득시효 완성 전의 것이라 하더라도 마찬가지이다(대판 1998.7.10. 97다45402).
④ 취득시효기간의 계산에 있어 <u>점유기간 중에 당해 부동산의 소유권자의 변동이 있는 경우에는 취득시효를 주장하는 자가 임의로 기산점을 선택하거나 소급하여 20년 이상 점유한 사실만 내세워 시효완성을 주장할 수 없다</u>(대판 1995.5.23. 94다 39987).

## 18

③ 법정지상권은 민법 제187조에서 말하는 법률의 규정에 의한 물권의 취득으로 등기를 필요로 하지 않는다. 따라서 건물소유자 丙은 2020.10.1. 법정지상권을 취득할 당시의 토지소유자 乙 뿐아니라 2021.1.15. 그로부터 토지소유권을 전득한 제3자인 丁에게도 2021.1.16. 등기없이 지상권을 주장할 수 있다(대판[전합] 1965.9.23. 65다1222, 대판 1971.1.26. 70다2576 참고).

① 저당물의 경매로 인하여 토지와 그 지상건물이 다른 소유자에 속한 경우에는 토지소유자는 건물소유자에 대하여 지상권을 설정한 것으로 간주된다(민법 제366조 본문). 따라서 2020.10.1. Y건물 경락인인 丙은 Y건물에 대한 소유권과 X토지에 대한 민법 제366조의 법정지상권을 취득하게 된다.

② 관습법상 또는 민법 제366조의 법정지상권은 약정지상권과 달리 지료를 지급하여야 하므로 2020.10.1. 건물소유자 丙은 자신의 의사와 무관하게 X토지에 대한 법정지상권을 취득한더라도 지료를 지급하여야 한다.

④ 법정지상권이 있는 건물소유자인 丙이 2021.2.10. 건물을 제3자인 戊에게 처분한 경우 법정지상권에 관한 등기를 경료하지 않은 戊로서는 건물의 소유권을 취득한 사실만으로는 법정지상권을 취득하였다고 할 수 없으므로 대지소유자인 丁에게 지상권을 주장할 수 없고 그 법정지상권은 여전히 당초의 법정지상권자인 丙에게 유보되어 있다고 보아야 한다.

⑤ 법정지상권을 가진 건물소유자로부터 건물을 양수하면서 법정지상권까지 양도받기로 한 자는 채권자 대위의 법리에 따라 전건물소유자 및 대지소유자에 대하여 차례로 지상권의 설정등기 및 이전등기절차이행을 구할 수 있다 할 것이므로 이러한 법정지상권을 취득할 지위에 있는 자에 대하여 대지소유자가 소유권에 기하여 건물철거를 구함은 지상권의 부담을 용인하고 그 설정등기절차를 이행할 의무있는 자가 그 권리자를 상대로 한 청구라 할 것이어서 신의성실의 원칙상 허용될 수 없다(대판 [전합] 1985.4.9. 84다카131·1132). 따라서 2021.2.27. 戊에 대한 丁의 Y건물 철거청구는 신의성실의 원칙상 허용되지 않는다.

## 19

③ 채권양도의 대항요건의 흠결의 경우 채권을 주장할 수 없는 채무자 이외의 제3자는 양도된 채권 자체에 관하여 양수인의 지위와 양립할 수 없는 법률상 지위를 취득한 자에 한하므로, 선순위의 근저당권부채권을 양수한 채권자보다 후순위의 근저당권자는 채권양도의 대항요건을 갖추지 아니한 경우 대항할 수 없는 제3자에 포함되지 않는다(대판 2005.6.23. 2004 다29279).

① 집합건물의 소유 및 관리에 관한 법률 제20조 제1항, 제2항과 민법 제358조 본문의 각 규정에 비추어 볼 때, 집합건물의 대지의 분·합필 및 환지절차의 지연, 각 세대당 지분비율 결정의 지연 등으로 인하여 구분건물의 전유부분에 대한 소유권이전 등기만 경료되고 대지지분에 대한 소유권이전등기가 경료되기 전에 전유부분만에 관하여 설정된 저당권의 효력은, 대지사용 권의 분리처분이 가능하도록 규약으로 정하였다는 등의 특별한 사정이 없는 한, 그 전유부분의 소유자가 나중에 대지지분에 관한 등기를 마침으로써 전유부분과 대지권이 동일 소유자에게 귀속하게 되었다면 당연히 종물 내지 종된 권리인 그 대지사용 권에까지 미친다(대판 2001.9.4. 2001다22604).

460 변리사 1차 전과목 기출문제집(해설편)

② <u>저당권자</u>는 저당권의 목적이 된 물건의 멸실, 훼손 또는 공용징수로 인하여 저당목적물의 소유자가 받을 저당목적물에 갈음하는 금전 기타 물건에 대하여 물상대위권을 행사할 수 있으나, 다만 그 <u>지급 또는 인도 전에 이를 압류하여야 하며,</u> <u>저당권자가 위 금전 또는 물건의 인도청구권을 압류하기 전에 저당물의 소유자가 그 인도청구권에 기하여 금전 등을 수령한</u> <u>경우 저당권자는 더 이상 물상대위권을 행사할 수 없게 된다.</u> 이 경우 저당권자는 저당권의 채권최고액 범위 내에서 저당목적물의 교환가치를 지배하고 있다가 저당권을 상실하는 손해를 입게 되는 반면에, 저당목적물의 소유자는 저당권의 채권최고액 범위 내에서 저당권자에게 저당목적물의 교환가치를 양보하여야 할 지위에 있다가 마치 그러한 저당권의 부담이 없었던 것과 같은 상태에서의 대가를 취득하게 되는 것이므로, 그 수령한 금액 가운데 저당권의 채권최고액을 한도로 하는 피담보채권액의 범위 내에서는 이득을 얻게 된다. 저당목적물 소유자가 얻은 위와 같은 이익은 저당권자의 손실로 인한 것으로서 인과관계가 있을 뿐 아니라, 공평의 관념에 위배되는 재산적 가치의 이동이 있는 경우 수익자로부터 그 이득을 되돌려받아 손실자와 재산상태의 조정을 꾀하는 부당이득제도의 목적에 비추어 보면 위와 같은 이익을 소유권자에게 종국적으로 귀속시키는 것은 저당권자에 대한 관계에서 공평의 관념에 위배되어 법률상 원인이 없다고 봄이 상당하므로, <u>저당목적물 소유자는</u> <u>저당권자에게 이를 부당이득으로 반환할 의무가 있다</u>(대판 2009.5.14. 2008다17656).

④ 민법 제370조, 제342조 단서가 저당권자는 물상대위권을 행사하기 위하여 저당권설정자가 받을 금전 기타 물건의 지급 또는 인도 전에 압류하여야 한다고 규정한 것은 물상대위의 목적인 채권의 <u>특정성을 유지하여</u> 그 효력을 보전함과 동시에 <u>제3자에게 불측의 손해를 입히지 않으려는 데 있는 것이므로</u>, 저당목적물의 변형물인 금전 기타 물건에 대하여 이미 <u>제3자가</u> <u>압류하여 그 금전 또는 물건이 특정된 이상 저당권자가 스스로 이를 압류하지 않고서도 물상대위권을 행사하여 일반 채권자</u> <u>보다 우선변제를 받을 수 있으나</u> 그 행사방법으로는 민사집행법 제273조 구 민사소송법(2002.1.26. 법률 제6626호로 전단 개정되기 전의 것) 제733조 에 의하여 담보권의 존재를 증명하는 서류를 집행법원에 제출하여 채권압류 및 전부명령을 신청하는 것이거나 민사집행법 제247조 제항 구 민사소송법(2002.1.26. 법률 제6626호로 전단 개정되기 전의 것) 제580조 제항 에 의하여 배당요구를 하는 것이므로, <u>이러한 물상대위권의 행사에 나아가지 아니한 채 단지 수용대상토지에 대하여</u> <u>담보물권의 등기가 된 것만으로는 그 보상금으로부터 우선변제를 받을 수 없고, 저당권자가 물상대위권의 행사에 나아가지</u> <u>아니하여 우선변제권을 상실한 이상 다른 채권자가 그 보상금 또는 이에 관한 변제공탁금으로부터 이득을 얻었다고 하더라도</u> <u>저당권자는 이를 부당이득으로서 반환청구할 수 없다</u>(대판 2002.10.11. 2002다33137).

⑤ 저당부동산에 대하여 <u>소유권, 지상권 또는 전세권을 취득한 제3자는 저당권자에게 그 부동산으로 담보된 채권을 변제하고</u> <u>저당권의 소멸을 청구할 수 있다</u>(민법 제364조).

# 20

 ④

④ 전세권에 대하여 저당권이 설정된 경우 그 저당권의 목적물은 물권인 전세권 자체이지 전세금반환채권은 그 목적물이 아니고, 전세권의 존속기간이 만료되면 전세권은 소멸하므로 <u>더 이상 전세권 자체에 대하여 저당권을 실행할 수 없게</u> <u>되고</u> 이러한 경우에는 민법 제370조, 제342조 및 민사소송법 제733조에 의하여 저당권의 목적물인 전세권에 갈음하여 존속하는 것으로 볼 수 있는 전세금반환채권에 대하여 압류 및 추심명령 또는 전부명령을 받거나 제3자가 전세금반환채권에 대하여 실시한 강제집행절차에서 배당요구를 하는 등의 방법으로 자신의 권리를 행사하여 <u>비로소 전세권설정자에 대해</u> <u>전세금의 지급을 구할 수 있게 된다</u>(대판 1999.9.17. 98다31301).

① 민법 제304조 제1항

② 민법 제305조 제1항 본문

③ 전세권의 법정갱신(민법 제312조 제4항)은 법률의 규정에 의한 부동산에 관한 물권의 변동이므로 전세권갱신에 관한 등기를 필요로 하지 아니하고 전세권자는 <u>그 등기 없이도 전세권설정자나 그 목적물을 취득한 제3자에 대하여 그 권리를 주장할</u> <u>수 있다</u>(대판 1989.7.11. 88다카21029).

⑤ 전세권의 존속기간은 10년을 넘지 못하므로 당사자의 약정기간이 10년을 넘는 경우에는 <u>10년으로 단축된다</u>(민법 제312조 제1항), 전세권의 설정은 갱신한 날로부터 10년을 넘지 않는 한도 내에서 약정 갱신할 수 있다(민법 제312조 제3항).

# 21

① 민법 제323조 제1항

> **민법 제323조(과실수취권)**
> ① 유치권자는 유치물의 과실을 수취하여 다른 채권보다 먼저 그 채권의 변제에 충당할 수 있다. 그러나 과실이 금전이 아닌 때에는 경매하여야 한다.

② 민법 제324조에 의하면, 유치권자는 선량한 관리자의 주의로 유치물을 점유하여야 하고, 소유자의 승낙없이 유치물을 보존에 필요한 범위를 넘어 사용하거나 대여 또는 담보제공을 할 수 없으며, 소유자는 유치권자가 위 의무를 위반한 때에는 유치권의 소멸을 청구할 수 있다고 할 것인바, 공사대금채권에 기하여 유치권을 행사하는 자가 스스로 유치물인 주택에 거주하며 사용하는 것은 특별한 사정이 없는 한 유치물인 주택의 보존에 도움이 되는 행위로서 유치물의 보존에 필요한 사용에 해당한다고 할 것이다. 그리고 유치권자가 유치물의 보존에 필요한 사용을 한 경우에도 특별한 사정이 없는 한 차임에 상당한 이득을 소유자에게 반환할 의무가 있다(대판 2009.9.24. 2009다40684).

③ 유치권의 행사는 채권의 소멸시효의 진행에 영향을 미치지 아니하므로(민법 제326조), 건물공사대금의 채권자가 그 건물에 대하여 유치권을 행사하는 동안에도 그 공사대금채권의 소멸시효는 진행한다.

④ 임대인과 임차인 사이에 건물명도 시 권리금을 반환하기로 하는 약정이 있었다 하더라도 그와 같은 권리금반환청구권은 건물에 관하여 생긴 채권이라 할 수 없으므로 그와 같은 채권을 가지고 건물에 대한 유치권을 행사할 수 없다(대판 1994.10.14. 93다62119).

⑤ 경매개시결정등기가 되기 전에 이미 그 부동산에 관하여 민사유치권을 취득한 사람은 그 취득에 앞서 저당권설정등기나 가압류등기 또는 체납처분압류등기가 먼저 되어 있다 하더라도 경매절차의 매수인에게 자기의 유치권으로 대항할 수 있다(대판 2014.4.10. 2010다84932).

# 22

① 재고상품, 제품, 원자재 등과 같은 집합물을 하나의 물건으로 보아 일정 기간 계속하여 채권담보의 목적으로 삼으려는 이른바 집합물에 대한 양도담보권설정계약에서는 담보목적인 집합물을 종류, 장소 또는 수량지정 등의 방법에 의하여 특정할 수 있으면 집합물 전체를 하나의 재산권 객체로 하는 담보권의 설정이 가능하므로, 그에 대한 양도담보권설정계약이 이루어지면 집합물을 구성하는 개개의 물건이 변동되거나 변형되더라도 한 개의 물건으로서의 동일성을 잃지 아니한 채 양도담보권의 효력은 항상 현재의 집합물 위에 미치고, 따라서 그러한 경우에 양도담보권자가 점유개정의 방법으로 양도담보권설정계약 당시 존재하는 집합물의 점유를 취득하면 그 후 양도담보권설정자가 집합물을 이루는 개개의 물건을 반입하였더라도 별도의 양도담보권설정계약을 맺거나 점유개정의 표시를 하지 않더라도 양도담보권의 효력이 나중에 반입된 물건에도 미친다. 다만 양도담보권설정자가 양도담보권설정계약에서 정한 종류·수량에 포함되는 물건을 계약에서 정한 장소에 반입하였더라도 그 물건이 제3자의 소유라면 담보목적인 집합물의 구성부분이 될 수 없고 따라서 그 물건에는 양도담보권의 효력이 미치지 않는다(대판 2016.4.28. 2012다19659).

※ 처음에는 ③번 지문이 정답으로 발표되었으나, 이의제기에 의해 ①번 지문도 복수정답 처리되었습니다.

③ 채권담보를 위하여 소유권이전등기를 경료한 양도담보권자는 채무자가 변제기를 도과하여 피담보채무의 이행지체에 빠졌을 때에는 담보계약에 의하여 취득한 목적 부동산의 처분권을 행사하기 위한 환가절차의 일환으로서 즉, 담보권의 실행으로서 채무자에 대하여 그 목적 부동산의 인도를 구할 수 있고 제3자가 채무자로부터 적법하게 목적 부동산의 점유를 이전받은 경우 역시 그 목적 부동산의 인도청구를 할 수 있다고 할 것이나, <u>직접 소유권에 기하여 그 인도를 구할 수는 없다</u>(대판 2007.5.11. 2006다6836).

> **오답해설**

② 일반적으로 부동산을 <u>채권담보의 목적</u>으로 양도한 경우 특별한 사정이 없는 한 목적부동산에 대한 <u>사용수익권은 채무자인 양도담보설정자에게 있는 것</u>이므로 설정자와 양도담보권자 사이에 양도담보권자가 목적물을 사용·수익하기로 하는 약정이 없는 이상 <u>목적부동산을 임대할 권한은 양도담보설정자에게 있다</u>(대판 2001.12.11. 2001다40213).

④ 양도담보권의 목적인 주된 동산에 다른 동산이 부합되어 부합된 동산에 관한 권리자가 권리를 상실하는 손해를 입은 경우 주된 동산이 담보로서 가치가 증가된 데 따른 실질적 이익은 주된 동산에 관한 양도담보권설정자에게 귀속되는 것이므로 이 경우 부합으로 인하여 권리를 상실하는 자는 <u>양도담보권설정자를 상대로 민법 제261조에 따라 보상을 청구할 수 있을 뿐 양도담보권자를 상대로 보상을 청구할 수는 없다</u>(대판 2016.4.28. 2012다19659).

⑤ 금전채무를 담보하기 위하여 채무자가 그 소유의 동산을 채권자에게 양도하되 점유개정의 방법으로 인도하고 채무자가 이를 계속 점유하기로 한 경우에는, 특별한 사정이 없는 한 <u>동산의 소유권은 신탁적으로 이전됨에 불과하여 채권자와 채무자 사이의 대내적 관계에서 채무자는 의연히 소유권을 보유하나 대외적인 관계에 있어서 채무자는 동산의 소유권을 이미 채권자에게 양도한 무권리자가 되는 것</u>이어서 채무자가 다시 다른 채권자와 사이에 양도담보설정계약을 체결하고 점유개정의 방법으로 인도를 하더라도 현실의 인도가 아닌 점유개정으로는 선의취득이 인정되지 아니하므로 나중에 설정계약을 체결한 채권자는 양도담보권을 취득할 수 없다(대판 2004.12.24. 2004다45943).

## 23

> **정답해설**

⑤ 민법 제361조는 "저당권은 그 담보한 채권과 분리하여 타인에게 양도하거나 다른 채권의 담보로 하지 못한다."라고 정하고 있을 뿐 피담보채권을 저당권과 분리해서 양도하거나 다른 채권의 담보로 하지 못한다고 정하고 있지 않다. 채권담보라고 하는 저당권 제도의 목적에 비추어 특별한 사정이 없는 한 피담보채권의 처분에는 저당권의 처분도 당연히 포함된다고 볼 것이지만, 피담보채권의 처분이 있으면 언제나 저당권도 함께 처분된다고는 할 수 없다. 따라서 <u>저당권으로 담보된 채권에 질권을 설정한 경우 원칙적으로는 저당권이 피담보채권과 함께 질권의 목적이 된다고 보는 것이 합리적이지만 질권자와 질권설정자가 피담보채권만을 질권의 목적으로 하고 저당권은 질권의 목적으로 하지 않는 것도 가능하고 이는 저당권의 부종성에 반하지 않는다.</u> 이는 저당권과 분리해서 피담보채권만을 양도한 경우 양도인이 채권을 상실하여 양도인 앞으로 된 저당권이 소멸하게 되는 것과 구별된다(대판 2020.4.29. 2016다235411).

> **오답해설**

① <u>담보물권의 불가분성(민법 제321조, 제343조) 원칙</u>상 피담보채권액이 입질채권액보다 적은 경우에도 입질채권 전부에 대하여 질권의 효력이 미친다.

② 민법 제347조에서 말하는 '채권증서'는 채권의 존재를 증명하기 위하여 채권자에게 제공된 문서로서 특정한 이름이나 형식을 따라야 하는 것은 아니지만 장차 변제 등으로 채권이 소멸하는 경우에는 민법 제475조에 따라 채무자가 채권자에게 그 반환을 청구할 수 있는 것이어야 한다. 이에 비추어 임대차계약서와 같이 계약 당사자 쌍방의 권리의무관계의 내용을 정한 서면은 그 계약에 의한 권리의 존속을 표상하기 위한 것이라고 할 수는 없으므로 위 채권증서에 해당하지 않는다(대판 2013.8.22. 2013다32574).

③ 질권설정자가 제3채무자에게 질권설정의 사실을 통지하거나 제3채무자가 이를 승낙한 때에는 제3채무자가 질권자의 동의
없이 질권의 목적인 채무를 변제하더라도 이로써 질권자에게 대항할 수 없고, 질권자는 민법 제353조 제2항에 따라 여전히
제3채무자에 대하여 직접 채무의 변제를 청구할 수 있다. 제3채무자가 질권자의 동의 없이 질권설정자와 상계합의를 함으로써
질권의 목적인 채무를 소멸하게 한 경우에도 마찬가지로 질권자에게 대항할 수 없고, 질권자는 여전히 제3채무자에 대하여
직접 채무의 변제를 청구할 수 있다(대판 2018.12.27. 2016다265689).

④ 민법 제348조

> **민법 제348조(저당채권에 대한 질권과 부기등기)**
> 저당권으로 담보한 채권을 질권의 목적으로 한 때에는 그 저당권등기에 질권의 부기등기를 하여야 그 효력이 저당권에
> 미친다.

# 24
**답 ⑤**

**정답해설**

ㄱ. (×) 환지의 경우, 관습상 법정지상권의 성립을 부정한다. 즉, 환지로 인하여 새로운 분할지적선이 그어진 결과 환지 전에는
동일인에게 속하였던 토지와 그 지상건물의 소유자가 달라졌다 하더라도 환지의 성질상 건물의 부지에 관하여 소유권을
상실한 건물 소유자가 환지된 토지(건물부지)에 대하여 건물을 위한 관습상의 법정지상권을 취득한다거나 그 환지된 토지의
소유자가 그 건물을 위한 관습상의 법정지상권의 부담을 안게 된다고는 할 수 없다(대판 2001.5.8. 2001다4101).

ㄴ. (×) 민법 제366조의 법정지상권은 저당권 설정 당시에 동일인의 소유에 속하는 토지와 건물이 저당권의 실행에 의한
경매로 인하여 각기 다른 사람의 소유에 속하게 된 경우에 건물의 소유를 위하여 인정되는 것이므로, 미등기건물을 그
대지와 함께 매수한 사람이 그 대지에 관하여만 소유권이전등기를 넘겨받고 건물에 대하여는 그 등기를 이전 받지 못하고
있다가, 대지에 대하여 저당권을 설정하고 그 저당권의 실행으로 대지가 경매되어 다른 사람의 소유로 된 경우에는, 그
저당권의 설정 당시에 이미 대지와 건물이 각각 다른 사람의 소유에 속하고 있었으므로 법정지상권이 성립될 여지가
없다(대판[전합] 2002.6.20. 2002다9660).

ㄷ. (×) 토지의 공유자 중의 1인이 공유토지 위에 건물을 소유하고 있다가 토지지분만을 전매함으로써 단순히 토지공유자의
1인에 대하여 관습상의 법정지상권이 성립된 것으로 볼 사유가 발생하였다고 하더라도 당해 토지 자체에 관하여 건물의
소유를 위한 관습상의 법정지상권이 성립된 것으로 보게 된다면 이는 마치 토지공유자의 1인으로 하여금 다른 공유자의
지분에 대하여서까지 지상권설정의 처분행위를 허용하는 셈이 되어 부당하다 할 것이므로 위와 같은 경우에 있어서는
당해 토지에 관하여 건물의 소유를 위한 관습상의 법정지상권이 성립될 수 없다(대판 1987.6.23. 86다카2188).

ㄹ. (×) 관습상의 법정지상권의 성립 요건인 해당 토지와 건물의 소유권의 동일인에의 귀속과 그 후의 각기 다른 사람에의
귀속은 법의 보호를 받을 수 있는 권리변동으로 인한 것이어야 하므로, 원래 동일인에게의 소유권 귀속이 원인무효로
이루어졌다가 그 뒤 그 원인무효임이 밝혀져 그 등기가 말소됨으로써 그 건물과 토지의 소유자가 달라지게 된 경우에는
관습상의 법정지상권을 허용할 수 없다(대판 1999.3.26. 98다64189).

# 25

**정답해설**

⑤ 명백히 정지조건부 기한이익 상실의 특약이라고 볼 만한 특별한 사정이 없는 이상 형성권적기한 이익 상실의 특약으로 추정하는 것이 타당하다. 이른바 형성권적 기한이익 상실의 특약이 있는 경우에는 그 특약은 채권자의 이익을 위한 것으로서 기한이익의 상실 사유가 발생하였다고 하더라도 채권자가 나머지 전액을 일시에 청구할 것인가 또는 종래대로 할부변제를 청구할 것인가를 자유로이 선택할 수 있으므로 이와 같은 기한이익 상실의 특약이 있는 할부채무에 있어서는 1회의 불이행이 있더라도 각 할부금에 대해 그 각 변제기의 도래시마다 그때부터 순차로 소멸시효가 진행하고 채권자가 특히 잔존 채무 전액의 변제를 구하는 취지의 의사를 표시한 경우에 한하여 전액에 대하여 그 때부터 소멸시효가 진행한다(대판 1997.8.29. 97다12990).

**오답해설**

① 쌍무계약의 당사자 일방이 먼저 한 번 현실의 제공을 하고, 상대방을 수령지체에 빠지게 하였다고 하더라도 그 이행의 제공이 계속되지 않는 경우는 과거에 이행의 제공이 있었다는 사실만으로 상대방이 가지는 동시이행의 항변권이 소멸하는 것은 아니므로 일시적으로 당사자 일방의 의무의 이행 제공이 있었으나 곧 그 이행의 제공이 중지되어 더 이상 그 제공이 계속되지 아니하는 기간 동안에는 상대방의 의무가 이행지체상태에 빠졌다고 할 수는 없다고 할 것이고, 따라서 그 이행의 제공이 중지된 이후에 상대방의 의무가 이행지체되었음을 전제로 하는 손해배상청구도 할 수 없는 것이다(대판 1995.3.14. 94다26646).

② 채무이행시기가 확정기한으로 되어 있는 경우에는 기한이 도래한 때로부터 지체책임이 있으나, 불확정기한으로 되어 있는 경우에는 채무자가 기한이 도래함을 안 때로부터 지체책임이 발생한다고 할 것인바, 이 사건 중도금 지급기일을 '1층 골조공사 완료시'로 정한 것은 중도금 지급의무의 이행기를 장래 도래할 시기가 확정되지 아니한 때, 즉 불확정기한으로 이행기를 정한 경우에 해당한다고 할 것이므로, 중도금지급의무의 이행지체의 책임을 지우기 위해서는 1층 골조공사가 완료된 것만으로는 부족하고 채무자인 원고가 그 완료 사실을 알아야 한다고 할 것이다(대판 2005.10.7. 2005다38546).

③ 채무에 이행기의 정함이 없는 경우에는 채무자가 이행의 청구를 받은 다음 날부터 이행지체의 책임을 지는 것이나, 한편 지명채권이 양도된 경우 채무자에 대한 대항요건이 갖추어질 때까지 채권양수인은 채무자에게 대항할 수 없으므로 이행기의 정함이 없는 채권을 양수한 채권양수인이 채무자를 상대로 그 이행을 구하는 소를 제기하고 소송 계속 중 채무자에 대한 채권양도통지가 이루어진 경우에는 특별한 사정이 없는 한 채무자는 채권양도통지가 도달된 다음 날부터 이행지체의 책임을 진다(대판 2014.4.10. 2012다29557).

④ 채권자의 협력을 필요로 하는 추심채무는 채권자가 먼저 필요한 협력 또는 그 제공을 하여 이행을 최고한 경우에만 지체책임을 지므로, 매수인 乙이 매도인 甲의 영업소에 변제기 이후에 오지 않은 이상 매도인 甲은 지연에 따른 손해배상책임을 지지 않는다.

# 26

**정답해설**

④ 채권액이 외국통화로 지정된 금전채권인 <u>외화채권</u>을 채권자가 대용급부의 권리를 행사하여 <u>우리나라 통화로 환산하여</u> <u>청구하는 경우</u> 법원이 채무자에게 그 이행을 명함에 있어서는 채무자가 현실로 이행할 때에 가장 가까운 <u>사실심 변론종결</u> <u>당시의 외국환시세를 우리나라 통화로 환산하는 기준시로 삼아야 한다</u>(대판 2007.7.12. 2007다13640).

**오답해설**

① 수임인이 위임사무를 처리함에 있어 받은 물건으로 위임인에게 인도한 목적물은 그것이 <u>대체물이더라도</u> 당사자 간에 있어서 는 특정된 물건과 같은 것으로 보아야 한다(대판 1962.12.16. 67다1525).
② 채무의 성질 또는 당사자의 의사표시로 변제장소를 정하지 아니한 때에는 특정물의 인도는 채권성립 당시에 그 물건이 있던 장소에서 하여야 한다(민법 제467조 제1항).
③ 제한종류채권에서 급부목적물의 특정은, 원칙적으로 종류채권의 급부목적물의 특정에 관한 민법 제375조 제2항이 적용되므 로, 채무자가 이행에 필요한 행위를 완료하거나 채권자의 동의를 얻어 이행할 물건을 지정한 때에는 그 물건이 채권의 목적물이 되지만, 당사자 사이에 지정권의 부여 및 지정의 방법에 관한 합의가 없고, 채무자가 이행에 필요한 행위를 하지 아니하거나 지정권자로 된 채무자가 이행할 물건을 지정하지 아니하는 경우에는, <u>선택채권의 선택권 이전에 관한 민법</u> <u>제381조를 준용하여</u>, 채권의 기한이 도래한 후 채권자가 상당한 기간을 정하여 지정권이 있는 채무자에게 그 지정을 최고하여 도 채무자가 이행할 물건을 지정하지 않으면 지정권이 채권자에게 이전한다(대판 2009.1.30. 2006다37465).
⑤ 계약상의 이자로서 <u>이자제한법 소정의 제한이율을 초과하는 부분은 무효</u>이고 이러한 제한초과의 이자에 대하여 준소비대차 계약 또는 경개계약을 체결하더라도 그 초과 부분에 대하여는 효력이 생기지 아니한다(대판 1998.10.13. 98다17046).

# 27

**정답해설**

③ 계약의 이행불능 여부는 사회통념에 의하여 이를 판정하여야 할 것인바. 임대차계약상의 임대인의 의무는 목적물을 <u>사용수</u> <u>익케 할 의무로서</u> 목적물에 대한 <u>소유권 있음을 성립요건으로 하고 있지 아니하여</u> 임대인이 소유권을 상실하였다는 이유만으 로 그 의무가 불능하게 된 것이라고 단정할 수 없다(대판 1994.5.10. 93다37977).

**오답해설**

① 국토이용관리법상 토지거래허가구역 내에 있는 토지에 관하여 소유권 등 권리를 이전 또는 설정하는 내용의 거래계약은 관할 시장·군수 또는 구청장의 허가를 받아야만 효력이 발생하고 허가를 받기 전에는 물권적 효력은 물론 채권적 효력도 발생하지 아니하여 무효라고 보아야 할 것이므로, 따라서 허가받을 것을 전제로 하는 거래계약은 허가를 받을 때까지는 법률상 미완성의 법률행위로서 소유권 등 권리의 이전 또는 설정에 관한 거래의 효력이 전혀 발생하지 않으나 일단 허가를 받으면 그 계약은 소급하여 유효한 계약이 되고, 이와 달리 불허가가 된 때에 무효로 확정되므로 허가를 받기까지는 유동적 무효의 상태에 있다고 볼 것인바, 허가를 받을 것을 전제로 한 거래계약은 허가받기 전의 상태에서는 거래계약의 채권적 효력도 전혀 발생하지 않으므로 권리의 이전 또는 설정에 관한 어떠한 내용의 이행청구도 할 수 없고, 그러한 거래계약의 당사자로서는 허가받기 전의 상태에서 상대방의 거래계약상 채무불이행을 이유로 거래계약을 해제하거나 그로 인한 손해배 상을 청구할 수 없다(대판 1997.7.25. 97다4357·4364).

② 쌍무계약에 있어 당사자 일방이 부담하는 채무의 일부만이 채무자의 책임 있는 사유로 이행할 수 없게된 때에는, 그 이행이 불가능한 부분을 제외한 나머지 부분만의 이행으로는 계약의 목적을 달성할 수 없다면 채무의 이행은 전부가 불능이라고 보아야 할 것이므로, 채권자로서는 채무자에 대하여 계약 전부를 해제하거나 또는 채무 전부의 이행에 갈음하는 전보배상을 청구할 수 있을 뿐이지 이행이 가능한 부분만의 급부를 청구할 수는 없다(대판 1995.7.25. 95다5929).

④ 매매목적물에 관하여 매도인의 다른 채권자가 강제경매를 신청하여 그 절차가 진행 중에 있다는 사유만으로는 아직 매도인이 그 목적물의 소유권을 취득할 수 없는 때에 해당한다고 할 수 없으므로 매수인은 이를 이유로 계약을 해제하거나 위약금의 청구를 할 수 없다고 할 것이고 그와 같은 법리는 매매목적물에 관하여 강제경매가 진행 중인데 대한 책임이 누구에게 있느냐에 따라 달라지는 것이 아니다(대판 1987.9.8. 87다카655).

⑤ 쌍무계약의 당사자 일방이 상대방의 급부가 이행불능이 된 사정의 결과로 상대방이 취득한 대상에 대하여 급부청구권을 행사할 수 있다고 하더라도 그 당사자 일방이 대상청구권을 행사하려면 상대방에 대하여 반대급부를 이행할 의무가 있는바, 이 경우 당사자 일방의 반대급부도 그 전부가 이행불능이 되거나 그 일부가 이행불능이 되고 나머지 잔부의 이행만으로는 상대방의 계약목적을 달성할 수 없는 등 상대방에게 아무런 이익이 되지 않는다고 인정되는 때에는 상대방이 당사자 일방의 대상청구를 거부하는 것이 신의칙에 반한다고 볼 만한 특별한 사정이 없는 한 당사자 일방은 상대방에 대하여 대상청구권을 행사할 수 없다(대판 1996.6.25. 95다6601).

# 28

**정답해설**

④ 중첩적 채무인수는 채권자와 채무인수인과의 합의가 있는 이상 채무자의 의사에 반하여서도 이루어질 수 있다(대판 1988.11.22. 87다카1836).

**오답해설**

① [1] 채무인수의 효력이 생기기 위하여 채권자의 승낙을 요하는 것은 면책적 채무인수의 경우에 한하고, 채무인수가 면책적인가 중첩적인가 하는 것은 채무인수계약에 나타난 당사자 의사의 해석에 관한 문제이다. [2] 채권자의 승낙에 의하여 채무인수의 효력이 생기는 경우, 채권자가 승낙을 거절하면 그 이후에는 채권자가 다시 승낙하여도 채무인수로서의 효력이 생기지 않는다(대판 1998.11.24. 98다33765).

② 채무자와 인수인 사이의 계약에 의한 채무인수에 대하여 채권자는 명시적인 방법뿐만 아니라 묵시적인 방법으로도 승낙을 할 수 있는 것인데, 채권자가 직접 채무인수인에 대하여 인수채무금의 지급을 청구하였다면 그 지급청구로써 묵시적으로 채무인수를 승낙한 것으로 보아야 한다(대판 1989.11.14. 88다카29962).

③ 민법 제454조는 제3자가 채무자와 계약으로 채무를 인수하여 채무자의 채무를 면하게 하는 면책적 채무인수의 경우에 채권자 승낙이 있어야 채권자에 대하여 효력이 생긴다고 규정하고 있으므로 채권자의 승낙이 없는 경우에는 채무자와 인수인 사이에서 면책적 채무인수 약정을 하더라도 이행인수 등으로서 효력밖에 갖지 못하며 채무자는 채무를 면하지 못한다(대판 2012.5.24. 2009다88303).

⑤ 채무인수계약은 구채무자의 채무의 동일성을 유지하면서 신채무자가 이를 부담하는 것이므로 특별한 의사표시가 없으면 채무인수자의 구채무자에 대한 항변사유로서는 채권자에게 대항할 수는 없으나(대판 1966.11.29. 66다1861), 채무인수인은 전채무자의 항변할 수 있는 사유(채권의 성립·존속·이행을 저지·배척하는 모든 항변)로 채권자에게 대항할 수는 있다(민법 제458조).

# 29

**답 ①**

**정답해설**

① 건물의 공유자가 공동으로 건물을 임대하고 보증금을 수령한 경우, 특별한 사정이 없는 한 그 임대는 각자 공유지분을 임대한 것이 아니고 임대목적물을 다수의 당사자로서 공동으로 임대한 것이고 그 보증금 반환채무는 성질상 불가분채무에 해당된다고 보아야 할 것이다(대판 1998.12.8. 98다43137).

**오답해설**

② 불가분채권관계에서 각 채권자는 모든 채권자를 위해 전부의 이행을 청구할 수 있고, 채무자는 모든 채권자를 위해 각 채권자에게 전부를 이행할 수 있다(민법 제409조) 따라서 채권자 甲이 채무자 丙에게 이행을 청구하여 丙이 이행지체에 빠진 경우 丙은 乙에게도 이행지체 책임을 진다.

③ 토지공유자는 특별한 사정이 없는 한 그 지분에 대응하는 비율의 범위 내에서만 그 차임상당의 부당이득금반환의 청구권을 행사할 수 있으므로(대판 1979.1.30. 78다2088), 부동산 공유자 甲과 乙은 그 부동산을 무단으로 점유한 丙에게 지분비율에 따른 부당이득반환청구권을 갖는다.

④ 중첩적 채무인수에서 인수인이 채무자의 부탁 없이 채권자와의 계약으로 채무를 인수하는 것은 매우드문 일이므로 채무자와 인수인은 원칙적으로 주관적 공동관계가 있는 연대채무관계에 있고, 인수인이 채무자의 부탁을 받지 아니하여 주관적 공동관계가 없는 경우에는 부진정연대관계에 있는 것으로 보아야한다(대판 2009.8.20. 2009다32409).

⑤ 2인 이상의 불가분채무자 또는 연대채무자(이하 '불가분채무자 등'이라 한다)가 있는 금전채권의 경우에, 그 불가분채무자 등 중 1인을 제3채무자로 한 채권압류 및 추심명령이 이루어지면 그 채권압류 및 추심명령을 송달받은 불가분채무자 등에 대한 피압류채권에 관한 이행의 소는 추심채권자만이 제기할 수 있고 추심채무자는 그 피압류채권에 대한 이행소송을 제기할 당사자적격을 상실하지만, 그 채권압류 및 추심명령의 제3채무자가 아닌 나머지 불가분채무자 등에 대하여는 추심채무자가 여전히 채권자로서 추심권한을 가지므로 나머지 불가분채무자 등을 상대로 이행을 청구할 수 있고, 이러한 법리는 위 금전채권 중 일부에 대하여만 채권압류 및 추심명령이 이루어진 경우에도 마찬가지이다(대판 2013.10.31. 2011다98426).

# 30

**답 ④**

**정답해설**

④ 채권의 일부 양도가 이루어지면 특별한 사정이 없는 한 각 분할된 부분에 대하여 독립한 분할채권이 성립하므로 그 채권에 대하여 양도인에 대한 반대채권으로 상계하고자 하는 채무자로서는 양도인을 비롯한 각 분할채권자 중 어느 누구도 상계의 상대방으로 지정하여 상계할 수 있고, 그러한 채무자의 상계 의사표시를 수령한 분할채권자는 제3자에 대한 대항요건을 갖춘 양수인이라 하더라도 양도인 또는 다른 양수인에 귀속된 부분에 대하여 먼저 상계되어야 한다거나 각 분할채권액의 채권 총액에 대한 비율에 따라 상계되어야 한다는 이의를 할 수 없다(대판 2002.2.8. 2000다50596).

**오답해설**

① 종전의 채권자가 채권의 추심 기타 행사를 위임하여 채권을 양도하였으나 양도의 '원인'이 되는 그 위임이 해지 등으로 효력이 소멸한 경우에 이로써 채권은 양도인에게 복귀하게 되고, 나아가 양수인은 그 양도의무계약의 해지로 인하여 양도인에 대하여 부담하는 원상회복의무의 한 내용으로 채무자에게 이를 통지할 의무를 부담한다(대판 2011.3.24. 2010다1007111).

② 주채권과 보증인에 대한 채권의 귀속주체를 달리하는 것은 주채무자의 항변권으로 채권자에게 대항할 수 있는 보증인의 권리가 침해되는 등 보증채무의 부종성에 반하고, 주채권을 가지지 않는 자에게 보증채권만을 인정할 실익도 없기 때문에 주채권과 분리하여 보증채권만을 양도하기로 하는 약정은 그 효력이 없다(대판 2002.9.10. 2002다21509).

③ 당사자 사이에 양도금지의 특약이 있는 채권이라도 압류 및 전부명령에 의하여 이전할 수 있고, 양도 금지의 특약이 있는 사실에 관하여 압류채권자가 선의인가 악의인가는 전부명령의 효력에 영향을 미치지 못한다(대판 1976.10.29. 76다1623).

⑤ 채권양도의 통지와 가압류 또는 압류명령이 제3채무자에게 동시에 송달된 경우에도 제3채무자는 송달의 선후가 불명한 경우에 준하여 채권자를 알 수 없다는 이유로 변제공탁을 함으로써 법률관계의 불안으로부터 벗어날 수 있다(대판[전합] 1994.4.26. 93다24223).

## 31

**정답해설**

ㄱ. (○) 제3자가 착오로 타인의 채무를 자기의 채무로 오인하여 금전 등을 지급하였다면, 이는 제3자의 변제가 아닌 부당이득반환청구권의 문제이다. 제3자가 타인의 채무를 변제하여 그 채무를 소멸시키기 위하여는 제3자가 타인의 채무를 변제한다는 의사를 가지고 있었음을 요건으로 하고 이러한 의사는 타인의 채무변제임을 나타내는 변제지정을 통하여 표시되어야 할 것이지만, 채권자가 변제를 수령하면서 제3자가 타인의 채무를 변제하는 것이라는 사실을 인식하였다면 타인의 채무변제라는 지정이 있었다고 볼 수 있다(대판 2010.2.11. 2009다71558).

ㄹ. (○) 민법 제518조의 반대 해석상 지시채권증서 소지인 갑에 대한 을의 변제는 갑이 권리자 아님을 알았거나 중대한 과실로 알지 못한 경우를 제외하고 유효하다.

**오답해설**

ㄴ. (×) 부동산의 매수인은 그 권리실현에 장애가 되는 그 부동산에 대한 담보권 등의 권리를 소멸시키기 위하여 매도인의 채무를 대신 변제할 법률상 이해관계 있는 제3자라고 볼 수 있다(대판 1995.3.24. 94다44620). 사례에서 부동산의 매수인 丙은 매도인 甲의 의사에 반하여 甲의 채무(공사대금채무)를 유치권자 乙에게 변제할 수 있다.

ㄷ. (×) 예금주의 대리인이라고 주장하는 자가 예금주의 통장과 인감을 소지하고 예금반환청구를 한 경우, 은행이 예금청구서에 나타난 인영과 비밀번호를 신고된 것과 대조 확인하는 외에 주민등록증을 통하여 예금주와 청구인의 호주가 동일인이라는 점까지 확인하여 예금을 지급하였다면 이는 채권의 준점유자에 대한 변제로서 유효하다(대판 2004.4.23. 2004다5389).

## 32

**정답해설**

⑤ 사해행위 당시 어느 부동산이 가압류되어 있다는 사정은 채권자 평등의 원칙상 채권자의 공동담보로서 그 부동산의 가치에 아무런 영향을 미치지 아니하므로 가압류가 된 여부나 그 청구채권액의 다과에 관계없이 그 부동산 전부에 대하여 사해행위가 성립하고 따라서 사해행위 후 수익자 또는 전득자가 그 가압류 청구채권을 변제하거나 채권액 상당을 해방공탁하여 가압류를 해제시키거나 또는 그 집행을 취소시켰다 하더라도, 법원이 사해행위를 취소하면서 원상회복으로 원물반환 대신 가액배상을 명하여야 하거나, 다른 사정으로 가액배상을 명하는 경우에도 그 변제액을 공제할 것은 아니다(대판 2003.2.11. 2002다37474).

**오답해설**

① 채권자취소권을 행사하려면 채무자에 대하여 채권을 행사할 수 있음이 전제되어야 할 것인데 채권자의 채무자에 대한 소유권이전등기청구소송이나 손해배상 청구소송이 패소확정되어 행사할 수 없게 되었다면 소유권이전등기 청구권이나 손해배상청구권을 행사하기 위하여 채무자의 제3자에 대한 소유권이전등기의 말소를 구하는 사해행위취소청구도 인용될 수 없다(대판 1993.2.12. 92다25151).

② 주채무자 또는 제3자 소유의 부동산에 대하여 채권자 앞으로 근저당권이 설정되어 채권자에게 우선변제권이 확보되어 있다면 그 범위 내에서는 채무자의 재산처분행위는 채권자를 해하지 아니하므로 그 담보물로부터 우선변제받을 액을 공제한 나머지 채권액에 대하여만 채권자취소권이 인정된다(대판 2002.4.12. 2000다63912).

③ 채무자가 <u>아무 채무도 없이 다른 사람을 위해 자신의 부동산에 관하여 근저당권을 설정함으로써 물상보증인이 되는 행위</u>는 그 부동산의 담보가치만큼 채무자의 총재산에 감소를 가져오는 것이므로, <u>그 근저당권이 채권자의 가압류와 동순위의 효력밖에 없다 하여도 그 자체로 다른 채권자를 해하는 행위가 된다</u>(대판 2010.6.24. 2010다20617).

④ 채무자가 양도한 목적물에 담보권이 설정되어 있는 경우라면 그 목적물 중에서 일반채권자들의 공동담보에 제공되는 책임재산은 피담보채권액을 공제한 나머지 부분만이라 할 것이고 그 <u>피담보채권액이 목적물의 가격을 초과하고 있는 때에는 당해 목적물의 양도는 사해행위에 해당한다고 할 수 없는</u>데 여기서 공동저당권이 설정되어 있는 수 개의 부동산 중 일부가 양도된 경우에 있어서의 그 피담보채권액은 특별한 사정이 없는 한 민법 제368조의 규정 취지에 비추어 <u>공동저당권의 목적으로 된 각 부동산의 가액에 비례하여 공동저당권의 피담보채권액을 안분한 금액이라고 보아야 한다</u>(대판 2003.11.13. 2003다39989). 공동저당권(피담보채권액 3천만 원)이 설정되어 있는 채무자 乙의 X부동산(시가 6천만 원)과 Y부동산(시가 4천만 원) 중 X부동산이 丙에게 양도된 경우 그 피담보채권액은 특별한 사정이 없는 한 민법 제368조 제1항의 규정 취지에 비추어 공동저당권의 목적이 된 각 부동산의 가액에 비례하여 <u>X부동산이 1천 8백만 원, Y부동산이 1천 2백만 원을 각각 안분하게 된다.</u> 따라서 <u>X부동산의 시가(6천만 원)에서 안분된 피담보채권액(1천 800만 원)을 공제한 4천 2백만 원의 범위 내에서 사해행위가 성립한다.</u>

# 33

답 ②

**정답해설**

② 제3자를 위한 유상·쌍무계약의 경우 <u>요약자는 낙약자의 채무불이행을 이유로 제3자의 동의없이 계약을 해제할 수 있으므로</u>(대판 1970.2.24. 69다1410·1411), 요약자 甲은 수익자 丙의 동의없이 낙약자 乙의채무불이행을 이유로 계약을 해제할 수 있다.

**오답해설**

① 제3자를 위한 계약에 있어서, 제3자가 민법 제539조 제2항에 따라 <u>수익의 의사표시를 함으로써 제3자에게 권리가 확정적으로 귀속된 경우에는, 요약자와 낙약자의 합의에 의하여 제3자의 권리를 변경·소멸시킬 수 있음을 미리 유보하였거나, 제3자의 동의가 있는 경우가 아니면</u> 계약의 당사자인 요약자와 낙약자는 제3자의 권리를 변경·소멸시키지 못하고, 만일 계약의 당사자가 제3자의 권리를 임의로 변경·소멸시키는 행위를 한 경우 이는 제3자에 대하여 효력이 없다(대판 2002.1.25. 2001다30285).

③ 제3자를 위한 계약의 체결 원인이 된 요약자와 제3자(수익자) 사이의 법률관계(이른바 <u>대가관계)의 효력은 제3자를 위한 계약 자체는 물론 그에 기한 요약자와 낙약자 사이의 법률관계(이른바 기본관계)의 성립이나 효력에 영향을 미치지 아니하므로 낙약자는 요약자와 수익자 사이의 법률관계에 기한 항변으로 수익자에게 대항하지 못하고, 요약자도 대가관계의 부존재나 효력의 상실을 이유로 자신이 기본관계에 기하여 낙약자에게 부담하는 채무의 이행을 거부할 수 없다</u>(대판 2003.12.11. 2003다49771).

④ 제3자를 위한 계약에 있어서 수익의 의사표시를 한 수익자는 낙약자에게 직접 그 이행을 청구할 수 있을 뿐만 아니라 요약자가 계약을 해제한 경우에는 낙약자에게 자기가 입은 손해의 배상을 청구할 수 있다(대판 1994.8.12. 92다41559).

⑤ 제3자를 위한 계약관계에서 <u>낙약자와 요약자 사이의 법률관계(이른바 기본관계)를 이루는 계약이 무효이거나 해제된 경우 그 계약관계의 청산은 계약의 당사자인 낙약자와 요약자 사이에 이루어져야 하므로, 특별한 사정이 없는 한 낙약자가 이미 제3자에게 급부한 것이 있더라도 낙약자는 계약해제 등에 기한 원상회복 또는 부당이득을 원인으로 제3자를 상대로 그 반환을 구할 수 없다</u>(대판 2010.8.19. 2010다31860·31877).

# 34

**정답해설**

③ 계약이 <u>의사의 불합치로 성립하지 아니한 경우</u> 그로 인하여 손해를 입은 당사자가 상대방에게 <u>부당이득반환청구</u> 또는 <u>불법행위로 인한 손해배상청구</u>를 할 수 있는지는 별론으로 하고 상대방이 계약이 성립되지 아니할 수 있다는 것을 알았거나 알 수 있었음을 이유로 민법 제535조를 유추적용하여 <u>계약체결상의 과실로 인한 손해배상청구를 할 수는 없다</u>(대판 2017.11.14. 2015다10929).

**오답해설**

① 계약을 체결하는 행위자가 타인의 이름으로 법률행위를 한 경우에 행위자 또는 명의인 가운데 누구를 계약의 당사자로 볼 것인가에 관하여는 <u>우선 행위자와 상대방의 의사가 일치하는 경우에는 그 일치한 의사대로</u> 행위자 또는 명의인을 계약의 당사자로 확정하여야 하고 <u>행위자와 상대방의 의사가 일치하지 아니하는 경우에는</u> 그 계약의 성질, 내용, 목적, 체결 경위 등 그 <u>계약 체결 전후의 구체적인 제반 사정을 토대로</u> 상대방이 합리적인 사람이라면 행위자와 명의자 중 누구를 계약의 당사자로 이해할 깃인가에 의하여 당사자를 결정하여야 한다(대판 1998.5.12. 97다36989).
② 임대차는 사용·수익의 대가로 <u>차임을 지급할 것을 필수요소</u>로 하지만, <u>보증금의 수수는 임대차계약의 성립요소가 아니다.</u> 보증금계약은 임대차의 종된 계약일 뿐이다.
④ 매매계약에 있어서 그 목적물과 대금은 반드시 <u>계약체결 당시에 구체적으로 특정될 필요는 없고</u> 이를 <u>사후에라도</u> 구체적으로 특정할 수 있는 방법과 기준이 정해져 있으면 족하다(대판 1997.1.24. 96다26176).
⑤ 민법 제532조

# 35

**정답해설**

④ 채무자가 어음의 반환이 없음을 이유로 원인채무의 변제를 거절할 수 있는 것은 채무자로 하여금 무조건적인 원인채무의 이행으로 인한 이중지급의 위험을 면하게 하려는 데에 그 목적이 있는 것이지 기존의 원인채권에 터잡은 이행청구권과 상대방의 어음 반환청구권이 민법 제536조에 정하는 쌍무계약상의 채권채무관계나 그와 유사한 대가관계가 있어서 그러는 것은 아니므로 <u>원인채무 이행의무와 어음 반환의무가 동시이행의 관계에 있다</u> 하더라도 이는 어음의 반환과 상환으로 하지 아니하면 지급을 할 필요가 없으므로 이를 거절할 수 있다는 것을 의미하는 것에 지나지 아니하는 것이며 따라서 채무자가 어음의 반환이 없음을 이유로 원인채무의 변제를 거절할 수 있는 권능을 가진다고 하여 <u>채권자가 어음의 반환을 제공하지 아니하면 채무자에게 적법한 이행의 최고를 할 수 없다고 할 수는 없고</u> 채무자는 원인채무의 이행기를 도과하면 <u>원칙적으로 이행지체의 책임을 진다</u>(대판 1999.7.9. 98다47542).

**오답해설**

① 부동산 매매계약에 있어 매수인이 부가가치세를 부담하기로 약정한 경우, 부가가치세를 매매대금과 별도로 지급하기로 했다는 등의 특별한 사정이 없는 한 <u>부가가치세를 포함한 매매대금 전부와 부동산의 소유권이전등기의무가 동시이행의 관계에 있다고 봄이 상당하다</u>(대판 2006.2.24. 2005다58656·58663).
② 공사도급계약상 도급인의 지체상금채권과 수급인의 공사대금채권은 특별한 사정이 없는 한 동시이행의 관계에 있다고 할 수 없다(대판 2015.8.27. 2013다81224·81231).

③ 구분소유적 공유관계가 해소되는 경우 공유지분권자 상호 간의 지분이전등기의무는 그 이행상 견련관계에 있다고 봄이 공평의 관념 및 신의칙에 부합하고, 또한 각 공유지분권자는 특별한 사정이 없는 한 제한이나 부담이 없는 완전한 지분소유권이전등기 의무를 지므로 그 구분소유권 공유관계를 표상하는 공유지분에 근저당권설정등기 또는 압류, 가압류등기가 경료되어 있는 경우에는 그 공유지분권자로서는 그러한 각 등기도 말소하여 완전한 지분소유권이전등기를 해 주어야 한다. 따라서 구분소유적 공유관계가 해소되는 경우 쌍방의 지분소유권이전등기의무와 아울러 그러한 근저당권설정등기 등의 말소의무 또한 동시이행의 관계에 있다(대판 2008.6.26. 2004다329921).

⑤ 동시이행의 관계에 있는 쌍방의 채무 중 어느 한 채무가 이행불능이 됨으로 인하여 발생한 손해배상채무도 여전히 다른 채무와 동시이행의 관계에 있다(대판 2000.2.25. 97다30066).

## 36      답 ①

> **정답해설**

① 계약해제 시 반환할 금전에 가산할 이자에 관하여 당사자 사이에 약정이 있는 경우에는 특별한 사정이 없는 한 이행지체로 인한 지연손해금도 그 약정이율에 의하기로 하였다고 보는 것이 당사자의 의사에 부합한다. 다만 그 약정이율이 법정이율보다 낮은 경우에는 약정이율에 의하지 아니하고 법정이율에 의한 지연손해금을 청구할 수 있다고 봄이 타당하므로(대판 2013.4.26. 2011다50509) 약정이율 4%는 법정이율에 못미치므로 이행지체로 인한 지연손해금률은 법정이율 5%가 적용된다.

> **오답해설**

② 매도인이 매수인의 중도금 지급채무불이행을 이유로 매매계약을 적법하게 해제한 후라도 매수인으로서는 상대방이 한 계약해제의 효과로서 발생하는 손해배상책임을 지거나 매매계약에 따른 계약금의 반환을 받을 수 없는 불이익을 면하기 위하여 착오를 이유로 한 취소권을 행사하여 위 매매계약 전체를 무효로 돌리게 할 수 있다(대판 1991.8.27. 91다11308).

③ 민법 제548조 제1항 단서에서 말하는 제3자란 일반적으로 그 해제된 계약으로부터 생긴 법률효과를 기초로 하여 해제 전에 새로운 이해관계를 가졌을 뿐 아니라 등기, 인도 등으로 완전한 권리를 취득한 자를 말하는 것인데, 해제된 매매계약에 의하여 채무자의 책임재산이 된 부동산을 가압류 집행한 가압류채권자도 원칙상 위 조항 단서에서 말하는 제3자에 포함된다(대판 2005.1.14. 2003다33004).

④ 과실상계는 본래 채무불이행 또는 불법행위로 인한 손해배상책임에 대하여 인정되는 것이고, 매매계약이 해제되어 소급적으로 효력을 잃은 결과 매매당사자에게 당해 계약에 기한 급부가 없었던 것과 동일한 재산상태를 회복시키기 위한 원상회복의무의 이행으로서 이미 지급한 매매대금 기타의 급부의 반환을 구하는 경우에는 적용되지 아니한다(대판 2014.3.13. 2013다34143).

⑤ 매매계약에 있어 매수인이 중도금을 약정한 일자에 지급하지 아니하면 그 계약을 무효로 한다고 하는 특약이 있는 경우 매수인이 약정한 대로 중도금을 지급하지 아니하면 그 불이행 자체로써 계약은 그 일자에 자동적으로 해제된 것이라고 보아야 한다(대판 1988.12.20. 88다카132).

## 37      답 ⑤

> **정답해설**

⑤ 공동불법행위자의 다른 공동불법행위자에 대한 구상권은 피해자의 다른 공동불법행위자에 대한 손해배상채권과는 그 발생 원인 및 성질을 달리하는 별개의 권리이고, 연대채무에 있어서 소멸시효의 절대적 효력에 관한 민법 제421조의 규정은 공동불법행위자 상호 간의 부진정연대채무에 대하여는 그 적용이 없으므로, 공동불법행위자 중 1인의 손해배상채무가 시효로 소멸한 후에 다른 공동불법행위자 1인이 피해자에게 자기의 부담 부분을 넘는 손해를 배상하였을 경우에도, 그 공동불법행위자는 다른 공동불법행위자에게 구상권을 행사 할 수 있다(대판 1997.12.23. 97다42830). 따라서 사례에서 병은 공동불법행위자 乙에게 구상권을 행사할 수 있다.

① 수인이 공동의 불법행위로 타인에게 손해를 가한 때에는 연대하여 그 손해를 배상할 책임이 있다(민법 제760조 제1항). 이때 연대의 의미에 대해 통설과 판례(대판 1999.2.26. 98다52469 등)는 부진정연대채무로 본다.

② 2인 이상의 공동불법행위로 인하여 호의동승한 사람이 피해를 입은 경우, 공동불법행위자 상호 간의 내부관계에서는 일정한 부담 부분이 있으나 피해자에 대한 관계에서는 부진정연대책임을 지므로 동승자가 입은 손해에 대한 배상액을 산정할 때에는 먼저 호의동승으로 인한 감액 비율을 참작하여 공동불법행위자들이 동승자에 대하여 배상하여야 할 수액을 정하여야 한다(대판 2014.3.27. 2012다87263).

③ 차량의 운전자가 현저하게 난폭운전을 한다거나 그 밖의 사유로 인하여 사고발생의 위험성이 상당한 정도로 우려된다는 것을 동승자가 인식할 수 있었다는 등의 특별한 사정이 없는 한, 단순한 차량의 동승자에게는 운전자에게 안전운행을 촉구할 주의의무가 있다고 할 수 없고, 특히 여러 사람이 탈 수 있는 승합자동차의 뒷좌석에 탄 동승인에 대하여는 그러한 주의의무의 인정에 신중을 기하여야 한다(대판 1994.9.13. 94다15332).

④ 공동불법행위자는 채권자에 대한 관계에서는 부진정연대채무를 지되, 공동불법행위자들 내부관계에서는 일정한 부담 부분이 있고, 공동불법행위자 중 1인이 자기의 부담 부분 이상을 변제하여 공동의 면책을 얻게 하였을 때에는 다른 공동불법행위자에게 그 부담 부분의 비율에 따라 구상권을 행사할 수 있으므로 공동불법행위자가 구상권을 갖기 위하여는 반드시 피해자의 손해 전부를 배상하여야 할 필요는 없으나, 자기의 부담 부분을 초과하여 배상을 하여야 한다(대판 2006.2.9. 2005다28426). 사안의 경우 호의동승자 甲의 책임제한이 30%이므로, 공동불법행위자들인 乙과 丙의 배상책임액은 700만 원이며, 내부 부담 부분은 乙이 140만 원(700만 원 (×) 2/10), 丙이 560만 원(700만 원 (×) 8/10)을 부담하게 된다. 丙은 자신의 부담부분인 560만 원을 초과한 600만 원을 변제했으므로 초과분인 40만 원에 대해 乙에게 구상권을 행사할 수 있다.

# 38

**답** ②

ㄱ. (○) 완성된 건물 기타 토지의 공작물의 경우에는 하자가 중대한 경우에도 계약을 해제할 수 없으며(민법 제668조 단서), 손해배상을 청구할 수 있을 뿐이다. 단, 집합건물의 소유 및 관리에 관한 법률 제9조 제1항이 적용되는 집합건물의 분양계약에 있어서는 민법 제668조 단서가 준용되지 않고 따라서 수분양자는 집합건물의 완공 후에도 분양목적물의 하자로 인하여 계약의 목적을 달성할 수 없는 때에는 분양계약을 해제할 수 있다(대판 2003.11.14. 2002다2485).

ㄹ. (○) 건축도급계약 시 도급인과 수급인 사이에 준공기한 내에 공사를 완성하지 아니한 때에는 매 지체일수마다 계약에서 정한 지체상금율을 계약금액에 곱하여 산출한 금액을 지체상금으로 지급하도록 약정한 경우 이는 수급인이 완공예정일을 지나서 공사를 완료하였을 경우에 그 지체일수에 따른 손해배상의 예정을 약정한 것이지 공사도중에 도급계약이 해제되어 수급인이 공사를 완료하지 아니한 경우에는 지체상금을 논할 여지가 없다(대판 1989.9.12. 88다카15901·15918[반소]).

ㄴ. (×). 도급계약에 있어서 완성된 목적물에 하자가 있을 경우에 도급인은 수급인에게 그 하자의 보수나 하자의 보수에 갈음한 손해배상을 청구할 수 있으나, 다만 하자가 중요하지 아니하면서 동시에 보수에 과다한 비용을 요할 때에는 하자의 보수나 하자의 보수에 갈음하는 손해배상을 청구할 수는 없고 하자로 인하여 입은 손해의 배상만을 청구할 수 있다고 할 것이고, 이러한 경우 하자로 인하여 입은 통상의 손해는 특별한 사정이 없는 한 도급인이 하자 없이 시공하였을 경우의 목적물의 교환가치와 하자가 있는 현재의 상태대로의 교환가치와의 차액이 된다 할 것이므로 교환가치의 차액을 산출하기가 현실적으로 불가능한 경우의 통상의 손해는 하자 없이 시공하였을 경우의 시공비용과 하자 있는 상태대로의 시공비용의 차액이라고 봄이 상당하다(대판 1998.3.13. 97다54376).

ㄷ. (×) 수급인이 완공기한 내에 공사를 완성하지 못한 채 공사를 중단하고 계약이 해제된 결과 완공이 지연된 경우에 있어서 지체상금은 약정 준공일 다음 날부터 발생하되 그 종기는 수급인이 공사를 중단하거나 기타 해제사유가 있어 도급인이 공사도급계약을 해제할 수 있었을 때(실제로 해제한 때가 아니다)부터 도급인이 다른 업자에게 맡겨서 공사를 완성할 수 있었던 시점까지이고, 수급인이 책임질 수 없는 사유로 인하여 공사가 지연된 경우에는 그 기간만큼 공제되어야 한다(대판 2010.1.28. 2009다41137).

**정답해설**

② 이른바 '내적조합'이라는 일종의 특수한 조합으로 보기 위하여는 당사자의 내부관계에서는 조합관계가 있어야 할 것이고, 내부적인 조합관계가 있다고 하려면 서로 출자하여 공동사업을 경영할 것을 약정하여야하며 영리사업을 목적으로 하면서 당사자 중의 일부만이 이익을 분배받고 다른 자는 전혀 이익분배를 받지 않는 경우에는 조합관계(동업관계)라고 할 수 없다(대판 2000.7.7. 98다44666).

**오답해설**

① 어느 조합원이 출자의무를 이행하지 않은 경우 동업계약과 같은 조합계약에 있어서는 조합의 해산청구를 하거나 조합으로부터 탈퇴를 하거나 또는 다른 조합원을 제명할 수 있을 뿐이지 일반계약에 있어서처럼 조합계약을 해제하고 상대방에게 그로 인한 원상회복의 의무를 부담지울 수는 없다(대판 1994.5.13. 94다7157).

③ 수인이 부동산을 공동으로 매수한 경우 매수인들 사이의 법률관계는 공유관계로서 단순한 공동매수인에 불과할 수도 있고, 수인을 조합원으로 하는 동업체에서 매수한 것일 수도 있는데 부동산의 공동매수인들이 전매차익을 얻으려는 '공동의 목적 달성'을 위하여 상호 협력한 것에 불과하고 이를 넘어 '공동사업을 경영할 목적'이 있었다고 인정되지 않는 경우 이들 사이의 법률관계는 공유관계에 불과할 뿐 민법상 조합관계에 있다고 볼 수 없다(대판 2012.8.30. 2010다39918).

④ 민법 제714조는 "조합원의 지분에 대한 압류는 그 조합원의 장래의 이익배당 및 지분의 반환을 받을 권리에 대하여 효력이 있다."고 규정하여 조합원의 지분에 대한 압류를 허용하고 있으나, 여기에서의 조합원의 지분이란 전체로서의 조합재산에 대한 조합원 지분을 의미하는 것이고, 이와 달리 조합재산을 구성하는 개개의 재산에 대한 합유지분에 대하여는 압류 기타 강제집행의 대상으로 삼을 수 없다(대결 2007.11.30. 2005마1130).

⑤ 조합원이 조합을 탈퇴할 권리는 그 성질상 조합계약의 해지권으로서 그의 일반재산을 구성하는 재산권의 일종이라 할 것이고 채권자대위가 허용되지 않는 일신전속적 권리라고는 할 수 없다. 따라서 채무자의 재산인 조합원 지분을 압류한 채권자는 당해 채무자가 속한 조합에 존속기간이 정하여져 있다거나 기타 채무자 본인의 조합탈퇴가 허용되지 아니하는 것과 같은 특별한 사유가 있지 않은 한 채권자대위권에 의하여 채무자의 조합 탈퇴의 의사표시를 대위행사할 수 있다(대결 2007.11.30. 2005마1130).

**정답해설**

① 부동산매매계약에 있어서 실제면적이 계약면적에 미달하는 경우에는 그 매매가 수량지적매매에 해당할 때에 한하여 민법 제574조, 제572조에 의한 대금감액청구권을 행사함은 별론으로 하고, 그 매매계약이 그 미달 부분만큼 일부 무효임을 들어 이와 별도로 일반 부당이득반환청구를 하거나 그 부분의 원시적 불능을 이유로 민법 제535조가 규정하는 계약체결상의 과실에 따른 책임의 이행을 구할 수 없다(대판 2002.4.9. 99다47396).

**오답해설**

② 타인의 권리를 매매한 자가 권리이전을 할 수 없게 된 때에는 매도인은 선의의 매수인에 대하여 불능당시의 시가를 표준으로 그 계약이 완전히 이행된 것과 동일한 경제적 이익을 배상할 의무가 있다(대판[전합] 1967.5.18. 66다2618).

③ 착오로 인한 취소 제도와 매도인의 하자담보책임 제도는 취지가 서로 다르고, 요건과 효과도 구별된다. 따라서 매매계약 내용의 중요 부분에 착오가 있는 경우 매수인은 매도인의 하자담보책임이 성립하는지와 상관없이 착오를 이유로 매매계약을 취소할 수 있다(대판 2018.9.13. 2015다78703).

④ 민법 제581조, 제580조에 기한 매도인의 하자담보책임은 법이 특별히 인정한 무과실책임으로서 여기에 민법 제396조의 과실상계 규정이 준용될 수는 없다 하더라도 담보책임이 민법의 지도이념인 공평의 원칙에 입각한 것인 이상 하자 발생 및 그 확대에 가공한 매수인의 잘못을 참작하여 손해배상의 범위를 정함이 상당하다(대판 1995.6.30. 94다23920).

⑤ 매매의 목적이 된 부동산에 설정된 저당권 또는 전세권의 행사로 인하여 매수인이 그 소유권을 취득할 수 없거나 취득한 소유권을 잃은 때에는 매수인은 선의・악의와 관계없이 계약을 해제할 수 있다(민법 제576조 제1항).

| 01 | 02 | 03 | 04 | 05 | 06 | 07 | 08 | 09 | 10 | 11 | 12 | 13 | 14 | 15 | 16 | 17 | 18 | 19 | 20 |
|----|----|----|----|----|----|----|----|----|----|----|----|----|----|----|----|----|----|----|----|
| ④ | ① | ⑤ | ② | ② | ⑤ | ④ | ④ | ⑤ | ③ | ③ | ② | ④ | ③ | ① | ⑤ | ① | ⑤ | ③ | ⑤ |
| 21 | 22 | 23 | 24 | 25 | 26 | 27 | 28 | 29 | 30 | 31 | 32 | 33 | 34 | 35 | 36 | 37 | 38 | 39 | 40 |
| ④ | ② | ③ | ⑤ | ④ | ② | ④ | ① | ④ | ① | ⑤ | ④ | ③ | ② | ① | ③ | ① | ③ | ③ | ② |

## 01

답 ④

◀ 정답해설

④ 위치에너지의 감소량이 운동에너지의 증가량과 같으므로 $mg\dfrac{h}{2} = \dfrac{1}{2}mv^2$ 에서 $v = \sqrt{gh}$ 이다.

## 02

답 ①

◀ 정답해설

① 로렌츠 힘이 구심력의 역할을 하므로 $qvB = \dfrac{mv^2}{r} = ma$ 에서 $a = \dfrac{qvB}{m}$

▶ 오답해설

② $qvB = \dfrac{mv^2}{r}$ 에서 $r = \dfrac{mv}{qB}$ 이고 원운동이므로 $v = \dfrac{2\pi r}{T}$ 를 대입하면 $T = \dfrac{2\pi m}{qB}$ 이다.

③ $qvB = \dfrac{mv^2}{r}$ 에서 $r = \dfrac{mv}{qB}$ 이다.

④ $K = \dfrac{1}{2}mv^2$

⑤ $F = qvB$

변리사 1차 2021년 제58회

답 ⑤

**정답해설**

⑤ 회로의 전체저항은 $4 + \dfrac{5R}{5+R} = \dfrac{(20+9R)}{5+R}$ 이고 전체전류는 $I = \dfrac{3}{\dfrac{(20+9R)}{5+R}}$ 이다. 그러면 부하저항의 소비전력은

$P = I^2 \dfrac{5R}{5+R} = \dfrac{9(25R + 5R^2)}{(20+9R)^2}$ 이다. 소비전력이 최대가 되는 조건으로 $\dfrac{dP}{dR} = 0$ 을 만족하면 된다. 계산을 하면 $R = 20\Omega$

이다.

## 04

답 ②

**정답해설**

② 동일한 토크로 동일한 각도까지 작용했으므로 $W = \int \tau\, d\theta$ 에서 토크가 한 일의 양은 동일하다. 한 일의 양은 회전운동에너지의

변화량과 같으므로 (가)에서 회전운동에너지는 $K_{가} = \dfrac{1}{2}\dfrac{2}{5}MR^2(2w)^2 = \dfrac{4}{5}MR^2 w^2$ 이고 $K_{나} = \dfrac{1}{2}\left(\dfrac{2}{5}MR^2 + mR^2\right)w^2$ 이다.

$K_{가} = K_{나}$ 이므로 정리하면 $\dfrac{M}{m} = \dfrac{5}{6}$ 이다.

답 ②

**정답해설**

② 힘 분석을 하면 $mg\tan 30° = \dfrac{mv^2}{r} = ma_r$ 이므로 구심가속도 $a_r = g\tan 30° = \dfrac{1}{\sqrt{3}}g$ 이다.

답 ⑤

**정답해설**

⑤ 전기선속을 구하는 방법으로 대칭성을 이용하면 편리하다. 점전하 $+q$를 중심으로 하는 한 변의 길이가 $2d$인 정육면체를 생각하자. 그러면 점전하는 정육면체의 중심에 있기 때문에 6개의 면 전기선속이 균등하게 나누어 지나간다. 그러면 정육면체의 한 면을 통과하는 전기선속은 $\Phi = \dfrac{q}{6\epsilon_0}$ 이다. 그런데 문제에서 요구하는 면은 정육면체의 한 면의 $\dfrac{1}{4}$ 이다. 그러므로 문제의 면을 통과하는 전기선속은 $\dfrac{\Phi}{4} = \dfrac{q}{24\epsilon_0}$ 이다.

## 07

**정답해설**

④ (가) 폐관에서 가장 낮은 음의 정상파는 $f_1 = \dfrac{V}{4L}$ 이다. $V$는 음속이다.

(나) 개관에서 가장 낮은 음의 정상파는 개관의 길이가 $L'$ 이라고 할 때, $f'_1 = \dfrac{V}{2L'}$ 이다. 두 진동수가 동일하려면 $L' = 2L$이다.

## 08

**정답해설**

ㄱ. (○) 콤프턴 효과($X$선 산란 실험)에서 산란 전과 산란 후 $X$선 파장의 변화량은 $\Delta\lambda = \lambda - \lambda_0 = \dfrac{h}{mc}(1 - \cos\theta)$ 에서 $\theta$가 클수록($0° \leq \theta \leq 180°$) 파장이 더 많이 길어진다.

ㄷ. (○) 콤프턴 효과는 $X$선 광자와 전자와의 탄성충돌로 해석해서 얻어진 결과이다. 탄성충돌이므로 운동량과 에너지가 보존된다.

**오답해설**

ㄴ. (×) $X$선 광자 한 개의 에너지는 $E = h\dfrac{c}{\lambda}$ 에서 파장이 길수록 광자 한 개의 에너지는 작다.

## 09

**정답해설**

⑤ 열역학 제1법칙에 의해 A에 공급한 열량은 $Q_{in} = \Delta U_A + W_A$ 이고, B는 등온변화이므로 $Q_{out} = W_B$ 이다. 그런데 A와 B는 피스톤으로 연결되어 있으므로 평형상태에서는 압력이 동일하다. 그러면 A가 피스톤을 밀면서 한 일의 양은 B가 피스톤으로부터 받은 일의 양과 같다. $W_A = W_B$ 이다. $Q_{in} - Q_{out} = \Delta U_A = \dfrac{3}{2}nR\Delta T = \dfrac{3}{2}nR3T = \dfrac{9}{2}PV$이다.

## 10

**정답해설**

③ 핵 반응식에서는 질량수와 원자번호가 보존되어야 한다. 좌변의 질량수는 $2 + x$이고, 우변의 질량수는 $5$이다. 중성자도 질량수가 $1$이다. 그러므로 $x = 3$이다.

# 11

◀ 정답해설

③ 평형이 된 상태의 전체 기압이 2기압이므로 기존에 있던 1기압의 B를 제외하고 생각하면 A($s$)가 분해되어 B와 C기체를 각각 0.5기압씩 생성함을 알 수 있다. 그렇다면 평형이 되었을 때 B는 1.5기압, C는 0.5기압이다.

평형 상수를 계산할 때는 순수한 액체나 고체는 무시하고 1로 대입하여 계산한다.

따라서 $K_p = \dfrac{\dfrac{3}{2} \times \dfrac{1}{2}}{1} = \dfrac{3}{4}$ 이다.

# 12

◀ 정답해설

② 속도 법칙식을 이용하여 (가)는 A에 대한 1차 반응, (나)는 D에 대한 2차 반응, (다)는 G에 대한 0차 반응임을 알 수 있다.
(나)와 (다)는 $t = 1h$의 직접 농도를 구하여 볼 수 있다.

| 구 분 | k | 1h의 반응물 농도 | 생성물의 농도 |
|-------|---|-----------------|--------------|
| (나) | 1 | $\dfrac{1}{[D]} = kt + \dfrac{1}{[D]_0} = 1 + \dfrac{1}{1} = 2$ <br> $[D] = 0.5$ | $[E] = 0.5$ |
| (다) | 0.8 | $[G] = -kt + [G]_0 = -0.8 + 1 = 0.2$ | $[I] = 0.4$ |

(가)는 주어진 조건을 이용하여 반감기를 구할 수 있다. 반감기는 0.69h이다.

비교를 위해 만약 2번의 반감기를 거쳤다고 생각했을 때 생성된 $[C] = 0.375$로 가장 작은 값이 된다. 더군다나 걸리는 시간은 1.38로 1h가 넘으므로 실제로 1h이 되었을 때는 이보다도 작은 값을 가지게 되므로 $[C] < [I] < [E]$의 순이다.

# 13

◀ 정답해설

④ 열용량은 어떤 물질을 1℃ 높이는 데 필요한 열량으로 물(C) 상태가 얼음(A) 상태보다 크다. 그래프의 기울기로 확인할 수 있다. 열용량이 작을수록 그래프의 기울기가 급하게 된다.

내부에너지는 분자의 모양에 따라 값이 달라지지만 모든 경우 내부 에너지 $\propto nT$는 성립한다. 현재 $n = 1$몰로 모두 같으므로 온도와 내부에너지는 비례 관계이다. 엔트로피는 기체의 분자가 많아질수록 증가하게 된다. 엔탈피(H = E + PV)는 고체 상태인 A가 가장 작다.

## 14

**정답해설**

③ 에틸렌은 $sp^2$, 아세틸렌은 $sp$, 알렌은 $sp$, $sp^2$의 혼성 궤도함수를 가진다.

H의 질량 백분율은 탄소 2개와 수소 4개로 이루어진 에틸렌이 가장 크다. 알렌은 다음과 같은 구조를 가진다.

## 15

**정답해설**

① IR 값을 이용해서는 작용기를 알 수 있다. B를 보면 3700~3100 $cm^{-1}$ 값을 가지므로 OH 작용기가 있음을 알 수 있다. 그리고 NMR 자료를 통하여 봉우리를 3개 가지는 A는 C(탄소)를 3가지로, 봉우리를 2개 가지는 B는 C(탄소)를 2가지로 나눌 수 있어야 한다.

## 16

**정답해설**

⑤ phen은 대칭형의 두 자리 리간드이다. 따라서 (가)는 phen의 두 자리와 $H_2O$ 2개가 마주한 경우와 $H_2O$ 1개와 Br 1개가 각각 마주한 경우로 2가지 기하이성질체를 가지게 되고 모두 대칭면에 존재하므로 광학 비활성이다.

(나)는 기하 이성질체가 3개이며 그중 1개는 대칭면이 없어 광학 이성질체를 가지게 된다. 따라서 총 입체 이성질체 수는 4개이다.

## 17

**정답해설**

| | | 방사 방향 마디 수 | 각 마디 수 | 총 마디 수 | | 주양자수 |
|---|---|---|---|---|---|---|
| ① | A | 0 | $x$ | $x$ | → | $2(n)$ |
| | B | 0 | 2 | 2 | → | $3(n+1)$ |

B의 주양자수가 3임을 이용하여 A의 주양자수가 2이고 각마디 수가 1개임을 알 수 있다. A는 각마디 수가 1인 $p$오비탈이므로 각운동량 양자수($l$)은 1이다.

변리사 1차 2021년 제58회

## 18

**정답해설**

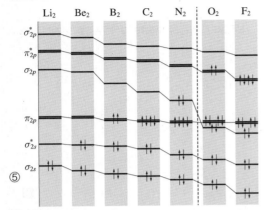

$B_2$의 최저 비점유 분자 궤도함수(LUMO)는 결합성 궤도함수 $\sigma$이다.

## 19

답 ③

**정답해설**

③ $Cl_2O_7$에서 Cl의 산화수는 +7이고 $ClO_2^-$의 Cl의 산화수는 +3이므로 Cl은 환원되었다. $H_2O_2$의 O의 산화수는 −1, $O_2$의 산화수는 0이므로 산화되었다. 전자의 수를 맞추고 $OH^-$로 전하 균형을 맞춘다. 그 이후에 $H_2O$로 수소와 산소의 수를 맞춘다.
$Cl_2O_7 + 4H_2O_2 + 2OH^- \rightarrow 2ClO_2^- + 4O_2 + 5H_2O$

## 20

답 ⑤

**정답해설**

⑤ HCl은 강산으로 물에서 모두 이온화된다. 따라서 이온화된 농도는 $[H^+] = [Cl^-] = 10^{-8}$이다. 물의 자동 이온화도 고려해보면 25℃에서 $K_w = 1.0 \times 10^{-14}$이므로 $[H^+] > 1.0 \times 10^{-7}$, $[OH^-] < 1.0 \times 10^{-7}$이다.

**480** 변리사 1차 전과목 기출문제집(해설편)

# 21

**정답해설**

ㄹ. (○) 광계 Ⅱ에서 흡수한 빛에너지는 ATP 합성에 이용되고, 광계 Ⅰ에서 흡수한 빛에너지는 NADPH 생성에 이용된다.

**오답해설**

ㄱ. (×) 광합성 과정의 전자운반체는 $NADP^+$이다.
ㄷ. (×) $O_2$는 물 분자로부터 유래한다.

# 22

**정답해설**

② 방추사는 세포골격 중 하나인 미세소관으로 구성되며, 미세소관의 단량체는 튜불린 단백질이다.

# 23

**정답해설**

ㄱ. (○) 혈압 : 동맥 > 모세혈관 정맥
ㄷ. (○) 혈관 총 단면적 : 모세혈관 > 정맥 > 동맥

**오답해설**

ㄴ. (×) 혈류 속도 : 동맥 > 정맥 > 모세혈관

# 24

**정답해설**

ㄱ. (○) A에서는 수용체의 작동제(agonist → 수용체를 활성화시키는 리간드로 작용)로 작용하는 항-TSH 수용체 특이적 항체가 생성되므로, 높은 갑상선 호르몬 농도에 의한 음성 조절에 의해 TSH 분비가 감소되어도(ㄴ 설명 참조) 수용체가 항체에 의해 계속 활성화되므로 지속적으로 갑상샘 호르몬이 분비된다.
ㄷ. (○) B에서 항-TSH 수용체 항체는 출생 일정 시간이 흐른 후 사라진 것으로 보아, 임신 중 산모로부터 항체를 전달받은 것이다(수동 면역 형성). 산모에서 태반을 통해 태아로 전달될 수 있는 항체 유형은 가장 크기가 작은 IgG뿐이다.

**오답해설**

ㄴ. (×) 정상 상태에선 갑상샘 호르몬의 농도가 증가하면 시상하부와 뇌하수체 전엽에 작용하여 TRH와 TSH 분비를 감소시키는 음성 피드백 조절이 일어나 갑상샘 호르몬의 농도가 일정하게 유지된다. 그레이브씨 병에서도 이러한 음성 조절은 일어나 TRH와 TSH의 분비는 감소하지만, 항체에 의한 TSH 수용체의 자극으로 갑상샘 호르몬의 분비가 조절 없이 지속된다.

# 25

**정답해설**

ㄱ. (○) 감수분열 I 에서 상동염색체의 접합과 교차가 일어나고, 감수분열이 완료될 때 상동염색체의 분리가 일어난다.

**오답해설**

ㄷ. (✕) 감수분열 I 직전의 간기에 DNA 복제가 한 번만 일어난다.


# 26

답 ②

**정답해설**

② A-d, a-D 방식으로 연관(상반연관)되어 있으므로, AaBbDd × AaBbDd 교배에서 각각의 부모로부터 형성되는 배우자는 ABd, Abd, aBD, abD의 4종류이다. 이들 배우자의 무작위 수정(4 × 4 = 16가지 조합) 중 AaBbDd 자손이 나오는 경우는 ABd(정자)와 abD(난자)의 수정, Abd(정자)와 aBD(난자)의 수정, ABd(난자)와 abD(정자)의 수정, Abd(난자)와 aBD(정자)의 수정 시의 4가지 경우이므로 4/16 = 1/4이다.


# 27

답 ④

**정답해설**

④ 히스톤 단백질의 N말단 꼬리 부분의 Lys같은 염기성 아미노산(양전하를 나타냄)에 아세틸화가 일어나면 양전하가 상쇄되어 음전하를 띠는 DNA와의 상호작용이 약화되어 염색질 구조가 풀리며 전사가 촉진될 수 있다.

**오답해설**

① 오페론 구조는 원핵세포 DNA에만 존재한다.
② mRNA의 가공(5′-capping, 3′-tailing, 스플라이싱)은 핵 내에서 일어난다.
③ 인핸서는 DNA 내에서 전사를 촉진하는 조절 요소(control element) 염기 서열 부위이다. 활성자(activator) 단백질이 이 부위에 결합하여 전사를 촉진한다.
⑤ miRNA는 폴리펩티드로 번역되지 않으며, 단백질과 복합체(RISC)를 형성해 특정 mRNA의 분해나 번역 억제를 유도하는 RNAi(RNA 간섭)에 작용한다.

## 28

**정답해설**

① (가)와 (나) 계통수는 모두 A가 나머지 생물들과 유연관계가 가장 멀고 그다음이 B, C 순이며, D와 E가 가장 가까운 자매종으로 묶여있다.

## 29

**답 ④**

**정답해설**

④ RT(역전사)−PCR은 PCR 전에 역전사 과정을 수행해 RNA로부터 cDNA(상보성 DNA)를 합성하는 단계가 추가된 것이다. RT−PCR로 RNA 바이러스의 감염 여부를 진단하려면, 시료에서 RNA를 분리한 후 역전사 효소와 디옥시뉴클레오티드 (dNTP)를 이용해 cDNA를 생성시킨 후 코로나 바이러스에 특이적인 서열로 프라이머를 제작한 후 dNTP(4종류 DNA 뉴클레오티드)와 열안정성 DNA 중합효소를 혼합하여 PCR을 수행해 증폭되는 서열이 있는지 확인한다. 증폭되는 서열이 있는 경우 감염된 것이다.

## 30

**답 ①**

**정답해설**

① 세균은 한 종류의 RNA 중합효소를 지닌다.

**오답해설**

② 세균의 DNA에는 히스톤 단백질이 결합되어 있지 않다.
③ 섬모는 진핵세포 표면에 존재하는 짧은 털 구조물로서 표면의 액체를 이동시킨다.
④ 셀룰로오스 함유 세포벽은 식물과 녹조류가 지닌다.
⑤ 막으로 둘러싸인 세포 소기관은 진핵세포만 지닌다.

## 31

**정답해설**

⑤ 탄산염 광물이란, 음이온으로 탄산 이온($CO_3^{2-}$)을 가지고 있는 광물이다. 돌로마이트의 화학식은 $CaMg(CO_3)_2$이다. 암염의 화학식은 $NaCl$, 황동석의 화학식은 $CuFeS_2$이다. 각섬석은 $SiO_4$ 사면체를 기본 단위로 하는 규산염 광물이며, 금강석은 C로만 이루어진 원소 광물이다.

## 32

답 ④

**정답해설**

④ 우리나라 고생대 조선 누층군과 평안 누층군의 석회암층에서는 삼엽충 화석이 발견된다. 또한, 우리나라 평안 누층군의 상부에서는 석탄층이 발견된다. 고생대 후기에는 초대륙인 판게아가 형성되어 많은 해양 생물이 멸종하였다. 화폐석은 신생대 표준화석이기 때문에 고생대 지층에서는 산출되지 않는다.

## 33

답 ③

**정답해설**

③ 온대 저기압은 성질이 다른 두 기단이 만나서 형성되기 때문에 전선을 동반한다. 이때, 온난 전선면의 기울기가 한랭 전선면의 기울기보다 작기 때문에 온난 전선의 전선면에서는 층운형 구름이, 한랭 전선의 전선면에서는 적란운이 발달한다.

## 34

답 ②

**정답해설**

ㄴ. (○) P파와 S파는 모두 지구 내부를 통과하여 진행하는 실체파이다.

**오답해설**

ㄱ. (×) 탄성 에너지가 최초로 방출된 지점은 진원이다. 진앙은 진원을 연직 방향으로 올렸을 때 지표면과 만나는 지점이다.
ㄷ. (×) S파는 파의 진행 방향이 매질 입자의 진동 방향과 수직인 횡파이다.

# 35

**정답해설**

ㄱ. (○) 내핵의 물질은 고체 상태로 존재한다. 지구 내부에서 액체 상태로 존재하는 곳은 외핵이다.

**오답해설**

ㄴ. (×) 상부 맨틀의 암석은 감람암질 암석으로 구성되어 있다. 유문암질 암석은 대륙 지각을 구성하는 암석이다.

ㄷ. (×) 대륙 지각은 화강암질 암석, 해양 지각은 현무암질 암석으로 구성되어 있기 때문에 지각의 $SiO_2$ 구성 성분비는 해양 지각이 대륙 지각보다 작다.


# 36

**정답해설**

ㄱ. (○) 공기 덩어리는 A에서 B까지는 건조 단열 변화, B에서 C까지는 습윤 단열 변화를 한다. 따라서 B는 상승 응결 고도이다. 따라서 B 지점의 고도는 $H(\mathrm{km}) = \frac{1}{8}(T - T_d)$ 식에 의해 1km이다.

ㄷ. (○) 공기 덩어리가 C에서 D로 내려오면서 건조 단열 변화를 한다. 이렇게 산을 넘은 공기는 성질이 고온 건조해지고, 이러한 현상을 푄 현상이라고 한다.

**오답해설**

ㄴ. (×) C 지점에서 공기는 포화상태이므로 이 지점에서 공기의 기온과 이슬점은 같다.


# 37

**정답해설**

① 지진해일은 해저에서 발생하는 지진에 의해 일어나는 해일로서, 파장이 매우 길기 때문에 항상 천해파의 특성을 갖는다. 따라서 해파의 전파 속도는 수심의 제곱근에 비례한다. 해안으로 해파가 다가오면 해저면의 마찰을 받아 파의 전파 속도가 줄어들면서 파장은 짧아지고 파고는 높아진다.

# 38

**정답해설**

ㄱ, ㄴ. (○) 허블은 외부 은하의 스펙트럼을 관측하여 멀리 떨어진 은하일수록 우리은하로부터 빠르게 멀어진다는 것을 발견하였으며, 이는 우주가 팽창하고 있음을 시사한다. 이때 허블 법칙은 $v = H \times r$이므로 허블 상수는 $60 \text{kms}^{-1} \text{ Mpc}^{-1}$이다.

**오답해설**

ㄷ. (×) 멀리 있는 은하일수록 우리은하로부터 빠르게 멀어지므로 적색 편이가 크게 나타난다.

# 39

답 ③

**정답해설**

③ 대류권은 불안정하기 때문에 기상 현상이 나타나며, 고위도로 갈수록 두께가 얇아진다. 성층권은 높이가 높아질수록 기온이 높아지므로 오존층보다 높은 곳에서 기온이 가장 높다.

# 40

답 ②

**정답해설**

② 거리 지수 공식 $m - M = 5\log r - 5$을 이용하여 구한 A까지의 거리는 r = 100pc이고, B까지의 거리는 $r = 10^{\frac{12}{5}} pc$이다.

**오답해설**

① 별의 연주 시차는 별까지의 거리와 반비례 관계이며 $d[pc] = \dfrac{1}{p['']}$을 만족한다. 따라서 A의 연주 시차는 0.01"이다.

④ 육안으로 관측할 때 두 별의 겉보기 등급은 A가 B보다 2등급 낮으므로, A가 B보다 약 6.25배 더 밝다.

# 2025 시대에듀 변리사 1차 전과목 4개년 기출문제집

| | |
|---|---|
| 초 판 발 행 | 2024년 09월 06일(인쇄 2024년 08월 23일) |
| 발 행 인 | 박영일 |
| 책 임 편 집 | 이해욱 |
| 편 저 | 시대법학연구소 |
| 편 집 진 행 | 석지연 |
| 표 지 디 자 인 | 박수영 |
| 편 집 디 자 인 | 김민설 · 하한우 |
| 발 행 처 | (주)시대고시기획 |
| 출 판 등 록 | 제10-1521호 |
| 주 소 | 서울시 마포구 큰우물로 75 [도화동 538 성지 B/D] 9F |
| 전 화 | 1600-3600 |
| 팩 스 | 02-701-8823 |
| 홈 페 이 지 | www.sdedu.co.kr |
| I S B N | 979-11-383-7321-0 (13360) |
| 정 가 | 30,000원 |

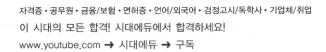

2025 PATENT ATTORNEY

# 10개년 기출문제집

## 변리사 1차

가장 확실한 변리사 합격 지름길!
반복되는 기출지문! 변리사 1차 기출 완벽분석!

## 시대에듀 변리사 1차 10개년 기출문제집 시리즈 3종

- 산업재산권법 10개년 기출문제집
- 민법개론 10개년 기출문제집
- 자연과학개론 10개년 기출문제집

※ 도서의 이미지 및 세부사항은 변경될 수 있습니다.

# 변리사 합격특강
## 동영상 강의도 역시 시대에듀 !

**현직 변리사와 과목별 전문 교수진의 collaboration!**

1차 민법 **김동진** 교수
1차 물리 **김학균** 교수
1차 화학 **박상일** 교수
1차 생물 **조효진** 교수
1차 지구과학 **정낙훈** 교수

1·2차 특허법 **정은석** 변리사
1·2차 상표법 **이유정** 변리사
1·2차 디자인보호법 **오윤정** 변리사
2차 민사소송법 **차상명** 교수

**변리사 한끝 기본서의 핵심 개념정리와 판례 + 최적화 학습 패키지!**
**과목별 최고 전문가의 명품강의와 합격 노하우 대방출!**

※ 강사구성 및 커리큘럼은 변경될 수 있습니다.

# 변리사 1·2차 시험도
## 한 방 합격!

**변리사 기출이 충실히 반영된 기본서!**
**단기합격을 위한 최적의 변리사 시리즈!**

## 변리사 1차
### 한권으로 끝내기 시리즈 3종

산업재산권법 한권으로 끝내기
민법개론 한권으로 끝내기
자연과학개론 한권으로 끝내기

## 변리사 2차
### 한권으로 끝내기 시리즈 4종

특허법 한권으로 끝내기
상표법 한권으로 끝내기
민사소송법 한권으로 끝내기
디자인보호법 한권으로 끝내기

# 개정법령 관련 대처법을 소개합니다!

## 01 정오표

도서출간 이후 발견된 오류는 그 즉시 해당 내용을 확인한
후 수정하여 정오표 게시판에 업로드합니다.

※ 시대에듀 : 홈 ≫ 학습자료실 ≫ 정오표

## 02 추록(최신 개정법령)

도서출간 이후 법령개정사항은 도서의 내용에 맞게 수정
하여 도서업데이트 게시판에 업로드합니다.

※ 시대에듀 : 홈 ≫ 학습자료실 ≫ 최신개정법령

※ 도서의 이미지 및 세부사항은 변경될 수 있습니다.

# 나는 이렇게 합격했다

자격명: 위험물산업기사
구분: 합격수기
작성자: 배*상

나는 할수있다
69년생 50중반 직장인 입니다. 요즘 자격증을 2개정도는 가지고 입사하는 젊은친구들에게 일을시키고 지시하는 역할이지만 정작 제자신에게 부족한점 이많다는 것을느꼈기 때문에 자격증을 따야겠다고 결심했습니다. 처음 시작할때는 과연되겠냐?하는의문과격정 이한가득이었지만 시대에듀 인강을 우연히접하게 되었고 잘차려 진밥상과같은커 리큘럼은 뒤늦게 시작한늦깎이수험 생이었던저를 합격의 길로 인도해주었습니다. 직장생활을 하면서 취득했기에 더욱기뻤습니다.

합격은 시대에듀

감사합니다!

당신의 합격 스토리를 들려주세요.
추첨을 통해 선물을 드립니다.

## QR코드 스캔하고 ▷ ▷ ▶
## 이벤트 참여해 푸짐한 경품받자!

| 베스트 리뷰 | 상/하반기 추천 리뷰 | 인터뷰 참여 |
| --- | --- | --- |
| 갤럭시탭/ 버즈 2 | 상품권/ 스벅커피 | 백화점 상품권 |

합격의 공식
시대에듀